Daniela Schetar, Friedrich Köthe

Slowenien mit Triest

»Ein Lebehoch den Völkern,
die sehnend nach dem Tage schau'n,
an welchem aus dem Weltall
verjaget wird der Zwietracht Grau'n,
wo dem Freund Freiheit scheint,
und wo zum Nachbar wird der Feind.«

Trinklied von *France Prešeren* (1800–1849), slowenischer Dichter

Impressum

Daniela Schetar, Friedrich Köthe
Reise Know-How Slowenien mit Triest

erschienen im
Reise Know-How Verlag Peter Rump GmbH
Osnabrücker Str. 79
33649 Bielefeld
Deutschland
+49-521-946490
info@reise-know-how.de

11., neu bearbeitete und aktualisierte Auflage 2024

ISBN 978-3-8317-3855-7

Gestaltung und Bearbeitung
Umschlag: P. Rump, der Verlag (Layout); Caroline Tiemann (Realisierung)
Inhalt: G. Pawlak, Wayan Rump (Layout); Caroline Tiemann (Realisierung)
Karten: Dimitrios Gavrides
Fotonachweis: Friedrich Köthe (sk), Keramik Kili, Celje (kc), adobe.stock.com und Slowenian Tourist Board (Autorennachweis jeweils am Bild)
Lektorat (Aktualisierung): Caroline Tiemann

Druck und Bindung
Druck- und Verlagshaus
Zarbock GmbH & Co. KG,
Frankfurt am Main

Printed in Germany

Bibliografische Information der Deutschen Nationalbibliothek
Die Deutsche Nationalbibliothek verzeichnet diese Publikation in der Deutschen Nationalbibliografie; detaillierte bibliografische Daten sind im Internet über http://dnb.dnb.de abrufbar.

Bildlegende Umschlag und Vorspann
Titelbild: Die Kirche Sveti Tomaž in Škofja Loka (adobe.stock ©zgphotography)
Vordere Umschlagklappe:
Landschaft bei Kranjska Gora (sk)
Kleines Foto: Keramik aus Celje (kc)
S. 1: Bergsteiger-Denkmal am Triglav (sk)
S. 2/3: Bei Kanal ob Soči wird Slowenien mediterran (sk)

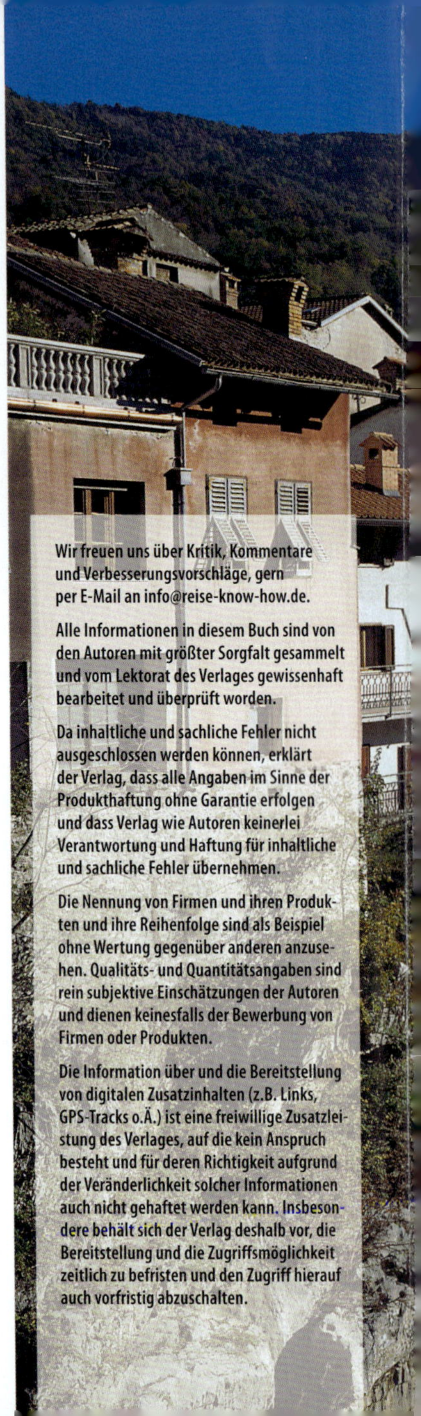

Wir freuen uns über Kritik, Kommentare und Verbesserungsvorschläge, gern per E-Mail an info@reise-know-how.de.

Daniela Schetar, Friedrich Köthe
SLOWENIEN
MIT TRIEST

Vorwort

Grün, grün, grün sind alle meine Farben – so klingt der Slogan für ein Öko-Paradies: Slowenien sammelt Eco-Awards zuhauf. European Green Destination, Green Capital of the Year, Green Key … darauf können die Slowenen stolz sein! Wobei, so ganz verstehen viele nicht, was diese Aufregung um Umwelt-Etiketten soll. Ökologisch bewusst war dieses Land schon immer, umweltbewusst zu handeln selbstverständlich. Industrielle Landwirtschaft gibt es kaum, fast alle Slowenen sind mit der Natur tief verbunden.

Seit 1991 ist das Land unabhängig und seit 2004 EU-Mitglied, und wer heute durch seine immer wieder mit Neuem überraschenden Regionen reist, ist bald überzeugt: Dieser kleine Staat in der Mitte Europas ist gemütlicher als Österreich, grüner als die Schweiz und sauberer als Deutschland. Ach ja, seine Bewohner sind natürlich herzlicher, als es seine italienischen Nachbarn je sein könnten.

Da übertreiben die Autoren aber? Nun, es schwingt ein gewisser Nationalstolz in diesen Zeilen, zugegeben, denn die weibliche Hälfte des Autorenpaars ist in Slowenien geboren. Als Kind mit den Eltern nach Deutschland ausgewandert, wurden die Heimatliebe und die Sprachkenntnisse in jeden Sommerferien bei den Verwandten aufgefrischt. Mit dieser Liebe steckte sie bald auch ihren Mann an, das Ergebnis ist dieser Reiseführer.

Was mögen wir an Slowenien? Vor allem die **erstaunliche Vielfalt** bei geringer Größe – seine Fläche entspricht der Sachsen-Anhalts. Vom **Hochgebirge der**

Grün ist in Slowenien nicht nur die Landschaft um den See von Bohinj – das ganze Land reitet auf der grünen Öko-Welle

139sl sk

Südalpen bis zur **Adriaküste,** vom hügelreichen **Weinland im Osten** über den von Höhlensystemen durchlöcherten **Karst** bis zu den undurchdringlichen **Waldlandschaften im Süden** zeigt jeder Winkel ein eigenes Gesicht. Da die Entfernungen gering sind, können wir beispielsweise in Ljubljana shoppen gehen und den Nachmittag nach einer guten Stunde Fahrt am Strand von Portorož verbringen. Oder nach einer Bergtour in den Julischen Alpen zwei Stunden später im Thermalbad Rogaška entspannen.

Die meisten Slowenen sind **Frischluft- und Aktivitätsfanatiker** – das zeigt sich allein daran, dass so viele der rund zwei Millionen Einwohner bei großen Wettbewerben von den höchsten Podestplätzen winken. Jede Art von Sport – ob alltäglicher wie Wandern, Rad- oder Skifahren oder außergewöhnlicher wie Skifliegen, Eisklettern oder Höhlentauchen – trifft in Slowenien auf Begeisterung. Die ist ansteckend, und die **herrliche Natur** tut ein Übriges, um auch Schreibtischhocker, wie wir es leider einen Teil des Jahres sind, zu ungeahnten Höchstleistungen zu bewegen. Daher: **Wandern** und **Radeln** Sie, steigen Sie ins **Kajak** – so macht Slowenien entdecken nochmal so viel Spaß! Und der anschließende Genuss kommt ohne Reue aus. **Sloweniens Köche** haben sich zu ungeahnten Höhenflügen aufgeschwungen, wir raten deshalb dringend vom Selberkochen ab.

Wie reisen? Am einfachsten mit dem **eigenen Fahrzeug,** das ermöglicht die größte Flexibilität. Aber auch der **öffentliche Verkehr** bringt Sie in entlegene Winkel, man braucht nur etwas mehr Zeit. Sich in einer Woche das ganze Land vorzunehmen wäre möglich, aber schade. Wir reisen meist entweder in der östlichen, dann wieder in der westlichen Hälfte. In **Ljubljana** legen wir allerdings immer einen Halt ein, es zählt zu den **reizvollsten europäischen Metropolen.**

Slowenien hat sich kontinuierlich zu den touristischen Destinationen aufgeschwungen, die im europäischen Vergleich mit der **besten Öko-Bilanz** punkten können. Das Siegel „Slovenia Green“ zeichnet Öko-Unterkünfte, Bio-Restaurants und nachhaltige Aktivitäten aus; jedes Jahr werden es mehr. Daher zum Abschluss eine Bitte: Reisen Sie so **nachhaltig** und **rücksichtsvoll** wie möglich. Sloweniens Landschaften und Menschen werden es Ihnen danken – und Sie werden noch mehr Spaß haben. Versprochen!

Ihre

Daniela Schetar und Friedrich Köthe

Inhalt

6 Celje und die Welt der Thermen 294

7 Maribor, Pohorje und Haloze 344

8 Murska Sobota und die pannon. Tiefebene 384

9 Triest 410

10 Extrakapitel Wandern 452

11 Praktische Reisetipps A – Z 498

12 Land und Leute 546

13 Anhang 592

Karten

Hinweise zur Benutzung

Nicht verpassen!
Die Highlights der Region erkennt man an der **gelben Markierung.**

Unser Tipp: …

… steht für spezielle Empfehlungen der Autoren: abseits der Hauptpfade, nach ihrem persönlichen Geschmack.

Der Schmetterling …
… zeigt an, wo man besonders gut Natur erleben kann oder Angebote im Bereich des nachhaltigen Tourismus findet.

Kinder-Tipps
Das Symbol kennzeichnet Sehenswürdigkeiten und Aktivitäten, an denen auch kleine Slowenien-Urlauber ihre Freude haben.

Verweise auf die Stadtpläne
1 Die **farbigen Nummern** in den „Praktischen Tipps" der Ortsbeschreibungen verweisen auf den jeweiligen Karteneintrag.

Updates nach Redaktionsschluss
Auf der Produktseite dieses Reiseführers in unserem Internetshop finden Sie zusätzliche Informationen und wichtige Änderungen.

GPS-Koordinaten
Die GPS-Koordinaten in diesem Buch sind als geografische Koordinaten (Breite und Länge, Lat./Lon.) in Dezimalgrad angegeben, also beispielsweise so: **GPS N 52.00017, E 8.49119.** Weitere Infos zum Thema unter www.reise-know-how.de/gps.

GPS-Tracks
GPS Für zahlreiche der im Buch vorgestellten Wanderungen stehen auf www.reise-know-how.de **GPS-Tracks** im Format gpx zum kostenlosen Download bereit. Sie finden die Daten auf der Produktseite dieses Titels.

Preiskategorien der Restaurants
Um dem Leser einen schnellen Überblick zu vermitteln, was der Besuch eines in diesem Buch vorgestellten Restaurants kostet, wurden sie in vier Preisklassen unterteilt. Die Preise gelten für eine Mahlzeit mit **Vor- und Hauptgericht sowie einer Nachspeise (ohne Getränke).**

- **untere Preisklasse** ①: bis 25 €
- **mittlere Preisklasse** ②: 25–35 €
- **obere Preisklasse** ③: 35–50 €
- **Luxusklasse** ④: über 50 €

Preiskategorien der Unterkünfte
Die Preise der in diesem Buch aufgeführten Unterkünfte gelten jeweils für ein **Doppelzimmer mit Frühstück.**

- **untere Preisklasse** ①: bis 80 €
- **mittlere Preisklasse** ②: bis 110 €
- **obere Preisklasse** ③: bis 150 €
- **Luxusklasse** ④: über 150 €

Steckbrief Slowenien

- **Ländername:** Republika Slovenija
- **Staatsform:** Republik/ Parlamentarische Demokratie
- **Fläche:** 20.273 km²
- **Bevölkerung:** 2.117.674
- **Hauptstadt:** Ljubljana
- **Sprache:** Slowenisch
- **Klima:** Drei Klimazonen: alpin (Westen/ Nordwesten), kontinental (Norden/Osten), mediterran (Süden/Südwesten)
- **Bruttoinlandsprodukt:** 58 Mrd. €
- **BIP/Einwohner:** 27.040 € (Deutschland 40.197 €, Bulgarien 8900 €)
- **Inflation** (2022/2023): + 6,2 % im Vergleich zum Vorjahr
- **Arbeitslosigkeit:** 3,6 %
- **Monatl. Durchschnittseinkommen:** 2205 €

Slowenische Ortsbezeichungen

- *gora* – **Berg**
- *planinska koča, planinski dom* – **Berghütte**
- *zaliv* – **Bucht**
- *most* – **Brücke**
- *grad* – **Burg, Schloss**
- *reka* – **Fluss**
- *vrh* – **Gipfel**
- *hiša* – **Haus**
- *jama* – **Höhle**
- *otok* – **Insel**
- *cerkev* – **Kirche**
- *samostan* – **Kloster**
- *muzej* – **Museum**
- *trg* – **Platz**
- *jezero* – **See**
- *mesto* – **Stadt**
- *obala* – **Strand**
- *ulica, cesta* – **Straße**
- *stolp* – **Turm**
- *polje* – **Feld**
- *dolina* – **Tal**

Jeder Slowene ein Imker – so heißt es zumindest. Dieser hier hat seinen Bienen einen fahrbaren Untersatz gebaut

196sl sk

Die Regionen im Überblick

1 Ljubljana – die Hauptstadt | 24

Barock, Jugendstil und Moderne – Ljubljana ist nicht nur architektonisch ein Genuss und dank der Werke *Jože Plečniks* UNESCO-Weltkulturerbe. Kneipen, Restaurants und Studenten erfüllen die Altstadt mit Leben, und wer ganz mutig ist, übernachtet im Knast.

3 Nova Gorica und der Karst | 156

Weinreben, Karsthöhlen, archaische Dörfer aus grauem Stein und die licht bewachsenen Hochebenen des Karstes prägen den Westen. In dieser herben Landschaft reifen mit die besten Weine Sloweniens. Die Höhlen von **Postojna** (S. 185) und **Škocjan** („Koper und die Küste", S. 199) entführen in die geheimnisvolle Unterwelt.

2 Kranj und die Julischen Alpen | 64

Sloweniens alpine Region dominieren gezackte Felsgipfel und türkisblaue Wildflüsse –ein Eldorado für Genusswanderer wie Alpinbergsteiger. Das malerische **Bled (S. 109)** mit seinem Bilderbuchsee und das romantische **Soča-Tal (S. 135)** sind beliebte Film-, Instagram- und Selfie-Kulissen.

4 Koper und die Küste | 198

Ein winziges Stück Küste mit venezianischen Hafenstädtchen, mondänen Stränden, weiß glitzernden Salinen und einem bäuerlichen Hinterland. **Piran** (S. 238) zählt zu den schönsten Städtchen Sloweniens, und in der Kirche von Hrastovlje tanzt Gevatter Tod einen makabren Totentanz.

5 Novo Mesto und der Südosten | 246

Dichte Wälder prägen den wilden **Kočevski Rog** (S. 282), durch den Sloweniens Braunbären streifen. Über Kaskaden springende Flüsse wie Kolpa und Krka locken Wassersportler, bewacht von mächtigen Trutzburgen wie **Žužemberk** (S. 258) und dem hübschen Städtchen **Novo Mesto** (S. 252).

6 Celje und die Welt der Thermen | 294

Hier kurten schon die alten Römer: Im Herzen Sloweniens entspringen zahllose Heilquellen; moderne Thermalbäder verwöhnen den Gast. Celje, der urbane Mittelpunkt, gibt sich mittelalterlich und zugleich topmodern.

7 Maribor, Pohorje und Haloze | 344

Uralte Städte wie **Ptuj** (S. 372) und das malerisch an der Drava gelegene **Maribor** (S. 350) schmiegen sich zwischen bewaldete Mittelgebirge und Weinberge. Und noch etwas schmiegt sich in die sanfte Natur: die futuristische Raumstation des **KSEVT** (S. 367), rd. 10 km nordöstlich des Ortes Zreče – oder ist es eine Fata Morgana?

8 Murska Sobota und die pannonische Tiefebene | 384

Sloweniens schönste Weinbauregion um **Ljutomer** (S. 398) und **Jeruzalem** (S. 399) lädt zum Genussradeln, ebenso wie das flache, ungarisch geprägte Bauernland jenseits der Mura. Sogar eine Mühle hat in diesem Landidyll bei **Veržej** (S. 391) überdauert – Gelegenheit, feines Mehl zu kaufen!

9 Triest | 410

K.-u.-k.-Architektur und mediterranes Flair zeichnen Triest aus – die Hafenstadt lockt mit spannenden Museen und kulinarischen Erlebnissen. **Schloss Miramare** (S. 444) und **Schloss Duino** (S. 447) erzählen tragische Geschichten, und im Karst hoch über der Küste scheint die Zeit stehengeblieben.

Reiserouten und Touren

Auch wenn Slowenien ein **kleines Land** ist (seine Fläche entspricht der Sachsen-Anhalts) – es gibt **viel Interessantes** zu sehen. Man sollte sich also Zeit nehmen. Wer **zwei Wochen** mitbringt, wird das Land schon recht gut kennenlernen können, die eine oder andere Wanderung unternehmen, ab und an ins Meer oder in einen See springen und in den Städten die bedeutendsten Sehenswürdigkeiten, Museen und Ausstellungen besuchen.

Verkehrsmittel

Das Wegenetz ist feinmaschig und sehr gut ausgebaut, Busse und die Bahn bilden das Rückgrat des öffentlichen Verkehrssystems. Doch sind die Fahrpläne auf die Bedürfnisse der Werktätigen zugeschnitten und die Fahrzeiten an den Wochenenden stark eingeschränkt.

Das **eigene Fahrzeug** verspricht also Flexibilität und Unabhängigkeit – besonders auch, wenn man in die Berge will: Die Wanderungen beginnen teilweise an sehr abgelegenen Plätzen.

Wer aber vorhat, von Stadt zu Stadt zu reisen, sich mehr mit Kultur zu beschäftigen und slowenische Geschichte in den großen städtischen Museen erleben will, der ist mit **Bus und Zug** gut bedient.

Und will man dennoch einmal übers Land fahren, **Mietwagen** finden sich fast überall.

Routenvorschläge

Im Folgenden werden ein paar empfehlenswerte Routen vorgestellt. **Route 1** macht in 7 Tagen mit den Highlights des ganzen Landes vertraut, **Route 2** ist eine 5-Tages-Tour und für Liebhaber der Berge gedacht, und **Route 3,** eine weitere 5-Tages-Tour, konzentriert sich auf den Küstenbereich. Wer mehr Zeit hat, kombiniert die Routen zu einem längeren Aufenthalt. **Route 4** ist ein Tagesausflug auf einer schönen Bahnstrecke.

Route 1 – Sloweniens Highlights

Slowenien ist nicht groß, aber so vielfältig, dass diese Highlights-Route tatsächlich nur die Höhepunkte anfährt: Alpenseen vor schroffen Gipfeln, tanzende Lipizzaner, magische Tropfsteinhöhlen, wilde Alpenflüsse, die venezianische Adria und last but not least Ljubljana, eine der bezauberndsten Hauptstädte Europas. Das funktioniert bestens als Appetitanreger auf künftige Touren.

- **Dauer:** 7 Tage mit 6 Übernachtungen
- **Transport:** eigenes Fahrzeug
- **Reisezeit:** ganzjährig, Rückfahrt über Vršič-Pass nur Mai bis Oktober

1. Tag: Anreise aus Richtung Villach (Karawankentunnel) an die **Seen von Bled und Bohinj** am Triglav-Nationalpark. Berge wie ein Zackenkranz um tiefblaue Gletscherseen, die im Sommer zum Baden oder Bootfahren locken. Übernachtung in Bled.

2. Tag: Fahrt über das mittelalterliche **Škofja Loka** nach **Ljubljana.** Sicher bleibt Zeit für einen Bummel durch die Altstadt oder eine **Bootsfahrt auf der Ljubljanica.** Abends speist man mit Stadtpanorama stilvoll auf der Burg oder gemütlich in einer Altstadtkneipe. Übernachtung in Ljubljana.

3. Tag: Ljubljana: Sightseeing, Shopping und Entspannung lassen sich bestens verbinden. Da locken das **Weltkulturerbe des Architekten Jože Plečnik,** viele schicke Boutiquen und das idyllische, mit Weiden bestandene Ljubljanica-Ufer. Übernachtung in Ljubljana.

4. Tag: Jetzt geht's nach Osten: Die Fahrt über **Celje** und **Ptuj** nach **Maribor** präsentiert das ländliche Slowenien mit mächtigen Burgen, verwinkelten Altstädten und archaischen Faschingsbräuchen. Abendessen in Maribors Kneipenviertel Lent. Übernachtung in Maribor.

5. Tag: Heute früh starten, es geht nach Süden in Richtung **Novo Mesto** mit seinem grandiosen Museum der Bronzezeitkultur und zu der romantischen **Wasserburg Otočec** an der Krka. Nach der Kaffeepause im Schlosshof führt die Route in den Karst und die Unterwelt der **Tropfsteinhöhle von Postojna.** Übernachtung beim **Lipizzanergestüt Lipica.**

6. Tag: Das Meer ruft! Fahrt an die **Adriaküste** nach **Koper** und **Piran,** beide geprägt von venezianischer Architektur. Zeit für einen Sprung ins Wasser, z.B. an der Mole von Piran. Übernachtung in Piran.

7. Tag: Abschied von Slowenien: Über das Bergwerksstädtchen **Idrija** geht's ins wildromantische **Soča-Tal** mit Tolmin, Kobarid und Bovec, dann über den **Vršič-Pass** in den **Skiflugort Kranjska Gora.** Von hier führen Karawankentunnel oder Wurzenpass nach Österreich.

Route 2 – Sloweniens Küste

Ganze 46 km misst Sloweniens Küste, ein Hafenstädtchen reiht sich ans andere – viel Platz für Strände bleibt da nicht. Und doch ist Italien en miniature hier zu besichtigen: venezianische Architektur, Mini-Lidos, abendlicher Corso (hier *korzo* geschrieben) und beste Fischrestaurants. Im Hinterland locken ein berühmtes Gestüt sowie das Höhlensystem von Postojna.

- **Dauer:** 5 Tage mit 4 Übernachtungen
- **Transport:** eigenes Fahrzeug
- **Reisezeit:** ganzjährig

1. Tag: Anreise aus Richtung **Triest nach Koper,** dessen venezianische Altstadt hinter einem Gürtel aus Gewerbegebieten und Hafenanlagen überrascht. Nach einer Badepause in **Strunjan** lockt das nächste Mini-Venedig, **Izola,** mit Feinschmeckerrestaurants und Aperitivo-Bars. Übernachtung.

2. Tag: Der Rosenhafen **Portorož** hat Tradition und Sandstrand – Liegestühle und Sonnenschirm reserviert und ab ins Wasser. Danach ein bisschen Wirtschaftsgeschichte: In den **Salinen von Sečovlje** wird seit Jahrhunderten Salz gewonnen. Übernachtung in Portorož.

3. Tag: Genug gebadet? Ein Ausflug ins Hinterland führt nach **Lipica,** wo die Lipizzaner „tanzen" lernen. Weiter nach **Postojna** in die faszinierende Tropfsteinhöhle und zur herrischen Raubritterburg. Übernachtung bei Postojna.

4. Tag: Nach einem Besuch des Gebirgsdorfs **Štanjel** mit seinen uralten Steinhäusern und einer modernen Kunstgalerie geht es zum Baden an den Kiesstrand von **Ankaran** und zum abendlichen *korzo* ins malerische **Piran.** Übernachtung in Piran.

5. Tag: Rückfahrt mit einem längeren Stopp im geschichtsträchtigen **Triest.**

Route 3 – Sloweniens Berge

Sloweniens Alpen gehören zu den schönsten und ursprünglichsten Landschaften der europäischen Hochgebirge. Blanker Fels wechselt mit sattgrünen Almen, das Blau des Himmels spannt über smaragdfarbenen Seen. Vorzüglich unterhaltene Wanderwege und herausfordernde Klettersteige locken Bergsteiger aus aller Welt.

- **Dauer:** 5 Tage mit 4 Übernachtungen
- **Transport:** eigenes Fahrzeug
- **Reisezeit:** April/Mai bis Oktober/November

1. Tag: Schon bei der Anreise aus Richtung Udine mit der Fahrt von **Cividale del Friuli (Italien)** nach **Kobarid** und über den **Vršič-Pass** nach **Kranjska Gora** präsentiert sich die majestätische Landschaft. Die höchsten und schroffsten Gipfel – Mangart, Kanin, Triglav – bilden eine grandiose Bergkulisse. Über **Bled** mit seinem „Puppenstubensee" geht es in den Triglav-Nationalpark. Übernachtung in **Bohinjska Bistrica.**

2. Tag: Welche **Wanderung** im Gebiet Bled/Bohinj soll es sein? Die Auswahl ist groß – von der einfachen Umrundung des **Sees von Bohinj** bis zum kräftezehrenden **Aufstieg auf den Vogel.** Nach einem verdienten rustikalen Abendessen Übernachtung in Bohinj.

3. Tag: Weiterfahrt über **Kranj** und **Kamnik** in „Sloweniens schönstes Tal", die **Logarska Dolina.** Entweder man wandert nur durch das Tal bis zum imposanten, von steilen Felswänden gebildeten Talschluss um den **Rinka-Wasserfall** oder steigt noch eine Stunde zur Hütte **Frischauvov dom** auf. Übernachtung im Tal.

4. Tag: Zur Abwechslung ein bisschen Skandinavien-Flair: Das **Pohorje-Gebirge** bei Maribor ist mit seinen Hochmooren dafür ideal. Vom **Rogla-Gipfel** wandert man durch Heidekraut und Kiefernwald zu den magischen Seenaugen der Lovrenška jezera. Übernachtung in Slovenske Konjice.

5. Tag: Bei der Rückfahrt über **Maribor** nach Österreich bilden die barocke Altstadt und die grünen Weinberge das Kontrastprogramm zur schroffen Natur.

Route 4 – Mit der Bummelbahn von der Adria in die Alpen

Rund **drei Stunden** braucht der Bummelzug vom slowenischen Grenzort Sežana unweit von Triest (und der Adria) ins Herz der slowenischen Alpenwelt nach Jesenice. Die Fahrt ist nicht nur landschaftlich ungemein schön, sondern auch interessant. Das Bähnlein hält in jedem Mini-Bahnhof auf dem Weg (29 insgesamt), und mit der **wechselnden Landschaft und Architektur** ändern sich auch diejenigen, die zu- und aussteigen.

Nach dem Start in **Sežana** durchquert die Bahn mediterrane Hügellandschaft, auf der beste Weine gedeihen, passiert das malerische Dorf **Štanjel** und erreicht eine Stunde später **Nova Gorica,** dessen monumentaler Bahnhof an die einstige Bedeutung dieser Linie erinnert. Um die Wende vom 19. zum 20. Jh. baute Habsburg sie als Teil der Verbindung Wien – Triest, dem wichtigsten Hafen der Monarchie.

Teil dieser Strecke war auch die **Brücke von Solkan** über die Soča, die der Zug nun überquert, um drei Stationen weiter in **Kanal ob Soči** im Soča-Tal anzukommen. Die Architektur ändert sich nun, nimmt alpine Züge an. In **Most na Soči** verlässt der Zug die Soča nach insgesamt zwei Stunden und tuckert ostwärts auf die Berge zu. In **Podbrdo** taucht er in einen über 6 km langen **Tunnel** ein und überfährt damit auch die Wasserscheide. Strebten die Flüsse bislang der Adria zu, fließen sie hinter dem Tunnel im Tal von Bohinj zur Sava und zum Schwarzen Meer.

Am **See von Bohinj** und drei Stationen weiter am **Bleder See** ist das Meer vergessen – die Bergwelt ruft. Wer bis zur Endstation bleibt, landet in der Industriestadt **Jesenice.** Alle anderen steigen hier aus.

■ **Sežana – Jesenice,** zwei Direktverbindungen am Tag, nicht an den Wochenenden, Preis 10,70 €, Kind 5,40 €, Infos: potniski.sz.si, Abfahrt um 6.27 und 10.10 Uhr, in umgekehrter Richtung sehr frühe Abfahrt um 4.15 und 6.05 Uhr.

„Jurjevanje" in Črnomelj in der Bela Krajina
Fest im Juni mit traditioneller Folklore aus der Region und kulinarischen Spezialitäten.

Kurentenlauf in Ptuj
Faschingswochenende, Februar/März

Internationales Alpenblumen-festival in Bohinj
Geführte Touren zu den Bohinjer Almen, Ende Mai bis Anfang Juni.

Burja, der eisige Nordostwind
Im Januar und Februar bläst dieser Wind am heftigsten; betroffen davon sind Küste und Karstgebiete.

Wilder Spargel
Im istrischen Teil Sloweniens schießt Ende März/Anfang April in den Wäldern wilder Spargel aus den karstigen Böden – eine Delikatesse!

JAN | FEB | MÄR | APR | MAI | JUN

Wintersportsaison in Slowenien
Bei guter Schneelage dauert die Saison manchmal bis in den April.

Skifliegen in Planica
2025 Anfang März

Festival LENT in Maribor
mit Livemusik aller Genres an verschiedenen Veranstaltungs-orten an der Drava, jährlich am letzten Juni-Wochenende.

LEGENDE
- Winter
- Frühjahr/Herbst
- Sommer

„IBU Biathlon Weltcup" in Pokljuka
jedes Jahr Anfang Dezember.

Erntezeit
Ab Mitte September ist die Zeit der Olivenernte und Weinlese. In den Weinregionen öffnen *osmice* (Buschenschänken) ihre Tore und schenken jungen Wein aus.

Wandersaison
in den slowenischen Alpen und Mittelgebirgen Ende Mai bis Anfang September.

Burja, der eisige Nordostwind
Auch im Herbst bläst dieser Wind sehr stark; betroffen sind Küste und Karstgebiete.

Sommerferien in Slowenien

JUL | AUG | SEP | OKT | NOV | DEZ

Badesaison
an Meer, Flüssen und Seen.

St. Martin
In den Weinanbaugebieten feiert man am 11. November mit Martinsgans und jungem Wein.

„Odprta kuhna" jeden Freitag in Ljubljana
An Ständen präsentieren im Sommerhalbjahr Restaurants und Köche aus ganz Slowenien ihr Können.

Advent in Ljubljana und Bled
mit großem Weihnachtsmarkt und künstlerischer Lichtinstallation in der Altstadt; ähnlich malerisch auch in Bled.

„Süßes Istrien" in Koper
Das Festival Ende September sollten Naschkatzen nicht verpassen.

Fünf Orte zum Staunen

123sl sk

Eine Bibliothek als Architekturlektion | 40

Ein Baumeister, der einer ganzen Stadt seinen Stempel aufdrückt? Allüberall ist *Jože Plečniks* Testament in Ljubljana, vielleicht das beste Beispiel seiner Ideen mag die Universitätsbibliothek sein: nur einheimische Materialien – Zitate der griechischen Klassik, der Wiege des Wissens –, ein dunkler Treppenaufgang – Symbol der Unwissenheit –, ein lichter Lesesaal mit hohen Fenstern.

124sl sk

Alles Stein | 180

Auf einem Hügel wacht Štanjel gleich einer Felsenburg hoch über dem Vipava-Tal. Das Mittelalter hat sich hier bewahrt mit engen Gassen, grauem Stein, mit Kirche und Zisternen, mit Schloss und Burgruine. All dies und Sonnenlage mit Terrassen machen den Ort zu einem staunenswerten Platz. Lange verlassen, eroberten Kultur und Genuss das Dorf zurück: mit einem Kunstmuseum, hübschen B&B und urigen Karst-Restaurants.

120sl sk

Denk immer dran! | 209

Das Kirchlein Sv. Trojica in Hrastovlje bei Koper 15 km vom Meer birgt ein Kleinod spätmittelalterlicher Malkunst aus einer Zeit, als der Tod nicht etwas zutiefst Schockierendes, sondern Bestandteil des Lebens war, an dessen Ende es jeden ereilte – memento mori! Geschaffen hat das Fresko *Johannes von Kastav* 1490. Im Totenreigen tanzen händehaltend mit Skeletten Fürst und Bauer, Kind und Greis und Frau und Mann – im Angesicht der Ewigkeit sind alle gleich.

122sl sk

Die älteste Weinrebe der Erde | 354

Wenn schon die Nationalhymne ein Trinklied ist, dann ist es nur gerecht, dass in Slowenien auch die älteste Weinrebe der Welt wächst. 400 Jahre alt rankt sie sich an der Fassade eines Stadthauses in Maribor hoch. Ehrensache, dass eine Lese stattfindet und die Trauben gekeltert werden. Abgefüllt in winzig kleine Flaschen dient der Wein als Gastgeschenk für noble Stadtbesucher. Und die Qualität? Unwichtig, keiner würde den kostbaren Tropfen trinken!

121sl sk

Kultur für den Weltraum | 367

Der Slowene *Herman Potočnik* (alias *Noordung*) gilt als einer der ersten Raumfahrttheoretiker, seine Gedanken inspirierten u.a. *Wernher von Braun*. Den Machern des an *Noordung* erinnernden Kulturzentrums für europäische Raumfahrttechnologien (in Vitanje zwischen Celje und Maribor) muss es also nicht an Bescheidenheit mangeln. Sie beleuchten die kulturellen Aspekte der Weltraumbesiedelung – und schrieben das erste Theaterstück für die Schwerelosigkeit.

Fünf Orte zum Träumen

Im Schatten der Weiden | 37

Südlich der drei Brücken in Ljubljanas Zentrum zeigen sich die Ufer der Flüsschen Ljubljanica und Gradaščica zwischen Moderne und Romantik. Natürlich hatte Sloweniens Stararchitekt *Plečnik* seine Hände im Spiel und die Terrassen in strenger Geometrie errichten lassen. Bestens restauriert laden die steinernen Sitzreihen zur Rast unter Trauerweiden und zum Traum über einen Städtebau, der die Bedürfnisse der Bewohner fokussiert.

125sl sk

Café mit Blick | 113

Idyllischer geht nicht! Ein romantisches Eiland mit Kirche und Bäumen im See, am Ufer gegenüber eine Burg auf Fels wie aus dem Bilderbuch – und weiter weg als Hintergrund türmt sich Gebirge in den Himmel. Die Kavarna Belvedere der Villa Bled ist die wahr gewordene Sehnsucht nach einer heilen Welt: Panorama, eine Tasse Kaffee und die berühmte Kremšnita. Und wem ist der perfekte Ort zu danken? Genau, der Lichtgestalt Sloweniens – Jože Plečnik.

127sl sk

Sonne und Salz | 230

Träume können luxuriös sein – in den Salzwerken von Sečovlje sind sie es immer. Das schönste Spa Sloweniens liegt inmitten der weiten Flächen der Saline bei Portorož am Meer. Das „Lepa Vida" ist Entspannung pur, das Meeressalz wird wie eh und je gewonnen. Der Pool mit „Mutterwasser" unter blanker Sonne lässt die Gedanken in den Himmel fliegen. Ein Zipfelchen des Traums kann man auch mit nach Hause nehmen: Fleur de Sel!

128sl sk

Barocke Zeiten | 380

Ins Schloss von Štatenberg hat sich der Zahn der Zeit schon recht hineingenagt. Doch Fresken und der Stuck erzählen von verlorenen Tagen, die langen Fluchten von den großen Szenen, als Graf und Gräfin ihre Gäste voller Stolz empfingen und Streichmusik dazu den Walzer intonierte. Als sei es gestern erst gewesen, stakst heute noch der Pfau vorbei an weißen Putten über Kies und Rasen und schenkt uns einen Hauch von Glanz.

129sl sk

Insel der Liebe | 392

Ganz im Osten bei Ižakovci nahe Murska Sobota liegt von Mura und Schwemmland umgeben die Insel der Liebe – Otok Ljubezni. Wer auf ewige Verbundenheit hofft, spaziert unter hohen und alten Bäumen hierher zum Hauptarm der Mura. Von ihrem Ufer kann man mit einer kleinen Fähre auf die andere Seite übersetzen oder – als Unterpfand – in der noch tätigen Wassermühle „Mlin na Muri" ein Säckchen Mehl erstehen und ihrem leisen Klappern lauschen.

126sl sk

Fünf slowenische Leckereien

135sl sk

Ohne Pferd kein Burger | 53

Diese Spezialität gehört sicher zu den gewöhnungsbedürftigsten kulinarischen Erlebnissen Sloweniens, getoppt bestenfalls noch von Bärenschinken. Auf den Speisekarten vieler Gastwirtschaften steht Pferdeschnitzel, *konjski zrezek*. Selbst Gourmetköche finden Pferdefleisch wesentlich zarter als beispielsweise Rind. So denken auch die Macher von *Hot Horse,* deren Burger ausschließlich aus Pferdefleisch bestehen. Probieren geht über Studieren!

133sl sk

Ohne Spieß keine Wurst (Restaurant Gostilna Murka) | 119

Angeblich setzte ein Gastwirt aus Kranj dem hungrigen Kaiser *Franz Joseph* eine geräucherte Wurst vor, von der Hoheit so begeistert waren, dass sie der Wurst einen Namen verpassten: Krainer Wurst. Das Original aus Kranj heißt heute *Kranjska klobasa*, besteht aus Schweinefleisch, Speck, Gewürzen und viel Knoblauch und ist nur echt mit dem dazwischen gesteckten Holzspießchen. Dazu passen knuspriges Bauernbrot und frisch geriebener *kren* (Meerrettich).

138sl sk

Ohne Biene kein Honig | 508, 510

Die Hinweisschilder „med" (Honig) fallen in Slowenien jedem auf, denn kaum ein Haus auf dem Land, das nicht eigenen Honig verkauft. Die Slowenen sind ein Volk der (Hobby)-Imker; rund 11.000 Slowenen besitzen einen oder mehrere Stöcke, sodass geschätzte 210.000 Bienenvölker über slowenische Wiesen summen. 2022 adelte die UNESCO dieses „Volkshobby" zum Immateriellen Kulturerbe der Menschheit.

136sl sk

Ohne Wind kein Schinken | 513

Das Geheimnis des besten *pršut,* rohen Schinkens, lüften die Metzger der Pršutarna in Lokev na Krasu natürlich nicht. Aber es liegt auf der Hand, dass die Schinken in einer Atmosphäre trocknen, die von den Winden der Burja geprägt ist. In diesem an Italien grenzenden Teil Sloweniens tobt der Fallwind besonders heftig. Mindestens zwölf Monate benötigt der Schinken bis zur Reife – das Ergebnis ist ein milder, auf der Zunge zergehender *pršut!*

001sl sk

Ohne Vanillecreme keine Seligkeit | 515

Mit dem Namen *kremšnita* ist schon alles gesagt. Die Süßspeise – eine Schicht Blätterteig, eine Schicht Biskuit, eine Schicht Vanillecreme und zum Schluss wieder Blätterteig – kommt ursprünglich aus einer österreichischen Backstube und wurde von einem gewissen *Ištvan Lukačevič* in der Konditorei des Bleder Hotels Park zur slowenischen Vollendung komponiert. Die Autoren verzehren sie am liebsten im Café Belvedere – die Aussicht ist einfach schöner.

Fünf Orte mit Rundumblick

Ljubljana aus der Vogelperspektive | 44

Ein Hochhaus *Nebotičnik,* Wolkenkratzer, zu nennen, ist vielleicht etwas einfallslos – der Bau selbst aber ist es nicht. Bei der Eröffnung 1933 war er das höchste Gebäude des Balkans. Die Wolken erreicht er natürlich nicht, aber der Blick von der Café-Terrasse ganz oben über Ljubljanas Altstadt und Burg ist himmlisch! Sie ist per Lift erreichbar, aber man könnte sich das Panorama auch „erarbeiten": Über eine elegante Treppen-Spirale in den elften Stock.

134sl sk

Moorlandschaft in Grün | 103

Bei diesem Naturphänomen hat Sonne ihre Strahlen im Spiel. Denn an bedeckten Tagen erscheint die Seen- und Sumpflandschaft des Zelenci-Moores nicht ganz so attraktiv. Doch wenn das Tagesgestirn die Tümpel beleuchtet, schillern sie in einer intensiven Skala von Grün bis Türkis – wie angemalt. Dass alles echt ist, belegen die im Wasser dahinflitzenden Fische und die darüber schimmernden Libellen. Vom Aussichtsturm betrachtet reines Fotografen-Glück!

132sl sk

Der Himmel über Kobarid | 148

Auch der zweite Panorama-Tipp führt den Himmel im Namen: „Nebesa", Himmel, heißt ein ungewöhnliches Retreat-Hotel hoch über Kobarid, das aus vier Häuschen besteht. Die Gäste fühlen sich umgeben von so viel modern-reduzierter Ästhetik wie im (siebten) Himmel. Mit jedem Sonnenstrahl, jeder Wolke verändert sich die Stimmung hier oben. Und wenn die Bergspitzen über dem Talnebel zu schweben scheinen – tja, dann ist der Himmel wirklich ganz nah.

131sl sk

Mediterrane Perspektiven | 239

Der Spaziergang führt durch die Altstadtgassen von Piran auf den Höhenrücken mit der Kirche Sv. Jurij. Wenn die Bora, der kalte, aber die Luft von Dunst reinigende Nordwind weht, reicht der Blick bis zur italienischen Küste bei Grado und zu den Julischen Alpen. Schaut man nach Süden, breitet Pirans Altstadt ihre Reize aus – Tartini-Platz, Hafen, Cafés … weite Landschaftstableaus und enge Häuserpuzzles sind nur ein Umdrehen voneinander entfernt.

137sl sk

Ein Himmel voller Felszacken | 336

Mit dem Panorama der Steiner Alpen ist das beschauliche Kamnik mehr als gesegnet, erst recht, wenn man es von der „kleinen Burg", Mali grad, betrachtet. Da liegt die Altstadt wie eine Puppenstube zu Füßen, und um sie herum bauen sich die Über-Zweitausender mit ihren wilden Zacken auf. Übrigens ist man hier oben besser vorsichtig! Eine verblichene Gräfin spukt, sagen die Bewohner. In einer harmlosen Schlange könnte sich das pure Böse verstecken!

130sl sk

716sl sk

1

Ljubljana – die Hauptstadt

»Die slowenische Hauptstadt zählt mit ihrem lebhaften, von jungen Menschen geprägten Alltag zu den reizvollsten Metropolen Europas. Spannende Museen und ein reges, faszinierendes Kulturleben bieten Wissenswertes und Unterhaltung für jeden Geschmack.

‹ Plečniks „Dreibrücken" Tromostovje führen auf den Prešeren-Platz

CHARMANTE METROPOLE AN DER LJUBLJANICA

030 sl sk

Ljubljanas Übersichtlichkeit macht ihren Charme aus. Der von vielen verschiedenen Architekturepochen geprägte Altstadtbereich lässt sich bequem zu Fuß erkunden. An der Uferpromenade entlang der Ljubljanica und auf vielen lauschigen Plätzen laden Cafés zum Verweilen ein. Großstädtische Attitüde und ländliche Atmosphäre gehen hier Hand in Hand – vor allem auf dem von elegantem Jugendstil und prunkvollem Barock gerahmten Bauernmarkt. Ljubljanas Nachtleben ist legendär!

Die Highlights für Kinder

- Das **Marionettenmuseum Lutkovni muzej** unterhält mit interaktiven Stationen | 37
- Im **Marionettentheater** versteht man die Stücke auch, ohne Slowenisch zu sprechen | 37, 59
- Im **Naturkundemuseum** wartet ein Mammutskelett | 43
- Der **Zoo** ist nicht groß, bietet aber Abwechslung zum Sightseeing | 45
- Im **Haus der Experimente** kann man jede Menge ausprobieren | 60
- In der **Mala ulica** sind kleine Kinder in Spielräumen und auf dem Spielplatz bestens aufgehoben | 60
- Toben im **Aquapark Atlantis,** ein Spaß für jedes Alter | 59
- Im **Kartäuserkloster Bistra** gibt's Traktoren und Loks zu bestaunen | 63

NICHT VERPASSEN!

- **Prešernov trg** mit Denkmal, Kirche und Kaufhaus | 34
- **Altstadt** mit Mestni trg und Stari trg | 34
- Schloss **Ljubljanski grad** | 37
- **Nationalbibliothek** | 40
- Trg francoske revolucije mit **Palais Auersperg** und **Deutschherrenkloster** | 40
- **Nationalmuseum** | 42
- **Moderne Galerie** | 44
- **Nationalgalerie** | 44
- **Ethnografisches Museum** | 45
- **Friedhof Žale** | 47

Diese Tipps erkennt man an der gelben Markierung.

Ljubljana

- **Meereshöhe:** 298 m
- **PLZ:** 1000
- **Vorwahl:** 01
- **Einwohner:** 293.000
- **Dt. Name:** Laibach

Wie jede Hauptstadt hat Ljubljana natürlich ein ausgeprägtes Maß an Kulturleben und zahlreiche Museen, doch welche Stadt kann schon von sich sagen, dass einer ihrer berühmtesten Söhne, *Jože Plečnik*, einen ganz beträchtlichen Teil auch aufbauen und gestalten durfte. *Plečnik* hat Ljubljana mit seiner ganz persönlichen Spielart des Art déco so nachdrücklich und außergewöhnlich gestaltet, dass sein Werk im Jahr 2021 zum UNESCO-Weltkulturerbe erklärt wurde – ein weiterer Grund, der slowenischen Hauptstadt Aufmerksamkeit und Zeit zu widmen.

Etwa 13 % der Hauptstadtbewohner, gut 37.000, sind Studenten, was Ljubljana eine ganz besondere, jugendlich-frische Stimmung verleiht. Und noch eine Zahl ist recht ungewöhnlich: In etwa zehn Prozent der 293.000 Einwohner arbeiten als Selbstständige in kreativen Bereichen. Daher auch die vielen Galerien, Festivals, die kreative Atmosphäre, die über der Stadt an der Ljubljanica schwebt. Historisches und die Moderne, behäbige Schönheit und minimalistischer Schick liegen in Ljubljana ganz nahe beieinander.

⌃ Über der Altstadt Ljubljanas wacht die Burg

Ljubljana und Umgebung

0
5 km
©Reise Know-How
SlowenK1 11/24
Anschlusskarte Seite 298
Anschlusskarte Seite 298
Anschlusskarte Seite 250
Anschlusskarte Seite 250
Šefanja Gora
Seilbahn
Gornji Grad
Dreta
Bočna
Dol
Črna
Tirosek
Velesovo
Grad
Godič
Vivodnik 1508
Cerklje
Tunjice
Mekinje
Zg. Brnik
335
Kamnik
Sr. vas
Zg. Tuhinj
Vrhpolje
Špitalič
Voglje
Podgorje
Laze
Kozjak 665
Komenda
A2
Križ
337
E61
Moste
Arboretum
Češnjice
Trojane
Šmarca
Vodice
Rafolče
Kršnja
53
Radomlje
Blagovica
Celje, Maribor
Smlednik
Menges
Lukovica
Preserje
Prevoje
Skaručna
Vir
Dob
60
Domžale
Krtina
Šmarna gora
62
Moravče
Log
Trzin
Železna-Höhle
Krumperk
Tacen
Sr. Gameljne
Drtija
Trojica
62
Ihan
Vače
Dragomelj
Selo
53
Ježica
Senožeti
Kresnice
Beričevo
53
Dolsko
H3
Dol
27
Jevnica
A1
Sava
Ljubljana
E57
A2
Litija
47
E61
Fužine
Zavrstnik
Besnica
Šmartno
A1
Črni Potok
257
E70
Sadinja vas
Bogenšperk
Ljubljanica
61
Veliko Trebeljevo
Črna vas
61
Ljubljansko barje
Škofljica
Polica
Sobrače
Jezero
A2
Šmarje-Sap
E70
Mekinje
Iška
Šentvid
Ig
Pijava Gorica
Stična
Želimeljščica
Grosuplje
Višnja Gora
Iška vas
Ponova vas
Ivančna Gorica
Želimlje
Novo Mesto
259
Muljava
Rakitna
Sela pri Šumberku
292
Gabrovčec
Turjak
Krka
Ponikve
Anschlusskarte Seite 250
Fužina

1 2 3
Brauerei-Museum,
Eisenbahnmuseum,
Sv. Frančišek,
Kranj
Bežigrad-Galerie 1,
Bežigrad-Galerie 2,
Ljubljana-Ježica
Bahnhof
Masarykova cesta
Kinodvor
Dvořakova ulica
Pražakova ulica
Celovška cesta
Museum für Neuere Geschichte (Cekin-Schloss)
Tivolska cesta
Gosposvetska cesta
Slovenska cesta
Cigaletova ulica
Miklošičeva cesta
Kolodvorska ulica
Kinoteka
Tavčarjeva ulica
Dalmatinova ulica
Internationales Zentrum für Kunstgrafik (Tivoli-Schloss),
Zoo
Tivoli
Moderne Galerie
Nationalgalerie
Štefanova ulica
Cankarjeva cesta
Nebotičnik
Komenskega
Resljeva
Zdslu-Galerie
Aksioma Project Space
Mala Ulica
Haus der Experimente
Nationaloper und -ballett
Nationalmuseum,
Naturkundemuseum
Deutsche Botschaft
Tomšičeva ulica
Franziskanerkirche
Drachenbrücke
Parlamentsgebäude
Prešernova
Beethovnova
Prešernov trg
Tromostovje-Brücke
Mesarski most
Adamič-Lundrovo nabrežje
Šubičeva ulica
Österreichische Botschaft
Trg Republike
Neustadt
Markt
Sv. Nikolaj
STIC
TIC
Krekov trg
Šmalc-Haus
Kongresni trg
Ciril-Metodov trg
Tabakmuseum,
Museum Villa Zlatica
Schweizer Botschaft
Marionettentheater
Cankarjev Dom
Ursulinenkirche
Valvasorjeva ulica
Mestni trg
Rathaus
Philharmonie
Stadtgalerie
Archäologisches Freilichtmuseum
Erjavčeva cesta
Nationaltheater für Dramen
Universität
Marionettenmuseum
Schloss
Standseilbahn
Gregorčičeva ulica
Slovenska cesta
Vegova ulica
Gosposka ul.
Dessa-Galerie
Trg Francoske revolucije
Galerija Equrna
Schusterbrücke
Jakopič-Galerie
Altstadt
Cesta slovenskih
35 36 37
Koper, Triest
Rimska cesta
Universitätsbibliothek
Škuc-Galerie
Aškerčeva cesta
Križanke
Stadtmuseum
Breg
Ljubljanica
Galerie der Fotografie
Stari trg
Sv. Jakob
Krakovo
Zoisova cesta
Groharjeva cesta
Römischer Wall
Mirje ulice
Emonska hiša
Emonska cesta
Barjanska cesta
Karlovška cesta
Gruber-Palais
Zvonarska ulica
Trnovo Brücke
Gradaščica-Kanal
Kirche St. Johannes der Täufer
Plečnik-Haus
Karunova ulica
Prule
Trnovski pristan
Jaevanežič cesta

Essen und Trinken

- 3 Radha Govinda
- 4 Hot Horse
- 8 JB Restaurant
- 10 Georgie Bistro
- 20 Baščaršija
- 21 Abi Falafel
- 23 Gaudi & Naan
- 26 Café Hotel Union
- 27 Tink Superfood Café
- 28 AS, Cantina Mexicana
- 30 Zvezda
- 31 Nebotičnik
- 35 Ošterija Pr' Noni
- 39 Meta in Bazilika
- 41 Le Petit Café
- 42 Gostilna Jakob Franc
- 43 Pri Škofu
- 47 Sushimama
- 50 Eiscafé Vigò
- 52 TaBar
- 55 Güjžina
- 56 Gostilna na gradu
- 58 Cha
- 60 Gostilnica 5-6 kg
- 63 Špajza
- 65 Trta

Einkaufen/Sonstiges

- 7 Alpenverein
- 15 Einkaufszentrum BTC City
- 17 Weberatelier
- 32 Pekarna Ana
- 33 Konzorcij
- 44 Annapurna
- 45 Vinoteka Dvor
- 48 Zakladi Slovenije
- 51 Rustika
- 53 Antiquariat Trubarjev
- 54 Vinoteka Movia
- 55 Galerija Idrijske Čipke
- 57 Almira Sadar
- 61 Draž

Nachtleben

- 2 Kino Šiška
- 6 K4
- 13 Tiffany, Klub Monokel
- 14 Klub Gromka
- 16 Orto Bar
- 22 Harat's Pub
- 36 Sputnik
- 38 Klub Cirkus
- 46 Makalonca
- 47 AS Aperitivo
- 49 Klub Daktari
- 59 Tozd
- 64 Lajbah
- 66 Prulček

Übernachtung

- 1 Hostel Tivoli
- 5 Hotel Slamič
- 9 The Fuzzy Log
- 11 Ljubljana Capsule Hostel
- 12 Youth Hostel Celica
- 18 Hotel Ljubljana Park
- 19 Hostel Tabor
- 24 Pension Stari Tišler
- 25 Hotel City
- 26 Hotel Union
- 29 Hostel Tresor
- 30 Slon Best Western
- 34 Hostel Fluxus
- 37 Gami Factory Lofts
- 40 Hotel Mrak
- 47 Emonec
- 62 Bloom Hotel
- 67 BIT Center

Ein **Stadtbummel** führt vorbei an großbürgerlichen Häusern, prachtvollen Villen, durch enge, mittelalterliche Gassen und blumengeschmückte Innenhöfe, um schließlich in einem Kaffeehaus kaiserlicher Zeit, einer schicken Espressobar oder einer gemütlichen Studentenkneipe zu enden.

Orientierung

→ Parken S. 50

Den Großraum Ljubljana umschließt ein **Autobahnring,** der den Fernverkehr in Richtung Koper, Novo Mesto oder Maribor um die Stadt herumleitet.

Um Altstadt und Neustadt – das eigentliche Zentrum – herum existiert so etwas wie ein **mittlerer Ring** (Tivolska, Aškerčeva, Kopitarjeva, Osvobodilne fronte), der im Bereich der Altstadt in einem **Tunnel unter dem Burgberg** durchgeführt wird. Von ihm gehen die vier Hauptausfallstraßen zum Autobahnring ab – die Tržaška cesta nach Koper, die Ceslovška cesta nach Kranj, die Dunajska cesta nach Celje und die Dolenjska cesta nach Novo Mesto. Wer aus einer dieser Richtungen kommt, gerät unweigerlich an den mittleren Ring. Mittelpunkt des so eingegrenzten **Innenstadtbereichs** sind Burgberg und Altstadt (Fußgängerzone), die durch den Fluss Ljubljanica und einen Seitenkanal eine Insel bilden.

Geschichte

Jason, der Argonaut, soll der Sage nach die Siedlung **Emona** gegründet haben, als er mit dem geraubten Goldenen Vlies zur Adria reiste, um das Schiff nach Thessalien zu nehmen. Tatsächlich war die Region um Ljubljana bereits um 1200 v. Chr. von der sogenannten Brandgräberkultur besiedelt (Menschen, die ihre Toten verbrannten und die Asche beisetzten). Ihnen folgten die Pfahlbaubewohner und schließlich die Römer, die ihr Heerlager im Jahr 15 errichteten und den Ort bald **Julia Emona** tauften. Im 6. Jh. überzogen die Hunnen die Gegend mit Krieg, man flüchtete nach Istrien und kehrte erst nach geraumer Zeit zurück. Allerdings hatten sich nun schon **Slawen** niedergelassen.

1144 tauchte die Siedlung zum ersten Mal in Schriften auf – **Laibach.** Zu Beginn des 13. Jh. erhält Laibach Stadtrechte, und gelangt gegen Ende des Jahrhunderts als dessen Hauptstadt zum **Herzogtum Krain.** 1335 gehen die Rechte über Herzogtum und Stadt an die Habsburger und diese geben sie 600 Jahre lang nicht mehr aus der Hand. Laibach prosperiert, wird **Diözese** und wichtiger Marktplatz.

1511 zerstört ein Erdbeben weite Teile und mit dem Neuaufbau hält die **Renaissance** Einzug. Wie andere Städte ist auch Laibach von Reformation und Gegenreformation betroffen und mit der Rückkehr der Bischöfe auch der **Barock** als Stilrichtung nicht mehr zu übersehen. Ende des 17. Jh. profitiert Laibach immer mehr vom zunehmenden Handel in Europa, und man investiert nun in

Kunst und Kultur, da Wien und der Hafen Triest über die Stadt an der Ljubljanica verbunden sind. Die Welt wird friedlicher, die Stadtmauer abgetragen, Parks entstehen.

Die Habsburger müssen zwischen 1809 und 1813 das Zepter kurz an *Napoleon* abtreten, Laibach ist in dieser Zeit **Hauptstadt der Illyrischen Provinzen** Frankreichs. Der Freiheitsgedanke der französischen Revolution schlägt sich auch hier nieder – Slowenisch avanciert zur Verkehrssprache der Bevölkerung, die Parks der Schlösser, bislang nur dem Adel vorbehalten, sind nun allen zugänglich.

In der zweiten Hälfte des 19. Jh. erreicht die industrielle Revolution die Stadt, **Fabriken** entstehen, die **Eisenbahn** kommt und rege Bautätigkeit beginnt. 1895 zerstört ein weiteres Mal ein Erdbeben die Stadt. So tragisch das Ereignis, so chancenreich ist dies für den Wiederaufbau. Nun kann man auf dem Papier planen, Laibach erhält ein neues Gesicht.

Der Erste Weltkrieg allerdings sieht Laibach als Etappenstadt der Isonzo-(Soča-)front und viele Pläne sind nicht mehr zu realisieren. Erst der berühmte Architekt *Jože Plečnik* kann in den 1920er und 1930er Jahren diese Pläne verfeinern und verwirklichen – nun aber nicht mehr in Laibach, sondern in **Ljubljana,** der Hauptstadt der Slowenen im **Königreich Jugoslawien.**

Im Zweiten Weltkrieg gerät Ljubljana erst unter italienische, dann deutsche Besetzung – ein gefährliches Pflaster für die Achsenmächte. Sie müssen die Stadt mit einem 30 km langen Ring aus Stacheldraht und Bunkern sichern, der heute als „Grüner Ring" beliebtes Sport- und Freizeitziel der Ljubljančani ist. Am 9. Mai 1945 wird Ljubljana frei und Hauptstadt der **Teilrepublik Slowenien** der Jugoslawischen Bundesrepublik unter *Tito.*

1991 wurde Ljubljana nach dem Zerfall Jugoslawiens schließlich **Hauptstadt** der unabhängigen Republik Slowenien.

Sehenswertes

Wie wäre es zur Einstimmung mit einer Bootsfahrt (Liegeplatz „Breg" bei der Tromostovje-Brücke)? Die einstündigen Touren, u.a. auf dem stilvollen Holzboot *Ljubljanica,* starten April bis November bei gutem Wetter und entsprechendem Wasserstand täglich ab 10 Uhr in stündlichem Rhythmus. Letzte Fahrt ist je nach Jahreszeit 18–21 Uhr (www.visitljubljana.com oder www.barka-ljubljanica.si, Erw. 14 €, Kind 7 €). Weitere Boote fahren ab der Anlegestelle Mesarski most (Fleischerbrücke).

Im Sommer gibt es täglich um 10 Uhr **Stadtführungen** auf Schusters Rappen (Treffpunkt Tourist Info Center 11 Uhr,

Spartipp

■ Mit der **Ljubljana Card** (24 Std. 36 €, Kind 22 €, 48 Std. 44/27 €, 72 Std. 49/31 €) hat man freien Eintritt in vielen **Museen** und kann kostenlos die **Busse** nutzen. Erhältlich in der Touristeninformation oder online unter www.visitljubljana.com/de/besucher/reiseinformationen/ljubljana-card/.

auf Slowenisch, Deutsch oder Englisch, Erwachsene 17 €, Kind 8,50 €, Dauer 2 Std.). Die Touristeninformation organisiert nach Bedarf auch **Fahrrad- oder Thementouren** (z.B. Bier, Plečnik, Kulinarik etc.) und individuelle Führungen in deutscher Sprache.

Um die **Burg** zu erklimmen, steht im Sommer eine **Touristenbahn** zur Verfügung, die am Prešernov trg abfährt. Die **Standseilbahn** startet Ecke Ciril Metodov trg und Streliška ulica (Zeiten dazu siehe „**Schlossberg**").

Rund um den Prešernov trg

Der zentrale Platz Ljubljanas ist der Prešernov trg am Schnittpunkt der alten Landstraßen. An seinen Namenspatron, den berühmten Landesdichter *France Prešeren* (1800–1849) erinnert auch das **Denkmal** in der Mitte, ein beliebter Treffpunkt der Jugend, die sich gern mit dem Bronzemann im Hintergrund ablichten lässt. Im Süden des Platzes, eingerahmt von der Straße Wolfova und dem Ljubljanica-Ufer, steht das **Šmalc-Haus,** reich geschmückt im Sezessionsstil. Dominiert wird die Anlage von der **Franziskanerkirche** Mariä Verkündung (Cerkev Marijinega oznanjenja) aus den Jahren 1646 bis 1660. Die Treppe stammt aus dem 19. Jh.

Zurückversetzt zeigt sich das viel fotografierte **Urbanc-Haus** (Edelkaufhaus Galerija Emporium) mit einem eleganten Jugendstileingang. Die dreispännige **Tromostovje-Brücke** über die Ljubljanica schuf in der heutigen Form *Plečnik.* 1842 errichtete man den mittleren Teil, *Jože Plečnik* fügte die Nebenbrücken 1929 und 1930 hinzu und sorgte für die Gerbertreppen (Gerberjevo stopnišče) zum Wasser hinunter.

Vom Prešernov trg führt die **Trubarjeva cesta** in etwa parallel zum Ljubljanica-Fluss als Fußgängerzone nach Osten. Entlang dieser Straße hat sich ein Biotop mit vegetarischen Restaurants, Gewürzläden, indischen Klamotten und antiquarischen Büchern erhalten, und im Gegensatz zur Altstadt ist kaum eine Fassade renoviert. Ein Bummel durch dieses etwas alternative Stück Ljubljana macht zu jeder Tageszeit Spaß.

In der Altstadt

Rund ums Rathaus

Tromostovje, die Drei Brücken, leiten vom Prešernov trg zur Altstadt, vom Jugendstil ins barocke Herz über. Linkerhand begleiten die weißen Kolonnaden von *Jože Plečniks* **Markthallen** die Ljubljanica. Am anderen Ufer angekommen, flankieren das **Palais Kresija** (links mit der Touristeninformation TIC) und das ebenfalls im Neo-Renaissancestil erbaute **Palais Filip** die Stritarjeva ulica zum Stadtplatz **Mestni trg.** Den langgezogenen Platz (Fußgängerzone) beherrscht das Rathaus mit seinem Uhrturm und der Loggia aus dem Beginn des 18. Jh. Der üppige **Brunnen der drei Krainer Flüsse** (Vodnjak treh kranjskih rek) von 1752 – Symbol der Ljubljanica, Sava (ehemals Save) und Krka (ehemals Gurk) – ist ein Meisterwerk von *Francisco Robba.* Der Originalbrunnen steht aus konservatorischen Gründen in der Narodna galerija, aber die Kopie ist gut gelungen. Ein Blick in den **Innenhof des Rathauses** lohnt sich. Der Brunnen in

141sl sk

der Ecke stellt *Narziss* dar. Meist ist der Arkadenhof mit Blumen reich geschmückt.

Dem Rathaus gegenüber, Mestni trg 17, im Rakovec-Haus lebte *France Prešeren* einige Jahre.

Im Haus Mestni trg 5 kann man die **Stadtgalerie** besuchen. Wechselnde Ausstellungen zeigen zeitgenössische Arbeiten sowohl slowenischer als auch internationaler bildender Künstler, eine Dauerausstellung widmet sich Grafiken, Lithografien und Zeichnungen; fast alle wichtigen slowenischen Künstler und zahlreiche internationale Kollegen sind vertreten.

■ **Mestna galerija/Stadtgalerie,** Tel. 01-241 17 85, www.mgml.si/en/city-art-gallery, Di–So 11–19 Uhr, Eintritt frei.

Domkirche Sv. Nikolaj

Im Norden des Mestni trg liegen der **Marktplatz** und die **Stolnica** (Domkirche) **Sveti Nikolaj.** Sie entstand zu Beginn des 18. Jh. als Hallenkirche mit zwei Kapellen, dem Vorbild Il Gesù in Rom nachempfunden. *Giuglio Quaglio* (1668–1751) schuf die farbkräftigen Fresken. Im 20. Jh. entwarf *Plečnik* das Chorgestühl und die Kathedra. Auffällig ist das Hauptportal mit einem zeitgenössischen Relief des Slowenen *Tone Dem-*

Die Drei Brücken, Tromostovje, führen von der Altstadt auf den Prešeren-Platz

šar (1946–1997), der darauf die Geschichte der Slowenen erzählt. Der Eingang zum **Priesterseminar** hinter dem Dom ist mit seinen flankierenden Giganten augenfällig. Nach Voranmeldung darf man eintreten und die wunderschöne, holzgetäfelte Bibliothek mit ihrer Gewölbemalerei besichtigen, einst die erste öffentliche Bibliothek der Stadt, 1721 geschaffen. Das Bischofspalais ist für seinen Arkadenhof berühmt und beherbergte gekrönte Häupter aus ganz Europa.

■ **Sv. Nikolaj,** www.stolnica.com, 2 €, Semenišče/Priesterseminar, Dolničarjeva ulica 4, Tel. 031-84 33 41, http://semenisce.si/semeniska-knjiznica.

Rund um Sv. Jakob

Der Mestni trg ist eher eine Straße denn ein Platz und geht in den **Stari trg** (Alten Platz) über, ebenfalls sehr langgezogen und von Läden und Kneipen gesäumt. Der Stari trg endet an der Kirche Sv. Jakob, an der der **Gornji trg** beginnt, eine der ersten Adressen für gute Restaurants in der Stadt. In der Kirche beachte man die Deckenmedaillons und die achteckige Kapelle von 1721.

Gegenüber der Hauptstraße dominiert das prächtig ausgeschmückte **Gruber-Palais,** das heutige Staatsarchiv, die Szenerie. Das Treppenhaus des ausklingenden 18. Jh. ist reich mit Stuck verziert und besitzt eine bemalte Kuppel. Vom Gornji trg aus erklimmt man zu Fuß den Schlossberg.

Schlossberg

Die Auffahrt zum **Ljubljanski grad** ist im Norden über Poljanska cesta und Streliška ulica möglich, mit der **Touristenbahn** vom Prešeren-Platz oder mit der **Standseilbahn,** die Ecke Ciril Metodov trg und Streliška ulica abfährt. Zu Fuß geht's vom Stari trg über die ulica Reber steil bergauf. Ein Besuch lohnt sich besonders am Morgen, wenn beim Blick über Ljubljana die Sonne im Rücken steht. Ein Spaziergang durch die ausgedehnten **wehrtechnischen Anlagen** ist empfehlenswert, ebenso der Besuch der restaurierten **Kapelle** und eine Stärkung im Kaffeehaus Grajska kavarna oder gar im feinen Restaurant Gostilna na gradu. Vom Aussichtsturm blicken Sie über „halb" Slowenien.

■ **Standseilbahn** *(vzpenjača)*, www.ljubljanskigrad.si, tgl. Okt. bis April 9–19 (Fr bis 23 Uhr), Mai bis Sept. 9–22 (Fr bis 23 Uhr), alle 10 Min., Erw. Berg-/Talfahrt 6 €, mit Burgeintritt 16 €, einfache Fahrt 2,30 €, Rentner, Stud., Kind (7–18 Jahre) Berg-/Talfahrt mit Eintritt 11,20 €.

724sl sk

▷ Turm und Kapelle bilden das Kernstück von Ljubljanas Burg

Das **Schloss** ist das dritte Bauwerk auf dem Berg. Jedes Mal wurde der Vorläufer vollständig abgetragen. Die heutige Anlage wurde im 16. und 17. Jh. errichtet, erst 1848 kam der Turm hinzu, von dem sich eine herrliche Rundsicht eröffnet. Wegen der zunehmenden Bedeutungslosigkeit solcher Festungsbauwerke wandelte man die Anlage im 19. Jh. zu einer Strafanstalt um. Heute sind darin mehrere Ausstellungen untergebracht: Das **Virtuelle Museum** führt in einer 3D-Reise durch die Geschichte der Burg (ca. 12 Min.). Im **Kerker Kaznilnica** bekommen Besucher einen Eindruck von der nicht immer gnädigen Gerichtsbarkeit früherer Epochen. Das **Museum zur slowenischen Geschichte** zeigt die berühmtesten Exponate der Slowenen in Kopien, so den Bürger von Emona (Original in der Narodna galerija), das Totentanzfresko aus Hrastovlje u.v.m.

Unbedingt besuchenswert ist das **Marionettenmuseum Lutkovni muzej** mit einer bezaubernden Sammlung verschiedenster Marionetten und Puppen und mehreren lustigen interaktiven Stationen.

■ **Ljubljanski grad/Schlossmuseum,** tgl. Okt. bis April 9–18, Mai bis Sept. 9–20 Uhr, Tel. 01-306 42 93, www.ljubljanskigrad.si, Eintritt s. Standseilbahn.

Verlässt man den Schlossberg auf der nördlichen Seite, kommt man zur **Drachenbrücke** (Zmajski most), die ausnahmsweise nicht von *Plečnik* stammt, sondern von *Jurij Zaninović* (1876–1946), ebenfalls einem Schüler von *Otto Wagner.* Der Drache (vier schmücken die Brücke) ist das inoffizielle Wahrzeichen Ljubljanas.

Vor der Brücke, am Krekov trg, bringt das **Marionettentheater** Stücke für Kinder, aber auch für Erwachsene auf die Bühne. Die Kinderaufführungen (wie „Alice im Wunderland" oder „Peter Pan") dauern um 60 Min., die Vorstellungen für Erwachsene bis zu 2 Std.

■ **Lutkovno gledališče/Marionettentheater,** Krekov trg 2, Tel. 01-300 09 82, www.lgl.si, Ticket ab 5 €.

An der Ljubljanica

Bummelt man vom Krekov trg rund einen Kilometer entlang der Ljubljanica nach Osten, passiert man zunächst das moderne Kulturzentrum Tovarna Rog mit Coworking-Spaces, Kunst- und Modeboutiquen, Café und der angesagten TaBar, dann einen weiteren „Plečnik", das **Stauwehr Zapornica.** Für den Meister war dies der symbolische Ort, an dem die Ljubljanica die Stadt verlässt, und entsprechend symbolisch sieht das wie ein Triumphbogen gestaltete Stauwehr aus. Jenseits dieser Barriere siedelte sich Industrie an, darunter eine Zuckerfabrik. Als **Cukrarna** beherbergt sie nun nach langer Renovierung wechselnde Ausstellungen zeitgenössischer Kunst und ein cooles Museumscafé.

■ **Cukrarna,** Poljanski nasip 40, Tel. 041 45 88 34, https://cukrarna.art, Di–So 10–19 Uhr, 8 €.

Vom Krekov trg entlang der Ljubljanica nach Westen, passiert man zunächst die modern gestaltete „Fleischerbrücke" **Mesarski most.** Ljubljanas Sehnsuchtsort der Schlösser aufhängenden Liebespaare schmücken monumentale und

142sl sk

Mini-Skulpturen des Bildhauers *Jakov Brdar.* Danach geht es an den von *Plečnik* gestalteten **Marktkolonnaden** entlang, die aussehen wie ein lang gezogener, antiker Tempel. Umso größer ist der Kontrast der in den Kolonnaden und davor im eleganten Ambiente angebotenen **Marktwaren:** Kartoffeln, Kraut, Fisch, Sommerblumen oder Besen und Bürsten, verkauft von freundlichen Bäuerinnen. Die Fischhalle befindet sich im Untergeschoss dieses Marktkomplexes. Den Kolonnaden gegenüber liegt im Tiefgeschoss des Hauses am Pogačarjev trg eine weitere Markthalle – hier werden Brot, Trockenfrüchte, Wurst und Käse feilgeboten. Im Sommerhalbjahr lockt der beliebte Foodie-Event **Odprta kuhna** jeden Freitag die halbe Stadt zum Verkosten. Nach dem Tromostovje bekommt die Ljubljanica-Promenade ein ganz anderes Gesicht: Cafés und Restaurants füllen die Freifläche, **unter Weiden** wird geturtelt und getratscht, und aus der „Makalonca", einem der angesagtesten Lokale in *Plečniks* Uferbebauung zwischen Tromostovje und Schusterbrücke, dröhnen Techno-Beats. Noch lebhafter ist es am Sonntag, wenn dort der Flohmarkt stattfindet.

Sieht so ein Marktgebäude aus? Wenn ein Jože Plečnik es entworfen hat, auf jeden Fall!

In der Neustadt

Am Kongresni trg

Von *Plečnik* stammt auch die **Schusterbrücke** (Čevljarski most). Bereits im 13. Jh. verband hier eine Brücke das Zentrum der Stadt mit dem Umland. Heute gelangt man über sie zur **Philharmonie,** errichtet zwischen 1888 und 1891 am Kongresni trg. Das früher an dieser Stelle stehende Theater aus dem 18. Jh. wurde ein Opfer der Flammen. Ljubljanas musikalische Tradition reicht weit zurück und die philharmonische Gesellschaft gehört zu den ältesten der Welt mit Mitgliedern wie *Haydn, Beethoven* und *Brahms. Gustav Mahler* dirigierte 1881/82 in Laibach.

Mitten auf dem Kongresni trg leuchtet auf einem Sockel eine goldene Figur – der römische **„Bürger von Emona"**, eine Replik, das Original bewahrt das Museum. Auf der anderen Seite steht die **Ursulinenkirche zur Heiligen Dreifaltigkeit** von 1718 mit ihrer venezianisch beeinflussten barocken Pracht (Cerkev Svete Trojice). Der Treppenaufgang geht auf *Plečnik* zurück und der Meister veranlasste auch, dass die Dreifaltigkeitssäule (die ursprünglich in Ajdovščina stand) vor der Kirche ihren neuen Platz fand.

Gleich südlich des Kongresni trg steht das **Haus der Illusionen.** Das Museum widmet sich der Täuschung, vornehmliche optischer Natur, ein Spaß für die ganze Familie. Wer traut seinen Sinnen wirklich? Nach über 40 Stationen ist auch der härteste Realist weich-geklopft.

☑ Blick auf das Schloss vom Kongresni trg mit der Philharmonie

723sl sk

■ **Hiši iluzij/Haus der Illusionen,** Kongresni trg 13, Tel. 01-320 54 66, www.houseofillusions.si, tgl. 9–21 Uhr, 13 €, Kind bis 15 Jahre 9 €, Familienticket 34 € (max. 2 Kinder).

Universitätsviertel

Die **Universität** südlich des Kongresni trg (1896 nach dem großen Erbeben im Neo-Renaissance-Stil als Sitz des Landeshauptmannes erbaut) hat heute rund 37.000 Studenten. Noch ein Stück weiter ist die **National- und Universitätsbibliothek** (1936–41) unbedingt besondere Beachtung. Schon die Fassade dieses wichtigsten Werkes von *Plečnik* beeindruckt - erklärtermaßen hat man nur heimische Materialien wie den gräulichen Kalkstein aus dem Karst verwendet und anders als sonst arbeitete Plečnik hier nicht verspielt, sondern mit der strengen Eleganz klarer Linien. Der Treppenaufgang im Inneren ist wuchtig in schwarzem Stein gehalten, das Peristyl schmückt sich mit den geliebten Säulen, 32 an der Zahl, und führt zum Lesesaal, der zum Studium der Bücher geradezu einlädt. Eineinhalbmillionen Schriften finden sich im Fundus, neben Periodika auch Handschriften, Notenblätter und Karten in jeweils eigenen Sammlungen. Im Atrium lädt ein von *Plečnik* gestaltetes Café mit Originaleinrichtung zu einer Pause ein. An das Gebäude schließt ein kleiner Gedenkpark für den Dichter *S. Gregorčič* mit Pergola und Denkmal an.

■ **Universitätsbibliothek/NUK,** Tel. 01-200 11 10, www.nuk.uni-lj.si, Mo–Fr 10–18 Uhr (Treppenhaus und Atrium mit Café), Besichtigung des Lesesaals Sa 14.30–18 Uhr oder nach Voranmeldung unter dogodki@nuk.unilj.si, 5 €.

Im östlich angrenzenden Block steht das Gebäude der 1938 gegründeten **Akademie der Kunst und Wissenschaften.** Interessant ist der Hof des Spätbarockbaus. In ihm wurden 323 Gräber mit Urnen aus der Hallstatt-Periode entdeckt (12./11. Jh. v. Chr.).

Südlich der Universitätsbibliothek am Trg francoske revolucije, dem Platz der Französischen Revolution, ist das **Križanke** zu finden, das **Kloster der Deutschordensritter,** das auf das Jahr 1200 zurückgeht, in seiner Geschichte aber mehrfach verändert wurde. Renaissance und Barock hatten ihre Finger im Spiel und schließlich natürlich *Plečnik*, der einen Teil des Klosters in ein Sommertheater verwandelte. Jüngste Ausgrabungen förderten unter der Bühne Reste des römischen **Emona** zutage.

■ **Križanke,** Tel. 01-241 60 26, immer zugänglich außer bei Veranstaltungen.

Von dem Stararchitekten stammt auch die **Illyrische Säule** (1929) am Platz, die die Illyrischen Provinzen Napoleons und damit das Erwachen einer nationalen slowenischen Idee im Bewusstsein der Slowenen halten soll.

Ein Stück östlich steht an der nächsten Ecke das **Stadtmuseum im Palais Auersperg.** Die Geschichte des Palais reicht bis ins Jahr 1524 zurück. Es kam bereits 1575 in Besitz derer *von Auersperg* und blieb bis zum Verkauf an die Stadt Ljubljana 1927 in ihren Händen. 1935 öffnete das Museum seine Pforten und wurde Anfang des 20. Jhs. aufwendig renoviert. Nun präsentiert es sich in lichtem, modernem Design mit sehenswerten Ausstellungen zur Stadtgeschichte. Es beherbergt auch einen Museums-Shop und ein ruhiges Café.

■ **Mestni muzej/Stadtmuseum,** Gosposka ulica 15, Tel. 01-241 25 00, www.mgml.si/en/city-museum, Di–So 10–18 Uhr, 6 €, Kind 4 €.

Krakovo-Viertel

Südwestlich des Platzes der Französischen Revolution und durch das alte Fischerviertel Krakovo mit seinen niedrigen, dörfliche Atmosphäre verströmenden Häuschen gehend, erreicht man den **Römischen Wall,** der ein gutes Stück dem Verlauf der Mirje ulica folgt und von einem Park gesäumt ist. An der Verlängerung der Mauer nach Osten zeigt die **Emonska hiša,** ein Freilichtmuseum, Ausgrabungen des römisch-antiken Emona. Hausfundamente und Mosaike künden von hehrer Zeit, und die Haustechnik (Fußbodenheizung) vom damaligen bequemen Leben.

■ **Emonska hiša,** Mirje 4, Tel. 01-241 25 06, April bis Sept. Di–So 10–18 Uhr, Eintritt mit frühchristlichem Zentrum (Erjavčeva 18) 4 €, Kind 2,50 €.

Südlich des Gradaščica-Kanals

Einen Block weiter südlich durchzieht der Gradaščica-Kanal die Stadt und trennt das Krakovo- vom Trnovo-Viertel. Die **Trnovo-Brücke** von *Plečnik* verbindet die weidenbestandenen Ufer. In Trnovo steht die von *Plečnik* mitgestaltete **Kirche St. Johannes der Täufer** von 1855 im historisierenden Stil, 1895 nach dem Erdbeben mit neoromanischen Stilmerkmalen versehen.

Hinter der Kirche versteckt sich eine Nebenstelle des **Architekturmuseums** in dem Haus, in dem *Plečnik* von 1921 bis 1957 lebte und arbeitete. Es beherbergt das **Plečnik-Haus.** Von besonderem Interesse sind natürlich die Arbeitsräume des Architekten, die original erhalten sind.

Unser Tipp: **Plečnikova hiša/Plečnik-Haus,** Karunova ulica 4, Tel. 01-241 25 06, Di–So 10–18 Uhr, www. mgml.si/en/plecnik-house, 8 €, Kind 6 €, Führungen starten je nach Besucheraufkommen zu jeder vollen Stunde (letzte um 17 Uhr).

Ein weiteres spezielles Museum nördlich lockt nicht nur Raucher, sondern auch an Industriearchitektur Interessierte auf das Gelände der Tabakfabrik *Tobačna Ljubljana* an der Tržaška cesta (Ecke Tivolska cesta): das städtische **Tabakmuseum.** Thema sind die Verarbeitung und Verwendung des Tabaks von den Anfängen bis heute, die Geschichte der Fabrik und die Arbeits- und Lebensbedingungen der Arbeiterinnen. Spannend ist aber nicht nur die Dokumentation frühindustrieller Produktion in Slowenien, sondern auch die Architektur der zwischen Eisenbahntrassen gesetzten Fabrik aus der zweiten Hälfte des 19. Jh. Neben dem Tabakmuseum zeigt das **Kulturzentrum Tobacna 001** in wechselnden Ausstellungen Werke zeitgenössischer Künstler.

■ **Tobačni muzej/Tabakmuseum und Kulturzentrum Tobačna 001,** Tobačna ulica 1, Tel. 01-241 25 06, https://mgml.si/en/center-tobacco/, nur nach vorheriger Anmeldung.

Südlich des Kanals Gradaščica zweigt von der Ljubljanica der Gruber-Kanal ab und macht die Altstadt mit dem Burgberg zur Insel. Östlich des Abzweigs am jenseitigen Ufer erstreckt sich der **Botanische Garten.** 1810 gegründet wachsen in ihm heute mehr als 4500 Arten. Ein Drittel sind slowenische Pflanzen, der Rest Gewächse aus aller Welt.

Botanični vrt/Botanischer Garten, Ižanska cesta 15, Tel. 01-427 12 80, www.botanicni-vrt.si, Nov.–März 7.30–17 Uhr, April–Juni, Sept./Okt. 7–19 Uhr, Juli/Aug. 7–20 Uhr, Eintritt 3 €.

Dem Botanischen Garten gegenüber befindet sich eine dreieckige Landspitze, die **Špica,** einst beliebtes Schwimmbad und wenn's nach den Wünschen der Einwohner von Ljubljana geht bald wieder (nach Sanierung des Flüsschens) ein Badeplatz. Unser Tipp: Bis dahin kann man sich im **Špica Caffe** niederlassen und die friedliche Atmosphäre genießen.

Rund um den Trg Republike

Einst war die **Slovenska cesta** Hauptverkehrsstraße des Zentrums. Heute ist sie zur Fußgängerzone umgewandelt und ein hübscher Shopping-Boulevard. Um sie herum liegen ältere und neuere sehenswerte Gebäude und Einrichtungen. Das **Nationaltheater für Dramen** schuf 1909–11 *Alexander Graf*. Unweit davon kann man in der **Jakopič-Galerie** allerlei zur grafischen Gestaltung von Druckerzeugnissen sehen.

■ **Jakopič-galerija/Galerie,** Slovenska cesta 9, Tel. 01-425 40 96, www.mgml.si/en/jakopic-gallery, Di–So 10–18 Uhr, 5 €.

Nordwestlich des Nationaltheaters wartet am Platz der Republik (dem größten der Stadt) hinter der Ursulinenkirche das moderne **Kultur- und Kongresszentrum** von Ljubljana **Cankarjev Dom** mit diversen Veranstaltungssälen und zwei Galerien auf.

■ **Cankarjev Dom,** Prešernova cesta 10, Tel. 01-241 71 00, www.cd-cc.si, Öffnungszeiten und Eintritt je nach Veranstaltung.

Hinter dem Zentrum jenseits der Erjačeva cesta sieht man bei der Grundschule *OŠ Majde Vrhovnik* ein **Archäologisches Freilichtmuseum** mit frühchristlichen Ruinen aus dem 5. Jh. – u.a. einem achteckigen Taufbecken. Am trg Republike diskutieren im **Parlamentsgebäude** von 1959 mit seinem wuchtigen, von Steinmetzen geschaffenen Portal die Abgeordneten.

■ **Arheološki park Zgodnjekrščansko sre-dišče,** Erjačeva cesta 18, Tel. 01-241 25 00, Öffnungszeiten und Eintritt wie Emonska hiša (→ S. 41).

Nationalmuseum

Jenseits des Parks der Nationalhelden (mit einer Gruft und einem Denkmal des Universalgelehrten *Valvasor*) empfängt das Nationalmuseum Besucher. Das Gebäude entstand zwischen 1883 und 1885 im Neorenaissancestil bereits als Museumsbau, beherbergte das Landesmuseum Krain und wurde 1921 zum Nationalmuseum. Die Sammlung umfasst **Exponate aus allen Epochen** auf slowenischem Gebiet – von der Urgeschichte bis zur Jetztzeit. Eines der Prunkstücke ist die berühmte „Situal

701sl sk

von Vače", ein mit interessanten Reliefs geschmücktes Bronzegefäß der Hallstatt-Periode. Sehenswert sind auch die bronzezeitlichen Funde aus dem Ljubljansko barje, dem Moorgebiet, in dem man Pfahlbaudörfer ausgegraben hat (heute Teil des UNESCO-Weltkulturerbes), sowie Münzen und Schmuck aus dem römischen Emona.

Im Gebäude sind auch eine Bibliothek, eine grafische Abteilung, eine Münzsammlung und das **Naturkundemuseum** mit Dauerausstellungen zu Geologie, Paläontologie, diversen Tiersammlungen, einer Mineralienabteilung und einem kompletten Mammutskelett untergebracht.

■ **Narodni muzej/Nationalmuseum,** Prešernova cesta 20, Tel. 01-241 44 00, www.nms.si, 10–18, Sommer Do 8–22, Winter Do 10–20 Uhr, 8 €, Kind 4 €, mit Nationalmuseum zur Geschichte der angewandten Kunst in Metelkova und Naturkundemuseum 10 €/6 €.

■ **Prirodoslovni muzej/Naturkundemuseum,** Tel. 01-241 09 40, www.pms-lj.si, tgl. 10–20 Uhr, 4 €, Kind 3 €, Kombiticket s.o.

Die Entstehung in der Zeit der K.-u.-k.-Monarchie ist dem prachtvollen Bau des Nationalmuseums deutlich anzusehen

Rund um das Hochhaus Nebotičnik

In dem nördlich sich anschließenden Straßenblock war die **Landesoper** im Neorenaissancestil aus den Jahren 1890–92 bis 1911 Sitz des Deutschen und des Slowenischen Theaters; dann zog das Slowenische Theater in seine heutigen Räumlichkeiten, das Nationaltheater, um.

Die **Moderne Galerie** westlich der Landesoper wurde zwischen 1939 und 1947 (mit kriegsbedingten Verzögerungen) erbaut, um die aus allen Nähten platzende Nationalgalerie zu entlasten. Die Dauerausstellung widmet sich der slowenischen Kunst seit den Anfängen der Moderne, beginnend bei Impressionismus, Expressionismus und Symbolismus. Zum Zeitpunkt der Recherche war das Museum wegen technischer Probleme geschlossen.

- **Moderna galerija/Moderne Galerie,** Cankarjeva cesta 15, Tel. 01-241 68 00, www.mg-lj.si, Di–So 10–18 Uhr, 5 €, Kind 2,50 € (mit Museum für zeitgenössische Kunst 7,50/3,50 €).

Die **Nationalgalerie** nördlich der Oper zeigt eine Dauerausstellung slowenischer Kunst vom Hochmittelalter bis zum Beginn der Moderne und Werke europäischer Maler. Besonders eindrucksvoll ist die mittelalterliche Sammlung mit gotischen Skulpturen. In einem modernen Anbau (1993) steht u.a. der Brunnen der Drei Krainer Flüsse von *Francesco Robba*. Das Ensemble komplettiert der perfekt restaurierte Narodni Dom (Erbauung 1896) mit einer sehenswerten Dauerausstellung in den Prunkräumen.

- **Narodna galerija/Nationalgalerie,** Purharjeva ulica 9, Tel. 01-241 54 34, www.ng-slo.si, Di–So 10–18, Do bis 20 Uhr, 8 €, Kind 4 € (mit Sonderausstellung 10/7 €).

Unser Tipp: Direkt an der Slovenska ulica Ecke Štefanova ulica steht das älteste **Hochhaus** Ljubljanas – **Nebotičnik,** „Wolkenkratzer", genannt und 1933 von *Vladimir Šubic* geplant. Ein Blick auf das Treppenhaus lohnt, wo sich die Stufen einfach-elegant den Turm hinaufkreiseln. Oben angekommen, genießt man von der Aussichtsterrasse der Café-Lounge *Nebotičnik* einen fantastischen Rundblick über Ljubljana, der bei klarem Wetter bis zu den Alpen reicht.

Im Tivoli-Park

Westlich an das Zentrum schließen die großzügigen Flächen des Tivoli-Parks an, durchaus noch zu Fuß zu erreichen. Man geht, das **Tivoli-Schloss** vor Augen, die Cankarjeva cesta entlang (Verlängerung der Čopova ulica vom Prešernov trg), kreuzt die Ringstraße des Parks und die Eisenbahn durch eine Unterführung und folgt der Jakopič-Promenade, geschmückt mit Kandelabern von *Plečnik*. Ursprünglich im 17. Jh. gebaut, wurde das Schloss mehrmals verändert. Es beherbergt das **Internationale Zentrum für Kunstgrafik** mit Ausstellungen (inter-)nationaler Grafiker (mit dem Auto gelangt man über den Parkplatz der Sporthalle Tivoli zum Schloss).

- **Mednarodni grafični likovni center/Int. Zentrum für Kunstgrafik,** Pod Turnom 3, Tel. 01-

241 38 00, www.mglc-lj.si, Di–So 10–18 Uhr, 5 €, Kind 3 €, Grafik-Biennale (ungerade Jahre) 10 €.

Im nordöstlichen Teil des Parks zeigt das **Cekin-Schloss** mit dem **Museum für Neuere Geschichte** eine Dauerausstellung mit Wissens- und Sehenswertem zur jüngsten Geschichte des Landes sowie zu bedeutenden Slowenen des 20. Jh.

■ **Muzej novejše zgodovine/Museum für Neuere Geschichte,** Celovška cesta 23, Tel. 01-300 96 10, Di–So 10–18 Uhr, 5 €, Kind 3 €.

Große Verdienste um die Entwicklung und den Wiederaufbau Ljubljanas nach dem Erdbeben sowie die Trockenlegung des Moors erwarb sich der langjährige Bürgermeister *Ivan Hribar* (1851–1941). Seine Villa am südlichen Tivoli-Park steht heute als Museum **Villa Zlatica** Besuchern offen. Eindrucksvoll eröffnet die historische Bibliothek die Ausstellung; die Wohnräume im ersten Stock sind mit Originalmobiliar eingerichtet. Das Museum berichtet nicht nur vom Leben und Wirken *Hribars,* es gibt auch Einblick ins Leben der Laibacher Bourgeoisie des 19. Jh.

■ **Villa Zlatica,** Cesta 27. aprila 47, Tel. 040-83 57 75, https://mgml.si/en/villa-zlatica/, Führungen Fr 15–18, Sa 14–18 Uhr, Eintritt 8 € (Kind 6 €).

Im südwestlichen Teil des Parks erstreckt sich auf 45 Hektar der **Zoo** mit über 150 Arten – nichts Spektakuläres, aber für Kinder sicher eine angenehme Unterbrechung des Kulturprogramms.

■ **Zoo,** Večna pot, Tel. 01-244 21 81, https://info.zoo.si, tgl. 9–16.30/19 Uhr (je nach Saison), 11,50 €, Kind 9,50 €.

Östlich des Tivoli-Parks an der Celovška cesta sind die Gebäude der *Union*-Brauerei unübersehbar. In der ehemaligen Salzdarre öffnet zu geführten Besichtigungen das **Brauerei-Museum** seine Pforten. Neben dem Rundgang durch die Produktion und einer Videovorführung darf man auch verschiedene Biersorten probieren und sich von der Qualität slowenischer Biere überzeugen.

■ **Pivovarski muzej/Brauerei-Museum,** Pivovarniška ulica 2, Tel. 041-30 30 50, www.union-experience.si, Führungen Di–Sa 11, 13, 15, 17 Uhr, 15,50 €, Kind 8 €.

Metelkova mesto

Nördlich des Zentrums haben sich auf dem Gelände einer **ehemaligen Kaserne,** Metelkova, zwei Szenen etabliert – zum einen das alternative **Klub- und Künstlerareal** Metelkova mesto, zum anderen das von moderner Architektur geprägte neue **Museumsgelände.**

Ethnografisches Museum

Die Dauerausstellung umfasst hauptsächlich in den 1950er Jahren in Feldstudien gesammelte Exponate über das **bäuerliche Leben** in Slowenien und wirft einen interessanten Blick auf die slowenische Alltagskultur und auf bäuerlichen Hausrat und Kleidung. Eine Dauerausstellung zeigt *Jože Plečniks* Ent-

140sl sk

würfe für einen slowenischen Kunsthandwerksladen am Kongresni trg, die 1940 eröffnete Lectarija. Mobiliar, Lampen etc. – alles stammt aus *Plečniks* Hand.

■ **Etnografski muzej/Ethnografisches Museum,** im Kulturareal *Metelkova,* Majstrova ulica 1, Tel. 01-300 87 00, www.etno-muzej.si, Di–So 10–18, Do bis 20 Uhr, 6 €, Kind 3 €.

Bootstouren auf der Ljubljanica zeigen die Stadt aus ungewöhnlicher Perspektive

Museum für zeitgenössische Kunst

Das **Museum für zeitgenössische Kunst** gleich nebenan präsentiert Arbeiten von Künstlern aus Slowenien und Osteuropa, überwiegend aus dem 21. Jh. Die wechselnden Ausstellungen werden mit Exponaten aus dem Fundus der *Moderna galerija* bestückt und immer wieder durch Leihgaben ergänzt. Faszinierend ist das Zusammenspiel von Exponaten und der modernen Architektur des Museums.

■ **Muzej sodobne umetnosti/Museum für zeitgenössische Kunst,** Maistrova ulica 3, Tel. 01-241 68 25, www.mg-lj.si, Di–So 10–18 Uhr, 5 €, Kind 2,50 € (mit Moderner Galerie 7,50/3,50 €).

Geschichte der angewandten Kunst

Auf dem gleichen Areal ist in der Maistrova ulica 1 in einem Neubau ein Ableger des Slowenischen Nationalmuseums mit einer Dauerausstellung zur **Geschichte der angewandten Kunst** untergebracht, die Gemälde, historische Möbel, Porzellan und Schmuck zeigt.

■ **Narodni muzej Metelkova/Geschichte der angewandten Kunst,** Tel. 01-230 70 30, Di–So 10–18 Uhr, Eintritt 8 €, mit Museum an der Prešernova cesta 10 €.

Außerhalb des Zentrums

Sv. Frančišek

Über die Celovška cesta und die Litostrojska cesta kommt man im Stadtteil **Šiška** zur **Kirche St. Franziskus** von *Jože Plečnik*. Am weithin sichtbaren klassizistischen Glockenturm kann man sich gut orientieren.

Friedhof Žale

Im Nordosten des Zentrums über die Dunajska cesta und Linhartova cesta erreicht man einen der absoluten Höhepunkte für Jünger des Architekten **Plečnik,** den Friedhof Žale, vollständig und in sich stimmig 1938–40 vom Meister konzipiert. Durch einen Triumphbogen betritt man das Reich des Jenseits und befindet sich zwischen reich geschmückten Totenkapellen in unterschiedlichsten Architekturstilen aus in der Sonne gleißendem, weißem Gestein. Die Wirtschaftsgebäude in der südöstlichen Ecke hingegen erinnern in ihrer groben Mauerstruktur und den ikonenähnlichen Heiligenbildern an die Universitätsbibliothek. *Plečnik* selbst ist auf dem Friedhof begraben, seine letzte Ruhestätte findet man in Sektion 6A, Reihe 14, Grab 13.

■ **Pokopališče Žale/Friedhof Žale,** www.zale.si, Med hmeljniki 2, vom Zentrum mit Bus Nr. 2 in Richtung Jama, tgl. 7–21, Winter 7–19 Uhr.

Eisenbahnmuseum

Eisenbahnfans finden nordwestlich des Bahnhofs mehr als 60 **Lokomotiven** der Slowenischen Staatsbahnen und eine Menge anderer Exponate.

■ **Železniški muzej/Eisenbahnmuseum,** Parmova ulica 35, www.zelezniskimuzej.si, Tel. 01-291 26 41, Di–So 10–18 Uhr, 8/Kind 4 €.

Schloss Fužine

Weit außerhalb an der **Ljubljanica** im Osten liegt im gleichnamigen Stadtteil das Schloss Fužine (1528–1557). Es ist der zentrale Standort des **Architekturmuseums.** Fast rechteckig, besitzt das Gebäude im italienischen Renaissancestil vier Ecktürme und einen Turm am Eingang. Wechselnde Ausstellungen behandeln Themen wie Industriedesign im 20. Jh. oder slowenische Architektur des 17. Jh. Besuchenswert ist auch der Museumsladen, der Produkte slowenischer Designer verkauft.

■ **Grad/Schloss Fužine,** Pot na Fužine 2, Tel. 01-548 42 70, www.mao.si, Di–So 10–18 Uhr, 7 €.

Praktische Tipps

Informationen

■ **TIC Ljubljana,** Adamič Lundrovo nabrežje 2, 1000 Ljubljana, Tel. 01-306 12 15, www.visitljubljana.com, Okt. bis Mai Mo–Sa 8–18, So 8–17 Uhr, Juni bis Sept. tgl. 9–19 Uhr, Informationen zu Ljubljana. Mit der hier erhältlichen Ljubljana-Card bekommt man Ermäßigungen bei Museumsbesuchen, öffentlichen Verkehrsmitteln und in vielen Restaurants und Cafés.

■ **STIC, Slowenisches Tourismus-Informationszentrum,** Krekov trg 10, Tel. 01-306 45 75, www.slovenia.info, Juni–Sept. tgl. von 9 bis 21 Uhr, sonst Mo–Fr 8–19, Sa/So 9–17 Uhr. Das Tourismusbüro ist auch zuständig für Zentralslowenien und verfügt über Infomaterial zu allen Regionen. Außerdem kann hier kostenloses Internet genutzt und Fahrräder ausgeliehen werden (s.u.).

7 **Alpenverein/Planinska zveva,** Ob železnici 30a p.p. 214, Tel. 01-434 56 80, www.pzs.si, Mo/Do 9–15 Uhr, Mi 9–17 Uhr, Fr 9–13 Uhr.

Service

Post

■ **Pošta Slovenije/Hauptpost,** Pražakova ulica 3, Mo–Fr 8–19, Sa 8–12 Uhr.

Internet

Die **WLAN-Hotspots** von WiFree-Ljubljana (www.wifreeljubljana.si) sind weit verbreitet. Kostenlos kann man das Angebot täglich 60 Minuten nutzen, mit Ljubljana Card 24 Std. Dafür meldet man sich auf der Website an und bekommt dann das Passwort. WLAN findet man auch in vielen Universitätsgebäuden, so in der Uni-Bibliothek, und an den zentralen Plätzen wie Stari trg und Prešernov trg. In den meisten Cafés und Restaurants kann man kostenlos online gehen – bei der Bestellung erfragt man das Passwort. Eine Liste kostenloser Hotspots findet sich auf www.ljubljana.info/internet.

Fahrradverleih

Ljubljana ist sehr fahrradfreundlich ausgebaut; Radwege verbinden alle wichtigen (touristischen) Orte. **Leihfahrräder** gibt es (im Sommer) z.B. bei Ljubljana Bike an der Touristeninfo STIC (bis 2 Std. 6 €, 14 €/8 Std., mit Ljubljana Card 4 Std. kostenlos).

Unser Tipp: **BicikeLJ** stellt im ganzen Stadtgebiet an über 60 Stationen Leihräder zur Verfügung, die mittels eines Pincodes freigeschaltet und über die Kreditkarte abgerechnet werden. Voraussetzung ist die Anmeldung über http://en.bicikelj.si oder mittels der App BicikeLJ. Preis: 1. Std. gratis, 2. Std. 1 €, 3. Std. 2 €, 4. und jede weitere Std. 4 €. Höchstmietdauer 24 Std.

Gepäckaufbewahrungen

■ **Schließfächer am Bahnhof und Busbahnhof** (Schalter 3), je nach Größe 3–6 €/Tag, geöffnet 5–24 Uhr (24–5 Uhr über Tel. 031 77 93 40 um Öffnung bitten).

Notfälle

■ **Polizei:** Tel. 113 (landesweit)

■ **Unfallrettung:** Tel. 112 (landesweit)

■ **Klinikcenter/Klinični center:** Zaloška 2–7, Tel. 01-522 50 50, www.kclj.si.

■ **Zdravstveni dom center,** Metelkova 9, Tel. 01-472 37 00 (9–19 Uhr), www.zd-lj.si. Allgemeine Ambulanz.

■ **Medicinski center BARSOS,** Gregorčičeva 11, Tel. 01-242 07 00, http://barsos.si. Fachmediziner mit Englisch- oder Deutschkenntnissen, nur nach Voranmeldung.

■ **Zahnklinik/Stomatološka klinika:** Hrvatski trg 6, Tel. 01-522 27 70.

■ **Apotheke:** Lekarna pri Polikliniki, Njegoševa cesta 6K, Tel. 01-230 61 00, Notfallapotheke 0–24 Uhr.

■ **Polizeistation,** Trdinova ul. 10, Tel. 01-475 06 00.

■ **Fundstücke** werden bei der **Polizeidienststelle** aufbewahrt, in deren Bereich der Gegenstand gefunden wurde. Anschrift und Telefon der zuständigen Polizeidienststelle stehen auf www.policija.si.

Alles, was **in den slowenischen Eisenbahnen vergessen oder verloren** wurde, bewahrt das Fundbüro am Bahnhof auf: ŽIP, Trg Osvobodilne fronte 9 (am Bahnhof), Tel. 01-291 25 98, Mo–Fr 7–15 Uhr.

Fundsachen aus öffentlichen Verkehrsmitteln werden einen Monat im Büro der Verkehrsbetriebe LPP aufgehoben: **Fundbüro der LPP,** Celovška cesta 160, Tel. 05-519 40 17, Mo–Fr 7–17 Uhr.

Verkehr

Flüge

■ **Flughafen:** Brnik, Tel. 04-206 19 81, www.lju-airport.si. Brnik befindet sich 23 km im Norden der Stadt und ist gut über die Autobahn erreichbar (Hinweisschilder Kranj).

Flughafenbus der städtischen Verkehrsbetriebe: Abfahrten ab Ljubljana Busbahnhof Mo bis Fr ab 5.07 und dann stündlich bis 20.10 Uhr (s. Website), Sa/So 6.10, 9.10 und dann alle 120 Min. bis 19.10 Uhr; Abfahrten am Flughafen Mo–Fr ab 5, 6, 7 Uhr und dann stündlich bis 20 Uhr, Sa/So 7, 10, 12 und dann alle 120 Min. bis 20 Uhr. Die Fahrtzeit beträgt ca. 45 Min., Preis 3,30 €. Infos unter Tel. 090 74 11 oder auf www.arriva.si.

Züge

Der **Bahnhof** befindet sich in zentrumsnaher Lage am Trg Osvobodilne fronte. Hier verkehren nationale und internationale Züge. Informationen erhält man vor Ort oder unter Tel. 080 81 11, https://potniski.sz.si/en/.

Fernbusse

Nationale und internationale Fernbuslinien fahren am **Busbahnhof** gegenüber dem Bahnhof am Trg Osvobodilne fronte ab. Ticketverkauf und Information werktags 5–22.30, So 5.30–22.30 Uhr. Informationen auch unter Tel. 19 91, www.ap-ljubljana.si.

Stadtbusse

Die zuständige Gesellschaft **LPP** *(Ljubljanski potniški promet)* hat ihren Sitz an der Celovška cesta 160 (wo man auch Dauerfahrkarten erhält). Die Bezahlung erfolgt grundsätzlich mit der elektronischen Urbana Card, die an Kiosken, bei Postämtern, in den Touristeninfos und an den grünen Automaten erhältlich ist. Gegen eine einmalige Gebühr von 2 € kann man sie mit einem beliebigen Betrag bis 50 € aufladen lassen. Beim Einsteigen hält man sie an den (ebenfalls grünen) Entwerter, und der fällige Betrag, innerstädtisch 1,30 €, wird abgebucht. Ist die Karte leer, erhält man die Anfangsgebühr bei Rückgabe zurück. Neben den tagsüber zumeist zwischen 5 und 22.30 Uhr verkehrenden Buslinien transportieren mehrere Linien Passagiere auch in den Nachtstunden.

Ein Plan der Nachtlinien ist unter www.lpp.si/sites/www.jhl.si/files/dokumenti/lpp_map_of_ni

hotel am Fuß des Burgbergs; sie sind nicht groß, aber vor der Hoteltür wartet das pralle Leben der mittelalterlichen Altstadt.

25 **Hotel City**③, Dalmatinova 15, Tel. 01-239 00 00, www.cityhotel.si. Das moderne, zentral gelegene Haus ist komfortabel und gemessen am Standard günstig. Rechtzeitig buchen!

40 **Hotel Mrak**③, Rimska cesta 4, Tel. 01-421 96 50, www.hotelmrak.si. Nahe dem Trg francoske revolucije, teils etwas kleine, aber nett nach Geschichtsthemen eingerichtete 34 Zimmer, Garten, gebührenpflichtiger Parkplatz und gute Küche.

47 **Emonec**②-③, Wolfova ul. 12, Tel. 01-200 15 20, www.hotel-emonec.com. Zentral in der Fußgängerzone gelegen (Parkplatz 400 m entfernt), nett eingerichtet und preiswert für ein Stadthotel.

18 **Hotel Ljubljana Park**①-②, Tabor 9, Tel. 01-300 25 00, www.hotel-bb.com. Das überraschend komfortable, preiswerte Hotel begeistert auf den zweiten Blick – denn hübsch ist das Hochhaus nicht. Aber die Zimmer sind komfortabel und modern und der Blick von der Dachterrasse grandios. Außerdem: Auf halbem Weg zwischen Metelkova (Nightlife) und Altstadt.

24 **Pension Stari Tišler**②, Kolodvorska 8, Tel. 01-430 33 70, www.stari-tisler.com. Die zentral beim Bahnhof gelegene Pension ist eine nette Mischung aus gemütl. Zimmern und uralter Gastwirtschaft.

67 **BIT Center**①, Litijska 57, Tel. 01-548 00 55, www.bit-center.net. Hotel/Hostel mit modernen Einzel-, Doppel- und Mehrbettzimmern, günstige Preise und angeschlossenes Sportzentrum, im Osten der Stadt an der Ausfallstraße.

37 **Gami Factory Lofts**②-③, Tržaška cesta 2, 064-25 34 53, www.gami.si. Studios und Apartments in der ehemaligen Tabakfabrik sind eine gute Option für längere Aufenthalte. Einige besitzen sogar eine Privatsauna. Parkplätze gibt es vor der Tür, die Fenster (zur verkehrsreichen Tržaška cesta) sind schallisoliert.

Jugendherbergen/Hostels

Einige Jugendherbergen Ljubljanas sind nur in der Hauptsaison offen (meist Juli/August), da sie Studentenwohnheime nutzen, die während der Semesterferien freistehen. Als Übernachtungsentgelt muss man mit mindestens 15 € rechnen, Mitglieder des Jugendherbergswerkes erhalten Rabatt. Einzelzimmer sind teilweise verfügbar.

1 **Hostel Tivoli**①, Lepodvorska ulica 2, Tel. 059-16 09 74, https://hosteltivoli.com. Doppel- und Mehrbettzimmer, mit Gemeinschaftsraum und Frühstück. Kostenlose Parkplätze, zentral gelegen unweit des Tivoli-Parks.

11 **Ljubljana Capsule Hostel**①, Metelkova 11, Tel. 040-15 78 83, https://ljubljanacapsulehotel.com. Muss man mögen: Übernachten in abschließbaren Schlafnischen mit Safe, LCD-TV und Kopfhörern. Ein bisschen beengt, aber wer nicht unter Platzangst leidet, ist hier gut und am Nabel des Nachtlebens untergebracht.

12 **Youth Hostel Celica**①-②, Metelkova 9, Tel. 01-230 97 00, www.hostelcelica.com. Jugendhotel in ehemaligen Gefängnisräumen; die Event-Hallen des Metelkova Mesto sind gleich nebenan, Mehrbett- und Doppelzimmer.

34 **Hostel Fluxus,** Tomšiceva ulica 4, Tel. 01-251 57 60, www.hostelworld.com. Das farbenfroh eingerichtete, sympathische Hostel hat zentrale Lage. Mehrbett- und Doppelzimmer.

29 **Hostel Tresor**①, Čopova 38, Tel. 01-200 90 60, www.hostel-tresor.si. Moderne Einrichtung, gute Gemeinschaftsräume – und die vielleicht beste Lage aller Hostels nahe dem Tromostovje.

9 **The Fuzzy Log**①-②, Miklošičeva cesta 9, Tel. 01-308 43 00, www.uhcollection.si/the-fuzzy-log/. Sieht so die Hostel-Zukunft aus? Glamping auf der Dachterrasse oder verkriechen in neonbunt beleuchteten Kapseln? Sicher nicht für jede(n), aber ausprobieren lohnt sich!

19 **Hostel Tabor**①, Kotnikova 4, Tel. 01-234 88 40, http://hostel.ddt.si. Östlich und unweit des Zentrums, Bus Linie 5 Richtung Štepansko naselje –

Haltestelle „Ilirska". Nur vom 25. Juni bis 25. August geöffnet.

Camping

Ljubljana-Ježica

■ **Ljubljana Resort,** Dunajska 270, Ljubljana-Ježica, Tel. 070-25 38 45, www.ljubljanaresort.si. Der ehemalige Campingplatz Ježica hat sich in ein Luxus-Resort mit Stellplätzen, Bungalows, einem Drei-Sterne-Hotel, einem Aquapark und riesigen Sport- und Wassersportangebot verwandelt.

Smlednik

■ **Smlednik,** Dragočajna 14a, 1216 Smlednik, Tel. 01-362 70 02, 100 Plätze. Zwischen Zbilje und Trboje-See 17 km nördlich von Ljubljana mit einer ganzen Reihe an Wassersportmöglichkeiten. 1.5.–15.10.

Dol

Camping & Camper Stop, Osredke 45, Dol pri Ljubljani, Tel. 040-97 25 83, auf Facebook. Der übersichtliche, ebenso freundlich wie nachhaltig geführte Platz liegt 17 km östlich von Ljubljana. Moderne Installationen wie Elektroanschluss, Wasser etc., dazu Bio-Gemüse aus dem eigenen Garten und Yoga-Stunden.

Essen und Trinken

43 **Pri Škofu**③, Rečna cesta 8, Tel. 01-426 45 08, auf Facebook, Mo, Di geschl. Im Stadtteil Krakovo, originelle slowenische Küche wie z.B. Risotto aus braunem Reis mit Steinpilzen.

56 **Gostilna na gradu**④, Grajska planota 1, Tel. 08-205 19 31, www.jezersek.si, Mo–Sa 12–22 Uhr, So nur mittags geöffnet. Slowenische Küche frisch und modern interpretiert, und die Zutaten stammen von Bio-Höfen. Ljubljanas schicke Ess-Location auf der Burg.

8 **JB Restaurant**④, Miklošičeva cesta 17, Tel. 01-430 70 70, http://jb-slo.com, So Ruhetag. Der Chef hat in internationalen Spitzenrestaurants gelernt und verwöhnt Ljubljanas Gourmets nun mit feinsten mediterran-slowenischen Kreationen.

42 **Gostilna Jakob Franc**②, Trnovski pristan 4a, Tel. 051-61 60 00, www.facebook.com/gostilnaJakobFranc, Mo geschl. Hier dreht sich viel um's Schwein (aber nicht nur): Von der Haxe bis zu Feingehacktem, vom Aufschnitt bis zum „Rostbrätl". Traditionelle slowenische Küche und nette Stimmung.

31 **Nebotičnik**③, Štefanova 1, Tel. 040-23 30 78, www.neboticnik.si, Mo 9–22, Di–Sa 9–24, So ab 12 Uhr. In das Café-Restaurant mit Club-Lounge in den obersten Etagen des „Wolkenkratzers" kommt man eher nicht wegen des Essens, sondern wegen des Blickes. Die Drinks sind gut.

28 **AS**③, Čopova 5a, Tel. 01-425 88 22, www.gostilnaas.si. Im schicken, dabei aber sehr gemütlichen Restaurant wird frische mediterrane Küche serviert. Ein weiterer Schwerpunkt sind perfekt gegrillte Steaks.

63 **Špajza**②, Gornji trg 28, Tel. 01-425 30 94, www.facebook.com/Spajzarestaurant. In der Altstadt wird italienisch und österreichisch inspirierte einheimische Kost gereicht. Ein Schwerpunkt sind gegrillte Steaks. Der Weinkeller gibt einen guten Überblick über die slowenischen Sorten.

28 **Cantina Mexicana**②-③, Wolfova 4, Knafljev prehod, Tel. 01-426 93 25, www.cantina.si, So–Do 10–1, Fr, Sa bis 2 Uhr. Eine der beliebtesten Studentenkneipen – das mexikanische Essen ist ordentlich gewürzt.

39 **Meta in Bazilika**①, Rimska 25a, Tel. 01-425 40 45, www.metainbazilika.si, Mo–Fr 8–17 Uhr. Lockeres Studentenambiente und preiswertes Essen – es gibt Panini, Pizza und spezielle Mittagsmenüs.

4 **Hot Horse**①, Celovška cesta 25, Tivoli Park, Tel. 01-521 14 27, www.hot-horse.si, Mo–Sa 10–22, So 12–20 Uhr. Eine gewöhnungsbedürftige, aber erstaunlich schmackhafte slowenische Institution: Vom Burger übers Steak bis zum Carpaccio ist an diesem Imbissstand alles aus Pferdefleisch.

3 **Radha Govinda**②, Žibertova 23, Tel. 05-905 83 81, www.radhagovinda.si, Mo–Sa 11–18 Uhr. Im fleischlastigen Slowenien eine willkommene Abwechslung: indische und vegetarische Küche von bester Qualität.

55 **Güjžina**②-③, Mestni trg 19, Tel. 083-80 64 46, www.prekmurska-gostilna.si. Spezialitäten aus dem Prekmurje in gemütlichem Ambiente. Erstaunlich: Die wirklich fleischlastige Küche aus der Region kommt hier wohlschmeckend vegetarisch oder vegan auf den Tisch! Nicht verpassen: die preisgekrönte *Prekmurska Gibanica!*

65 **Trta**①, Grudnovo nabrežje 21, Tel. 070-70 09 28, www.trta.si, Di–Fr 12–22, Sa 12–17 Uhr. Die Pizzeria mit der angeblich besten Holzofenpizza der Stadt.

52 **TaBar**③, Trubarjeva cesta 73, Tel. 031-76 40 63, www. tabar.si, Mo–Sa 11–24 Uhr. Hier gibt's ausschließlich Tapas – aber eben auf slowenisch: Tartar mit gegrillter Aubergine, Hasenterrine, Spargel mit wildem Knoblauch. Küchenchef *Jakob Pintar* ist Kult, ebenso sein Lokal.

47 **Sushimama**②, Wolfova ul. 12, Tel. 040-70 20 70, www.sushimama.si, Mo–Sa 11.30–23 Uhr. Sushi und japanische Küche in dezent-kühlem Ambiente.

60 **Gostilnica 5-6 kg**②, Gornji trg 23, Tel. 01-320 08 04, https://gostilnica5-6kg.si, Di–Sa 11–23, So 11–17 Uhr. 5–6 Kilogramm wiegt ein Spanferkel, wenn es in den Ofen geschoben wird – und wenn es wieder herauskommt stehen die Gäste Schlange. Aber auch die Pizzen sind ausgezeichnet.

21 **Abi Falafel**①-②, Trubarjeva 40, Tel. 041-64 01 66, www.falafel.si, So–Do 10–22, Fr, Sa bis 23 Uhr. Viele der hier zubereiteten orientalischen Köstlichkeiten sind vegetarisch, einige vegan. Ljubljanas ältester Orient-Imbiss gilt nach wie vor als unübertroffen.

35 **Oštarija Pr' Noni**③-④, Cesta v Gorice 1, Tel. 01-242 58 20, www.prnoni.si, Mo–Fr 11–22, Sa 12–22, So 12–17 Uhr. Etwas abseits des Zentrums gelegen, ist hier feine mediterrane Küche zuhause. Die moderne Umgebung schreckt eher ab, aber drinnen und im Garten fühlen sich die Gäste pudelwohl.

10 **Georgie Bistro**③, Čufarjeva 5, Tel. 040-43 11 23, https://georgiebistro.si, Mo–Sa 12–20, So 12–16 Uhr. *Gregor Jelnikar* gilt Gourmetbibeln wie Michelin als neues Talent am kulinarischen Himmel. Die Küche ist slowenisch-international, die Gerichte lassen sich zu mehrgängigen Menüs kombinieren. Die Preise sind erstaunlich günstig, gemessen an der Qualität.

23 **Gaudi & Naan**②, Trubarjeva 7, Tel. 041-66 20 73, www.gaudi.si, Mo–Fr 11–21, Sa 18–21 Uhr. Vegane Gerichte nach ayurvedischen Prinzipien schaffen wahre Geschmackssensationen.

20 **Baščaršija**②-③, Trubarjeva cesta 52, Tel. 059-72 19 40, www.bascarsija.si, tgl. 10–23 Uhr. Deftige Balkanküche grüßt mit üppigen Grillplatten und viel Knoblauch.

Cafés

26 Das **Hotel Union** besitzt mit seinem **Kaffeehaus** eine der ersten Adressen für einen Nachmittag in der Gesellschaft von Zeitungen. Die Einrichtung lässt alte Zeiten aufleben und mit der Melange und einer *kremšnita* (Cremeschnitte) beruhigen sich auch aufgeregte Mägen.

30 In der Kavarna/Lounge-Bar **Zvezda** des Hotels Slon, Wolfova ulica 14, ist man auch ohne Hotelzimmer ein gern gesehener Gast.

27 **Tink Superfood Café,** Tavčarjeva 4, Tel. 040-45 28 11, www.tinksuperfood.com, tgl. 10–18 Uhr. Gesundes und Energiegeladenes aus der ganzen Welt, von fantasievollen *Poké balls* über Smoothies bis zu verschiedensten Toasts – und natürlich sehr guter Kaffee.

58 **Cha,** Stari trg 3, Tel. 01-252 70 10, www.cha. si. Mit großer Teeauswahl und gutem Kuchen das Alternativprogramm zum Koffein.

41 **Le Petit Café,** Trg francoske revolucije 4, Tel. 01-251 25 75, www.lepetit.si, tgl. 7.30–23 Uhr.

Paris zu Gast in Ljubljana: ein Hauch von Bohème, viele Studenten und köstliches Frühstück.

Eiscafé

50 **Vigò,** Mačkova ulica 2, Tel. 082-05 64 20, www.vigo-icecream.com. Das angeblich beste Eis der westlichen Hemisphäre – Klassiker und Ausgefallenes.

Abends unterwegs

Ljubljanas **Nachtleben** konzentriert sich in der Altstadt, im Szenequartier Metelkova Mesto und im Umfeld des Kinos Šiška. Einen ersten Überblick gibt www.visitljubljana.com.

Unser Tipp: 2 **Kino Šiška,** Trg prekomorskih brigad 3, Tel. 01-500 30 00, www.kinosiska.si. Ljubljanas Veranstaltungsort für alles Alternative – Musik, Theater, Tanz, Kunst, nicht zuletzt ist das ehemalige Kino und jetzige Kulturzentrum auch Treffpunkt der Streetart-Szene. Ein Kino gibt's außerdem und ein angesagtes Café.

6 **K4,** Kersnikova 6, Tel. 040-21 22 920, https://lok4cija.si. House, Techno, Electro, Drum 'n' Bass, oft live – eine Institution in der Stadt. An manchen Abenden wird am Eingang streng gesiebt.

36 **Sputnik,** Tržaška cesta 128, Tel. 051-62 70 00, www.sputnik.si. Retro-Style, Gast-DJs und tagsüber Frühstück und Snacks.

16 **Orto Bar,** Graboličeva ulica 1, Tel. 01-232 16 74, www.orto-bar.com, Do–Sa. Die verschiedenen Richtungen des Härteren blasen aus den Lautsprechern, u.a. Punk.

■ Der konstant heißeste Platz ist das ehemalige Kasernengelände **Metelkova mesto,** das man von dort oder der Masarykova cesta aus betritt. Hier haben sich eine ganze Reihe unabhängiger Klubs angesiedelt (die auch häufig ihren Namen wechseln). Wer es nicht so kommerziell liebt, ist dort genau richtig, kann tanzen, hat Events und wird auf Ausstellungen berufener Künstler treffen. Die autonome Szene informiert sich auf

Kleinere Galerien in Ljubljana

■ **Galerija Bežigrad 1/2,** Dunajska 31/Vodovodna 3, www.mgml.si, Di–Fr 10–18, Sa 10–14 Uhr, Eintritt frei. Außenstelle der Stadtgalerie, die sich dem Unbekannteren widmet: Junge Künstler stellen aus, weniger bekannte Werke berühmterer Künstler kommen in die Räume und als drittes Standbein Installationskunst.

■ **Galerija Dessa – Architekturzentrum,** Židovska steza 4, Tel. 01-251 60 10, www.dessa.si, Di–Fr 12–18 Uhr, Eintritt frei. Architektonisch Herausragendes aus der ganzen Welt wird präsentiert.

■ **Galerija Equrna,** Gregorčičeva ulica 3, Tel. 01-25 271 23, www.equrna.si, Mo–Fr 12–19 Uhr, Eintritt frei. Die Galerie eines Zusammenschlusses slowenischer freischaffender Künstler.

■ **Galerija Škuc,** Stari trg 21, Tel. 01-251 65 40, www.galerijaskuc.si, Di–So 12–19, Eintritt frei. Eine der ältesten unabhängigen Galerien des Landes.

■ **Galerija Zdslu,** Komenskega ulica 8, Tel. 01-433 04 64, www.zdslu.si, Di–Fr 10–18, Sa 10–13 Uhr, Eintritt frei. Galerie des Verbandes slowenischer Künstler, der sehr stark den Nachwuchs fördert.

■ **Galerija Fotografija/Galerie der Fotografie,** Mestni trg 11, Tel. 01-251 15 29, www.galerijafotografija.si, Mo–Fr 10–19, Sa 10–14 Uhr, Eintritt frei. Wechselnde Fotokunst-Ausstellungen und Verkauf von Bildbänden.

■ **Galerija Alkatraz,** Metelkovo mesto, Masarykova cesta 24, Tel. 01-43 40 345, http://galerijalkatraz.org, Mo–Fr 11–19 Uhr, Eintritt frei. Zeitgenössische Kunst von Künstlern aus Ex-Jugoslawien.

■ **Aksioma Project Space,** Komenskega 18, Tel. 059 81 99 08, www.aksioma.org, Di–Fr 12–18 Uhr. Hier haben die vielen Facetten des multimedialen Kunstschaffens ein Zuhause.

www.metelkovamesto.org. 14 **Klub Gromka,** Metelkova ulica, www.klubgromka.org, verschiedene Musikrichtungen. 13 **Tiffany,** Metelkova ulica, www.facebook.com/ klubtiffany, Gay-Club, Fr/Sa ab 23 Uhr. Im Keller des Gebäudes ist der **Klub Monokel** – nur für Lesben, www.facebook.com/ klubmonokel.

46 **Makalonca,** Hribarjevo nabrežje 19, Tel. 041-97 94 74, auf Facebook, tgl. 9–1 Uhr. Unterhalb der Brücke Čevlarski most in der von *Jože Plečnik* entworfenen Uferbebauung. Im Sommer der Ort, an dem man gesehen wird – und angenehm an der Ljubljanica sitzt, Drinks schlürft und Snacks goutiert.

38 **Klub Cirkus,** Trg mladinskih delovnih brigad 7, Tel. 041-77 77 47, https://cirkusklub.si, Mi–Sa 22–5 Uhr. In der Großraumdisco legen die besten slowenischen DJs (und aus den Nachbarländern) House, Techno, Drum 'n' Bass, Funk und Electro auf.

Bars, Pubs und Szenecafés

Unser Tipp: 49 **Klub Daktari,** Krekov trg 7, Tel. 064-16 62 12, auf Facebook. Viel Plüsch, alte Möbel, Bücher, gemütliche Sofas – Ljubljanas Szene-Treff ist ganz antiquiert und deshalb der Hit.

59 **Tozd,** Galusovo nabrežje 27, Tel. 040-72 88 82, www.facebook.com/TOZDbar. Eine jüngere Errungenschaft in Ljubljanas Nachtleben: unverputzte Wände, Lederbänke und Kunstfotografie.

22 **Harat's Pub,** Petrovško nabrežje 31, Tel. 070-49 41 18, https://ljubljana.harats.com, mit pubtypischer Bierauswahl.

66 **Prulček,** Prijateleva 2, www.prulcek.si, tgl. 8–2, So bis 22 Uhr. Jazz, Balkan-Beats und Ethno kommen live auf die Bühne.

47 **AS Aperitivo,** Čopova 5a, Tel. 01-425 88 22, http://asaperitivo.com. Die Lounge-Bar in einem modernen Bau im historischen Durchgang Knafljev prehod ist der Lieblingstreff der Wohlhabenderen.

64 **Lajbah,** Grudnovo nabrežje 15, Tel. 030-41 30 16, www.lajbah.si. Auf 130 Sorten aus aller Welt summiert sich die Flaschenauswahl, aus den Hähnen laufen weitere 13 Sorten – der Himmel für Biertrinker.

Einkaufen

Märkte

Der **Hauptmarkt** befindet sich in der nördlichen Altstadt am Ufer der Ljubljanica am Vodnikov trg östlich der Kathedrale. Um 6 Uhr werden die Stände bestückt (Schlusszeit ist offiziell 18 Uhr, im Winter 16 Uhr). Fisch wird in einem eigenen Bereich unterhalb der Plečnik-Kolonnaden verkauft, ebenso wie in der **Markthalle** am Pogarčarjev trg (dort auch Fleisch und Geflügel). Die kleinen Imbissläden und Cafés in den Kolonnaden sind empfehlenswert und werden auch von den Marktleuten gern genutzt.

■ Auf dem Cankarjevo nabrežje am östlichen Flussufer findet jeden Sonntag 8–13 Uhr ein **Flohmarkt** statt; man findet keine wertvollen Stücke zum Spottpreis, aber Sachen zu vernünftigen Preisen. Jeden zweiten Samstag im Monat wird hier auch Keramik verkauft.

Wein und Kulinarik

45 **Vinoteka Dvor,** Dvorni trg 2, Tel. 01-251 36 44, www.kozelj.si. Im *Wine Point* kann man über 500 Weine kaufen (und Öl und Schokolade), in der Bar daneben Schinken und Käse dazu genießen oder auch eine komplette Mahlzeit.

32 **Pekarna Ana,** Slovenska cesta 30, Tel. 040-30 24 00, auf Facebook. Die slowenische Sterneköchin *Ana Roš* lässt hier ganz nach ihrem Geschmack (und ihrer kulinarischen Kunst) backen – Kult!

54 **Vinoteka Movia,** Mestni trg 2, Tel. 051 304 580, www.movia.si. Movia ist einer der besten und bekanntesten Weinkeller Sloweniens. In der *Vinote-*

ka kann man entspannt ein Häppchen essen und dazu die köstlichen Tropfen verkosten und natürlich auch kaufen.

Souvenirs und Kunsthandwerk

48 **Zakladi Slovenije,** Ciril-Metodov trg 2, Tel. 030-45 25 88, www.sloveniastreasures.com. Ganz gleich, welche Art von Souvenir und woher aus Slowenien – hier wird jeder fündig. Es sind sicherlich keine super-originellen Stücke, aber eben typisch slowenisch.

17 **Weberatelier** *(Tkalska delavnica)* im Ethnografischen Museum, Metelkova cesta 2, Di–So 10–13 Uhr. *Mojca Tomšič* und *Barbara Lapuh* demonstrieren in ihrem kleinen Atelier im Erdgeschoss des Museums traditionelle Handweberei und verkaufen die wunderschönen, handgearbeiteten Schals, Decken und Tücher.

51 **Rustika,** Stritarjeva ulica 9, Tel. 01-251 17 18, www.galerijarustika.si. Das Souvenirgeschäft verkauft auch sehr schönes Kunsthandwerk.

55 **Galerija Idrijske Čipke,** Mestni trg 17, Tel. 01-425 00 51, auf Facebook. Klöppelspitzen aus Idrija.

Mode

In Ljubljana ist eine ausgeprägte **Modeszene** ansässig und entsprechend gibt es auch Designer, die in ihren Läden selbst Entworfenes anbieten.

57 **Almira Sadar,** Stari trg 16, Tel. 031-31 56 64 42, www.almirasadar.com, elegante, minimalistische Modelle der gefeierten Modemacherin.

61 **Draž,** Gornji Trg 9, www.drazstudio.com, fantasievolle Strickwaren, Röcke, Kleider, Schals und Pullis, entworfen von der Designerin *Urša Draž*.

Zeitungen, Bücher

In der Saison findet man an fast allen **Kiosken** deutschsprachige Zeitungen, außerhalb der Reisezeit jedoch meist nur am **Bahnhof** und in den Läden der großen **Hotels.**

33 **Konzorcij,** Slovenska cesta 29 (zw. Šubičeva und Tomšičeva ulica), Tel. 01-241 06 50 bis 59, www.mladinska.com. Größte Buchhandlung der Stadt.

53 **Trubarjev,** Mestni trg 25, Tel. 01-244 26 83, www.mladinska-knjiga.si/en/shops/ljubljana-trubarjev-antikvariat. Antiquariat, auch fremdsprachige Bücher.

Einkaufszentrum

15 **BTC City,** östlich des Zentrums an der Šmartinska cesta, Mo–Sa 9–20 Uhr, www.btc.si. Einkaufszentrum mit Läden, Cafés, Snack-Bars etc.

Bergausrüstung

44 Alles für die Berge erhält man bei **Annapurna,** Krakovski nasip 4, im Krakovo-Viertel, Tel. 01-426 34 28, www.annapurna.si.

717sl sk

▷ Das Kaufhaus im Urbanc-Haus bewahrt innen wie außen die dekorativen Elemente des Jugendstils

Feste und Veranstaltungen

■ Das **Festival Ljubljana** (www.ljubljanafestival.si) ist das wichtigste kulturelle Ereignis der Stadt, vielleicht sogar des Landes. In vier Monaten **von Juni bis September** folgt eine Veranstaltung auf die andere – Opern, Operetten, Dramen, Konzerte, Ballette, Ausstellungen, Straßentheater und Workshops. Im Sommertheater *Križanke* werden unter freiem Himmel Opern gegeben und auf der Burg Schauspiele aufgeführt. Das Programm bietet für jeden etwas – ein Kessel Buntes eben.

■ Zum **Zmajev Karneval,** dem „Drachenkarneval" am Faschingssamstag, laufen nicht nur bunte und lustige Masken durch die Stadt, sondern auch die traditionellen Winteraustreiber, die furchterregenden *kurenti* und *laufarji*.

■ Am **11. März,** dem Vorabend des Patronatstags des hl. Gregor, der gleichzeitig den Frühlingsbeginn nach dem Julianischen Kalender markiert, setzen Kinder zu **Gregorčki** Kerzen auf selbst gebastelte Holzflöße und -schiffchen in den Gradiščica-Kanal an der Eiprova ulica, um die Sonne bei der **Vertreibung des Winters** zu unterstützen – sehr hübsch anzusehen.

■ Im **späten Mai** und **frühen Juni** treffen sich zur **Exodos** (www.exodosljubljana.si) internationale Bühnenkünstler.

■ **Ende Mai bis Ende Juni** stehen bei **Lighting Guerilla** Licht und Beleuchtung im Mittelpunkt. Lichtinstallationen lassen Ljubljana in einem anderen Licht erscheinen (www.svetlobnagverila.net).

■ **Ende Mai, Anfang Juni** findet die **Druga Godba** (https://drugagodba.si) statt, ein Festival alternativer und Ethno-Musik.

■ Im **Juni** (und im **November**) führt die **Ljubljanska vinska pot** (Weinstraße von Ljubljana) auf vinologischen Touren durch die Hauptstadt. An verschiedenen Locations stellen lokale Winzer ihre edlen Tropfen vor (https://ljubljanskavinskapot.si).

■ **Von Juni bis Oktober** treffen sich jeden Freitag die Chefs der besten Restaurants des Landes zur **Odprta kuhna** auf dem Marktplatz Ljubljanas, bauen Stände auf und präsentieren und servieren die Köstlichkeiten ihres Lokals von 10 Uhr bis 21/23 Uhr; ideal um zu humanen Preisen das Beste des Landes zu verkosten (www.odprtakuhna.si).

■ Im **Juni** spielen im Rahmen des **Jazz-Festival Ljubljana** (www.ljubljanajazz.si) nationale und internationale Combos Cooles und Heißes.

718sl sk

- In ungeraden Jahren findet im Sommer (Juni bis September) die **Internationale Grafische Biennale** (www.mglc-lj.si) statt.
- **Ende Juni/Anfang Juli** kommen **Straßentheater** zur *Ana Desetnica* (www.anamonro.si) in die Stadt.
- **Anfang Oktober** gehört die Stadt den Frauen (https://mestozensk.org): **Künstlerinnen und Forscherinnen** kommen aus der ganzen Welt und tauschen sich aus.
- **Ende Oktober/Anfang November** kommen Langstreckenläufer zum **Ljubljana Marathon** in die Stadt (drei Klassen: 42 km, 21 km, 10 km; https://ljubljanskimaraton.si).
- **November:** Im Cankarjev dom findet das **Internationale Filmfest** von Ljubljana statt (https://liffe.si).
- Ein wahres Kunstwerk ist die **Adventsbeleuchtung** in der Altstadt, die jedes Jahr von einem Künstler neu entworfen wird. **Silvester** bebt die ganze Altstadt von den Böllern und die Dächer glitzern im Schein der Raketenexplosionen – die Bewohner tanzen in den Gassen und auf den Plätzen.

Kinos

- **Kinoteka** (Miklošičeva cesta 28, Tel. 01-434 25 42, www.kinoteka.si) fungiert als Filmmuseum und Programmkino mit anspruchsvollem Spielplan und Avantgardefilmen.
- Ein anspruchsvolles Programm zeigt auch **Kinodvor,** Kolodvorska ulica 13, Tel. 01-239 29 17, www.kinodvor.org.

Theater

- Das **Staatsschauspiel** *(Slovensko Narodno Gledališče Drama, SNG),* Erjačeva cesta 1, Tel. 01-252 15 11, www.drama.si, bringt nur Dramen auf seiner Bühne. Die **Staatsoper,** Župančičeca 1, Tel. 01-241 59 59, www.opera.si, ist für Singspiele und Ballet zuständig. Vorstellungen sind jeweils mehrmals pro Woche abends, Karten zu durchaus günstigen Preisen erhält man beim Vorverkauf des SNG-Drama.
- Weitere Bühnen sind das Gledališče (Theater) **Glej** mit vornehmlich experimentellen Wagnissen (Gregorčičeva ulica 3, Tel. 01-421 92 40, www.glej.si), das staatliche **Jugendtheater** (Mlandinsko Gledališče, Vilharjeva ulica 11, Tel. 01-300 49 00, www.mladinsko.com), das **Städtische Theater** (Čopova 14, Tel. 01-425 82 22, www.mgl.si) und das **Šentjakobsko Gledališče** (Krekov trg, Tel. 01-433 30 12, www.sentjakobsko-gledalisce.si) mit Kinder- und Jugendprogramm.
- Im **Kongresszentrum Cankarjev Dom** finden Aufführungen von heimischen Bühnen und Gastspiele statt.

Für die Kleinen sind die Aufführungen des **Marionettentheaters** (→ S. 37) sicherlich ein Erlebnis; der Gründer wurde stark von der Münchner Marionettenbühne beeinflusst und die Stücke sind auch für Erwachsene sehenswert.

◁ Hoch geht's jeden Freitag her beim Foodie-Event „Odprta kuhna"

Aktivitäten

Schwimmbäder und Sportparks

Aquapark Atlantis/Vodno mesto Atlantis, Šmartinska cesta 152, in der BTC City, Tel. 01-585 21 00, www.atlantis-vodnomesto.si. Erlebniswelt mit Innen- und Außenbecken, Whirlpool, Höhlenstrom und Wasserrutschen. Hinzu kommen ein Thermaltempel, eine großzügige Saunalandschaft sowie verschiedene Massageangebote. Erlebniswelt mit Kinderbereich tgl. 9–20 Uhr, Saunawelt 12–20 Uhr, 3 Std., Mo–Fr Erw. 13 €, Kind 11 €, Sa/So Erw. 15 €, Kind 13 €.

Park Tivoli, Celovška cesta 25, Tel. 01-431 51 55, www.sport-ljubljana.si. Sportpark mit Hallenbad und Möglichkeit zum Toben, Saunen, Dampfbaden, Tennis Spielen, Skaten, Schlittschuhlaufen und Bowlen.

- **Millenium,** Šmartinska 152, Tel. 01-585 15 00, www.millenium-btc.si, Fitness-Studio mit Badminton und Tennis, Mo–Fr 6.30–23, Sa/So 8–23 Uhr.
- **Sunny,** Regentova c. 37, Tel. 01-513 44 44, www.sunny.si. Exklusives Fitness-Studio mit Spa und Kosmetik, Mo–Fr 7–22, Sa, So 9–21 Uhr.

Mit Kindern

- **Haus der Experimente (Hiša eksperimentov),** Trubarjeva cesta 39, Tel. 01-300 68 88, www.he.si, Di–Do 10–13, Sa, So 10–18 Uhr, Eintritt (Erw., Kinder ab 5 Jahren) 9 €. In drei Räumen haben Besucher hier die Gelegenheit, verschiedene Dinge auszuprobieren und zu experimentieren. Viele Experimente machen auch Kindern Spaß, beispielsweise eine Maschine, die riesige Seifenblasen erzeugt. Beschriftungen und Erläuterungen in slowenischer oder englischer Sprache.
- **Mala Ulica,** Prečna ulica 7, Tel. 01-306 27 00, http://malaulica.si, Mo–Fr 9.30–18.30, Sa, So 10–18 Uhr, hier wird auch Englisch gesprochen. Eintritt 2 € für ein Kind und einen Erwachsenen. Mala ulica, die „kleine Gasse", ist eine Spieloase im Herzen der Innenstadt, vorrangig für ganz kleine bis Vorschulkinder. Sie dürfen toben, spielen oder ruhen, während die Eltern Kaffee trinken, Zeitschriften lesen oder Erfahrungen austauschen; auch ein kleiner Außenbereich ist vorhanden.

Ballonfahrten

- **Balonarski center barje,** Flandrova ul. 1, Tel. 01-512 92 20 oder 041-66 45 45, www.ballooningbled.com. Ballonfahrt (ca. 5 Std. gesamt) ab 220 €.

[>] Moderne Architektur – Ljubljanas „World Trade Center"

In der Umgebung

Šmarna gora

Unweit der Stadt im Norden Richtung Kranj kommt man bei der zweiten Autobahnabfahrt nach Šmartno. Die **Wallfahrtskirche auf dem 669 m hohen Hügel** Šmarna gora lädt schon von Weitem zu einer kleinen Wanderung ein. 30 bis 60 Minuten durch schattigen Buchenwald dauert es je nach Weg zum Gotteshaus von 1711/12 mit Fresken von 1846/47. In der Gostilna Ledinek bekommen die Pilger und Wanderer slowenische Hausmannskost und Getränke.

Jedes Jahr in der ersten Oktoberwoche findet hier ein vom ganzen Land be-

206sl sk

geistert besuchtes **Wettrennen** den Hügel hinauf statt (damit sich die Kleinen nicht benachteiligt fühlen, gibt es eine eigene Strecke für Kinder, www.smarna gora.com).

Essen und Trinken

■ **Gostilna Ledinek**②, Šmartno 4, Tel. 01-511 65 55, www.smarnagora.com, Di–So 7–17 Uhr. Der Gasthof auf dem Gipfel der Šmarna gora mit herrlicher Sonnenterrasse ist bekannt für seine einfache, aber sehr schmackhafte slowenische Küche. Traditionsgericht ist der Buchweizeneintopf *Ričet*. Aber es gibt auch Sauerkraut mit Buchweizensterz und Krainer Wurst oder *štruklji*.

Moorgebiet Ljubljansko barje

Südlich der Stadt erstreckt sich das Moorgebiet Ljubljansko barje, das als **Naturpark** geschützt ist und bereits in prähistorischer Zeit (ca. 5000–1000 v. Chr.) besiedelt war. Reste von **Pfahlbaudörfern** finden sich hier an vielen Stellen und besonders in der Umgebung des Dorfes Ig. Zusammen mit vielen anderen Pfahlbau-Funden im Umkreis der Alpen (z.B. am Bodensee, auf der Roseninsel am Starnberger See) sind die Relikte dieser Pfahlbaukultur seit 2011 **UNESCO-Weltkulturerbe.**

Das Moor ist bekannt für seine **seltenen Pflanzenarten,** im Frühling sprießen beiderseits der Straßen auf den **Feuchtwiesen** Sumpftulpen und Moorschachblumen. Vogelbeobachter können eine Vielzahl gefiederter Dauerbewohner und Gäste wie Purpurreiher, Rohrweihen oder Kiebitze beobachten.

Das **Moorerlebniszentrum Morostig** dokumentiert die Geschichte des Pfahlbaudorfes und die hier gemachten Funde. Fünf nachgebaute Häuser und ein 1,5 km langer, kinderwagengeeigneter **Moorlehrpfad** veranschaulichen, wie die Menschen in den inzwischen weitgehend trockengelegten Mooren um Ljubljana gelebt haben.

■ **Moorerlebniszentrum Morostig,** Govekarjeva cesta 5, Ig, Tel. 01-280 23 05, https://morostig.si, Bus 19 ab Ljubljana bis Haltestelle „IG Petrol". Morostig-Haus April bis Juni, Sept., Okt. Sa/So 10–18, Juli/Aug. Do–So 8.30–13 und 15.30–19 Uhr, im Winter nur Führung um 10 und 13 Uhr. Pfahlbauten nur mit Führung, April bis Juni, Sept., Okt., Sa/So um 10.30, 12, 13.30, 15, 16.30, Juli/Aug. Do–So um 9, 10, 11, 16, 17, 18 Uhr. Eintritt 12 €, Kind 8 €, Familie 30 €.

■ **Krajinski park/Naturpark Ljubljansko barje,** Podpeška cesta 380, Notranje Gorice, Tel. 08-205 23 50, www.ljubljanskobarje.si.

Črna vas

Im Dorf Črna vas (wo man noch heute die Häuser auf lange Pfähle gründen muss) ließ *Jože Plečnik* 1936–39 die **Kirche St. Michael** (Cerkev sv. Mihaela) vorrangig aus Holz errichten. Das eigenwillige Bauwerk wurde unter Zuhilfenahme von Betonröhren der gleichen Art erbaut, die auch die städtische Kanalisationsbehörde benutzt. Grund war Geldmangel, denn die Finanzierung des Gotteshauses übernahm *Plečniks* Bruder *Andrej*. Markantes Merkmal ist die geschwungene Brücke, die hinauf zum auf

Pfählen stehenden Kirchenraum führt. Im Inneren setzte der Meister slawische Folkloremotive als Dekoration ein.

■ **Sv. Mihael,** Črna vas, Tel. 031-35 80 27, www.zupnijabarje.si/uradne-ure.html, Besichtigung Sa/So 8–12 Uhr nach telefonischer Vereinbarung, Spende erbeten.

Essen und Trinken

Unser Tipp: **Posestvo Trnulja**③, Črna vas 265, Tel. 041-61 05 22, https://trnulja.com. Wer ländliche Atmosphäre auf einem Bio-Hof mit exzellentem Bio-Essen (nur am Wochenende) in der Nähe Ljubljanas sucht, ist hier richtig. Rustikale Apartments, viel Holz, ein Bioladen und ein **Restaurant** (nur am 1. So/Monat ab 18 Uhr) sorgen fürs Wohlbefinden. Kinder freuen sich über die Streicheltiere.

Schloss Krumperk und Železna-Höhle

Nimmt man auf der Autobahn Richtung Celje die Abfahrt **Domžale** und folgt den Schildern zum Schloss Krumperk (Kreutberg), kann man die Burg aus dem 16. Jh., in deren Meierei eine Pferdezucht ansässig ist, zumindest von außen bewundern. Sie ist heute wieder in Privatbesitz und nicht zugänglich.

Nur 500 m weiter liegen bei einer Gaststätte die Železna-Höhle und ein

Kirche Sv. Michael in Črna vas – ein Werk Plečniks

714sl sk

kleines Museum. Die Höhle ist 60 m lang, enthält zahlreiche **Stalagmiten, Stalagtiten und Sintervorhänge,** die durch den hohen Eisengehalt („Eisenhöhle") teils rostbraun gefärbt sind.

■ **Železna jama/Höhle,** Domžale, Gorjuša 40, 1233 Dob, www.visitdomzale.si, Besuch So 14–15 Uhr nach Voranmeldung unter Tel. 041 90 99 49 bei Aleš Stražar.

Kartäuserkloster Bistra

22 km von Ljubljana über die Autobahn Richtung Postojna erreicht man bei Vrhnika abfahrend beim Ort Bistra das gleichnamige ehemalige Kartäuserkloster. Hier entspringen mehrere Quellen der Ljubljanica. Das Kloster geht auf den Beginn des 13. Jh. zurück. 1782 löste man es auf und endgültig säkularisiert baute es 1826 ein Kaufmann zum Schloss um. 1947 übernahm der Staat das Schloss.

In den Klostergebäuden befindet sich seit 1951 das **Technische Museum** des Landes. Es thematisiert diverse technische Bereiche, unter anderem **Forst- und Landwirtschaft, Verkehr** und **Elektrotechnik.** Die teils riesigen historischen Traktoren und Maschinen, Dioramen, Modelle und Werkstätten, in denen Kunsthandwerker alte Traditionen pflegen, machen den Besuch interessant.

■ **Tehniški muzej slovenije/Technisches Museum,** Bistra 6, 1353 Borovnica/Vrhnika, Tel. 01-750 66 70, www.tms.si, Di–Fr 8–17, Sa/So 9–19 Uhr (Juni–August Di–So 9–19 Uhr), Jan., Febr. geschl., 8 €, Kind 4 €, Familie 16 €.

144sl sk

2

Krajn und die Julischen Alpen

» Im alpinen Slowenien wachen kühne Felsgipfel über stille Gebirgsseen und reißende Wildflüsse. Aktive Reisende können wandern, radfahren, klettern, Kanu fahren und zahlreiche Trendsportarten testen, weniger sportliche die majestätische Landschaft genießen.

Der wuchtige Felskegel des Mangart beherrscht das Soča-Tal

LIEBLICHE TÄLER, SCHROFFE HÖHEN

145sl sk

Die kühnen Felszacken der slowenischen Alpen bilden eine überaus imposante Kulisse für das von Seen und Hochebenen durchsetzte Gebirgsland. Ganz gleich von welcher Seite man sich der Region nähert – von Bled und Bohinj mit ihren glasklaren Seen im Osten, von Bovec und Tolmin an der rauschenden Soča im Westen oder von dem Skiparadies Kranjska Gora im Norden – stets lassen die Gipfel von Triglav, Kanin, Mangart oder Špik das Bergsteigerherz höher schlagen.

Die Highlights für Kinder

- **Spielplatz am Pungert** | 74
- Fossilien suchen in der **Dovžan-Schlucht** | 76
- In die **Katakomben von Kranj** | 79
- **Post- und Telekommunikationsmuseum** in Polhov Gradec | 84
- **Ferienbauernhof Pri Marku** mit Tierwirtschaft | 86
- Als Passagier an der **Zipline** über die Sprungschanze | 107
- Alles über **Bienen und Honig** | 120, 123
- **Sommerrodelbahn** | 120
- **Hochseilgarten** | 121
- **Dino Park** bei Radovljica | 124
- Das Glück der Erde auf dem Rücken von Island-Ponys auf der **Ranč Mrcina** | 135
- Baden in den **Soča-Klammen** | 138
- **Familienfreundliche Bauernhofferien** | 78, 118, 143

Die für slowenische Verhältnisse großen Städte Kranj und Škofja Loka liegen am **Übergang vom Karst ins Hochgebirge** der slowenischen Alpen – Juliske alpe, Karavanke und Kamniške alpe (Julische Alpen, Karawanken, Steiner Alpen). Diese Bergkette (fortgesetzt in der slowenischen Steiermark – Štajerska – mit den Sanntaler Alpen – Savinjske alpe) bildet eine natürliche Sperre, über die Wurzenpass (Korensko sedlo), Loiblpass (Ljubelj) und Seebergsattel (Jezersko sedlo) führen.

Heiß umkämpft war die Gegend im Ersten Weltkrieg: In den Julischen Alpen und dem Gebirgsgebiet weiter westlich starben so viele Soldaten wie vor Verdun im Grabenkampf – nur war an der **Isonzo-Front,** den Ufern der Soča, das Ringen in Schnee und Eis vielleicht ein noch erbärmlicherer Krieg.

Heute erinnern Mahnmale in Form von Beinhäusern in den Tälern und in den Bergen, halb verfallene Schützengräben in den Wäldern und verlassene Kasernen im Fels an den tausendfachen Tod – und auch heute noch vorzügliche Versorgungssteige zu den Gipfeln, vor 100 Jahren in den Fels gehauen, um die Mörser mit Munition zu füttern. Beste **Wander- und Klettermöglichkeiten** bieten sich dem Besucher, auf einfachem oder schwierigem Weg kann er sich in das strahlende Blau der Gipfel über den Wolken schwingen. Und zur Erholung nach tagelanger Wanderung über Kämme und Sättel im Kalkgestein locken die **Seen** an der Südseite, Bohinj und Bled, zum erfrischenden Bad.

Blick über den See von Bled auf die Burg

NICHT VERPASSEN!

- Altstadt von **Škofja Loka** | 80
- Fahrt durch den **Triglav-Nationalpark** über den **Vršič-Pass** | 88, 103
- Das idyllische **Zelenci-Moor** bei Kranjska Gora | 103
- **Bleder See** | 109
- Drachenfliegen am **Bohinj-See** | 128
- Wanderung zu den **Soča-Klammen** | 138
- Sportliche Aktivitäten in den **Fluten der Soča** | 142

Diese Tipps erkennt man an der gelben Markierung.

Kranj und die Julischen Alpen

0
10 km
©Reise Know-How
Slowenk2
11/24
E31
A11
Köttmannsdorf
St. Jakob
Drava
St. Margareten
Ma. Elend
Suetschach
Ferlach
Feistritz
Karawanken-Tunnel
ÖSTERREICH
Windisch
Zell-Freibach
Planica pod Golico
Ebriach
Hrušica
E61
Jesenice
A2
Stol 2236
Košutnikov 2133
Vellach
Karawanken
Blejska Dobrava
120
Žirovnica
76
Dovžan-Schlucht
Medvodje
Vintgar-Schlucht
114
Vrba
123
Begunje
Rodljubelj
76
Čadovlje pri Tržiču
75
Zgornje Jezersko
Sp. Gorje
Bled
Sava
118
Lesce
Tržič
75
Sp. Jezersko
Pokljuka-Klamm
Bled-See
118
Ribno
121
Radovljica
Kriška Gora 1495
Kamniško-Savinjske Alpe
Grintovec 2558
Blejski Otok
Bohinjska Bela
Pristava
Koča na Kriški gori
124
124
Križe
E61
Brezje
Gorjuše
Obrne
Dino Park
Golnik
Trstenik
A2
78
75
Kamna Gorica
79
Preddvor
Kokra
Krvavec 1971
Nomenj
Jelovica
124
Kropa
Podbrežje
Tenetiše
Šefanja Gora
Sava Bohinjka
Strahinj
74
Seilbahn
76
Sava
Naklo
Brdo
Kokra
Visoko
124
Dražgoše
Jamnik
Kokrica
Britof
Velesovo
Grad
Sp. Besnica
Rudno
75
Šmarjetna gora 646
70
Cerklje
Železniki
Kranj
Šenčur
Anschlusskarte Seite 298
Petrovo Brdo
Zg. Brnik
Selca
Zg. Bitnje
Zali Log
Hrastje
E61
Podbrdo
Dolenja vas
85
Križna gora
84
Crngrob
Voglje
A2
Komenda
Selška Sora
74
Porezen 1630
Davča
Martinj Vrh
Praprotno
Žabnica
Zarica-Schlucht
Moste
85
Mavčiče
Vodice
Gor. Novaki
Lubnik 1025
79
Godešič
53
Blegož 1562
Javorje
Zbilje
Smlednik
Menges
175
Partisanen-Lazarett
Škofja Loka
Reteče
Medvode
Skaručna
175
Volaka
Log
Sora
60
Cerkno
Loka
Goričane
Šmarna gora
Trzin
Poljane
84
Planina
Hotavlje
Visoko
Tacen
Sr. Gamoljne
Stara Oselica
Gorenja vas
Sava
Sovodenj
Trebija
Črni Vrh
Trnovec
84
Polhov Gradec
27
H3
Idrijca
Selo
Ljubljana
Lučine
Žiri
Dobrova
A2
Sp. Kanomlja
Stara vas
E61
Sp. Idrija
Šentjošt
Dragomer
A1
A1
E70
Smrečje
Anschlusskarte Seite 160
Sr. Kanomlja
Brezovica

Aktivurlaub wird groß geschrieben in **Gorenjska** – der ehemaligen Oberkrain. Mit dem Gummifloß geht es reißende Gebirgsflüsse hinunter, mit dem Kajak durch Wildwasser und Parcours, im Neopren-Anzug zu Fuß durch Canyons, mit der bloßen Hand in den Fels gekrallt hinauf und auf dem Fahrrad über atemraubende Pässe hinunter oder gemütlich am Seeufer entlang. Wer will, spielt Golf und genießt Kultur für alle Sinne, für Kopf und Bauch, erfreut sich an Museen, an den bildenden Künsten und an der vorzüglichen Küche Sloweniens.

Wer im Winter kommt, frönt dem **weißen Sport** – Langlauf, Alpinski, Skiwanderungen und für den, der's kann, Skispringen – allerdings darf man auch einfach nur zusehen, das Panorama der Julischen Alpen gibt den Hintergrund für die Weltmeisterschaften der Skiflieger.

Ein türkisfarbenes Idyll am Fuß der Alpen: das Zelenci-Moor

704sl sk

Kranj

- **Meereshöhe:** 388 m
- **PLZ:** 4000
- **Vorwahl:** 04
- **Einwohner:** 37.500
- **Dt. Name:** Krainburg

Kranj, die viertgrößte Stadt des Landes, bildet am Zusammenfluss von Sava und Kokra eine Landzunge. Stark industrialisiert ist sie das **wirtschaftliche Zentrum** der Landschaft Gorenjska, die sich von Ljubljana über den Nordwesten des Landes hinzieht und den Triglav-Nationalpark umschließt. Die Nähe zu Brnik, dem wichtigsten Flughafen Sloweniens (der näher an Kranj liegt, als an Ljubljana, als dessen Flughafen er gilt), macht Kranj auch zu einem beliebten Standort für Messen, die über die nationalen Grenzen hinausgehen. Mit einer betriebswirtschaftlichen Fakultät ist es auch **Universitätsstadt.** Die dennoch überschaubare Größe lässt Besucher der Altstadt sich leicht zurecht finden. Die interessantesten Sehenswürdigkeiten befinden sich zwischen den aus dem Gebirge kommenden Flüssen Sava und Kokra. Die Landstraße aus dem Süden und von Ljubljana folgt dem Lauf der Sava flussaufwärts bis zu einer Brücke, über die man ins Zentrum gelangt.

Da die **Altstadt** großteils für Autos gesperrt ist, sollte man seinen Wagen beizeiten abstellen. Drei Fußgängerzonen durchziehen die Altstadt von Süd nach Nord, westlich die Tomčičeva ulica, in der Mitte Cankarjeva ulica und Prešernova ulica und im Osten die Tavčarjeva ulica.

Archäologische Funde in der Umgebung belegen die Besiedelung der Region bereits für die Jungsteinzeit. Mit Beginn der Eisenzeit ist die Landzunge mit dem heutigen Zentrum ständiges Siedlungsgebiet. Und die alten Römer unterhielten hier, zwischen Emona (Ljubljana) und Virunum in Kärnten, eine Poststation. Das Hin und Her in der Zeit der Völkerwanderung sah Kranj schon als wichtigen Ort und als **Festung der Langobarden** (6. Jh.).

Eine erste schriftliche Erwähnung erfuhr der Ort 1060 als Festung des Bischofssitzes Brixen, zu einer Zeit, als die Stadt auch zum Amtssitz des **Markgrafen zu Krain** wurde. 1256 erhielt Krain Stadtrechte und in der Folge wechseln seine Besitzer mehrfach, bis es schließlich an die Habsburger fiel, die Krain an Feudalherren weiterreichten. Im 14. Jh. gelangte es schließlich an die **Grafen von Cilli.** Und Kaiser *Friedrich III.* höchstselbst verlieh der Stadt die Rechte als Messeplatz – schon zu damaliger Zeit eine Garantie für Reichtum und Unabhängigkeit.

Über die Jahrhunderte wüteten in Krain mehrfach schwere Feuersbrünste, aber es wurde immer wieder neu aufgebaut (durch die verkehrstechnisch günstige Lage war ja das Stadtsäckel immer prall gefüllt) und zunehmend ersetzte Stein das traditionelle Baumaterial Holz. Die eigentliche Industrialisierung fand aber nach dem Ersten Weltkrieg statt, in einer Zeit, in der die wehrhafte Arbeiterschaft der Stadt dem slowenischen Nationalbewusstsein mit vielen Streiks Nachdruck verlieh. 1941 besetzten die Achsenmächte Kranj und zahlreiche Arbeiter schlossen sich der Partisanenbewegung an. Am 9. Mai 1945 kapitulierten die Verbände der Deutschen Wehrmacht.

Stark von der **Industrie** abhängig hat Sloweniens Unabhängigkeit Kranj wirtschaftlich tief getroffen; Niederlassungen von Reifenherstellern und Energieunternehmen haben die Ökonomie allmählich wiederbelebt; die Arbeitslosenrate liegt unter dem slowenischen Durchschnitt.

Sehenswertes

Stadtmauer

Am **Maistrov trg** gleich südlich des Parkplatzes an der Gregorčičeva ulica stand einst das obere Stadttor. Am südlichen Ende führt die Reginčeva ulica nach Westen und zu Resten der Stadtmauer.

Prešeren-Museum

Nach Süden gehen die Prešernnova ulica und die Tavčarjeva ulica ab. Das Gebäude Prešernova ulica Nr. 7 bewohnte ab 1847 für zwei Jahre bis zu seinem Tod der Namensgeber der Straße, *France Prešeren.* Heute ist darin das Museum **Prešernova hiša** untergebracht. Zu sehen sind das originale Arbeitszimmer, das Schlafzimmer und Manuskripte des Dichters. Die häufig stattfindenden Ausstellungen haben sein Lebenswerk zum Thema, geben aber auch jungen Künstlern Raum. Das Bauwerk selbst entstand im 18. Jh., als eine Arkade zwei ältere Einzelhäuser verband – ein gutes Beispiel für die spätgotische Steinarchitektur der Region.

■ **Prešernova hiša/Museum,** Prešernova ulica 7, Tel. 04-201 39 83, www.gorenjski-muzej.si, Di–So 10–18 Uhr, 3 €, Kind 2,30 € (mit Mestna hiša, Grad Khislstein 7/5 €).

Prešeren-Grabmal

Wer ein Fan des Dichters *France Prešeren* ist, sollte den Besuch seines Grabmales (1852 aufgestellt) nicht versäumen. Es liegt nördlich des Maistrov trg in einem 1951 vom Friedhof zum Gedenkpark umgestalteten Hain an der Gregorčičeva ulica zusammen mit Erinnerungsmalen weiterer Künstler und Denker (Dichter *Simon Jenko,* Familie *Majdič*) und Opfern des Faschismus.

Rathaus und Schlösschen

Folgt man nun der Prešernova ulica, gelangt man zum Herzstück von Kranj, dem **Glavni trg.** Östlich und an der Ecke Poštna ulica steht das ehemalige Rathaus (16. Jh.), das 1921 mit dem angrenzenden Schlösschen (17. Jh.) zu einem Ensemble verbunden wurde. Im Rathaus, heute Museum, ist im Parterre die **Säulenhalle** sehenswert. Im Schlossteil warten im 1. Stock eine herrliche Renaissance-Deckentäfelung und Intarsienportale. Im Erdgeschoss legten Renovierungsarbeiten am Fundament im Jahr 1965 altslawische Grabstellen frei, die – durch Glas geschützt – im Originalzustand erhalten sind. Drei Dauerausstellungen widmen sich dem Bildhauer *Lojze Dolinar* (1893–1970), der Archäologie der Region und der Volkskunde in der Oberkrain.

■ **Mestna hiša/Rathaus,** Glavni trg 4, Tel. 04-201 39 80, www.gorenjski-muzej.si, Di–So 10–18 Uhr, 3 €, Kind 2,30 € (mit Prešernova hiša, Grad Khislstein 7/5 €).

☑ Wunderbar erhalten sind die Renaissance-Arkaden der Pavšlarjeva hiša

146sl sk

Häuser am Glavni trg

Dem Glavni trg geben die im gotischen und im Renaissance-Stil gehaltenen Gebäude eine historische Atmosphäre – mit ein Grund, dass die gesamte Altstadt unter Denkmalschutz steht. Beachtenswert sind besonders das **Petrček-Haus** von 1495 und das **Pavšlar-Haus** am Nordrand, das bis zum 16. Jh. aus drei Häuser bestand, die man zusammenfügte. Die in ihm erhaltenen Fresken von 1526 und die Hofarkaden erzeugen ein anschauliches Bild der damaligen Lebensweise. In den historischen Räumen ist die sehenswerte Galerie der Prešeren-Preisträger untergebracht.

■ **Pavšlarjeva hiša/Galerija Prešernovih nagrajencev Kranj,** Glavni trg 18, Tel. 04-202 57 16, www.gpn.si, Di–Fr 10–18, Sa 10–13 Uhr, Eintritt frei.

Sv. Kancijan

Zur Perfektion des Ensembles am Glavni trg trägt nicht zuletzt die Kirche Sv. Kancijan bei. Sie geht auf das frühe 14. Jh. zurück, die heute noch erhaltenen ältesten Bauteile wie der Lange Chor datieren auf das Ende des 14. Jh. Die Gewölbefresken sollen von 1460 stammen. Nach dem Zweiten Weltkrieg fand man auf dem Friedhofsgelände der seit 1880 aufgelassenen Kirche altslawische Gräber. Im Beinhaus sind Knochen und Schädel des Gäberfeldes feinsäuberlich sortiert, an der Nordseite Überreste eines spätantiken Presbyteriums und der Gräber ausgestellt (Besichtigung nach Voranmeldung beim Museum im Rathaus). An der Südseite ist in einem Lapidarium Römisches und Mittelalterliches zu sehen. Südlich der Kirche versteckt sich hinter einem Prešeren-Denkmal und Arkaden das von *Plečnik* umgebaute **Prešeren-Theater.**

■ **Sv. Kancjan,** Glavni trg, Zvonik/Glockenturm tgl. 9–17 Uhr, 6 €, Tickets in der Touristinfo.

Mitničar-Haus

Östlich des Platzes Glavni trg, einst Ecke Poštna und Tavčarjeva ulica, kassierte im Mitničar-Haus von 1526 der Mautner den Zoll von den Händlern. Heute kann man hier in der beliebten Bar Mitnica **Kaffee trinken.**

Burg Khislstein

Westlich des Glavni trg steht in der Tomšičeva ulica die Burg Khislstein. Ihre Grundsteine wurden vermutlich schon im 10. Jh. gelegt, um den Sava-Übergang zu sichern. So, wie sich das Bauwerk heute präsentiert, entstand es zwischen dem 15. und 19. Jh. In der Burg sind neben einem Café auch **Kulturinstitutionen** sowie die Ateliers einiger Künstler untergebracht. Außerdem beleuchtet das **Stadtmusem** in der informativen Ausstellung „Schönes Gorenje" die Zeit vom Mittelalter bis in die Jetztzeit. Südlich der Burg an der Tomšičeva ulica sind wieder Reste der ehemaligen **Stadtbefestigung** zu sehen.

■ **Grad Khislstein/Prelepa Gorenjska,** Tomšičeva ulica 44, Tel. 04-2013950, www.gorenjski-muzej.si, Di–So 10–18 Uhr, 3 €, Kind 2,30 € (mit Prešernova hiša, Mestna hiša 7/5 €).

Rosenkranzkirche

Wo Tomšičeva ulica und Cankarjeva ulica aufeinandertreffen, steht die Rosenkranzkirche, **Roženvenska cerkev,** vom Beginn des 16. Jh. Von ihr führt eine Gasse ins Tal hinunter. Das prachtvolle Gebäude ist eine von *Plečnik* für den Mediziner *Bežek* gestaltete Villa, die der Architekt mit einem Arkadengang an die Situation der steilen Gasse anpasste.

Pungert/Pestkirche und Wachturm

Am **Pungert** markieren die Pestkirche und ein Wachturm das Ende der Altstadt und der Landzunge. Von dort blickt man von einer gläsernen Aussichtsplattform in die Schluchten von Sava und Kokra und auf die weniger pittoresken Stadtviertel. Die Kirche (1478) wurde den Helfern bei der Pest – den Heiligen *Sebastian, Fabian* und *Rochus* – geweiht.

Heute kann man in einem netten Lokal etwas trinken, während die Kinder sich auf dem **Spielplatz** *(Otroško igrišče)* austoben.

In der Umgebung von Kranj

Kokra-Schlucht

Schützt die Sava die Altstadt im Westen, macht dies die **Kokra** im Osten. Von der Poštna ulica (die vom Glavni trg nach Osten führt) steigt man in die bis zu **30 m tiefe Schlucht** ab und kann auf einem 2 km langen **Rundlehrpfad** Einiges zur Natur des Flüsschens lernen (geologische Besonderheiten, Tier- und Pflanzenwelt, Kultivierung durch den Menschen und Naturkatastrophen).

Zarica-Schlucht

Die **Sava** hat sich flussabwärts von Kranj tief in das Gestein gefressen und die Schlucht Zarica gebildet. Von beiden Uferseiten gelangt man zu Fuß hinunter ans Wasser. 1986 nahm das **Stauwehr bei Mavčiče** der Schlucht einiges ihrer Idylle, doch für einen kleinen Spaziergang lohnt sich der Abstecher dennoch (Anfahrt über Hrastje oder Praše).

Schloss Brdo

Das elegante Renaissanceschloss bzw. der hübsche Park davor sind aus Presse und Fernsehen bekannt, denn es dient der slowenischen Regierung als Protokollunterkunft und **Veranstaltungsort internationaler Politikertreffen.** Spektakulär eingeweiht wurde es mit der ersten Begegnung zwischen *G.W. Bush* und *W. Putin* im Frühjahr 2001. Das zum Schloss gehörige Hotel ist ein kühler 1970er-Jahre-Zweckbau, aber natürlich luxuriös eingerichtet. Wenn nicht gerade Politiker darin logieren, dürfen es auch Normalsterbliche nutzen. Es liegt 5 km nördlich von Kranj nahe der Ortschaft Kokrica.

Das Schloss entstand 1510 für den Landeshauptmann *Ecker* – alter Krainer Adel –, sah mehrere Besitzerfamilien und kam schließlich im 18. Jh. in den Besitz der Familie *Zois*, Kulturmäzene und begeisterte Botaniker, die mehr als 10.000 Pflanzen aus allen Teilen der Welt pflegten. 1929 verkaufte die Familie das

Schloss und die umgebenden Parkanlagen und wanderte nach Österreich aus. Nach dem Zweiten Weltkrieg wurde es Staatsbesitz und **Titos bevorzugte Sommerresidenz.**

■ **Grad Brdo,** Predoslje 38, 4000 Kranj.

Šmarjetna gora

Die 646 m hohe Šmarjetna gora, der Berg westlich der Stadt, bekrönen ein **Hotel** mit dem berechtigten Namen „Bellevue", die restaurierte Kirche **Sv. Marjeta** aus dem Jahr 1342 und Fundamente der **Burg Wartenberg** aus dem 12. Jh. (Anfahrt 3 km, der Fahrweg beginnt westlich des Bahnhofs, zu Fuß 40 Min.).

Wanderung zum Veliki Zvoh

Das **Krvavec-Massiv** mit dem höchsten Gipfel Veliki Zvoh liegt 17 km nordöstlich von Kranj noch hinter der Burg Strmol. Es ist bei **Skifahrern** beliebt („Praktische Tipps/Aktivitäten") und im Sommer kommen die Wanderer. Von 565 m geht es mit der **Kabinenbahn** auf 1450 m Höhe mit schönen Ausflugsmöglichkeiten, z.B. zum Gipfel des Veliki Zvoh mit 1971 m. Die **Wanderung** ist einfach, nur auf einem – allerdings gesichertem – Teilstück heißt es aufpassen.

■ Dom **na Krvavcu,** an der Bergstation der Seilbahn, Tel. 04-251 67 27. Gaststätte und Unterkunft, Winter täglich, Sommer nur an den Wochenenden.
■ **Eskimska vas/Eskimodorf Krkavec,** Tel. 040-45 53 45, www.eskimska-vas.si. Winter-Wohnen in Iglus unweit des Skigebiets. Iglu-Nacht um 100 €/P.

Zur Riesenschaukel auf der Kriška gora

UNSER TIPP: Zugegeben, die Riesenschaukel ist sehr instagramtauglich und entsprechend beliebt. Aber nicht ganz so leicht zu erreichen – etwa eineinhalb Stunden dauert der Aufstieg vom Parkplatz beim Dorf Gozd, 16 km nördlich von Kranj, auf die **Kriška gora** (650 Höhenmeter). Oben angekommen wird dann geschaukelt und das Panorama genossen. Fürs leibliche Wohl sorgt auf dem Weg die Hütte Koča na Kriški gori.

■ **Koča na Kriški gori,** Tel. 040 666 074, www.pd-krize.si.

Zgornje Jezersko

Zgornje Jezersko, direkt an der österreichischen Grenze kurz vor dem Seebergsattel, knapp 30 km nördlich von Kranj, war zur Zeit der Donaumonarchie ein beliebter **Kurort.** Heute trägt es stolz das Prädikat „Bergsteigerdorf" und man kann natürlich herrlich wandern. Vom Parkplatz nahe des Ortes auf 1100 m Höhe steigt man 450 Höhenmeter bis zur **Hütte Češka koča** (1543 m) auf. Für Auf- und Abstieg ist mit drei Wegstunden zu rechnen (bis auf einen kurzen Abschnitt vor der Hütte anspruchslose Wanderung). Das Bergpanorama mit den schroffen Felsgipfeln der westlichen Steiner Alpen, darunter die markante Velika Baba (2127 m), macht die Tour absolut lohnenswert.

■ Dom **Češka koča,** oberhalb Zgornje Jezersko, Tel. 040-28 33 00, www.jezersko.info/berghutte-ceska-koca.html, 70 Betten, Mitte Juni–Ende Sept.

Dovžan-Schlucht

Die Dovžan-Schlucht (Dovžanova soteska) gilt als geologische Sensation, hier wurden zahllose **Fossilien** aus dem Perm vor 250 Millionen Jahren entdeckt. Außerdem ist sie bekannt für **bizarre Gesteinsformationen** wie die mächtigen Quarzbrocken im Flussbett und die Kušpegarjevi turni, „fünf Türme".

Ausgangspunkt für einen Ausflug in die Urzeit ist der Parkplatz kurz hinter dem Dorf **Čadovlje pri Tržiču,** 20 km nordwestlich von Kranj. Ein Stück zurückgehend und die Brücke überquerend, folgt man durch einen Wald dem wild gurgelnden Fluss Tržiška Bistrica. Schon bald verengen sich die Felswände. Nach ca. einem Kilometer zweigt der anspruchsvolle, teils als **Klettersteig** ausgebaute Weg Bencetova pot ab. Es geht bergauf zu einem **Aussichtspunkt** und der „Geologischen Säule", auf der die Erdzeitalter in ihren jeweiligen Gesteinsschichten wie in einem Buch abgebildet sind (ca. 500 m, 30 Min.) – ein Riesenspaß für klettergeübte Familien. Wer nicht schwindelfrei ist, läuft auf dem gut ausgeschilderten **Lehrpfad** weiter am Fluss entlang, passiert die **Kušpegarjevi turni** und erreicht schließlich das **Dorf Dol** (1,8 km) mit dem **Infozentrum RIS Dol** (Mai–Sept. Sa, So 11–18 Uhr), das über die geologischen Besonderheiten der Schlucht informiert. Auf gleichem Weg geht es zurück.

Jamnik

Knapp 20 km westlich von Kranj steht das gotische Kirchlein **Sv. Primož in Felicijan** so dekorativ auf einem Hügel über dem Dorf Jamnik, dass es zur Instagram-Berühmtheit avancierte. Ab dem Dorf ist es rund ein Kilometer zu Fuß – unten das Becken von Ljubljana, im Hintergrund die Felszacken der Steiner Alpen.

Praktische Tipps

Informationen

- **TIC Kranj** *(Kranjska hiša),* Glavni trg 2, 4000 Kranj, Tel. 04-238 04 50, www.visitkranj.com, tgl.
- **TIC Jezersko,** Zgornje Jezersko 57, 4206 Zgornje Jezersko, Tel. 051-21 92 82, www.jezersko.info, wechselnde Öffnungszeiten.
- **Alpenverein Kranj** *(Planinsko društvo Kranj),* Koroška cesta 27, Tel. 04-236 78 50, www.pdkranj.si.

Notfälle

- **Krankenhaus/Zdrastveni dom:** Gosposvetska ulica 10, www.zd-kranj.si, Tel. 04-208 21 00.
- **Zahnklinik/Zobna poliklinika:** Gosposvetska ulica 10b, www.zobna-kranj.si, Tel. 04-208 21 00.
- 1 **Apotheke/Lekarna Kranj:** Bleiweisova cesta 8, Tel. 04-201 61 34, www.gorenjske-lekarne.si.

Verkehr

- **Parken:** Die dem Zentrum nächstgelegene Parkfläche befindet sich nördlich der Altstadt auf der Landzunge am Anfang der Gregorčičeva ulica (Stara Sava, 1,10 €/Std., Camper 8 €/Tag mit Infrastruktur). Weitere Parkflächen stehen jenseits der Altstadt am linken Ufer der Kokra zur Verfügung. Blau markierte Parkzonen kosten 1,10 €/Std. (Parkautomaten nur für Münzzahlung).
- **Züge:** Verbindungen gibt es mehrmals am Tag nach Ljubljana sowie Richtung Norden zur österrei-

Kranj

chischen Grenze und weiter (die Züge passieren dabei Bled), Informationen am Bahnhof, Kolodvorska cesta 11, Tel. 080-81 11, https://potniski.sz.si.

- **Fernbusse:** u.a. nach Ljubljana, Kamnik, Bled; Bleiweisova cesta 5, Tel. 090-74 11, www.arriva.si.
- **Fahrradverleih** mit mehreren über die Stadt verteilten Stationen, Infos über die Touristeninfo oder auf www.krskolesom.si (nur Slowenisch).

Einkaufen

- **Lebensmittelmarkt,** bei der Kirche Sv. Kancijan, Sommer wochentags ab 6 Uhr, sonst ab 7 Uhr.

7 Mladinska Knjiga, Maistrov trg 1, Tel. 04-201 58 35. Bücher und Karten.

Unterkunft

Unser Tipp: **11 Actum**③, Prešernova ul. 6, Tel. 04-59 08 24 00, www.actum-hotel.com. Boutique-Hotel mit 27 Zimmern und lauschigem Innenhof mitten in der Altstadt, kleines Spa.

2 Hotel Bellevue②-③, Šmarjetna gora 6, Tel. 04-270 00 00, www.bellevue.si. Wunderschön auf dem Berg neben der Stadt auf 646 m Höhe gelegen (Anfahrt aus Stražišče 2 km), Fernsicht.

12 Hostel Cukrarna①, Tavčarjeva 9, Tel. 051-78 88 87, www.facebook.com/hostel.cukrarnaslovenia. Das sympathische Hostel liegt oberhalb der Altstadt mit schönem Blick. Doppel- und Mehrbettzimmer.

5 Gostilna Arvaj②, Kajuhova ulica 2, Tel. 04-280 01 00, https://gostilna-arvaj.si. Schöne Pension in Familienbesitz über der Kokra mit vier angenehmen, modernen Zimmern und einem guten **5 Restaurant** (berühmt für die Krainerwurst).

Nahe Schloss Brdo

■ **Elegans Hotel Brdo**③, Predoslje 39, Tel. 04-260 10 00, www.brdo.si. Modernes Hotel mit 123 Zimmern und Suiten, dem Schloss Brdo benachbart.

Zgornje Jezersko

■ **Hotel Vila Planinka**④, Zgornje Jezersko 67, 4206 Zgornje Jezersko, Tel. 04-255 97 50, www.vilaplaninka.com. 23 Zimmer und Luxus pur mit Blick in die unverfälschte Natur – ausgezeichnetes Essen.

Makek③, Zgornje Jezersko 77, 4206 Zgornje Jezersko, Tel. 04-087 49 74, www.makek.com. Außerhalb von Zgornje Jezersko, 30 km nordöstlich von Kranj, am Fuß des Bergs Javornik. Bauernhof mit Reitstall, sechs nette und gemütlich eingerichete Zimmer und Apartments, sehr leckere Abendmenüs, Ferienpark mit sechs komplett eingerichteten Glamping-Zelten.

Ancel②, Zgornje Jezersko 151, 4206 Zgornje Jezersko, Tel. 04-254 11 46, www.ancel-muri.net. Gänzlich abgeschiedene Lage 2 km östlich von Zgornje Jezersko und der Hauptstraße. Ferienbauernhof in 1000 m Höhe in einem Alpental, sechs Zimmer, jeweils mit Bad und mit Massivholzmöbeln ländlich eingerichtet.

Camping/Glamping

■ **Pr'Bizjak**②-③, → Essen und Trinken. Nächtigen in acht Holzhäuschen (mit jeweils eigenem Bad im separaten Sanitärblock).

Essen und Trinken

15 **Restaurant Stari Mayr**②, Glavni trg 16, Tel. 04-280 00 20, https://old.stari-mayr.si. Das alte Traditionswirtshaus am Hauptplatz setzt auf klassische slowenische Küche (Kutteln) und Standards wie Gulasch.

10 **Ribarnica Delfin**①-②, Tavčarjeva ulica 1, Tel. 04-202 29 09, www.ribarnica-delfin.si, Mi/Do mittags. Restaurant und Fischhandlung mit Blick auf den Fluss.

8 **Gostilna Kot**①-②, Majstrov trg 4, Tel. 04-202 61 05, www.gostilnakot.si. Gasthaus mit slowenischen Spezialitäten, mit Freisitz am Marktplatz.

13 **Das ist Valter**①, Cesta 1, Maja 1A, Tel. 05-906 51 81, http://dasistwalter.eu. Die bosnische Restaurantkette punktet mit sensationell niedrigen Preisen, Riesenportionen und deftig gewürzten Gerichten zum Sattwerden.

6 **Pr'Matičku**②-③, Jezerska cesta 41, Tel. 04-234 33 60, www.prmaticku.si, So geschl. Außerhalb, an der Straße in Richtung Brdo, großer Gastraum und Biergarten mit deftiger Hausmannskost, u.a. Wild und Forelle, dazu Sterz mit Pilzen.

3 **Pizzerija Buf**②-③, Stara cesta 25b, Tel. 04-236 01 79, www.buf.si. Gute Pizzeria und Spaghetteria zu günstigen Preisen.

In der Umgebung

■ **Ribiška koča Pri krivi ščuki**①, Praše 29A, Tel. 040-30 52 53, www.facebook.com/KrivaScuka. Kranj über die Nebenstraße durch den Vorort Breg nach Süden verlassen (5 km), Fr 13–20, Sa/So 10–20 Uhr. Mit Blick auf die Sava gibt es in der Hütte frische Forellen auf Papptellern, ein günstiges und leckeres Vergnügen (nur bei schönem Wetter).

■ **Gostilna Krištof**③-④, Predoslje 22, Tel. 04-234 10 30, https://gostilnakristof.si, Di–Sa 12–22 Uhr. Das Restaurant in einem Vorort von Kranj nahe Schloss Brdo zählt zu den Bio-Pionieren, gepaart mit höchster Handwerkskunst. Die Menüs vereinen das Gute slowenischer Traditionen mit modernen kulinarischen Einflüssen.

Preddvor

■ **Gostilna Pr'Bizjak**②-③, Zgornja Bela 20A (beim Weiler Preddvor nordöstlich von Kranj), Tel. 04-255 56 00, http://gostilnabizjak.si, Di/Mi geschl. Eines der ältesten Gasthäuser in der Gorenjska serviert – *noblesse oblige* – die traditionellen Gerichte: Strudel, Sterze, Pilze und Braten.

Podbrežje

■ Restavracija **Tabor③**, Podbrežje 246, Naklo, Tel. 04-533 01 31, www.restavracija-tabor.si, Mo/Di geschl. Hier mitten in den Bergen, von Kranj in Richtung Jesenice, gibt's tatsächlich fangfrische Gaben des Meeres – in sehr guter Qualität.

Abends unterwegs

9 Kavka, Maistrov trg 6, Tel. 04-202 29 10, auf Facebook, ist eine Mischung aus Kaffeehaus, Bar und Galerie und immer gut besucht.

14 Bar Mitnica, Tavčarjeva ulica 35, Tel. 040-678 778, www.facebook.com/BarMitnica. Bar in einem historischen Zollhaus.

4 Klu Bar, Slovenska cesta 7, Tel. 04-236 41 20, www.klubar.si. Kranjs Livebühne (alle Genres).

Feste und Veranstaltungen

■ **Musik:** Im Sommer finden klassische Konzerte, Theaterstücke und Popmusik auf Burg Khislstein statt.

■ **Kr petek je!:** Kulinarisches Event jeden Freitag im Sommer mit Ständen und Verkostung.

Aktivitäten

In die Katakomben von Kranj: Das 1300 m lange Höhlensystem unterhalb der Stadt ist jüngeren Datums, gegraben wurden die Katakomben als Luftschutzbunker – heute kann man sie auf einer (für Kinder ab 8 Jahren) spannenden Führung besuchen (Tel. 04-238 04 50, www.visitkranj.com, Di/Fr 17, Sa/So 10 Uhr, 7 €).

■ **Wintersport:** Der Krvavec (17 km nordöstl. von Kranj) ist der Hausberg der Stadt und beliebtes Wintersportgebiet (siehe „Umgebung"); Meereshöhe 1450–1971 m, eine Kabinenbahn, 7 Sessellifte, 3 Schlepplifte, 30 km Pisten, 3 km Loipen, Halfpipe, Boarder cross. Infos auf www.rtc-krvavec.si.

Škofja Loka

- **Meereshöhe:** 348 m
- **PLZ:** 4220
- **Vorwahl:** 04
- **Einwohner:** 11.800
- **Dt. Name:** Bischofslack

In Škofja Loka vereinigen sich die Flüsse Poljanščica und Selščica in der Sora, der aber nur ein kurzes Leben gegönnt ist. Ein paar Kilometer hinter der Stadt mündet sie schon in die Sava. Škofja Loka besitzt den am besten erhaltenen **spätmittelalterlichen Stadtkern** Sloweniens. Die erhöht thronende, trutzige Burg sicherte die Stadt und die wichtige Handelsstraße nach Italien. Von den Überschwemmungen im Sommer 2023 wurde die Drei-Flüsse-Stadt schwer getroffen.

Mehrere Brücken verbinden die fast **rechteckige Altstadt** südlich der Selščica und die Neustadt nördlich von ihr. Vom zentralen Platz der Altstadt, dem Cankarjev trg, geht die Fußgängerzone Mestni trg nach Süden ab. Hier stehen die schönsten Häuser als sehenswertes Ensemble. Der **Burgberg** mit dem Schloss dominiert die Altstadt, hinauf kommt man über eine Gasse gegenüber der Touristeninformation am Mestni trg.

Von Freising bei München reichte im 10. Jh. ein langer Arm ins Poljane-Tal hinein und zur Sora-Ebene. Kaiser *Otto II.* stiftete 973 die Gegend den **bayerischen Bischöfen** und sein Sohn verlieh ihnen das Maut- und Münzrecht. 1248 erhielt Škofja Loka Markt-, 1274 Stadtrechte. Im 14. Jh. umgab man die Stadt mit einer starken Mauer, die die Burg mit einband. Die Wasserkraft der Flüsse beflügelte das Gewerbe, Mühlen entstanden, Ledergerber, Schuster und Schmiede siedelten sich an, die feinen Spitzenarbeiten der Frauen waren berühmt.

Trotz der starken Befestigungen drangen mehrfach Feinde ein (so im Erbfolgekrieg der Grafenfamilie *Cilli* und bei Türkenangriffen). 1511 zerstörte ein Erdbeben große Teile der Stadt, 1660 und 1698 ließen Feuersbrünste nicht viel übrig. Seitdem blieb das Stadtbild Škofja Lokas von Veränderungen im Guten wie im Bösen verschont und zeigt sich teils spätmittelalterlich, teils barock. Bis 1803 dauerte die Regierung der Bischöfe zu Freising, dann enteignete sie die Donaumonarchie. Die Macht des mittelalterlichen Gewerbes und Handels zeigte sich bis weit ins 20. Jh. hinein. Die Zünfte – Träger dieser Macht – blieben als **Bruderschaften** in Škofja Loka noch über den Ersten Weltkrieg hinaus erhalten.

Sehenswertes in der Altstadt

Kapuzinerbrücke und -kloster

Wer von Norden den Altstadtkern betritt, muss über die steinerne Kapuzinerbrücke aus dem 14. Jh. (obwohl der Stifter Bischof *Leopold* mitsamt Pferd alsbald von der Brücke stürzte und ertrank, erhielt sie erst im 19. Jh. ein Geländer). Das Bauwerk gehört zu den **ältesten Bogenbrücken Mitteleuropas** und verdankt seinen Namen dem Kapuzinerkloster von 1707 am linken Ufer. Die Brücke verband eine der ältesten Siedlungen Sloweniens – Stara Loka – mit der mittelalterlichen „Neustadt". In der wertvollen **Bibliothek** des Klosters ist der älteste bekannte Dramentext auf Slowenisch erhalten. Zudem zu sehen: eine Ausstellung zu den Passionsspielen der Stadt.

■ **Kapucinski samostan/Kapuzinerkloster,** Besichtigung Mo, Mi, Fr 9–14 Uhr oder nach Voranmeldung unter Tel. 04-506 30 05, www.kapucini.si, 2 €.

Klarissenkloster und Schloss

In der Altstadt ist die **Nonnenkirche** (Nunska cerkev) an der Blaževa ulica Teil des Klarissenklosters, das seine Wurzeln im Jahr 1358 hat. Die Kirche entstand 1660 nach dem Stadtbrand. Auch die Altäre datieren aus dieser Zeit, die beachtenswerten Malereien stammen allerdings aus dem 19. Jh.

Das Schloss wurde 1511 bei einem Erdbeben stark in Mitleidenschaft gezogen und neu aufgebaut. Auf 1215 geht der älteste Teil zurück, der aber nur noch als Schema erkennbar ist – das Fundament eines mächtigen quadratischen Turmes. Die **Schlosskapelle** mit Turm errichtete man 1526 (die vier Altäre stammen aus dem Dorf Dražgoše, das deutsche Truppen 1942 niederbrannten). Ende des 19. Jh. und Mitte des 20. griff man vehement in die Bausubstanz ein, um die jeweiligen Nutzungen zu erleichtern, einmal als Mädchenschule

[>] Herrisch wacht Škofja Lokas Renaissanceschloss über die Stadt

(wofür das Schloss eine Verbindung zum unterhalb liegenden Klarissenkloster hielt) und schließlich als Museum.

Loka-Museum

Das Museum besitzt eine der wichtigsten **ethnografischen Sammlungen** Sloweniens. Die Stadtgeschichte ist hervorragend dokumentiert. Kulturgeschichtlich besonders interessant sind **Handschriften,** eine davon, mit slowenischen Monatsnamen, stammt aus dem Jahr 1466. Besonderes Augenmerk wird auf den Schriftsteller *Ivan Tavčar* gelegt (1851–1923) und auf eines seiner Werke, das das dörfliche Leben einer Familie und damit das historische Loka in prallen Bildern beschreibt (*Visoška kronika* – „Die Chronik von Visoko"). In der Abteilung für bildende Kunst finden sich mehrere Kopien von Fresken aus Kirchen der Umgebung.

Leckermäuler finden ihr Eldorado in der **Lebzelt-(Lebkuchen-)abteilung** des Museums. Škofja Loka besitzt eine lange Tradition der Honigkuchenherstellung.

■ **Loški muzej/Loka-Museum,** Grajska pot 13, Tel. 04-517 04 00, www.loski-muzej.si, Di–So 10–18, Winter bis 17 Uhr, 5 €.

Homan-Haus

Nach Verlassen des Schlosses quert man die Klobovsova ulica und nimmt die enge Gasse zum Mestni trg. Linker Hand versperrt das Homan-Haus den Blick auf den Cankarjev trg. Es entstand 1524 als **Bürgerschloss** im gotischen Stil mit Elementen der Renaissance (Bemalung mit St. Christophorus), der Ostteil mit den Erkern datiert vom Ende des 16. Jh. Das Homan-Haus beherbergt ein **Café** mit hervorragender Eiscreme.

147sl sk

Pfarrkirche

Hinter dem Homan-Haus steht an dem von Bürgerhäusern aus der Zeit der Türkeneinfälle flankierten Platz die Pfarrkirche (Župnijska cerkev) des St. Jakob. Erste Zeugnisse dieser Kirche stammen aus dem Jahr 1271. 1471 entstand das heutige Kirchenschiff. Beim Sterngewölbe achte man besonders auf die Schlusssteine, die Zunftzeichen und den Schutzpatron der Zünfte zeigen. Die Freskenreste sind ebenfalls noch aus dieser Zeit. Weitere Fresken stammen aus dem 20. Jh., ebenso wie die Glasfenster. Taufbecken und Lüster sind *Plečniks* Werk.

Östlich der Kirche steht unscheinbar geduckt die **Schule,** die ein Privatmann 1627 stiftete.

Getreidespeicher

Die Schule passierend, kommt man zum Getreidespeicher *(Kašča)* am Spodnji trg. Sein Entstehungsjahr ist nicht bekannt, renoviert wurde er 1511 auf Veranlassung des Bischofs, wie die Fassadentafel bezeugt. Der Speicher war neben den Verteidigungsanlagen das wichtigste Bauwerk einer mittelalterlichen Stadt. Er war das Lager für alle **Naturalabgaben** – ohne diesen überlebte man Jahre schlechter Ernte nicht. Aus diesem Grund war auch der Verwalter des Spei-

Lange blieb die Brücke über die Sora ohne Geländer – es wurde erst im 19. Jh. ergänzt

148sl sk

chers – der *kaščar* – eine reputierliche Person im Standesgefüge.

Im Gebäude befindet sich heute die **Galerie France Mihelič.** Die Ausstellung widmet sich der surrealistischen Periode des gleichnamigen Malers (1907–98).

■ **Galerija/Galerie France Mihelič,** Spodnji trg 1, Tel. 04-517 04 00, Besichtigung nach Voranmeldung.

Spitalkirche

In der Mitte des Spodnji trg steht neben dem Spital die Špitalska cerkev, die Spitalkirche (1710). 1547 richtete die Pfarrei ein **Armen- und Krüppelhaus** ein, das 1698 abbrannte. Erst 20 Jahre später fanden die Bettler und Versehrten wieder eine neue Heimat. Als Kontrapunkt zur Armut nebenan ist die Kirche keineswegs ärmlich eingerichtet.

Mariensäule und Rathaus

Nimmt man die Gasse gegenüber der Spitalkirche zurück zum Mestni trg, sieht man rechter Hand die Mariensäule von 1791, aus Dankbarkeit von der Stadt errichtet, da der „Schwarze Tod" sie verschonte. Die prächtigen Bürgerhäuser in gotischem Stil unter barockem Einfluss mit ihren Portalen und Arkadenhöfen zeigen den Reichtum der Bürger, der Händler und Handwerker. Gegenüber der Mariensäule ist der untere Bereich des Rathauses aus dem 16. Jh. typisch spätgotisch gehalten, darüber herrscht die Malerei barocker Säulen- und Blütenpracht vor. Der Arkadenhof zeigt sich der Renaissance verschrieben.

Altes Pfarrhaus und Martin-Haus

Das dritte Haus nördlich, das Alte Pfarrhaus *(Staro župnišče),* entstand in seiner heutigen Form Mitte des 18. Jh., als man zwei Gebäude zusammenfasste (die heute noch an den Wandpfeilern und der Farbgebung erkennbar sind). Am südlichen Ende des Mestni trg ist das Martin-Haus *(Martinova hiša)* das letzte Gebäude im spätgotischen, für die Stadt früher so typischen Baustil. Am Stadtplatz befindet sich auch die **Ivan Grohar Galerie,** die sich der zeitgenössischen Kunst widmet (oft wechselnde Ausstellungen).

■ **Groharjeva galerija/Ivan Grohar Galerie,** Mestni trg 37, Tel. 04-517 04 00, www.loski-muzej.si, Di, Do, Fr 10–14, Mi 10–18, Sa/So 9–13 Uhr, Eintritt frei.

Sehenswertes außerhalb des Zentrums

Nace-Haus

Im Stadtteil Puštal südöstlich der Altstadt, jenseits der Poljanščica, hat die **Flutkatastrophe** im Sommer 2023 besonders schwere Schäden angerichtet. Die malerische **Teufelsbrücke** (Hudičeva brv) wurde weggerissen, die ufernahen Häuser überschwemmt. So auch das 250 Jahre alte Nace-Haus (Nacetova hiša), ein Beispiel eines typisch slowenischen Gehöfts und Gasthauses, das man nach Voranmeldung besichtigen konnte und vielleicht auch bald wieder kann (Auskunft bei der Tourist-Info).

■ **Nacetova hiša/Haus,** Puštal 74, Tel. 040-50 07 91, www.facebook.com/nacetovahisa.

Gehöfte und Kirche in Suha

Der Dorfkern des Vorortes Suha im Osten am linken Ufer der Sora besteht aus schönen alten Gehöften, unter ihnen **Španova domačija** mit dem davor stehenden Bildstock von 1794. Der Hof war Vorbild für ein Anschauungsobjekt zur Baukunst des Mittelalters im Stadtmuseum. Nordöstlich des Hofes (an der Straßengabelung nach links Richtung Trata/Virmaše) begeistert in der **Kirche Johannes des Täufers** (Sv. J. krstnik) das Sterngewölbe des Sanktuariums, dessen Fresko dem 15. Jh. entstammt.

In der Umgebung

Post- und Telekommunikationsmuseum

Knapp 20 km südlich von Skofja Loka hat im seit dem 12. Jh. dokumentierten Schloss des Dorfes **Polhov Gradec** das Post- und Telekommunikationsmuseum ein Zuhause gefunden. Als Außenstelle des Slowenischen Technischen Museums zeigt es alles, was mit dem Fernmeldewesen im Land zu tun hat, vom altrömischen Beginn bis zu modernster Kommunikation. Besonders für Kinder interessant: Man darf viele Ausstellungsstücke selbst bedienen.

■ **Muzej pošte in telekomunikacij,** Polhov Gradec 61, 1355 Polhov Gradec, Tel. 01-364 00 83, www.tms.si, Di–Fr, So 10–17 Uhr, 3 €, Kind 2,50 € (Kombiticket mit dem Technischen Museum in Bistra/Vrhnika bei Ljubljana 10/6 €).

Visoko

Das Dorf Visoko (9 km südwestlich Richtung Gorenja vas) erlangte im 20. Jh. literarische Berühmtheit. Der Schriftsteller *Ivan Tavčar* erzählt in seinem Werk **„Die Chronik von Visoko"** die tragische Familiengeschichte der Sippe der Kalan, deren Anwesen, auf dem sie 230 Jahre gelebt hatten, er dann später kaufte und selbst bewirtschaftete. Vor den Gebäuden ist eine **Bronzestatue von Tavčar** aufgestellt.

In den Räumen residiert heute eine **Ausstellung** zur Geschichte dieses Dvorec (Schloss) Visoko und ein nettes Café, zu dessen Öffnungszeiten auch die Ausstellung zugänglich ist.

■ **Kavarna Visoko,** www.poljanskadolina.com, So–Do 9–20, Fr, Sa bis 22 Uhr, 2 €.

Crngrob

Im Norden von Škofja Loka versteckt sich in 4 km Entfernung beim Weiler Crngrob (35 Bewohner) die **Wallfahrtskirche Mariä Verkündung** *(cerkev Marijinega oznanjenja)* mitten in den Wäldern. Die Wanderung nach Crngrob auf markiertem Weg dauert eine gute Stunde; falls die Kirche abgesperrt ist: Der Schlüssel liegt im Haus Nr. 10.

Romanischen Ursprungs, wurde sie in der Folgezeit immer wieder verändert und erweitert. Die Kirche ist sowohl außen als auch innen reich bemalt. Die ältesten Fresken sind der **Marienzyklus** im Nordschiff aus dem 14. Jh. Am Martinsaltar – einer der vier Altäre am Übergang zum Sanktuarium – hängt ein **Knochen,** über Jahrhunderte als „Rippe eines Heidenmädchens" angesehen wurde, ist er heute dem Skelett eines Wales zugeordnet.

In der *Oštarija pri Silvi* (www.facebook.com/Crngrob) kann man einkehren, beim Bauernhof *Pri Marku* auch übernachten (s.u.).

Križna gora

Križna gora im Nordwesten von Škofja Loka, mit dem Auto über das Stadtviertel Binkelj erreichbar (4 km), ist ein gern besuchtes Nahziel. Vom 678 m hohen Gipfel genießt man Weitblicke über die Alpen und Ljubljana, Drachenflieger tanzen auf der Thermik, das Restaurant *Pri Boštjanu* (s.u.) lädt zur Vesper ein und ein Kammweg endet an der Kreuzkirche (Sv. Križ). Vom Stadtviertel Trnje in Škofja Loka führt ein Wanderweg über das Dorf Cavrn in einer Stunde nach Križna gora.

Wanderung zum Lubnik

Höher hinaus (auf 1025 m) geht es am Lubnik im Westen der Stadt. Im Zentrum am Schloss beginnt der Weg durch das Viertel Vincarje (insgesamt zwei Stunden). Eine Variante führt an den **Ruinen eines Wachturmes** aus dem 12. Jh. auf dem 475 m hohen Krancelj vorbei und weiter an den Resten der **Raubritterburg Wildenlack** auf 501 m Höhe. In der Hütte *Dom na Lubniku* erhält man Speisen und Getränke und kann nächtigen (Tel. 04-512 05 01, www.pd-skofjaloka.com/lubnik.htm, Winter Fr–So, Sommer Di–So).

705sl sk

Praktische Tipps

Informationen

- **TIC Škofja Loka,** Cankarjev trg 17, Tel. 04-517 06 00, www.visitskofjaloka.si.
- **Alpenverein Škofja Loka** *(Planinsko društvo Škofja Loka),* Kapucinski trg 13, Tel. 04-512 06 67, www.pd-skofjaloka.com.

Verkehr

- **Bahnhof:** Kidričeva cesta 61, 3 km außerhalb im Industrievorort Trata (Stadtbushaltestelle), Verbindungen nach Ljubljana und Kranj (und weiter zur Grenze) mehrmals am Tag, Tel. 080-81 11, https://potniski.sz.si.
- **Fernbusse:** Kapucinski trg 8, u.a. nach Ljubljana, Tel. 090-74 11, www.arriva.si.
- **Parken:** Altstadtnahe Parkmöglichkeiten am Nunski vrt unterhalb des Burgbergs oder Pepetov klanec am Südrand der Altstadt (30 Min. 1 €).

⌃ Das hohe Alter sieht man den Häusern am Stadtplatz deutlich an

Einkaufen

7 Rokodelski Center DUO, Mestni trg 34, Tel. 04-511 24 60, www.centerduo.eu. Kunsthandwerk aus der Region; manchmal gibt es auch Workshops für Besucher und man kann den Handwerkern bei der Arbeit zusehen.

3 Čipke Mojca, Blaževa ulica 2, Tel. 04-515 57 44, www.facebook.com/cipke.mojca. Renommierte Kunsthandwerker(innen), deren Laden hübsche Dinge aus Klöppelspitze anbietet.

Unterkunft

11 Mini Hotel②, Vincarje 47, Tel. 04-515 05 40, www.minihotel.si. Nur 8 Zimmer und ein Apartment, dafür aber mit Tennisplatz, Kinderspielplatz und 1 km westlich des Zentrums in der Natur.

2 Hotel garni Paleta②, Kapucinski trg 17, Tel. 041-87 44 27, www.hotel-garni-paleta.si. Die sechs einfachen, sauberen Zimmer in dem Altstadthaus sind vorbildlich gepflegt; der Empfang ist herzlich, und es gibt ausreichend Parkmöglichkeiten.

Unser Tipp: **1 Pri Lenart**③-④, Podvrh 1, Poljane nad Škofjo Loko, Tel. 051-26 60 42, www.walkslovenia.com. Die fünf geschmackvoll-rustikal eingerichteten Zimmer dieses historischen Hauses außerhalb der Stadt werden nur wochenweise vermietet. Die Besitzer veranstalten reizvolle Wandertouren in die Umgebung, das Essen ist hervorragend und fast ausschließlich bio. Wanderwoche ab 1800 €/Person, weitestgehend all-inclusive.

Ferien auf dem Bauernhof

Pri Marku②, Crngrob 5, 4209 Žabnica, Tel. 04-513 16 26, www.pri-marku.si. 14 Zimmer mit Bad, Halbpension möglich. Wer will, darf auch im Heu schlafen, Viehwirtschaft auf großem Hof, Streicheltiere. Gäste dürfen am Arbeitsleben teilhaben, die Tierfütterungen begeistern die Kinder immer wieder von Neuem.

■ **Cvetje v jeseni**②, Visoko pri Poljanah 2, Tel. 041-81 67 44, www.visoko-turizem.si. Vier schicke Apartments auf einem Ferienbauernhof nahe Poljane mit einem historischen und einem neuen Bau, nur Selbstversorgung.

■ **Žgajnar**①, Zapreval 3, 4223 Poljane, Tel. 04-518 80 32, www.znajgar.si. Der Ferienbauernhof (50 ha) bei einem Weiler mit sechs Häusern und unweit des Skigebiets bietet gemütliche Zimmer und Hausmannskost.

■ **Dom Stari vrh**①, Zapreval 5, 4223 Poljane, Tel. 04-518 90 07, www.facebook.com/grega1971/. Berghütte auf 1050 m mit Gaststätte und Unterkunft (25 Betten), handfestes Essen mit dicken Suppen, Würsten, Gulasch, Strudel ...

Camping

■ **Smlednik,** Dragočajna 14a, 1216 Smlednik, Tel. 01-362 70 02, www.camping.info/de/camping platz/camping-smlednik, 1.5.–15.10., 100 Plätze. Am See Zbilje 11 km östlich von Škofja Loka mit einer ganzen Reihe an Wassersportmöglichkeiten.

Essen und Trinken

4 **Kavarna Homan**①, Mestni trg 2, Tel. 04-512 30 47, www.kavarnahoman.si. Café ab 8 Uhr offen. Eis und Kuchen in historischer Umgebung in den Gasträumen oder am Stadtplatz im Schatten der Linde – Kaffeehaus mit Vergangenheit.

8 **Kavarna Vahtnca**①, Mesti trg 31, Tel. 04-512 14 79, www.facebook.com/kavarna.vahtnca. Kaffeehaus mit gutem Kuchen und moderner Einrichtung, auch Zimmervermietung②.

5 **Pizzerija Jesharna**①, Blaževa ulica 10, Tel. 04-512 25 61, www.facebook.com/jesharna. Eine kleine Terrasse und ein hübscher Gastraum mit sehr guter und riesiger Pizza; etwas versteckt gelegen, am besten von der Fußgängerbrücke aus zu finden.

6 **Gostilna Kašča**②-③, Spodnji trg 1, Tel. 04-512 43 00, www.gostilna-kasca.si, So geschl. Vinothek und Gaststätte in historischen Räumlichkeiten, slowenische Gerichte mit Anspruch und internationale Küche, netter Freisitz.

10 **Raj Bar,** Puštal 60a, Tel. 031-46 22 22, nur im Sommerhalbjahr. Die schicke Bar beim informellen Schwimmbad an der Sora liefert zum Badevergnügen Getränke und bosnische Spezialitäten. Bei der Flut 2023 beschädigt, soll es 2024 mit neuem Elan weitergehen.

In der Umgebung

■ **Gostilna Danilo**④, Reteče 48 (südöstlich Richtung Medvode), Tel. 04-515 34 44, www.danilogos tilna.si, auf Facebook, Mo/Di und So Abend geschl. Feinschmeckeradresse, wo Zutaten und Zubereitung – man fühlt sich der Slow-Food-Bewegung verbunden – den höheren Preis rechtfertigen; international inspirierte slowenische Küche, sehr gute Weinkarte.

■ **Gostilna Pri Boštjanu**②, Križna gora 89, Tel. 04-510 33 20, Mo, Di geschl. Spezialitätenküche 4 km südwestlich, wegen der die Einheimschen auch von weiter weg kommen. In der Saison viele Pilzgerichte, ansonsten Klassisches aus Buchweizen und leckere Fleischgerichte; Platz lassen für den Nachtisch!

■ **Klementina**①, Pungert 20, Tel. 04-513 20 98, www.facebook.com/pizzerijaklementina. Beliebte und gut frequentierte Pizzeria 2 km südöstlich im Weiler Pungert gelegen, auch Pasta und Fleischgerichte, angenehmes Sitzen.

■ **Gostilna Blegoš**②, Javorje 5, 4223 Poljane, Tel. 04-518 91 00, www.blegos.eu. 7 km westlich an einem Hang mit schönem Bergblick werden Riesenportionen zu günstigen Preisen serviert, sehr gute Pilzgerichte; auch **Zimmervermietung**①.

■ **Gostišče Pri Zalogarju**②, Dolenja vas 1a, 4227 Selca, Tel. 04-500 50 00, www.zalogar.si, Do–Mo ab

11 Uhr. Der malerisch gelegene Ausflugsbauernhof kocht Spezialitäten wie Kalbsleber in Wein oder gegrillte Steinpilze aus dem Sora-Tal; es gibt auch einige Gästezimmer.

Abends unterwegs

6 **Kašča** (s.o.). Bei den Einheimischen als Bierbar ausgesprochen beliebt.

9 **Krčma pri Miholu,** Mestni trg 26, Tel. 031-59 93 91 13, www.facebook.com/krcma.mihol. „Beiz'n" unterhalb der Burg in historischem Gemäuer, immer viel los. Wem es zu viel wird, der erholt sich auf dem Freisitz.

Feste und Veranstaltungen

- Das größte Ereignis in Škofja Loka sind die **Passionsspiele,** die aber nur alle sechs Jahre stattfinden (das nächste Mal 2026, www.pasijon.si) – über 600 Protagonisten, 80 Reiter und über 20.000 Zuschauer nehmen Teil. Die UNESCO hat die Passion zum Immateriellen Kulturerbe erklärt.
- Im Januar wird bei Stari vrh gezeigt, wie man **in früheren Jahren Ski fuhr,** ein amüsantes Spektakel, zu dem man aus ganz Slowenien anreist.
- Das **Venusfest** ist ein Tag im Juni, der mittelalterlich begangen wird; Händler, Herolde und Handwerker tummeln sich in Kostümen auf den Straßen.

Aktivitäten

- **Wintersport:** Stari Vrh, 10 km westlich von Škofja Loka, 20 km Anfahrt (über Praprotino, Poljane und Javorje, die letzten Kilometer im Winter u.U. gesperrt); Meereshöhe 580–1210 m, 1 beheizter Sessellift, 4 Schlepplifte, 12 km Pisten, Flutlichtanlage, Snowboardpark, Rodelbahn, Beschneiungsanlage. Infos über *Smučarski turistični center,* Zapreval 3, Poljane, Tel. 031-66 32 35, www.starivrh.si.

Der Triglav-Nationalpark

Der Triglav-Nationalpark umfasst knapp 850 km², die gesamten slowenischen oder **östlichen Julischen Alpen.** Im Nordwesten grenzt er an Italien, seine Verwaltung teilen sich die Gemeinden Jesenice im Norden, Radovljica im Osten und Tolmin im Süden. Die wichtigsten Urlaubsorte sind Krajnska Gora, Bled, Bohinjska Bistrica, Tolmin, Kobarid und Bovec. Eine einzige Fahrstraße duchquert den Park – sie führt über den **Vršič-Pass.** Nur zu Fuß kann das Schutzgebiet durchstreift werden, und wer sich in die teilweise bedrohlich-steinerne Natur des Hochgebirges begibt, muss sich den **strengen Regeln des Naturschutzes** unterwerfen, befindet sich dafür aber in einem der schönsten Alpenabschnitte überhaupt.

Das Herz des Nationalparks ist das Triglav-Massiv mit dem **2864 m hohen Triglav,** dem Schicksalsberg der Einheimischen – wer ihn nicht bestiegen hat, darf sich eigentlich nicht als Slowene bezeichnen. Im Massiv entspringen die drei Flüsse **Sava Bohinjka, Sava Dolinka** und **Soča (Isonzo).** Der Park lässt sich in drei Bereiche gliedern. Der südliche oder **Bohinjer Teil** war von jeher der bevorzugte Siedlungsbereich, die starke Sonneneinstrahlung machte die Winter kürzer. Dieser Teil ist von hohen Almen geprägt, die Landschaft von den Gletschern und ihrer Schmelze bestimmt, die die (glazialen) Seen entstehen ließen: Bohinj und Bled unten und die Triglav-Seen in den Hochtälern. Der

Adobe.Stock ©Oliver

Sava-Teil ist von relativ schmalen Tälern geprägt, deren Wasser sich über Zehntausende von Jahren in die steil und unwirklich hoch ragenden Wände der Nordmassive des Parks eingeschnitten haben (Planica, Pišnica, Vrata). Der **Soča-Teil** schließlich ist ebenfalls von engen Tälern geprägt, von denen immer wieder seitlich kleinere Gletschertäler abzweigen. Die Fahrt über den Vršič-Pass folgt auf der Südseite dem Lauf der Soča.

Geschichte des Parks

Die Ursprünge des Nationalparks liegen im Jahr 1908, als ein Professor dem Oberkrainer Forstamt vorschlug, die seinerzeit dem Staat durch Enteignung kirchlicher Waldgebiete zugefallenen Liegenschaften in einem Schutzgebiet zusammenzufassen. Doch gab es zu jener Zeit noch keine entsprechende Gesetzgebung, sodass der Plan fallen gelassen werden musste. 1920 tauchte das Schutzgebiet wieder als Idee auf – diesmal als Alpiner Hochgebirgspark im Tal der Triglav-Seen. 1924 schließlich unterzeichneten die Forstverwaltung Ljubljana und der Slowenische Alpenverein einen langjährigen Pacht- und Schutzvertrag über das Gebiet der Triglav-Seen – die Geburtsstunde des Nationalparks. Die Wirren des Zweiten Weltkriegs und der Nachfolgejahre nahmen der Region wieder ihren offiziellen Schutzstatus, doch war man sich einig, dass er neu definiert werden müsse; man schuf ent-

□ Der Triglav – zwischen Himmel und Slowenien!

sprechende Gesetze und am 26. Juni 1961 war der Triglav-Nationalpark endgültig Wirklichkeit geworden. 1981 wurde der Park erweitert und die Schutzformel für bestimmte Bereiche modernisiert; so erlangte er seine heutige Form.

Ein wenig Geologie

Die Julischen Alpen bestehen aus reinem **Kalkstein** und dessen Unterform **Dolomit** (mit Magnesium-Beimengung) und sind deshalb deutlich stärker der Verwitterung ausgesetzt als beispielsweise Granit-Gebirge. Einmal hat dies zu **bizarren Verformungen** der Gebirgswelt geführt, zum anderen zu ausgeprägter **Höhlenbildung** im Untergrund. Bei Weitem nicht alle Höhlen sind schon erforscht, schon gar nicht im unwegsamen Hochgebirge. Die Zentralalpen im westlichen Europa haben als Leitgestein dagegen Granit und Schiefer und damit sind deren Landschaftsformen bei Weitem nicht so vielfältig wie die der Julier – die Erosion in den Zentralalpen findet viel gleichmäßiger statt.

Ihren Ursprung nahmen die Berge des Parks vor vielleicht 250 Millionen Jahren im frühen oder unteren Trias, dem Beginn des Erdmittelalters. Das Gestein des Triglav geht auf eine Zeit vor etwa 230 Millionen Jahren zurück – dem oberkarnischen Zeitalter, das Cordevolkalkstein hervorgebracht hat. Dieser ist relativ resistent gegen Erosion und so sind die Wände des Massivs ziemlich glatt und ungegliedert. Dies kann natürlich nur so sein, weil durch Aufschiebungen und Faltungen das ältere Gestein über dem jüngeren und weicheren zu liegen kam. Senkungen wiederum führten zu Landschaftsformen wie dem Talkessel von Bohinj mit seinem See, sodass das Pannonische Meer (das die Fläche ganz Ungarns, Rumäniens und Jugoslawiens bedeckte) vor 25 Millionen Jahren seine Ufer bis an die Flanken der heutigen Bergwelt ausdehnen konnte.

Für die Julischen Alpen sind die **Karren** eine typische Erosions- oder Verkarstungsform. Als Karren bezeichnet man alle durch Erosion erweiterten Spalten im Kalkstein. Spezielle Ausformungen sind Trittkarren, die Stufen ähneln und durch auf der Oberfläche fließendes Wasser entstanden sind. Rinnenkarren können streng parallel zueinander laufen oder wild mäandernd sich kreuzen. Karrentische sind eine Besonderheit. Als solche bezeichnet man erratische Geschiebe, die darunter liegende Flächen vor der Erosion speziell der Eiszeit schützen, sodass sich Tische bilden, die 20 bis 30 cm aus der Umgebung hervorragen können. Man muss sich vorstellen, dass mit jeder Eiszeit – und die letzte liegt gerade einmal 10.000 Jahre zurück – die verkarsteten Felsen durch die Gletscher (glaziale Erosion) großteils glatt geschliffen wurden – nur teilweise kann man noch Karren aus der Zeit vor der letzten Eiszeit sehen, deren Gesteinsoberflächen wie von einem Riesen poliert wirken. Immer wieder aufs Neue begann nach jeder Eiszeit die Erosion, ausgelöst durch Wind und Wetter, durch winterliche Vereisung und die damit einhergehende Sprengung des Gesteins und durch das Wasser der Schneeschmelze.

Pflanzenwelt

Die Waldgrenze verläuft in den Juliern im Osten auf 1900 m, im Westen auf 1600 m, die Baumgrenze auf 1700 und 2000 m. An den südlichen, dem Meer zugewandten Flanken mit relativ feuchtem Klima und in niedrigeren Lagen wachsen **Buchen,** doch weiter drinnen im Gebirge mit trockenerem Klima überwiegen **Lärchen** und **Fichten.** Interessant sind natürlich vor allem die in den Julischen Alpen endemischen, d.h. nur hier vorkommenden Pflanzen. Dazu gehört der **schmalblättrige Eisenhut** *(Aconitum angustifolium Bernh.),* der gern in den Schutthalden der montanen und subalpinen Stufe im südlichen Teil der Julier wächst. Der **Felsenaugenwurz** *(Athamantha turbith L. Brot.)* bevorzugt Felsspalten an den Südflanken. Die **Zois-Glockenblume** *(Campanula zoysii Wulf.),*

Krieg in den Julischen Alpen – die Isonzo-Front im Ersten Weltkrieg

Zwölf Schlachten wurden am Fluss Isonzo, slowenisch Soča, zwischen den **Italienern** auf der einen und **Österreich/Ungarn und dem Deutschen Heer** auf der anderen Seite geschlagen. Verzweifelt krallten sich die Soldaten in den Fels und das Eis, warfen den Feind von irgendeinem Gipfel, der strategisch als wichtig angesehen wurde, um nur Stunden später selbst im Grabenkampf vertrieben zu werden oder sogar das Leben zu verlieren.

Man verlegte sich auf **Sprengungen** der feindlichen Stellungen. Kilometer um Kilometer wurden immer wieder Stollen in den Fels gehauen und schließlich nach monatelanger Arbeit ganze Gipfel und mit ihnen Besatzungen Hunderter von Männern gesprengt.

Lawinen erschlugen die Menschen, rissen sie in den Tod, komplette Kompanien meldeten sich plötzlich nicht mehr – erfroren in einem Schneesturm. Erst gegen Ende des Ersten Weltkriegs schafften es die Achsenmächte, aus dem Gebirge auszubrechen und die italienischen Truppen in der elften Schlacht das Isonzo-Tal hinunterzutreiben – doch versagten bald die Kräfte, die zwölfte Schlacht brachte keine Ergebnisse mehr, die Kaiserreiche Mitteleuropas waren ausgeblutet, der Krieg zu Ende.

Aus den Alpen kehrten ebenso viele Soldaten nicht mehr nach Hause zurück, wie aus den Schützengräben vor Verdun, allein die Front am Isonzo schlug mit weit **über 500.000 Toten** zu Buche.

■ **Weiterführende Literatur:** Über die Isonzo-Schlachten ist wenig bekannt, die meiste Literatur leider oft auch kriegsverherrlichend. Zum Thema u.a. erschienen: *Miro Simčič:* **„Die Schlachten am Isonzo"** (Ares Verlag 2013) und *J. Macdonald* **„Caporetto and the Isonzo Campaign"** (Pen & Sword Military 2015). Auf jeden Fall lesenswert: *Ernest Hemingway:* **„In einem anderen Land"** (Rowohlt Vlg. 2020).

benannt nach dem berühmten slowenischen Universalwissenschaftler und Förderer des Alpinismus und der schönen Künste, ist in den ganzen Julischen Alpen und ihren Randgebieten verbreitet und recht häufig in Felsspalten zu sehen.

Neben diesen Pflanzen sind noch eine ganze Reihe anderer zu finden, die ebenfalls nur in den Juliern und in einigen benachbarten Gebieten vorkommen – Julische Flockenblume, Soča-Hornkraut, verschiedene Schwingel- und Bärenklauarten, die Kurzhaarige Nabelmiere, Julischer Mohn, Julisches Läusekraut, Wulfens Schlüsselblume, Traunfellners Hahnenfuß und diverse Steinbrecharten.

Das **Tal der Triglav-Seen** ist für seine **Blütenpracht im Frühling** berühmt und ein absolutes Muss für Besucher. Es gilt als so einzigartig, dass es innerhalb des Parks einen besonderen Schutzstatus genießt. Zwischen Gelbem Enzian, Knotenfuß, Kleinem Zweiblatt und der Krainer Lilie wandern nach Regenfällen langsam, aber zielsicher Feuersalamander in großer Zahl. Auf einer Wanderung durch dieses Tal lernt man auch die verschiedenen Pflanzengesellschaften kennen, die sich abhängig von der Höhe und dem Boden zu Gemeinschaften zusammengeschlossen haben.

Regeln zum Schutz des Parks

Die **universelle Basisregel für Besuche geschützter Gebiete** auf der ganzen Welt lautet: Was Du mit hinein genommen hast, nimmst Du wieder mit heraus, was Du nicht mit hinein genommen hast, lässt Du unzerstört drinnen.

- Im gesamten Gebiet des Parks ist es untersagt, **Abfälle** zu hinterlassen. Auch in den Berghütten ist der Müll nicht abzulegen.
- Parkbesucher dürfen **kein offenes Feuer** entfachen, außer an den dafür besonders gekennzeichneten Stellen, auch Müll darf nicht verbrannt werden.
- Außerhalb der gesondert gekennzeichneten Stellen darf **nicht geparkt oder gecampt** werden.
- Die Benutzung von **Kraftfahrzeugen** ist untersagt, außer auf der asphaltierten Strecke über den Vršič-Pass.
- **Zelten** im Park ist verboten, außer man hat eine Ausnahmegenehmigung der Parkverwaltung eingeholt.
- Im gesamten Nationalpark ist der Einsatz von Drohnen verboten. Ausnahmegenehmigungen nur auf Antrag bei der Nationalparkverwaltung.
- Das Pflücken von geschützten und ungeschützten **Pflanzen** ist untersagt.

Tierwelt

So vielfältig die Pflanzenwelt der Julier sein mag, die Tierwelt muss sich vor ihr nicht verstecken. An den Ufern der Seen, aber auch um die Waldgrenze und oberhalb davon ist einiges an Kriechendem und Krabbelndem zu finden. **Skorpione** *(Euscorpius germanus)* tragen dort ihre lebend geborenen Jungen auf dem Rücken, die **Kreuzspinne** *(Araneus diadematus)* zeigt ihre typische Rückenzeichnung und die **Schwarze Wolfsspinne** *(Pardosa nigra)* versteckt sich im Geröll. Weiter unten tummeln sich Käfer und Schmetterlinge. Wunderschön sieht der **Feuersalamander** *(Salamandra salamadra)* aus, wenn er sein Versteck verlässt – sein schwarzer Körper ist quietschgelb gefleckt. Unter den Schlangen sei die **Kreuzotter** *(Vipera berus)* erwähnt, die sich bis auf eine Höhe von 2000 m wagt.

In den Gewässern ist noch die **Bachforelle** *(Salmo trutta fario)* zu finden, die aber zunehmend von der im 19. Jh. aus Nordamerika importierten **Regenbogenforelle** *(Salmo irideus)* verdrängt wird bzw. sich mit ihr mischt. Nur in der Soča kommt die **Soča-Forelle** *(Salmo marmoratus)* vor. Sie kann eine Länge von einem Meter und ein Gewicht von 15 kg erreichen.

Hoch im Himmel fliegen **Steinadler** *(Aquila chrysaetos),* **Mäusebussard** *(Buteo buteo),* **Turmfalke** *(Falco tinunculus),* **Habicht** *(Accipiter gentilis)* und **Sperber** *(Accipiter nisus).* Der **Auerhahn** *(Tetrao urogallus),* der größte Hühnervogel, lässt seinen Balzruf ertönen, Uhus schauen rückwärts, Spechte klopfen – „Birder“ finden ein reiches Betätigungsfeld.

Zu den nettesten und vielleicht auch eindrucksvollsten Begegnungen gehören die Treffen mit den **Alpenmurmeltieren** *(Marmota marmota),* deren schrille Warnpfiffe die Wanderer genauso erschrecken, wie die possierlichen Tierchen bei deren Anblick zusammenfahren. Siebenschläfer, Dachse, Gemsen und Marder leben im Park, Füchse und Otter – doch das typischste Tier, verewigt als „Zlatorog“ in Denkmalen, auf Bildern und Postern, ist der **Steinbock** *(Capra hircus ibex).* Er wurde im 18. Jh. ausgerottet, aber 1964 und 1975 im Gebiet des Parks wieder ausgesetzt. Der Bock wird bis zu 100 kg schwer, seine Hörner, bis zu einem Meter lang und säbelartig nach hinten gebogen, wiegen dann allein schon 15 kg. Gelegentlich streifen auch **Braunbären** und **Wölfe** durch das Schutzgebiet.

Wandern im Nationalpark

Informationen erhält man in den Besuchszentren des Parks und im Internet.

- **Dom Trenta,** Na Logu in Trenta, 5232 Soča, Tel. 05-388 93 30, dom-tnp.trenta@tnp.gov.si.
- **Triglavska roža Bled,** Ljubljanska cesta 27, 4260 Bled, Tel. 04-578 02 05, info.trb@tnp.gov.si.
- **Info Center Bohinj,** Stara Fužina 37-38, 4265 Bohinjsko jezero, Tel. 04-578 02 40, info.bohinjka@tnp.gov.si.
- **TIC Kobarid,** Trg svobode 16, 5222 Kobarid, Tel. 05-380 04 90, info.kobarid@dolina-soce.si.
- **www.tnp.si**

Berghütten

Die **Berghütten** des Slowenischen Alpenvereins sind sowohl von der Versorgung des Parks wie von ihrem Standard her ausgezeichnet. Auch in den **Schlafsälen** – wobei viele Hütten **2- und 4-Bett-Zimmer** vermieten – erhält man frische Bettwäsche, die Toiletten sind supersauber und das Essen (hochgebirgstechnisch eingeschränkt) ist gut. In der Saison kommt zu den abgelegenen Hütten, die nicht ökonomisch über Materiallifte oder kürzere Anstiege aus dem Tal zu versorgen sind, einmal die Woche ein Hubschrauber. Die meisten Hütten öffnen am 1.6. und schließen am 30.9., danach nur Wochenendbetrieb bei schönem Wetter.

Im Nationalpark gibt es ca. **40 Hütten,** die bewirtschaftet sind. In der Saison, speziell in den slowenischen Ferien und an Wochenenden, können besonders die Hütten um den Triglav herum aus allen Nähten platzen. Matratzen werden dann auf jeder kleinsten Fläche ausgelegt und bald ist der Weg von und zu allem versperrt.

Die **Winterbetten** findet man in gesonderten, auch bei Nichtbewirtschaftung der Hütte zugänglichen Zimmern.

■ Einen Überblick über die **Alpenvereinshütten, Öffnungszeiten** und **Buchungsmöglichkeiten** sowie Empfehlungen besonders nachhaltig bewirtschafteter bzw. familienfreundlicher Hütten in englischer Sprache gibt
– https://en.pzs.si/vsebina.php?pid=3,
– https://www.pzs.si/javno/koce/PZS-julijske-alpe-ang-popravki2019-splet.pdf

1 Koča na Mangartskem sedlu, 1906 m, GPS N 46.438892, E 13.640539, Tel. 041-95 47 61, erikcuder@gmail.com, Juni bis Okt., Betten in Zimmern: 11, Schlafsaal: 23.

2 Zavetišče pod Špičkom, 2064 m, GPS N 46.410157, E 13.677816, Tel. 070-64 33 27, www.pdjesenice-drustvo.si, Schlafsaal: 20, Winterbetten: 6.

3 Koča pri izviru Soče, 886 m, GPS N 46.409516, E 13.725477, Tel. 041-60 31 90, www.pdjesenice-drustvo.si, April bis Okt., Betten in Zimmern: 4, Schlafsaal: 14.

4 Planinski dom Tamar, 1108 m, GPS N 46.446045, E 13.713407, Tel. 041-37 80 77, bernikmartina@gmail.com, ganzjährig offen, Betten in Zimmern: 31, Schlafsaal: 20.

5 Erjavčeva koča na Vršiču, 1525 m, GPS N 46.439145, E 13.749346, Tel. 051-39 92 26, https://erjavcevakoca.si, ganzjährig offen, Mo Ruhetag, Betten in Zimmern: 70, Schlafsaal: 29.

6 Tičarjev dom na Vršiču, 1620 m, GPS N 46.432759, E 13.744560, Tel. 070-70 90 93, www.pdjesenice-drustvo.si, Mai bis Okt., Betten in Zimmern: 41, Schlafsaal: 14.

7 Poštarski dom na Vršiču, 1688 m, GPS N 46.432414, E 13.747599, Tel. 041-33 59 19, https://postarskidom.com, Juni bis Sept., Betten in Zimmern: 36, Schlafsaal: 30.

8 Koča na Gozdu, 1226 m, GPS N 46.439530, E 13.762507, Tel. 041-68 27 04, www.prezlc.si, Mai–Okt. (an Wochenenden ganzjährig), Betten in Zimmern: 41, Schlafsaal: 12.

9 Mihov dom na Vršiču, 1085 m, GPS N 46.443345, E 13.771753, Tel. 040-61 87 56, https://mihovdom.si, Mai bis Oktober tgl., sonst an Wochenenden, Betten in Zimmern: 10, Schlafsaal: 12.

10 Koča v Krnici, 1113 m, GPS N 46.432347, E 13.787602, Tel. 031-30 17 73, milenapp@outlook.com, Mai–Aug., Fr–So, Betten (Zimmer): 8, Schlafsaal: 10.

11 Šlajmerjev dom v Vratih, 1015 m, GPS N 46.410550, E 13.843834, Tel. 051-66 57 38, Mai–Sept., www.pddovje-mojstrana.si/, Betten in Zimmern: 81.

12 Aljažev dom v Vratih, 1015 m, GPS N 46.409026, E 13.843450, Tel. 031-38 40 11, www.pddovje-mojstrana.si, Ende April bis Ende Okt., Betten in Zimmern: 30, Winterbetten 6.

13 Pogačnikov dom na Kriških podih, 2050 m, GPS N 46.401965, E 13.800577, Tel. 051-22 13 19, www.pdradovljica.si, Juni bis Sept., Betten in Zimmern: 37, Schlafsaal: 22, Winterbetten: 20.

14 Zasavska koča na Prehodavcih, 2071 m, GPS N 46.358529, E 13.792261, Tel. 051-61 47 81, pdradece@pzs.si, Juni bis Sept., Betten in Zimmern: 39, Winterbetten: 24.

15 Koča na Doliču, 2151 m, GPS N 46.364867, E 13.819466, Tel. 051-61 47 80, koca. na.cdolicu@gmail.com, Juni bis Sept., Betten in Zimmern: 65, Schlafsaal: 15.

16 Vodnikov dom na Velem Polju, 1817 m, GPS N 46.355914, E 13.861358, Tel. 041-33 83 74, www.pdsrednjavas.si, Juni bis Sept., Betten in Zimmern: 46, Schlafsaal: 24, Winterbetten: 8.

17 Dom Planika pod Triglavom, 2401 m, GPS N 46.371372, E 13.846077, Tel. 051-61 47 73, domplanika.pod. triglavom@gmail.com. Juni bis Sept., Betten in Zimmern: 49, Schlafsaal: 94.

18 Triglavski dom na Kredarici, 2515 m, GPS N 46.378921, E 13.848830, Tel. 04-531 28 64,

019sl sk

www.pd-ljmatica.si, Juli bis Sept. tgl., sonst an Wochenenden und bei Zugänglichkeit, Betten in Zimmern: 141, Schlafssal: 200.

19 Dom Valentina Staniča pod Triglavom, 2332 m, GPS N 46.387338, E 13.860147, Tel. 051-34 58 06, www.pdjavornikkoroskabela.si, Betten in Zi.: 46, Schlafsaal: 35, Winterbetten: 6.

20 Kovinarska koča v Krmi, 870 m, GPS N 46.400573, E 13.923688, Tel. 051-34 58 06, www. pdjavornikkoroskabela.si, Mai bis Okt., Betten in Zimmern: 8, Schlafsaal: 15.

21 Blejska koča na Lipanci, 1633 m, GPS N 46.375299, E 13.927550, Tel. 051-62 10 21, 051-62 10 21,www.blejskakoca.si, ganzjährig, Betten in Zimmern: 7, Schlafsaal: 34, Notfallbetten: 12.

22 Planinska koča na Uskovnici, 1154 m, GPS N 46.320, E 13.909439, Tel. 031-34 18 14, www. pdsrednjavas.si, ganzjährig (außer Nov. und Dez.), Betten in Zimmern: 35.

23 Planinska koča na Vojah, 690 m, GPS N 46.310116, E 13.882516, Tel. 041-23 46 25, Mai–August, Betten in Zimmern: 16, Schlafsaal: 24.

24 Kosijev dom na Vogarju, 1054 m, GPS N 46.296713, E 13.866984, Tel. 051-61 33 67, pdzelezni carlj@gmail.com, ganzjährig an Wochenenden (Juni bis Sept. tgl.), Betten in Zimmern: 45, Schlafsaal: 18.

25 Koča na Planini pri jezeru, 1453 m, GPS N 46.309708, E 13.827740, Tel. 051-63 27 38, www.pdlpp.si, Juni bis Sept., Betten in Zimmern: 79, Schlafsaal: 7, Winterbetten: 9.

26 Bregarjevo zavetišče na planini Viševnik, 1620 m, GPS N 46.305932, E 13.817512, Tel. 031-27 08 84, gabrijel.jelovsek@gmail.com, Juni–Sept., Betten im Zimmern: 5, Schlafsaal: 10.

☐ Die Soča ist berühmt für ihre Farbenspiele – der Kalk der Alpen ist dafür verantwortlich

Nationalpark Triglav und die Julischen Alpen

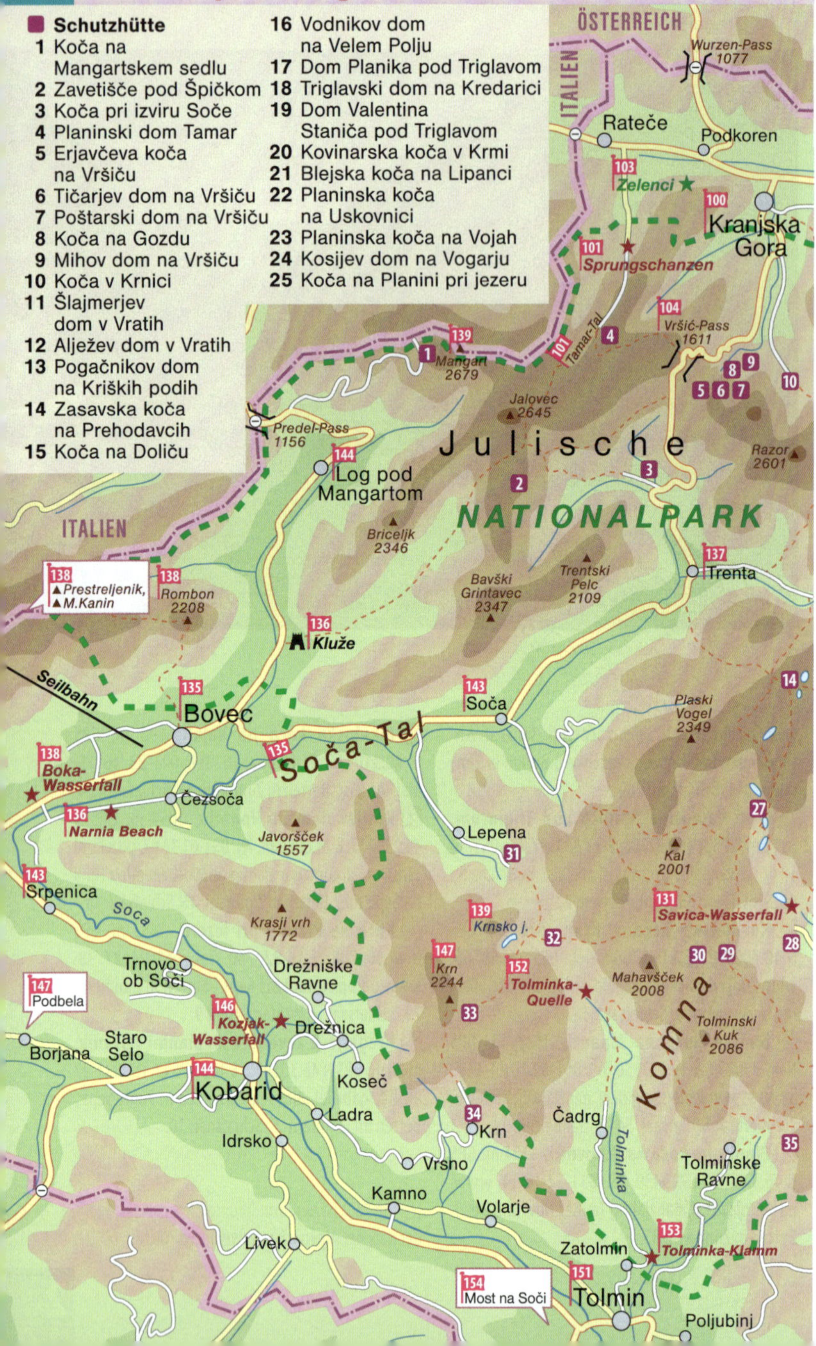

26 Bregarjevo zavetišče na planini Viševnik
27 Koča pri Triglavskih jezerih
28 Koča pri Savici
29 Dom na Komni
30 Koča pod Bogatinom
31 Dom dr. Klementa Juga v Lepeni
32 Planinski dom pri Krnskih jezerih
33 Gomiščkovo zavetišče na Krnu
34 Koča na planini Kuhinja
35 Koča na planini Razor
36 Planinska koča Merjasec na Voglu
37 Dom Zorka Jelinčiča na Črniprsti

27 Koča pri Triglavskih jezerih, 1685 m, GPS N 46.318703, E 13.779060, Tel. 040-62 07 83, www.pd-ljmatica.si/Koce/35/Koca-pri-Triglavskih-jezerih, Juni bis Okt., Betten in Zimmern: 46, Schlafsaal: 89.

28 Koča pri Savici, 653 m, GPS N 46.289986, E 13.802475, Tel. 040-69 57 87, www.pd-ljmatica.si, April bis Sept., Betten in Zimmern: 10, Schlafsaal: 17.

29 Dom na Komni, 1520 m, GPS N 46.284398, E 13.773319, Tel. 04-62 07 84, www.pd-ljmatica.si, ganzjährig offen, Betten in Zimmern: 74, im Schlafsaal: 34.

30 Koča pod Bogatinom, 1513 m, GPS N 46.287727, E 13.763278, Tel. 051-23 58 66, www.pdsrednjavas.si/planinske_koce/koca-pod-bogatinom/, Juni bis Sept., Betten in Zimmern: 39, Schlafsaal: 13, Winterbetten: 2.

31 Dom dr. Klementa Juga v Lepeni, 680 m, GPS N 46.303701, E 13.681754, Tel. 05-302 30 30, http://planinsko-drustvo-ng.si, Juni bis Sept., Betten in Zimmern: 35, Schlafsaal: 15.

150sl sk

32 Planinski dom pri Krnskih jezerih, 1385 m, GPS N 46.288742, E 13.696259, Tel. 05-302 30 30, http://planinsko-drustvo-ng.si, März bis Okt., Betten in Zimmern: 53, Schlafsaal: 57, Winterbetten: 18, Notbetten: 36.

33 Gomiščkovo zavetišče na Krnu, 2182 m, GPS N 46.265331, E 13.657142, Tel. 05-302 30 30, http://planinsko-drustvo-ng.si, Juni bis Sept., Betten im Schlafsaal: 42.

34 Koča na planini Kuhinja, 1002 m, GPS N 46.241410, E 13.659735, Tel. 051-68 86 84, http://pdkobarid.com/koca-na-planini-kuhinja, Juni bis Sept. tgl. (Nov.–März geschl.), Schlafsaal: 24.

35 Koča na planini Razor, 1315 m, GPS N 46.235680, E 13.793205, wetterabhängig geöffnet, Tel. 05-388 32 11, www.pdtolmin.si/koca, April bis Okt., Betten in Zimmern: 58, Schlafsaal: 18, Winterbetten: 10.

36 Planinska koča Merjasec na Voglu, 1535 m, GPS N 46.262919, E 13.839880, Tel. 051-64 43 16, Juni–Sept., Betten in Zimmern: 8.

37 Dom Zorka Jelinčiča na Črniprsti, 1835 m, GPS N 46.230974, E 13.931514, Tel. 031-26 04 00, www.pdpodbrdo.si, Juni bis Oktober an Wochenenden (wetterabhängig), Betten in Zimmern: 8, im Schlafsaal: 28.

Alpenvereine

Informationen erhält man von den Alpenvereinen der Umgebung. An diese wende man sich auch, wenn man Wintertouren unternehmen will, da man für die Winterübernachtung für Hütten einen bei den Alpenvereinen erhältlichen Schlüssel benötigt:

- Planinsko društvo **Jesenice,** Cesta železarjev 1, Tel. 04-586 60 70, www.pdjesenice-drustvo.si.
- Planinsko društvo **Mojstrana,** Savska cesta 1, Tel. 04-589 51 00, www.pddovje-mojstrana.si.

< Souvenirs an der Passhöhe des Vršič nach abenteuerlicher Fahrt über 25 Haarnadelkurven

- Planinsko društvo **Radovljica,** Gorenjska cesta 26, Tel. 04-531 55 44, www.pdradovljica.si.
- Planinsko društvo **Bohinj,** Srednja vas v Bohinju 79, Tel. 031-341 821, www.pdsrednjavas.si.
- Planinsko društvo **Bled,** Tel. 031-63 87 40, http://pd-bled.si.
- Planinsko društvo **Tolmin,** Trg Maršala Tita 16a, Tel. 05-388 32 11, www.pdtolmin.si.
- Planinsko društvo **Krn/Kobarid,** Krn BŠ, Tel. 051-68 86 84, http://pdkobarid.com.

Viertägige Wanderung mit Triglav-Besteigung

Im Triglav-Nationalpark erreicht man **hochalpine Bereiche,** sodass die Ausrüstung entsprechend gewählt werden muss. Selbst im späten Frühjahr gehören – abhängig von der Wegstrecke – fast immer auch **Steigeisen** dazu. **Sicherungen** (Becken- und Brustgurt mit Seilsicherung) und **Helm** sollten auf Klettersteigen eine Selbstverständlichkeit sein. **Sonnenschutz** und ausreichend **Flüssigkeit** sind ebenfalls mitzuführen (siehe Kap. 11 „Reisegepäck und Ausrüstung"). Da die Triglav-Besteigung zu den beliebtesten Bergtouren zählt, sollten Schlafplätze in den Hütten unbedingt rechtzeitig gebucht werden. Alternative Routen und geführte Wanderungen: → https://climbtriglav.com.

Eine der schönsten Strecken durch den Park, über vier Tage mit drei Übernachtungen auf den Hütten (Schwierigkeitsgrad ++ und +++), beginnt westlich des Sees von Bohinj an der Hütte **Koča pri Savici** auf 653 m Höhe und folgt dem Tal der Triglav-Seen. Über eine Brücke erreicht man den Anstieg, steil geht es durch die Laubwälder hinauf und am Ursprung der Savica, dem **Wasserfall**

149sl sk

Slap Savica, vorbei (ein Abstecher von zehn Minuten, siehe Bohinjska Bistrica). Auf 1294 m erreicht man den ersten See – **Črno jezero** – in karger, felsiger Umgebung. Nun geht es gemächlicher ins Tal hinein zur idyllisch gelegenen Hütte **Koča pri Triglavskih jezerih** auf 1685 m an drei kleinen Seen, wo der schönste Streckenabschnitt des Tages beginnt. Durch üppige Farne und Grase mit bunter Blumenvielfalt und auf engem Steig wandert man durch das immer schmaler werdende Tal. Schließlich erreicht man

☐ Am Vršič-Pass starten herrliche Wanderwege in die Hochalpen

die **Zasavska Koča** – die Übernachtungsstelle auf 2071 m Höhe.

Am nächsten Morgen ersteigt man über die Hribarice den **Dolič** (2164 m) und genießt den herrlichen Blick auf den Triglav und die ihn umgebenden Hütten, steigt hinunter zur **Tržaška koča na Doliču** auf 2151 m und beginnt mit dem Anstieg auf den Triglav über die ehemalige italienische Kaserne, die einen malerischen Vordergrund für die Triglav-Wände abgibt. Auf 2500 m erreicht man endlich den **Einstieg am Triglav.** Nun muss man sich eine Stunde lang an Eisen in die Höhe hangeln, durch kaminartige Felsabschnitte klettern und sich auf ausgesetzten, glatt geschliffenen Gesteinsplatten an Drahtsicherungen entlang schieben. Auf 2864 m ist der Lohn der Mühe erreicht – der **Gipfel** unter stahlblau aufgespanntem Himmelszelt. Über einen schmalen (gesicherten) Grat geht es in Richtung der Hütte **Dom Planika** und weiter zur am Morgen passierten **Tržaška koča na Doliču,** wo man sich zur Ruhe betten kann.

Am nächsten Tag geht es auf breitem Weg hinunter Richtung Trenta-Tal und auf 1495 m, um dann wieder aufzusteigen. Auf 1758 m erreicht man den Übergang Luknja und schlägt sich nun kletternd steil nach oben über einige malerische Wiesenabschnitte bis zum **Bovški Gamsovec** auf 2392 m. Auf 2050 m kommt man zur dritten Übernachtungshütte **Pogačnikov dom,** eine belebte Hütte, die gern für Tagesausflüge aufgesucht wird. Nun geht es teilweise stark ausgesetzt und immer wieder über Kletterabschnitte an den Gipfeln **Razor** und **Prisank** vorbei hinunter zum **Vršič-Pass** und zurück in die Zivilisation (weitere Wanderungen → Kapitel 10).

Kranjska Gora

- **Meereshöhe:** 810 m
- **PLZ:** 4280
- **Vorwahl:** 04
- **Einwohner:** 1970
- **Dt. Name:** Kronau

Kranjska Gora liegt zwischen den Flüssen Sava Dolinka und Velika Pišnica und besteht aus mehreren Ortsteilen: Podkoren und Rateče, 3 bzw. 5 km westlich, gehören ebenfalls zur Gemeinde. Rund um den Gebirgsort mit der schlängelnden Hauptstraße Borovška cesta will man wandern, baden, klettern oder Ski fahren. Die meisten Hotels befinden sich im Ort, einige Pensionen und Restaurants liegen aber am **See Jasna,** 2 km Richtung Vršič-Pass, wo das Denkmal des Zlatorog malerisch vor einer Hochgebirgskulisse steht. Die Straße über den Vršič-Pass, das Tor in den Süden, ist den größten Teil des Jahres befahrbar, nur nach heftigen Schnee- oder Regenfällen (Steinschlag) fällen kann sie gesperrt sein.

1326 wird die Siedlung zum ersten Mal schriftlich erwähnt. Traditionell züchteten die Bewohner des Tals der Sava Dolinka Schafe, der Boden war für Getreideanbau ungeeignet. Später stellte man auf Rinderzucht um. Der dörfliche Charakter hat sich mehr oder weniger bewahrt, auch wenn die meisten Häuser, geschuldet der zentralen Bedeutung des Ortes für den Wintersport wie auch die Sommerfrische in den Julischen Alpen, modernisiert wurden. Der Tourismus begann zwischen den Weltkriegen, als die Eisenbahnlinie von Tarvisio nach Jesenice noch durch das Tal verlief. Heute verbindet die parallel zum Karnischen Gebirgszug und südlich davon verlaufende Straße verkehrsgünstig die beiden Orte und die Autobahnen, die nach Norden führen.

Liznjek-Haus

In der Liznjekova hiša kann man anhand der Einrichtung begutachten, wie eine reichere Bauernfamilie im 18. Jh. gelebt hat. Das Gebäude selbst stammt auch aus dieser Zeit und ist ein **typisches slowenisches Alpenbauernhaus.**

■ **Liznjekova hiša,** Borovska cesta 63, Tel. 04-588 19 99, www.gmj.si/en, Di–So 10–18, Winter 9–16 Uhr, 2,50 €, Kind 1,70 €.

Kirche Mariä Himmelfahrt

Die Kirche Mariä Himmelfahrt (cerkev Device Marije Vnebovzete) im Zentrum ist ein schönes Beispiel für den spätgotischen Stil. Das Gewölbe von 1560 besteht aus einem Rippennetz, das auf Säulen ruht – der Kärntner Bauweise der damaligen Zeit nachempfunden.

In der Umgebung

Sprungschanzen

7 km nach Westen (davon knapp 2 km ins Planica-Tal hinein) fahrend, gelangt man zum topmodernen **Nordic Center Planica,** das Athlethen optimale Trainingsbedingungen ermöglicht. Zum Zentrum gehören insgesamt sieben Skisprungschanzen, darunter auch die Sprungschanzen, auf denen regelmäßig **Weltcup-Wettbewerbe** stattfinden. 1934 wurde die erste Schanze errichtet, zwei Jahre später übersprang der Österreicher *Bradl* darauf erstmals die 100-m-Marke. Von 2005 bis 2011 hielten die Sprungeinrichtungen den Weitenweltrekord (239 m). 2020 sprang *Ryoyu Kobayashi* mit 252 m Schanzenrekord.

Außerdem gibt es eine **Zipline** (→ S. 107). Wenn keine Sportwettbewerbe stattfinden, können Besucher das **Nordische Skisprungzentrum** und die Schanzen besichtigen.

■ **Planica Nordic Center,** Tel. 031-68 98 06, ww.nc-planica.si, Führungen nach Voranmeldung ab 9 €/Person.

Tamar-Tal

UNSER TIPP: Die leichte, knapp 4 km lange **Wanderung** durch das idyllische Tamar-Tal (Dolina Tamar) wird am Ziel mit herrlicher Hochgebirgskulisse belohnt (im Winter als Loipe gespurt). Achtung, aufpassen und nicht die parallel dazu verlaufende Fahrstraße nehmen! Der Weg führt durch dichten Mischwald, in dem im Frühjahr und Sommer Zyklamen ihre lila Köpfchen zwischen Moos und Farn recken. Kurz vor der Hütte **Planinski dom Tamar** (→ S. 94, tgl. 8–20 Uhr) geht es nach rechts zur Quelle der Sava Dolinka, die als **Nadiža-Wasserfall** ins Tageslicht rauscht. Im Talschluss türmt sich eine majestätische Wand von Zweitausendern. Nach einem deftigen Imbiss in der Berghütte geht es auf gleichem Weg zurück.

Alpinismus-Museum

Unser Tipp: In **Mojstrana,** 14 km östlich von Kranjska Gora, erhielt die über Jahre vernachlässigte und antiquierte Sammlung **Triglavska muzejska zbrika** einen Neubau und eine didaktisch topaktuelle, moderne Ausstellungsstruktur. Dargestellt ist die Geschichte des slowenischen Alpinismus anhand von Dokumenten, zahlreichen Ausrüstungsgegenständen und Karten. Die Ausstellung widmet sich aber auch Fragen zu Naturschutz und Tourismus.

■ **Slovenski Planinski muzej/Slow. Alpinmuseum,** Triglavska cesta 49, 4281 Mojstrana, Tel. 08-380 67 30, www.planinskimuzej.si, Di–So, Mai–Sept. 9–19, Okt.–April 9–16 Uhr, 9 €, Kind 4,50 €.

Radovna-Tal

Wählt man in Dovje-Mojstrana den direkten Weg nach Bled (20 km), fährt man auf schöner – teils nicht asphaltierter – Strecke mit festem Untergrund durch den Wald entlang des Baches Radovna und passiert mehrere Sehenswürdigkeiten. Nach 3,5 km hält man sich rechts und fährt 1,5 km bis zur **Pocarjeva domačija.** Das kleine ethnografische **Regionalmuseum** ist in einem Landgut aus dem endenden 16. Jh. untergebracht.

■ **Pocarjeva domačija/Pocar-Hof,** Zgornja Radovna 25, Juli, Aug. Sa/So 11–18 Uhr, 3,50 €.

Am Pocar-Hof vorbei gelangt man nach einem Kilometer wieder auf den Hauptweg (nach rechts) und kommt nach knappen 5 km zu den – als Mahnmal hergerichteten – Ruinen eines Bauernhauses. Hier in **Srednja Radovna** haben deutsche Besatzungstruppen am 29. September 1944 in einer Racheaktion gegen slowenische Partisanen 24 Zivilisten hingerichtet.

Der **Napoleonstein** 1,8 km weiter trägt die Iinitialen „N I BP“ – Napoleon I., Bonaparte. Der Legende nach soll sie ein französischer Soldat bei einer Marschpause in den Fels geritzt haben. Der Fels versteckt sich rechts im Wald (GPS N 46.396694, E 14.003009) 10 m von der Straße.

Martuljek-Wasserfälle

Von **Gozd Martuljek,** 4 km östlich von Kranjska Gora, führt ein Spaziergang auf einem breiten Waldweg am Bach Martuljek entlang nach Süden ins Gebirge. Nach 30 Min. ist man am unteren Martuljek-Wasserfall, nach zwei Stunden am oberen und bald darauf an den Steilwänden des Gletscher-Kar **Za Akom** auf über 1300 m.

706sl sk

◁ Eine romantische Moorlandschaft erwartet Besucher westlich von Kranjska Gora

Spaziergang durchs Zelenci-Moor

Zelenci von *zeleno,* grün, heißt das kleine Naturschutzgebiet, 3,5 km westlich von Kranjska Gora, unweit des Dorfes **Podkoren** wegen seines grün schimmernden Sees. Er bildet den Mittelpunkt eines 14 Hektar großen Moores, in dem die **Sava Dolinka,** einer der beiden Hauptflüsse der Sava, entspringt, und wird durch aus dem Untergrund sprudelndes Wasser gefüllt. Wege und Stege führen durch das Naturreservat, in dem sich seltene Tierarten wie Karmingimpel oder die Kleine Bartfledermaus beobachten lassen. Fieberklee, Hahnenfuß und Sumpf-Dreizack bilden den grünen Rahmen für die türkisblauen Wasser. Ein Aussichtsturm sorgt für den Überblick, eine einfache Gastwirtschaft für rustikale Verpflegung.

Wanderung nach Gozd Martuljek

Eine lieblichere Wanderung verläuft an den nach Süden ausgerichteten Grashängen der Karawanken entlang von Kranjska Gora über **Galerše** (1 Std.) nach **Sredhji vrh** (1 Std.) und in 30 Min. hinunter nach Gozd Martuljek. Der Weg hält eine Höhe von 900 bis 1000 m.

Route über den Vršič-Pass

Die Straße über den Vršič-Pass nach Bovec ist eine Sehenswürdigkeit für sich. In 50 steilen Spitzkehren klettert sie von Kranjska Gora zur Passhöhe auf 1611 m und stürzt sich dahinter ebenso dramatisch wieder hinab. Motorradfahrer lieben die Strecke und rasen im Konvoi hinauf und hinunter; wenn Wohnwagengespanne unterwegs sind, ist man zu Fuß schneller als in der dahinter klebenden Kolonne. Eine faszinierende Bergkulisse rahmt die Passhöhe.

Auf der Route von Kranjska Gora Richtung Pass erreicht man nach 6 km eine kleine **Russische Kapelle** etwas abseits unter den Bäumen. Russische Kriegsgefangene bauten sie 1917 am Wegesrand der Straße, die sie in die Berge schlugen. Die Kapelle erinnert an 110 Gefangene und Wachpersonal, die eine Schneelawine erschlug, und an wohl mehrere Tausend, die beim Bau der Straße durch Unfälle, Naturkatastrophen und Hunger umkamen. Eine kleine Steinpyramide zeigt die Lage der Gruft.

Bleibt man auf der Straße, gelangt man nach insgesamt 12,5 km und 24

Fernwanderung Juliana Trail

Der 270 km lange und in 16 Etappen aufgeteilte Juliana Trail führt über 7163 Höhenmeter bergauf und bergab an allen bedeutenden Ortschaften rund um den Triglav-Nationalpark vorbei, sodass Versorgung und Unterkunft kein Problem sein sollten. **Start** ist **Kranjska Gora** (in die Tour kann man aber auch an einer beliebigen anderen Stelle einsteigen) und der ausgezeichnet markierte und dokumentierte Weg verläuft über **Mojstrana, Jesenice, Radovljica, Bled, Gorje, Bohin,** durch das **Soča-Tal** und über **Tolmin, Kobarid** und **Bovec** zurück nach Kranjska Gora. Die Route besitzt eine gute Netzabdeckung (meist 3G). Informationen mit Ausrüstungstipps, genauen Etappenbeschreibungen, Höhenprofilen und Karten auf www.julian-alps.com und www.outdooractive.com.

Serpentinen zum **Vršič-Pass,** auf dem Kioske und die Hütte Tičarjev dom (→ S. 94) Besucher verpflegen.

Von hier aus kann man ohne langen Anmarsch herrliche **Tageswanderungen ins Hochgebirge** unternehmen (man sollte entsprechend ausgerüstet sein). Die **Mala Mojstrovka** bietet sich mit 2332 m an (auf dem Normalweg mittelschwer, ca. 4 Std. hin und zurück, 722 Höhenmeter).

Ein kürzerer Ausflug ist die **familienfreundliche Wanderung über die Vratica** (1807 m) zur Slemenova špica auf 1911 m, von der man einen herrlichen Blick auf die Gipfel im Süden genießt. Für den Anstieg ist mit zwei Stunden zu rechnen, insgesamt ist man ohne Pause drei Stunden unterwegs (ca. 400 Höhenmeter, die ersten 200 steiler, dann nur leichte Steigung, 6 km). Unterhalb des Gipfels lädt eine Blumenwiese zur Rast – Schafherde inklusive. Vom Vršič-Pass aus erreicht man auf einer Mehrtageswanderung mit Kletterabschnitten am Prisank und am Razor vorbei den **Triglav-Gipfel.**

Praktische Tipps

Informationen

- **TIC Kranjska Gora,** Kolodvorska ulica 1C, 4280 Kranjska Gora, Tel. 04-580 94 43, www.kranjska-gora.si, Juni–Mitte Sept. 8–20, Winter 8–16 Uhr.
- **Turistično društvo,** Triglavska cesta 49, 4281 Dovje-Mojstrana, Tel. 08-380 67 30, www.mojstrana.com, tgl. 9–17, Winter Di–So 9–16 Uhr.
- **Turistično društvo,** Rateče 22, 4283 Rateč, Tel. 04-587 60 41, www.ratece-planica.si, Sommer Mo–Fr 8–12, Mi 14–17 Uhr.
- **Alpenverein:** → S. 98

Service/Notfälle

- **Post:** Borovška cesta 92.
- **Parken:** Parkflächen und -Preise auf https://parking.kranjska-gora.si/en/cenik/.
- **Ambulanz:** Koroška ul. 2, Tel. 04-588 46 00.
- **Apotheke:** *Gorenjska lekarna,* Koroška ul. 1, Tel. 04-588 47 60.

Verkehr

- **Fernbusse:** Kranjska Gora ist mit Ljubljana (www.arriva.si, mehrmals am Tag) und Tarvisio/Italien verbunden. Busse verkehren im Sommer auch über den Vršič-Pass nach Bovec (Anschlussbus Ljubljana – Kranjska gora, Juni–Sept., 3–5 Abfahrten tgl. in jede Richtung, www.nomago.si).
- **Öffentlicher Nahverkehr:** Das Unternehmen *Alpetour* unterhält regelmäßigen Busverkehr Richtung italienische Grenze nach Rateče und nach Jesenice im Osten (Fahrpläne www.arriva.si).
- **Kostenloser Touristenbus:** Im Winter als Skibus zwischen Hotels und Skiliften, im Juli/Aug. z.B. ins Vrata-Tal an die Nordwand des Triglav. Fahrplan bei der Touristeninfo und auf https://kranjska-gora.si/de/geh-mit-dem-bus.
- **Taxi:** *Pehta,* Tel. 051-22 61 17, www.taxi-pt.si.
- **Fahrradverleih:** 4 **Šport Bernik,** Borovška cesta 88, Tel. 04-588 47 90, www.intersport-bernik.com, und bei den Hotels Špik, Kompas und Alpina; *Bike Kekec,* Smerinje 8b, Tel. 040-48 82 16, www.bike-kekec.si, organisiert auch Bike-Touren; in Mojstrana wendet man sich an *Kamp Kamne,* Dovje 9, Tel. 04-589 11 05, www.campingkamne.com.

Unterkunft

3 **Ramada Resort**③, Borovška 99, Tel. 080 8830, www.hit-alpinea.si. Direkt an den Skiliften gelegen, 118 Zimmer, Hallenbad und Saunawelt.

9 Hotel Kotnik③, Borovška 75, Tel. 041 671 980, www.hotel-kotnik.si. Jüngst aufgefrischtes, kleines Familienhotel mit 15 Zimmern im Ort, gutes Restaurant und eigene Pizzeria.

10 Penzion Livada②, Naselje Slavka Cerneta, Tel. 04-588 12 22, www.penzion-livada.si. Familienpension mit acht Zimmern direkt an einer der Ortseinfahrten nahe der Bushaltestelle.

8 Gostilna Pri Martinu②, Borovška 61, Tel. 04-582 03 00, zwei angenehm eingerichtete Apartments, Radverleih, gute Gaststätte mit slowenischer Bergküche zu fairen Preisen (→ unten).

7 Hotel Milka④, Vršiška cesta 45, Tel. 059-77 95 95, www.hotelmilka.si. Das kleine, schicke Boutiquehotel profitiert von der idyllischen Lage am Jasna-See und von seinem hervorragenden Gourmet-Restaurant (→ unten).

In der Umgebung

Unser Tipp: **12 Hotel Vitranc**③-④, Podkoren 94, Tel. 051 391 391, https://hotel-vitranc.si. Umsichtig renoviert hat sich das uralte Bauernhaus in ein feines Landhotel mit 17 Zimmern verwandelt, hübsch, aber ohne aufdringlichen Luxus. Im Restaurant (→ unten) zaubert ein ambitionierter Koch mit Bio-Fleisch.

■ **Pr'Gavedarjo**③, Podkoren 72, Tel. 031 47 90 87, http://prgavedarjo.si. Fünf komfortable Zimmer und Apartments in Podkoren, Stil: zwischen Tradition und Moderne.

■ **Hotel Špik**③, Jezerci 21, 4282 Gozd Martuljek, Tel. 04-587 71 00, www.hotelspik.com. 56 Vier-Sterne- und 60 Mittelklasse-Zimmer, 5 km von Kranjska Gora, alle notwendigen Einrichtungen, Hallenbad, Sauna, zwei Restaurants. Das Hotel wird gern von Sportmannschaften für Trainingszwecke gebucht.

11 Planica Nordic Center②, Ratece 167, 4283 Ratece-Planica, Tel. 041-70 09 17, www.nc-planica.si. Hotel und Sportzentrum. Man kann in dem modernen Bau einfach „nur" wohnen oder aber auch an verschiedenen Sport- und Trainingsprogrammen teilnehmen, bis hin zum 6000-m-Höhentraining.

Wintersport bei Kranjska Gora

Kranjska Gora liegt auf 810 m, Lifte führen hoch bis 1500 m (Vitranc 2). Mit **5 Kabinenbahnen, 1 Sessellift und 6 Schleppliften** erreicht man **20 km Pisten,** die mit Beschneiungsanlagen schneesicher gemacht werden. Das Skigebiet beginnt unmittelbar am Ortsrand, sodass man mehr oder weniger von den Hotels in die Lifte hineinfällt. Eine Tageskarte für alle Lifte in der Hochsaison kostet 45 €, ein 7-Tages-Pass 245 € (Kinder bis 14 Jahre zahlen etwa 40 % weniger).

45 km Loipen und eine **Rodelbahn** stehen den Gemächlicheren zur Verfügung. Eine 20 km lange Loipe beginnt im Ort, führt an den Schleppliften vorbei nach Westen und ins Planica-Tal hinein, kehrt an den Sprungschanzen um und endet im Ort Rateče nahe der italienischen Grenze. Eine zweite mit 16 km führt bei den Sprungschanzen beginnend tief ins Planica-Tal hinein bis nach Tamar und kehrt von dort auf anderer Strecke zum Ausgangspunkt zurück (diese Route ist wegen zweier längerer Abfahrten nur für geübtere Langläufer empfehlenswert).

■ **Geführte Skitouren** abseits der Hauptwege und **Eisklettern** an Wasserfällen lehrt *Klemen Gričar,* Naselje pod hribom 9, Gozd Martuljek, Tel. 041-74 90 55, www.facebook.com: *Klemen Gričar.*

■ **Snowboardschule, Skischule und Skiverleih:** Šport Bernik, → S. 104

■ **Informationen über den Wintersport** erhält man beim *Rekreacijsko turistični center,* Borovška cesta 103, 4280 Kranjska Gora, Tel. 04-580 94 00, www.ski-kranjska-gora.com. Die Schneelage ist unter www.snezni-telefon.si abrufbar.

Kranjska Gora

0 — 100 m ©Reise Know-How Slowen27 11/24

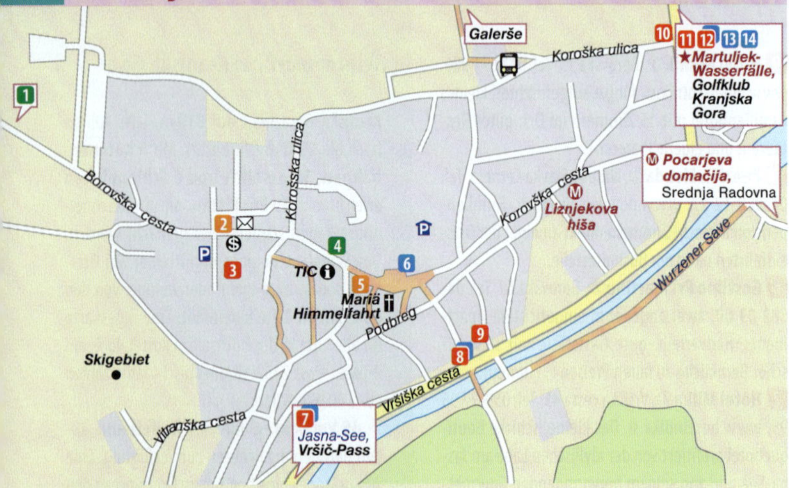

Übernachtung
- 3 Ramada Resort
- 7 Hotel Milka
- 8 Gostilna Pri Martinu
- 9 Hotel Kotnik
- 10 Penzion Livada
- 11 Planica Nordic Center
- 12 Hotel Vitranc

Essen und Trinken
- 6 Restaurant Lipa
- 7 Milka
- 8 Gostilna Pri Martinu
- 12 Restaurant Hotel Vitranc
- 13 Gostilna Pri Žerjavu
- 14 Restaurant Triangel

Nachtleben
- 2 Vopa Pub
- 5 Bar Pristavec

Sonstiges
- 1 Bike Park
- 4 Šport Bernik

Camping

■ **Kamne,** Dovje 9, 4281 Mojstrana, Tel. 04-589 11 05, www.campingkamne.com, Mai–Okt., 60 Plätze. Tennis, Radverleih, auch Bungalowverleih, gepflegte Infrastruktur.

Essen und Trinken

6 **Lipa**③, Koroška cesta 14, Tel. 04-582 00 00, www.hotel-lipa.si. Mit Gerichten aus dem mediterranen wie dem alpinen Slowenien in elegantem Ambiente zählt das Lipa zu den besten Restaurants im Ort. Auch **Pensionszimmer**③.

8 **Gostilna Pri Martinu** (→ Unterkunft).

7 **Milka**④, → Unterkunft. Gourmet-Tester schreiben Lobeshymnen über die kreative slowenische Küche von *David Žefran*. Mit zwei Michelin-Sternen nicht günstig, aber etwas Besonderes für den besonderen Abend.

In der Umgebung

14 **Triangel**③, Zgornje rute 9, Gozd Martuljek, Tel. 051-63 62 00, https://hotel-triangel.com. Das Restaurant des Boutiquehotels trotzt alpiner Folklore und verwöhnt seine Gäste in kühlem, skandinavischem Design mit slowenisch-mediterranen Kreationen – und dem wohl fantastischsten Ausblick von der Terrasse auf die Felszinnen der Martuljek-Gruppe.

12 Restaurant des Hotels **Vitranc**② (→ oben). Frische slowenische Küche mit mediterranem Touch, aber auch Standards wie köstlichen Palatschinken.

13 **Gostilna Pri Žerjavu**②, 4283 Rateče-Planica 39, Tel. 04-587 60 26, https://gostilna-zerjav.com.

Nettes Dorfwirtshaus; slowenische Gerichte und Backhendl als Spezialität, auch **Zimmer**②.

Abends unterwegs

5 **Bar Pristavec,** Borovška cesta 77, Tel. 04-588 21 11. Nix groß los, aber für einen Espresso oder ein ruhiges Bier nicht schlecht.

2 **Vopa Pub,** Borovška cesta 92, Tel. 041-50 29 08, www.facebook.com/VopaPub. Am Wochenende geht's bis 3 Uhr morgens.

Aktivitäten

- **Skifahren:** → Info-Kasten S. 105.
- **Angeln:** Angelkarten verkaufen der Angelclub *Ribiška družina* in Jesenice, Zgornji Plavž 12 A, www.ribiskekarte.si/rd-jesenice, das TIC in Kranjska Gora, der Campingplatz *Kamne* in Dovje-Mojstrana und das Hotel *Špik* in Gozd Martuljek.
- **Radeln:** Das TIC hat eine gute Radkarte mit 150 Tourenvorschlägen zwischen 12 und 45 km mit genauen Höhendiagrammen.

1 Mountainbiker können sich im **Bike Park** downhill, auf Schlammpisten, bei Sprüngen und im Freeride austoben. Borovška cesta 103, Tel. 041 706 786, www.bike-park.si.

- **Golf:** *Golfklub Kranjska Gora,* Borovška cesta 99a, Tel. 031-44 74 07, www.golf-kg.si.
- **Julijana turizem,** Borovška cesta 93B, 4260 Kranjska Gora, Tel. 04-588 13 25. Rafting, Canyoning und Kayaking im Sommer, Winterwanderungen, wenn Schnee liegt.
- Wer **Bergsteigerführer** für individuelle Ausflüge sucht, wende sich an das TIC.

Zipline: Der Welt angeblich steilste Zipline folgt im Planica-Tal der Kurve der größten Sprungschanze der Welt für das rechte Abhebe-Gefühl (566 m Flug mit 85 km/h); *Planica Zipline,* Tel. 031-68 98 06, www. planica-zipline.si, 25 € (Erw. mit Kind als Passagier 40 €).

Jesenice

- **Meereshöhe:** 514–574 m
- **PLZ:** 4270
- **Vorwahl:** 04
- **Einwohner:** 21.700
- **Dt. Name:** Aßling

Unattraktiver könnte sich das schöne Slowenien nicht präsentieren: Kaum hat der Reisende von Österreich kommend den Karawankentunnel verlassen und ist auf die Autobahn in Richtung Ljubljana eingeschwenkt, da taucht in dem schmalen Gebirgstal der Sava das von Fabrikschloten, Gewerbegebieten und sozialistischen Wohnblocks geprägte Jesenice auf. Es ist wahrlich keine attraktive Visitenkarte und wird dies auch nicht bei näherer Erkundung. Trotzdem lohnt es sich, einen Stopp einzulegen und einen Blick in die **Geschichte der Eisenverhüttung** und **Industrialisierung** Sloweniens zu wagen.

Bereits die Römer bauten die Eisenadern an den Südhängen der Karawanken ab. Unter den Grafen von Ortenburg ist 1381 urkundlich eine **Eisenschmelze** bezeugt; später übernahmen die Grafen von Cilli und diverse andere Geschlechter, bis Mitte des 18. Jh. die Familie von Zois zum Eigentümer avancierte. Das Ende des 19. Jh. sah eine Modernisierung des Abbaus und der Verhüttung, doch waren die Lagerstätten für eine industrielle Nutzung nicht ertragreich genug. Jesenice blieb aber Standort der Verhüttung, das Erz kam schließlich aus allen Teilen der Welt. Noch zwei Jahre vor dem Auseinanderbrechen Jugoslawiens wurde in umweltfreundlichere Hochöfen für die Stahlproduktion investiert. Heute ist Jesenice Sitz von Sloweniens größtem Stahlunternehmen, SIJ Acroni.

Sehenswertes

Siedlung Stara Sava

Die teils noch hervorragend erhaltene, teils renovierte Siedlung führt zurück in die **Geschichte der Eisenverhüttung** im Sava-Tal. Zu sehen sind ein Arbeiterwohnhaus *(kaserna)*, ein zu Teilen erhaltener Hochofen mit Schlot, eine Mühle, die Kirche Maria Himmelfahrt und das Schloss Bucelleni-Ruard, in dem das **technische Museum** des oberen Savatals untergebracht ist. Die Bauten stammen aus dem 15./16. Jahrhundert.

Slowenisches Eisenmuseum

Das Museum im **Schloss Bucenelli-Ruard** dokumentiert die Geschichte der Eisengewinnung und -verhüttung von römischen Zeiten bis heute. Eine nachgebaute Schmiedewerkstatt und interaktive Modelle machen die Sammlung anregend und verständlich.

- **Slovenski železarski muzej/Eisenmuseum,** Prešernova 45, 4270 Jesenice, Tel. 04-583 35 00, www.gmj.si, bis auf Weiteres wegen Renovierung geschl.

Schloss Kos

Im 16./17. Jh. ließen die Eigentümer der Schmelzhütten Schlösschen im Sava-Tal errichten; das älteste davon ist das im Jahr 1521 erbaute Schloss Kos, benannt nach einem späteren Besitzer. Im 19./20. Jh. wechselte es mehrmals seine Bestimmung, wurde als Schule, dann als Gefängnis und als Wohnraum für höhere Beamte genutzt, bis die Gemeinde Jesenice schließlich nach dem 2. Weltkrieg ein **Museum** öffnete. Es widmet sich der jüngeren Geschichte der Region und organisiert interessante Wechselausstellungen.

- **Kosova graščina,** Titova 64, 4270 Jesenice, Tel. 04-583 20 61, www.gmj.si, Di–Fr 10–12 und 16–18 Uhr, 1,50 €, Kind 1 €.

Kasarna/ Ethnologische Ausstellung

Der barocke Bau aus dem 18. Jh. diente bis in die 1960er Jahre als Unterkunft für die Arbeiter aus den Eisenhütten. In einigen Räumen dokumentieren Einrichtung und Haushaltsgegenstände den Alltag der Familien.

- **Etnološka razstava/Ethnologische Ausstellung,** Cesta Franceta Prešerna 48, 4270 Jesenice, Tel. 04-583 35 00, www.gmj.si, Mo–Fr 9–15 Uhr, 1,50 €, Kind 1 €.

Praktische Tipps

Informationen

- **TIC,** Cesta maršala Tita 18, 4270 Jesenice, Tel. 04-58 63 178, https://visit.jesenice.si, Okt. bis April Mo–Fr 8–12.30 und 13–16 Uhr, Mai, Juni, Sept. auch Sa, Juli/Aug. bis 19, Sa bis 16 Uhr.

Verkehr

- **Bahnhof:** Cesta maršala Tita 19, Züge u.a. nach Villach, Ljubljana, Nova Gorica, Tel. 080-81 11, https://potniski.sz.si.
- **Fernbusse** halten am Bahnhof, u.a. nach Ljubljana und Kranj, Tel. 090-74 11, www.arriva.si.

Unterkunft

- **Kmečki turizem Pr'Betel,** Planina pod Golico 39, 4270 Jesenice, Tel. 04-580 04 63, www.prbetel.si. Ferien auf dem Bauernhof auf einem modernen Hof am Fuß der Karawanken in Dorfrandlage 5 km nördlich Jesenice, 7 Zimmer und Apartments, Halb- oder Vollpension möglich.

☑ Die Insel Blejski Otok im See von Bled lässt bei Besuchern keine Wünsche offen – sofern man die „Wunschglocke" der Kirche regelmäßig betätigt

Bled

- **Meereshöhe:** 501 m
- **PLZ:** 4260
- **Vorwahl:** 04
- **Einwohner:** 5250
- **Dt. Name:** Veldes

Bled, das 2004 sein 1000-jähriges Jubiläum feierte, liegt am gleichnamigen See in einem Becken, das einst Gletscher aushöhlten, nur wenige Kilometer entfernt von der Verbindungsachse Ljubljana – Salzburg/München. Die Hauptsiedlung befindet sich am Ostufer, wo auch die meisten Hotels stehen. Der See misst 2 auf 1,5 km, sein Umfang beträgt 6 km. Er lässt sich auf einer Uferstraße umfahren und auf einer hübschen Promenade umwandern. Hält man sich an der Süd-

703sl sk

seite südwestlich, gelangt man zum See von Bohinj.

Vor 14.000 Jahren entstand der See von Bled. Die Gletscher zogen sich zurück und Wasser strömte in das Becken. Bis zu 24°C warm wird es im Sommer und verführt zu einem kühlenden Sprung. Und auch im Winter kann man es nutzen. An einer Stelle sprudeln **Thermalquellen,** die die Hotelschwimmbäder speisen.

Berühmt ist die Ansicht von Bled mit den gemütlich geruderten Pletna-Booten im Vordergrund und der Burg auf der hochragenden Felswand dahinter. Die bewaldeten Ufer und Rasenflächen sind ein perfekter Ort der Entspannung nach einer anstrengenden Wanderung in den umgebenden Bergen. Wie ein gefasstes Kleinod strahlt das Weiß der Kirche auf der kleinen Insel im grünblauen Wasser und die blanken Felsgipfel machen die Idylle noch einmal so wirkungsvoll. Kein Wunder also, dass Bled zu den meistbesuchten Destinationen Sloweniens zählt und an Sommerwochenenden regelrecht überrannt wird. Besser, man wählt Frühjahr oder Herbst für den Besuch.

Bled war bereits in der Eisenzeit besiedelt, Brandgräberfunde werden auf 800 v. Chr. datiert. In den Südausläufern der Berge bot das milde Winterklima Rückzugsmöglichkeit für die Alpenslawen.

Von dem deutschen Kaiser *Heinrich II.* erhielten die **Bischöfe von Brixen** das Gebiet zwischen Sava Bohinjka und Sava Dolinka als Geschenk und setzten Ritter als ihre Stellvertreter ein. 1515 wurden die Umtriebe der Verwalter so schlimm, dass die Bauern sich wehrten und die **Burg** zerstörten. 1558 ging die Festung zur Pacht an die Herrschaft von *Auersperg* und blieb friedlich in Brixener Besitz bis zum Jahr 1803, als sie in das Portefeuille des österreichischen Kaisers gelangte. Nach nur sechs Jahren fiel sie als Teil der napoleonischen Provinzen an den französischen Staat und kam 1813 schließlich wieder nach Brixen. 1823 wurde die Untertanenschaft beendet. Zwischen 1858 und 1919 wechselten Burg und Grund (darunter auch der See) mehrfach den Besitzer. Nach dem 2. Weltkrieg trat der Staat als Eigentümer ein.

Zur touristischen Entwicklung trug der Schweizer *Arnold Rikli* maßgeblich bei, der Mitte des 19. Jahrhunderts Bled zum **Kurbad** entwickelte. Seiner Therapie mit Licht-, Luft-, Sonnen- und Wasserbädern, Diätkost und Aufenthalt in der Natur zog Habsburgs Adel und Prominenz an den See.

Sehenswertes

Burg und Museum

Von der Uferpromenade unterhalb der Burgwand führt ein **Spazierweg** in 20 Minuten zur 139 m hoch gelegenen Burg hinauf. Romantisch stilecht kann man auch mit der Kutsche den Burgberg „erklimmen". Auf der Burg sind ein Coffeeshop und ein Feinschmeckerrestaurant zu finden.

Bereits 1004 soll auf dem Felssporn ein Bergfried gestanden haben. Nicht alles an der Burg ist original, große Teile gehen auf das 16. und 17. Jh. zurück, als die Burg nach einem Erdbeben Veränderungen erfuhr. Von den ursprünglichen Bauten sind der romanische Mauerring und der östliche Turm erhalten, die Wehrgänge hat man rekonstruiert. Die

804sl sk

ganze Anlage erfuhr 1951–61 eine Renovierung.

Das Museum Grad Bled in den historischen Gebäuden widmet sich der **Wohnkultur** von der Gotik bis zum Historismus der zweiten Hälfte des 19. Jh. Eine eigene Abteilung hat die **Geschichte** der Burg und der Stadt Bled zum Thema.

Die **Kapelle** der Burg, den Brixener Bischöfen *Alboin* und *Ingenuin* gewidmet, wurde Anfang des 18. Jahrhundert barockisiert, das ehemals gotische Kreuzrippengewölbe hat man in Fragmenten in den Mauern des Museums verarbeitet.

Sehenswert sind auch der ehemalige **Weinkeller** und die **Druckerei.** Im Rundturm residieren eine **Kunstgalerie** und das **Arnold-Rikli-Gedenkzimmer** mit historischen Aufnahmen aus der Anfangszeit des Thermalbads.

Zum Abschluss können die Besucher noch im Souvenirshop und im Bienenhaus einkaufen.

■ **Muzej Blejski Grad/Museum Burg Bled,** Grajska cesta 61, 4260 Bled, Tel. 04-572 97 80, www.blejski-grad.si, Nov.–März 8–18, sonst 8–20 Uhr, Eintritt 17 €, Studenten 11 €, Kind 7 €.

Auf der Burg von Bled

Insel Blejski Otok

Im See wartet das Inselchen Blejski Otok mit seiner **Mariä-Himmelfahrts-Kirche** auf die Ruderboote, die von allen Seeseiten Besucher bringen. 99 Stufen aus Stein sind es von der Anlegestelle steil bergan. Die Kirche ist eine der beliebtesten Hochzeitsadressen des Landes, wohl weil nach eigenhändigem Läuten der

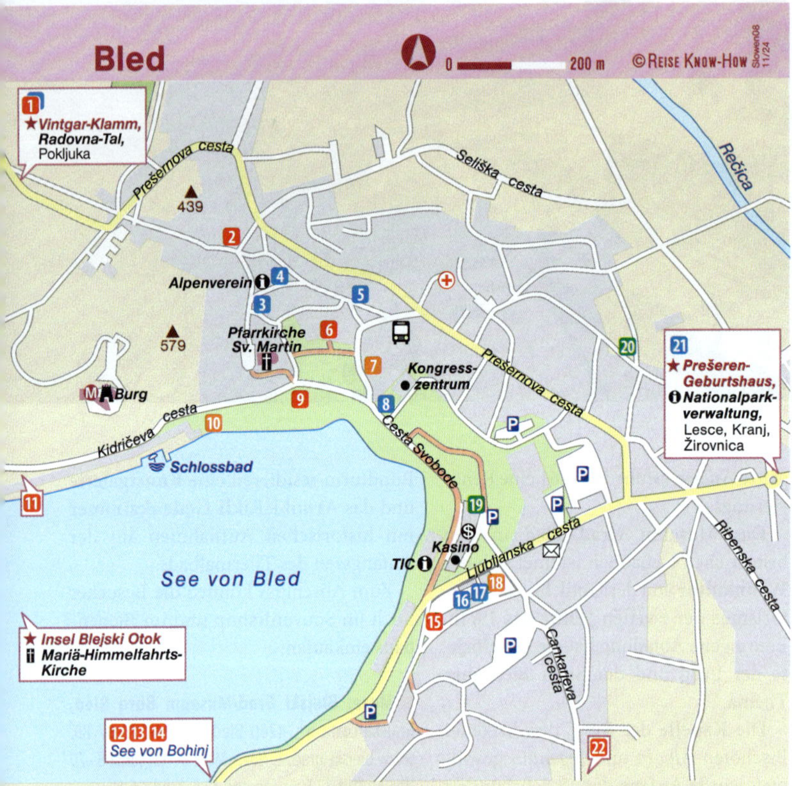

Übernachtung
1 Hotel Triglav
2 Castle Hostel 1004
6 Bled Rose Hotel
9 Vila Prešeren
11 Camping Bled
12 Vila Bled
13 Garden Village Bled
14 Starkl Heritage Hotel
15 Pension Mayer
22 Pension Alp

Nachtleben
7 Art Café Bar
10 Bistro Grajska plaža
18 A Propos Bar

Einkaufen
19 Koala Sports
20 Helia

Essen und Trinken
1 Restaurant 1906 Bled
3 Pizzeria Rustika
4 Gostilna Murka
5 Restaurant Pri Planincu
8 Špica
16 Steakhouse Berc
17 Public Bar & Vegan Kitchen
21 Tavči Vegan Café

1534 gegossenen, 178 kg schweren „Wunschglocke" ein Traum wahr wird – „bis dass der Tod uns scheidet".

Lange vor den Christen, die den Ort ab dem 9. Jh. als Kultstätte nutzten, hielten Altslawen auf der Insel ihre Riten ab. **Spuren einer vorromanischen Kapelle** sind erhalten, ihr folgte im 12. Jh. eine Basilika. Die gotische Kirche entstand um 1465.

(Unser Tipp:) Man ersetzte sie Mitte des 17. Jh. durch die heutige frühbarocke Kirche, von deren **57 m hohen Turm** sich ein **schönes Panorama** über See und Ort eröffnet. Ein kleiner Laden verkauft Kunsthandwerk aus der Region. Im Café wird ganz exklusiv leckere, frisch gebackene *Potica* in mehreren Variationen mit Kaffee serviert. Am schönsten und sehr stilecht setzt man mit einer der flachen Plätten zur Insel über – einer Pletna, die ein Pletnar stehend rudert. Etwas preiswerter ist es, sich ein Ruderboot zu leihen oder das Linienschiff zu nehmen.

■ **Blejski otok:** Nov.–März 10–16 Uhr, April, Sept., Okt. 10–18 Uhr, Mai–Aug. 10–19 Uhr, Inseleintritt mit Kirche und Aussichtsturm 12 €, Kind 5 €, Plätten-Überfahrt 18 €, Kind 10 €, Linienschiff 14 €, Kind 7 €.

Seeumrundung

Schön ist eine Seeumrundung zu Fuß besonders am Morgen (Dauer etwa 90 Min.). Man kann sie unterhalb der **Pfarrkirche** beginnen. 1905 im neugotischen Stil errichtet, ist sie dem Heiligen *Martin* geweiht. Das Denkmal davor stammt von *Plečnik*. Unterhalb der Pfarrkirche steht im Park seit 1883 ein Denkmal zu Ehren von *Prešeren.*

Es geht vorbei an der **Kongresshalle,** dem **Kasino** und diversen **Cafés** an der Uferpromenade, die zu späterer Stunde Kaffee und die berühmten (und wegen ihres Wohlgeschmacks vehement gewichtsunterstützend wirkenden und daher berüchtigten) Cremeschnitten servieren. Nun folgt man der Uferstraße, passiert durch einen kurzen Tunnel ein fantastisch liegendes Privathaus und nimmt an der kleinen Bucht von Mlino den Fußweg am Ufer entlang.

Es geht vorbei am exklusiven Strandbad des noch exklusiveren **Hotels Vila Bled,** dem einstigen Wohnsitz von Marschall *Tito* in der klaren und dem Auge überaus angenehmen Linienführung im Stil der frühen 1930er Jahre. Ursprünglich gehörte die Villa den Fürsten *Windisch-Grätz* und die jugoslawische Königsfamilie nutzte sie als Sommersitz. Die Garage für *Titos* Cadillac ist heute eine Bar, auf der Terrasse wird Vorzügliches zu Mittag und Abend serviert.

(Unser Tipp:) Der Park lädt zu einem gemütlichen Spaziergang hinunter zum See oder hinüber zum **Kaffee im Belvedere,** dessen Entwurf von *Jože Plečnik* stammt.

Die Uferpromenade stößt bald wieder auf die Straße und folgt ihr nach Norden. Links geht es ab und hinauf zum Berg Osojnica. Das **Ruderzentrum** kündigt sich mit betonierten Zuschauerreihen an – der weniger schöne Uferabschnitt des Sees. Unterhalb des Schlossberges passiert man schließlich den beliebtesten Badeplatz, das **Schlossbad,** und kommt zurück zum Ausgangspunkt, der Kirche Sv. Martin.

In der Umgebung

Prešeren-Geburtshaus

In **Vrba,** 3 km nordöstlich über Lesce zu erreichen, steht das aus dem 16. Jh. stammende Geburtshaus von *Dr. France Prešeren*. Es zeigt eine ganze Reihe unterschiedlicher Baustile, entbehrt aber nicht einer harmonischen Stimmigkeit. In ihm erblickte der Dichter im Jahr 1800 das Licht der Welt. Es wurde 1939 als Museum das erste Nationaldenkmal Sloweniens.

In der Vintgar-Klamm kann man im Hochsommer eine erfrischend kühle Wanderung unternehmen

- **Prešernova rojstna hiša/Geburtshaus,** Vrba 2, 4274 Žirovnica, Tel. 04-580 20 92, Di–Fr 9–16 Uhr, Sa/So 10–17 Uhr, 3 €, Kind 2,50 €.

Aussichtspunkte

Um schöne Rundblicke zu genießen, kann man vom Hotel *Toplice* in 30 Minuten auf die 646 m hohe **Straža** wandern (einfach). Ebenso schön ist die Sicht von der **Osojnica** mit 756 m, allerdings sind Auf- wie Abstieg steil und anspruchsvoll. Ein Stück westlich vom Hotel *Vila Bled* geht es durch den Wald steil und nach Regen auch glitschig bergauf bis zur „kleinen" Mala Osojnica (648 m), wo die schönsten Aufnahmen der Insel Blejski Otok und der Burg im Hintergrund gelingen (ca. 1 Std.). Bis zum Gipfel der „großen" Velika Osojnica sind es noch rund 100 Höhenmeter. Belohnt wird die Mühe mit einem grandiosen Bergblick. Auf gleichem Weg geht es zurück.

Vintgar-Klamm

Zur Vintgar-Klamm kommt man mit dem Auto über Spodje Gorje und Podhom nordwestlich von Bled (4 km). Die Schlucht gehört zum **Nationalpark Triglav** und wurde schon Ende des 19. Jh. als Sehenswürdigkeit ausgebaut. 30 Minuten geht es zu Fuß über Brücken,

Holzstege und Galerien durch die bis zu **300 m tiefe und 1,6 km lange Schlucht** die Radovna flussabwärts. Der Wasserfall Šum ist 13 m hoch. Farne und das goldgrüne Blätterdach lassen auch im Hochsommer die Köpfe kühl.

Am Ausgang verkauft ein Kiosk Erfrischungen. Von dort kann man auch zu Fuß nach Bled zurückkehren (vorbei an der Kirche Sveta Katarina und durch Zasip). Von der Kirche führt auch ein Weg über den 834 m hohen Hom zum Beginn der Schlucht und so ergibt sich ein 3–4-stündiger Rundweg ab und bis Bled. Da der Andrang im Sommer groß ist, besser früh am Morgen oder in der Nebensaison besuchen.

■ **Soteska/Klamm Vintgar,** www.vintgar.si, April Mo–Fr 10–16, Sa, So bis 17, Mai tgl. 9–17, Juni, Mitte Aug. bis Mitte Sept. 8–18, Juli bis Mitte Aug. 7.30–19, Mitte Sept. bis Mitte Okt. 8–17, danach bis Saisonende (je nach Wetter) 9–16 Uhr, Eintritt 10 €, Kind 2 €, Parken je nach Platz zwischen 4 €/Std. und 7 €/4 Std.

Pokljuka-Klamm

Die Pokljuka-Klamm, 7,5 km von Bled Richtung Westen, ist über Spodje Gorje, Krnica und Hotunje anzufahren. Sie ist 2 km lang, verläuft entlang der Ribščica und gehört ebenfalls zum Nationalpark. Ihre Breite variiert sehr stark, teilweise verengt sie sich auf wenige Meter. Am nördlichen Klammrand befindet sich eine **Schauhöhle,** die durch mehrere natürliche Durchbrüche Licht erhält.

Rudno polje

Das ausgedehnte **Hochplateau Pokljuka** westlich vom Bleder See vermittelt zwischen den Gletscherauswaschungen der Seen und dem Hochgebirge. Auf 21 km kurvenreicher Straße durch weite Wälder erreicht man Rudno polje auf 1340 m Höhe. Hier starten viele Wanderungen in die Massive rund um den Triglav. Bei Studenec, 6 km vor Rudno Polje, kann man zum Bohinjsko jezero – dem Wocheiner See – hinunterfahren.

Auf der Pokljuka sind im Winter mehrere **Schlepplifte** in Betrieb, teils sehr kurze direkt am Hotel und für Anfänger vorzüglich geeignet. Pokljuka taucht auch immer wieder in den Sportnachrichten auf. Einige der berühmtesten **Skilanglauf- und Biathlonwettkämpfe** finden in dem schneesicheren Gebiet statt.

Eine einfache **Wanderung auf der Pokljuka** beginnt oberhalb des Šport Hotel beim Dorf Goreljek an der Hauptstraße Bled – Rudno polje, wenige Meter westlich der Abzweigung zum Dorf auf 1250 m. Über die Alm Javornik (1292 m, 45 Min.) wandert man hoch zur Hütte **Blejska koča** (s. „Nationalpark Triglav") auf 1630 m (weitere 90 Min.). Für den Rückweg sind 90 Min. zu kalkulieren.

Um einiges höher hinaus führt die **Wanderung zum Viševnik** von Rudno polje aus. Man beginnt am Parkplatz auf 1340 m und folgt dem markierten Waldweg erst nach Westen und dann nach Norden und schließlich dem Weg des Baches Zlata voda die Hänge hinauf auf 2050 m. Von hier hat man den Triglav im Blickfeld. Für den Anstieg ist mit 2½ Stunden, für den Abstieg mit 1½ Stunden zu rechnen.

Wanderung durchs Tal der Seen

In Rudno polje startet auch die klassische **Triglav-Route,** die durch das Tal der Seen geht und am Bohinjsko jezero endet. Bis zur Hütte **Vodnikov dom** dauert es 4 Stunden (1817 m), weiter zur Hütte **Planika** (2401 m) 2½ Stunden. Von *Planika* auf den **Triglav** (2864 m) muss man 2 bis 2½ Stunden rechnen (Klettersteigsicherung und Helm sind angeraten). Der Abstieg auf dem nicht besonders einfachen (aber auch nicht extrem schweren) Klettersteig zur Hütte beim **Dolič** (2151 m) dauert 1½ bis 2 Stunden. Nun geht es noch einmal hinauf auf den **Kanjavec** (2553 m) und schließlich durch die Hribarice (1 Std.) hinunter zu den **Seen** und zur Hütte **Triglavskih jezerih** (1685 m, 2 Std.). Von dort sind es noch 3 Stunden bis zur Hütte **Koča pri Savici** westlich des **Sees von Bohinj** auf 653 m. Die Gesamtwegezeit der Tour beträgt 16–18 Stunden, Hochgebirgsausrüstung ist definitiv erforderlich. (Informationen zu den Hütten siehe „Nationalpark Triglav", weitere Wanderungen siehe Extrakapitel Wandern.)

Pokljuka: Wanderwege und Langlaufloipen

Nördlich und westlich des Sees von Bled beherrscht das wuchtige **Hochplateau** Pokljuka die Szenerie. Mit einer durchschnittlichen Höhe um 1200 m und einer Ausdehnung von etwa 20x20 km bietet die Pokljuka, die zum Triglav-Nationalpark gehört, im Sommer wie im Winter eine Vielzahl an Freizeitmöglichkeiten.

Unser Tipp: Ein leichter Wanderweg führt beispielsweise vom Hauptort **Rudno polje** rund 5,5 km durch Wald zur Alm **Planina Zajamniki,** einer malerischen Siedlung von Holzhütten in fotogener Anordnung (330 Höhenmeter, auf gleichem Weg zurück).

International bekannt ist die Pokljuka-Hochebene als Austragungsort verschiedener internationaler **Biathlon- und Langlauf-Meisterschaften.** Bis heute bildet die slowenische Armee in einem Trainingszentrum Gebirgsjäger aus. Das hat Tradition: Slowenische Partisanen operierten im Zweiten Weltkrieg häufig auf Skiern und waren bei ihren Genossen aus den südlicheren Regionen Jugoslawiens für ihr Geschick im Schnee berühmt. Vom **Biathlonzentrum Triglav** in Rudno polje, 20 km westlich von Bled, führen 30 km gespurte Loipen durch Fichtenwälder, über Moore und Hochgebirgsweiden.

Praktische Tipps

Informationen

- **TIC,** Cesta svobode 10, 4260 Bled, Tel. 04-574 11 22, www.td-bled.si, Mo–Sa 8–19, So 10–17 Uhr, im Winter kürzer. In der Touristeninformation erhält man gegen Gebühr Zutritt ins Internet.
- **Alpenverein/Planinsko društvo,** Riklijeva cesta 9, Tel. 031-63 87 40, http://pd-bled.si.
- **Triglav Nationalparkverwaltung,** Ljubljanska cesta 27, Bled, Tel. 04-578 02 05, www.tnp.si.

Service/Notfälle

- **Post:** Ljubljanska 4.
- **Klinik/Klinični center:** Mladinska cesta 1, Tel. 04-574 40 00, www.zd-bled.si.
- **Apotheke:** *Lekarna Zlatorog,* Prešernova cesta 36, Tel. 04-578 07 70.

Verkehr

■ **Züge:** Bled wird von zwei Bahnhöfen versorgt, Bled-Jezero im Westen des Sees (Kolodvorska cesta 50) und Lesce-Bled in Lesce im Osten (Železniška ulica 12). Von Lesce fast stündlich Verbindungen nach Ljubljana (50 km) und Jesenice (15 km, einige Züge fahren weiter nach Österreich). Bled-Jezero liegt an der Bahnstrecke Villach – Jesenice – Nova Gorica. Die befährt auch die „Wocheinerbahn" mit Autoverladung in Bohinjska Bistrica, von wo man bequem durch einen Tunnel ins Soča-Tal kommt. Infos: Tel. 080-81 11, https://potniski.sz.si.

■ **Fernbusse:** Fast stündliche Verbindungen nach Bohinj, Kranj und Ljubljana (am Wochenende stark eingeschränkt); Informationen unter Tel. 090-74 11, www.arriva.si; Busbahnhof: Cesta Svobode 4.

■ **Nahverkehr:** Busverbindungen (www.arriva.si) in die nähere Umgebung führen nach Begunje, Radovljica, Podhom Zasip und Krnica; von Mitte Juni bis Ende September fährt ein Bus die Hotels Jelovica, Krim und Toplice ab und weiter nach Mlino, Zaka und über die Burg zur Vintgar-Schlucht. Ende Juni bis Ende Aug. verbindet ein Bus an Sa/So mehrmals Bled mit Rudno polje auf der Pokljuka. Im Winter verbindet ein Skibus die Hotels mit den Skigebieten der Umgebung.

■ **Parken:** Über die Prešernova cesta erreicht man mehrere Parkflächen (wenn man von Lesce in den Ort hineinfährt, die zweite Straße nach der Tankstelle rechts abbiegen, http://parking-bled.si). So gut wie alle Parkplätze sind gebührenpflichtig. Parkgebühren betragen je nach Stadtnähe 2–3 €/Std., an der Burg 3 €/2 Std., Camper kosten 25 €/Tag, Juli/Aug. 40 €/Tag.

■ **Kutschen:** Pferdedroschken sind in Bled ein beliebtes Fortbewegungsmittel. Mit ihnen erreicht man die Burg über dem Ort und den Bahnhof und kann auch den See umrunden (Kutsche mit zwei Personen um den See ca. 60 €, zur Burg und zurück mit Wartezeit ca. 60–80 € (max. 2 Pers.), nach Vintgar und zurück mit einer Std. Wartezeit 100–120 €). Kontakt: Tel. 031-71 09 70, www.fijaker-bled.si.

■ **Nostalgiezug:** Viele Jahre verband in den Sommermonaten ein Museumszug mit Dampflokomotive mehrmals im Monat Jesenice über Bled und Bohinj mit Most na Soči im Soča-Tal, manchmal auch weiter mit Nova Gorica. Er befuhr die Strecke der Wocheinerbahn durch den Eisenbahntunnel ins Soča-Tal. Das Angebot gibt es seit 2021 leider nicht mehr, es soll aber wieder aufgenommen werden. Auskunft erteilt die Touristeninfo in Bled.

■ **Plätten/Schiff:** Plätten und Schiff zur Insel am Kurpark (unterhalb Hotel *Park*), Plätten in Mlino und am Ruderzentrum, Reservierung Plätten Tel. 041-734 14 55, www.pletnaboat.com, Plätte 18 €, Schiff 14 €.

■ **Bootsverleih:** Am Fuß des Burgbergs und im Südosten bei Mlino, Ostern bis Ende Oktober tgl. 10–18 Uhr, um 15 €/Std.

■ **Fahrradverleih:** 20 **Helia,** Trubarjeva 8, Tel. 031-54 45 44, 04-576 56 04, www.rentabike.si – alle Arten von Fahrrädern (Trekkingrad 20 €/Tag, Mountainbike 25 €/Tag, E-Bike 50 €/Tag); auch geführte Radtouren sind im Angebot.

Einkaufen

■ **Bergausrüstung:** 19 **Koala Sports,** Cesta svobode 15, Tel. 04-576 72 22. Ausrüstung der führenden europäischen und nicht minder guten slowenischen Outdoor-Hersteller.

Unterkunft

Bled ist unterkunftstechnisch ein sehr teures Pflaster; selbst bislang günstige Pensionen präsentieren sich inzwischen aufgehübscht als Boutiquehotels mit stolzen Preisen. Für schmale Geldbeutel gilt die Empfehlung, Privatzimmer zu mieten, zu campen oder eine Unterkunft in einiger Entfernung zu suchen. Eine Liste von **Privatvermietern** von Zimmern/Ferienwohnungen ist beim TIC in Bled oder auf www.bled.si einsehbar. Preise für DZ variieren je nach Aufenthaltsdauer und Standard zwischen 25 und 60 €.

12 Vila Bled④, Cesta Svobode 26, Tel. 04-575 37 10, www.brdo.si. Eines der besten Hotels des Landes im ehemaligen Feriensitz von *Josip Tito*, Privatbadeplattform am Seeufer, Boote, Park, vorzügliche Küche und zuvorkommendes Personal. Gäste bekommen auch die historischen Räume – *Titos* Apartment, Konferenzsaal – zu sehen.

14 Starkl Heritage Hotel③-④, Cesta Svobode 45, Tel. 04-574 14 04, www.starkl.si. Nostalgie mit Seeblick, dafür nimmt man auch die viel befahrene Uferstraße in Kauf. Das schicke Hotel verwöhnt mit individuellem Service und einem ambitionierten Restaurant.

1 Hotel Triglav④, Kolodvorska 33, Tel. 04-575 26 10, www.hoteltriglavbled.si. Das renovierte Jugendstilhaus hoch über dem See birgt 22 hübsch eingerichtete Zimmer und Suiten mit Weitblick und bietet im Restaurant hervorragende slowenische Küche auf Gourmet-Niveau (→ Restaurant 1906 Bled).

15 Pension Mayer②-③, Železka c. 7, Tel. 04-576 57 40, www.mayer-sp.si. Eine familiäre, modern ausgestattete und ruhig gelegene Pension mit zwölf Zimmern, einer urigen „Blockhütte" und einem sehr beliebten, mit viel Holz gemütlich eingerichteten Restaurant.

6 Bled Rose Hotel④, Cesta Svobode 8, Tel. 04-579 60 00, www.bledrose.com. Unterhalb des Burgbergs am Park, in den 1970er Jahren im sozialistischen Stil erbautes Hotel, dessen Betoncharme man geschickt wegsaniert hat, 100 Komfortzimmer, Wellnesseinrichtungen.

9 Vila Prešeren③, Veslaška promenada 14, Tel. 04-575 25 10, https://vilapreseren.com/. Unterhalb des Burgbergs ist die Villa aus dem 19. Jh. eine der traditionellen Urlaubsadressen des Ortes, klein und fein mit nur 8 Zimmern, moderne Gaststätte.

22 Pension Alp③, Cankarjeva 20a, Tel. 04-574 16 14, www.alp-penzion.com. 11 Zimmer in ruhiger Lage in Familienbetrieb südlich des Ortes, Gaststättenbetrieb nach Voranmeldung.

2 Castle Hostel 1004②, Grajska cesta 22, Tel. 04-156 75 12, auf diversen Buchungsplattformen. Sauber, frisch und etwas am Rande des Ortes gelegen, Mehrbettzimmer mit Gemeinschaftsbad und herzliches Personal.

Lesce

■ **1A Adventure Hostel**②-③, Begunjska cesta 5, Lesce, Tel. 04-152 44 50, www.hostel1a.com. Das große Hostel im nahen Lesce punktet nicht nur mit modernen, sauberen Zimmern und Schlafsälen, sondern auch mit einer Fülle an Infos für sportbegeisterte Gäste.

Ribno

Hotel Ribno②-③, Izletniška 44, Ribno, Tel. 04-578 31 00, www.hotel-ribno.si. Im Wald gelegenes, modernes Hotel mit 61 Zimmern und Glamping-Bereich für Aktivurlauber (Reiten, Mountainbike, Tennis) und gut umgesetztem „Zero Waste"-Anspruch.

■ **Pension Y&L**②, Savska cesta 35, Ribno, Tel. 040-87 07 74, auf diversen Buchungsportalen. Einfache Landpension mit 15 Zimmern mit Bad, ruhig in Ribno gelegen.

Ferien auf dem Bauernhof

Dolinar Krainer②, Kupljenik 1a, 4263 Bohinjska Bela, Tel. 040-61 71 84, www.dolinar-krainer.com. Auf dem Bio-Bauernhof mit einigen Streicheltieren können Gäste die hausgemachten Säfte und Ziegenkäse probieren; zahlreiche Aktivitäten in der Umgebung sind möglich und wer sich für Volksmusik begeistern kann – der Chef des Hauses pflegt beste Beziehungen zu den Oberkrainern.

■ **Kmetija Mulej**②, Selo pri Bledu 20, Tel. 04-574 46 17, www.mulej-bled.si. Das Gästehaus des Ferienbauernhofs liegt etwas außerhalb des Ortes Selo und ist komfortabel eingerichtet.

Camping/Glamping

11 Camping Bled, Kidričeva 10c, Tel. 04-575 20 00, www.sava-hotels-resorts.com, von April bis Mitte Okt., großer Platz mit 350 Plätzen, auch Glamping möglich.

13 Garden Village Bled, Cesta Gorenjskega odreda 16, Bled, Tel. 041-60 62 57, http://gardenvillagebled.com, April–Okt. Luxus-Camping (Glamping) mit komfortablen Nostalgie-Zelten, Baumhäusern und Apartments, einem Restaurant und Wellnessangebot wie Kneipp-Therapien, Massagen und Sauna.

Lesce

■ **Rivercamping Bled,** Alpska cesta 111, Lesce, Tel. 04-034 43 24, www.rivercamping-bled.si. Was darf's sein? Einfach nur zelten oder lieber in einem Bären-Cottage oder einer Holzkugel im Wald einchecken, ein Alpenhaus oder ein Safari-Zelt beziehen? Glamping ist der Trend der Stunde, hier unweit des Flusses Sava Dolinka.

■ **Camping Šobec,** Šobceva cesta 25, 4248 Lesce, Tel. 04-535 37 00, http://sobec.si; geöffnet von Mitte April bis Sept., 450 Plätze.

Ribno

■ **Glamping Ribno**③, Izletniška 44, Ribno, Tel. 04-578 31 00, www.hotel-ribno.si. Sechs Häuschen (max. 4 Personen) mitten im Wald mit eigenem Bad.

Essen und Trinken

8 Špica③, Cesta Svobode 9, Tel. 04-574 30 27, www.restavracija-spica.si. Ehemals Bleds liebster Mexikaner, serviert das Restaurant eines ehemaligen slowenischen Ruder-Olympioniken nun Traditionsgerichte aus regionalen Zutaten und mit einem besonderen Twist. Dazu Empfehlungen für ausgesuchte Biere und Weine.

5 Pri Planincu②, Grajska cesta 8, Tel. 04-574 16 13, www.pri-planincu.com. Immer gut besuchtes Restaurant, Pub und Pizzeria über zwei Etagen und mehrere Gasträume, eine der Traditionsadressen.

UNSER TIPP: **1 Restaurant 1906 Bled**③-④, → Hotel Triglav. Traditionelle slowenische Küche und moderne mediterrane Einflüsse prägen die exzellenten Speisen in diesem feinen Restaurant am Hang mit Blick über den See.

3 Pizzeria Rustika②, Riklijeva 13, Tel. 04-576 89 00, www.pizzeria-rustika.si. Wie der Name sagt, rustikal eingerichtet und mit großer Auswahl Pizzen und Sandwiches.

UNSER TIPP: **4 Gostilna Murka**②, Riklijeva 9, Tel. 24 59 18, www.charming-bled.com. Seit über 100 Jahren leckere slowenische Spezialitäten und internationale Gerichte, nun in frisch renovierten Räumen – hier gibt es die besten Krainer Würste von ganz Bled.

☒ So einsam sonnt es sich selten am Bleder See – umso größer ist der Genuss!

707sl sk

16 **Steakhouse Berc**③, Želeška cesta 15, Tel. 04-574 18 38, www.penzion-berc.si. Ob in der gemütlichen Stube, auf der Terrasse oder im Garten – die Gerichte aus regionalen Produkten und Fleisch von heimischen Bauern schmecken sehr gut!

17 **Public Bar & Vegan Kitchen**②, Ljubljanska cesta 4, im Einkaufszentrum, Tel. 070-27 07 12, Di–So 12–20 Uhr, gute vegane Küche.

21 **Tavči Vegan Café**②-③, Pot na lisice 4, Tel. 069 926 772, tgl. 10–17 Uhr, www.tavci-kuhna.si. Nettes Café an der Einfallstraße nach Bled, leckere Burger, Kuchen, Kaffee.

Žirovnica

UNSER TIPP: **Manu**③, Moste 101, Žirovnica, Tel. 070-54 72 93, www.restavracija-manu.com, tgl. 12–21, So 12–18 Uhr. Fine Dining neben dem Supermarkt? Allerdings. Das Restaurant in einem Vorort von Bled bereichert mit japanisch-slowenischer Fusion-Küche die Gourmetszene. Die Speisekarte liest sich etwa so: Dreierlei von der Lachsforelle, Forellenkaviar, Meerrettichmayonnaise, Rote Bete und Limonenöl. Delikat!

Lesce

■ **Tulipan**③, Alpska cesta 8, Lesce, Tel. 04-537 88 00, www.tulipan-azman.si. Deftige slowenische Küche auf gehobenem Niveau, erträgliche Preise, großzügige Portionen, schöne Terrasse.

Abends unterwegs

18 **A Propos Bar,** Ljubljanska cesta 4, Tel. 04-574 40 44. Cocktails und Live-Musik, mit Terrasse – befindet sich im Shopping Center am „Hauptplatz".

10 **Bistro Grajska plaža,** Veslaška promenada 11, Tel. 069-79 49 10, www.grajska-plaza.com. Bleds Beach-Bar mit Restaurantbetrieb direkt am See.

7 **Art Café Bar,** Cesta svobode 7a, Tel. 04-576 71 79, www.artcafe.si. Angenehmes Lokal mit gutem Frühstück, leckeren Snacks und gut gemixten Cocktails.

Feste und Veranstaltungen

■ **Anfang Juli** lädt das Bled **Festival** für zwei Wochen zur **klassischen Musik** (aber nicht nur), www.festivalbled.com.

■ **Mitte Juli** werden bei den **„Bleder Tagen"** Kerzen in Eierschalen auf dem See ausgesetzt und bilden einen romantischen Hintergrund für klassische Konzerte und Markttreiben am Ufer.

■ Beim **Okarina-Ethno-Festival** im **August** sind internationale Gruppen zu Gast, auf Instagram.

■ Seit 1930 werden auf dem See **Ende April und Mitte Juni** internationale **Ruderwettkämpfe** ausgetragen.

■ Auf der Pokljuka finden im **März Biathlon-Weltcups** statt, auch dann sind die Hotels ausgebucht.

■ Neben den traditionellen Festen im Winter wie der **Neujahrsgala** oder der **„Legende der versunkenen Glocke"** am ersten Weihnachtsfeiertag haben diverse **Weltmeisterschaften** und Olympiaden Bled als Austragungsort gewählt.

Aktivitäten

Alles über und mit Honig: *Kralov Med Bled,* Selo pri Bledu 26, Tel. 041-22 74 07, www.kralov-med.si, einstündige Führung nach Voranmeldung. Alles was Sie schon immer über Zucht, Herstellung, Verkostung, Apitherapie und Erholung wissen wollten – perfekt für die ganze Familie.

■ **Golfen:** *Golf & Country Club Bled,* Kidričeva cesta 10, 4260 Bled, Tel. 04-537 77 00, www.royalbled.com, 18-Loch-Platz (Länge 1-18: 6339 m, Par: 73), 9-Loch-Platz (Länge 1-9: 3084 m, Par: 72); der Platz gilt als schönster Sloweniens.

Sommerrodelbahn von der Straža hinunter nach Bled, Länge 520 m, Gefälle 25 %, Höchstgeschwindigkeit 40 km/h, Tel. 04-578 05 30, www.straza-bled.si, Erw. 11 €, Kind 8 €.

■ **Baden:** Der beliebteste Uferabschnitt ist das Schlossbad Grajska plaža unterhalb des Burgbergs mit Rasen, Sanitär- und Gastronomieeinrichtungen (auch Bootsverleih), 10 €, Schüler 8 €, Kind 6 €, www.kopalisce-bled.si.

■ **Rafting:** *Adventure Rafting Bled* führt Touren auf der wilden Sava Bohinjka und organisiert viele weitere adrenalinlastige Aktivitäten. Piškovca 2, Tel. 051-67 80 08, www.adventure-rafting.com.

■ **Minigolf:** Neben dem Hotel *Lovec* an der Ljubljanska cesta befindet sich ein Platz mit 290 m Spiellänge und 18 Feldern. Er wird auch für Meisterschaften benutzt.

■ **Angeln:** Angelscheine für den See und die Sava Bohinjka stellt der Fremdenverkehrsverein aus, Cesta Svobode 15, Tel. 04-574 36 22.

■ **Rudern:** An mehreren Stellen am See sind Ruderboote auszuleihen, so unterhalb der Burg, bei Mlino, am Strand des Camping Bled und beim Ruderzentrum. Ca.15 €/Std.

■ **Flugschule, Fallschirmspringen, Paragliding, Rundflüge** und kleine **Chartermaschinen:** *Alpine Flying Center Lesce/Bled,* Begunjska cesta 10, 4248 Lesce, Tel. 051-22 22 23, www.alc-lesce.si. Infos über Fallschirmspringen unter www.3glav.com.

■ **Wanderungen:** Bled ist ein idealer Ausgangspunkt für Wanderungen und Bergtouren aller Schwierigkeitsgrade (auch ein Track für Kinder ab vier Jahre). Über empfehlenswerte Wanderungen informiert das TIC. Geführte Touren kann man bei *3glav Adventures* (s. Flugschule) buchen.

■ **Freeclimbing** und **speläologische Ausflüge** (Höhlenerkundung) werden ebenfalls von *3glav Adventures* (s.o.) und *Adventure Rafting Bled* (s. Rafting) organisiert (s.o.), ebenso **Kayaking, Hydrospeed** und **Canyoning.**

Hochseilgarten: Auf dem Gipfel der Straža heißt's Klettern, Balancieren und Schwingen in verschiedenen Schwierigkeitsgraden: *Pustolovski Park Bled,* Straža, Tel. 031-76 16 61, www.pustolovskipark-bled.si, Eintritt Erw. 24 €, Kinder bis 14 Jahre 20 €, bis 7 Jahre 12 €, vierköpfige Familie 75 €.

■ **Zipline:** Im Tal der Sava Dolinka reklamieren 4 km Stahlseile für sich, die längste Zipline Europas zu sein. Der Trip dauert 2½ Stunden und kostet zwischen 60 und 90 €; www.zipline-dolinka.si.

Radovljica

- **Meereshöhe:** 496 m
- **PLZ:** 4240
- **Vorwahl:** 04
- **Einwohner:** 6200
- **Dt. Name:** Radmannsdorf

Radovljica stand schon immer im Schatten des nahen Bled und vielleicht ist sein Ortsbild deshalb recht uneinheitlich. Ein wenig stiefmütterlich liegt es an der Autobahn. Fährt man von ihr ab befindet man sich schnell am Hauptplatz mit Post, Banken und der Touristeninformation. Südöstlich davon, über die Gorenjska cesta erreichbar, liegt der sehr hübsche und gut erhaltene mittelalterliche Stadtkern. Mit gleich mehreren Museen ähnelt das historische Radovljica einer Museumsstadt, ist aber dank Cafés und Restaurants überaus lebendig.

Die Stadt liegt auf einer Schwemmterrasse der Eiszeit, unterhalb des Abbruches vereinen sich die beiden „Saven". Zusammenflüsse waren immer ein beliebter Siedlungsgrund und so beginnt auch Radovljicas Geschichte im ersten Jahrtausend, erstmals urkundlich erwähnt wurde es um 1050. 1333 erhielt es die Markt-, 1470 die Stadtrechte. Im 11. Jh. gehörte Radovljica den Grafen von Brixen, ab dem 15. Jh. geriet es in den Besitz der Habsburger und die Zolleinnahmen aus den Furten sowie der Handel mit Wein und Salz machten die Bewohner wohlhabend. Schließlich war Radovljica der Verwaltungssitz für das obere Gorenjska. Als die Eisenbahn Mitte des 19. Jh. Lesce erreichte, verpasste

Radovljica den Anschluss an das industrielle Zeitalter, es verarmte.

Heute bieten sich dem wachen Auge noch allerlei Details aus vergangenen Zeiten dar. Wer genau hinsieht, entdeckt immer wieder Elemente der Spätgotik und Renaissance an Portalen und Fensterrahmen, findet Arkadenflure und Konsolenerker.

Sehenswertes

Šivec-Haus

Im mittelalterlichen Zentrum ist Šivčeva hiša das bekannteste Haus. Es entstammt dem 16. Jh. und zählt zu den bedeutendsten weltlichen Bauten der **Spätgotik** in Slowenien. Die Fassadenmalereien sind restauriert, ebenso das Eingangsgewölbe. Im ersten Stock liegen Küche, Speicher und der Wohnraum, den das Standesamt für Trauungen nutzt. Im Eingangsbereich stellt eine Galerie aus.

■ **Šivčeva hiša/Šivec-Haus,** Linhartov trg 22, Tel. 04-532 05 20, Di–So, www.mro.si, nur bei Ausstellungen geöffnet, Di–So 10–12 und 16–18 Uhr, 3 €, Kind 2 €.

⌂ Lebendiges Mittelalter im historischen Zentrum von Radovljica

Stadtmuseum und Bienenzuchtmuseum

Das Stadtmuseum im ersten Stock des **Schlosses Thurn** in der Altstadt mit seiner reichen Barockfassade besteht aus dem **Linhart-Zimmer**, einer Ausstellung, die sich auf den ersten slowenischen Dramatiker - *Linhart* - beschränkt.

Das Bienenzuchtmuseum, **Čebelarski muzej,** widmet sich dem für die Region wichtigen Wirtschaftszweig und beschreibt ihn im Wandel der Zeit. Die Sammlung an bunt bemalten **Bienenstockvorsatztäfelchen**, die *kranjiči*, besteht aus sehenswerten sehr alten Tafeln, auch aus fernen Ländern wie Südafrika. Neu hergestellte Tafeln sind aus den Souvenirshops des ganzen Landes nicht mehr wegzudenken. Der Museumsladen macht da keine Ausnahme. Dass die Bienen auch für Licht und Schleck verantwortlich sind zeigt die Kerzen- und Lebkuchenausstellung.

■ **Mestni muzej/Stadtmuseum,** Linhartov trg 1, Tel. 04-532 05 20 und **Bienenzuchtmuseum,** gleiche Adresse, www.mro.si, beide Museen Di–So 10–18 Uhr, zusammen 10 €, Kind 4 €, Familie 18 €.

Pharmaziemuseum

Das Museum in der Altstadt widmet sich der **Heilkunde** und der **Alchemie.** Antikes Mobiliar und Gerätschaften, wunderschöne Keramikgefäße und historische Werke zur Heilkunde stammen aus der ganzen Welt.

■ **Lekarniški in alkimistični muzej,** Linhartov trg 28, Tel. 031-74 40 22, auf Facebook, tgl. 10–18 Uhr, März/Dez. nur Sa, So, 9 €, Kind 5 €.

In der Umgebung

Muzej talcev

In **Begunje na Gorenjskem,** 3 km nördlich von Radovljica, erinnert das Muzej talcev, das Geiselmuseum, auf Schloss Katzenstein an eine schlimme Zeit. Der Komplex war im Zweiten Weltkrieg **Gestapo-Gefängnis** der deutschen Besatzer und beherbergte über die Zeit 12.000 Gefangene, darunter auch Kinder, aus aller Herren Länder. 849 Menschen wurden hier ermordet.

■ **Muzej/Museum talcev,** 4275 Begunje na Gorenjskem, Tel. 04-533 77 90, https://mro.si, Juli/Aug., Sa 10–16 Uhr, 3 €, Kind 2 €, Familie 7 €.

Muzej Avsenik

Das *Muzej Avsenik* ebenfalls in **Begunje** zeigt vornehmlich Wissenswertes und Bildhaftes zur Kapelle der Musikantenbrüder Avsenik – den berühmten und einzigen **Oberkrainern** (→ „Abends unterwegs" und Kap. 12 „Land und Leute: Volkskultur und Traditionen").

■ **Muzej/Museum Avsenik,** Haus Nr. 21, Begunje, Tel. 04-530 73 00, www.avsenik.com, Fr, Sa 12–15, manchmal auch 19 Uhr, 5 €, Kind 4 €.

Grad Kamen

1,5 km östlich Begunje bewachen die schön hergerichteten **Ruinen der Burg Kamen** den Eingang zum Draga-Tal. Intakt ist noch der wuchtige romanische Turm mit seinem quadratischen Grundriss. Die Grafen *Ortenburg* haben sich im

12. Jh. die Anlage bauen lassen, Erweiterungen fanden im 14. und 16. Jh. (Anbau eines Renaissancepalastes) statt. Von der Avsenik-Gaststätte in Begunje führt der knapp 8 km lange **Lambert-Weg** als Rundtour vorbei an Schloss Katzenstein, der archäologischen Fundstätte Njivice und der „Kleinen Teufelsburg" zur Ruine und am Flüsschen Draga entlang zurück nach Begunje (ca. 2½ Std.)

Dino Park

Auf dem Weg nach Bled wartet ein Dino-Universum auf Groß und Klein. Zwischen Pyramiden, Kopien der Steinskulpturen der Osterinseln und einem nachgebauten Stonehenge „tummeln" sich **Dinos in Lebensgröße.** Der derzeitige Zustand des in die Jahre gekommenen Parks rechtfertigt nicht den hohen Eintrittspreis, für Kinder dennoch eine schöne Abwechslung.

Dino Park, Alpska cesta 110, 4248 Lesce, Tel. 041-36 72 11, www.dinopark.si, bei gutem Wetter April, Okt. nur Sa/So, sonst tgl. 10–19 Uhr, 15 €, Kind 10 €, Familie 40 €.

Schmiedemuseum

Verlässt man Radovljica über die Sava-Brücke und den Stadtteil Lancovo liegt 8 km bergauf das Örtchen **Kropa** zu Füßen der Hochebene Jelovica zwischen den beiden Saven. Hier lag das eherne Rückgrat von Gorenjska, man schürfte und verhüttete Eisenerz. Das dafür notwendige Holz gab es auf der Jelovica zuhauf. In Kropa schwang sich das **Schmiedehandwerk** zur höchsten Blüte, das Kovaški muzej zeugt davon.

Kovaški muzej/Museum, Kropa 10, Tel. 04-533 72 00, https://mro.si, März–Juni, Sept.–Dez., Di–Sa 10–16, Juli/Aug. Di–So 10–18 Uhr, 5 €, Kind 3 €, Familie 11 €.

Dražgoše

10 km südlich von Kropa auf der Straße 635 Richtung Škofja Loka durch die Berge zu fahren bringt einen ins Dorf Dražgoše, das für die Slowenen von ganz besonderer Bedeutung ist. Hier fand die erste größere **Schlacht der Partisanen gegen die Besatzer** statt. Zwischen dem 9. und 11. Januar 1942 verwickelte das Partisanenbataillon Cankarjev die Wehrmacht gewollt in einen Kampf. Schon während der Schlacht exekutierten die Deutschen Geiseln, am Ende sollten es 41 Opfer sein, das Dorf wurde vollständig niedergebrannt. Der Beweggrund der Partisanen, das Dorf als Schauplatz des Kampfes zu wählen, ist nach wie vor umstritten. Ein **Denkmal** erinnert seit 1977 an die Ereignisse und einmal im Jahr treffen sich Slowenen aus dem ganzen Land zu einer Gedenkwanderung.

Basilika Maria Hilf

Die **Wallfahrtskirche Bazilika Marije pomagaj** in **Brezje,** 7 km südöstlich Radovljica, ist einer der bedeutendsten Pilgerorte des Landes. 1900 hat man sie auf den Namen St. Veit geweiht, ihren volkstümlicheren Namen Maria Hilf erhielt sie wegen eines angeblich **wundertätigen Marienbildes,** das der Slowene *Leo-*

pold Layer 1814 nach einem Mariengemälde von *Lucas Cranach dem Älteren* schuf. Der Besuch von Papst *Johannes Paul II.* im Jahr 1988 trug nicht unwesentlich dazu bei, dass die Slowenen hier gerne Fürbitte leisten. Den Vorplatz hat der unermüdliche *Jože Plečnik* gestaltet.

■ **Basilika Marije pomagaj/Maria Hilf,** Brezje 72, Tel. 04-527 07 00, www.marija.si, 7–19.30, Winter bis 18.30 Uhr.

151sl sk

Praktische Tipps

Informationen

■ **TIC,** Linhartov trg 9, 4240 Radovljica, Tel. 04-531 51 12, www.radolca.si, tgl. Sommer 9–18, Winter bis 16 Uhr.

■ **Alpenverein/Planinsko društvo Radovljica,** Ulica Staneta Žagarja 2B, Tel. 04-531 55 44, www.pdradovljica.si.

Verkehr

■ **Bahnhof:** Lesce-Bled, siehe Bled.

■ **Bus: Alpetour,** Kranjska cesta 9, Tel. 090-74 11, www.arriva.si, Busse nach Bled, Bohinj, Kranjska Gora, Ljubljana.

Einkaufen

5 **Vinoteka Sodček,** Linhartov trg 8, Tel. 04-531 50 71, www.vinoteka-sodcek.si; gute Auswahl an slowenischen Spitzenweinen.

8 Im **Museumsladen des Bienenzuchtmuseums** am Linhartov trg wird allerlei rund um die Bienen verkauft – unter anderem die bunt bemalten, dekorativen Vorsatzbrettchen, jedes ein Unikat.

Unterkunft

Auch einige Gastwirtschaften vermieten Pensionszimmer, → „Essen und Trinken“. Information zu Privatzimmern/Ferienwohnungen und teils auch Buchung bei der TIC.

7 **Linhart Hotel**③-④, Linhartov trg 17, Tel. 09-18 75 47, www.hotellinhart.si. Das geschmackvolle

⌃ Denkmal für eine Stifterin, die Radovljicas Schüler unterstützte

Hotel in einem barocken Altstadthaus besitzt hübsch eingerichtete Zimmer und ein weit über die Stadtgrenze beliebtes Feinschmecker-Bistro.

1 Sport Penzion Manca②, Gradnikova cesta 2, Tel. 04-531 40 51, www.manca-sp.si. Günstige Wahl am Ort, das familiär geführte Haus hat 17 Zimmer und bietet eine Menge an Aktivitäten an, darunter Tennis und Skaten.

Begunje

2 Lambergh Château & Hotel④, Dvorska vas 37 a, 4275 Begunje na Gorenjskem, Tel. 08-200 50 00, www.lambergh.com. Das Schlosshotel besteht aus einem historischen Renaissancebau des 16. Jh. und einem neuen Annex. Modern gestaltete Zimmer, ein Spa-Bereich, ein Indoor-Pool mit Glaswänden sowie ein exzellentes **Restaurant** mit slowenisch-internationaler Küche rechtfertigen die ambitionierten Preise.

Kropa

Unser Tipp: **9 Bajta Kroparica**①, Kropa 40, Tel. 08-382 92 69, www.hotel-ribno.si. Das neue, toll ausgestattete Hostel im Schmiededorf Kropa besitzt 33 Betten in 7 Zimmern und ein Apartment. Gemeinschaftsräume und Zimmer sind gemütlich-modern ausgestattet.

Camping

■ **Camping Radovljica,** Kopališka ulica 9, 4240 Radovljica, Tel. 04-531 57 70, www.camping-radovljica.com, Mai–Mitte Sept., 150 Plätze. Schöner Platz mit großzügigem 50 m Pool und Sportmöglichkeiten wie Beach-Volleyball oder Basketball, Kinderspielplatz, Sauna.

Essen und Trinken

6 **Lectar**③, Linhartov trg 3, Tel. 04-537 48 00, www.lectar.com. Lectar ist seiner ausgezeichneten slowenischen Gerichte wegen (und weil es das Lokal schon seit 1822 gibt) weit über den Ort hinaus bekannt, entsprechend zahlreich ist der Besuch des alten Bürgerhauses in der Altstadt. Große Terrasse im Sommer, angeschlossenes **Lebkuchenmuseum** mit Produktion und Verkauf; auch **Zimmer**②.

4 **Kunstelj**②, Gorenjska cesta 9, Tel. 031-22 26 64, www.kunstelj.si, tgl. geöffnet. Gasthof am Ortsrand mit ehrlicher österreichisch-slowenischer Küche, gemütlichen Gastzimmern und Garten (auch **Zimmervermietung**②).

Unser Tipp: **7** **Linhart Bistro**②-③, siehe „Unterkunft". Bistro ist etwas untertrieben bei der Qualität der Gerichte: slowenische Küche, neu interpretiert und anregend, z.B. Forellencarpacchio.

Begunje

2 **Restaurant des Château Lambergh**④, s. Unterkunft. Zu den slowenischen Köstlichkeiten, die der Küchenchef wunderbar leicht serviert, zählen Štruklji oder Krainerwurst in Teran auf Hirsesterz.

■ **Pr'Tavčar**①, Begunje na Gorenjskem 73, Tel. 05-904 14 10, www.gostilna-prtavcar.si. Konkurrenzlos preiswerte Mittagsmenüs und gutes Abendessen in einem urigen Gasthof mit Landhauscharakter; auf die Teller kommen riesige Portionen.

■ **Gostišče Draga**②, Begunje na Gorenjskem 142, 4275 Begunje, Tel. 04-530 73 10, www.gostisce-draga.si. Gasthof mitten im Wald im Draga-Tal mit slowenischer Küche und **Zimmervermietung** ②, mit Freisitz.

Kropa

■ **Gostilna pri Jarmu**②, Kropa 2, Tel. 04-533 67 50, www.pri-jarmu.si, Mi, Do geschl. Der einfache Gasthof ist gut für eine preiswerte Mittagsmahlzeit oder eine schnelle Pizza.

Abends unterwegs

Begunje

3 In der **Gostilna Avsenik**, Begunje na Gorenjskem 21, Tel. 04-530 70 30, www.avsenik.com, geht es bei den Musikabenden (vier- bis achtmal im Monat) hoch her (Eintritt 10–15 € je nach Kapelle, in einer Loge 30 €). Dann spielen Musiker im Stil der Gaststättenbesitzer, der berühmten *Avsenik*-Brüder, die auch als die *Original Oberkrainer* berühmt waren. In einer riesigen Laube unter freiem Himmel schwingen Einheimische und Touristen den ganzen Abend das Tanzbein und genießen Schweinebraten auf großen Platten und Bier aus tiefen Krügen.

Feste und Veranstaltungen

■ **Anfang August** beginnt in Radovljica das **Festival Radovljica** mit Beteiligung internationaler klassischer Musikgruppen.

Aktivitäten

■ **Reiten:** *Klub Jahalni Center Podvin,* Mošnje 2b, Tel. 04-533 81 11, http://jcpodvin.si, in dem Ort Mošnje, 2 km auf der Hauptstraße Richtung Ljubljana.

■ **Rafting** und andere Aktivitäten organisiert *Sava Rafting,* Tel. 070-46 64 00, https://sava-rafting.com.

Bohinjska Bistrica und der See von Bohinj

- **Meereshöhe:** 512 m
- **PLZ:** 4264
- **Vorwahl:** 04
- **Einwohner:** 1800
- **Dt. Name:** Wochein

Die Hochebenen von Jelovica im Osten, Pokljuka im Nordosten, Komna im Westen und die Julischen Alpen im Norden bilden einen Kessel, in dem wunderschön der **Bohinjer See** liegt. Er ist Ausgangspunkt für Wanderungen im Sommer, sei es auf den Vogel, die Kobla (die beide den See nach Süden hin abschotten) oder in die Julier. Im Winter locken hervorragende Abfahrtsski- und Langlaufmöglichkeiten.

Fährt man von Bled See zum Bohinjer See, gelangt man nicht zum Hauptort der „Bohinj" genannten Region – Bohinjska Bistrica –, sondern zum See und der touristisch geprägten Streusiedlung **Ribčev Laz.** Bohinjska Bistrica liegt 3 km östlich des Sees an einer südlich der Seenverbindungsstraße verlaufenden Straße. Weitere Dörfer der Bohinj-Region, so das malerische **Studor** und **Stara Fužina,** finden sich nordöstlich des Sees im Tal des Baches Vrčica.

Früher waren die Bewohner hauptsächlich Landwirte, doch haben sich die Zeiten geändert. Wohl werden die Felder immer noch bestellt und das Heu trocknet weiterhin traditionell auf den gedeckten Heuharfen – den *kozolci* –, doch das eigentliche Geld wird mit dem **Fremdenverkehr** verdient. So ist es nicht verwunderlich, dass fast jedes Haus am und um den See Zimmer oder Ferienwohnungen vermietet. Die touristische Tradition geht im Übrigen auf den Vorabend des Ersten Weltkriegs zurück. 1914 wurde der erste Skikurs abgehalten.

Urkundlich erwähnt wird Bohinjska Bistrica das erste Mal im Jahr 1253. Im späten Mittelalter brachte die Hüttenindustrie Aufschwung, wenngleich schon die Menschen der frühen Eisenzeit verhütteten und ihre Erzeugnisse gegen Salz und Wein tauschten. Im letzten Hochofen ging erst 1891 das Feuer aus.

Im späten 19. Jh. verschuf die **Eisenbahn** dem Ort Geltung. Hier begann der wichtigste Streckenabschnitt der Verbindung Österreich – Soča-Raum. Ein 6,3 km langer **Tunnel** unter der 1498 m hohen Kobla musste nach Podbrdo in den Fels gemeisselt und gesprengt werden – für die damalige Zeit ein gigantisches technisches Meisterwerk. Mehrmals am Tag und ganzjährig kann man per **Autozugverladung** von Bohinjska Bistrica nach Podbrdo gelangen. Im Sommer befährt die Strecke ein **historischer Dampfzug,** der zurzeit aber ausgesetzt ist (→ Bled/Verkehr).

[>] Sommerliches Bade- und Kanuvergnügen am See von Bohinj bei Ribčev Laz

Sehenswertes

Muzej Tomaža Godca

Das sehenswerte Museum zu Ehren von *Tomaž Godec* in Bohinjska Bistrica besteht aus vier Abteilungen: die Archäologische zeigt die Besiedlung der Gegend bis ins 8. Jh. v. Chr. – die **Hallstatt-Periode;** eine Lederwerkstatt vermittelt das **Gerberei-Handwerk** der ersten Hälfte des 20. Jh., die Gedenksammlung zum Namensgeber stellt ihn als Bergführer, Skifahrer und Politiker dar und ein kleines **Kriegsmuseum** erinnert an den Zweiten Weltkrieg, in dem er fiel.

■ **Muzej/Museum Tomaža Godca,** Zoisova ulica 15, Tel. 04-577 01 42, www.gorenjski-muzej.si, Juni-Aug. Di–So 10–18 Uhr, Feb.–Mai/Sept. Di–So 10–12, 16–18 Uhr, sonst Sa/So 10–12, 16–18 Uhr, 3,50 €, Kind 2 €, Kombiticket mit den anderen beiden Museen 7/5 €.

See von Bohinj

Der See von Bohinj misst 4,3 x 1,2 km (3,2 km²) und ist bis zu 45 m tief. Er liegt herrlich zwischen den hinter sanften, grünen Bergflanken sich auftürmenden Gipfeln und ist ein Freizeitparadies, das zum Baden, Wandern und Gleitschirmfliegen einlädt. An seinem Ostufer, dort wo die Sava Bohinjka den See verlässt, verbindet eine kleine, sehr alte **Steinbrücke** die beiden Orte Stara Fužina und Ribčev Laz.

An der Brücke steht die Kirche **Sv. Janez Krstnik** (Johannes der Täufer). Bereits zu Beginn des 14. Jh. war hier

018sl sk

schon eine romanische Kirche, deren halbrunde Apsis man in ein polygonales Presbyterium mit Kreuzrippengewölbe verwandelte. Die Malereien sind mehrfach übereinander geschichtet, die unterste Schicht konnte auf das 14. Jh. datiert werden. Die beiden Seitenaltäre stammen aus der ersten, der Hauptaltar aus der zweiten Hälfte des 17. Jh.

Ein **Seeumwanderung** dauert etwa drei Stunden (ca. 13 km) und ist auch an heißen Tagen machbar, da die dichten Wälder immer wieder Schatten spenden und das kühle Wasser zur Ganzkörpererfrischung einlädt.

Bergsteiger-Denkmal

Das Denkmal an der Brücke, **„Vier beherzte Männer"**, ist den vier Erstbesteigern des **Triglav** gewidmet: *Luka Korošec, Matevž Kos, Štefan Rožič* und *Lovrenc Willomitzer* machten sich von Bohinj auf den Weg und standen am 26. August 1778 auf dem höchsten Berg des Landes.

Oplen-Haus

In Studor v Bohinju sollte man das Museum Oplen-Haus nicht versäumen – eine **„Keusche"**, ein Haus, das Wohn- und Wirtschaftsgebäude miteinander vereint. Es zeigt mit Möbeln und Gegenständen der Wende vom 19. auf das 20. Jh. eine für Bohinj typische Einrichtung: Wohnstube, **Schwarzküche,** Altenteil, Scheune, Stall und Streuspeicher. Die Schwarzküche ist ein wiederkehrendes Detail in den alten Bauernhäusern. Die Frauen kochten auf einer offenen Feuerstelle, einen Abzug nach oben gab es nicht, nur die Türe belüftete den Raum. Der Effekt waren tiefschwarz gerußte Wände und Decken. In Studor stehen auch noch einige der „doppelten" *kozolci – toplar.* So werden zwei parallel zueinander und eng aufgestellte **Heuharfen** genannt, die mittels eines Daches verbunden sind und dem Wetterschutz landwirtschaftlicher Gerätschaften dienen.

■ **Oplenova hiša/Oplen-Haus,** Studor v Bohinju 16, Tel. 04-572 35 22, www.gorenjski-muzej.si, Juni–Aug. Di–So 10–18 Uhr, Feb.–Mai/Sept. Di–So 10–12, 16–18 Uhr, sonst Sa/So 10–12, 16–18 Uhr, 3,50 €, Kind 2 €, Kombiticket mit den anderen beiden Museen 7/5 €.

Spartipp

Die **Julische Alpen Karte Bohinj** (zwei Übernachtungen in Bohinj notwendig) kostet 19 € für drei Tage und gewährt u.a. freien Einlass in den Museen, eine Freifahrt auf dem See und kostenlose Nutzung des Nahverkehrs (auch hoch zur Pokljuka). Mit kostenlosem Parken 25 €.

Almwirtschaftsmuseum

Das Almwirtschaftsmuseum in der ehemaligen Käserei von Stara Fužina stellt die für die Region so wichtige Almwirtschaft vor. Im ersten Stock wurde eine komplette **Sennhütte** eingerichtet.

■ **Planšarski muzej/Almwirtschaftsmuseum,** Stara Fužina 181, Tel. 04-572 30 95, www.gorenjski-muzej.si, Juni–Aug. Di–So 10–18 Uhr, Feb.–Mai/Sept. Di–So 10–12, 16–18 Uhr, sonst Sa/So 10–12, 16–18 Uhr, 3,50 €, Kind 2 €, Kombiticket mit den anderen beiden Museen 7/5 €.

017sl sk

In der Umgebung

Savica-Wasserfall

Ein lohnender Kurzausflug ist der Besuch des Savica-Wasserfalls (Slap Savica). Man erreicht ihn auf dem Fußweg an der Nordwestecke des Sees zur **Hütte Koča pri Savici** oder mit dem Auto, das man am Parkplatz der Hütte abstellen kann. Über eine Steinbrücke geht es nach 25 Min. Anstieg zu einem kleinen Holzpavillon auf einem Steig leicht bergab. Bevor die Savica sich in den freien Fall begibt, plätschert sie 40 m schräg die Felswand entlang, nachdem sie aus ihrer Felsenhöhle gehüpft ist.

Einen schönen Blick auf den Wasserfall hat man auf dem Weg zu den **Triglav-Seen,** der auch bei der Hütte *Koča pri Savici* beginnt. Den Črno jezero auf 1330 m Höhe erreicht man in etwa zwei Stunden. Nach weiteren zwei Stunden steht man an der idyllisch gelegenen **Hütte Koča pri Triglavskih jezerih** auf einer Höhe von 1685 m. Für den Rückweg sind 2½ Stunden zu kalkulieren (Beschreibung der Wanderung und Information zu den Hütten → „Nationalpark Triglav").

Übrigens spielt hier am Savica-Fall eines der berühmtesten Gedichte von *France Prešeren:* In der „Taufe an der Savica" („Kerst per Savici") schildert er den Kampf zwischen den alten slawischen Göttern und dem vordringenden Christentum. Der Held lässt sich schließlich in der Savica taufen.

■ **Slap Savica,** Tel. 04-574 60 10, Eintritt 3 €, Kind 1,50 €, Juni–Sept. 4 €, Kind 2 €.

⍓ Bergsteiger-Denkmal: „Vier beherzte Männer"

Bergwanderungen

Zur Gipfelflanke des **Vogel** (ausgesprochen: Wogel) kommt man mit der **Seilbahn** (im Sommer täglich 7.30–19 Uhr, ansonsten 8–17 Uhr halbstündlich, 29,50 € hin u. zurück, Kind 15 €, einfach 22/11 €, www.vogel.si) und findet viele schöne – leichte und schwerere – Wandermöglichkeiten vor. Eine ist der Weg auf den Gipfel der **Sija** im Süden des Vogel. Von der Bergstation auf 1540 m heißt es auf 1800 m ansteigen, über einen Sattel hinuntergehen und schließlich die 1880 m hohe Sija erklimmen. Der Rundblick ist fantastisch. Gemütlich ist dies in zwei Stunden zu bewältigen. Eine neue **Panoramabahn** verbindet die Bergstation über den herrlichen Aussichtspunkt von **Ukanc.** Aufsteigend muss man 3–4 Std. zur Wegezeit hinzurechnen.

Von der Sija können geübtere Bergsteiger über die **Vratca** (1725 m, ½ Std.), den **Vogel** (1922 m, 1 Std.) und den **Žabiški Kuk** (1844 m, 1 Std.) auf die andere Seite des Massivs bis **Kneške Ravne** (2 Std.) oder zur Hütte *Koča na Pl. Razor* wandern. Man bewegt sich dabei auf der Slowenischen Bergtransversale.

Wintersport beim See von Bohinj

Die **zwei Wintersportgebiete** am See und in Seenähe stehen bei vielen Slowenen an erster Stelle. Auf der Pokljuka sind die zahlreichen Loipen bestens gepflegt. Die jeweilige **Schneelage** ist auf www.snezni-tele fon.si nachzuschauen.

Skicenter Vogel

Kein Kunstschnee, alles Natur! Das Skigebiet Vogel liegt im Triglav-Nationalpark und wird deshalb ökologisch vorbildlich geführt. Meereshöhe 570–1800 m, 2 Kabinenbahnen, 3 Sessellifte, 4 Schlepplifte, 22 km Pisten, 8 km Loipen, Piste mit Flutlichtanlage, Halfpipe.

- **Žičnice Vogel,** Ukanc 6, 4265 Bohinjska Bistrica, Tel. 04-572 97 21, www.vogel.si, Wochenpass 220 €, Kind 110 €.

Soriška planina

12 km südöstlich von Bohinjska Bistrica, Meereshöhe 1300–1550 m, 1 Sessellift, 3 Schlepplifte, 6 km Pisten, 6 km Loipen, Rodelbahn.

- Informationen über **TIC Soriška planina,** Selca 86, 4227 Selca, Tel. 04-511 78 35, www.soriska-planina.si; Wochenpass: 137,50 €, Jugendliche (bis 18) 112 €, Kind (bis 14) 91 €.

Praktische Tipps

Informationen

- **TIC Bohinj,** Ribčev Laz 48, 4265 Bohinjsko jezero, Tel. 04-574 60 10, www.bohinj.si, Juli, Aug. Mo–Sa 8–20, So bis 18, sonst Mo–Sa 8/9–17/19, So 9–15 Uhr.
- **Turizem Center Stara Fužina – Studor,** Stara Fužina 53 B, Tel. 031-81 33 63, Sommer tgl. 8/9–12/13, 15/16–18/19 Uhr.
- **Center Triglavskega narodnega parka Bohinj,** Stara Fužina 37–38, 4265 Bohinjsko jezero, Tel. 04-578 02 45, Mo–Fr 9–15, Juli, Aug. 9–16 Uhr.
- **Alpenverein Planinsko društvo Bohinj,** Srednja vas v Bohinju 79, Tel. 031-34 18 21, www.pdsrednjavas.si.

Notfälle

- **Ambulanz/Zdravstveni dom:** Triglavska cesta 15, Bohinjska Bistrica, Tel. 04-572 71 00, www.zd-bohinj.si.

■ **Apotheke/Lekarna:** Triglavska cesta 15, Bohinjska Bistrica, Tel. 04-572 77 40.

Verkehr

■ **Bahnhof:** Bohinjska Bistrica, Triglavska cesta 1, Züge in Richtung Jesenice und Nova Gorica, Tel. 080-81 11, https://potniski.sz.si.

■ **Fernbusse:** Ribčev Laz, u.a. in Richtung Bled, Ljubljana, Tel. 090-74 11, www.arriva.si.

■ **Öffentlicher Nahverkehr:** Von Juni bis September gibt es eine Busverbindung von Bohinjska Bistrica zur Pokljuka (hop-on-hop-off) und über Ribčev Laz bis zur Hütte Koča pri Savici.

■ **Fahrradverleih:** im **TIC Bohinj** (Mountainbike 16 €/Tag) oder bei **Alpinsport,** Ribčev Laz 53, Tel. 041 91 88 03, www.alpinsport.si. Hier auch Verleih von Kanus, SUP-Boards und Skiausrüstung.

■ Während des Sommers kann man demnächst wieder mit einem **historischen Dampfzug** zwischen Jesenice und Most na Soči fahren (seit 2021 ausgesetzt, siehe Bled/Verkehr).

■ **Schiff:** Zwischen April und Oktober pendeln zwei elektrisch betriebene Ausflugsschiffe zwischen Ribčev Laz und dem Hotel Zlatorog bei Ukanc, Juli/Aug. stündlich, ansonsten nach Bedarf, einfach 9 €, Kind 5,50 €, hin und zurück 14/8,50 €.

Einkaufen

■ **Karten:** im TIC Bohinj, Ribčev Laz (s.o.).

■ **Käse:** *Bohinjska sirarna,* Srednja vas 114, www.sir.si, 4267 Srednja vas, Mo–Fr 7–14 Uhr. Käseherstellung hat in Bohinj eine lange Tradition, schließlich erhält man von den Almen ein ausgezeichnetes Grundprodukt. Der Käse erhält seinen Charakter durch das Räuchern mit Buchenholz.

■ **Pfeifen:** *Gorjuške fajfe,* im Ort Gorjuše bei *Srečko Lotrič* (Tel. 041-90 01 54). Auch wer nicht raucht, mag an einer der mit aufwendigen Einlegearbeiten verzierten Tabakspfeifen Gefallen finden.

709sl sk

Unterkunft

Privatzimmer und Apartments vermitteln die Touristenbüros. **Ferienbauernhöfe** werden auf www.turisticnekmetije.si vorgestellt.

Bohinjska Bistrica

Bohinj Eco Hotel④, Triglavska c. 17, 4264 Bohinjska Bistrica, Tel. 08-200 40 00, www.bohinj-eco-hotel.si. Luxuriös und umweltverträglich präsentiert das Haus neben dem Aquapark (freier Eintritt für Hostelgäste) 102 schicke Design-Zimmer und eln breltes Sportangebot.

■ **Sunrose 7**④, Triglavska cesta 7, 4264 Bohinjska Bistrica, Tel. 041-77 77 78, www.sunrose7.com. Das Boutiquehotel am Platz: digital detox mit Café, Garten und Weinkeller – 18 Zimmer und Luxus pur.

Am See von Bohinj

■ **Hostel Pod Voglom**①, Ribčev Laz 60, Tel. 04-572 34 61, www.pac.si. Teils mit Etagenduschen, Mehrbett-, Doppel- und Einzelzimmer, gute Anlaufstelle für Infos, gute Lage am See.

Kleine Elektroboote kutschieren Passagiere über den See von Bohinj

■ **Hiša Erlah④**, Ukanc 67, Tel. 04-572 33 09, www.house-erlah.com. Das hübsch und ruhig gelegene Haus bietet Unterkunft in edel, mit hellem Holz eingerichtete Zimmern.

Studor und Srednja vas

Unser Tipp: **Rustic House 13③**, Studor 13, Tel. 031-46 67 07, www.studor13.si. Ein altes Bauernhaus im hübschen Studor, ein australisch-slowenisches Paar, zwei rustikal-geschmackvolle Suiten und auf Voranmeldung Yoga-Kurse. Nicht günstig, aber außergewöhnlich.

■ **Hostel Mama Minka①-②**, Češnjica 4, Srednja vas, Tel. 040–70 16 28, www.hostelmamaminka.com. Saubere und freundlich eingerichtete Doppel- und Mehrbettzimmer mit Familienanschluss.

Gorjuše

■ **Alpine Homestead③**, Gorjuše 6b, Bohinjska Bistrica, Tel. 051-61 64 50, www.alpinehomesteadbled.com. 6 gemütlich eingerichtete, moderne Apartments auf halbem Weg zwischen Bled und Bohinj-See für 2–4 Personen.

Camping

Bohinjska Bistrica

■ **Danica,** Triglavska cesta 60, 4264 Bohinjska Bistrica, Tel. 04-572 17 02, https://tdbohinj.si/kamp-danica/; ganzjährig, 150 Plätze. Gute Infrastruktur mit WLAN und Spülmaschinen(!), Spielplatz, Tennis, Volleyball.

Am See von Bohinj

■ **Camp Bohinj,** Ukanc 2, Tel. 059-92 36 48, www.camp-bohinj.si. Mai–Sept., 150 Plätze. Camping mit direktem Zugang zum See, Spielplatz.

Essen und Trinken

Bohinjska Bistrica

■ **Gostilna Štrud'l②-③**, Triglavska cesta 23, Bohinjska Bistrica, Tel. 041-54 18 77, www.strudl.si. Frisch und flott wirkt dieses Restaurant, dessen namensgebender Strudel in mehreren Varianten auf der Karte steht.

■ **Pr'Pristavc②-③**, Polje 18, Bohinjska Bistrica, Tel. 059-13 76 11, www.prpristavc.com. Slowenische Küche und Pizza in einem schmucken Gasthof, der auch **Zimmer②** vermietet.

Am See von Bohinj

■ **Rožič②**, Ribčev Laz 42, Tel. 04-572 33 93, www.pensionrozic-bohinj.com. In der Pension wird heimische Küche serviert, u.a. Wild und Süßwasserfisch, rustikales Ambiente und Freisitz.

■ **Foksner②**, Ribčev Laz 49, Tel. 040-77 19 31, www.facebook.com/foksner, tgl. ab 16 Uhr. Die Alternative zu slowenischen Traditionsgerichten: Burger, Wedges, Pulled Pork und Sandwiches von guter Qualität.

Srednja vas

Unser Tipp: **Pri Hrvatu②**, Srednja vas 76, Tel. 031-23 43 00. Obwohl das Lokal „Beim Kroaten" heißt, gibt es bodenständige und zuverlässig gute, slowenische Küche.

Stara Fužina

Unser Tipp: **Koča na Vojah②**, Stara Fužina 233, Tel. 041-23 46 25, im Sommer tgl. 10–18 Uhr. Berghütte mit uriger Atmosphäre und herzhaften Regionalgerichten wie Würste und Pilzsuppe, dazu selbstgebackenen Kuchen zu fairen Preisen; 3,5 km nördlich von Stara Fužina (mit Auto anfahrbar).

■ **Majer'ca③**, Stara Fužina 19, Tel. 040-24 93 52, www.majerca.si. Bohinj kann auch Fine Dining. Im Restaurant des gleichnamigen **Boutiquehotels④** wählen die Dinner-Gäste zwischen fein austarierten 3-, 4- oder 5-Gänge-Menüs (auch vegetarisch). Exzellente Weinauswahl.

Feste und Veranstaltungen

- Ende Mai steht die Region im Zeichen der **Wildblumenblüte,** die sie mit einem internationalen Festival begeht.
- In der **Mittsommernacht** rudert man mit Booten auf den See und illuminiert ihn mit Hunderten von Kerzen.
- Ende Juli/Anfang August wird eine volkstümliche **Bauernhochzeit,** die Kmečka ohcet, zelebriert.
- Ende September: Kravji bal, zur Feier des **Almabtriebs** gibt es Musik, Tanz und Bier oder Wein.

Aktivitäten

- **Angeln:** Angelscheine sind erhältlich beim Touristenbüro in Ribčev Laz 50.
- **Reiten:** *Ranč Mrcina*, Studor, Tel. 041-79 02 97, www.ranc-mrcina.com. Auf der familienfreundlichen Ranch dürfen Kinder und Erwachsene mit den geduldigen Islandponys reiten lernen bzw. Ausritte unternehmen.
- **Tandemflüge:** Spannende Tandemflüge mit dem Paraglider kann man bei *Pac Sports* buchen (s.u.), die Hänge am See eignen sich vorzüglich und es geht wie mit dem Fahrstuhl hoch.
- **Pac Sports,** Ribčev Laz 50, Tel. 041-69 85 23, www.pac.si, unternimmt **Canyoning, Kayaking, Canoeing, Hydrospeed** und **Freeclimbing** und hat geführte **Mountainbike-Touren** im Programm (Ausrüstung wird im Kiosk verliehen).
- **Alpinsport,** Ribčev Laz 53, Tel. 041-91 88 03, www.alpinsport.si, **Kanu- und SUP-Verleih** sowie Unterricht, ab 12 €/Std. Auch **E-Bike-Verleih.**
- **Aquapark,** Bohinjska Bistrica, Tel. 04-577 02 10, www.vodni-park-bohinj.si. Badelandschaft mit Innen- und Außenpools, Fitnessbereich, Sauna etc. Schwimmbad 3 Std. 17 €, Kind 12,50 €.

Bovec und das Soča-Tal

- **Meereshöhe:** 460 m
- **PLZ:** 5230
- **Vorwahl:** 05
- **Einwohner:** 1600
- **Dt. Name:** Flitsch
- **It. Name:** Plezzo

Das Tal der **türkisgrünen, wilden Soča** beginnt etwa beim Ort Trenta, wo die Vršič-Passstraße endet, und zieht sich bis zum Städtchen Most na Soči nach Süden. **Hauptort des Tals ist Bovec,** das auf niedriger Höhe am Westrand des Triglav-Nationalparks liegt. Der Ort ist das erste größere Dorf, das die Soča auf ihrem Weg zur Adria durchfließt. Nächste Stationen sind Kobarid, Tolmin, Kanal und schließlich Nova Gorica, wo die Soča slowenischen Boden verlässt, ihr Geschlecht wandelt und zum Isonzo wird. In Bovec teilt sich auch die Straße, geht nach Nordosten zum 1611 m hohen Vršič-Pass und nach Norden zum 1156 m hohen Predel-Pass und von dort weiter nach Italien.

Die fruchtbare Bodenkrume des weiten Talbeckens war zum Bestreiten des Lebensunterhaltes seit jeher vorzüglich geeignet. So weisen Funde aus der Hallstatt-Zeit auf eine Besiedlung hin und die Römer wussten die verkehrstechnisch günstige Lage zwischen Meer und Binnenland an der großen Schranke der Alpen zu schätzen. 1174 taucht Bovec in den Schriften auf, erst als Lehen der Kirche von Aquileia, dann diverser Grafen.

1509 kam es zu den Habsburgern und bei Napoleons europäischem Gastspiel erhielt es den Status eines Kantons. Im **Ersten Weltkrieg** war Bovec plötzlich **Frontstadt,** alle Bürger mussten es verlassen, Militärs übernahmen das Regime und der Ort existierte 1918 praktisch nicht mehr. In den Bergen rundherum spielten sich mit die härtesten und grausamsten Kämpfe des ganzen Krieges ab. Mit dem Frieden bekam Italien die Regierungsgewalt, 1947 kurz nach dem nächsten Krieg Jugoslawien.

Wegen der Zerstörungen im Ersten Weltkrieg gibt es nichts Historisches zu entdecken. Der älteste Ortsteil ist um den Markt unterhalb der **Pfarrkirche Sv. Urh,** in der einige Reste der alten Kirche erhalten sind. Die eigentliche Attraktion von Bovec ist heute seine Lage an den Felstürmen der Julischen Alpen, eine ideale Basis für **Spaziergänge und Wanderungen** in der Umgebung und für sportliche Aktivitäten in den **reißenden Fluten der Soča.** Das Angebot an Übernachtungsmöglichkeiten ist reichhaltig, ebenso das an Canyoning, Rafting, Canoeing, Abseiling und was es sonst noch so gibt. In der Touristeninformation erhält man Tipps und Kartenmaterial.

In der Umgebung

Narnia Beach

Unser Tipp: Im Grunde kaum mehr als eine Kiesbank der Soča, aber als einer der Drehorte der **„Chroniken von Narnia"** im **Soča-Tal** so etwas wie ein Pilgerort. Von Bovec auf der 203 bis Abzweig Podklopca, von dort zu Fuß weiter (ca. 4,5 km). Die Gemeinde baut einen Wanderweg- bzw. Rundweg aus, der teils schon beschildert ist. Von der Film-Brücke, die hier über den Fluss geschlagen wurde, ist nichts mehr zu sehen. Dafür stille Natur und die rauschende (eiskalte) Soča.

Festung Kluže

Eine der mächtigsten Festungen Sloweniens thront im engen Talabschnitt oberhalb tiefer Trogschluchten in Richtung Predel-Pass. Bereits 1470 stand hier ein venezianischer Holzbau, ab dem 17. Jh. hat man die Anlage militärisch befestigt

Wintersport bei Bovec

Westlich von Bovec ragt das Massiv des **Kanin** hoch auf und endet erst auf 2600 m Höhe. Bis auf 2200 m reicht die **Seilbahn,** die in drei Stufen hinauffährt (Talstation 436 m, Čela 980 m, Skripi 1649 m). Oben gibt es Schlepp- und Sessellifte in einem sehr schneesicheren Gebiet. Die Pisten sind von leicht bis äußerst anspruchsvoll klassifiziert, letztere sollte man nur mit Führer befahren. Der **Vierer-Sessellift** Prevala verbindet den Kanin mit dem angrenzenden italienischen Skigebiet Selle Nevea.

Wegen Instandhaltungsarbeiten war das Skigebiet 2023/24 gesperrt. Aktuelle Preise und Infos bei **ATC Kanin,** Dvor 43, 5230 Bovec, Tel. 05-389 63 10, www.kanin.si; Meereshöhe 1600–2300 m; 2 Kabinenbahnen, ein Funifor, 4 Sessellifte, 5 Schlepplifte, 30 km Pisten, 15 km Loipen, Beschneiungsanlage, Rodelbahn. Skiverleih im Alp Hotel.

153sl sk

☐ Heute nur eine hübsche Kiesbank – vor Jahren Drehort für Szenen der „Chroniken von Narnia"

und 1883 erhielt sie ihre heutige Gestalt. Der obere Festungskomplex (zugänglich über einen Felspfad und einen Tunnel) überdauerte den Ersten Weltkrieg nicht. Die Festung darunter wurde restauriert und das darin eingerichtete **Museum** dokumentiert nun das Geschehen im 1. Weltkrieg um Bovec, die Geschichte von Festung und Region und erläutert Flora und Fauna des Triglav-Nationalparks (Ausstellung nur in den Sommermonaten). Dann gibt's hier auch einen kleinen Info-Kiosk des TIC Bovec (s.u.).

■ **Trdnjava Kluže,** www.kluze.net, Juni–Sept., tgl. 10–17 Uhr, 4 €.

Trenta

In der Ortschaft Trenta zwischen Bovec und Vršič-Pass informiert das Dom Trenta, das **größte Besucherzentrum des Triglav-Nationalparks,** über das Schutzgebiet. Im *Alpinum Juliana* wachsen auf 2600 m² liebevoll gepflegt fast **1000 Pflanzen** der Julischen und Steiner Alpen, des Karstes und der Voralpen.

■ **Dom Trenta,** Na Logu v Trenti, 5232 Soča, Tel. 05-388 93 30, www.tnp.si, Mai/Juni und Sept./Okt. täglich 10–18 Uhr, Juli/Aug. 9–19 Uhr, 6 €, Kind 4 €, Familienkarte 15 €.
■ **Alpski botanični vrt Juliana,** Trenta 40, Tel. 05-388 93 66, www.juliana.pms-lj.si, Mai–Sept. tgl. 8.30–18.30 Uhr, 3 €, Kind 2 €, Familienkarte 6 €.

Auf den Kanin

Von Bovec aus muss man für die einfache Wegstrecke auf den 2587 m hohen Kanin acht Stunden rechnen, von der Bergstation der **Seilbahn** etwa drei Stunden. Der Weg ist steil, schwierig und ausgesetzt. Man steigt auf das Hochkar **Kaninski podi** und folgt dem Hauptgrat über diffizile Scharten (nur für geübte Bergsteiger mit entsprechender Ausrüstung). Nur äußerst erfahrene Höhlenforscher sollten in die **Schächte und Höhlen** des Massivs eindringen, die zu den tiefsten der Welt zählen und in denen die **tiefste Steilwand der Welt** vermessen wurde (640 m im Schacht Vrtiglavica).

Auf den Prestreljenik

In einer Stunde von der Bergstation der Seilbahn aus erreicht man den Prestreljenik (2500 m) und man passiert dabei das **Naturfenster** von Prestreljenik, einen fotogenen Felsdurchbruch, sechs Meter breit und sieben Meter hoch.

Auf den Rombon

Der 2208 m hohe Rombon wird in vier Stunden von Bovec aus über die Alm Goričica erstiegen, für den Rückweg muss man zwei bis drei Stunden rechnen. Der große Höhenunterschied macht die Wanderung anstrengend, auch wenn sie nicht schwierig ist. Wer an den Alpenkrieg erinnert werden will, ist hier richtig, es geht an vielen ehemaligen Kriegsstellungen vorbei.

Soča-Klammen

11 km an der Soča nach Osten in Richtung Vršič-Pass bildet der Fluss eine 750 m lange und 15 m tiefe Klamm, an deren Ende eiskalte Gumpen zu einem waghalsigen Sprung ins Wasser laden. Von der Straße geht es rechts über die Brücke ins Lepena-Tal, dann zu Fuß 500 m am Fluss entlang zur „großen Klamm" **Velika korita Soče.** 2,5 km weiter nach Osten (parken beim Wegweiser Vrsnik und Vas na Skali) lockt die „kleine Klamm" **Mala korita Soče** mit perfekt ausgewaschenen **Badegumpen:** 100 m lang, 6 m tief und an der engsten Stelle einen Meter schmal – und sehr fotogen! Die Strecke zwischen den beiden Klammen eignet sich auch als kurze, kindgerechte Wanderung.

Boka-Wasserfall

Verlässt man Bovec Richtung Westen, kommt man nach etwa 5 km und noch vor **Žaga** zu einem Parkplatz an einer Brücke. Von dort geht ein markierter

▷ Schroffe Zweitausender begrenzen das Tal Loška Koritnica bei Bovec

Pfad zur Quelle der Boka (Aufstieg ca. eine Std.). Man sollte an der Südwestseite der Brücke starten, der Weg auf der anderen Seite der Boka ist ungleich schwieriger und teilweise sehr ausgesetzt. Der sehr dekorative Wasserfall, mit dem der Fluss aus dem Fels entspringt, ist 106 m hoch, zuzüglich 25 m schräger Fall.

Krn-See

Er ist der **größte See der Julischen Alpen** und zählt zu den beliebtesten Wanderzielen der Slowenen – nicht zuletzt wegen seiner malerischen Lage. Man fährt mit dem Wagen Richtung Vršič-Pass und biegt bei Podklanec nach Süden ins Gebirge ab. Nach ca. 7 km parkt man bei der Schutzhütte **Dom dr. Klementa Juga** (→ S. 98) auf 700 m. Im Juli/August verbindet ein 3x/tgl. verkehrender Hop-on-Hop-off-Bus Bovec mit dem Ausgangspunkt der Wanderung (4 €).

Von hier geht es zu Fuß in drei Stunden erst auf einem Ziehweg durch Wald relativ steil nach oben, an der Bergstation der Lastenseilbahn wird es dann flacher. Die Schutzhütte **Planinski dom pri Krnskih jezerih** liegt auf 1385 m auf der Duplija-Alm am Krn-See (Krnsko jezero, 4,6 ha, bis zu 17 m tief). Seine Oberfläche erwärmt sich im Sommer auf knappe 17 °C, ansonsten liegt er sechs Monate im Jahr unter Eis verborgen.

Auf den Mangart

Der Mangart gehört mit 2679 m zu den höchsten Bergen des Landes. Mit dem Auto kann man ihm auf einer schwin-

710sl sk

delerregenden Straße mit unendlichen Serpentinen und vielen Tunnels sehr nahe kommen. Dazu nimmt man die Straße zum **Predel-Pass** für 15 km und biegt 1 km vor dem **Grenzübergang nach Italien** nach rechts in den Norden ab. Die Mautstraße (10 €) ist sehr schmal und sehr beliebt bei Motorrad- und Radfahrern. Es geht 12 km aufwärts bis zum Mangart-Sattel und der **Hütte am Mangart** (Koča na Mangartskem sedlu, → S. 94) auf 1906 m. Im Winter ist zumeist der erste Teil der Straße einigermaßen befahrbar.

Der Aufstieg zum Gipfel beginnt bei der Hütte und dauert rund zwei Stunden. Die slowenische Variante ist definitv nur für Schwindelfreie und für den Abstieg weniger geeignet, der Weg auf italienischer Seite ist nicht so ausgesetzt, dauert aber 15 Minuten länger und bei Schnee ist eine Spitzhacke Voraussetzung.

Die **Pflanzenwelt** am Mangart ist auch für den Nationalpark relativ einzigartig und kommt in dieser Form normalerweise nicht vor. Dies liegt am Gestein, das hier besonders säurehaltig und für den stark kalkhaltigen Felsen der Südostalpen untypisch ist. Zu den Besonderheiten gehören Kriechender Nelkenwurz und Rotes Seifenkraut.

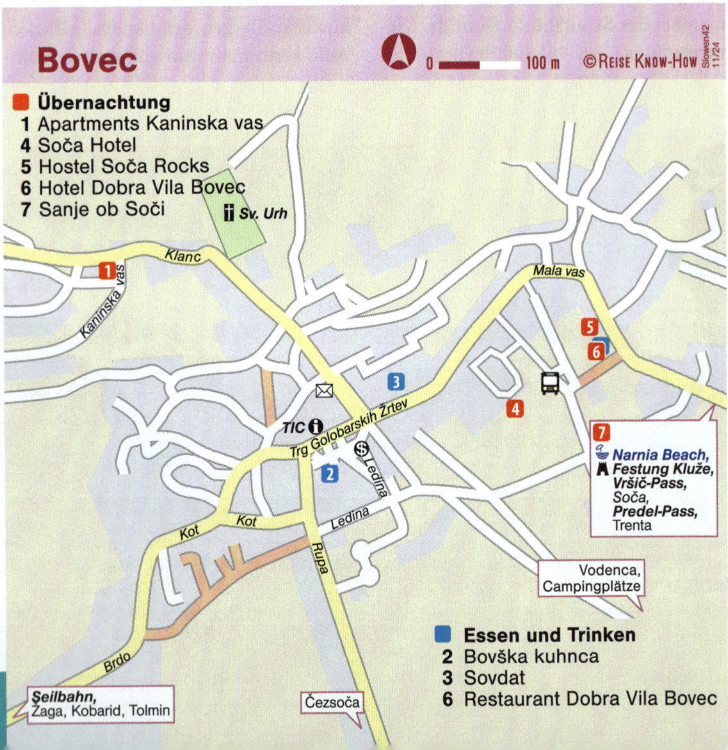

Praktische Tipps

Informationen

TIC Bovec, Trg Golobarskih žrtev 8, 5230 Bovec, Tel. 05-302 96 47, www.soca-valley.com. Hier gibt es die **Julische-Alpen-Karte Soča-Tal,** mit der öffentliche Verkehrsmittel, der Eintritt zu zahlreichen Attraktionen und die Hop-on-Hop-off-Busse kostenlos sind (2 Wochen gültig, Erw. 19 €, Kind 10 €).

Verkehr

Fahrradverleih: *Soča Rafting,* pp 31, 5230 Bovec, Tel. 05-389 62 00, www.socarafting.si. Verleiht E-Mountainbikes für 45 €/Tag.

Hop-on-Hop-off-Busse verkehren ab den Hauptorten Bovec und Kobarid zu touristischen Highlights bzw. Ausgangspunkten für Wanderungen und andere Aktivitäten. Fahrpreis 2–4 €, Fahrradmitnahme 1 €, Inhaber der Julische-Alpen-Karte Soča-Tal fahren kostenlos. Infos und Fahrpläne auf www.soca-valley.com/de/soca-tal/nachhaltige-mobilitat.

Unterkunft

Bovec und Umgebung sind ein teures Pflaster, wenn es um Hotels geht. Günstiger kommt man in Ferienwohnungen oder privat vermieteten Zimmern unter. Hier hilft die Touristeninfo TIC weiter.

6 **Hotel Dobra Vila Bovec**④, Mala vas 112, 5230 Bovec, Tel. 05-389 64 00, www. dobra-vila-bovec.si, Jan.–März geschl. *Dobra Vila,* die gute Fee, heißt das reizvolle, familiär geführte Hotel am Rande von Bovec. Nur 10 individuell und geschmackvoll eingerichtete Zimmer, eine gemütliche Bibliothek mit Kamin, ein kleines Restaurant, ein bestens sortierter Weinkeller und die große Sonnenterrasse machen den Aufenthalt wunderbar entspannt und angenehm.

152sl sk

7 **Sanje ob Soči**③, Mala vas 105, Bovec, Tel. 05 389 60 00, https://sanjeobsoci.com. Moderner Alpin-Stil, viel Holz, schicke Einrichtung und ein gutes Restaurant sprechen für das ruhig gelegene Haus am Ortsrand.

1 **Apartments Kaninska vas**③, Kaninska vas 7, Tel. 05-388 68 11, www.bovecenter.si. Großanlage mit 400 vollständig eingerichteten Apartments oberhalb von Bovec.

4 **Soča Hotel**③-④, Ledina 2, Tel. 041-72 44 72, www.hotelsoca.si. Nicht schön von außen, innen aber oho, wenn man kühle, alpin angehauchte Atmosphäre schätzt.

5 **Hostel Soča Rocks**①-②, Mala vas 120, Tel. 041-31 77 77, www.hostelsocarocks.com. Mehrbett- und Doppelzimmer im Zentrum von Bovec. Freundlich und frisch eingerichtet, Vermittlung diverser Aktivitäten.

Bovec ist Zentrum verschiedenster Aktivitäten im Soča-Tal – Hauptsache Adrenalin!

Aktivitäten auf der Soča

Für Unternehmungen auf der Soča gelten bestimmte Verhaltensmaßregeln. Der Fluss darf nur **vom 15. März bis 31. Oktober** befahren werden. Alle Aktivitäten geschehen auf eigene Gefahr. Nur an den Zu- und Ausgangsstellen darf man die Boote zu Wasser bringen, dazu benötigt man einen **Erlaubnisschein,** der bei der Gemeinde, der Touristeninformation oder den Veranstaltern erhältlich ist. Das Campen abseits der dafür ausgewiesenen Plätze ist untersagt.

Wer beim **Raften, Canoeing** oder **Kayaking** Neuling ist, sollte sich vielleicht besser in die Obhut eines professionellen Veranstalters begeben. Bei allen Unternehmungen ist entsprechende Sicherheitsausrüstung mitzuführen: Helm, Schwimmweste, Anzug aus Neopren (3 mm Minimum), Anorak, Neopren-Schuhe, ein mindestens 15 m langes Rettungsseil pro Boot, Erste-Hilfe-Ausrüstung, Messer und Ersatzruder.

Zwischen Trenta und Tolmin gibt es drei ganzjährig nicht befahrbare Abschnitte. Der Schwierigkeitsgrad deckt die gesamte Bandbreite ab (I–VI). Zwischen Kobarid und Tolmin fährt man I–II, im oberen Teil zwischen Soča und Srpenica ist die Schwierigkeit bis auf einen Abschnitt mit maximal III angegeben. Am schwierigsten sind die Abschnitte um Trnovo ob Soči (bis VI).

- **Soča Rafting,** pp 31, 5230 Bovec, Tel. 05-389 62 00, www.socarafting.si.
- **Bovec Rafting Team,** Mala vas 106, 5230 Bovec, Tel. 041-33 83 08, www.bovec-rafting-team.com.
- **Top,** *Top Extreme Sport Center,* Žaga 151, 5224 Sprenice, Tel. 031-62 06 36, www.top.si.
- **Alpe šport Vančar,** Trg golobarskih žrtev 20, 5230 Bovec, Tel. 031-63 58 93, www.bovecsport.com.
- **Aktivni Planet,** Trg golobarskih žrtev 19, 5230 Bovec, Tel. 040-63 94 33, www.aktivniplanet.si. Auch Kanu- und Ausrüstungsverleih.
- **Sport Mix,** Trg Golobarskih žrtev 18, 5230 Bovec, Tel. 031-87 19 91, www.sportmix.si.
- **HydroMania,** Industrijska cona 4, 5230 Bovec, Tel. 031-80 80 75, www.hydromania.si.

016sl sk

Soča

■ **Pristava Lepena**③-④, Lepena 2, 5232 Soča, Tel. 05-388 99 00, www.pristava-lepena.com. Kleines Hoteldorf mit 5 Apartments und 8 Zimmern unabhängig voneinander im Wald verteilt, mit Reitstall (Lipizzaner). **Restaurant**② mit schöner Aussicht und ländlicher Küche. Auf der Terrasse schmecken Forellen und Strudel nochmal so gut.

Srpenica

■ **Hotel-Pension Boka**③-④, Žaga 156a, 5224 Srpenica, Tel. 05-384 55 52, www.hotel-boka.si. Eher Hotel denn Pension, mit klar und modern eingerichteten 16 Zimmern und einem guten **Restaurant.**

Ferien auf dem Bauernhof

■ **Dora Jelinčič**②, Soča 50, 5232 Soča, Tel. 05-388 95 10, https://kmetijakampjelincic.si. Ferienbauernhof mit Zeltplatz (Mai–Okt.), fünf Zimmern bzw. Ferienwohnungen und angeschlossener Käserei in ruhiger Lage, Möglichkeit zur Halbpension, bekannt für die leckeren Forellen.

Pri Plajerju②, Trenta 8, 5232 Soča, Tel. 05-388 92 09, www.eko-plajer.com. Der Hof für den entspannten Urlaub setzt auf Bio-Landbau und Schafzucht, und die Produkte können die Gäste genießen, Abendessen möglich; sehr kindergeeignet.

Camping

■ **Kajak Toni,** Vodenca 1, 5230 Bovec, Tel. 05-388 64 54, https://kajakkamptoni.com; April–Okt. Eher einfacher Platz mit 70 Stellflächen, dessen Schwergewicht auf Aktivurlaub liegt.

■ **Liza,** Vodenca 4, 5230 Bovec, Tel. 05-389 63 70, www.camp-liza.com, ganzjährig offen, 45 Plätze. Schöner, überschaubarer Platz mit kleinem Glamping-Bereich und Gasthaus am Flussufer, Spielplatz.

■ **Vodenca,** Vodenca (1,5 km vom Zentrum), Tel. 041-26 65 47, www.camp-vodenca.com, April–Okt. Stellflächen für Zelte und Camper, Mietzelte und Angebote für Pfadfindergruppen. Ballspielplätze.

Soča

Unser Tipp: **Camp Korita,** Soča 38, Tel. 051-64 56 77, www.camp-korita.com, Mai–Okt. Der Treff für Sportbegeisterte aus aller Welt; Übernachtung in Zelten oder Unterständen. Das Camp mit Öko-Anspruch nennt sich stolz „das erste Hostel unter freiem Himmel", es gibt drei Bereiche: Autocamping, Ökocamping und Glamping.

Adrenaline Check Eco Place, Podklopca 5a, Tel. 041-38 36 62, www.adrenaline-check.com. Sehr ruhig und unweit des „Narnia Beach" an der Soča gelegen, bietet dieses Camp neben dem normalen Zeltplatz auch Unterkunft in Holzhütten und Glampingzelten sowie pieksaubere Sanitärinstallationen. Über allem steht der Nachhaltigkeitsgedanke mit Solarpaneelen, biologischer Wasseraufbereitung und recyceltem Baumaterial.

Essen und Trinken

6 Restaurant des Hotels Dobra Vila Bovec ③-④, sehr gute slowenische und italienische Spezialitäten; exzellente Weinauswahl, feste Menüs mit drei bis sechs Gängen.

3 Sovdat②, Trg Golobarskih žrtev 28, Tel. 05-388 60 27, www.gostiscesovdat.com. Internationale und slowenische Gerichte, am schönsten ist es auf dem Freisitz. Auch Zimmervermietung.

2 Bovška kuhnca①, Mala vas 114a, Tel. 031-24 25 51, www.boveckitchn.com. Der Imbissstand im Zentrum von Bovec setzt auf slowenische Klassiker to go, so Frika, Tolminer Käse mit Polenta, oder ge-

◁ Grüner wird's nicht! Die Soča begeistert Wassersportler mit ihrem Farbenspiel

bratene Waldpilze. Macht aber nur auf, wenn das Wetter gut ist. Also vorbeischauen und Glück haben!

Aktivitäten

- **Wassersport,** → Info-Kasten „Aktivitäten auf der Soča", S. 142.
- **Radtouren:** Der Fremdenverkehrsverband gibt eine kleine Broschüre aus, die zahlreiche Radtouren vorschlägt. Beschreibung von Touren verschiedener Schwierigkeitsgrade finden sich auch auf der Website www.soca-valley.com.
- **Gleitschirmfliegen:** *Avantura,* 5230 Bovec, Tel. 041-71 83 17, www.avantura.org, Paragliding und Tandem (90 €/Person).
- **Reiten:** *Pristava Lepena,* Lepena 2, 5232 Soča, Tel. 05-388 99 00, www.pristava-lepena.com.
- **Ziplines:** *Zipline Kanin* mit 5 Stahlseilen (zwischen 500 und 600 m lang) über dem Krnica-Tal, insgesamt 3 km lange Abfahrt mit bis zu 60 km/h 200 m über dem Boden; *Zipline Učja,* 6 Seile (zwischen 250 und 400 m) in 150 m Höhe; Buchungen über *Aktivni Planet,* Trg golobarskih žrtev 19, 5230 Bovec, Tel. 040-63 94 33, www.aktivniplanet.si, 60 €, Dauer 2–3½ Std.
- In **Log pod Mangartom,** nördlich von Bovec, startet der 400 km lange **Fernwanderweg Pot miru** (Weg des Friedens), der teils durch Slowenien, teils durch Italien von den Alpen bis nach Triest an der Adria führt. Dabei berührt er wichtige Orte, Museen und Gedenkstätten der Soča-Front: www.slovenia-outdoor.com/de/weg_des_friedens_ison zo front.

Kobarid

- **Meereshöhe:** 234 m
- **PLZ:** 5222
- **Vorwahl:** 05
- **Einwohner:** 1150
- **Dt. Name:** Karfreit

Kobarid an der Soča und unweit der Nadiža (die bei Matajur slowenischen Boden Richtung Italien verlässt) liegt an der Straße von Triest über die Alpen nach Norden, eine Straße führt hinüber ins italienische Friaul. Die Landschaft vermittelt zwischen Alpen und Vorgebirge. 21 km nördlich erreicht man Bovec, im Osten ragen die Gesteinsmassen des Krn (2244 m) in den Himmel. Unter dem Namen Karfreit spielte der Ort im Ersten Weltkrieg als Frontstadt eine zentrale Rolle.

Das Zentrum von Kobarid drängt sich um den Trg Svobode, vom dem die Ausfallstraßen nach Italien, Bovec und Tolmin abgehen. Ebenfalls vom Trg Svobode führt nördlich eine Straße zur Kirche Sv. Anton, einem Beinhaus italienischer Soldaten.

Die Besiedlung der Region geht auf die Hallstatt-Zeit zurück. Die Römer nutzten Kobarid als Streckenposten der wichtigen Verbindungsstraße von Aquileia am Meer über den Predel-Pass nach Noricum. Urkundlich erwähnt wird Kobarid das erste Mal um 1184 als Canoretum. Im Mittelalter teilten sich die Patriarchen von Aquileia und Adelige aus dem Friaul den Ort.

Internationale, literarische Berühmtheit erlangte Kobarid als **Schauplatz der**

größten Gebirgsschlacht der Moderne, als hier Italien und die Mittelmächte am 24.10.1917 aufeinanderprallten – der Beginn der 12. Isonzo-Offensive. Die Soldaten der Kaiserreiche brachen durch und schlossen die Alpini, die italienische Gebirgsjägertruppe, im Krn-Massiv ein. *Ernest Hemingway*, nicht nur im Spanischen Bürgerkrieg Berichterstatter vom Kampfplatz, beschrieb das Schlachten in dem Roman „In einem anderen Land". Allerdings war er nicht als Reporter vor Ort, sondern als Sanitätsfreiwilliger italienischem Kommando unterstellt.

Sehenswertes

Im Zentrum sind noch einige hübsche Gebäude zu sehen. Alpiner und mediterraner Einfluss fließen in typischer Architektur mit Flachdachbauten und Holzumgängen zusammen. Allerdings wurden viele Gebäude bei dem Erdbeben von 1976 beschädigt und nicht originalgetreu restauriert.

Die im 19. Jh. zur gotischen **Pfarrkirche** umgebaute Kirche Mariä Himmelfahrt am Trg Svobode beherbergt eine Marienstatue vom Ende des 15. Jh., der Hochaltar ist von 1716. Die beiden **Denkmäler** am Platz sind dem Dichter *Simon Gregorčič* und dem Komponisten *Andrej Volarič* gewidmet.

Kobarid-Museum

(UNSER TIPP:) Das Museum von Kobarid liegt an der Ausfallstraße nach Bovec. Sein einziges Thema ist der **Gebirgskrieg 1915–18.** Es residiert in dem denkmalgeschützten barocken *Mašera*-Haus und geht auf eine private Initiative zurück – man wollte den fürchterlichen Krieg nicht in Vergessenheit geraten lassen. Die einzelnen Räume sind jeweils einem Themenkomplex gewidmet: der Geschichte, dem Leben an der Front, dem Hinterland, bestimmten Schlachten und begangenen Greueltaten. Bestückt ist es mit Waffen, Fotos und Dokumenten, man hat auch eine Kaverne nachgebaut. Mit viel Mühe eingerichtet, ist es überaus sehenswert und informativ.

■ **Kobariški muzej/Kobarid-Museum,** Gregorčičeva ulica 10, 5222 Kobarid, Tel. 05-389 00 00, www.kobariski-muzej.si, April bis Juni, Sept., tgl. 9–18, Juli, Aug. 9–20, Okt.–März 10–17 Uhr, 7 €, Kind 3 €.

80 Meter Front

„Die Zeit von Oktober 1916 bis Juni 1917, also gerade in einem der schneereichsten Winter, verbrachte ich als Generalstabsoffizier der 15. Gebirgsbrigade am Krn. Das Krn-Massiv bildete ein fast vollkommen nach allen Seiten durch steile Schluchten und tiefe Täler abgeschlossenes Gebiet, das durch geographische und taktische Notwendigkeiten auf eine gegen die Wocheiner Feistritz führende, nur für den Krn allein benutzbare, 24 Kilometer lange Nachschublinie angewiesen war (Feldbahn, Autos, Seilbahn). Die wirklich angreifbare Front war nur ca. 80 m breit und ca. 30 Schritte vom Gegner entfernt." (aus: *Heinz von Lichem*, „Krieg in den Alpen 1915–1918", Ausgburg 1993)

711sl sk

Beinhaus italienischer Soldaten

Die **Kirche Sv. Anton** liegt zehn Minuten Fußmarsch (500 m) entlang eines Kreuzweges außer- und oberhalb des Ortes (vom Trg Svobode nach Norden), und ist auf derselben Straße mit dem Auto erreichbar. Die an sich zierliche Kirche aus dem 17. Jh. auf dem Hügel Gradič ist von einer zwischen 1935 und 1938 entstandenen monumentalen **Freitreppe** und einem **Bogenbauwerk** umgeben, die sie äußerst wuchtig wirken lassen. Die Gebeine von über **7000 gefallenen italienischen Soldaten** sind in den Nischen zur letzten Ruhe gebettet. Die Kirche wurde nach Fertigstellung des Bogen-Rahmens auf die neuen Fundamente gesetzt.

Monumentale Arkaden rahmen die Kirche Sv. Anton ein

Geschichtslehrpfad und Kozjak-Wasserfall

Die Initiatoren des Museums von Kobarid zeichnen auch verantwortlich für den zweistündigen Geschichtslehrpfad (5 km langer Rundweg), der eine antike Siedlung passiert, das Beinhaus, Reste von Verteidigungsanlagen, den Wasserfall von Kozjak und die Napoleonbrücke.

Man beginnt am Beinhaus auf dem nördlich abgehenden Weg, hält sich links und erreicht nach etwa 800 m **Tonočov grad,** eine spätantike Befestigungsanlage. Dann geht es hinunter zur Soča mit der **Napoleonbrücke** (über die 1797 seine Soldaten vordrangen), die den Ersten Weltkrieg nicht überlebt hat und sich heute neu erbaut im Türkis des Flusses spiegelt.

An der Soča und italienischen Schützengräben entlang kommt man zum Bett des Baches **Kozjak** und schließlich zum gleichnamigen **Wasserfall.** Sein

Strahl fällt 15 m tief in ein kleines, idyllisches Becken, das der Fels wie eine Höhle umgibt. Schneller geht es zum Wasserfall, wenn man Richtung Drežnica fährt, hinter der Brücke dem Wegweiser „Slap Kozjak" folgt, alsbald parkt und den Pfad entlang geht (nur hin ca. 30 Min.).

■ **Slap Kozjak,** April Sa, So 9–17, Mai, Juni, Fr–So 8–20, Juni bis Mitte Aug. tgl. 8–20, Mitte Aug. bis Sept. tgl. 8–19, Okt. tgl. 8–17 Uhr, Eintritt 5 €, Kind 3 €, Familie 12 €, Mit Karte Julische Alpen frei.

In der Umgebung

Napoleonbrücke bei Podbela

Um eine weitere, schwerer zugängliche Napoleonbrücke über die Nadiža zu erreichen, fährt man mit Auto oder Rad Richtung Matajur, biegt aber direkt hinter Staro Selo rechts ab, beim Dorf Borjana nach links, parkt beim Weiler Podbela und geht zu Fuß am Fluss entlang weiter bis zu der alten Steinbrücke von 1812 (ca. 30 Min.).

UNSER TIPP: **Wild Swimming** heißt hier eine sehr beliebte Aktivität: Man lässt sich mit der Strömung der Nadiža (ital. Natisone) unter der Brücke hindurchtreiben oder kühlt sich in den Gumpen ab, die der Fluss bildet.

Auf den Krn

Von Vrsno aus, einem Dorf 7 km östlich von Kobarid, erreicht man die Flanken des Krn. Lage und Höhe erlauben einen grandiosen Rundblick vom Gipfel, weshalb der Krn zu den beliebtesten Wanderbergen der Slowenen zählt. In Ser-

Ein Paradies für Kanuten: die eisblaue Soča

712sl sk

pentinen geht es hoch bis zum Parkplatz bei **Planina Kuhinja** mit der gleichnamigen Hütte (→ S. 98) auf 1012 m. In zweistündigem Fußmarsch kommt man auf einen Sattel und in weiteren 2½ Stunden zur Hütte **Gomiščkovo zavetišče** auf 2182 m. Von dort sind es noch 15 Minuten zum Gipfel des Krn auf einer Höhe von 2244 m. Im Norden zacken sich die Gipfel von Mangart, Jalovec und Triglav in den Horizont, im Osten sieht man die Kette der Karawanken und im Westen Stol und Kanin. Die Wanderung ist zwar nicht sonderlich schwierig, aber durchaus steil. Ab dem Sattel sollte man von dem Abbruch der Westwand des Krn Abstand halten, am Gipfel ist der Nordabbruch ebenfalls steil abfallend. Für den Abstieg sollten ca. 2½ Stunden eingeplant werden.

Geradezu verwunschen wirkt der Kozjak-Wasserfall am Talschluss seiner engen Schlucht

713sl sk

Praktische Tipps

Informationen

- **TIC,** Trg svobode 16, 5222 Kobarid, Tel. 05-380 04 90, www.soca-valley.com, Juli/Aug. tgl. 9–19, Juni, Sept. Mo–Fr Mo–Fr 9–13 und 14–18, Sa 9–16 Uhr, sonst eingeschränkte Öffnungszeiten.
- **Planinsko društvo/Alpenverein Krn/Kobarid,** Stresova 2 c, Tel. 051-68 86 84, http://pdkobarid.com.

Verkehr

- Im Juli/August ist Kobarid durch die touristischen **Hop-on-Hop-off-Busse** mit den anderen Orten im Soča-Tal und beliebten Ausflugszielen bzw. Ausgangspunkten für Wanderungen verbunden. Infos auf www.soca-valley.com.
- **Züge:** Der nächste Bahnhof ist im 25 km entfernten Most na Soči.
- **Fernbusse:** Die Strecke im Soča-Tal befahren die Busse des Unternehmens Nomago. Auskunft beim TIC oder unter Tel. 01-431 77 00, www.nomago.si.
- **Fahrradverleih:** Bei *X-Point,* www.xpoint.si, 25 € pro Tag für ein MTB (→ „Aktivitäten/Wassersport“).

Unterkunft

Unser Tipp: **4 Hotel Nebesa**④, Livek 39, 5222 Kobarid, Tel. 05-384 46 20, www.nebesa.si. *Nebesa* heißt Himmel und der Name ist Programm: Vier Zwei-Personen-Cottages in moderner Holzarchitektur in einem Gebirgstal auf 900 m Höhe, ein Wellness-Center, ein Haupthaus mit Bibliothek und Restaurant, umgeben von einem Hirschgehege – ein traumhafter Ort mit entsprechendem Preis.

2 Hotel Hvala③, Trg Svobode 1, Tel. 05 389 93 00, www.hotelhvala.si. Klein und modern mit 31 Zimmern, hochgelobtes **Restaurant Topli val**③

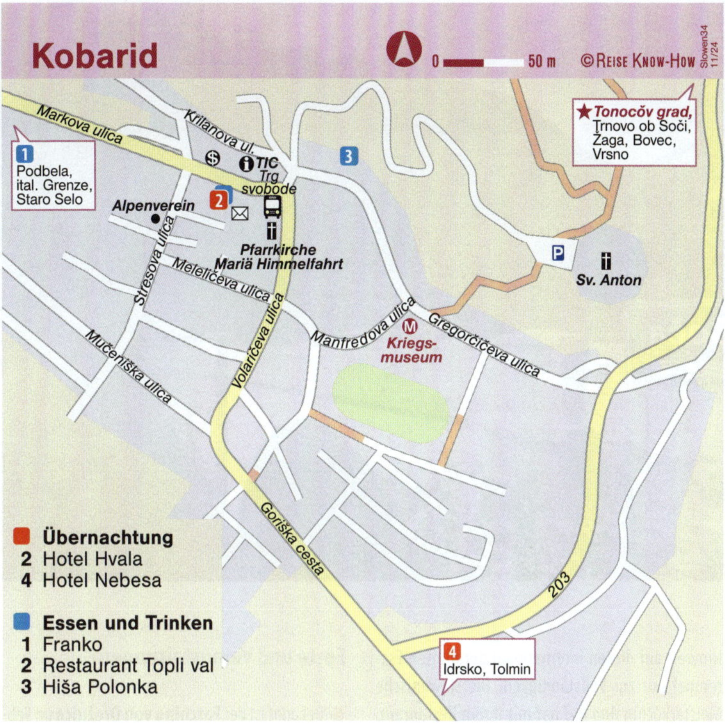

mit einfallsreicher Küche und elegant-entspannter Atmosphäre.

Idrsko

■ **Pension Jazbec**②, Idrsko 56, 5222 Idrsko, Tel. 05-389 11 96, www.jazbec.si. Gasthaus mit ländlicher Küche (durchaus ambitioniert) und 15 praktisch eingerichteten Fremdenzimmern, nächste Ortschaft südlich Richtung Tolmin, 1,5 km von Kobarid.

Camping

■ **Nadiža,** Podbela 48, 5223 Breginj, Tel. 041-44 31 15, www.kamp-nadiza.com; Mitte März bis Ende Okt., 50 Plätze. Kleineres Camping direkt am Ufer der Nadiža (in der sich hervorragend baden lässt), sehr angenehm, Fahrradvermietung, Ballspielplätze.

Koren, Drežniške Ravne 33, 5222 Kobarid, Tel. 05-389 13 11, www.kamp-koren.si, ganzjährig. Großer Platz mit mehreren Bereichen, Camperstellplätzen und 6 Öko-Chalets sowie guter Infrastruktur (Kletterturm, Volleyball, Boccia, Radverleih).

Essen und Trinken

1 **Franko**④, Staro selo 1, an der Straße Richtung Italien, Tel. 05-389 41 20, www.hisafranko.com. Der

850sl sk

Hinweis auf diesen international gerühmten Esstempel nur zur Vollständigkeit. Die slowenische Meisterköchin *Ana Roš* hat mit ihrem Restaurant, das fast ausschließlich regionale, möglichst selbst gezogene oder von benachbarten Erzeugern, Sammlern, Jägern, Anglern beigesteuerte Produkte verwendet, drei Michelin-Sterne erobert. Das 18-Gänge-Menü kostet um 300 €. Es gibt entsprechende Gästezimmer.

Unser Tipp: 3 **Hiša Polonka**②, Gregorčičeva ulica 1, Kobarid, Tel. 05-995 81 94, https://hisapolonka.com, Mo–Mi und im Winter geschl. Kleine Karte mit guter Spezialitätenküche mit Verfeinerungen zu fairen Preisen und ausgezeichnetes Craft-Bier.

2 **Topli val**② (→ oben: Hotel Hvala); italienisch inspirierte slowenische Küche, für die sich definitiv ein Umweg lohnt – Käse, Kräuter und Fleisch kommen diekt vom Berg und die Fische sind noch am Vortag im Meer oder Fluss geschwommen.

Feste und Veranstaltungen

- Bekannt ist der **Fasching von Drežnica** im Februar, bei dem die Bewohner traditionelle, wilde Masken (teils holzgeschnitzt) tragen.

Aktivitäten

- **Paragliding:** *Ton of Fun,* Trg svobode 13, Tel. 068-17 94 67, https://paragliding-kobarid.si, Tandem-Sprung um 160 €.
- **Wassersport** (Rafting, Hydrospeed, Kayaking, Canoeing, Canyoning): *X-Point,* Trg svobode 6, Tel. 031-60 59 90, www.xpoint.si; Das Unternehmen bietet auch **Fallschirmspringen, Klettern, Mountainbike-Touren, Paragliding** und weitere Aktivitäten an.

Die Napoleonbrücke an der Soča

Tolmin

- **Meereshöhe:** 200 m
- **PLZ:** 5220
- **Vorwahl:** 05
- **Einwohner:** 3300
- **Dt. Name:** Tolmein
- **Ital. Name:** Tolmino

Tolmin am Zusammenfluss von Idrijca, Bač, Tolminka und Soča und an den Straßen von und nach Bohinjska Bistrica, Idrija, Nova Gorica und Kranjska Gora ist ein wichtiges **Verkehrskreuz,** das Verwaltungs- und Wirtschaftszentrum des oberen Soča-Tales und schon immer von strategischer Bedeutung, was schließlich im Ersten Weltkrieg wegen seiner Frontnähe zur Zerstörung der Stadt führte.

Dicht gedrängt stehen die Häuser im Zentrum, doch wenige Meter außerhalb wird die Bebauung aufgelockert und die Stadt erhält den Charakter einer Streusiedlung. Um den Hauptplatz Mestni trg gruppieren sich die für Reisende interessanten Gebäude – Hotel, Post, Museum.

Gräberfelder bezeugen die Besiedelung schon in grauer Vorzeit. Bereits die Illyrer waren sich im 9. Jh. v. Chr. der günstigen Lage bewusst, die Slowenen sahen es ebenso. Richtig bedeutend wurde Tolmin aber unter den **Patriarchen von Aquileia,** die die frühmittelalterliche **Burg** auf dem Kozlov rob im 11. Jh. requirierten und sie bis ins 14. Jh. nutzten. Danach wechselte Tolmins Herrschaft mehrfach und die Stadt kam Mitte des 17. Jh. in die Hände der **Grafen zu Coronini** (deren Schloss ist heute Museum). Ihr Steuereintreiber ließ die Sau so tanzen, dass die Bauern 1713 gegen ihn und seinen Herrn den Aufstand wagten – die letzte große **Bauernrevolte** im Land. Sie breitete sich schnell bis in den Norden Istriens aus und wurde schließlich mit Brachialgewalt von der Armee beendet – 13 Aufständische mussten ihren Kopf lassen.

Im Jahre 1820 erhielt Tolmin die Marktrechte. Der Erste Weltkrieg zerstörte die Stadt und 1976, als das Erdbeben in Friaul auch das Soča-Gebiet traf, erlebte sie ein weiteres Mal schlimme Verwüstungen.

Ein Spaziergang führt zu den **Burgruinen** auf dem **Kozlov rob** auf 426 m Höhe. Dazu hält man sich vom Hauptplatz Richtung Norden und Zatolmin. Auf einem Lehrpfad kommt man durch dichten Wald hinauf (ca. 40 Min.).

Museum Tolmin

Das Museum Tolmin widmet sich der Archäologie und Kulturgeschichte der Region. Interessant ist der Museumsbau, ein einst imposantes Barock-Anwesen aus dem 17. Jh.

- **Muzej/Museum Tolmin,** Mestni trg 4, Tel. 05-381 13 60, www.tol-muzej.si, Di–Fr 9–16 Uhr, Sa/So 13–17 Uhr, 4 €, Kind 4 €.

In der Umgebung

Kriegsdenkmäler

In der Umgebung erinnern viele Denkmäler an den Ersten Weltkrieg. Wichtigstes davon ist die Kirche **Sv. Duh** –

zum Heiligen Geist. Die 3. Gebirgsbrigade der K.-u.-k.-Monarchie hat sie 1916 erbaut. Fundamente und untere Mauern bestehen aus Stein, die die Holzwände tragen; Wände und Turm trug die Wiener Kunsthandwerksakademie bei. Das Innere birgt alle Wappen des damaligen österreichisch-ungarischen Reiches in Freskotechnik. Das „Totenbuch" aus Holz weist die Namen von 2564 in den Bergen der Umgebung gefallenen Soldaten aus. Die Kirche steht auf der **Javorca,** 8 km nördlich von Tolmin auf 570 m Höhe. Vom Parkplatz unterhalb sind es ca. 20 Min. Fußweg zur Kirche.

Die **italienische Militärkapelle** errichtete das IV. Alpini-Regiment 1920 im Tempelstil in **V Grapi** auf dem Weg zum Dorf Gabrje. Auf Marmorplatten sind die Namen von 219 Soldaten dieser Brigade festgehalten.

Schließlich widmet sich das **Deutsche Beinhaus** der dritten im Gebirgskrieg verwickelten Nation. Es steht an den Ufern der Soča direkt südlich von Tolmin. In das Beinhaus wurden 1938 die Gebeine von 960 deutschen Soldaten umgebettet. Die Steine stammen aus Deutschland, die Torflügel sind aus österreichischen und italienischen Gewehrläufen geschmiedet. Im Beinhaus berührt jedes Jahr zu Sonnwend ein Lichtstrahl das Grab des unbekannten Soldaten.

■ **Sv. Duh,** www.javorca.info, Info über TIC Tolmin, in der Hochsaison mehrmals tgl. Busse ab Tolmin, Juni, Sept. tgl. 10–17, Juli, Aug. tgl. 10–19, April, Okt., Sa, So 10–16 Uhr, Nov.–März geschl., 4 €, Kind 2 €.

Wanderung zur Tolminka-Quelle

Von der Javorca aus fährt man noch einen Kilometer nördlich und stellt den Wagen auf der Alm Polog ab. Auf der sich zu einem Pfad verengenden Straße geht es zu Fuß weiter; nach 200 Höhenmetern – vorbei an der nur unter sachkundiger Leitung zu besuchenden Höhle Pološka jama – ist die **Alm pod Osojnico** mit herrlichem Rundblick erreicht (ab Parkplatz 1 Std.). Dort weisen Schilder zum „izvir Tolminke", der **Quelle der Tolminka.** Der Rückweg verläuft im Bogen über die Alm na Prodih, dabei ist die Tolminka mittels Handseilbahn zu überqueren – ein Riesenspaß! (Rückweg 1 Std., Gesamtlänge 6 km, Aufstieg etwa 250 Höhenmeter).

Dante-Höhle und Tolminka

Die 600 m lange Zadlaška jama, bekannt als Dante-Höhle, liegt östlich von **Zatolmin** am Zusammenfluss von Tolminka und Zadlaščica, erreichbar über die Straße am Ortsanfang hinunter zur Tolminka oder durch Zatolmin hindurch. Angeblich suchte sich hier in der wilden Landschaft **Dante Alighieri**, den die Papisten aus seiner Heimatstadt vertrieben haben und der nun ein rastloses Wanderleben führen musste, bei einem Besuch des Patriarchen von Aquileia 1319 Inspiration für die gereimte Beschreibung des Infernos in seiner „Göttlichen Komödie".

Tolminka-Klamm

UNSER TIPP: Die Klamm nördlich des Zusammenflusses bildet besonders dramatische Felsformationen und Engstellen aus, darunter den „Bärenkopf", einen zwischen den Schluchtwänden verkeilten Felsen. Von der Teufelsbrücke (unter der Thermalquellen sprudeln) ein paar Hundert Meter flussaufwärts ist der Blick in die **Klamm der Tolminka** ausgezeichnet – die Trogschluchten des Gebirgsflusses sind 200 m lang, bis zu 60 m tief und zwischen 5 und 10 m breit. Sie bilden den Beginn des Triglav-Nationalparks und sind seine niedrigste Stelle. Shuttlebusse verkehren von Tolmin bis zum Eingang der Klamm. Für den 2 km langen Rundweg mit 500 Stufen ist mit mindestens 1,5 Std. Wegzeit zu rechnen. Vorsicht, einige Wege sind glitschig und steil! Die Klamm ist im Winter geschlossen; in der Hochsaison empfiehlt sich unbedingt die Onlinebuchung eines Zeitfensters über www.soca-valley.com. Eintritt je nach Saison zwischen 6 und 10 € (Kind 3–5 €).

Bergwanderungen

Über Žabče und Zadlaz-Žabče gelangt man von Tolmin nach 10 km mit dem Auto bis **Tolminske Ravne.** Von dort geht es zu Fuß zur **Alm Razor** und weiter auf den **Krn** (8 Std.) und auch zum **Vogel,** dem Hausberg des Sees von Bohinj (2 Std.). Die Schutzhütte **Koča na planini Razor** (1315 m, s. „Nationalpark Triglav") ist im Sommer bewirtschaftet.

Praktische Tipps

Informationen

- **TIC,** Mestni trg 6, 5220 Tolmin, Tel. 05-380 04 80, www.soca-valley.com, Juli/Aug. 9–19 Uhr, sonst kürzer.
- **Planinsko društvo/Alpenverein Tolmin,** Trg maršala Tita 16a, Tel. 05-388 32 11, www.pdtolmin.si.

Service/Notfälle

- **Post:** Trg maršalata Tita 10.
- **Ambulanz/Zdravstveni dom:** Prešernova ulica 6, Tolmin, Tel. 05-388 11 20, www.zd-tolmin.si.
- **Apotheke/Lekarna:** Trg maršala Tita 11, Tolmin, Tel. 05-381 14 80, www.lekarna-tolmin.si.

Verkehr

- **Züge:** Der nächste Bahnhof ist in Most na Soči.
- **Fernbusse:** Trg maršala Tita 13, u.a. Richtung Idrija und Ljubljana, Tel. 01-431 77 00, www.nomago.si.
- **Shuttle zu den Tolminer Klammen:** www.soca-valley.com/de/soca-tal/anreise-zu-uns.

Unterkunft

UNSER TIPP: **Hotel The Blue House**②, Volče, Tel. 05-388 31 80, mobil 051-302 615, www.bluehousetolmin.com. An der Straße von Most na Soči nach Tolmin führen zwei sympathische Jung-Hoteliers ein liebevoll ausgestattetes Hotel; Abendessen auf Bestellung, gelegentlich Kochkurse, auch stylishe Ferienwohnungen 2 km abseits.

Ferien auf dem Bauernhof

- **Pri Kafolu**②, Prapetno 16a, 5220 Tolmin, Tel. 041-61 86 98, www.prikafolu.com. In kleinem Ort zwischen Tolmin und Most na Soči, 5 sehr ordentliche Zi. und Apartments in neuerem Gebäude.

Essen und Trinken

Labrca③, Volče 87c, Tel. 051-63 42 55, www.maya.si. Das Restaurant gehört zu einem großen Sportzentrum und liegt fantastisch etwas oberhalb der Soča. Der Clou sind die tolle Terrasse und der gut gepflegte und sichere Kinderspielplatz. Auch die gutbürgerliche Küche muss sich keineswegs verstecken.

- **Pr'Jakču**②-③, Zadlaz, Čadrg 4, Tel. 051-43 89 49, www.apartma-orhideja.com, nur im Sommer. Heimische Spezialitäten schmücken die Karte dieses hübschen Ausflugslokals oberhalb der Dante-Höhle. So beispielsweise Käse aus der Dorfkäserei, *Frika* (ein Käse-Kartoffel-Kuchen) oder Schinken und Würste. Dazu der schöne Blick.

Feste und Veranstaltungen

- Im Februar ist der **Faschingsumzug** mit viel Blechmusik besuchenswert.
- An den blutig niedergeschlagenen Bauernaufstand von 1713 erinnert der Fackelzug zum Kozlov rob in der **Nacht der Rebellen** im Juni.
- Beim **Jestival** Ende September treffen sich auf dem Tolminer Marktplatz Köche und Kunsthandwerkerinnen mit Genüssen für Bauch und Augen.
- Sehenswert ist der **Almabtrieb** im Oktober.

Aktivitäten

- **Fliegenfischen:** Angelverein Tolmin, Trg 1. maja 7, Tolmin, Tel. 05-381 17 10, www.flyfishing.si. Tagesangelscheine und 3-Tage-Angelscheine zwischen 1. April und 31. Oktober; der Tagesangelschein berechtigt in den 145 km langen Gewässern zum Fang von drei Salmoniden, einer Soča-Forelle und einer Äsche; Agenturen für den Angelscheinverkauf (meist Hotels und Gaststätten der Umgebung) listet die Website.
- **Wassersport:** *Maya,* Volče 87 c, Tel. 05-380 05 30, www.maya.si, bietet Aktivitäten wie beispielsweise Canyoning, Hydrospeed, Rafting oder Kayaking.
- **Gleitschirmfliegen:** *Parataxi Europa 2000, Wolfgang Reinelt,* Čiginj 57g, 5220 Tolmin, Tel. 041-81 09 99, www.paragliding-adventure.com.

Most na Soči

Der Ort Most na Soči (167 m, 450 Bewohner) liegt 6 km südlich von Tolmin an der Hauptstraße nach Idrija, an der Eisenbahnlinie und am Zusammenfluss von Soča und Idrijca, die einen kleinen **Stausee** bilden (der seit 1938 ein Wasserkraftwerk speist). Wegen der verkehrsgünstigen Lage war die Gegend schon zur Bronzezeit besiedelt, die meisten archäologischen Funde stammen aber aus der Eisenzeit, auf die auch die über 7000 Grabstellen in der Umgebung zurückgeführt werden. Einige Fundstücke sind im Tolminer Museum ausgestellt. Die Kultur der Frühzeit mit ganz speziellen Merkmalen erhielt ihre Bezeichnung nach dem ehemaligen Ortsnamen (bis 1952 hieß die Siedlung Sv. Lucija): Sankt-Lucien-Kultur.

Im Neubauviertel sind römische Ruinen konserviert (bei der Kirche Sv. Maver). Die ursprünglich gotische Kirche **Sv. Lucija** von 1612 wurde in späteren Jahren barockisiert. Im Pfarrhaus lebte der Schriftsteller *Ivan Pregelj.* Wegen der zahlreichen Wanderwege in der Umgebung, der herausragenden Angelmöglichkeiten und dem See mit seinen Booten und Dampfern ist Most na Soči ein **beliebter Ferienort.**

Verkehr

■ **Züge:** Vom Bahnhof Most na Soči Verbindungen in Richtung Adriaküste, z.B. mehrmals tgl. nach Sežana bei Triest. Fahrplanauskunft unter Tel. 080-81 11, https://potniski.sz.si.

■ **Busse:** Verbindungen in die Nachbarorte und über den Vršič-Pass nach Kranjska Gora, www.nomago.si oder www.arriva.si, Tel. 1991.

■ **Bahnhof Most na Soči: Autozug** – Eine interessante Alternative für die Fahrt zwischen dem Soča-Tal und dem Tal von Bohinj bietet der Autoreisezug. Die Fahrzeuge werden in Most na Soči bzw. Bohinjska Bistrica auf den Zug verladen, dann geht es durch Gebirgslandschaft und den mit 6327 m längsten Tunnel Sloweniens (Fahrplan und Preise auf https://potniski.sz.si/en/motorail).

Unterkunft

■ Hotel **Zlata ribica**②, Idrija pri Bači 86, 5216 Most na Soči, Tel. 05-381 56 50, www.ribica.si. Das nette Hotel im Grünen unweit des Idrijca-Ufers besitzt 11 freundliche Gästezimmer und Apartments sowie einen Fischteich. Großes Sport- und Freizeitangebot, **Restaurant.**

■ Penzion **Šterk**②, Most na Soči 55, 5216 Most na Soči, Tel. 05-388 70 65, www.penzion-sterk.si. 12 Zimmer, Schwimmbad, Restaurant mit Seeterrasse, Fisch- und Fleischküche②.

Essen und Trinken

■ **Pizzerija Jezero**②, Most na Soči 52, Tel. 040-42 04 04, www.facebook.com/pizzerija.jezero, tgl. 10–22 Uhr. Die Restaurantauswahl ist nicht groß. Hier schmecken die Pizzen knusprig, die Salate knackig frisch.

■ **Gostilna Skrt**②, Most na Soči 62, Tel. 041-52 09 89, Do–Mo mittags und abends. Einfach, unprätentiös und wie aus sozialistischen Zeiten übriggeblieben. Dabei deftig und gut.

Aktivitäten

■ Ein **archäologischer Rundweg** führt auf ca. 6 km durch den Ort und zu den einzelnen Fundstellen der **Sankt-Lucien-Kultur,** die mit Schautafeln erklärt werden. Beschreibung auf www.outdooractive.com: „Čez Most po modrost: der kulturgeschichtliche Weg durch Most na Soči". Allerdings sind einige Anlaufpunkte wie das Archäologische Museum oder das Kleine Museum der Isonzo-Front derzeit nicht zugänglich.

■ **Schiffsfahrten:** Mit dem Ausflugsschiff *Lucija* – einem Heckraddampfer – können bis zu 100 Passagiere auf dem See herumfahren, Juli/Aug. Sa–Do 4–6 Fahrten am Tag, Mai/Juni/Sept. nur So, 10 €, Kind 7 €: *Ladja Lucija, Avanturist,* Most na Soči 68, Tel. 05-388 13 05, www.ladja-lucija.si.

3

Nova Gorica und der Karst

»Die Karsthochebene ist eine Landschaft stiller Magie. Weltbekannte Tropfsteinhöhlen wie Postojna entführen in die Unterwelt, kleine, verwunschen wirkende Städtchen wie Štanjel thronen auf Hügelkuppen, Weinreben umhüllen die steilen Hänge der Goriška Brda.

154sl sk

< Nichts lässt vermuten, dass sich das polje von Cerknica im Herbst in Sloweniens größten See verwandelt

HÖHLEN IM KALKSTEIN

Der wasserarme, herb und abweisend wirkende Karst leitet vom alpinen zum mediterranen Slowenien über. Nova Gorica, die Hauptstadt der Region, ist Ausgangspunkt für Abstecher in die landschaftlich wie kulinarisch bezaubernde Goriška Brda oder ins Vipava-Tal mit seinen Dörfern aus grauem Kalkstein. Nirgendwo sonst lassen sich Karstphänomene so gut studieren wie in den Tropfsteinhöhlen von Postojna oder am Cerknica-See, der kommt und geht.

Der helle Kalkstein des Karstes blinkt offen auf weiten Flächen oder tief in den Wäldern in der Halbdämmerung der zarten Sonnenstrahlen, die durch die Nadeln und Blätter zu Boden dringen. Er ist in Wasser relativ leicht löslich und so haben sich über Jahrmillionen die Gewässer ein unterirdisches **Höhlensystem** mit Gängen und Sälen geschaffen, das wohl bislang nur zu Bruchteilen erforscht ist. Der Boden bringt vorzügliche **Weine** hervor und die Winzer wissen mit diesem Rohstoff etwas anzufangen. So bedeutet eine Reise in den Karst nicht nur eine Entdeckung der Höhlenwelt, sondern immer auch eine Entdeckung kulinarischer Besonderheiten.

Wer möchte, kann in der Karstregion im Südwesten Sloweniens wandern, klettern, schwimmen, in den Höhlen tauchen oder reiten, sich auf die Spuren der Adeligen in ihren Burgen begeben oder seinen Geldbeutel in den Kasinos von Nova Gorica ausleeren. Den Aktivitäten sind kaum Grenzen gesetzt.

Die Highlights für Kinder

- Bergwerksbesuch im **Antonius-Stollen** | 170
- **Nach Dino-Spuren suchen** | 173
- **Baden im Fluss** | 174
- **Mit der Eisenbahn durch die Höhle** | 185
- Besuch beim Raubritter: **Schloss Predjama** | 189
- **Ponyreithof** | 192
- **Mit dem Kanu über'n See** | 197

NICHT VERPASSEN!

- **Schloss Gewerkenegg** in Idrija | 169
- **Bergbauwelt** von Idrija | 170
- **Restaurant Kendov Dvorec** in Idrija | 174
- **Burgdorf Štanjel** | 180
- Kulinarische Reise durch das **Vipava-Tal** | 181
- Die **Tropfsteinhöhlen** von Postojna | 185
- **See von Cerknica** | 192
- **Schloss von Snežnik** | 195

Diese Tipps erkennt man an der gelben Markierung.

054sl sk

⌃ Schloss Kromberks Garten lädt nach einem feinen Mahl zum Verweilen ein

Nova Gorica

- **Meereshöhe:** 92 m
- **PLZ:** 5000
- **Vorwahl:** 05
- **Einwohner:** 13.500
- **Dt. Name:** Görz
- **Ital. Name:** Nuova Gorizia

„Stadt der Rosen" nennt sich Nova Gorica, obwohl man nur noch wenig von der ursprünglichen Absicht bemerkt, die Stadt als Parkanlage zu konzipieren. Nördlich der Stadt verlässt die Soča ihr enges Tal, fließt zwischen den Bergen Sabotin und Sveta gora hindurch auf italienisches Territorium und wird zum Isonzo. Monfalcone an der Adria ist nur 16 km Luftlinie entfernt.

Nova Gorica liegt an den Hauptverbindungsachsen vom Karst und vom Gebirge ins italienische Friaul. Der Bahnhof auf slowenischer Seite der geteilten Stadt markiert die **Grenze,** die nach Sloweniens Beitritt zur EU und zum Schengen-Raum nur noch theoretischer Natur ist.

Nova Gorica war bis 1947 die **Neustadt von Görz/Gorica/Gorizia.** Mit der Festlegung der Grenze zwischen Italien

Anschlusskarte Seite 202

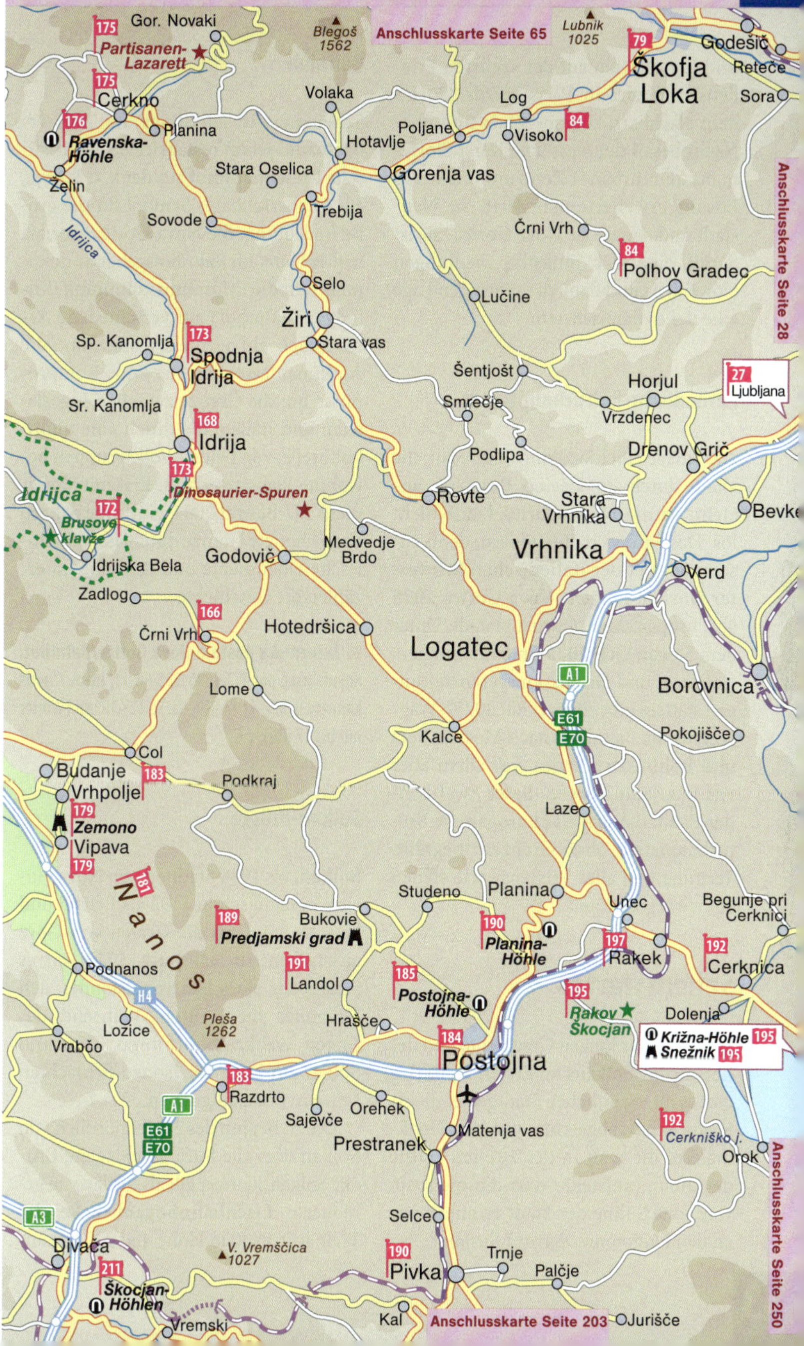
Anschlusskarte Seite 65
Anschlusskarte Seite 28
Anschlusskarte Seite 203
Anschlusskarte Seite 250
Gor. Novaki
175 Partisanen-Lazarett
175 Cerkno
176 Ravenska-Höhle
Planina
Želin
Idrijca
Blegoš 1562
Lubnik 1025
Volaka
Hotavlje
Poljane
Log
Visoko 84
79 Škofja Loka
Godešič
Reteče
Sora
Stara Oselica
Gorenja vas
Trebija
Sovode
Črni Vrh
84 Polhov Gradec
Selo
Lučine
Žiri
Stara vas
Sp. Kanomlja
173 Spodnja Idrija
Sr. Kanomlja
Šentjošt
Horjul
27 Ljubljana
Smrečje
Vrzdenec
168 Idrija
Podlipa
Drenov Grič
173 Dinosaurier-Spuren
Idrijca
172 Brusove klavže
Rovte
Stara Vrhnika
Bevke
Medvedje Brdo
Vrhnika
Idrijska Bela
Godovič
Verd
Zadlog
166 Črni Vrh
Hotedršica
Logatec
A1
Borovnica
Lome
E61
E70
Pokojišče
Kalce
Col
Budanje
183 Vrhpolje
179 Zemono
Vipava
179
Podkraj
Laze
181 Nanos
Studeno
Planina
Unec
Begunje pri Cerknici
Bukovje
189 Predjamski grad
190 Planina-Höhle
197 Rakek
192 Cerknica
Podnanos
191 Landol
185 Postojna-Höhle
195 Rakov Škocjan
Dolenja
H4
Pleša 1262
Lozice
Hrašče
Vrabče
Križna-Höhle 195
Snežnik 195
184 Postojna
183 Razdrto
A1
Sajevče
Orehek
Matenja vas
192 Cerkniško j.
E61
E70
Prestranek
Otok
A3
Selce
Divača
V. Vremščica 1027
190 Pivka
Trnje
211 Škocjan-Höhlen
Palčje
Vremski
Kal
Jurišče

und Jugoslawien auf der sechsten Friedenskonferenz in Paris wurde Gorica dem Nachbarn zugesprochen und über Nacht besaß der westliche Karst Sloweniens kein urbanes Zentrum mehr. Als Lösung erweiterte man 1948 die Neustadt und nannte sie Nova Gorica. Sie ist damit eine der jüngsten Siedlungen Sloweniens und dank der günstigen Lage eine der dynamischsten.

Europäische Kulturhauptstadt

Das Image einer Siedlung ohne Flair, die allein durch ihr Casino Besucher anzieht, wurde Nova Gorica lange nicht los. Das wird sich nun ändern, denn zusammen mit der **italienischen Schwester Gorizia** fungiert Nova Gorica **2025** als Europäische Kulturhauptstadt. Unter dem Slogan **GO! 2025** finden Lesungen, Konzerte und Diskussionsveranstaltungen statt, es gibt einen „GO! 2025"-Waggon für die Bahnlinie nach Most na Soči und Bohinjska Bistrica, vor allem aber viel Interkulturelles in dieser Zwei-Länder-Stadt, die sich als „Europäische Kulturhauptstadt ohne Grenzen" begreift. Termine und alles Wissenswerte stehen auf www.go2025.eu.

Sehenswertes

Wegen seiner jungen Geschichte und der Zerstörung Solkans im Ersten Weltkrieg gibt es im eigentlichen Stadtgebiet nichts Historisches, abgesehen von den Denkmälern, die man in der zweiten Hälfte des 20. Jh. aufstellte und die meist an verdiente Söhne der Stadt erinnern wie an den Flugpionier *Edvard Rusjan.*

Bahnhof

Sehenswert ist allerdings der 1906 erbaute und schön restaurierte, klassizistische **Riesenbahnhof** aus der k. u. k.-Ära, ein unübersehbares Symbol für die große Bedeutung, die Nova Gorica/Gorizia früher hatte. Im Bahnhofsgebäude dokumentiert die Museumssammlung Kolodvor (Bahnhof) auf verschiedene Arten (auch ein virtuelles Museum) die Auseinandersetzungen und Kompromisse um die Grenze zwischen Jugoslawien und Italien, die durch eine multikulturelle, von beiden Volksgruppen bewohnte Region verläuft. Erst mit Sloweniens EU-Beitritt 2004 wurde die nahezu abgeschottete Grenze durchlässig. Historische Dokumente und Aufnahmen erzählen die Geschichte.

■ **Železniška postaja Nova Gorica/Bahnhof,** Kolodvorska pot 8, Tel. 05-335 98 11, https://goriskimuzej.si, Mo–Fr 13–17, Sa/So 12–19 Uhr (Winter nur bis 17 Uhr), 2 €.

Solkan-Brücke

Solkan, bis 1988 Stadtteil von Nova Gorica, bestand schon 1192 als Pfarrei und kam ab 1500, als die Grafen von Görz ausstarben, zu Habsburg. 1713 war es Schauplatz eines Bauernaufstandes, den Dragoner niederritten. Während des Ersten Weltkriegs erfuhren Görz und Solkan im Zuge der Isonzo-Schlachten schwere Beschädigungen.

Die zu Beginn des 20. Jh. nördlich von Solkan über die Soča geschlagene Brücke Solkanski most gilt als die längste gemauerte **Eisenbahnbogenbrücke** der Welt. Mit 36,30 m Höhe und 220 m Länge schwingt sie sich über das tief eingeschnittene Flusstal in einem kühnen Bogen (Stützweite 85 m). Die Brücke war Teil der für das Habsburger Reich wirtschaftlich bedeutenden Eisenbahnverbindung von Salzburg nach Triest, die 1908 fertiggestellt wurde. 1916 sprengten sie die Österreicher auf ihrem Rückzug, damit sie nicht Italien in die Hände fiel. Wiederaufgebaut, aber im Zweiten Weltkrieg erneut getroffen, fungiert sie heute nicht nur als Bahntrasse, sondern als Friedenssymbol.

Franziskanerkloster Kostanjevica

Das Franziskanerkloster Kostanjevica zwischen Nova Gorica und Rožna Dolina exisitert seit 1625. Da es während der Isonzo-Schlachten schwere Zerstörungen erlitt, musste es nach dem Krieg neu aufgebaut werden. Es besitzt eine kostbare Bibliothek. In der Gruft liegt der Bourbonen-König *Karl X.*, der 1830 gezwungenermaßen abdankte, sich schließlich 1836 in Gorizia niederließ und dort nach wenigen Wochen an der Cholera starb.

Im **Klostergarten** blüht im Mai und Juni eine von Europas artenreichsten Pflanzungen der Bourbon-Rosen.

■ **Franziskanerkloster Kostanjevica,** Skrabčeva ul. 1, Tel. 05-330 77 50, www.samostan-kostanjevica.si, Mo–Fr 9–12, 15–17 Uhr, So (nur Gruft) 15–17 Uhr, Grab und Bibliothek je 3 €.

Villa Bartolomei

Die Ausstellung in der spätbarocken Villa Bartolomei in Solkan widmet sich der

Nova Gorica

■ **Übernachtung**
2 Garage Hostel Solkan
4 Hotel Sabotin
9 Pikol Lake Village
11 Hotel Lipa

■ **Essen und Trinken**
1 Restaurant Primula
3 Gostišče Kekec
5 Restaurant Pri Hrastu
6 Restauracija Grad Kromberk
8 Restaurant Vrtnica
9 Restaurant Pikol
10 Gostilnica Mandrija

■ **Nachtleben**
7 Reservoir Dogs Brewery

Gutes für Zunge, Bauch und Auge – im Weinanbaugebiet Brda

Nordwestlich von Nova Gorica profitiert das Weinland Goriška Brda vom submediterranen Klima – trockene und heiße Sommer. Angebaut werden italienische Rebsorten wie **Refosco** und **Pinot Grigio,** aber auch **Riesling, Traminer** und **Tokaier** gedeihen. Hierher kommt man ereignisarm über die gut ausgebaute Straße, die in Solkan nach Westen über die Soča und ein kurzes Stück durch Italien führt, oder über die alte, kurvenreiche und schönere Straße durch die Hügelwelt, indem man bei Plave 12 km nördlich von Nova Gorica über die Soča und über einen 400 m hohen Pass fährt. In der Gegend soll im Ersten Weltkrieg *Hemingway* verwundet worden sein. Zahlreiche Osmice, die Weinschänken, die nur 8 Tage im Jahr öffnen und den Vorjahreswein ausschenken dürfen, warten am Wegesrand auf trinkfeste Besucher. Einfach den Hinweisschildern *osmica* folgen oder auf www.osmice.info nachschlagen.

■ **Gostilna Bužinel**①-②, **Medana** 16 (ein Dorf südlich von Schloss Dobrovo), Tel. 031-67 17 05, http://buzinel.si, Mo–Mi geschl. Hier serviert man Salami, Speck, Schinken, Polenta in Weißwein, Nudeln mit Pilzen und vieles mehr.

■ **Agroturizem Belica**②, Medana 32, Dobrovo, Goriska Brda, Tel. 05-304 21 04, www.belica.si. Nach dem Imbiss mit Schinken, Käse und hauseigenem Wein kann man in einem der rustikal-geschmackvollen Zimmer übernachten.

■ **Klinec**①, Medana 20, Tel. 05-395 94 09, www.klinec.si. Sympathisch, aber der Gastbetrieb ist zurzeit ausgesetzt. Auch ohne Omas Küche empfehlenswert für die Verkostung von Organic Wine.

■ **Kruh in vino**③, Vila Vilpolže, Vipolže 29, Dobrovo v Brdih, Tel. 05-620 12 89, www.kruhinvino.si, Fr–So 12–22 Uhr. Brot und Wein, wie der Name sagt, vereinen sich hier zu einem Potpourri innovativ interpretierter, traditioneller *pogače,* einer Art slowenischer Pizza zu glasweise ausgeschenkten Brdo-Tropfen. Chef ist der Michelin-bestirnte *Tomaž Kavčič* vom nahen Dvorec Zemono.

053sl sk

jüngeren Geschichte der Region zwischen 1918 und 1947, insbesondere der italienischen Regierungszeit, der deutschen Besatzung und der Verwaltung unter den Alliierten.

■ **Villa Bartolomei,** Pod vinogradi 2, Tel. 05-335 98 11, https://goriskimuzej.si, Sa 15–19 Uhr, 3 €, Kind 1,50 €.

Sveta gora

Auf der Sveta gora (9 km Anfahrt) steht seit 1544 die gleichnamige **Wallfahrtskirche,** die 1565 Franziskaner mit einem Kloster erweiterten. Während des Ersten Weltkriegs vollständig zerstört, wurde Sveta gora als eine der wichtigsten Marien-Pilgerstätten Sloweniens 1927 als Basilika wiedererrichtet. Das kleine **Marienmuseum** widmet sich der Geschichte der Wallfahrt.

■ **Marijanski muzej,** Tel. 05-330 40 20, www.svetagora.si, Mai–Okt. So 9–18 Uhr, Eintritt frei.

Renaissance-Schloss Kromberk

Das Renaissance-Schloss Kromberk 3 km außerhalb von Nova Gorica in einem Park gehört zum Museumsverbund der Region. In einer **Galerie** sind Werke vom Mittelalter bis zum Barock ausgestellt mit Schwerpunkt auf die Regionalkultur. Eine weitere Galerie ist Künstlern des 20. Jh. vorbehalten, deren Arbeiten die Entwicklung bis zum sozialistischen Realismus dokumentieren. Eine **kulturhistorische Ausstellung** zeigt Möbel und Gemälde aus dem 19. Jh.

Das **Restaurant** im Souterrain gilt als eines der besten um Nova Gorica und nach einem ausgedehnten Mahl lädt der Schlosspark zum Wandeln und Verweilen ein.

■ **Grad Kromberk,** Tel. 05-335 11 40, www.goriskimuzej.si, Sommer Di–Fr 10–18, So 12–20 Uhr, Winter Di–Fr 9–17, So 13–17 Uhr, 4 €, Kind 2 €, Familie 8 €.

In der Umgebung

Schloss Dobrovo

Ebenfalls dem Museumsverbund angeschlossen ist Schloss Dobrovo auf einem Hügel im Weinanbaugebiet Goriška Brda nordwestlich von Nova Gorica (bei Plave über die Soča-Brücke fahren). Das Schloss mit seinen vier Ecktürmen entstand um 1600 im Renaissance-Stil mit barockem Einschlag als Besitz der Grafen von *Colloredo.* In der zweiten Hälfte des 19. Jh. übernahm es die Familie *Baguer,* deren Einrichtung die **kulturgeschichtliche Ausstellung** bildet (wegen Renovierung auf unbestimmte Zeit geschlossen). Gleiches gilt für die **Galerie Zoran Mušič.** Sie zeigt 100 Arbeiten des bekannten Grafikers mit Themen aus dem Karst bis hin zum Golf von Venedig. Zurück nach Nova Gorica kann man über italienisches Gebiet auf gut ausgebauter Strecke fahren.

■ **Schloss Dobrovo,** Dobrovo, Grajska cesta 9, Tel. 05-395 95 87, https://goriskimuzej.si, wegen Renovierung geschlossen.

☒ Auch der Karst ist für seine Rebsorten berühmt – überall wird fleißig gepfropft, veredelt, geschnitten und schließlich geerntet

737sl sk

Hochebene von Banjšice und Hochland Richtung Idrija

Unser Tipp: Eine ganz eigenwillige Landschaft stellt die **Banjška planota** dar, die sich im Nordosten von Nova Gorica Richtung Most na Soči hinzieht. Die Bewohner der kleinen Weiler und der einzeln stehenden Bauernhöfe versuchen der mageren Krume etwas abzugewinnen, roden den Wald, sammeln das Wasser in Zisternen, und säen in windgeschützten Bodenabsenkungen, den Dolinen. Auf winzigen Straßen und kurvigen Feldwegen geht es durch die Einsamkeit von Ort zu Ort, Inseln des Miteinanders in einer ab und an von der Burja windgepeitschten Landschaft.

Auch östlich der Hochebene zeigt sich die Landschaft äußerst reizvoll, wenn man beispielsweise von **Ajdovščina** über **Črni vrh** in Richtung **Godovič** und Idrija fahrend oder radelnd das karstige Hochland durchmisst. Dichte, dabei licht und offen wirkende Mischwälder umhüllen die Bergkuppen und verbergen steil emporragende Felswände, an denen sich die Freeclimber tummeln. In Richtung Norden geht es über Lokavec, Predmeja und Lokve am Südrand des **Trnovski gozd,** des Ternowaner Waldes, entlang bis **Banjšice,** dem namensgebenden Dorf der Hochebene. Kurz vor dem Dorf **Otlica** (18 km ab Ajdovščina) führt ein Abstecher zu einer typischen Karstformation, dem **Felsenfenster Otliško okno** (ab Parkplatz ca. 800 m zu Fuß), das den Blick vom Felsrand auf das üppig-grüne Vipava-Tal eröffnet.

Das Felsenfenster bei Otlica

Praktische Tipps

Informationen

■ **TIC,** Kidričeva 11, 5000 Nova Gorica, Tel. 05-330 46 00, www.vipavskadolina.si.

Notfälle

■ **Ambulanz/Zdravstveni dom:** Rejčeva ulica 4, Tel. 05-38 32 00, www.zd-go.si.
■ **Apotheke/Lekarna:** Rejčeva ulica 2, Tel. 05-330 34 40, www.goriskalekarna.si.

Verkehr

■ **Bahnhof:** Kolodvorska pot 8, Tel. 080-81 11, https://potniski.sz.si. Direktverbindung in Richtung Sežana und Jesenice.
■ **Fernbusse:** Kidričeva ulica 22, Tel. 01-431 77 00, nach Ajdovčina, Koper, Ljubljana, www.nomago.si.

Unterkunft

4 **Hotel Sabotin**③, Ulica IX. korpusa 35, Solkan, Tel. 05-336 50 00, http://hotelsabotin.com. In einem ehemaligen Stadtpalais gelegen, mit 68 Zimmern und günstigen Gerichten im Restaurant②, auch Pizza.
2 **Garage Hostel Solkan**①-②, Langobardska ulica 16, Solkan, Tel. 040 66 10 80, http://garagehostelsolkan.com. Freundliche Doppel- und Mehrbettzimmer, allerdings tatsächlich über einer Autowerkstatt gelegen.
11 **Hotel Lipa**②-③, Trg Ivana Roba 7, Šempeter pri Gorici, Tel. 05-336 60 00, http://hotellipa.com. Praktisch eingerichtetes Mittelklasse-Hotel mit 42 Zimmern in einem Vorort südlich von Nova Gorica (5 km).
9 **Pikol Lake Village**④, Vipavska cesta 94, Vipavska Dolina, Tel. 05-333 45 23, www.pikol.si. Wald, ein See, Stege, Holzbungalows, aufwachen mit den Fröschen. Ein ungewöhnliches Konzept, ideal für ein romantisches Wochenende, dazu gibt's im „Dorf" auch noch ein exzellentes Restaurant.

Camping

■ **Camp Lijak,** Ozeljan 6, Šempas, Tel. 05-308 85 57, www.parklijak.com, ganzjährig offen. Einfacherer Platz mit wenig Schatten, auch Bungalows, Spielplatz mit Ständerpool, Radverleih.

Essen und Trinken

6 **Restauracija Grad Kromberk**③-④, Schloss Kromberk, Grijska cesta 1, Tel. 05-302 71 60, www.gradkromberk.si, Mi–Sa 12–15, 19–22, So 12–17 Uhr. Ein Mekka für Feinschmecker mit frischen, regionalen Produkten.
3 **Gostišče Kekec**②-③, Kekčeva pot 4, Tel. 05-300 56 75, Mo/Di geschl. Hoch über der Stadt auf 322 m gibt es Spezialitäten wie Rinderfilet in Teran, Kalbshaxe und fantastische *palačinke!*
5 **Pri Hrastu**③, Kromberška cesta 2, Tel. 05-302 72 10, www.gostilna-prihrastu.si. 100 Jahre alte Gaststätte, klare Einrichtung mit Holz und Stein, vornehmlich italienische Küche mit Antipasti, Pasta und klassischen Fisch- und Fleischhauptgängen.
8 **Vrtnica**①-②, Kidričeva ulica 11, Tel. 05-398 55 55, www.restavracija-vrtnica.si, Mo–Fr 7–16 Uhr. Einfacheres Restaurant mit italo-slowenischer Küche, sensationell günstige Mittagsmenüs.
1 **Primula**②-③, Soška c. 40, Solkan, Tel. 05-330 00 00, www.primula.si, So geschl. Licht und modern präsentiert das Restaurant mediterrane und slowenische Küche auf hohem Niveau.
9 **Pikol**③, → „Unterkunft". Di/Mi geschl. Abseits und ruhig am Rand des „Rosentals" gelegen ver-

birgt sich eine Art Blockhaus, in dem eine der besten Fischküchen Sloweniens zelebriert wird.

10 Gostilnica Mandrija②, Ajševica 81, Tel. 041-75 25 84, www.mandrija.si, Di/Mi geschl. Gaststätte mit feinerer Hausmannskost 5 km außerhalb auf dem gleichnamigen Gestüt (s.u. „Reiten").

Abends unterwegs

Das Nachtleben in Nova Gorica ist auf die Spielernaturen ausgerichtet, die von Italien anreisen, um in den **Kasinos** Ehre und Besitz zu mehren. Mehrere Spielhöllen stehen zur Verfügung.

7 Reservoir Dogs Brewery, Industrijska cesta 1h, Tel. 08-201 83 75, https://reservoir-dogs.beer, tgl. 15–23/24 Uhr. Sloweniens Kult-Craftbier wird hier gebraut. 16 Craftbiere kommen aus den Zapfhähnen, dazu jede Menge in Flaschen und als Grundlage Snacks wie *focacce* und *pinse*.

Aktivitäten

- **Reiten:** *Konjeniški klub Mandrija,* Ajševica 81, Nova Gorica, Tel. 041-42 74 11.
- **Wassersport:** *Kayak klub Soške elektrarne,* Soška cesta, Solkan, Tel. 031-37 16 44, www.socakajak-klub.com.
- **Bungeejumping:** *TOP,* Vojkova cesta 9, Tel. 065- 60 10 87, www.bungee.si. Einziger Bungee-Sprung Sloweniens von der 55 m hohen Brücke über die Soča.
- **Paragliding:** *Polet,* Šmihel 5, Šempas, Tel. 05-366 35 21, Tel. 031-32 79 53, www.polet-ng.si.

Idrija

- **Meereshöhe:** 325 m
- **PLZ:** 5280
- **Vorwahl:** 05
- **Einwohner:** 5900
- **Dt. u. ital. Name:** Idria

Idrija in der Hügellandschaft an der Verwerfungslinie von Voralpen und Karst zerfällt in mehrere Stadtteile, die sich das Tal der Idrijca entlangziehen. Im Norden liegt Spodnja Idrija, es folgt Mokraška vas und schließlich die eigentliche Stadt Idrija mit dem Zentrum am Mestni trg, und am Nebenflüsschen Nikova gelegen, wo auch Schloss Gewerkenegg mit Schaubergwerk und Museum steht. Idrija wurde wegen der gut erhaltenen Infrastruktur aus den Zeiten des Quecksilberabbaus 2013 zusammen mit der spanischen Bergwerksstadt Almadén zum UNESCO-Weltkulturerbe erklärt.

In der Umgebung schlugen die Arbeiter die ersten **Stollen** Sloweniens in die Berge. **Quecksilber,** „flüssiges Silber" fand ein Bauer der Legende nach im Jahr 1490 in einem Topf unter seinem Brunnen. Schürfer und Bergleute kamen und gruben bis zu 200 m tiefe Schächte senkrecht nach unten, in die Hauer mit Leitern hinabkletterten. Drei Jahre hielt man es normalerweise aus, dann hatten einen die Quecksilberdämpfe halb tot gemacht. Doch man gab gutes Geld und die Region florierte. Zwar stritten sich anfangs noch Venedig und Kärnten um den Besitz, 1575 kam man aber zum österreichischen Staat und verblieb dort. 1607 erhielt Idrija das Selbstverwaltungs-, im 17. Jh. das Markt- und zu Beginn des 18. das Stadtrecht.

Idrija war für die **Verhüttung** ideal geeignet. Es liegt in einem Kessel und auf den umliegenden Bergen Kobalova planina, Gora, Tičnica und Kojanovec war genügend Holz vorrätig. Es wurde in Schichten mit dem Zinnobererz aufgetürmt, angezündet und mit Erde bedeckt. Nach Erlöschen des Feuers trennte man Asche und Quecksilber. Bis ins 20. Jh. hinein war Idrija der weltweit zweitgrößte Quecksilberlieferant. 1970 schloss die Grube, die Preise waren verfallen, das Erz besaß nur noch geringe Metallanteile, die Förderung rechnete sich nicht mehr.

Von den **Überschwemmungen** im Spätsommer 2022 waren Idrija und Umgebung besonders stark betroffen. Es kann dauern, bis alle Schäden behoben sind.

Neben der Industrie besitzt Idrija zwei weitere Attraktionen: **Feinste Klöppelspitze** und **žlikrofi,** den Maultaschen ähnliche, mit Kartoffeln, Zwiebeln und Griebenschmalz gefüllte Teigwaren – ein Genuss!

Ein rund 300 km² großes, bisher als **Naturpark** geschütztes Gebiet rund um Idrija ist als **UNESCO Global Geopark** im Aufbau. Es umfasst faszinierende Naturräume und Zeugnisse der Industrialisierung und des Partisanenkampfes. Die Gegend gilt als jene mit den höchsten Niederschlägen Sloweniens. Die wegen der Unzugänglichkeit des Gebiets erhaltene **Unberührtheit** hat eine ganz besondere Flora und Fauna erhalten.

■ **UNESCO Global Geopark Idrija, Informationen** zu Geologie, Flora und Aktivitäten finden sich auf www.geopark-idrija.si.

Sehenswertes

Schloss Gewerkenegg

Schloss Gewerkenegg oberhalb des alten Stadtkernes um den Mestni trg entstand 1533, wurde aber 1738 im Barockstil umgebaut. Es diente der Verteidigung gegen die Türken, als Stadtspeicher und der Lagerung des kostbaren Quecksilbers. Bis 1970 war es Sitz der Bergwerksverwaltung nach Stilllegung der Mine zog das **Museum** ein. Gewerkenegg gehört zu den aktivsten Museen ganz Sloweniens und begreift seine Arbeit nicht als etwas Statisches, weshalb es immer wieder etwas Neues zu sehen gibt. Die zentrale Ausstellung hat das **Quecksilberbergwerk** mit seiner Geschichte zum Thema, mehrere Gedenkzimmer sind großen Söhnen der Stadt vorbehalten, aber auch das Leben der einfachen Menschen von Idrija wird dargestellt.

Eine eigene Abteilung widmet sich einer weiteren Spezialität der Stadt – dem Klöppeln. **Idrijas Spitzen** sind im ganzen Land berühmt: wegen ihrer Qualität und Feinheit und ihres Ideenreichtums bei den Mustern. Ob ganze Vorhänge, große und kleine Deckchen, Zierrat an Bettwäsche – wer Spitze mag, ist in der Stadt richtig. Die Klöppelschule geht auf das Jahr 1876 zurück, man arbeitet bis heute für ganz Europa. In der Ausstellung sind einzigartige Stücke zu sehen: von einer Altardecke bis zu einer Tischdecke für Madame *Tito,* 6 m² groß und in einem halben Jahr geklöppelt.

■ **Museum Gewerkenegg,** Mestni muzej, Prelovčeva ulica 9, Tel. 05-372 66 00, www.muzej-idrija-cerkno.si, tgl. 10–17, Sommer bis 19 Uhr, 8 €, Kind 5 €.

056sl sk

Antonius-Stollen

Im Jahr 1500 wurde der Zugang des Antonius-Stollen gegraben. Er gehört zu den **ältesten Bergwerkseingängen Europas**. In einer Multivisionsshow wird am Anfang die geologische Entstehung von Lagerstätten erklärt, die Entwicklung des Bergwerks beschrieben und das Leben der Bergmänner gezeigt. Dann geht es ausgestattet mit Schutzmantel und Helm zu Fuß bis zu einer Kapelle und von dort weiter hinunter. Die Führung dauert ca. 90 Min. Danach lässt sich bei einer weiteren Führung die Weiterverarbeitung im Bereich der 1,5 km entfernten **Schmelzöfen** entdecken (ebenfalls ca. 90 Min.).

Schloss Gewerkenegg ist ein hervorragendes Museum und verdient unbedingt einen Besuch

■ **Antonijev rov,** Arkova ulica 43, Tel. 05-377 11 42, www.cudhg-idrija.si, Führungen Stollen Jan./Feb. Sa/So 10, 15 Uhr, März/Okt./Nov. tgl. 10, 15, Sa/So 15 Uhr, April, Sept. tgl. 10, 15, Sa, So 12, 16 Uhr, Juni tgl. 10, 12, 14, 15, Sa, So auch 16 Uhr, Juli/Aug. tgl. 10, 12, 14, 15, 16 Uhr, 15 €, Kind 6 €, Familie 36 €; Ausstellung Schmelzbetrieb Nov. bis März, Sa, So 10–16, April, Mai, Sept. tgl. 10–16, Juni bis Aug., tgl. 10–18 Uhr, 10 €, Kind 4 €, Kombiticket 21 €, Kind 8 €.

Monumente der Bergbaugeschichte

Die **Grubenpumpe Kamšt** (*Kamšt* ist aus dem deutschen „Wasserkunst" abgeleitet) steht an der Vodnikova ulica 20. Es ist eine Wasserpumpe, die zwischen 1790 und 1948 ununterbrochen im Einsatz war. Das Wasserrad an der Oberfläche war 13,60 m hoch und galt als größtes von Europa. Mit ihm konnten ca. 66 kw/h über Pleuelstangen auf das Grubenwasser in 283 m Tiefe zur Wirkung gebracht und 300 Liter pro Minute gefördert werden. Das Antriebswasser fürs Rad kam über eine 3,5 km lange Leitung von der Idrijca.

■ **Idrijska Kamšt,** Vodnikova, Besichtigung mit Führer aus dem Stadtmuseum vereinbaren unter Tel. 05-372 66 00, 5 €, Kind 3,50 €.

Im **Frančiška-Schacht** können Technikbegeisterte Bergwerksmaschinen wie Pumpen, Dampfkessel und Motoren bestaunen.

■ **Jašek Frančiške,** Rožna ulica 20, Besichtigung mit Führer aus dem Stadtmuseum nach Vereinbarung, 4,50 €, Kind 3,50 €.

Divje-See

Ein knapp 3 km langer Wanderweg führt vom Kamšt am westlichen Ufer der Idrijca entlang nach Süden zum kürzesten Fluss Sloweniens: Die Jezernica ist genau 55 m lang und verbindet den kleinen Karstsee **Divje jezero** mit der Idrijca. Der See ist 65 m lang und 30 m breit und wenn es in der Umgebung regnet, zeigt er ein seltsames Phänomen, das auch im Vaucluse (Frankreich) bekannt ist: Sprudelnd tritt Wasser an die Oberfläche – bis zu 50 m^3 in der Sekunde.

Auf einem schmalen Pfad und wenn kein Wasser hochkommt, kann man den See auf einem mit Täfelchen versehenen **Naturlehrpfad** umrunden (Vorsicht, nach Regen sehr glitschig!).

In der Umgebung

Klavže-Klausen

Die berühmten Klavže-Klausen runden die Darstellung der Bergwerksgeschichte ab. Für die Gewinnung des Quecksilbers und zur Abstützung der Gruben war Holz in großen Mengen nötig. Die Flüsse Idrija und Belca besaßen als Gebirgsgewässer aber einen stark schwankenden Wasserspiegel. So entstand bereits 1772 ein System von **Stauwehren** (Klausen), von denen jedes das Wasser bis zu 800 m rückstaute. Um die gewaltige Wasserkraft zu bändigen, halfen Ochsengespanne beim Schließen der Tore. In diesen künstlichen Seen wurde das Holz gesammelt und dann beim Öffnen der To-

☐ Waldromantik am Divje jezero

719sl sk

re nach Idrija geschwemmt. Eine Strecke von 20 km legte das Holz so zurück (im Winter nicht zugänglich).

Die beiden spektakulären Flusssperren befinden sich an den Flüssen Belca (**Brusove klavže,** 13 km über Idrijska Bela nach Südwesten) und Idrijca (**Klavže na Idrijci,** 13 km auf holpriger und enger Waldstraße nach Westen). Beide Klausen wurden Ende des 18. Jh. erneuert, bestanden aber schon länger. Der technischen Meisterleistung ihres Erbauers *Jožef Mrak* verdanken sie den Namen „Slowenische Pyramiden" und die Aufnahme ins **Weltkulturerbe.** Zumindest die Fahrt zu den einfacher erreichbaren Brusove klavže sollte man unternehmen; sie vermitteln ein eindrucksvolles Bild von Techniken und Gefahren der Flößerei.

Partisanendruckerei Slovenija/Vojsko

Beim Dorf Vojsko, 12 km westlich von Idrija auf einer Ebene in 1000 m Höhe, steht eine Partisanendruckerei aus dem Zweiten Weltkrieg. Vom Dorf kann man noch etwa 2 km mit dem Auto fahren (nach Vojščica); bei der Partisanengrabstelle parken und zu Fuß 20 Min. bergab.

Hier entstand die einzige periodisch und regelmäßig erscheinende **Partisanenzeitung** im besetzten Europa. Man begann am 17. September 1944 und druckte als Erstauflage 4000 Exemplare auf der aus Mailand in Einzelteilen hergebrachten Druckmaschine. In Druckhaus, Setzerei und Buchbinderei waren 40 Leute beschäftigt und produzierten eine Gesamtauflage von einer Million Exemplare.

Partizanska tiskarna/Partisanendruckerei, Vojsko 64, www.muzej-idrija-cerkno.si, Tel. 05-372 66 00, 15.4.–15.10. Di–So 9–16 Uhr, 5 €, Kind 4 €, ohne eigenes Fahrzeug nicht zu erreichen.

Die Flusssperre Klavže na Idrijci stammt aus dem 18. Jh.

720sl sk

Dinosaurier-Spuren

12,5 km südöstlich von Idrija haben Dinosaurier vor 200 Millionen Jahren ihre **dreizehigen Abdrücke** auf Fels hinterlassen. Wahrscheinlich waren es **Phytosaurier,** entfernte Verwandte des Krokodils. Von Idrija auf Straße 102 nach Godovič und dort dem Hinweis folgend links abbiegend, sind die Felsplatten nach rund 4 km erreicht (GPS: N 45.96542, E 14.10592).

Praktische Tipps

Informationen

- **TIC Idrija,** Prelovčeva ulica 5, 5280 Idrija, Tel. 05-374 39 16, www.visit-idrija.si, Mo–Fr 9–16, Sa 10–15 Uhr, Juni bis Aug. tgl. 9–18 Uhr.

Service/Notfälle

- **Ambulanz/Zdravstveni dom:** Ulica Otona Župančiča 3, Tel. 05-373 42 12, www.zd-idrija.si.
- **Apotheke:** Arkova ul. 4, Tel. 01-23 06 100.

Verkehr

- **Züge:** Der nächste Bahnhof ist in Most na Soči bei Tolmin.
- **Fernbusse:** in Richtung Ljubljana und Bovec, Vodnikova ulica 2, Tel. 01-431 77 00, www.nomago.si.

Einkaufen

- **Souvenirs:** In Idrija kauft man Spitzen, es gibt diverse Adressen. Verglichen mit der (bei weitem nicht so kunstvollen) Konkurrenz aus Südostasien sind die Preise hoch, aber man sollte bedenken, wieviel Arbeit darin steckt. Die Anzahl der Stunden (Tage, Wochen) für ein bestimmtes Stück kann man erfragen. Die **Klöppelschule/Čipkarska šola** hat eine ständige Verkaufsausstellung (Prelovčeva ulica 2, Tel. 05-373 45 70, www.cipkarskasola.si. Ausstellung und Laden Mi 9–19, Mo/Di/Do–Sa 9–12 Uhr, Ausstellung bis 15 Uhr, 2,50 €, Kind frei). Weitere Adresse: **2 Vanda,** Mestni trg 13, Tel. 041-63 12 33, www.vanda-lapajne.si.

Unterkunft

3 Hostel Idrija①, Ulica IX. korpusa 17, Tel. 05-373 40 76, www.hostel-idrija.si. Einfache Doppel- und Mehrbettzimmer mit Gemeinschaftsbad, nur wenige Gehminuten vom Stadtzentrum. Auch E-Bike-Verleih.

4 Hotel Jožef③, Vojkova 9a, Tel. 05-200 42 50, www.hotel-jozef.si. Ein futuristischer „Kasten" mit angenehmem Innenleben. Die 11 Zimmer sind hell und modern eingerichtet, und das Restaurant versteht sich auf regionale Spezialitäten.

Spodnja Idrija

- **Hotel Kendov Dvorec**④, Na Griču 2, Spodnja Idrija, Tel. 05-372 51 00, www.kendov-dvorec.com. Ein wirkliches Kleinod mit historisch und sehr persönlich und antiquarisch mit Möbeln des 19. Jh. eingerichteten elf Zimmern und einem ausgezeichneten Restaurant in einem Schlösschen.

Črni vrh

- **Pension Metka**①, Črni vrh nad Idrijo 78 (nicht zu verwechseln mit dem Gipfel Črni vrh im Skigebiet Cerkno), Tel. 041-38 51 40, www.metka.si. Sechs einfache Zimmer und rustikales Restaurant in einem Landgasthof.

Idrija

Übernachtung	Essen und Trinken	Einkaufen
3 Hostel Idrija	1 Pizzeria Pri Škafarju	2 Vanda
4 Hotel Jožef	5 Gostilna Kos	

Essen und Trinken

5 **Gostilna Kos**②, Tomšičeva ulica 4, Tel. 05-372 20 30, www.gostilna-kos.si, abends und So geschl. Spezialitätenküche mit z.B. Eintöpfen und Blutwurst, aber auch Pizza.

1 **Gostilna/Pizzeria Pri Škafarju**①-②, Ulica sv. Barbare 9, Tel. 05-377 32 40, www.skafar.si, Mo geschl. Ausgezeichnete Pizza aus dem Holzofen und slowenische Landküche; es werden auch **Gästezimmer** angeboten.

Spodnja Idrija

- Restaurant des Hotels **Kendov Dvorec**③-④, Na Griču 2, 5281 Spodnja Idrija, Tel. 05-372 51 00; beste Küche der Stadt mit festen Menüs und à la carte, sehr gute Weinauswahl und elegantes Ambiente.
- **Gostilna Mlinar**②, Žirovska cesta 4, Spodnja Idrija, Tel. 05-377 63 16, http://gostilnamlinar.si, Do–Sa 12–22, So bis 18 Uhr. Fisch, Wild und natürlich *žlikrofi*, die Speziaität von Idrija – Maultaschen; gute Fischküche.

Feste und Veranstaltungen

- Im **Juli und August** ist der Burghof von Gewerkenegg für Veranstaltungen wie Theateraufführungen und **Konzerte** freigegeben.
- Alljährlich im **Juni** konkurrieren die geschicktesten Klöpplerinnen beim **Klöppelspitzenfest** von Idrija miteinander, die besten Arbeiten werden prämiert.

Aktivitäten

- **Angeln:** Angelkarten erhält man in den Hotels und beim TIC.
- **Freibad Na Lajštu** am Zusammenfluss von Idrijca und Belca, Tel. 05-374 39 16, nur Juni–Aug. (mit Kioskbetrieb).

☒ Im Talschluss einer engen Schlucht verbirgt sich das Partisanenhospital Franja

Cerkno

Cerkno, 20 km nördlich von Idriija auf dem Weg nach Tolmin, liegt 4 km abseits der Hauptstraße in einem Talkessel. Bekannt ist der Ort als **Skigebiet** und weil man in der Nähe in einer Höhle eine aus Bärenknochen gefertigte Flöte fand – das älteste bekannte Musikinstrument der Menschheit. Wegen seiner Abgeschiedenheit befanden *Tito*s Partisanen die Berge dahinter für die dauerhafte Einrichtung eines Lazaretts als besonders geeignet. Die Wehrmacht versuchte gar nicht erst, das Gebiet unter ihren Einfluss zu bekommen.

Das **Stadtmuseum** von Cerkno widmet sich hauptsächlich dem Faschingsbrauch *Laufarija* (siehe „Feste und Veranstaltungen").

■ **Mestni muzej/Stadtmuseum,** Bevkova ulica 12, www.muzej-idrija-cerkno.si, Di–Fr 9–15, Sa, So 10–17 Uhr, 5 €, Kind 4 €.

In der Umgebung

Partisanenlazarett Franja

Das nach der Chefärztin – *Dr. Franja Bojc* – benannte **Lazarett Partizanska Bolnišnica Franja** nahm Ende 1943 die ersten Verwundeten auf und zählt nach Meinung der Autoren zu den eindrucksvollsten Erinnerungsorten des Partisanenkampfes. Allein die dramatische Lage in einer engen, von hohen Felswänden geschützten Klamm ist ungemein imposant. Leider wurde die Stätte durch die Überflutungen im Sommer 2022 stark zerstört. Bis wann der Wiederaufbau gelingt, steht in den Sternen. Zur

721sl sk

Gedenkstätte fährt man 7 km Richtung Skigebiet bis Log, 1 km nach links und folgt dann zu Fuß den Schildern in die immer enger werdende Klamm, teils über schlüpfrige Steine (ca. 15 Minuten Fußmarsch). Krankenzimmer, Röntgenhütte, Speisesaal, Operationsraum – alles, was ein Lazarett benötigte, schafften die Widerstandskämpfer herbei. Versorgt wurde es mit Seilen vom oberen Rand der Klamm. Bis zum Ende des Krieges behandelte das Personal 522 Verletzte hauptsächlich des 9. Partisanenkorps, aber auch des Feindes.

■ **Partizanska Bolnišnica Franja,** Tel. 05-372 31 80, www.muzej-idrija-cerkno.si, ab Cerkno nur mit eigenem Fahrzeug oder Taxi erreichbar, 2024 wegen Flutschäden geschlossen.

Ravenska-Höhle

Bei **Ravne pri Cerknem** 8 km westlich von Cerkno auf kurviger Gebirgsstraße erreichbar, verbirgt sich die weltberühmte, gleißend weiße Schauhöhle Ravenska jama. Die Tropfsteine und Sinterterrassen bestehen aus Aragonit, einem rhombisch auskristallisierten Kalziumkarbonat mit Magnesiumbeimengungen – was zu strahlendem Weiß führt. Die Höhle ist seit Jahren geschlossen, aber eine Wiedereröffnung geplant.

Wanderungen

Rund um Cerkno lässt es sich gut wandern. Beliebter Gipfel ist der 1630 m hohe **Porezen,** von dem sich eine herrliche Rundumsicht auf die Hügellandschaft um Cerkno, das Tal von Bohinj und die Julischen Alpen eröffnet. Interessant ist der unterschiedliche Bewuchs des Berges: Während Nord- und Ostflanke dicht bewaldet sind, wächst an den südlichen und westlichen Hängen eine vielfältige **Bergflora,** darunter die weißen Köpfchen der endemischen Kurzhaarigen Nabelmiere.

Auf den Porezen gelangt man von den Dörfern Labinje (668 m, 2½ Std.), Poče (660 m, 2½ Std.) und Jesenica (875 m, 2 Std.). Die Wanderungen sind einfach und enden alle drei auf dem Gipfel mit dem Partisanendenkmal. Unterhalb des Gipfels steht die Hütte **Koča Planinski dom na Poreznu** (1585 m, nicht jedes Jahr offen, wenn, dann Mitte Juni–Mitte Sept., 70 Schlafplätze,Tel. 059-94 47 59, www.planinsko-drustvo-cerkno.si).

Auf die **Kojca** gelangt man von Jesenica in 2½ Std., der Abstieg dauert 1½ Std. Mit dem Auto erreicht man fast den Gipfel des Črni vrh (1291 m) und kann zum Beispiel eine Wanderung über Kopa (1360 m), Hum (1432 m) und Porezen machen und nach Cerkno zurückkehren. Bis zum Porezen sind es 3 Std.

Praktische Tipps

Informationen

■ **TIC Cerkno,** Glavni trg 5, 5282 Cerkno, Tel. 05-373 46 45, www.visitcerkno.si, Sommer Mo–Sa 8–12 und 13–16, sonst Mo–Fr 9–15 Uhr.

Unterkunft

■ **Hotel Cerkno**③, Sedejev trg 8, Tel. 05-374 34 00, www.ski-cerkno.com. Das Haus mit 90 Zimmern bietet allerlei Annehmlichkeiten wie beispielsweise Sauna und Hallenbad.

Unser Tipp: **Kmetija Želinc**②-③, Straža 8, Cerkno, Tel. 05-372 40 20, www.zelinc.com. Ferienbauernhof am Abzweig von der Hauptstraße nach Cerkno, schöne Anlage, viel Holz für die Gemütlichkeit und Naturstein für das Auge, sehr gute Küche (nach Voranmeldung), Schwimmbad. Camping möglich.

- **Pri Flandru**②, Zakojca 1, Tel. 05-377 98 00, www.kmetija-flander.si. 3 km nördlich des Abzweiges von der Hauptstraße nach Cerkno geht es auf 11 km nach Zakojca über den Pass von Bukovo (717 m) zum Reiterhof mit Halbpensionsangeboten; sympathischer Familienbetrieb.

Essen und Trinken

- **Gostišče Gačnk (Gostilna Garage)**②, Dolenji Novaki 1, Cerkno, Tel. 05-372 40 05, www.cerkno.com, Mo geschl. Der freundliche Gasthof, bei Motorradfahrern auch als „Garage" bekannt, hat einfache, aber saubere Gästezimmer. Gekocht wird nach traditionellen Rezepten. Stolz ist man auf das Gedenkzimmer für die Partisanenärztin *Franja Bojc*, die im nahen Lazarett wirkte und ihrem Partner 1945 hier das Jawort gab.
- **Gostilna Štrukelj**①, Platiševa ulica 1, Cerkno, Tel. 041-38 83 01, auf Facebook, So geschl. Pizzeria und Gasthof mit langer Tradition und herzhaften Gerichten im Zentrum des Ortes.

Feste und Veranstaltungen

- Gern besucht ist die **Laufarija** („Lauferei") in Cerkno am Faschingsdienstag. Die Protagonisten verbergen ihre Gesichter hinter wilden Masken und stellen einen Prozess nach, währenddessen der Fasching für alles Schlimme des vergangenen Jahres abgeurteilt wird.

Ajdovščina

- **Meereshöhe:** 106 m
- **PLZ:** 5270
- **Vorwahl:** 05
- **Einwohner:** 7000
- **Dt. Name:** Haidenschaft
- **Ital. Name:** Aidussina

Auf der Autobahn südlich des Ortes fliegt man schnell vorbei und so würdigen nur wenige Touristen das Verwaltungszentrum des **Vipava-Tales** (dt. Wippach-Tal, ital. Valle del Vipacco), doch hat die Altstadt von Ajdovščina durchaus ihren Reiz und es gibt im Ort und außerhalb einiges aus der Vergangenheit zu entdecken. Man sollte also auf seinem Weg durch das Tal der Vipava die Landstraße nehmen. Auf dieser kommt man durch das neu gebaute Ortszentrum von Ajdovščina rund um das Hotel *Planika*. Die engen Gassen der Altstadt um den Lavričev trg schlängeln sich auf der anderen Straßenseite, dem Hotel gegenüber, verborgen durch die Neubauten.

Nach Norden bildet die Trnovo-Hochebene eine Barriere, von Süden kann mediterranes Klima auf die Stadt wirken und hält die Jahresdurchschnittstemperatur bei 12°C. Doch immer wieder bricht urgewaltig und mit Spitzenböen über 180 km/h das ganze Tal entlang die **Burja** herein. Warntafeln mit Windgeschwindigkeitsanzeigen und Windsäcke sind Zeugen diese Ausnahmezustände in dem sich sonst friedlich in der Sonne aalenden Stück Landschaft.

Bei Burja ist mit Vorsicht zu fahren, Pkw kommen leicht ins schleudern, Lkw mit hohen Aufbauten werden oft umgeworfen und als Rad- oder Motorradfahrer sollte man diese Witterung meiden.

Die Gegend am Zusammentreffen der Flüsslein Lokavšček und Hubelj war bereits zur Hallstatt-Zeit besiedelt, eine feste Ortschaft kam aber erst mit den Römern im 3. Jh., als sie **Castrum ad fluvium frigidum** gründeten und den Namen nach dem eisigen Wasser wählten. Die Befestigung spielte eine wichtige Rolle in der Verteidigungslinie des Römischen Reiches und später verlief hier die Grenze zwischen West- und Ostrom. 394 schlugen sich hier *Theodosius* und *Eugenius*. Schließlich ging Ajdovščina an die Patriarchen von Aquileia und dann zu den Görzer Grafen. 1507 erhielt es Marktrechte. Nach *Napoleons* Niedergang verlief mitten durch den Ort die Grenze der habsburgischen Provinzen Küstenland und Krain und verurteilte ihn zur Bedeutungslosigkeit. Zwischen den Kriegen war Ajdovščina italienisch und 1945 erklärte sich hier die erste slowenische Regierung.

Sehenswertes

Die **römische Wehrmauer** kann man an der Ost- und Westseite der Altstadt um den Lavričev trg erkennen, ursprünglich hatte das Kastell 13 oder 14 Türme. Im Stadtteil Šturje steht die **Kirche Sv. Jurij,** in die man wegen ihrer drei **Barockaltäre** kurz hinein schauen sollte. Zwischen Šturje und dem Kastellviertel befindet sich das bäuerliche Viertel Trnje, in dem noch einige **Bauernhäuser** mit dem typischen Holzumgang bewahrt sind. Das Schloss von Ajdovščina ist praktisch nicht mehr erhalten, nur noch Reste sind beim Kaufhaus zu erkennen.

Die **Galerie Pilon** hat Leben und Werk des Künstlers *Veno Pilon* zum Thema. Der Maler, Grafiker und Fotograf (1896–1970) bereiste ganz Europa und hielt seine Eindrücke u.a. in Öl und als Linolschnitte fest.

■ **Galerija/Galerie Pilon,** Prešernova ulica 3, Tel. 05-368 91 77, http://venopilon.com, 2024 wg. Umbau geschlossen.

In der Umgebung

Vipavski Križ

Nur 4 km von Ajdovščina Richtung Nova Gorica grüßt linker Hand im Süden das Örtchen Vipavski Križ von einem Hügel ins Tal. Es war als **Festungsanlage** geplant und sollte Türken und Venezianer von Eroberungen abhalten. Grauweißer Stein ist heute unter Efeu und einem bunten Blumenmeer verborgen, das die wenigen noch verbliebenen Einwohner in dem denkmalgeschützten Ort liebevoll pflegen. Ab und an streift eine Katze durch die Gassen und nur am Sonntag ist Vipavski Križ belebt, wenn aus der Umgebung die Gläubigen zum Kirchgang in die Pfarrkirche **Sv. Križ** strömen – ein spätgotisches Gebäude mit barockisiertem Schiff; drei Altäre (mit dem Hauptaltar) und deren Gemälde stammen aus dem 17. Jh. Im 16. Jh. errichtete der Bischof von Görz das Schloss; Teile sind restauriert und werden als Schule genutzt.

Die sympathische **Vinothek Darovi Vipavske** schenkt nicht nur feine Weine

722sl sk

gläserweise aus, es gibt auch andere lokale Spezialitäten wie Olivenöl zu verkosten und zu kaufen.

■ **Darovl Vipavske,** Vipavski Križ 8, Tel. 031 393753, auf Facebook, Fr–So ab mittags geöffnet.

Schloss Zemono

Das Schloss Zemono, kurz vor dem Ort Vipava linker Hand nördlich der Landstraße, war einst die Sommerresidenz der **Grafen Lanthieri von Vipava** und stammt von 1689. Es besteht aus einem großen von Arkaden umgebenen Zentralraum. Die Fresken aus dem 17. Jh. sind vorzüglich restauriert. Hauptsaal und Garten kann man für große Feierlichkeiten mieten, die Gesellschaften und andere Gäste umsorgt das vorzügliche Restaurant *Pri Lojzetu* in den Gewölben (siehe „Essen und Trinken").

Vipava

Vipava (dt. Wippach, ital. Vipacco) ist nach Ajdovščina der größte Ort im Tal. Über der Stadt thront als Ruine die aus dem 12. Jh. stammende **Burg.** Die Grafen von Lanthieri ließen hier 1762 ihren Familiensitz errichten, um ihn herum entstand die Stadt. Das Schloss steht

Der Blick von Vipavas alter Burg reicht weit übers Tal

Kunst am Bau – Burgdorf Štanjel

Štanjel ist eine der **mittelalterlichen Burgstadtgründungen** des Vipava-Tales. Die grauen Mauern thronen immer noch stolz und wehrhaft auf einem Hügel. Bereits zur Hallstatt-Zeit war der Hügel Turn bebaut, man entdeckte eine Nekropole der Illyrer. Im 12. Jh. war der Berg schon einmal befestigt, erst im 16. Jh. aber, als die Gefahr von Türkeneinfällen wuchs, erhielt der Ort seine heutige Form. Terrassenartig wurden die Häuser an die Sonnenseite gestellt und von einer Mauer umgeben. Graf *Cobenzl* baute sich Ende des 16. Jh. sein eigenes Schloss unterhalb der Ruinen des alten. Zwischen den Weltkriegen trat schließlich ein Architekt aus dem Nachbardorf auf die Bühne, der seine Ausbildung in Wien abgeschlossen, internationale Reputation erworben hatte und aus einer vermögenden Familie stammte: *Maks Fabiani.* Er fasste den Plan, verlassene Häuser durch die Verbindung traditioneller Bauweise mit modernem Komfort zu einer Villa umzugestalten. Einer seiner Onkel aus Triest war begeistert und der Plan nahm Gestalt an. Zwischen den Weltkriegen entstand aus Teilen der Stadt ein herrschaftliches Anwesen mit Park. Als Bürgermeister gelang es Fabiani bei Abzug der deutschen Truppen 1945 die Stadt vor Zerstörungen zu retten; angeblich kannte er den Führer – es wird kolportiert, *Hitler* habe als „Maler und Zeichner", der er 1912 noch war, in Fabianis Architekturbüro die Feder geschwungen. Štanjel blieb verschont. Was den Nazis nicht gelang, *Titos* Partisanen vollendeten es. Sie brannten den Ort nieder und bestraften so die angebliche Kollaboration.

Die Menschen zogen weg und während der gesamten jugoslawischen Ära war Štanjel ein Geisterdorf. Nun regt sich wieder Leben. Nach und nach wird, soweit es möglich ist, da die Pläne bei der Strafaktion ebenfalls verbrannten, die Ortschaft wieder aufgebaut und schrittweise

057sl sk

zum **Museum** gewandelt. Das Schloss ist in Teilen bereits wieder errichtet und beherbergt die **Galerie Lojze Spacal,** die Werke des Malers und Grafikers ausstellt. Zahlreiche Galerien haben in den historischen Häusern ihre Tore geöffnet.

■ **Galerija Lojzeta Spacala,** Tel. 05-769 00 56, www.visitstanjel.si, Sommer tgl. 10–12 und 12.30–18, Winter bis 16 Uhr, 5 €, Kind 3 €, mit Schlossmuseum 10 €, Kind 6 €.

Ebenfalls im Schloss informiert eine Ausstellung zu Leben und Werk von **Maks Fabiani.** Außerdem erfährt man Wissenswertes zum Projekt Museumsdorf.

■ **Razstava Maks Fabiani,** Öffnung wie *Galerija Lojzeta Spacala*, Eintritt frei.

Das **Karsthaus** besteht aus Bauernstube, Schlafkammer und Vorratskammer und zeigt eine typische Einrichtung und Gerätschaften. **Kraška hiša,** Fr–Mi 9–18 Uhr, 3 €, Kind 1,50 €.

Am schönsten ist es, durch die engen Gassen zu schlendern und die Steinmetzkunst zu bewundern. Sogar die Regenrinnen sind aus Stein geschlagen und sammeln das Regenwasser in Zisternen; Brunnen gab es in Štanjel nicht. Teile des **Fabiani-Parks (Ferrari-Garten)** sind kostenfrei zu besichtigen. Im Sommer finden Veranstaltungen und Konzerte statt.

◁ Štanjel wurde von Titos Partisanen beinahe vollständig zerstört – nun wird das Dorf nach und nach wieder aufgebaut

heute am Hauptplatz in barocker Pracht; Teile des Parks mit Statuen sind auch noch erhalten.

Im Ort produziert auch eine der großen slowenischen **Kellereien** – die Vinoteka Vipava. Sie entstand 1964, arbeitet nach modernsten Methoden und empfängt auch Besucher zu einer Weinverkostung. Die Keltertradition am Ort ist ebenso wie der Weinkeller über 100 Jahre alt. Das Restaurant *Majerija* (siehe „Essen und Trinken“) serviert Käse aus dem nahegelegenen Nanos-Gebirge, Schinken und auch warme Spezialitäten der Karstregion.

■ **Vinoteka Vipava,** Glavni trg, 5271 Vipava, Tel. 05-368 70 40, www.facebook.com/vinotekavipava1, Sommer tgl. 9–19, Winter Mo–Fr 9–16, Sa 9–13 Uhr.

Wanderung auf den Nanos

Er sieht aus wie ein wuchtiger Felsbuckel und überragt mit seinen beiden, 1262 m und 1313 m hohen Gipfeln die hügelige Karstlandschaft des **Vipava-Tales:** der Nanos. Wenn sich sein Gipfelplateau in Wolken hüllt, so sagen die Menschen hier, ist dies ein sicheres Zeichen dafür, dass die Burja kommt. Dann sollte man sich keinesfalls an den Aufstieg machen.

Ausgangspunkt der Wanderung ist das Dorf **Razdrto,** wo man in Richtung Veliki Ubeljski zunächst die Autobahn überquert und danach links das Fahrzeug abstellt. Man folgt dem Pfad über Wiesen in den Wald hinein. Hier teilt sich der Weg, die rechte Variante ist kürzer, im mittleren Teil aber etwas ausgesetzt und erfordert ein bisschen Kletterei. Steil geht's bergan zum Nanos-Gipfel

Pleša, den man in 2½–3 Stunden erreicht. Von oben genießt man eine herrliche Weitsicht ins Vipava-Tal und bis an die Adria. Hier kann man sich in der Hütte **Vojkova koča na Nanosu** (www.vojkova-koca.pdpostojna.si, Mai–Sept., Fr–So) stärken, bevor man am Kirchlein Sv. Jeronim vorbei über die leichtere Variante den Rückweg antritt (weitere 2 Stunden).

Burg Rihemberk

Burg Rihemberk (auch Burg Branik, dt. Richenberg) liegt bei **Branik** im Tal der Branica, die ein Stück südlich parallel zur Vipava fließt (bei Potoce von der Landstraße Ajdovščina – Nova Gorica nach Süden abbiegen). Sie gilt als einer der eindrucksvollsten Wehrbauten des Landes und ist die größte und älteste Burg der Küstenprovinz der Habsburger. 1944 jagten Partisanen die Burg in die Luft, um die Wehrmacht abzuhalten, sich in Rihemberk festzusetzen. Über Jahrzehnte hat man die Burg rekonstruiert, wenngleich der Wiederaufbau nicht zur Gänze abgeschlossen wurde.

Im Sommer finden **Veranstaltungen** statt, Theater, Konzerte und Performances. Am letzten Wochenende im August treffen sich die Winzer und Kunstgewerbler im Burghof und feiern in Anlehnung an das Quartalsfest den Jahrmarkt vor Beginn der Weinlese. Aus den Schläuchen fließt der Rebensaft des Vorjahres.

- **Burg/Grad Rihemberk,** Branik 122, 5295 Branik, Tel. 051-20 19 10, https://rihemberk.com, Mai–Sept. Sa, So 10–19, April, Okt., Nov. 10–18, Aug. auch Mo–Fr 10–13 Uhr, 6 €, Kind 3 €.

Schloss Vogrsko

Fährt man von Ajdovščina auf der Landstraße Richtung Nova Gorica und biegt dann nach Dornberk ab, kommt man hinter diesem Ort nach Vogrsko (dt. Ungerspach) mit dem gleichnamigen Barockschloss. Wie Rihemberk wurde es im Krieg ein Opfer der Flammen, ist inzwischen aber perfekt renoviert. Im Schloss finden Veranstaltungen und Hochzeiten statt.

Praktische Tipps

Informationen

- **TIC,** Prešernova ulica 9, 5270 Ajdovščina, Tel. 05-365 91 40, tgl. 9–17 Uhr, www.vipavskadolina.si.

Verkehr

- **Bahnhof:** Cesta IV. Prekomorske 1, zurzeit keine Verbindungen.
- **Fernbusse** durchs Soča-Tal nach Norden und an die Küste, meist mit Umstieg in Nova Gorica, Župančičeva ulica 8, Tel. 01-431 77 00, www.nomago.si.

Unterkunft

Die Karstregion ist ein Paradies für Genießer, und viele Gasthöfe, Osmice oder Bauernhöfe bieten einfache bis komfortable Übernachtungsmöglichkeiten und Köstlichkeiten für den Gaumen (und mit Wein auch für den Geist). Beachten Sie deshalb auch die unter „Essen und Trinken" genannten Adressen!

Štanjel

■ **Marija Jera Švagelj**②, Štanjel 6a, Štanjel, Tel. 05-769 00 18, www.apartments-stanjel.si. 6 Zimmer und Apartments praktisch eingerichtet, gute Tipps für Ausflüge von den Gastgebern.

St. Daniel④, Hruševica 1b, 6222 Štanjel, Tel. 05-997 69 29, www.stdaniel.si. Charmantes Bio-Hotel 2 km außerhalb von Štanjel im Südwesten mit nur acht Zimmern; ein kleines Spa und ein **Restaurant** mit Ökologie-Anspruch versprechen Erholung.

Razdrto

Hudičevec②, Razdrto 1, in Razdrto (Richtung Postojna), 6225 Hruševje, Tel. 31 39 02 03, www.hudicevec.si. 2 Apartments und 7 Zimmer, dazu Schinken, selbst gebackenes Brot, eine Suppe und Strudel – mehr braucht's gar nicht.

Tomaj

UNSER TIPP: **Škerlj**②, Tomaj 53a, 6221 Tomaj, Tel. 05-764 06 73, www.tk-skerlj.si. Ferienbauernhof mit neun Zimmern/Apartments (Frühstück/Abendessen auf Wunsch) im Karst zwischen Sežana und Dutvolje, ein idealer und komfortabler Standort für Aktivurlauber.

Camping

Vrhpolje

■ **Kamp Vrhpolje,** Družina Kobal, Vrhpolje 42, 5271 Vipava, Tel. 05-366 53 05, www.facebook.com/kampvrhpolje, April–Sept. Der familiär geführte Campingplatz bietet ruhige Stellplätze (nur kleine Wohnmobile) und gepflegte Sanitäranlagen.

Essen und Trinken

Zemono

■ **Gostišče Pri Lojzetu**④, Dvorec Zemono, Tel. 05-368 70 07, www.zemono.si, Mo, Di geschl. In den Gewölben des Schlösschens Zemono, beliebt bei Hochzeitern – und bei Michelin-Testern, die voll des Lobes sind über die Kochkünste von *Tomaž Kavčič* (1 Stern). Nur Degustationsmenüs.

Štanjel

■ **Grad Štanjel**③, Štanjel 1a, Tel. 05-731 00 70, www.gradstanjel.si, tgl. 9–21 Uhr. In der Burg finden häufig Hochzeitsfeierlichkeiten statt und das Bistro profitiert von der festlichen Küche, die slowenische Rezepte aufnimmt, wandelt und auf hohem Niveau verfeinert. Schönes Sitzen im Burghof.

Vipava

■ **Gostilna Podfarovž**③, Tel. 040-763 84 70, Ivana Ščeka 2, Vipava, www.podfarovz.si, Mi–So 12–22 Uhr. Karstküche modern und spannend interpretiert, nur Degustationsmenü – aber es lohnt sich!

UNSER TIPP: **Majerija**③, Slap 18, Vipava, Tel. 05 368 50 10, www.majerija.si, Mai–Sept. Do–Sa mittags und abends, So mittags, Winter Fr/Sa mittags und abends, So mittags. Im Restaurant des alten Landguts bereitet der Küchenchef sehr gute, saisonale Gerichte aus regionalen Zutaten zu. In den zehn modern und schlicht gestalteten **Zimmern**②-③ kann man die ländliche Ruhe genießen.

Šepulje

■ **Domačija Šajna**③, Šepulje 4, 6210 Sežana, Tel. 05-764 10 96, www.sajna.si, Do geschl. Der imposante Gutshof steht für die Köstlichkeiten der Karstküche und bietet auch Übernachtungsmöglichkeiten, sehr schöner Freisitz.

Dobravlje

■ **Birsa**①, Brje 18a, Dobravlje, Tel. 05-368 81 13, www.kmetijabirsa.com, Fr 15–21, Sa 12–1, So 12–21 Uhr. Wegen des selbst hergestellten Schinkens kommen die Leute von weit her zur Vesper mit Fernblick über ein Nebental der Vipava: Schinken, Salami und Wein.

Komen

- **Špacapanova hiša**③, Komen, Tel. 030-22 63 90, www.spacapan.si, Fr, Sa, So 12–22 Uhr, Juli bis Sept. auch Di, Mi abends. Über den Ort hinaus bekannte Feinschmeckeradresse, auch **Gästezimmer**③.

Dutovlje

UNSER TIPP: **Gostilnica Ruj,** 3, Dol pri Vogljah 16, 6221 Dutovlje, Tel. 05-734 17 20, Do–So 12–16 und 19–22 Uhr. Die Tester von Michelin waren begeistert, und schon setzt ein Run ein auf diese winzige, versteckt in Grün gebettete „kleine Gostilna". Selbst eingelegter Thunfisch, Leberpastete vom selbst gezüchteten Kapaun, Karst-Grillplatte, aromatisiert mit wildem Spargel, Brennnessel, Dornmyrte und Bärlauch – einfach fantastisch!

Aktivitäten

- **Klettersteig auf die Gradiška Tura** (793 m): Man fährt von Vipava über das Dorf Gradišče hinaus bis zum Campingplatz Tura und parkt; auf dem markierten Weg Richtung Nanos kommt man nach wenigen Minuten an einen Steilhang. In den ersten Felsen zweigt rechts die östliche und leichtere Variante ab. Links weist ein Schild zur anspruchsvollen, gut gesicherten Via Ferratas (zelo zahtevna zavarovana pot). Der Weg ist nur für Schwindelfreie geeignet und führt über mit Stahlseil gesicherten Eisentritten steil und ausgesetzt nach oben (auf halbem Weg Balkon mit Aussicht). Dahinter wird der Weg einfacher, zum Gipfel ist es nun noch eine halbe Stunde. Der Blick reicht über die Weinhügel des Vipava-Tals (insgesamt für den Aufstieg 1½ Std.). Vom Gipfel wendet man sich nun ostwärts in lichten Wald und folgt den Schildern Abram zum beliebten Berggasthof Furlanovo zavetišče (nur am Wochenende geöffnet). Von hier geht es über die einfache Variante zurück zum Ausgangspunkt (1 Std.).

Postojna

- **Meereshöhe:** 554 m
- **PLZ:** 6230
- **Vorwahl:** 05
- **Einwohner:** 9600
- **Dt. Name:** Adelsberg

Wer Postojna ansteuert, macht dies aus einem einzigen Grund: um die weltberühmten **Karsthöhlen** zu besuchen. Die Stadt selbst zeigt sich von einer unattraktiven Seite und selbst bei viel gutem Willen gibt es nichts Außerordentliches zu entdecken. Ein bisschen Industrie und Verwaltungseinrichtungen sind in der Stadt angesiedelt, ansonsten lebt sie vom Tourismus um die Höhlen herum. Vom Titov trg im Stadtzentrum sind es 1,5 km. Die Höhlenburg Predjamski grad liegt 9 km weiter nordwestlich. Vom Bahnhof und von der Busstation verkehrt zeitweise ein Shuttlebus zur Höhle und zur Burg.

Postojna ist die Pforte Innersloweniens zur Küste und so siedelten hier schon im Paläolithikum Menschen und hinterließen in den Höhlen ihre Artefakte. Schriftliche Verweise auf eine Siedlung gibt es seit 1226. Bis 1371 gehörte Postojna zum Patriarchat von Aquileia und kam dann zu den Habsburgern. 1432 erhielt es Markt-, 1909 die Stadtrechte. Die Eisenbahnlinie verband ab 1857 Wien über Postojna mit Triest.

Übernachtung
1 Campingplatz Pivka jama
2 Hotel Jama
4 Eco-Hotel Center
6 Hostel Proteus

Essen und Trinken
3 Modrijanova domačija
5 Picerija Čuk
7 Ob Kaminu
8 Pri Andrejevih

Notranjska-Museum

Einzige Sehenswürdigkeit des Ortes ist das Karst- oder Notranjska-Museum im ehemaligen Schloss in der Stadtmitte. Es zeigt das **Karstland** unter paläologischem, geologischem und hydrologischem Blickwinkel und besitzt einiges an historischen und ethnografischen Exponaten.

■ **Notranjski muzej,** Ljubljanska cesta 10, Tel. 05-726 42 10, www.notranjski-muzej.si, Sept. bis Mai Di–So 10–17, sonst bis 18 Uhr, 6 €, Kind 4 €, Familie 15 €.

Höhlen im Raum Postojna

Das Höhlensystem von Postojna

Der Eingang zum Postojna-System ist mit einem Gürtel aus altösterreichischen und modernen Gebäuden abgesichert, vor ihm windet sich auf betonierter Fläche der Lindwurm der Besucher, die sich in die jahrhundertealte Tradition der touristischen Höhlenforschung einreihen.

Bereits im Mittelalter hinterließen die Menschen ihre Schriften an den Wän-

806sl sk

den, die eigentliche Entdeckung beginnt aber mit dem Jahr 1818, als man in die tiefer gelegenen Teile vorstieß. Der Führer *Luka Čeč* kletterte anlässlich der Vorbereitungen eines Besuches von Kaiser *Franz I.* auf einen hohen Felsen über der unterirdisch fließenden Pivka und sah den Eingang in die wirkliche Tiefe der Unterwelt. Man führte die neuen Säle und Gänge dem Kaiser vor – mit Kerzen und Fackeln erleuchtet. Schon 1872 konnten die Touristen, in zweisitzigen Schienenwagen geschoben, die Höhlentour äußerst bequem genießen, 1884 kam die elektrische Beleuchtung und ab 1914 zog eine Motorlokomotive die Waggons in den Berg. 1944 zerstörte eine Explosion die Tropfsteine des ersten Teils der Höhle. Die Deutsche Wehrmacht hatte sie als Benzinlager genutzt, Partisanen drangen aus der Tiefe über geheime Gänge vor und setzten das Lager in Brand. Seitdem sind diese Wände schwarz gefärbt. 1959 bekam die Lokomotive einen Elektromotor, 1964 wurden die **Gleise als Rundtour** gelegt.

Heute sind etwa 5 km der Öffentlichkeit zugänglich, davon 3,5 km per Eisenbahn und 1,5 km zu Fuß., und Spezialveranstaltungen wie **Konzerte und Krippenspiele** locken zahlreiche Menschen an. Heute kommen rund 850–900.000 Gäste pro Jahr und entdecken die fantastischen Gebilde, die die Natur in Zehntausenden von Jahren im geheimnisvollen Dunkel des Karstes erschaffen hat.

Das Becken von Postojna besitzt einen wasserundurchlässigen Boden, auf dem die Pivka fließt; erst bei Postojna gerät sie – unweit des Besuchereingangs – über wasserlösliches Gestein und verschwindet unter der Erde. Bei Pivka ja-

Ab nach Moria: Auf dem Weg zum Höhleneingang von Postojna

ma kann man ihren Weg noch ein Stück unterirdisch verfolgen, dann versickert sie und nimmt unerforschte Wege über 6 km Luftlinie bis zum Höhlensystem von Planinska jama, in dem sich die unterirdischen Ströme der Pivka und des Rak aus dem System des pulsierenden Karstsees von Cerknica vereinigen. Als Unica fließen sie ein Stück oberirdisch weiter, um hinter der Planinsko Polje wieder in den Hades einzudringen.

Die Pivka hat im Postojna-System ein **Geflecht an Gängen und Sälen** mit 21 km Länge ausgewaschen. Dafür benötigte sie eher ungenau geschätzte 1–2 Millionen Jahre. Hohe Niederschlagsraten mit bis zu 1600 mm pro Jahr haben zur Bildung von **Tropfsteinen** geführt. Das Wasser drang durch den kalkhaltigen Karst bis zur Höhlendecke vor, löste auf seinem Weg den Kalk und lies ihn bei Verdunstung als Tropfen an der Decke hängend (Stalaktiten) oder auf den Boden fallend (Stalagmiten) zurück. Es bildeten sich Vorhänge, breite Kronen, fein ziselierte Muster, pompöse Sättel, Überhänge, Säulen (wenn Stalaktiten und Stalagmiten zusammenwuchsen), Nadeln und Baldachine – eine Wunderwelt. Man findet mehrere Generationen von Tropfsteinen, die jeweils unter günstigen klimatischen Bedingungen entstanden. Die Älteste geht auf eine Zeit vor 80.000 Jahren zurück, die zweite stammt aus einer Warmperiode vor 50.000 bis 30.000 Jahren und die letzte aus der Eiszeit vor 10.000 Jahren. Für **einen Millimeter Wachstum** benötigt ein Tropfstein etwa **10 Jahre.**

Die einzelnen Abschnitte des Höhlensystems erhielten Namen: So gibt es den „Kongresssaal", den „Konzertsaal" (der größte – er kann 10.000 Besucher aufnehmen), die „Schönen Höhlen", die „Winterhalle" und den „Hohen Berg". Die „Russische Brücke" errichteten 1916 Kriegsgefangene.

In der Unterwelt leben Tiere, auch wenn man dies nicht glauben mag. 1831 fand ein Führer den **Käfer Drobnovratnik** *(Leptodirus hohenwarti),* das erste entdeckte Unterwelttier. Ein weiteres Lebewesen in dem für das ewige Dunkel typischen, fast durchsichtigen Weiß ist der **Grottenolm** *(Proteus anguinus).* Er hat keine Augen, sondern nimmt Restlicht mit seiner ganzen Körperoberfläche wahr und besitzt einen extrem entwickelten Geruchs- und Tastsinn. Über seine Existenz waren die Menschen hier bereits im 17. Jh. informiert und Sloweniens Universalgelehrter *Valvasor* beschrieb den Olm – etwas unsicher, ob es sich tatsächlich um ein nicht-magisches Lebewesen handelt – als „Drachenbrut".

■ **Postojnska jama,** Jamska cesta 30, Tel. 05-700 01 00, www.postojnska-jama.eu, ganzjährig, der Besuch dauert 1½ Stunden (warm anziehen, die Temperatur beträgt konstant 8 °C).

Das Caving-Camp

Das auf speläologische Exkursionen spezialisierte Camp (Zelten, Glamping, Schlafsaal und Apartments) liegt im Ort **Laze** bei Planinsko Polje (2 km außerhalb von Planina). Von dort als Basis kann man Ausflüge und Besichtigungen zu bekannten, aber auch weniger bekannten Höhlen unternehmen, so beispielsweise auf einem rund zweistündigen Höhlen-Rundweg (stabile Schuhe, Helm und Taschenlampe erforderlich).

■ **Speleocamp Laze**①, Tel. 031-41 26 34, www.speleocamp.com.

500sl sk

■ **Führungen** tgl. 10, 12, 15 Uhr, April bis Okt. auch 11, 14, 16 Uhr, Mai bis Sept. zusätzlich 9, 13, 17 Uhr, Juli, Aug. 18 Uhr.

■ **Eintritt** 29,90 €, Kind 17,90/23,90 €. Nebensaison und Kombiticket Postojna/Predjamski grad jeweils etwa 10 % günstiger als Einzelpreise (Kartenkauf auch über das Internet möglich, dann Datum und Uhrzeit verbindlich).

■ **Shuttle-Bus,** in der Saison stündlich zwischen Postojnska jama und Predjamski grad.

Predjamski grad, dessen berühmter Herr, Ritter Erasmus, ein unrühmliches Ende nahm

Im **Vivarium Proteus** neben dem Höhleneingang werden der geheimnisvolle *proteus anguinus*, der Grottenolm, und andere Höhlenbewohner vorgestellt.

■ **Vivarium,** wie Höhle von Postojna, Nov. bis März 10–15 Uhr, April, Okt. bis 16 Uhr, Mai, Juni, Sept. bis 17 Uhr, Juli, Aug. bis 18 Uhr, 12 €, Kind 7 €, Nebensaison etwa 10 % günstiger, mit Postojna- und Expo-Höhle (→ unten) 39,90/23,90 €.

Pivka-, Črna- und Otoška-Höhle

Die Höhlen Pivka und Črna erreicht man über den Campingplatz *Pivka jama.* Nur bei Sonderführungen kann man die Otoška-Höhle besuchen. In allen Bereichen des Höhlensystems werden Abenteuertouren organisiert; Details dazu gibt es auf der Website, eine Voranmeldung für die Abenteuertouren ist erforderlich.

■ **Pivka/Črna/Otoška jama,** *Postojnska jama turizem,* Jamska cesta 30, Tel. 05-700 01 00, www.postojnska-jama.eu, Besichtigung nach Voranmeldung (Tel. 05-700 01 00 oder info@postojnska-jama.eu) und mit Speläologieausrüstung zwischen Mai und September möglich. Eine individuelle Besichtigung verspricht auch das rund dreistündige **„Trekking durch drei Höhlen"** (Postojnska, Črna und Pivka, nur slowenisch oder englisch), Termine nach Voranmeldung, 90 €, Kind 60 €.

Postojna Expo-Höhle

In dem modernen Annex am Höhleneingang informiert eine interaktive Ausstellung über die Geschichte der Höhle – von der Entstehung bis zur Erforschung. Die didaktisch hervorragend aufbereitete, moderne und interaktive Ausstellung erlaubt tiefe Einblicke in den Karst und zeigt in zwei weiteren Abteilungen die *Schmetterlinge der Welt* und *Das Leben in Milliarden Jahren* über die Entstehung der heutigen Erde.

■ **Expo,** www.postojnska-jama.eu, Öffnungszeiten wie Vivarium, 12 €, Kind 7 €, Kombitickets siehe oben.

Predjamski grad und Erasmus-Höhle

Predjamski grad, 9 km vom Höhlensystem von Postojna entfernt, ist mit ihm nicht verbunden. Die **Vorhöhlenburg** ist eines der am schönsten gelegenen Bauwerke des ganzen Landes. Das vierstöckige Gebäude ragt über bunten Wiesen weit in die sich in der 123 m hohen Felswand öffnende Höhle hinein und galt als uneinnehmbar. Der Sage nach belagerte sie der Triestiner Hauptmann *Ravbar* ein ganzes Jahr, aber der Raubritter *Erasmus* versorgte sich und seine Mannen durch das 6,5 km lange Höhlensystem, ohne dass die Belagerer dies ahnten. Nur durch Verrat konnten die Triestiner schließlich 1483 eindringen. Ein Mitstreiter von *Erasmus* markierte das stille Örtchen, auf das sich der Raubritter stets zur selben Zeit zurückzog. Dort bereitete ihm ein gezielter Kanonenschuss ein gänzlich unerwartetes Ende.

Die Renaissance-Burg entstand im 16. Jh. unter den Grafen *von Cobenzl,* der ältere Teil in der natürlichen Höhle stammt vom Anfang des 13. Jh. Heute ist das Schloss ein **Museum** mit einigen Möbeln aus hehrer Ritterzeit und Gemälden. Die Burg besitzt weniger Räume, als man von außen erahnen mag, da sie direkt am Fels „klebt". Von der gesamten Höhle ist nur knapp ein Kilometer der Öffentlichkeit zugänglich, für den Rest benötigt man Ausrüstung und eine eigene Führung.

Die kleine Kapelle gegenüber stammt aus dem Jahre 1449 und ist der „Schmerzensmutter“ geweiht. Unter der mächtigen Linde daneben soll Raubritter *Erasmus* begraben sein.

- **Predjamski grad,** Tel. 05-751 52 60, www.postojnska-jama.eu, Burgmuseum Nov. bis März 10–16, April, Okt. bis 17 Uhr, Mai, Juni, Sept. bis 18, Juli, Aug. bis 19 Uhr, 19 €, Kind 11,50 € (Kombiticket für Postojna und Predjamski grad etwa 10 % günstiger als Einzelpreise).
- **Abenteuerexkursionen:** Die Höhlen unter der Burg sind nur auf gesonderten Führungen anzuschauen, Mai bis Sept. 11, Juli, Aug. auch 13 und 16 Uhr, 17 €.
- **Shuttle-Bus,** in der Saison stündlich zwischen Postojnska jama und Predjamski grad.

Höhle von Planina

Fährt man von Postojna nach Norden Richtung Planina, kommt rechts nach ca. 10 km ein Abzweig zur Planinska jama. Hier sieht der Fluss Unica das erste Mal das Tageslicht, fließt einige Kilometer oberirdisch über das Planinsko Polje und taucht wieder ab. Als Ljubljanica schließlich kommt er endgültig wieder hoch. Besucher können in die Unterwelt eindringen. Das Höhlensystem ist insgesamt 6,1 km lang, die Besichtigung geschieht auf 900 m. Der Eingang ist eine immense Öffnung in einer 90 m hohen Wand. Man gelangt ohne weitere Ausrüstung bis zum Zusammenfluss von Rak und Pivka. Nach Voranmeldung sind auch Bootstouren möglich.

- **Planinska jama,** www.planinskajama.wordpress.com, Tel. 041-33 86 96 oder 041-30 45 88, April bis Juni, Sept. Sa 17, So 15, 17 Uhr, Juli, Aug. tgl. 17 Uhr, 10 €, Kind 7 €.

Park der Militärgeschichte Pivka

15 km südlich von Postojna beim Dorf **Pivka** zeigt der Park der Militärgeschichte Pivka in den Hallen und im Außenbereich Panzer, Fahrzeuge und Artillerie aus dem Zweiten Weltkrieg, aus jugoslawischer Zeit und vom Unabhängigkeitskrieg der Slowenen. Weiter zu sehen sind fünf Flugzeuge (darunter eine Mig 21) und das jugoslawische Sabotage-U-Boot *P-913 Zeta.* Ebenfalls vorhanden: Restaurant, Laden und Wohnmobil-Stellplätze. Ein **militärhistorischer Rundweg** durch die Karstlandschaft dauert vier Stunden.

- **Park vojaške zgodovine Pivka,** Kolodvorska 51, Pivka, Tel. 05-721 21 80, http://parkvojaskezgodovine.si, Juli/Aug. 9–18, Mai/Juni/Sept./Okt. Mo–Fr 10–16, Sa/So 10–18, März, April Mo–Fr 11–15, Sa, So 10–16, Nov. bis Feb. Mo–Fr 11–14, Sa, So 10–16 Uhr, 12 €, Kind 7 €.

Bärenbeobachtung

Unser Tipp: Wer in der **Pension Na Meji**② absteigt (ca. 16 km südlich von Postojna), kommt nicht nur in den Genuss einer angenehm-ruhigen Unterkunft mit fünf Zimmern, zwei Apartments und einem kleinen Campingplatz, sondern kann nach Voranmeldung mit auf Bärenbeobachtung gehen. Nach etwa einstündiger Anfahrt mit Erläuterungen der Flora und Geologie werden die

Nova Gorica und der Karst

Hochsitze erreicht. *Marko* und *Nada Mezgec*, die Eigentümer der Pension, gehen davon aus, dass die Tiere mit hoher Wahrscheinlichkeit gesichtet werden (für Gruppen bis vier Personen um 300 €).

■ **Pension Na Meji,** Trnje 1, 6257 Pivka, Tel. 041-64 89 60, www.pension-nameji.com.

Praktische Tipps

Informationen

■ **TIC Galerija,** Trg padlih borcev 5, 6230 Postojna, Tel. 040-12 23 18, www.visit-postojna.si, Mo–Fr 8–16 Uhr.

Verkehr

■ **Bahnhof:** Kolodvorska cesta 25, Tel. 080-81 11, https://potniski.sz.si, mehr als 20 Verbindungen täglich nach Ljubljana (70 km) und Sežana bzw. Triest, bis zu 4 Verbindungen nach Koper (90 km).

■ **Fernbusse:** *Arriva,* Titova cesta 2, Tel. 090-74 11, www.arriva.si; Postojna wird praktisch von allen Bussen zwischen Ljubljana und dem Süden angefahren.

■ **Fahrradverleih:** *Čeho bike,* Tržaška cesta 23, Postojna, Tel. 040-16 94 01, www.ceho-bike.weebly.com.

> **Privatsphäre**
> Bei der Renovierung des Hotel Jama 2016 wurden sie wiederentdeckt, die **Räume des Nachrichtendienstes,** in denen die Agenten *Titos* saßen und Gäste abhörten. Wer 15,50 € an der Rezeption zahlt, darf mit Audioguide in die original erhaltene geheime Welt eintauchen.

Unterkunft

2 **Hotel Jama**③-④, Jamska cesta, Postojna, Tel. 05-700 01 00, www.postojnska-jama.eu. Prunkhotel der Höhlenverwaltung direkt am Eingang. Mit 80 Zimmern und Suiten und allen Annehmlichkeiten.

4 **Eco-Hotel Center**③, Kolodvorska ulica 1, Postojna, Tel. 081-61 71 31, www.hotel-center.eu. Drei-Sterne-Hotel mit 30 neu gestalteten Zimmern in zentraler Lage, kleines Wellness-Center mit Sauna. Hilfreiches und freundliches Personal.

6 **Hostel Proteus**①, Tržaška cesta 36, Tel. 850 10 20, https://proteus.sglzs.si. Moderne Jugendherberge im Zentrum mit 30 Zimmern, Kochmöglichkeit.

Landol

(Unser Tipp:) **Lipizzaner Lodge**③, Landol 17, 6230 Landol, Tel. 05-620 34 43, www.lipizzanerlodge.com. Lipizzaner-Pferde, E-Mountainbikes und ein absolut sport- und öko-begeistertes Team machen dieses B&B mit Zimmern und Apartments trotz der stolzen Preise zur besonderen Empfehlung in der Region.

■ **Žigon**②, Grčarevec 8, Logatec, Tel. 01-754 36 48, www.zigon.net. Freundlicher B&B-Betrieb mit 10 Zimmern in einem winzigen Weiler unweit des Flüsschens Unica (Angeln!).

Camping

1 **Pivka jama,** Veliki Otok, Postojna, Tel. 05-720 39 93, http://camping-postojna.com, ganzjährig offen, 600 Plätze, Fahrradverleih, Freibad, Restaurant, Höhlenführungen, Tennis, Bogenschießen.

■ **Stellplätze:** Postojnska jama, 250 m vom Höhleneingang, 30 Stellplätze mit Strom, Wasser/Abwasser (um 20 €/Nacht, im Winter geschl.).

Pivka

(Unser Tipp:) **The Sunrise Hill,** Drskovče 4, Pivka, Tel. 070-45 67 44, www.sunrisehill.si. Camping und Glamping in schöner Lage am Rand des Ortes Pivka; guter Ausgangspunkt für Radtouren (kostenloser Verleih).

Essen und Trinken

8 Pri Andrejevih③, Narin 107, Postojna, Tel. 041-53 60 94, www.andrejevi.si. Ausgezeichnete traditionelle Karstküche als *Slow Food,* die einen Umweg rechtfertigt, begleitet werden die Gänge von ausgezeichneten Weinen, **Gästezimmer**②, täglich offen, Reservierung obligatorisch.

7 Gostilna Ob Kaminu②, Tržaška cesta 88 (von Postojna 3 km Richtung Koper an der Hauptstraße), Tel. 05-720 15 01, http://gostilnaobkaminu.si, Mo geschl. Pizza und Pasta auf großer Gartenterrasse.

5 Picerija Čuk①, Pot k Pivki 4, im Sportpark von Postojna, Tel. 05-720 13 00, www.gostilna-cuk.si, Di, Mi geschl. Pizza aus dem Holzofen, die auch Italiener zufriedenstellt, einfache, helle Einrichtung.

3 Modrijanova domačija, gegenüber der Postojna-Höhle, April–Sept. 11–18 Uhr. In der restaurierten Mühle von 1593 ist ein Imbiss untergebracht und man erhält Schinken und Käse, dazu guten Hauswein.

Predjamski grad

■ **Gostilna Požar**②, Predjama 2, Predjamski grad, Tel. 05-751 52 52 www.gostilna-pozar.com, Jan.–März nur Sa/So, Juli/Aug. täglich, sonst Mi geschlossen. Landküche in verlässlicher Qualität mit den Standards Sloweniens und Blick auf die Burg, wegen der Lage immer viel Betrieb.

Feste und Veranstaltungen/ Aktivitäten

■ Im Höhlensystem finden immer wieder **Konzerte** statt. Das Restaurant am Eingang war lange Jahre Schauplatz von Sessions mit den Größen des Blues wie *Otis Taylor* oder *Corey Harris.* Dieses Ereignis ist zwar bis auf weiteres ausgesetzt, soll aber wieder kommen.

Reiten: *Grad Prestranek,* Na gradu 9, Prestranek (6,5 km südlich von Postojna), Tel. 05-754 05 95, www.gradprestranek.si. Pferdezucht, Ausritte, Reitunterricht, auch Kinderreitkurse auf Island-Ponys und mehrtägige Trekking-Touren. Im ehemaligen Herrenhaus werden mehrere **Apartments**② vermietet.

■ **Angeln:** Angelscheine verkauft das Touristenbüro.

Cerknica und sein See

- **Meereshöhe:** 575 m
- **PLZ:** 1380
- **Vorwahl:** 01
- **Einwohner:** 3900
- **Dt. Name:** Zirknitz

15 km östlich von Postojna verströmt das kleine Cerknica nördlich des gleichnamigen Sees, östlich des Naturschutzgebietes Rakov Škocjan und abseits der touristischen Trampelpfade angenehme Ruhe und unprätentiöse Gelassenheit. Man will nicht mehr scheinen, als man ist – ein besinnlicher Anlaufpunkt, ein Ort zum Verweilen und Überdenken des immer Wiederkehrenden, so wie der See im Laufe der Jahreszeiten fast verschwindet und doch aufs Neue an die Oberfläche sprudelt. Das Zentrum des Dorfes bildet die Hauptstraße Cesta 4. maja. Auf einer Fahrstraße lässt sich der See umrunden.

501sl sk

Cerknica gehörte zum Patriarchat von Aquileia, ging dann aber in die Hände der Herrschaft von Planina über. Seinen Lebensunterhalt verdiente man mehr recht als schlecht mit dem Salz- und Holzhandel und die Feinde brannten den Ort regelmäßig nieder – erst die Türken, dann die Deutschen. Den türkischen *Raids* fiel 1472 die **Kirche Mariä Geburt** zum Opfer; sie wurde als gotisches Gotteshaus dreischiffig mit sterngewölbtem Presbyterium neu errichtet und rundherum entstand eine Verteidigungsanlage, von der noch zwei Türme stehen. Zu sehen ist sie auf dem Hügel Tabor, dem mittelalterlichen Zentrum.

Die intakte Natur des Cerknica-Sees

See von Cerknica und Cerkniško polje

Das Kapital des heutigen Cerknica ist seine intakte Natur. Der Ort liegt am Cerkniško polje, einem Feld an der Verwerfung von Voralpen und Karst mit einem Dolomitstreifen, der verantwortlich dafür ist, dass das **Wasser des Sees periodisch versickert** und wieder an die Oberfläche gedrückt wird. Das ganze Feld ist von Höhlen und Gängen unterminiert, durch die ständig Wasser fließt. Eines dieser Gewässer unter dem See ist der Rak, der sich im Höhlensystem von

Planina mit der Pivka von Postojna vereinend zur Unica wird, die ihren Weg weiter unterirdisch nimmt, um schließlich als Ljubljanica an die Oberfläche zu treten und durch die Hauptstadt zu strömen. Gibt es zuviel Wasser, funktionieren die Kavernen wie eine überlastete Kanalisation: Das Wasser drückt aus den Gullis. Schon der berühmte Universalgelehrte *Johann Weichard Valvasor* beschrieb diesen Vorgang im 17. Jh.

Am besten übersieht man das Karstfeld und den See vom **Berg Slivnica,** 1114 m über dem Meer und 500 m über dem Ort. Man kann zu Fuß hinauf gelangen (1½ Std.) oder von Cerknica bzw. Grahovo (im Winter sicherer) mit dem Auto hochfahren (7 bzw. 9 km). Das Gasthaus oben ist ganzjährig an den Wochenenden geöffnet und besitzt ein paar Zimmer für die, die absolute Zurückgezogenheit suchen (s. „Unterkunft").

Der See von Cerknica misst, wenn er voll zu Tage getreten ist, 36 km². Dazu muss es ein Jahr mit viel Schneefällen geben und auch der Regen muss ergiebig gewesen sein. Dann bricht das Wasser im Frühjahr an die Oberfläche und verdunstet und versickert bis zum Sommer. Wird der See immer kleiner, marschieren die Fischer zu Fuß am See entlang und packen mit der Hand, was in kleinen Tümpeln überlebt hat (Hecht, Döbel, Weißfisch und Rotkarpfen). Zwei Wochen lang **im August** ist der See **fast gänzlich verschwunden,** dann wirken die auf den Feldern liegenden Ruderboote wie die skurrile Idee eines Fremdenverkehrsamtes. Im Sommer kann man ihn auf einer 20 km langen und einer kürzeren, 7 km langen Tour umrunden: zu Fuß, mit dem Auto, dem Rad, zu Pferde oder mit dem Fuhrwerk.

Regenfälle lassen bis zum Herbst den See immer weiter ansteigen. Im Winter packen die Anrainer die Schlittschuhe aus. Da der See nur eine geringe Tiefe hat, friert er bei entsprechenden Temperaturen schnell zu.

Früher wollte man, dass der See im Sommer schneller versickerte und schützte die Wasserschlinger, die an die Oberfläche reichenden Kanäle, mit Gatter vor Verschlammung. So gewannen die Bauern mehr Zeit für die Heuernte. Heute will man das Gegenteil (mit Dämmen aus Beton), sodass mehr Zeit zum Angeln bleibt. Mehr zum See erfährt man in dem **Heimatmuseum** „Jezerski hram".

■ **Jezerski hram,** Dolenje jezero 1e, Tel. 041-56 18 70, www.jezerski-hram.si, Führung Mai–Okt., Sa 11, 15, So 11 Uhr, 9 €, Kind 7 €.

Der für den Karst unübliche Wasserreichtum der Gegend (normalerweise versickert das Nass in den porösen Böden sehr schnell) macht Cerknica zu einem **Paradies für Ornithologen.** Zu den rastenden Vögeln gehören u.a. der extrem gefährdete Rötelfalke *(Falco naumani),* die Rohrdommel *(Botaurus stellaris),* die Zwergrohrdommel *(Ixobrychus minutur),* der Schwarzstorch *(Ciconia nigra),* der Rotschenkel *(Tringa totanus)* und auch der Seeadler *(Haliaetus albicilla).* Die dichten Wälder südlich des Ortes und in Richtung der kroatischen Grenze bilden eines der **Kerngebiete der slowenischen Bärenpopulation,** die man unter kundiger Führung auch beobachten kann (→ S. 190).

In der Umgebung

Križna-Höhle

Die **Križna jama** zählt zu den aufregendsten Höhlen des Landes. Man findet sie auf dem Weg von Cerknica nach Stari trg im Südosten des Sees, 1 km abseits der Hauptstraße, 500 m hinter dem Abzweig nach Nova vas. Sie besteht aus **22 unterirdischen Seen,** die sich über 8 km hinziehen. Die einstündige Unternehmung beinhaltet einen Fußmarsch und eine kurze Bootsfahrt. Die längeren Führungen (4 und 7 Std.) finden nur in kleineren Gruppen und mit dem Boot statt (wenn es der Wasserstand erlaubt). In der Križna-Höhle hat man spektakuläre Knochenfunde von Höhlenbären gemacht.

■ **Križna jama,** der Besuch ist nur geführt möglich, Alojz Troha, Tel. 041-63 21 53, www.krizna-jama.si. Einstündige Führung mit kurzer Bootsfahrt Sa, So, Nov. bis März 15 Uhr, April bis Juni, Okt. auch 11 Uhr, tgl. April bis Okt. 15 Uhr, Juli bis Sept. auch 11, 13, 17 Uhr, Aug. zusätzlich 9 Uhr; 12 €, Kind 8 €; nur nach Voranmeldung: 4-stündige Besichtigung mit Bootsfahrt im Sommer ab 60 €/Person (bei vier Personen), 7-stündige Besichtigung (nur im Winter möglich) 320 €/Gruppe. Keine Kreditkarten!

Rakov Škocjan

Rakov Škocjan ist ein **Naturschutzgebiet** im Westen Cerknicas, zu dem man über einen Weg beim Vorort Podskrajnik oder von **Rakek,** dem Bahnanschluss der Region, aus gelangt. In dem Tal hatte der Fluss Rak ungesehen seine Bahn genommen – bis das Dach seines unterirdisches Bettes einstürzte; so fließt er heute für 2,5 km durch ein wildromantisches, oberirdisches Tal mit vielen Spazierwegen und einem **Naturlehrpfad.**

Besonders malerisch sind die beiden **Natursteinbrücken,** Reste des einstigen Daches des Rak: Veliki (große) und Mali (kleine) naravni most (Naturbrücke). Bei der großen Brücke liegen auch die Ruinen einer Kirche aus dem 15. Jh., **Sv. Škocjan** (der Namensgeber). Sinnvoll ist der Erwerb eines kleinen Büchleins (im TIC), das das Tal und die einzelnen Stationen des Lehrpfades detailliert beschreibt.

Schloss von Snežnik

Wie ein **Märchenschloss im Walde** träumt das Schloss von Snežnik (Schneeberg) im Süden von Cerknica von vergangenen Tagen. Man biegt bei Pudnob von der Hauptstraße ab und fährt 2 km über Wiesen und an Wäldern vorbei, bis das Schloss hinter dem Dorf Kozarišče durch die Bäume hindurch strahlend weiß grüßt. Hier ist man im äußersten Südwesten des Lož-Tales, unter dem gleichnamigen Gipfel auf einer felsigen Anhöhe.

Höchstwahrscheinlich wurde das Schloss im 9. Jh. begründet, als die Patriarchen aus Aquileia die Macht über das Tal übernahmen und mit dem Bau von Befestigungen die bedeutenden Handelswege schützen wollten, die in dieser Zeit aus Friaul und dem Küstenland nach Krain führten. Die ehemalige Burg Snežnik bestand damals aus zwei Türmen, die den Innenhof begrenzten und mit einem Gang verbunden waren, einer hohen Mauer und einem Burggraben.

Die ursprünglichen Herren des Schlosses waren die von **Schneeberg,** zum ersten Mal in einer Urkunde 1269 erwähnt. Bereits Anfang des 14. Jh. begann der Verfall der Familie *Schneeberg.* 1393 fiel ein Viertel des Schlosses und einige dazugehörige Bauernhöfe an einen Verwandten, *Wilhelm Lamberg.* Dessen Nachfahren verliehen dem Schloss im 16. Jh. die heutige Renaissancegestalt.

1707 übernahm den gesamten Besitz Fürst *Georg Gottfried Lichtenberg* und vereinte 1718 das Gut um Snežnik mit dem Landgut Lož. Anfang des 19. Jh. waren die Lichtenberger hoch verschuldet und mussten 1832 ein Lottodarlehen aufnehmen. Der Hauptgewinn war das gesamte Gut Snežnik bzw. 250.000 Gulden in bar. Der glückliche Gewinner, angeblich ein Schmied aus Ungarn, entschied sich für das Geld anstelle des Gutes. Die Lichtenberger verkauften nun alles an das Ehepaar *Karis* aus Wien. Auch die neuen Besitzer meldeten bald Konkurs an und das Schloss gelangte 1853 bei einer Auktion für 800.000 Gulden an den deutschen **Fürsten Schönburg-Waldenburg.** Er richtete es als Sommer- und Jagdresidenz ein, baute

Malerisch liegt Schloss Snežnik im Wald

ein weiteres Stockwerk, zwei Türme und eine Terrasse, hob die Ummauerung an, stattete das Innere mit kostbaren Möbeln aus und legte den englischen Garten an. Nach dem Ersten Weltkrieg wurde der Besitz der Familie dem Vertrag von Rapallo folgend zwischen dem Königreich der Serben, Kroaten und Slowenen und Italien aufgeteilt. Da der Gutsbesitzer Deutscher war, kam ein Zwangsverwalter.

Während des Zweiten Weltkriegs verteidigte der Verwalter das Schloss vor Plünderungen, sodass man auch heute die fast **intakte Einrichtung und Kunstgegenstände** aus der Zeit der Schönburgs bewundern kann. Schloss und Gut übernahm 1945 der Staat.

■ **Snežnik,** Kozarišce 67, Stari trg pri Ložu, Tel. 01-705 78 14, www.nms.si, 40-minütige Führung Sommer tgl. 10–16, Nov. bis März 11–15 Uhr, zur vollen Stunde, 8 €, Kind 4 €, Familie 12 €.

Praktische Tipps

Informationen

■ **TIC,** Dolenje jezero 68, 1380 Cerknica, Tel. 031-66 82 23, www.notranjski-park.si, Di–Fr 10–16, Sa, So 9–18 Uhr.

Verkehr

■ **Bahnhof:** Železniška postaja Rakek (5 km nordwestlich von Cerknica), zahlreiche Verbindungen in Richtung Ljubljana und Koper (Küste), Tel. 080-81 11, https://potniski.sz.si.

■ **Fernbushaltestelle:** Čabranska ulica 8, häufige Busverbindungen nach Ljubljana, Infos beim TIC und auf www.nomago.si, Tel. 01-431 77 00.

Unterkunft, Essen und Trinken

■ **Dom na Slivnici**①, Tel. 051-32 11 44, www.domnaslivnici.si. Nur eine Handvoll Zimmer in exklusiver Lage auf dem Berg Slivnica mit Weitsicht über den See; **Restaurant**①-② mit guter Küche, Do–So, aktuelle Öffnungszeiten s. Website.

Ferien auf dem Bauernhof

Logar, Žerovnica 16, Grahovo, Tel. 01-709 20 71, www.turisticnakmetijalogar.si. Komfortabler Ferienhof mit Öko-Landwirtschaft und fünf Zimmern, auch Halbpension möglich. Schöner Stellplatz für **Wohnmobile.**

Rakek

■ **Gostilna Pav**②, Ulica Rakovške čete 6, Rakek, Tel. 01-705 25 63, www.pav.si, Mo geschl., Di–Fr 10–15, Sa bis 23, So bis 21 Uhr. 100 m hinter der Tankstelle; beliebtes Fisch- und Fleischlokal mit deftiger Küche und gemütlichen Gästezimmern.

Feste und Veranstaltungen

■ Der **Fasching von Cerknica** lockt viele Leute der Umgebung an; es wird mit wilden Umzugswagen und noch wilderen Kostümen durch die Straßen getobt.

Aktivitäten

Bootsexkursion: *Tur Servis Cerknica,* Tel. 01-705 05 60, www.facebook.com/KanuSafari. Mit dem Kanu geht es bei ausreichend Wasser über freie Seeflächen und durch Uferschilf auf Entdeckungsfahrt.

021sl sk

4

Koper und die Küste

» Venedig en miniature erwartet den Gast an der knapp 46 km langen Küste: Piran und Izola gerieren sich als Kopien der Serenissima, im Badeort Portorož locken Sandstrände, an den Salinen von Sečovlje ein Vogelparadies. Und im von Oliven und Weinreben geprägten Hinterland kulinarische Genüsse.

‹ Badefreuden im Zentrum von Piran – das Meer ist allgegenwärtig

FERIEN-STIMMUNG AN DER ADRIA

Auf die Räder und los! Der Radwanderweg Parenzana führt an der kurzen slowenischen Küste von venezianischen Städtchen wie Izola zu Felsenstränden, vom schicken Portorož in das quirlige Koper, von Vogelschutzgebieten zu angesagten Strandanlagen. Auch in der Umgebung wartet Besonderes: Zwischen uralten Linden weiden die eleganten Lipizzanerpferde des Gestüts Lipica, und unter den vielen Tropfsteinhöhlen des Karstes zählen jene von Škocjan zum UNESCO-Weltnaturerbe.

Wenn die Unabhängigkeit den Slowenen etwas Negatives eingebracht hat, dann den Verlust von weiten Teilen ihrer geliebten Adriaküste. Urplötzlich war der direkte Weg zu den naturbelassenen Bade- und Strandparadiese durch die kroatische Grenze versperrt und eine Zeit lang traute man sich gar nicht so recht hinüber zu den ehemaligen Brüdern. Da aber Sloweniens Küstenlinie nur 46 km misst, ein Großteil von Städtchen, Häfen, Marinas und Salinen besetzt wird, und Kroatien seit 2013 in der EU ist, hatte man diese Scheu dann doch abgelegt.

[>] Kopers Loggia zählt zu den schönsten venezianischen Hinterlassenschaften an der slowenischen Adria

Die Highlights für Kinder

- **Poollandschaft mit Kinderbetreuung** | 217
- **Vilenica-Höhle** | 220
- **Kutschenfahrt** über das Gestütgelände | 222
- **Aquariumbesuch** | 241

NICHT VERPASSEN!

- Altstädte von **Koper** und **Piran** | 205, 239
- Mittelalterliche Fresken in **Hrastovlje** | 209
- Kletterpartie zur **Osapska jama** | 210
- Höhlen **Škocjanske jame** | 211
- Ritt auf einem **Lipizzaner** | 219, 222
- **Naturpark Strunjan** | 224
- Salinen von **Sečovlje** | 230

Diese Tipps erkennt man an der gelben Markierung.

725sl sk

Als Badeziel ist Sloweniens Küste also nur bedingt zu empfehlen. Was man hier im **slowenischen Istrien** aber hervorragend kann, ist alle nur erdenklichen Freizeitaktivitäten zu kombinieren: vormittags wandern oder radfahren, nachmittags in einem der Strandbäder eine Ruhepause machen, abends durch venezianische Musterstädtchen bummeln und später in exzellenten Fischrestaurants tafeln oder in einer Beach-Lounge entspannen. Wunderschöne Tropfsteinhöhlen, mittelalterliche Freskenkirchen und das Gestüt Lipica sind in halbstündigen Autofahrten von der Küste aus zu erreichen. Natur, Kunst, Baden und Action – all dies ist an der slowenischen Adria auf engstem Raum möglich.

Koper

- **Meereshöhe:** 11 m
- **PLZ:** 6000
- **Vorwahl:** 05
- **Einwohner:** 26.000
- **Dt. Name:** Gafers
- **Ital. Name:** Capodistria

Es war einmal ein kleines Städtchen auf einer Insel, ein Damm verband sie mit dem Festland. Griechen, Römer, Venezianer und Habsburger wussten die hübsche, langgestreckte Bucht zu schätzen – dann kam die Moderne und mit ihr ein

Koper und die Küste

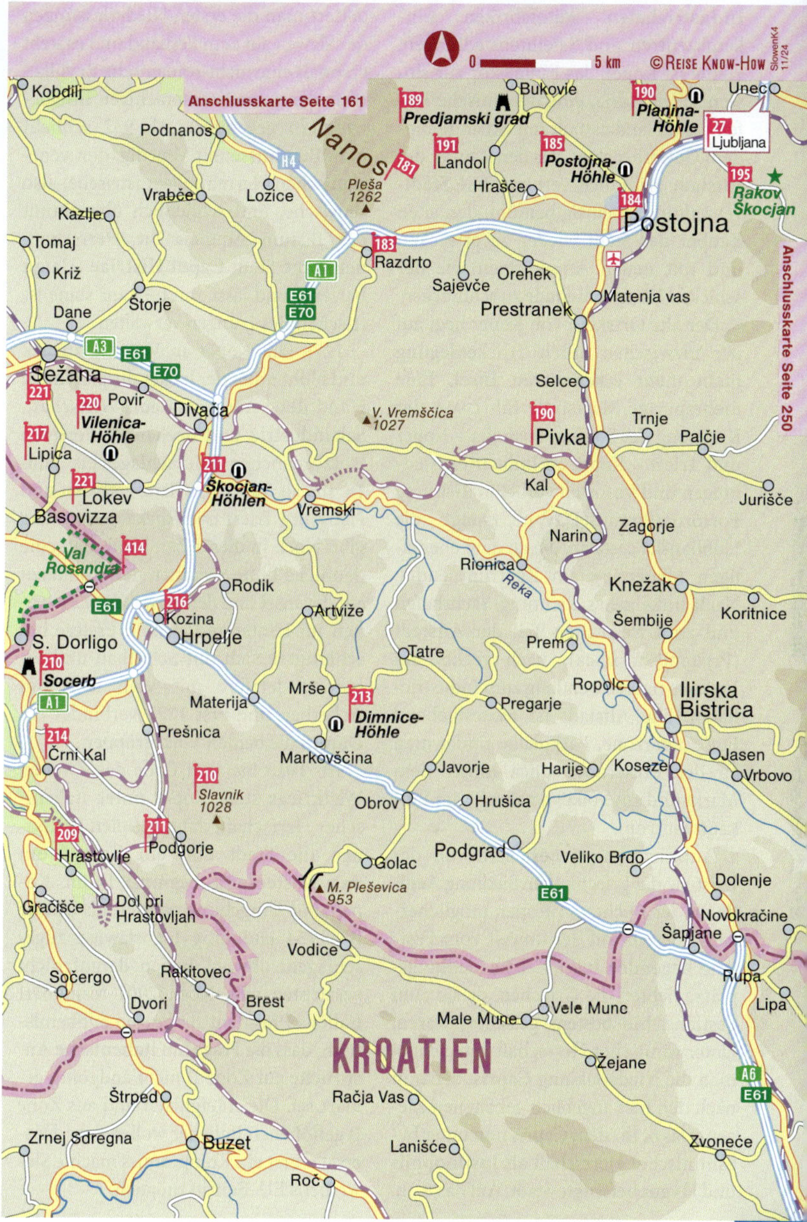
0 5 km
© Reise Know-How
SlowenK4 11/24
Anschlusskarte Seite 161
Anschlusskarte Seite 250
Kobdilj
Podnanos
Nanos
Pleša 1262
189 Predjamski grad
Bukovje
190 Planina-Höhle
Unec
27 Ljubljana
191 Landol
185 Postojna-Höhle
195 Rakov Škocjan
Hrašče
184 Postojna
Vrabče
Lozice
Kazlje
Tomaj
Križ
183 Razdrto
Sajevče
Orehek
Matenja vas
Prestranek
Štorje
Dane
Sežana
221
220 Povir
Vilenica-Höhle
Divača
217 Lipica
221 Lokev
211 Škocjan-Höhlen
Basovizza
414
Val Rosandra
V. Vremščica 1027
Selce
190 Pivka
Trnje
Palčje
Kal
Juršiče
Vremski
Narin
Zagorje
Rionica
Reka
Knežak
Koritnice
Šembije
Rodik
216 Kozina
Hrpelje
Artviže
S. Dorligo
210 Socerb
Tatre
Prem
Ropolc
Ilirska Bistrica
Mrše
213 Dimnice-Höhle
Materija
Pregarje
Markovščina
Prešnica
214 Črni Kal
Javorje
Harije
Koseze
Jasen
Vrbovo
210 Slavnik 1028
Obrov
Hrušica
Podgrad
Veliko Brdo
209 Hrastovlje
211 Podgorje
Golac
M. Pleševica 953
Dolenje
Gračišče
Dol pri Hrastovljah
Novokračine
Šapjane
Vodice
Rupa
Sočergo
Rakitovec
Lipa
Dvori
Brest
Male Mune
Vele Munc
KROATIEN
Žejane
Štrped
Račja Vas
Zrnej Sdregna
Buzet
Lanišće
Zvoneće
Roč
H4
A1
E61
E70
A3
A6

Industriehafen, Autofabriken, Einkaufszentren und Satellitensiedlungen. Heute ist Koper, das Einfallstor zur slowenischen Adria, eine dynamische Hafen- und Handelsstadt mit expandierendem Gewerbegebiet, das den Zauber der Altstadt gründlich verbirgt. Die Stadtverwaltung ist emsig bemüht, den alten Zauber der Stadt wieder zu erwecken und mit neuen Attraktionen wie der schicken **Uferpromenade** zu schmücken.

Der alte Ortskern von Koper liegt auf der inzwischen durch Trockenlegung nicht mehr erkennbaren **Insel.** Eine mehrspurige Magistrale führt von der Kreuzung der Straßen Postojna – Koper und Triest – Koper an Industrieansiedlungen und Vororten vorbei in Richtung Portorož/Piran. Davon zweigt die Ljubljanska cesta ab, die an dem ehemaligen Mauerring am Zentrum endet. Nach links geht's Richtung Yachthafen und zum westlichen Teil der Altstadt (Pristaniška ulica), nach rechts am Vojkovo nabrežje entlang zum Industriehafen. Die Altstadt ist weitestgehend Fußgängerzone, Parkplätze findet man an der Prešernova ulica hinter dem Markt und am Vojkovo nabrežje am Einkaufszentrum.

Aufzeichnungen berichten von der Existenz der griechischen Siedlung **Aegida** an der Bucht von Koper, möglicherweise bereits auf der unweit vom Festland liegenden Insel. Solche Siedlungsplätze liebten die Griechen, da sie zum Festland hin bestens gesichert waren. Unter römischer Herrschaft verzeichnet man die Niederlassung **Capris,** benannt nach den hier angeblich gehaltenen Ziegen. Das 6. Jh. sieht Capris nun unter byzantinischer Herrschaft als **Justinopolis** und als gut befestigte Stadt. Auf das 8. Jh. datiert man die ersten Niederlassungen der Slawen auf dem Festland und es steht erstmals eine nicht-romanische Bevölkerung den romanischsprachigen Inselbewohnern gegenüber. Ab 932 schließt man Bündnisse mit Venedig, den venezianischen Herren folgen istrische, also slawische, und schließlich übernimmt das Bistum Aquileia die Herrschaft, nennt die Stadt **Caput Histriae** (Haupt Istriens) und lässt von hier aus seine istrischen Besitzungen verwalten.

1279 fällt Koper an Venedig zurück und blüht unter der locker dirigierenden Hand der Serenissima auf. Wirtschaft, Salzindustrie und Seehandel florieren trotz mancher Rückschläge bis zum 18. Jh., als Venedigs Glanz verblasst und Habsburg Triest und Rijeka den Vorzug gibt. Noch in dieser Zeit kann man eine deutliche Linie zwischen den Romanen auf der Insel und den Slawen bzw. Slowenen im Hinterland ziehen. Erstere beschäftigten sich mit Schiffbau und Fischerei, letztere mit Viehzucht und Ackerbau und erst 1827 verbindet ein **Damm** die beiden Volksgruppen.

Ab 1918 bis zum Ende des Zweiten Weltkriegs steht Koper unter italienischer Herrschaft, dann befreien Partisanen die Stadt und ein **Kampf um das Küstenland** beginnt. Denn Koper und Umgebung werden als **„Zone B"** 1954 endgültig Jugoslawien zugeschlagen, obwohl Italien darauf nicht verzichten will. Noch 2001 formuliert Italiens Präsident *Berlusconi* euphemistisch, dass die Frage um **italienische Ansprüche** auf Zone B nicht endgültig geklärt sei. Die enteigneten und aus Zone B geflohenen Italiener wollen Schadensersatz. Erst ein Kompromiss machte Sloweniens EU-Beitritt möglich.

Koper

Übernachtung
- 3 Hotel Grand Koper
- 6 Hostel Bella Vista
- 14 Hotel Bio
- 16 Hotel Vodišek

Nachtleben
- 2 Kavarna Kapitanija
- 12 Lord Byron Pub

Essen und Trinken
- 1 Savor
- 3 Capra
- 7 Sarajevo 84
- 9 Salicornia
- 11 Istrska Klet Slavček
- 13 Beach Bar The Station
- 15 Kogo
- 17 Al Mulin

Sonstiges
- 4 Apotheke
- 5 Loža
- 10 Meduza
- 18 Vinakoper
- 19 Vinska Klet Santomas

Sehenswertes

Im Herzen der Altstadt

Von den ursprünglich zwölf Stadttoren ist heute nur noch die 1516 erbaute **Porta della Muda** im Süden erhalten, jenes Tor, an dem die Einfallstraße endet. Das Stadtwappen am Bogen zeigt übrigens nicht, wie man vom römischen Namen her erwarten könnte, eine Ziege, sondern eine fröhlich lächelnde Sonne. Die Ziege ist stattdessen das vielfach in den alten Bergstädtchen Istriens abgebildete Wappentier der kroatischen Halbinsel geworden.

Hinter dem Muda-Tor öffnet sich der längliche **Prešernov trg,** ein eleganter Platz mit originellem **Brunnen,** dessen Form eine Brücke nachahmt. Tatsächlich trug einer der Stifter des 1666 errichteten Wasserreservoirs den Namen *da Ponte* und ließ sich so verewigen. 15 Säulen säumen den Brunnen und zeigen die Wappen weiterer prominenter Mäzene. Nach links führt die Župančičeva ulica hinein in die Altstadt. Hier wie auch entlang der anderen Gassen von Koper stehen Häuser aus dem 18. und 19. Jh., einige ältere tragen noch venezianische Architekturdetails wie gotische Zwillingsfenster.

Nach rechts geht's nun in die Schustergasse, **Čevljarska ulica,** die zwar immer noch eine lebhafte Einkaufsstraße ist, aber unübersehbar von der Abwanderung der Läden aus der Altstadt in die modernen Einkaufszentren gebeutelt wird. Juweliere mit viel Filigranschmuck und die Kunstgalerie Meduza scheinen dem Sog der Zeit zu trotzen. Hier befindet sich auch der **Palazzo Almerigogna,** dessen rötliche Fassade mit lebhaften Fresken bemalt ist, der auch architektonisch seine Herkunft aus der venezianischen Gotik des 15. Jh. nicht leugnet.

Rund um den Titov trg

(Unser Tipp:) Die Čevljarska ulica führt durch einen eleganten venezianischen Torbogen im Prätorenpalast und mündet in den Titov trg, Kopers schönstes venezianisches Ensemble. Die meisten Bauten hier stammen aus dem 15. Jh., als Venedigs Bauherren den Platz gestalteten. Sie ließen den **Prätorenpalast** errichten, der später in der Renaissance eine ungewöhnliche Zinnenkrone verpasst bekam. Im Inneren kann man den Ratssaal und eine alte Apotheke besichtigen.

■ **Pretorska palača,** Titov trg 3, Tel. 05-664 64 03, Führungen nach Voranmeldung Mo–Fr 11 und 15 Uhr, 5 €, Kind 4 €.

Gegenüber dem Sitz der weltlichen Macht entstand die **Loggia** mit ebenfalls im 17. Jh. modifizierter, eleganter Fassade. In der einstigen Versammlungshalle lädt heute ein schickes Café zur Pause ein – das *Loggia Caffè.*

Die dritte Seite des Platzes nimmt die Stolnica ein, der bereits ab dem 12. Jh. dokumentierte **Dom,** dessen Bauphasen – Gotik im unteren Bereich, Renaissance im oberen und Barock im Innenraum – deutlich unterscheidbar sind. Der romanische Ursprung ist in einem runden Nebengebäude gegenüber der Nordfassade, der **Rotunda Janeza Krstnika,** zu erkennen (das ehemalige Baptisterium der Kirche ist leider meist verschlossen). Ein schönes Madonnenbild von *V. Carpaccio* (1516) schmückt den Altar, wertvollstes Stück des Doms aber ist der im 14. Jh. aus weißem Marmor gehauene Sarkophag des hl. *Nazarius.*

■ **Dom,** tgl. 7–20 Uhr, Eintritt frei.

Auf den **Glockenturm Mestni stolp,** den Campanile, ursprünglich Teil der Stadtbefestigung, kann man über 204

▷ Der Prätorenpalast mit seinen wehrhaften Renaissance-Zinnen ist ein begehrtes Fotomotiv

Stufen hinaufsteigen und den Blick über die Altstadt genießen. In ihm hängt eine der ältesten Glocken des Landes (1333).

■ **Mestni stolp,** Winter tgl. 9–16.30, Sommer 9–13 und 15-19 Uhr, letzter Einlass eine halbe Std. früher, 5 €, Kind 4 €.

Rund um den Trg Revolucije

Vom Titov trg gelangt man zwischen Kirche und einem Neubau hindurch zum Trg Brolo bzw. Brollo (ital.). In der Mitte des von Barockhäusern gesäumten Platzes befindet sich eine eine hübsche Parkanlage mit zwei steinernen Brunnen. Aus ihnen schöpfte man das Wasser, das sich in einer unter dem Brollo angelegten Zisterne sammelte. **Franziskanerkloster** und -kirche beherrschen die östliche Seite. Der 1714 erbaute barocke **Palazzo Brutti** an der Nordseite beherbergt heute eine dem Lyriker *Srečko Kosovel* gewidmete Bibliothek und im aus gleicher Zeit stammenden **Palazzo Gravisi-Barbabianca** finden gelegentlich klassische Musikkonzerte statt. Im Jahre 1392 entstand der **Fontico,** der städtische Getreidespeicher, aus dem die Bevölkerung in Krisenzeiten versorgt werden konnte. Er ist ein höchst repräsentatives Gebäude mit hübschen gotischen Fenstern.

Nördlich des Platzes hat im Gewirr schmaler Gassen so manches alte Haus überdauert. Am **Ribiški trg** mit seinen romanischen und gotischen Bauten hatte man früher Zugang zum alten Hafen.

Ethnologisches Museum

Von der Cankarjeva ulica führen Gasilska, Kmečka und Obsidna ulica, die Feuerwehr-, Bauern- und Mauergasse, in einem Bogen, der den ehemaligen Verlauf der Stadtmauer nachzeichnet, nach Südwesten. Am Gramscijev trg birgt das

157sl sk

lerischen Ruinen des Festungsturmes Zanigrad.

■ **Cerkev Sv. Trojica,** Hrastovlje, tgl. 9–17 Uhr, unter Tel. 031-43 22 31 um Öffnung bitten, 5 €, Kind 1,50 €.

Schloss Socerb

Schloss Socerb klebt wie ein Adlernest über dem Steilabfall des Karstes am Berg **Črni kal** (Straße Koper – Postojna, dann Abzweigung in Richtung Socerb, ca. 20 km). Hier siedelten bereits die Illyrer, denn nirgends sonst konnte man die Hügellandschaft und die Küste so hervorragend überblicken. Im 13. Jh. wurde die Festung errichtet und mehrmals um- und ausgebaut. 1669 besuchte und beschrieb der Universalgelehrte *Valvasor* die Burg, 1780 brannte sie nach einem Blitzschlag ab und wurde zu Beginn des 20. Jh. wieder aufgebaut. Das Restaurant war zu Redaktionsschluss geschlossen.

Höhlen und Kletterregion

Nicht weit von Schloss Socerb soll in der Karsthöhle **Sveta jama** der hl. *Socerb (Servilus)* gelebt haben, bevor er den Märtyrertod starb. Sie war einmal ein wichtiger Wallfahrtsort der Bewohner Istriens. Einige Kilometer nach Nordwesten, immer am Felsabsturz entlang, war im Mittelalter die **Osapska jama** beim Weiler **Osp** eine befestigte Karsthöhle. Die Einheimischen nennen sie wegen der mittelalterlichen Mauerreste am Eingang kurzerhand *grad*, Schloss. Ein ausgeschilderter, guter Weg führt in ca. 10 Min. vom Dorf zur Höhle.

Entlang des ganzen Felsabsturzes der Karsthochebene zum Meer ragen Ruinen von Festungen und Wachtürmen auf. Sie sollten die Menschen zunächst vor den Türken schützen und dienten später im österreichisch-venezianischen Krieg als Zufluchtsort. Heute wird an den Felsen um Osp geklettert; hier liegt eines der beliebtesten Reviere slowenischer Freeclimber. Familie *Vouk* führt nicht weit von der Kletterwand einen netten, schattigen Campingplatz und gibt gerne Hilfestellung und Tipps für Kletter.

Wanderung nach Tinjan

UNSER TIPP: Ausgangspunkt der etwa zweistündigen Wanderung ist das Dorf **Osp.** Hier folgt man der ausgeschilderten Straße nach Südwesten auf den Hügel zu, auf dem bereits das alte Dorf Tinjan auszumachen ist. Nach Überquerung eines Bachbetts geht's unter Kiefern und zwischen Wacholdersträuchern bergan, der Weg überquert eine Wiese, windet sich dann wieder durch Kiefernwald und mündet kurz vor dem 374 m hohen Gipfel in die Straße Rižana – Tinjan. Kurz darauf ist das Dorf erreicht und ein einzigartiger Blick über das slowenische Istrien ist der Lohn. Auf gleichem Weg geht es zurück nach Osp.

Wanderung auf den Slavnik

Hausberg der Primorci, der Bewohner der slowenischen Küstenregion, ist der 1028 m hohe Slavnik. Man fährt über die Straße Richtung Postojna und dann bei Hrpelje-Kozina auf die Straße nach

807sl sk

und Restaurantbetrieb②-③, die Ruhe stören, günstige Halbpensionspreise.

■ **Hotel Adria Konvent**③, Ankaran, Jadranska cesta 25, Tel. 05-663 73 00, www.adria-ankaran.si. Das Hotel rund um einen historischen Konvent (24 Zimmer) ist renoviert und hübsch ausgestattet. In den Dependancen kommt man preiswerter unter. Sandstrand.

Camping

■ **Adria,** Jadranska cesta 25, 6280 Ankaran, Tel. 05-663 73 46, www.adria-ankaran.si, ganzjährig, 450 Plätze. Gelobtes Camping mit guter Infrastruktur (u.a. WLAN) direkt am Wasser, angenehme Wohnmobilstellplätze, Animationsprogramme, Vermietung von luxuriösen Mobilhäusern.

■ **Camping Vouk,** Osp 20, Tel. 040-16 77 87, 05-659 06 00, www.kmetija-vovk-osp.si, ganzjährig offen. Sympathisches und überschaubares Camp mit Gaststätte, das wegen der Klettermöglichkeiten gerne auch von Freeclimbern aufgesucht wird.

△ Unterwegs auf dem Radweg Parenzana – die Spuren der Schmalspurbahn sind noch erkennbar

Essen und Trinken

15 **Kogo**③, Šmarska cesta 1, Tel. 051-26 17 26, https://kogo.si, So geschl. Ein junges Team verbindet neben dem Weinkeller von Vinakoper traditionelle istrische Küche mit urbanem Esprit. Viele Produkte kommen von regionalen Anbietern.

Unser Tipp: **9** **Salicornia**③, Sermin 74, Tel. 05-930 00 74, www.salicornia.si, Mo abends, Di–Sa mittags und abends, So mittags. Nein, kein Witz! Wir schicken Sie ins Gewerbegebiet in ein Lokal ohne besonderes Flair – zu einer der besten und frischesten Fischküchen an diesem Küstenabschnitt. Z.B. Gnocchi mit Muscheln und Fischrogen.

1 **Savor**②-③, Kopališko nabrežje 1, Tel. 064-18 88 33, www.restavracija-savor.si. Restaurant, Café, Lounge, Beach Bar – das moderne Savor kann alles. Viele Gerichte vegan oder vegetarisch.

11 **Istrska Klet Slavček**②, Župančičeva ulica 39, Tel. 05-627 67 29, www.facebook.com/istrskakletslavcek, tgl. 10–21 Uhr. Sicherlich Kopers urigstes und authentischstes Lokal, im Keller eines historischen Palazzo mit rustikaler, istrischer Kost.

Unser Tipp: 7 **Sarajevo 84**①-②, Gramšijev trg 8, Tel. 083-83 59 44, https://sarajevo84.net. Wenn schon *Ćevapčići*, dann hier original bosnisch. Man bestellt die Portionsgrößen je nach Hunger. Günstig, lecker und nostalgisch-rustikal unter Einheimischen. Eine gute Wahl ist auch die Fleischplatte mit zusätzlich Grillwürstchen und *Pleskavica*.

3 **Capra**③, im Hotel *Grand Koper*. Schick gestylt und sehr angesagt ist das helle Lokal, das als Café, Restaurant und Lounge fungiert. Die mediterranen Gerichte sind für slowenische Verhältnisse teuer, aber auch sehr gut.

17 **Al Mulin**③, Sermin, Bertoki 19, Tel. 064-23 30 09, auf Facebook. Istrische Spezialitäten wie *fuži* mit Trüffel oder hausgemachte Gnocchi mit Wildragout – und natürlich *pršut*; hierher kommt man nicht wegen der Lage und der Aussicht (an der Autobahn), sondern wegen der ausgezeichneten Küche.

Vanganel

■ **Gostilna Oljka**①-②, Vanganel 40, Tel. 05-624 02 00, www.facebook.com/GostilnaOljka, Di geschl. Als Allererstes: Die Portionen sind sehr groß. Dass es dann auch noch schmeckt, ist ein wahres *add-on*. Probieren: Schweinefilet mit unterschiedlicher Füllung im Teigmantel.

Hrastovlje

■ **Gostilna Švab**②, Hrastovlje 53, Tel. 05-659 05 10, www.gostilnasvab.com, Do–So 12–22 Uhr. Spezialitäten wie Suppen, Eintöpfe und der Geheimtipp *pks* (*pljukanci s klobaso*, hausgemachte Nudel mit Wurst und Knoblauchgrün) in gemütlicher Atmosphäre drinnen oder auf dem Freisitz.

Marezige

■ **Gostilna Karjola**③, Marezige 24, 6273 Marezige, Tel. 070 70 64 57, https://karjola.si, Mo geschl. Zwei Argumente sprechen für das gemütliche Restaurant 12 km südlich von Koper: die herrliche Aussicht über den Golf von Triest und die elegant mit Refošk-Wein akzentuierten Gerichte istrischer Tradition.

Kozina

■ **Pri Filetu**②, Slope 20A, Kozina (von der Straße Kozina – Rijeka, Abzweigung im Dorf Tublje nach Norden bis Slope), Tel. 05-680 20 16, www.tk-file.si, nur an Wochenenden. Reiterhof mit Wirtschaft, unbedingt die Vorspeisen probieren – *pršut*, Salami, Käse in Olivenöl – oder die Polenta mit Käse, *pršut* und Steinpilzen, wie die Schnäpse fast alles aus Eigenproduktion.

Abends unterwegs

Bars befinden sich am Platz **Ukmarjev trg:**

2 **Kavarna Kapitanija,** Ukmarjev trg, Tel. 040-79 95 00, www.kavarna-kapitanija.si. Konkurriert mit Capra um die Jungen und Schicken.

12 **Lord Byron Pub,** Repiceva ulica 2, Tel. 059-15 93 00, auf Facebook. Für die Sehnsucht nach *good old England!*

Aktivitäten

■ **Baden:** Die Einheimischen gehen in eines der drei Meeresschwimmbäder oder breiten ihre Handtücher auf den Felsen aus. Wer in Koper badet, sollte sich darüber im Klaren sein, dass die Wasserqualität nicht unbedingt höchsten Ansprüchen genügt. **Koper,** Kopališko nabrežje, Liegeflächen auf Gras und Beton, Leitern ins Meer, Eintritt frei; **Žusterna,**

Istrska cesta, Liegeflächen auf Gras und Beton, Leitern ins Meer, Eintritt frei; **Adria Ankaran,** Jadranska cesta, Sandaufschüttung, Eintritt frei.

■ Ein neuer, ca. 1 km langer **Uferpark** verbindet Koper mit dem *Aquapark Žusterna.* Neben Spazierweg und Ruhebänken wurden auch Badestellen mit leichtem Einstieg ins Meer angelegt (kein Eintritt). Für das leibliche Wohl sorgt das Restaurant mit Beach Bar (13) **The Station.**

■ **Yachting:** *Marina Koper doo.,* Kopališko nabrežje 5, Tel. 05-627 21 20, www.marina-koper.si, GPS N 45.55000, E 13.73056.

Aquapark Žusterna, im Hotel *Žusterna,* tgl. 9–21 Uhr, Tageskarte Erw. Mo–Fr/Sa, So 17/21 €, Kind 12/16 €. Badespaß in der Poollandschaft mit Innen- und Außenbecken (Salz- und Süßwasser), mit Rutschen und Kinderbetreuung.

Lipica

- **Meereshöhe:** 403 m
- **PLZ:** 6210
- **Vorwahl:** 05
- **Einwohner:** 150
- **Ital./dt. Name:** Lipizza

Im Dreieck zwischen den größeren Orten Sežana, Divača und Kozina liegt inmitten einer **märchenhaften Landschaft** aus Karsteinbrüchen, Dolinen, Kreiseln und Polje das Dorf Lipica, das einer der berühmtesten Pferderassen der Welt, den Lipizzanern, seinen Namen gegeben hat. Im Jahre 1580 wurde hier das Gestüt gegründet, das heute der wichtigste Arbeitgeber für die Leute aus Lipica ist. **Informationszentrum, Ge-**

Auf der Weide erscheinen die edlen Lipizzaner wie ganz normale Pferde

728sl sk

Lipizzaner – von Karstpferden zu Tänzern

Die **makellos weißen** Lipizzaner beginnen ihr Leben als dunkel gefärbte Jungtiere. Erst im Alter von sechs bis zehn Jahren verwandelt sich der Rappenschimmel in eine weiße Feengestalt. Von seinem Vorfahr, dem robusten Karstpferd, hat der Lipizzaner die relativ **kräftige Gestalt,** von den eingekreuzten Neapolitanern und Arabern die **tänzelnde Eleganz.** In Lipica sind sechs Hengst-Linien und 18 Stuten-Stämme vertreten. Lipizzaner werden für die Hohe Schule dressiert, geben aber auch ausgezeichnete Zugpferde ab. Wie elegant und dynamisch sie „tanzen" können, führen Dressurreiter und Kutscher täglich bei den Vorstellungen in der Reithalle des Gestütes vor. Höhepunkt des technischen Könnens ist die **Kapriole,** bei der das Pferd mit allen vier Läufen springend in der Luft zu schweben scheint. Man sollte sich allerdings nicht einreden, die Pferde würden von Pferdeflüsterern zur Höchstleistung angespornt; wer die Tiere genau anschaut, sieht, dass Sporen und Peitsche ausgiebig zum Einsatz kommen.

066sl sk

stüt, Hotel und **Golfplatz** liegen nahe beieinander ungefähr im Mittelpunkt der weiten Anlage.

Der österreichische Erzherzog *Karl* gilt als offizieller Gründer der **Lipizzaner-Zucht,** es ist allerdings bekannt, dass in dieser Region bereits in römischer Zeit eine Pferderasse zu Hause war, deren Eleganz und Kraft das ganze Römische Reich schätzte. Lipica wuchs schnell zu einem bedeutenden Lieferanten für die Spanische Hofreitschule heran; weitere Güter in Slowenien kamen hinzu, Lipica aber blieb Zentrum der Aufzucht der wertvollen Lipizzaner-Pferde. In den Napoleonischen Kriegen und auch während des Ersten Weltkriegs brachte man die Pferde aus Lipica in Sicherheit, und als Österreich nach 1918 seine territorialen Ansprüche auf Lipica an Italien verlor, gründete es ein neues Gestüt in der Steiermark – *Piber.* Ein Teil der Lipizzaner blieb in Lipica, der Rest wurde *Piber* zugesprochen. Dadurch entstand eine Konkurrenzsituation, die das Verhältnis des nunmehr slowenischen Lipica zu der Hofreitschule in Wien bzw. deren Gestüt *Piber* mit immer neuen Spannungen belastete.

In jugoslawischer Zeit hielt man weniger auf Pferdezucht denn auf Entertainment; das Gestüt bekam **Hotels,** ein **Spielkasino** und einen **Golfplatz.** Bis heute versucht Lipica, die hehren Gesetze der Zucht und die ihnen widersprechende **touristischen Vermarktung** unter einen Hut zu bringen. Dies machten die Puristen in *Piber* und Wien Lipica zum Vorwurf. Beide stritten lange und erfolglos vor Gericht um die exklusive Verwendung des Namens *Lipizzaner.* Heute hat man sich auf eine Zusammenarbeit geeinigt.

Sehenswertes

Das Gestüt

Der Züchter Leid ist der Reisenden und Pferdenarren Freud. Wo sonst kann man zwischen edelsten Pferden wohnen, wandern und auf ihnen sogar Reitstunden nehmen (natürlich nicht auf den wertvollsten, → „Aktivitäten“). Im Prinzip können Besucher frei auf dem 300 ha großen Gelände zwischen den Ställen, Weiden, der Hufschmiede und der Reithalle herumlaufen, wenn sie zuvor eine geführte Tour absolviert haben. Diese zeigt u.a. auch den im Jahre 1703 erbauten **Hengststall,** in dem die wertvollsten Leistungsträger wie Könige umsorgt werden. Die Stuten haben es zwar ebenfalls hübsch, aber bei Weitem nicht so elegant. Höhepunkt eines Lipica-Besuches ist die Vorführung in der **Reithalle.**

■ **Kobilarna Lipica,** Tel. 05-739 16 96, www.lipica.org, tgl. 9–16/18 Uhr je nach Saison, Eintritt ohne Führung Sommer/Winter 18 €/15 €, Kind 9 €/7,50 €; Besichtigung des Trainings (inklusive Gestütsbesichtigung) April bis Sept. mehrmals die Woche 11 Uhr, 22 €/18 €, Kind 11€/9 €; Vorführungen der Klassischen Reitschule (inklusive Gestütsbesichtigung) April, Mai, Okt., So 15 Uhr, Juni bis Sept. Di, Fr, So 15 Uhr, 25 €, Kind 12 €, Kutschenfahrt 15/30 Min. 30 €/50 €.

Museum Lipikum

Das modern konzipierte Museum beleuchtet **Geschichte und Eigenarten der Lipizzaner,** erklärt die Zuchtlinien und die Prinzipien der Dressur. Es stellt außerdem wichtige Lipizzaner-Gestüte weltweit vor und präsentiert historische Ereignisse, bei denen die Pferde eine besondere Rolle spielten.

■ **Muzej Lipikum,** Öffnungszeiten wie Gestüt, Eintritt in Gestütsbesichtigung inbegriffen.

Galerie Avgust Černigoj

Sehenswert ist nicht nur das Gestüt, sondern auch die Galerie des **Triestiner Künstlers** *Avgust Černigoj* (1898–1986), der seine letzten Lebensjahre bei den „wundervollen, außergewöhnlichen" Pferden verbrachte. Er schuf in seiner 60-jährigen Wirkenszeit – ausgebildet im Bauhaus zu Weimar, beeinflusst von *Picasso* – zahlreiche Grafiken und Ölgemälde (Eintritt in Gestütbesichtigung enthalten).

Marienkapelle

Die Menschen wallfahren in Lipica nicht nur zu den Lipizzanern, sondern auch zur **Doline der Muttergottes.** Legenden erzählen von allerlei **Wunderheilungen** und so hat man eine Kapelle mit einer Marienstatue in den Karststein gemeißelt. Der Karsttrichter ist mit hübschen Blumen bepflanzt und an der Kapelle bezeugen Votivgaben und in den Felsen geritzte Dankesbotschaften, dass der Glaube an die Wundertätigkeit des Standbildes sehr groß ist.

Vilenica-Höhle

Unser Tipp: Magie und Mythen ranken sich um die Karsthöhle Vilenica an der Straße Lokev – Sežana, 4,5 km von Lipica entfernt. Sie ist die älteste Schauhöhle Europas. Bereits 1633 kamen Besucher, um auf dem 450 m langen Treppenweg vorbei an Sintervorhängen und Orgelpfeifen immer tiefer in die Höhle zu steigen. Der Name leitet sich vom slowenischen *vile,* Feen, ab, die in den unterirdischen Gängen wohnen sollen. Jedes Jahr im Sommer treffen sich einheimische und internationale Schriftsteller im slowenischen Karst, um sich inspirieren zu lassen. Dabei werden auch **Lesungen** in der Höhle Vilenica abgehalten.

Kein Besuch der großen Schauhöhlen kann sich an Intensität mit den Eindrücken vergleichen, die Vilenica hinterlässt. Von Saal zu Saal mit immer neuen, fantastischen Formationen führen 525 Stufen bis auf eine Tiefe von 70 m unter die Erde, die Führung (englisch) ist

729sl sk

⊡ Von „Etage" zu „Etage" werden Vilenicas Tropfsteine immer spektakulärer kenntnisreich und spannend. Wer nicht gut zu Fuß ist, verzichtet allerdings besser, denn man muss die ganze Strecke auch wieder bergauf bewältigen.

■ **Vilenica jama,** Tel. 051-64 87 11, www.vilenica.com, Besichtigung April–Okt. So 15 Uhr, im Winter nach Absprache, besser auf der Website prüfen, es sollen zusätzliche Termine aufgenommen werden, 15 €, Kind 7 €.

Praktische Tipps

Informationen

■ **TIC Sežana,** Partizanska cesta 4, 6210 Sežana, Tel. 05-731 01 28, www.visitkras.info, Sommer Mo–Fr 8–16, Sa/So 10–18 Uhr.

Verkehr

■ **Busse** von Divača bzw. Sežana nach Lipica, www.nomago.si.

Unterkunft, Essen und Trinken

■ **Hotel Maestoso**③-④, Lipica 5, Tel. 05-739 15 80, www.lipica.org/sl/new-hotel-maestoso/. Renoviert und aufgehübscht lässt das Hotel seine sozialistische Provenienz nur noch erahnen. Guter Komfort mit Restaurants, einem Hallenschwimmbad, Tennisplätzen und Fitnesscenter.

Lokev

■ **Domačija Muha**②, Lokev 138, 6219 Lokev, Tel. 05-767 00 55, www.gostilna-muha.com. Seit 1679 wird der Karstbauernhof bereits bewirtschaftet. In einfachen Apartments und Zimmern findet man entspannten Schlaf, und Donnerstag bis Sonntag im Gasthof deftige Karstküche.

■ **Hiša Krasna**③, Lokev 78, Sežana, Tel. 040-21 42 26, www.krasna-hisa.si, Do abends, Fr, Sa mittags und abends, So mittags geöffnet, Reservierung empfohlen. Karstküche frisch und neu interpretiert und zubereitet mit den besten regionalen Zutaten. Wer den feinen Weinen zusprechen möchte, buche am besten eines der fünf freundlichen **Gästezimmer.**

Sežana

■ **Hotel Grahor**③, Dane 9a, Sežana, Tel. 05-731 20 61, www.hotelgrahor.com. Angenehmes Hotel mit modernen Zimmern und Suiten, einem Pool und sehr guter Gastwirtschaft② in Sežana.

■ **Gostilna Grgič**③, Orleška 8, Sežana, Tel. 041-71 81 82, www.grgic.si, Fr–So mittags und abends. Exzellente regionale Zutaten und hohe Kochkunst, Gäste haben die Wahl zwischen Fleisch- und Fischmenü.

Dutovlje

UNSER TIPP: **Hostel Kras**①, Pliskovica 11, Dutovlje, Tel. 05-764 02 50, www. hostelkras.com. Sympathisches Hostel in einem charmanten Karsthaus mit Mehrbett- und Doppelzimmern, 45 Betten, Teeküche und Waschhaus.

UNSER TIPP: **Gostilna Ravbar**③, Dol pri Vogljah, 6221 Dutovlje, Tel. 05-734 61 80, www.gostilnaravbar.com, Mo–Mi abends geschl. Familienbetrieb, der eigenen Wein keltert und aufs Köstlichste die Karstküche hochhält, unbedingt die Kürbisnjoki (Gnocchi), Tagliatelle mit Trüffeln oder die feine Vorspeisenplatte probieren.

Kozina

■ **Pri Filetu**①-②, Slope 20a, 6240 Kozina, Tel. 05-680 20 16, www.tk-file.si. Einfache Gästezimmer und nette Wohinmobilstellplätze auf der Wiese, dazu ein Gasthof mit uriger Karstküche.

UNSER TIPP: **Gostilna Mahorčic**③, Rodik 51, 6240 Kozina, Tel. 05-680 04 00, www.rundictes.si, Do–Sa mittags und abends, So mittags. Gostilna – Gasthof – ist ziemlich untertrieben. *Ksenija Mahor-*

čič erfindet im Traditionsrestaurant die Karstküche neu. Ob 3-, 5- oder 7-Gänge-Menü, jedes Gericht ist ein kleines ästhetisches wie geschmackliches Kunstwerk, begleitet von der erstaunlichen Weinauswahl ihres Gatten *Martin.* Einige hübsche neue **Gästezimmer.**

Einkaufen

UNSER TIPP: **Pršutarna Lokev na Krasu,** Lokev 9, www.prsutarna-skrasa.si. Mo–Fr 8–15 Uhr, Sa 8–13 Uhr. An der Straße von Lokev in Richtung Vilenica kann man köstlichen *pršut,* Schweinenacken und Speck verkosten und kaufen.

■ **Pri Filetu** (→ oben). Familie *Jelušič* brennt auch Schnaps: sehr feine Slivovka (die slowenische Variante des Slivovitz) und slowenischen Gin. Wer es besonders kräftig mag, greift zu Brinjovec, Wacholderbeeren-Brand.

Aktivitäten

■ **Reiten:** Profis können sich den Reitausflügen anschließen, die durch die Landschaft um Lipica mit den Karsttrichtern und Lindenhainen – Linde heißt *lipica* – führen (keine Kinder, Stunde um 45 €). Anfänger und Fortgeschrittene haben die Wahl zwischen individuellen und Gruppenstunden (ab 50 €). Wer länger in Lipica bleiben und reiten möchte, bucht besser ein Pauschalangebot bei einem deutschen Veranstalter. In der Nebensaison kann man aber auch vor Ort den Preis für einen Aufenthalt mit Reitkurs aushandeln. Ausrüstung (Helm und Stiefel) sollte man mitbringen, Mindestalter ist 12 Jahre.

Kutschenfahrt: Eine Fahrt mit der Kutsche über das Gestütsgelände ist für Familien ein amüsanter Zeitverteib, der auch kleinere Kinder begeistert, 50 €/30 Min.

■ **Golf:** *Golf Lipica,* Sežana, Tel. 05-739 17 24, www.golfclublipica.si, 9-Loch-Platz (Länge 1–9: 2670–3120 m, Par: 36).

Izola

- **Meereshöhe:** 3 m
- **PLZ:** 6310
- **Vorwahl:** 05
- **Einwohner:** 16.500
- **Ital. Name:** Isola
- **Dt. Name:** Insel im Küstenländchen

Wie Koper entwickelte sich Izola auf einer Insel, die im 19. Jh. Anschluss ans Festland erhielt. Beim ersten Vorbeifahren ist auch in Izola kaum etwas Reizvolles zu bemerken. Allerdings prägen hier nicht Industrieanlagen, sondern Wohnblocks den ersten Eindruck. Aber kurz abgebogen von der schönen alten Allee, die die ehemalige Hauptverkehrsstraße entlang der Küste säumt, und schon ist es da, das **Flair eines venezianischen Hafenstädtchens.**

Die Fundamente des **römischen Hafens Haliaetum** in der Bucht Simonov zaliv sind bei Ebbe im flachen Meer sichtbar. Die erste Siedlung lag auf dem Festland, wurde aber von den anrückenden Slawen zerstört und die romanischen Izolaner flüchteten auf die Insel. Ende des 10. Jh. wanderte Isola von fränkischer in aquileianische Hand, 1280 bis Ende des 18. Jh. beschützte die Serenissima das Inselchen und seine Bürger, und in der Folge gab es ein ähnliches Hickhack wie in Koper: Habsburg, Napoleon, Habsburg, Italien, Zone B, Jugoslawien und nun schließlich Slowenien. Wirtschaftlich stand Izola stets auf zwei Beinen, der Fischerei und der Landwirtschaft. Heute ist der Hafen mit seiner Werft bedeutend.

Sehenswertes

In der Altstadt

Izola hat wenig herausragende Sehenswürdigkeiten, dafür aber eine noch sehr idyllische Altstadt, in der beim Bummel interessante Details wie gotische Fenster, alte Steinmetzarbeiten an den Türstürzen und hübsche Innenhöfe zu entdecken sind. Die Stadt vermietet die vielen kleinen Läden zu einem symbolischen Preis an Künstler und Kunsthandwerker, die an ihren Arbeitsplätzen gern Besucher empfangen und auch die Techniken erklären. Vom **Trg Republike** führt die Gregorčičeva ulica in einem Bogen durch die Altstadt zum Hafenbecken und passiert das berühmteste Gebäude von Izola, den **Palazzo Besenghi degli Ughi.** Der Barockpalast (Ende des 18. Jh.) besitzt wunderbare schmiedeeiserne Balkonbrüstungen und Fenstergitter; im Inneren sind das Treppenhaus und der zweistöckige Prunksaal reich mit Stuck geschmückt.

Nach rechts führt die ulica G. Bruna zur 1547 errichteten Kirche **Sv. Maver,** deren Innenraum ebenfalls stark von der Ästhetik des Barock geprägt ist. Jenseits der Grünanlage nordöstlich der Kirche befindet sich eines der beiden Sommerbäder von Izola. Unmittelbar daneben schließt sich die Werft an.

Vom Kirchplatz sind es wenige Schritte zum alten, nahezu kreisrunden Hafen am **Veliki trg.** Hier wurde zwar einiges Neue gebaut, aber immer noch sieht man das venezianische Erbe an den historischen Häusern wie den beiden spätgotischen **Palazzi Manzioli** und **Lovisato** am Trg Manzioli hinter der Marienkirche.

Schräg gegenüber dem Hafen ragt ein wahrer Mastenwall in den Himmel, denn auch Izola hat eine moderne **Marina,** die von Jahr zu Jahr mehr Skipper anzieht. Die Bucht ist nach Westen von steilen Flysch-Wänden begrenzt, die in Europas höchstem **Flysch-Kliff** auslaufen, ein ganz ungewöhnliches Landschaftsbild an der ansonsten eher flachen Küste.

Wer sich für Modellschiffe interessiert, wird im **Museum Izolana** fündig. Zu sehen sind Fischerboote in sehr detaillierten Modellen. Sie erzählen die Geschichte der Fischerei des Städtchens. Weiter dokumentieren historische Fotos den Haupterwerb der Männer der Küstenorte Sloweniens sowie Instrumente die Navigation in früheren Zeiten. Schautafeln beschreiben die Unterwasserfauna.

■ **Izolana – Haus des Meeres/Hiša morja,** Ulica Alme Vivode 3, Tel. 05-640 10 50, 2024 geschl., Sonderbesichtigung nach telefonischer Anmeldung, 6 €, Kind 3 €.

Archäologischer Park

Die Überreste des römischen Hafenbeckens von **Haliaetum** (→ oben) gibt das Meer nur bei starker Ebbe preis. Die Siedlung lag bei dem heutigen Vorort von Izola, Viližane, zu erreichen über die Prešernova cesta nach Westen. Der eingerichtete Archäologische Park mit den Fundamenten einer repräsentativen **Villa Maritima** mit schönem Mosaikfußboden ist nur im Sommer für Besucher offen.

■ **Arch. Park/Arheološki park Simonov zaliv,** https://ap-simonovzaliv.si, Mai–Sept., Di–So 16–20 Uhr, 5 €, Kind 4 €.

160sl sk

Aussichtspunkt Belvedere

Unser Tipp: Einen herrlichen Blick über das alte Städtchen, den Yachthafen und die Küste bietet der 60 m hoch gelegene Aussichtspunkt Belvedere an der Küstenstraße nach Piran. Von hier kann man auf Nebenstraßen und durch Felder hinausfahren auf das 190 m hohe Flysch-Kliff oder weiter der Hauptstraße nach Strunjan folgend eine der schönsten Pinienalleen auf dieser Seite der Adria genießen.

Pinienallee zwischen Izola und Piran

Wanderung nach Belvedere

Ein 90-minütiger Spazierweg führt von der Kreuzung von Simonov zaliv am Supermarkt vorbei und stets am Rande der Siedlung entlang auf die Weinberge im Südwesten zu. Am Ende der Bebauung biegt man rechts ab und erreicht schließlich die alte Trasse der Eisenbahn Triest – Poreč, die *Parenzana*. Ihr folgt man nach rechts und erreicht schließlich den Eisenbahntunnel, der unter der Küstenstraße Koper – Piran hindurchführt. Sobald sich die Augen an die Dunkelheit gewöhnt haben, lässt sich der Tunnel passieren. Auf der anderen Seite weiter der Bahnstrecke folgend, schweift der Blick über die Salinen von Strunjan bis nach Piran mit seinem venezianischen Campanile. Schließlich kreuzt eine Asphaltstraße, die man nun bergab läuft. Die Küstenstraße überquerend und den Fahrradweg entlang, erreicht man die Hotelanlage *Belvedere*. Von hier geht's weiter den Berg hinunter zum Belvedere-Strand und am Meer entlang zurück bis Simonov zaliv.

Naturpark Strunjan

Bucht und Küstenstreifen zwischen Izola und Piran stehen als Naturpark unter Schutz. Er umfasst die in der Bucht eingerichteten **Salinen von Strunjan** mit den Verdunstungsbecken und den Häusern der Salinenarbeiter (heute aufgelassen und bedeutendes **Vogelschutzgebiet**) und die östlich davon aufragenden **Flyschfelsen** an der „Mondbucht", mit 80 m die höchsten der Adria. Interessierte finden seltene, salzliebende Pflanzen und einen großen Vogelreichtum.

Ein reizvoller **Wanderweg** führt vom Svoboda-Hotel in Strunjan vorbei am „Weißen Kreuz" Beli križ (für viele Slowenen ein mächtiger Energiepunkt) hoch über der Bucht Mesečev Zaliv auf der **Krone der Flyschfelsen** entlang und oberhalb des Naturstrandes Bele Skale (Anstieg möglich) zum Strand Slovenska obala westlich von Izola (ca. 6 km). Von hier geht es auf gleichem Weg oder mit dem Bus (Haltestelle Simonov zaliv) zurück zum Ausgangspunkt.

Praktische Tipps

Informationen

- **TIC,** Ljubljanska ul. 17, 6310 Izola, Tel. 05-640 10 50, www.visitizola.com, im Sommer tgl. von 8 bis 20 Uhr.

Verkehr

- **Parken:** Nahe Altstadt neben dem Trg Republike; in Strandnähe bei der Marina Izola und neben der Hotelzone Simonov zaliv; gebührenpflichtig.
- **Fernbusse:** Cankarjev drevored 2a, Tel. 090-74 11, www.arriva.si, Busse in Richtung Koper, Postojna, Ljubljana, Portorož, Piran.
- **Marina Izola:** Porting doo., Tomažičeva 10, Tel. 05-662 54 00, www.marinaup.com, 900 Liegeplätze, GPS N 45.53293, E 13.65251.

Einkaufen

- **Galerien:** 10 **Alga,** Trg Etbina Kristana 1, Tel. 051-39 41 33, auf Facebook; 7 **Galerija Insula,** Smrekarjeva ulica 20, Tel. 05-641 53 03, auf Facebook; beide stellen moderne Kunst und Kunsthandwerkliches aus.

Unterkunft

2 **Hotel Marina**④, Veliki trg 11, Tel. 05-660 41 00, www.hotelmarina.si. Modernes Haus am Hafenbecken; nichts für Ruhebedürftige, aber dafür im Herzen der Altstadt, 52 komfortable Zimmer und ein exzellentes **Restaurant** (→ unten).

8 **Guesthouse Centrum B&B**③, Smrekarjeva ulica 29, Tel. 031-60 49 49, www.centrumizola.si. Fünf geschmackvoll gestaltete Zimmer in einem sympathischen Altstadthaus – viel Atmosphäre und freundliche Gastgeber.

12 **Hotel Haliaetum**③, Morova 6a, Tel. 690 70 00, www.sava-hotels-resorts.com. Vier-Sterne-Haus mit 50 Zimmern und Suiten in hübscher Hanglage, Kiesstrand, Riesen-Wasserrutsche, Minigolf.

13 **Hotel Belvedere**③-④, Dobrava 1a, Tel. 05-660 51 00, www.belvedere.si. Hübsche, modernisierte Anlage mit mehreren Einzelgebäuden (darunter das Vier-Sterne-Hotel *Cliff*), 120 Zimmer hoch über dem Meer, Shuttle-Service zum Strand, Minigolf, Tennis und schöner Pool, **Resort** mit **Camping** angeschl.

6 **Hostel Alieti**①, Dvoriščna ulica 24, Izola, Tel. 051-67 06 80, www.hostel-alieti.si. Modernes Hostel mit Mehrbettzimmern auf drei Etagen im Herzen der Altstadt.

Ferien auf dem Bauernhof

15 **Kmetija Medljan**②, Cetore 29, Izola, Tel. 040-62 66 84, www.medljan.net. Zwei Apartments und zwei Zimmer, bodenständige Küche und Sportangebot (Reiten, Mountainbiketouren, Bogenschießen), 4 km von der Küste entfernt in ruhiger Lage, auch Halbpension möglich.

Strunjan

- **Hotels Svoboda** und **Vile Svoboda**④, Strunjan 148, 6320 Portorož, Tel. 05-676 41 00, www.terme-krka.com. Das ehemalige Sanatorium wurde zu einem komfortablen Wellness-Hotel mit beheiztem Meerwasserpool und Spa umgebaut; Zimmer in den Villen sind preiswerter; großes Sportangebot.

■ **Hotel Laguna②**, Strunjan 128, Tel. 041-41 26 11, www.lagunaizola.com. Angenehmes Haus, 28 einfache Zimmer in drei Villen, etwa 10 Gehminuten vom Strandbad entfernt.

Bioenergy Resort Salinera②, Strunjan 14, Tel. 05-690 70 00, www.sava-hotels-resorts.com. Modernes Strandhotel mit Dependancen, das sich als bioenergetisches Resort dem Wellness-und Gesundheitstrend verschrieben hat, 54 Zimmer.

Korte

UNSER TIPP: **Stara Šola Korte②**, Korte 74, 6310 Korte, Tel. 04-642 11 14, www.oleander.si/starasola. Das ehemalige Hostel hat sich in ein schickes Mittelklassehotel verwandelt: Was blieb, ist der Hang zur Farbe und die herrliche Aussicht– Korte liegt hoch über Izola.

Camping

16 Jadranka, Polje 8, Tel. 031-80 08 00, www.jadranka-avtocamp.si, Juni–Sept. Schmales Gelände zwischen Meer und Prešernova cesta, einer der Hauptverkehrsstraßen.

14 Camping Belvedere, Dobrava 1, Izola, Tel. 05-660 51 70, www.belvedere.si. Mitte April–Sept., 200 Stellflächen. Schöner Platz im Resort der gleichnamigen Hotelanlage, dessen Einrichtungen (Pools) man benutzen darf.

Essen und Trinken

3 Sidro②-③, Sončno nabrežje 24, Tel. 05-641 47 11. Eines der eleganteren Häuser an der Küste; fangfrischer Fisch wird hier mit Aussicht genossen, effizientes, schnelles Personal.

2 Marina③, Veliki trg 11, Tel. 041-60 53 33. Das Restaurant des gleichnamigen Hotels gilt unter Feinschmeckern als besonderer Tipp für beste Fischküche. Das Öl im Salat stammt übrigens vom hauseigenen Olivenbaum.

5 Wine Bar Manzioli, Manzolijev trg 5, Tel. 051-25 21 51, https://manzioliwinebar.si. In der Weinbar serviert Familie *Zaro* die hoch gelobten, hauseigenen Weine zu deftigen Platten mit *Pršut* und Käse.

11 Gostilnica Gušt②, Drevored 1. maja 5, Tel. 031-60 60 40, www.facebook.com/gostilnica.gust. Gute Pizza, Pasta und viele vegetarische/vegane Gerichte, mittags auch als preiswerte Menüs.

UNSER TIPP: **4 Gostilna Bujol,** Verdijeva ulica 10, Tel. 041-79 94 90, https://bujol.si, Mi–So. Der erste Eindruck: sehr rustikal und einfach – aber was *Vesna* und *Alen* in Izolas Altstadt servieren, hat einen Ruf weit über Izola hinaus, z.B. Bakala-Paste, Fischsuppe und die berühmten *sipe s čebulo,* Tintenfisch mit Zwiebeln.

9 Gostilna Doro②, Trg padlih za svobodo 3, Tel. 05-641 74 69, www.facebook.com/GostilnaDoro. Die *Ćevapčići* gelten als die besten der Stadt.

Korte

UNSER TIPP: **Gostilna Korte,** Korte 44, Tel. 05-642 02 00, http://gostilnakorte.si, Di geschl. Ein typisch istrisches Gasthaus mit schattiger Terrasse; Spezialitäten sind neben Fisch und Meeresfrüchten auch Fleischgerichte vom Grill und Gulasch vom Wild mit *Gnocchi.*

■ **Hiša Torkla③**, Korte 44b, Tel. 05-620 96 57, www.hisa-torkla.si, Do–So. Wem das Gasthaus Korte nebenan zu einfach ist: Die Rezepte sind ähnlich, aber verfeinert, ebenso die Weinauswahl. Es gibt nette Gästeapartments.

Abends unterwegs

1 Svetilnik, Kopališka ulica 14, Tel. 040-59 76 33. Restaurant und Loungebar direkt am Strand.

Feste und Veranstaltungen

■ Höhepunkt der Sommersaison ist das **Fischerfest** in Izola am letzten Augustwochenende. An Ständen wird Gebratenes und Alkoholisches verkauft, es gibt Live-Musik und zum Abschluss ein Riesenfeuerwerk.

Aktivitäten

■ **Baden:** Strandbäder gibt es neben der Hotelanlage *Simonov zaliv,* unterhalb des Belvedere und bei den Salinen von Strunjan (hübsche, neu gestaltete Strandanlage) bzw. gegenüber in Fiesa. Die Einheimischen baden gern an der Ostseite der Altstadt (Strand Svetilnik).

Unser Tipp: **Strand Bele Skale:** Ein schmaler Streifen mit hellem Feinkies und den Flysch-Felsen im Rücken, türkisblauem Meer und Blick auf Izola. Vom Parkplatz unterhalb des Belvedere zu Fuß erreichbar.

■ **Reiten:** Reitstunden und -ausflüge bietet der Ferienbauernhof **Kmetija Medljan** an (siehe „Unterkunft").

Portorož

- **Meereshöhe:** 0–150 m
- **PLZ:** 6330
- **Vorwahl:** 05
- **Einwohner:** 2850
- **Ital. Name:** Portorose
- **Dt. Name:** Rosenhafen

Portorož ist Sloweniens einziger wirklicher **Badeort** am Meer. Die weite, flache Bucht säumt ein eigens aufgeschütteter Sandstrand, entlang der Uferpromenade reihen sich Hotels, zumeist in den 1970ern errichtet und fast alle generalüberholt. Dahinter klettern Einfamilienhäuser in üppigen Gärten den relativ steilen Hang hinauf und hie und da lugen klassizistische Villen und Hotelbauten der „goldenen" Epoche von Portorož zwischen Leuchtreklamen und Fastfoodständen hervor. Was heute vom Massentourismus erobert ist, war früher ein exklusives Seebad, berühmt für seine Kureinrichtungen und das milde Klima.

Portorož zieht sich am Nordufer der gleichnamigen Bucht von der Küstenstraße Koper – Sečovlje am Meer entlang und geht im Westen fast übergangslos in die Randbezirke von Piran über. Man erreicht die Stadt von der Küstenmagistrale über eine in Serpentinen bergab führende Straße, die in die Uferpromenade Obala mündet. Nach rechts liegen Strandbäder und die meisten Hotels; nach links geht's zur Strandzone von Lucija.

Auch hier errichteten römische Junker *villae rusticae* und genossen das Leben in der nach Norden durch den Bergkamm gegen Germanen und Burja geschützten Bucht. Dass hier auch ein spätantiker Hafen existierte, belegen archäologische Unterwasserfunde, die 2024 der Öffentlichkeit vorgestellt wurden. Nach byzantinischem Intermezzo und Slaweneinfällen ließen sich im 12. Jh. **Benediktiner** in Istrien und an der Bucht von Piran nieder; sie gründeten mehrere Klöster und errichteten u.a. die Kirche St. Maria Rose, die der Bucht und später auch dem Ort ihren Namen gab. Von all den Kirchen ist bis heute nur eine einzige erhalten: Sv. Lucija in dem gleichnamigen Ort, an dem damals Salz gewonnen wurde.

Erst in der zweiten Hälfte des 19. Jh. setzte die touristische Entwicklung des „Rosenhafens" ein. Ein *Dr. Giovanni Lugnano* aus Piran begann, Patienten mit Salinenschlamm und Salzbädern zu behandeln, die Erfolge sprachen sich im Habsburger Reich herum und schon bald erlebte Portorose einen Bauboom: Villen, Hotels und ein **Kurbad** entstanden. 1910 wurde die Entwicklung mit der Eröffnung des Hotel *Palace* gekrönt. Einige historische Bauten fielen den Umbaumaßnahmen Ende der 1960er- bis Mitte der -70er-Jahre zum Opfer, die das damals noch gemütlich-elegante Portorose in ein modernes sozialistisches Ferienzentrum verwandelten.

Sehenswertes im klassischen Sinn ist in Portorož nicht zu finden. Beim Bummel entlang der Obala (Küste) genannten Strandpromenade sieht man einige der **alten Villen und Hotels** zwischen den modernen Ferientürmen. Das Hotel Marko z.B. zeigt sich hinter schmiedeeisernen Gittern und in sanftem Habsburger Gelb. Auch das altehrwürdige Hotel *Palace*, früher die erste Adresse von Por-

161sl sk

torož und lange Jahre Bauruine, schließt wieder an die alten Zeiten an.

Üppig blühen die Pflanzen an den Hängen, Portorož ist ein wahrer **botanischer Garten** mit vielen seltenen Arten. Hier und da kann man auch noch die alten Terrassen sehen, auf denen früher Oliven, Steineichen und Lorbeer wuchsen. Wer zum Baden herkommt, stürzt sich natürlich auf den mit aufgeschüttetem Sand kinderfreundlich gemachten **Strand.**

Das ehrwürdige Palace Hotel, heute Kempinski, hat schon viele Prominente kommen und gehen sehen

Monfort

Die beiden **Salzlager** Monfort und Grando liegen auf halbem Weg nach Portorož am Ufer. Monfort (1859 errichtet) ist heute Museum und Ausstellungsfläche. Im Museum zum Thema **Traditioneller Schiffsbau** lernt man alles über Handwerk. Eine Abteilung widmet sich der Entwicklung des Wassersports. Eine eigene Ausstellung (*Sal Nostrum*, Eintritt frei) erklärt die **Geschichte der Salzherstellung.**

■ **Monfort,** Obala 10, Tel. 05-671 00 40, www.pomorskimuzej.si, März, April, Nov., Dez. Do–Sa 10–14 Uhr, Mai, Juni, Sept., Okt. Di–So 10–14 Uhr, Juli, Aug. Di–So 10–12, Fr–So auch 17–21 Uhr, 2 €, Kind 1 €.

162sl sk

An der Küste entlang Richtung Piran gelangt man von Portorož nur zu Fuß oder per Fahrrad, der **Hotelkomplex San Bernadin** zwingt Autos zum Ausweichen. Die moderne, im Stil einer kleinen Stadt konzipierte Anlage umrahmt den venezianischen Kirchturm des ehemaligen Benediktinerklosters und bietet Sport, Unterhaltung, Läden, Diskotheken und Schwimmbad.

Nach Süden und an der Marina Lucija vorbei erreicht man **Forma Viva,** eine Open-Air-Ausstellung von Steinskulpturen slowenischer und internationaler Künstler, die alle zwei Jahre zum Workshop anreisen (www.obalne-galerije.si).

⌃ Wo Sandstrand fehlt, behilft man sich mit Stegen und Treppen ins Meer

› Die Salzfelder der Salinen von Sečovlje

In der Umgebung

Salinen von Sečovlje

Die rund 8 km entfernten Salinen von Sečovlje schließen südöstlich von Portorož im tiefen Einschnitt der Bucht von Piran (Piranski zaliv) an und reichen bis zur slowenisch-kroatischen Grenze. Sie bestehen aus den beiden Teilbereichen Fontanigge und Lera. Fontanigge mit dem **Salzmuseum** erreicht man von der Straße Piran – kroatische Grenze über einen scharf nach rechts abbiegenden Weg gegenüber dem Ort Seča.

Die Straße nach Lera beginnt zwischen slowenischer und kroatischer **Grenzstation.** Sie führt auf einem Damm in das Salinengebiet. Bereits im 14. Jh. baute man Kanäle, legte das Sumpfgebiet trocken und teilte es in Becken auf. Meerwasser fließt mit den Gezeiten hinein und Schleusen lenken es auf die entsprechenden Salzfelder. Das Wasser verdunstet und das zurückgebliebene Salz lässt sich in Säcke schaufeln. Bis 1969 fand die Salzernte statt, immer zwischen April und September. Holzboote brachten die Kristalle über Kanäle zu den staatlichen Lagern. Heute sind – der Touristen wegen und zur Veranschaulichung – einige der Felder wieder bewirtschaftet.

Das kleine **Salinenmuseum** dokumentiert die Wohnkultur der Salinenarbeiter. Die Salinen sind nicht nur wirtschaftshistorisch interessant, sondern auch ein beliebtes Ziel von Ornithologen und Botanikern; **salzresistente Pflanzen** und **See- und Zugvögel** haben ein geschütztes Refugium.

Davon, dass Meersalz auch über kosmetische und medizinische Qualitäten verfügt, können sich Besucher des *Thalasso-Spa Lepa Vida* in den Salinen überzeugen. Von der pflegenden Packung mit Salzschlamm über Bäder im „Mutterwasser“ (dem Wasser, das nach Abschöpfen des Salzes in den Becken übrigbleibt) bis hin zu Massagen reicht das Angebot der ästhetisch geschmackvoll in die Salinen integrierten Wellnessanlage.

■ **Thalasso Spa Lepa Vida,** in den Salinen, Tel. 05-672 13 60, www.thalasso-lepavida.si, Mai bis Aug. 10–20, Sept. 10–18 Uhr, Winter geschl., Massagen, Heilbäder und medizinische Praxis kürzere Öffnungszeiten, Anmeldung erforderlich, nicht für Kinder unter 12 Jahren, 2 Std. 26 €.

■ **Regionalpark Salinen von Sečovlje und Salinenmuseum,** Tel. 05-672 13 30, www.kpss.si, April, Mai, Sept., Okt. 9–17 Juni–Aug. 9–20 Uhr, je nach Saison, 6/7 €, Kind 4/5 €.

164sl sk

Rundfahrt durchs gebirgige Hinterland

Der slowenische Teil Istriens ist nicht groß, doch auch hier kann man wie im kroatischen Istrien noch die alten Siedlungsstrukturen und Bautraditionen wiederfinden, mit denen die Menschen seit Jahrtausenden den immer wieder anbrandenden Wellen neuer Völkerscharen trotzten. Bereits die ersten, wahrscheinlich illyrischen Bewohner siedelten hoch auf den Hügelkuppen in so genannten *castellieri*, wehrhaften **Ringsiedlungen.** Auch die Kirchen erzählen von der stetigen Verteidigungsbereitschaft. Ihre **Türme** sind wuchtig und als Teil der ursprünglichen **Stadtbefestigung** nicht mit den Gotteshäusern verbunden.

Doch der Abstecher von der Küste ins Hinterland ist nicht nur unter historischen Gesichtspunkten interessant; auch Genießer können die unverfälschte istrische Küche, erdige Weine, frisch gepresstes Olivenöl und würzigen *pršut* (Schinken) direkt beim Erzeuger goutieren und kaufen. Die empfohlene Strecke kann man, Kondition vorausgesetzt, auch mit dem Fahrrad meistern (gesamt 45 km, 900 Höhenmeter).

Ausgangspunkt ist **Dragonja,** landeinwärts der Salinen von Sečovlje. Man fährt im Tal etwas über den Ort hinaus nach Südosten und biegt auf die in Kehren bergauf führende Landstraße nach **Sv. Peter** ein. In dem alten istrischen Steinhaus **Tonina hiša** sind eine Olivenpresse und traditioneller Hausrat zu besichtigen.

■ **Etnološka zbirka Tonina hiša**/Ethnologische Ausstellung, Sv. Peter 84, 6333 Sečovlje, Tel. 05-671 00 40, www.pomorskimu zej.si, April–Nov. Mi–So 10–14 Uhr, 4 €, Kind 2,50 €.

730sl sk

Nächster Halt ist **Krkavče,** ein Stück auf der Straße nach Norden (Richtung Šmarje), dann an der Kreuzung rechts und wieder rechts zurück nach Süden. Die Siedlung thront auf 175 m Höhe, gedrängt um die Kirche Sv. Mihael, die auf nacktem Fels steht. In den alten Häusern gibt es noch die früher üblichen **„schwarzen Küchen“,** offene Feuerstellen ohne Abzug. Das sensationellste Stück aber ist ein alter, wahrscheinlich **keltischer Stein,** in den die Umrisse einer menschlichen Gestalt eingemeißelt

◁ Leicht zu übersehen: der keltische Stein von Krkavče

sind. Um den Stein auf dem freien Feld ca. 400 m südwestlich des Friedhofs wurde lange gestritten, denn die Archäologen aus Ljubljana hätten einen so bedeutenden Fund lieber im Museum verwahrt, aber das ließen sich die Dörfler nicht gefallen.

Wer zufällig am Sonntag vor dem 29. September in der Nähe ist, erlebt, wie Krkavče seinen Schutzpatron, den Erzengel *Michael*, mit Prozessionen, Tanz und jungem Wein feiert.

Das Dorf **Koštabona,** an Stelle des römischen Castrum Bonae in 253 m Höhe erbaut, ist nächster Anlaufpunkt. Eigentlich müsste man den Ort aus der Luft betrachten, dann sieht man, dass er im Grundriss wie ein Baum mit Stamm und Krone geplant ist. Von der Hauptstraße gehen die Nebengassen wie Äste und Zweige ab. Die Kirche Sv. Kozmo in Damjan aus dem 15. Jh. birgt ein wunderschön mit Fresken ausgeschmücktes Presbyterium; die gotische Kirche Sv. Elija im Ortszentrum zeigt herrliche barocke Steinmetzarbeiten am Portal.

Über Šmarje gehts ins 360 m hohe **Pomjan.** Sehenswert sind mittelalterliche Freskenreste in der Kirche und einige glagolitische, altslawische Inschriften.

Über Šmarje fährt man nun wieder nach Westen und auf der Hauptstraße Koper – Buje ein Stück nach Süden bis zur Abzweigung nach **Korte,** wo ein herrlicher Blick auf die buchtenreiche slowenische Küstenlinie bis hinüber zum Golf von Triest wartet. Hier wetteifern mehrere Gasthäuser und Restaurants um die Gunst der Gäste; in einem originellen Hostel in der ehemaligen Schule kann man übernachten (siehe Izola). Von Korte führen Regionalstraßen hinunter nach Izola und Lucija.

Praktische Tipps

Informationen

- **TIC,** Obala 16, 6320 Portorož, Tel. 05-674 22 20, www.portoroz.si. Juli/Aug. 9–12 und 12.30–21, sonst 9–17 Uhr.

Notfälle

- **Ambulanz/Zdravstveni dom:** Cesta solinarjev 1, Lucija, Tel. 05-620 72 00, www.zd-piran.si.
- 9 **Apotheke/Lekarna:** Obala 41, beim *Grand Hotel Portorož,* Tel. 05-674 86 70, www.lekarna-portoroz.si.

Verkehr

- **Parken:** In Portorož herrscht chronische Parkplatznot. Gebührenpflichtige Parkmöglichkeiten gibt es entlang der Uferpromenade Obala und an deren westlichen Ende beim Segelklub. Im Parkhaus (Obala 79) kostet das Parken 8 €/Tag.
- **Fernbusse:** Busbahnhof, Koprska cesta, Tel. 090-74 11, www.arriva.si, Verbindung nach Koper, Ljubljana.
- **Marina Portorož:** Cesta solinarjev 8, Tel. 05-676 11 00, www.marinap.si, GPS N 45.50528, E 13.59444.

Einkaufen

- Großer **Schnickschnack-Markt** jeden Abend an der Uferpromenade Obala vor den Molen der Ausflugsschiffe; es gibt allerlei Kitsch, aber auch hübschen Modeschmuck zu kaufen.
- 15 **Slovenian Treasures,** Zakladi Slovenije, Obala 14 B, Tel. 08-20 15 75, www.sloveniastreasures.com. Große Auswahl an Naturprodukten und Kunsthandwerk.

Unterkunft

Fast alle genannten Hotels sind pauschal über deutsche Veranstalter gebucht deutlich günstiger.

10 LifeClass Grand Hotel Portorož④, Tel. 05-696 90 01, www.lifeclass.net. Neben dem super-luxuriösen Grand Hotel gehören mehrere aufwendig renovierte Komforthotels wie **6** *Hotel Riviera – Life Class Hotels & Spa,* **7** *Hotel Neptun* oder **8** *Hotel Slovenija* im Zentrum Portorožs zu *LifeClass.* In allen Häusern sehr aufmerksames, freundliches Personal, üppiges Büffet, großes Sportangebot und Zugang zur Therme im *Grand Hotel Portorož,* wo von Thai bis Thalasso alle angesagten Wellness-Programme angeboten werden, pauschal gebucht deutlich günstiger als bei „Walk-in-Buchung".

14 Kempinski Palace④, Obala 45, Tel. 05-692 70 00, www.kempinski.com/en/palace-portoroz. Wenn schon, denn schon. Das alte *Palace*-Hotel in Portorož mit postmodernem Anbau ist Luxus und Komfort pur, 181 Zimmer – natürlich mit ausgezeichnetem Restaurant mit Gourmet-Küche.

1 Hotel Vile Park②-③, Obala 2, Tel. 05-690 70 00, www.hoteli-bernardin.si. Bungalows im istrischen Stil mit insgesamt 230 Zimmern, zweckmäßig eingerichtet, Teil des Bernardin-Komplexes.

5 Hotel Marko③, Obala 28, Tel. 05-617 40 00, www.hotel-marko.si. Renoviertes k. u. k.-Hotel im Zentrum mit Meerblick und Stil; Garten, 48 hübsche Zimmer, Terrassenrestaurant.

12 Pension Tomi③, Letoviška cesta 1, Tel. 05-674 02 22. Privatpension am Hang über Portorož, angeschlossen ist auch das ausgezeichnete **Restaurant COB,** s.u.; 24 Zimmer unter familiärer Führung.

19 Hostel Soline①-②, Obala 91, Tel. 05-677 08 03, www.hostelsoline.si. Das kleine Hostel liegt an der Uferstraße von Portorož nach Lucija. Freundlich eingerichtete Ein- und Mehrbettzimmer.

4 Hostel Panorama Portorož①, Šentjane 25, Tel. 031-67 87 67, www.hostelportoroz.si. Hostel in Panoramalage über Portorož (2 km ins Zentrum, 1 km zum Strand); Apartments, Mehrbettzimmer, Doppelzimmer mit Bad.

Übernachtung
1 Hotel Vile Park
4 Hostel Panorama Portorož
5 Hotel Marko
6 Hotel Riviera – LifeClass Hotels & Spa
7 Hotel Neptun
8 Hotel Slovenija
10 LifeClass Grand Hotel Portorož
12 Pension Tomi
14 Kempinski Palace
19 Hostel Soline
21 Camping Lucija
22 Villa Saline
25 Camping Kaki Plac

Nachtleben
2 News Café
11 Alaya
16 Cacao
17 Tivoli

22 Villa Saline③, Seča 119, Tel. 05-677 94 00, www.villasaline.com. Das nette Haus liegt bei **Seča** am Hang über Salinen und Meer, also hübsch und ruhig, es bietet vier Apartments.

Camping

25 Kaki Plac, Liminjan 8, Tel. 041-35 98 01, www.kaki-plac.si. Aufgegebene Weinterrassen oberhalb der Küste hat *Simon* zu einem Platz für bis

zu 20 Zelte umgewandelt, mit selbst gebauten Schattendächern, Bar und Feuerstelle – aus recycelten Materialien, mit Solarpanels, Fahrradverleih und vielen anderen grünen Ideen.

21 **Lucija,** Cesta Solinarjev, Portorož, Tel. 05-690 60 00, www.hoteli-bernardin.si, Mitte März–Okt, 300 Stellflächen. Gute Infrastruktur mit Laden, Bar/Pizzeria/Restaurant, Spielplatz und Strandbad.

Essen und Trinken

13 **COB**④, Letoviška pot 1, Tel. 041-88 66 33, www.cob.si, Do–So. Hochgelobte Gourmetküche: *Cooking Outside the Box (COB)* bringt ganz neue Geschmackserlebnisse auf den Tisch, ohne die slowenischen Wurzeln zu vernachlässigen – was seinen Preis hat.

23 **Ribič**②-③, Seča 143, Tel. 05-677 07 90, www.facebook.com/restaurantribic, Do geschl. In nur wenigen Orten kann man so angenehm im schattigen

224sl sk

Garten direkt am Meer sitzen; Service und Essen (natürlich Fisch und Meeresfrüchte) sind nicht immer auf gleichbleibend gutem Niveau.

Unser Tipp: 20 **Pizzerija/Konoba Porto**①-②, Obala 99, Portorož, Tel. 065-55 95 03, www.pizzeriaporto.si. Wie der Name sagt, etwas außerhalb und am Hafen; günstige Pizzen und auch die anderen Gerichte, insbesondere Fisch und Meeresgetier, halten sich preislich überaus im Rahmen und kommen in reichlichen Portionen. Drinnen wie draußen (an der Straße) sitzt man ganz angenehm.

3 **Rizibizi**④, Vilfanova 10, Tel. 05-993 53 20, www.rizibizi.si. Ambitionierte Küche, kühles Design und aufmerksamer Service machen zusammen mit dem herrlichen Panorama das Essen zu einem Erlebnis, beste Weinkarte.

18 **Ribja kantina**③, Obala 26, Tel. 05-677 91 04, https://ribja-kantina.si/, Mo geschl. Nicht ganz so edel wie das *Rizibizi*, ein bischen lauter und lebhafter, aber deswegen keineswegs schlechter: Fisch und Meeresfrüchte sind exzellent.

Unser Tipp: 24 **Na Burji**②-③, Nova Vas 57, Tel. 041-28 40 30, www.naburji.si. Im Karst-Hinterland erwartet den Gast traditionelle istrische Küche mit Lamm, *fuži* und der gehaltvollen Wintersuppe Jota und am Kamin wird Fisch und Fleisch gegrillt.

8 **Istrian bistro & Tapas bar**③, Obala 33, Tel. 05-692 50 10, www.lifeclass.net. Das schicke Bistro im *Mind Hotel Slovenija* überzeugt mit kulinarischen Kombinationen und Kreationen auf slowenischer und mediterraner Basis.

Abends unterwegs

2 **News Café,** Obala 4f, Bernardin, Tel. 05-993 70 04, http://news-cafe.si, tgl. 9–1 Uhr; Café, Musikbar, Hamburger und Pasta, manchmal Live-Musik.

Unser Tipp: 16 **Cacao,** Obala 14, http://cacao.si. Kühles Design und die angeblich besten Eisbecher an diesem Teil der Küste. Ansprechend ist aber auch das Angebot an Sandwiches, Cocktails und Wein.

11 **Alaya,** Obala 14a, Tel. 040-85 71 58, www.alaya.si, Sommer tgl. 10–3 Uhr. Beach Bar, Club und DJs – der Treff der jüngeren Generation.

17 **Tivoli,** Obala 14a, auf Facebook, Mi–Sa 22–5 Uhr. Bekannte DJs, super Stimmung.

Aktivitäten

- **Baden:** Strandbäder in Portorož und Lucija mit Sand, Riesenwasserrutsche, Bootsverleih, Snack-Bars und Umkleiden. Baden in Bernardin auf betonierten Plattformen (kein Schatten) und Rasenflächen, Leitern führen ins Meer. Im luxuriösen *Meduza Beach Exclusive* gibt es elegante Liegen und Schirme, Lounge-Musik und Cocktails, www.lifeclass.net, Eintritt um 40 €.
- **Tauchen:** *Nemo divers,* Obala 4 (Barnardin), Tel. 041-40 44 44, www.nemo-divers.si.
- **Wellness:** *Terme Palace,* Obala 43, Tel. 05-696 90 01, www.lifeclass.net, Thalassotherapie, Entspannungsprogramme, Ayurveda, Massage, Fitness und diverse Anti-Stress-Programme sowie medizinische Indikationen bei Rheuma, Osteoporose, Allergien und Erkrankungen der Atemwege, außerdem Wai Thai, traditionelle Thai-Massage in hübsch dekoriertem Ambiente.
- **Radverleih:** U.a. vermietet die Touristeninformation Räder.
- **Panoramaflüge und Tandem-Sprünge:** Flughafen Portorož, Sečovlje, Tel. 05-672 25 25, www.portoroz-airport.si.

[<] Der Sandstrand von Portorož ist einmalig an Sloweniens Küste – er wurde künstlich aufgeschüttet

[v] In diesem Teil der Salinen hat die Natur Vorrang – die Häuser der Salinenarbeiter verfallen

163s sk

Piran

- **Meereshöhe:** 5 m
- **PLZ:** 6330
- **Vorwahl:** 05
- **Einwohner:** 4000
- **Dt. Name:** Pirian
- **Ital. Name:** Pirano

Wie ein Schiffsbug schiebt sich Piran weit ins Meer. An der **Spitze der Halbinsel** zwischen den Buchten von Strunjan und Portorož klammern sich die alten venezianischen Häuser der Altstadt aneinander, bewacht von der hoch oben thronenden Kirche Sv. Jurij. Zum Festland hin schützen noch heute die Reste der einstigen Stadtmauer. Piran ist eine zauberhafte Puppenstube, für deren Besuch man sich richtig Zeit und Muße nehmen sollte. Einzige Auto-Zufahrten sind die Dantejeva ulica, die Fortsetzung der Uferpromenade Obala von Portorož sowie die Ulica IX. Korpusa, die von der Belokriška cesta abzweigt. Da Piran theoretisch **autofreie Zone** ist (praktisch scheint so gut wie jeder Einheimische eine Sondergenehmigung zu besitzen) ist jeder nicht-privilegierte Besucher gezwungen, seinen Wagen auf den gebüh-

⌃ Friedlich liegt Piran über dem Blau der Adria

renpflichtigen Parkplätzen an der Dantejeva ulica, etwa 500 m außerhalb des Ortszentrums, abzustellen. Von dort verkehren Shuttlebusse zum Tartinijev trg.

Flüchtlinge aus Aquileia, das von *Attila* erobert worden war, gründeten Piran im 5. Jh. Erste schriftliche Quellen berichten im 7. Jh. von einem Castrum, einer befestigten Siedlung, auf der Halbinsel. Ab dem 12. Jh. entwickelte sich unter venezianischer Herrschaft ein aufstrebendes Gemeinwesen, das zum Land hin von einer im 15. Jh. errichteten Stadtmauer gesichert war. Die Bewohner Pirans besaßen die Salinen von Sečovlje, Lucija und Strunjan; **Salzhandel** begründete den Wohlstand, aber wie die anderen Küstenstädte hatten sie auch landwirtschaftliche Anwesen und verkauften Olivenöl und Wein. Venedig gestattete zwar den Handel, überließ den Piranern aber nur einen kleinen Anteil des Salzes. Die Bewohner wiederum wussten sich zu helfen: Sie erweiterten heimlich die Salinen und erwirtschafteten größere Erträge, die sie auf eigene Rechnung verkauften. Nach dem Zweiten Weltkrieg verließen viele italienischstämmige Piraner ihre Heimatstadt und zogen nach Italien.

Sehenswertes

Im Herzen der Altstadt

Mittelpunkt Pirans ist im wahrsten Sinne des Wortes der **Tartinijev trg,** ein von alten Bauten gesäumtes Ensemble am tief in die Altstadt hineinreichenden Hafenbecken Mandrač. Ursprünglich war auch der Platz selbst noch Hafenbecken, er wurde 1894 zugeschüttet. *Giuseppe Tartini* dirigiert von einer Säule die Passanten auf dem nach ihm benannten Platz. Pirans berühmtester Sohn (1692–1770) machte als Komponist und „Teufelsgeiger" international Karriere. Sein Geburtshaus **Tartinijeva hiša** befindet sich schräg gegenüber neben der klassizistischen Kirche Sv. Peter, ein Tartini-Zimmer kann besichtigt werden.

■ **Tartinijeva hiša,** Kajuhova 12, Tel. 051-245 78 25, https://pomorskimuzej.si, Di–So Juli–Aug. 9–12, 18–21, Sept.–Juni Di–Fr 9–14, Sa auch 15–18 Uhr, 5 €, Kind 3,50 €.

Ebenfalls am Stadtplatz lässt sich die **Ausstellung Zauberhafte Muschelwelt** besuchen. Muschel- und Schneckengehäuse sind kurzweilig und lehrreich arrangiert und sprechen besonders auch Kinder an, die nicht nur gucken müssen, sondern auch anfassen dürfen. Über 3000 Exponate aus allen Meeren der Welt sind zu sehen.

■ **Čarobni svet školjk/Zauberhafte Muschelwelt,** Tartinijev trg 15, Tel. 040-70 00 53, www.svet-skoljk.si, Juni–Sept. 10–18, sonst Di–So 11–17 Uhr, Dez.–Feb. an den Wochenenden, 5 €, Kind 3,50 €.

Ein paar Häuser weiter sticht die **Benečanka,** die „Venezianerin", mit weißem Verputz und venezianischen Spitzbogenfenstern ins Auge. Das Mitte des 15. Jh. errichtete Haus soll einem venezianischen Kaufmann gehört haben, der hier seine (slowenische) Geliebte aushielt.

Neorenaissance prägt die **Občinska palača** (Sitz der Stadtverwaltung). Mitte des 19. Jh. ersetzte sie das aus dem 12. Jh. stammende Rathaus. Klassizistisch ist auch der Justizpalast nebenan, mit dem integrierten barocken Stadttor des hl. Georg. Schräg davor stehen zwei Steinquader, aus denen Masten in den Himmel ragen: An den im 15. Jh. errichteten Stangen flatterten die Fahnen Pirans und Venedigs im Wind. Bemerkenswert sind die in die Quader eingemeißelten Längenmaße, die den Händlern vorgaben, wie sie die Ware abzurechnen hatten.

Das Kidričevo nabrežje führt am nördlichen Rand des Hafenbeckens entlang, vorbei am **Marktplatz mit 9 Fischhalle,** dem Aquarium und dem städtischen Theater. Hier beginnt die **Uferpromenade** Prešernovo nabrežje mit hübschen alten Häusern und bei den Einheimischen beliebten Fels-Badestellen und zahlreichen Restaurants.

Das **Muggia-Tor** und die Kirche **Sv. Klement** etwas weiter stammen noch aus der Frühzeit Pirans, so wie das ganze Punta genannte Viertel ein authentisch mittelalterliches Flair bewahrt hat. Auch der Prvomajski trg geht in seiner Anlage wohl noch aufs 13. Jh. zurück; geprägt wird er von einer fast den ganzen Platz einnehmenden **barocken Zisterne.** Das Wasserreservoir sollte den Winterregen sammeln, denn in den Sommermonaten war Piran regelmäßig von Dürre und Wasserknappheit bedroht. Rohre leiteten Wasser von den Regenrinnen der Häuser in die Zisterne. Erhalten sind die beiden Brunnenbecken, die die Damen „Gesetz“ und „Gerechtigkeit“ bewachen.

Unser Tipp: Ein Hügelrücken im Norden der Altstadt ist Standort der Kirche **Sv. Jurij** und zugleich ein herrlicher **Aussichtspunkt.** Man sieht nach Südwesten auf die Ziegeldächer Pirans, nach Nordosten auf die Buchten von Strunjan und Izola, nach Osten bis Grado und bei klarem Wetter nach Norden bis zu den Julischen Alpen. Der freistehende **Glockenturm** von 1609 hat den Campanile des Markusdoms in Venedig zum Vorbild (hinauf sind es 144 Stufen). Etwas später kam das **Baptisterium** dazu, dessen Taufbecken aus einem römischen Gedenkstein mit einem Delfin gearbeitet wurde. Reste älterer Bauten mit reicher Flechtband-Ornamentik lassen vermuten, dass sich hier bereits im 10. Jh. ein Heiligtum befand. Die Kirche zeigt üppigen Barockschmuck.

■ **Turm,** April/Okt. 10–18, Mai/Sept. 10–19, Juni–Aug. 10–20 Uhr, 2 €, Kind 1 €, 2024 wegen Renovierung geschlossen.

■ **Sv. Jurij und Baptisterium,** April–Okt. Mi–Mo 10–17, Nov.–März Sa/So 10–16 Uhr, 2 €, Kind 1 €.

Eine virtuelle 3-D-Zeitreise durch Pirans Geschichte in 20 Minuten verspricht das **Multimediazentrum Mediadom Pyrhani** in der Altstadt.

■ **Mediadom Pyrhani,** Kumarjeva ulica 3, Do–So, Okt.–März 10–16, April, Sept. 10–17; Di–So, Mai–Aug. 9–12, Mai, Juni 16–19, Juli, Aug. 18–22 Uhr, 6 €, Kind 3,50 €, Familie 16 €.

Die Adamičeva ulica führt nach Westen zurück ins Stadtzentrum und zum ehem. **Minoritenkloster,** dessen im 17./18. Jh. erbauter Kreuzgang sich im Sommer zum Konzertsaal wandelt; hier finden die Musikabende des „Piraner Musik-

⊡ Badefreuden an der Uferpromenade von Piran

sommers" statt. Sehenswert ist neben dem Kreuzgang die ursprünglich gotische, später barockisierte Kirche, in deren Gruft u.a. die Grabstätte der *Familie Tartini* entdeckt wurde. In einer vom Kreuzgang zugänglichen Pinakothek hängen wertvolle Gemälde wie *Vittore Carpaccios* „Maria mit den Heiligen".

■ **Minoritski samostan**, Bolniška 30, Tel. 05-673 44 17, http://minoriti.rkc.si, tgl. 10–12 und 17–20 Uhr, Eintritt frei.

Stadtteil Marčana

Der Stadtteil Marčana südlich des Tartini-Platzes entstand um das 15. Jh. Auch hier kann man noch zahlreiche venezianische Renaissance-Elemente an den Häusern wiederfinden, und wer die Rozmanova cesta nach Osten läuft, trifft schließlich auf das **Stadttor Rašporska vrata** und einen 200 m langen, mit Türmen gesicherten Rest der Stadtmauer.

Marine-Museen und Aquarium

Flora und Fauna der Adria, so z.B. Dornhaie, Meeräschen, Seebarsche und Seespinnen tummeln sich im kleinen, aber durchaus sehenswerten **Aquarium an der Hafenpromenade.**

■ **Akvarij Piran/Aquarium Piran,** Kidricevo nabrežje 4, Tel. 05-673 25 72, http://aquariumpiran.si, Juli/Aug. 9–20, Mitte Mai, Juni, Sept. 9–19, sonst Di–So 10–18 Uhr, 7 €, Kinder bis 15 Jahre 4 €, Familien 15 €.

Ebenso lohnt der Blick in das **Museum der Seefahrt** am Hafenbecken. Die Ausstellung zeigt die Geschichte der slowenischen Schifffahrt und Wissenswertes zur See-Archäologie und zum Schiffbau.

■ **Pomorski muzej Sergej Mašera,** Cankarjevo nabrežje 3, Tel. 05-673 27 55, www.pomorskimuzej.si, Juli und Aug. Di–So 9–12, 17–21, sonst Di–So 9–17 Uhr, 5 €, Kind bis 12 Jahre 3 €, Familie 12 €.

165sl sk

Abschließend besuchen Interessierte das **Taucher-Museum** einige Meter Richtung Parkplatz. Hier widmet man sich der Geschichte der Unterwasseraktivitäten, begonnen bei der K.-u.-k.-Monarchie bis zum modernen Slowenien. Zu sehen sind u.a. historische Taucheranzüge.

■ **Muzej podvodnih dejavnosti/Tauchermuseum,** Župančičeva ulica 24, Tel. 041-68 53 79, www.muzejpodvodnihdejavnosti.si, Juli und Aug. 9–22 Uhr, sonst Fr–So 10–17 Uhr, 4,50 €, Kind 3 €.

Über den Tartini-Platz und das venezianische Haus wacht der Turm der St. Georgs-Kirche

167sl sk

Fiesa

Die beiden **Süßwasserseen** von Fiesa liegen einen Spaziergang landeinwärts an der Nordküste der Halbinsel von Piran. Sie sind Überreste des einst betriebenen Abbaus tonhaltiger Erde und Lebensraum besonderer Libellenarten.

Praktische Tipps

Informationen

■ **TIC,** Tartinijev trg 2, 6330 Piran, Tel. 05-673 44 40, www.portoroz.si, Juli/Aug. 9–22 Uhr, Juni, Sept. 9–17 Uhr, Mai 9–19, sonst 9–17 Uhr.

Verkehr

■ **Parken:** Gebührenpflichtige Parkplätze außerhalb der Altstadt kosten 2,20 €/Std. max. jedoch 22 €/Tag (am Ortseingang zwischen Hotelsiedlung *Bernardin* und Piran mit kostenlosem Shuttle-Service in die Altstadt).

■ **Fernbusse:** Häufige Verbindungen entlang der Küste bis Koper; die lokalen Linien 1 und 2 verkehren im 20-Minuten-Takt zwischen Piran und Portorož. Infos Tel. 090-74 11, www.arriva.si.

Einkaufen

11 **Piranske soline,** Ulica IX. Korpusa 2, www.soline.si, tgl. 10–17 Uhr. Der Laden der Salinen von Sečovlje verkauft Meersalz und Souvenirs.

Unterkunft

Unser Tipp: 8 **Hotel Piran**③-④, Kidričevo nabrežje 4, Tel. 05-666 71 00, www.hotel-piran.si. Traditionshaus, zentral und entsprechend lebhaft, aber mit schönem Blick aufs Meer, 90 Zimmer und Suiten im historischen Teil und im modernen Annex.

3 **Hostel Piran**①-②, Vodopivčeva ulica 9, Tel. 031-62 76 47, www.hostelpiran.com. Nettes, zentral gelegenes Hostel mit Doppel- und Mehrbettzimmern mit Gemeinschaftsbad und Küchenbenutzung. Das Schwesterhostel 14 **Pirano**①-② (Alma Vivoda 3) bietet auch Zimmer mit eigenem Bad an.

13 **Barbara Piran Beach**③, Fiesa 68, Tel. 05-617 90 00, www.hotel-barbara.si, Jan.–März geschl.

166sl sk

Maestro Tartini behält das Geschehen auf „seinem" Platz in Piran im Blick

Strandhotel bei den Süßwasserseen in Fiesa, 42 komfortable Zimmer mit Meerblick, Pool und Restaurant.

4 **PachaMama**②-③, Trubarjeva ulica 8, Tel. 051-21 45 18, www.pachamama.si. Die Auswahl reicht von einfachen Gästezimmern im Altstadthaus mit Dachterrasse, Küche und Fahrradgarage bis zu schicken Apartments am Hafen mit Meerblick.

15 **B&B Miracolo di Mare**③, Tomšičeva ulica 23, Tel. 051-44 55 22, www.miracolodimare.si. Sieben bezaubernde Zimmer in ruhig gelegenem Stadthaus, Parkmöglichkeit zum Be- und Entladen in der Nähe. Individuelle, angenehme Unterkunft.

Camping

12 **Camping Fiesa,** Fiesa, Tel. 05-674 62 30, Mai–Sept., 140 Stellflächen. Campingplatz unweit des Süßwassersees am Strand.

Essen und Trinken

6 **Pavel 1**③, Prešernovo nabrežje 4, Tel. 05-674 71 02, und **Pavel 2**③, Kosovelova ulica 1, www.pavelpiran.com. Die beiden nebeneinander gelegenen *Pavels* sind für frische, schmackhafte Fischküche berühmt, neigen jedoch zur Massenabfertigung.

2 **Okrepčevalnica Kantina**①-②, Prvomajski trg 10, Tel. 05-673 32 75. Hinsetzen, wählen, am Schalter bestellen, warten, holen essen; schnell, günstig, gar nicht mal so schlecht und gemütlich.

Unser Tipp: 2 **Cantina/Fritolin pri Cantini**①, Trg Maja 10, Tel. 041-87 38 72. Die *Cantina* ist ein uriges Kellerlokal mit weinumrankter Terrasse; kleine Gerichte wie frittierte Sardinen oder *Tunaburger* kommen vom *Fritolin pri Cantini* nebenan.

Unser Tipp: 16 **Gostilna Pri Mari**③, Dantjeva 17, Tel. 05-673 47 35, www.primari-piran.com, Di geschl. Ein Juwel unter den Fischrestaurants von Piran, exzellente Küche mit Ausflügen in den Nahen Osten, rustikal-mediterran eingerichtet, beste Weinauswahl.

5 **Stara Gostilna**④, Savudrijska ulica 2, Tel. 041-43 90 08, https://stara-gostilna.com. *Kristian Zule* ist mit seinem „alten Gasthaus" rasant zum Talent des Jahres aufgestiegen. Gourmetführer preisen seine eleganten Fischkreationen.

1 **Ribič Baja**②-③, Gregorčičeva ulica 20, Tel. 05-777 69 69. Fischsuppen, Fisch-Risotto, Fisch-Carpaccio und Fisch pur – alles sehr gut.

Cafés/Nachtleben

■ Rund um den **Tartini-Platz** und entlang der **Seepromenade Prešernovo Nabrežje** reihen sich Cafés und Restaurants aneinander.

Unser Tipp: 7 **Caffe Teater** (Stjenkova 1), www.caffeteater.com. Bei einem Kaffee oder einem Dezi Wein das Treiben auf der Promenade beobachten.

10 Gegenüber dem Aquarium trifft man sich im **Caffe Galeria,** Kidricevo Nabrazje 2, www.facebook.com/cafegalerijapiran, trinkt erst Cocktails und macht dann Party.

Feste und Veranstaltungen

■ Im Juli und August finden im Kreuzgang des Klosters jeden Freitagabend **Konzerte** klassischer Musik statt, Programm beim TIC Piran.

Aktivitäten

■ **Sub-net,** Prešernovo nabrežje 24, Tel. 041-74 61 53, www.sub-net.si, Tauchkurse und Ausrüstungsverleih bzw. -verkauf.

■ **Baden:** Das nördliche Ufer der Landzunge entlang der Promenade Prešernovo nabrežje wurde mittels Betonplattformen begradigt; Leitern führen ins Meer.

■ **Radverleih:** MTBs bekommt man bei *Luma Šport,* Dantejeva 3, Tel. 041-78 14 14, www.lumasport.com, Trekking ab 25 €/Tag, E-Bike ab 45 €/Tag.

171sl sk

5

Novo Mesto und der Südosten

»Hunderte von Braunbären sollen die dichten Wälder Südsloweniens durchstreifen. In der sehr ursprünglichen und manchmal wilden Region bieten historische Städtchen wie Novo Mesto, aber auch Klöster wie Kostanjevica und Pleterje dem Reisenden kulturelle Anregung.

◁ Novo Mesto liegt ruhig und beschaulich an der Krka, man mag nicht glauben, dass hier die größte pharmazeutische Firma des Landes ihre Anlagen hat

WÄLDER UND BÄREN

Der Süden Sloweniens birgt trotz seiner geringen Größe erstaunlich unberührte Regionen wie die Bela Krajina um das freundliche Städtchen Črnomelj oder die dichten Wälder des Kočevski Rog, in denen sich im Zweiten Weltkrieg die jugoslawischen Partisanen versteckten. Zwei Flüsse bilden hier die Wasseradern: Die mäandernde Krka führt von Novo Mesto zum Wasserschloss Otočec und zum Kloster Kostanjevica, in dem heute moderne Kunst zu Hause ist, während die stille Kolpa an Burgen und Mühlen vorbeiplätschernd die Grenze zu Kroatien markiert.

170sl sk

Die Highlights für Kinder

- **Haus der Krainer Biene** | 257
- Zur **Krka-Quelle** in den Untergrund | 260
- **Rafting auf der Krka** | 263
- **Landschaft mit Wasserrutschen** | 265
- Aufstieg zum **Gipfel der Lisca** | 267
- **SUP auf der Krka** bei Brežice | 268
- **Tropfsteinhöhle** auch für Kinder | 270
- **Freilichtmuseum mit Streichelzoo** | 272

NICHT VERPASSEN!

- Altstadt von **Novo Mesto** | 252
- Schloss **Otočec,** dessen romantische Insel Schwäne umrunden | 255
- Abtei **Stična** | 256
- **Zisterzienserkloster Kostanjevica** mit erstklassigen Kunstausstellungen | 270
- **Partisanenlager Baza 20,** das von den Besatzern lange gesucht und nie gefunden wurde | 285

Diese Tipps erkennt man an der gelben Markierung.

[>] Novo Mesto vermittelt absolute Idylle, doch ist der alte Kern von einer Neustadt umgeben, in der die hektische Geschäftswelt zu Hause ist

Die **Dolenjska,** die Unterkrain, und **Bela Krajina,** die Weiße Mark, ganz im Südosten an der kroatischen Grenze, bedecken die größten zusammenhängenden Waldgebiete Europas. Bären und Wölfe leben tief im Urwald, doch nur selten erhascht man auf sie einen Blick, undurchdringlich erscheint das Gestrüpp und die Tiere sind scheu. Auch Partisanen nutzten im Zweiten Weltkrieg die Abgeschiedenheit und nicht wenige Kommandozentralen waren und blieben dem Feind unter dem Blätterdach verborgen. An der Grenze zu Kroatien fließt die **Kolpa** – sie ist zum Baden, für Kanuten und Höhlenkundler hervorragend geeignet. Bis zu 30 °C heizt sich ihr Wasser im Sommer auf. Eine Reihe von Campingplätzen und Ferienbauernhöfen säumt das slowenische Ufer, das noch bis vor Kurzem mittels Stacheldraht gegen illegale Einreisen gesichert war.

In der Umgebung von Novo Mesto, der größten Stadt der Region und Verwaltungszentrum finden sich zwei **Thermen:** Dolenjske Toplice und Šmarješke Toplice. Eine Rundfahrt auf den kurvigen Straßen durch die reizvolle, bewaldete Hügellandschaft berührt Burgen, Kirchen und Klöster und entführt in eine Gegend, die von **Touristen (noch) wenig** besucht wird, obwohl die Infrastruktur ausgezeichnet ist und es viel zu entdecken gibt, nicht zuletzt die hervorragenden Weine; die Winzer der Gegend können auf eine Jahrhunderte währende Weinbautradition zurückblicken.

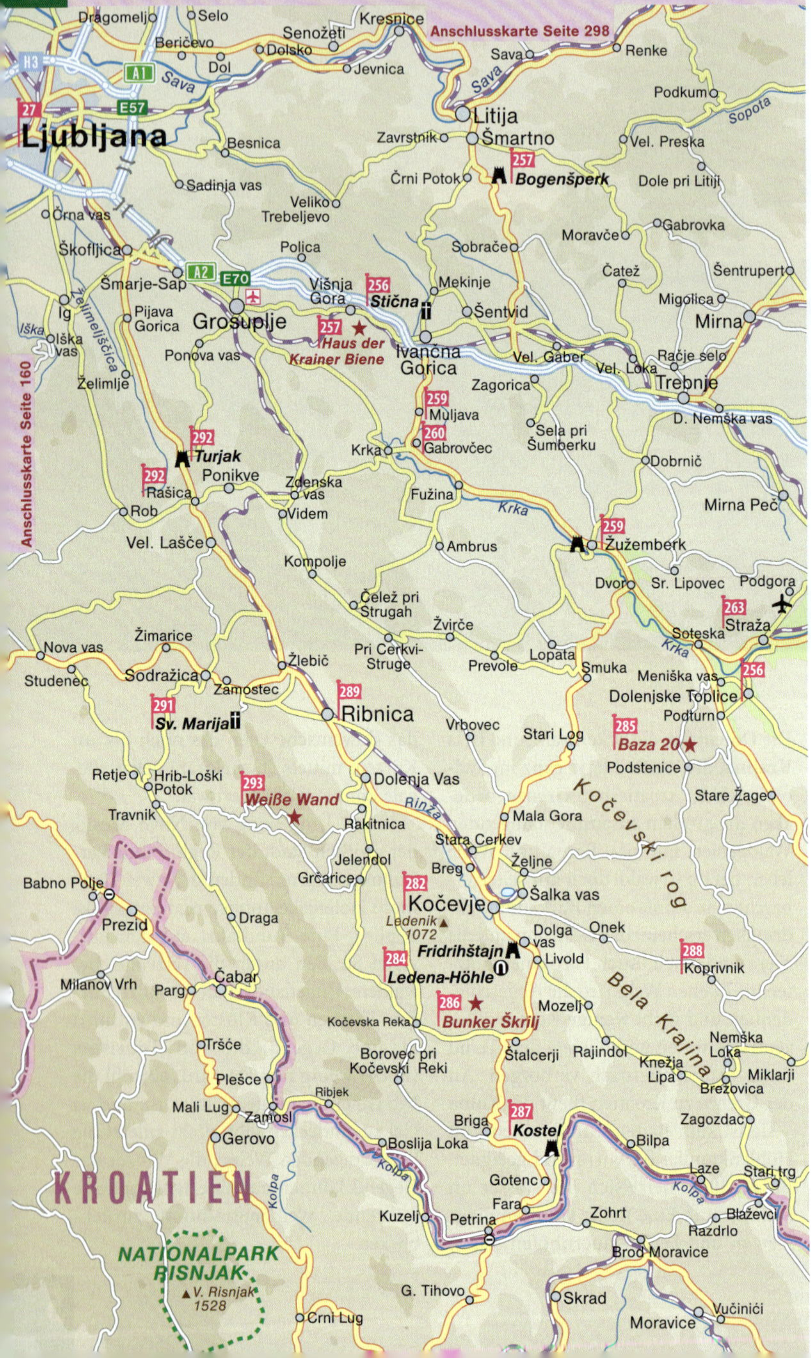
Anschlusskarte Seite 298
Anschlusskarte Seite 160
Dragomelj
Selo
Kresnice
Senožeti
Beričevo
Dolsko
Dol
Jevnica
Sava
Renke
H3
A1
E57
A2
E70
27
Ljubljana
Litija
Podkum
Sopota
Besnica
Zavrstnik
Šmartno
Vel. Preska
257
Bogenšperk
Dole pri Litiji
Sadinja vas
Črni Potok
Veliko Trebeljevo
Črna vas
Škofljica
Moravče
Gabrovka
Polica
Sobrače
Čatež
Šentrupert
Šmarje-Sap
Višnja Gora
256
Stična
Mekinje
Migolica
Ig
Pijava Gorica
Grosuplje
Šentvid
Mirna
Iška
Iška vas
Želimeljščica
257
Haus der Krainer Biene
Ivančna Gorica
Vel. Gaber
Vel. Loka
Račje selo
Ponova vas
Zagorica
Trebnje
Želimlje
259
Muljava
D. Nemška vas
260
Gabrovčec
Sela pri Šumberku
292
Turjak
Krka
Ponikve
Dobrnič
292
Rašica
Zdenska vas
Fužina
Rob
Videm
Krka
Mirna Peč
259
Vel. Lašče
Ambrus
Žužemberk
Kompolje
Dvor
Sr. Lipovec
Podgora
Čelež pri Strugah
263
Straža
Žimarice
Žvirče
Soteska
Nova vas
Pri Cerkvi-Struge
Krka
Studenec
Sodražica
Žlebič
Prevole
Lopata
Šmuka
Meniška vas
256
Zamostec
Dolenjske Toplice
291
Sv. Marija
289
Ribnica
Vrbovec
Podturn
Stari Log
285
Baza 20
Retje
Hrib-Loški Potok
Podstenice
293
Weiße Wand
Dolenja Vas
Travnik
Stare Žage
Kočevski rog
Rinža
Rakitnica
Mala Gora
Stara Cerkev
Jelendol
Željne
Breg
Babno Polje
Grčarice
282
Kočevje
Šalka vas
Prezid
Draga
Ledenik 1072
Dolga vas
Onek
Fridrihštajn
Livold
288
284
Ledena-Höhle
Koprivnik
Milanov Vrh
Parg
Čabar
Bela Krajina
286
Bunker Škrilj
Mozelj
Kočevska Reka
Nemška Loka
Tršće
Borovec pri Kočevski Reki
Štalcerji
Rajindol
Knežja Lipa
Miklarji
Plešće
Brezovica
Ribjek
Mali Lug
Zamosl
Briga
287
Kostel
Zagozdac
Gerovo
Boslija Loka
Bilpa
Kolpa
Gotenc
Laze
Stari trg
KROATIEN
Kolpa
Kolpa
Fara
Kuzelj
Petrina
Zohrt
Blaževci
Razdrlo
Brod Moravice
NATIONALPARK RISNJAK
V. Risnjak 1528
G. Tihovo
Skrad
Vučinići
Crni Lug
Moravice

Anschlusskarte Seite 298
Zidani Most
Obrežje
Savinja
Brodnice
Jurklošter
Planina
Polana
267
Lisca
Radeče
Jagnjenica
Hotemež
Sava
Sevnična
Zabukovje
267
Ajdovski gradec
Vrhovo
Orehovo
266
Sevnica
Poklek
Dovško
Senovo
Šentjanž
Dol. Boštanj
Lončarjev Dol
Log
Blanca
Brestanica
265
Grad Rajhenburg
Jelovec
Krmelj
Mirna
Gabrijele
Zovratec
Tržišče
Puščava
Malkovec
Mokronog
315
Burg Podsreda
Kozje
Vetrnik
Podsreda
315
Kozjanski Park
Velika Horvatska
Razvor
Bistrica ob Sotli
Orešje
Trebče
Gredice
Bizeljsko
Pišece
Brezovica
Kraljevec
Zdole
Zg. Pohanca
Blatno
Globoko
Župelevec
265
Krško
Dečno selo
Trebež
Kapele
Leskovec
Raka
Sava
Vel. vas
Drnovo
264
Brežice
Sela
Sotla
Kraj Donji
Čunžja vas
Zbure
Škocjan
A2
E70
Dobruška vas
Šmarjeta
Družinska vas
Dobava
Vel. Mraševo
Cerklje
Krka
Čatež
Dobova
Župeča
A2
Šenkovec
E70
262
Šmarješke Toplice
A2
E70
Krka
273
Šentjernej
269
Kostanjevica
Podbočje
Globočice
265
Mokrice
Jesenice
Obrežje
Koritno
A3
Ločna
Dol. Kronovo
Dol. Mokro Polje
Otočec
255
Schloss Otočec
271
Kloster Pleterje
Planina
Stojdraga
255
Prečna
261
Ratež
Gor. Vrhpolje
Orehovec
Ravnina 860
Samobor
252
Novo Mesto
M. Slatnik
Vel. Brusnice
Javorovica
255
Gabrje
Gorjanci
Budinjak
M. Rakovica
Črmošnjice
Jarušjo
V. Lipovec
Rude
Stranska vas
Dolž
Trdinov vrh 1178
XXX
Sošice
Petričko Selo
Dragonoš
Birčna vas
Podgrad
Vahta 615
KROATIEN
Ovančići
Betero
Uršna Sela
Bobindol
Laze
276
Jugorje
Kuljaji
Kostanjevac
Malunje
Goli Vrh
Brezovica
Radovica
D. Oštric
D. Desinec
Preloge
Štrekljevec
274
Metlika
275
Drašići
Strmac
Petrovina
Jastrebarsko
Srednja vas
280
Semič
Krvavčji Vrh
275
Rosalnice
Vrškovac
Krasić
Brezarić
Cvetković
279
Mithräum
Kot
277
Podzemelj
Bubnjarci
Jurovski Brod
Kamanje
Podbrežje
Brlenić
Čelje
A1
E65
E71
276
Gradac
Kolpa
Ozalj
Kupa
Guci
Latina
Lokve
Pravutina
278
Črnomelj
Ribnik
Mali Erjavec
Budrovci Draganićki
Kanišarica
Griblje
Gor. Pokupje
Mahično
Dragovanja vas
Tribuče
Zadobarje
277
Tanča Gora
Dolenjci
Adlešiči
Donje Stative
Luka Pokupska
Zamršje
Dragatuš
280
Lahinja
Rosapajnik
Brdo
G. Stative
Karlovac
Rečica
Stara Lipa
281
Vinica
Žunći
Kučevice
Zilje
Gor.-Mrežnica
Skakavac
Sinji Vrh
E65
A1
Mrzlo Polje
D.-Mrežničko
Korana
Popović Brdo
Špeharj
E71
Kolpa
Duga Resa
Lukovdol
Vukovci
Bosanci
Vukova Gorica
Cerovac Tušilovački
G. Trebinja
Nadvučnik
Severin na Kupi
Zdihovo
Fučkovac
Belavići

Novo Mesto

- **Meereshöhe:** 188 m
- **PLZ:** 8000
- **Vorwahl:** 07
- **Einwohner:** 37.500
- **Dt. Name:** Rudolfswerth/Neustädtl

Novo Mesto, an der wichtigen Autobahnachse Ljubljana – Zagreb in ein Talbecken geschmiegt, hat in den 1960er Jahren einen gehörigen Aufschwung erlebt, als man die Industrie entwickelte: Autobau *(Renault)* und Pharmazie (das Konglomerat *Krka*) siedelten sich an, Elektrotechnik und Textilindustrie folgten. So entstand eine **moderne Stadt,** deren äußerer Gürtel erst einmal überwunden sein will, möchte man auf die Halbinsel zur hübschen Altstadt.

Die **Altstadt** liegt auf einem Hügel in einer **Flussschleife der Krka** (deutsch Gurk). Wer die 4 km von der Autobahn kommt, erreicht das Zentrum auf dem „Festland", wer von Westen (Dolenjske Toplice) oder Osten (Pleterje) anreist, benutzt eine der beiden Brücken über die Krka. Die Altstadt ist teils Fußgängerzone; am besten parkt man kostenpflichtig auf der Freifläche am Novi trg (den Schildern zum Hotel Krka folgen). Aus der Ferne mag die Kapitelkirche auf der höchsten Erhebung als Orientierungsmarke dienen, in den Altstadtgassen ist sie nicht sichtbar.

Auch bei Novo Mesto siedelten die Illyrer um 1000 v. Chr. und nutzten die günstige Lage am Wegekreuz Ljubljana – Zagreb und Celje – Karlovac. Zahlreiche archäologische Funde belegen, dass die Region seit dieser Zeit durchgängig bewohnt war. Die neuere Geschichte begann mit dem Habsburger *Herzog Rudolf IV.* „der Stifter" genannt (die Universität Wiens geht auf ihn zurück), der die Siedlung aus der Taufe hob – er verlieh ihr den Namen Ruedolfswerde (Werde = Insel), was sich in **Rudolfswerth** wandelte, eine Bezeichnung, die die Einheimischen nicht immer goutierten; meist sprachen sie von ihrem Ort als **Neustädtl** oder eben Novo Mesto.

Die von den Habsburgern errichtete **Festung** galt als Teil der Militärgrenze gegen das osmanische Reich, vermochte im 15. und 16. Jh. diverse Türkenattacken abzuwehren und schützte auch sonst die Wege von Wien an die Adria. Bereits 1746 gründete *Maria Theresia* das Gymnasium. 1893 kam die Eisenbahn und mit ihr die moderne Stadtentwicklung. Im Zweiten Weltkrieg von den Besatzern mit Stacheldraht gesichert, sah sich Novo Mesto in Kämpfe verwikkelt, die große Teile der Stadt zerstört hinterließen.

Sehenswertes

Sv. Nikolaj

Südöstlich des Novi trg an der höchsten Erhebung der Halbinsel beherbergt die barockisierte **Kapitelkirche** Sv. Nikolaj ein Gemälde von *Tintoretto*, das er Ende des 16. Jh. schuf. Das Bauwerk selbst geht auf 1429 zurück. Interessant ist auch die Form der Krypta. Da das Gelände abfällt, haben die Baumeister sie gewölbt ausgeführt. Die Probstei von 1493 nordwestlich hinter der Kirche besitzt eine Sammlung von Porträts

Novo Mesto

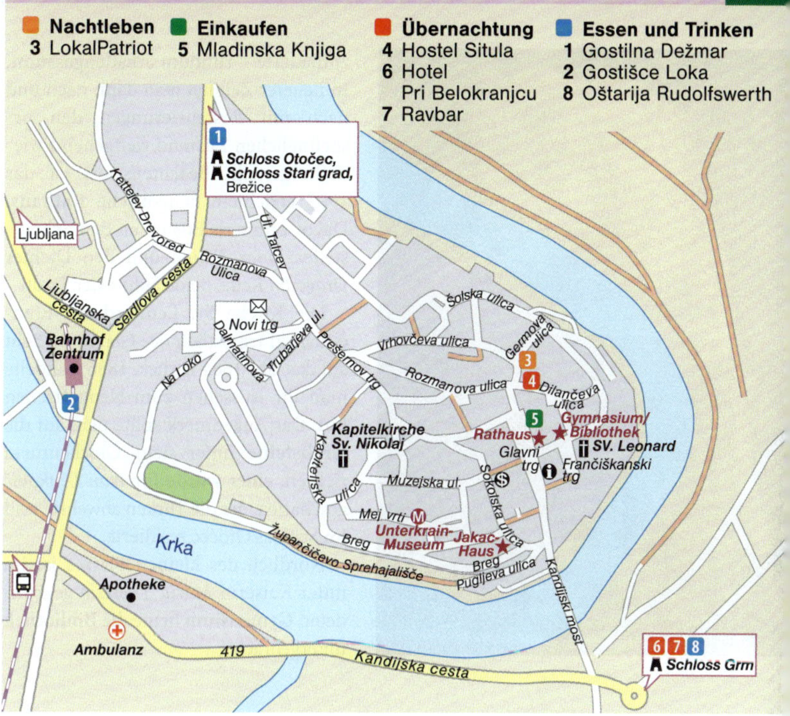

kirchlicher Würdenträger und eine Bibliothek.

Unterkrain-Museum

UNSER TIPP: Unterhalb der Kirche zeigt das **Dolenjski muzej** mehrere Ausstellungen. Die **archäologische Abteilung** ist im ehemaligen Gebäude der Deutschordensritter untergebracht. Gesammelt sind Artefakte von der frühen Steinzeit bis zu den letzten Jahrhunderten der Antike – Illyrer, Kelten und Römer. Ein Großteil stammt von Gräberfeldern der Umgebung, besonders wertvoll sind griechische Kriegerhelme, die um 600 v. Chr. datieren, eine auch als „Hallstätter Hochzeit" der Unterkrain bekannten Periode.

Die **kunstgeschichtliche Abteilung** präsentiert kirchliche und weltliche Gemälde und Plastiken. Eine weitere besteht aus Einrichtungsgegenständen, Glas, Keramik und Porzellan. In der **ethnologischen Sammlung** widmet man sich dem Alltagsleben in der Unterkrain. Den **Partisanenkampf** illustriert die zeitgenössische Abteilung und eine **Galerie** stellt Werke lebender slowenischer Künstler aus dem grafischen Bereich aus.

- **Dolenjski muzej,** Muzejska ulica 7, Tel. 07-373 11 30, www.dolenjskimuzej.si, April–Okt. Di–Sa 9–17, So 9–14 Uhr, Winter Di–Sa 9–17, So 9–14 Uhr, 6 €, Kind 4 €, Familien 15 €.

507sl sk

Das Unterkrain-Museum hat einige archäologische Kostbarkeiten zu bieten

Jakac-Haus

Ein Stück abseits erinnert das Jakac-Haus mit über 800 Werken an den in der Stadt geborenen **Maler** *Božidar Jakac.*

■ **Jakčev dom,** Sokolska ulica 1, Tel. 07-332 56 32, www.dolenjskimuzej.si, Di–Sa 9–17 Uhr, 4 €, Kind 3 €, Familie 10 €.

Glavni trg und Frančiškanski trg

Der Glavni trg, der alte Hauptplatz der Stadt – und Sloweniens größter städtischer Platz überhaupt –, zieht sich langgestreckt hinunter zur Krka. Der Platz war vor dem 19. Jh. – bevor man alles zumauerte – rundum arkadengesäumt. In neuerer Zeit hat man dann nach und nach mit Restaurierungen den ursprünglichen Zustand weitgehend wiederhergestellt. Beachtenswert ist das 1905 errichtete neugotische **Rathaus.** Davor erinnern Büsten an den Schriftsteller *Janez Trdina* und den Dichter *Dragodin Kette,* beide Söhne der Stadt.

Die Kirche **Sv. Leonard** am Frančiškanski trg östlich des Glavni trg geht auf das Jahr 1664 zurück. 1886 wandelte man ihr Aussehen zum Neogotischen hin. Das Augenmerk sollte man auf die **Grabsteine** unter dem Glockenturm richten, einer wurde für *Ivan Lenkovič* geschaffen, der die Türken abwehrte und im Schloss Otočec residierte.

Nördlich des kleinen Platzes ist im unter Kaiserin *Maria Theresia* gegründeten **Gymnasium** heute die **Bibliothek** untergebracht.

Schloss Grm

Im südlichen Vorort Grm bewacht Grad Grm aus dem 16. Jh. die Pforten des Komplexes des Autobauers *Revoz* (*Renaults* werden hier hergestellt und in Kooperation mit *Mercedes* der *Smart Forfour*). Das noch relativ gut erhaltene Schloss im Stil der **Spätrenaissance** ist nur von außen zu besichtigen.

In der Umgebung

Schloss Otočec

Wichtigstes Ausflugsziel für die Bewohner Novo Mestos ist das Inselschloss Otočec an **der Krka.** Man angelt, wandert, puttet auf dem Golfplatz ein oder rudert im Boot. Die Thermalwasser des 5 km nördlich liegenden Komplexes Šmarješke Toplice laden zu einem Bad.

Nur über Holzbrücken erreichbar, schwärmt Schloss Otočec von einer ganz anderen Epoche – einer Zeit der Romantik, als hehre Gestalten die Burgfräulein mit ihrer Leier umwarben. Schneeweiße Schwäne schweben im Morgendunst über dem Wasser und lassen das Herz jedes Besuchers höher schlagen. Durch ein gewaltiges Tor betritt man den Innenhof und das Personal des **Schlosshotels** unternimmt alles, dass man sich wie der Besitzer dieses überaus angenehmen Wohnortes fühlt. Stilsicher sind die Zimmerfluchten eingerichtet und die Bäder spiegeln Kristall und Porzellan. Hinaus schweift der Blick über die Wälder oder auf den Burghof, wo Kaffee und Kuchen oder abends ein bei Fackelschein serviertes Rittermenü winken. Das alles hat natürlich seinen Preis (→ „Unterkunft“).

Stari grad

Stari grad, ein weiteres Schloss in der Umgebung (2,5 km nördlich von Otočec), entstand um 1300 und wechselte häufig den Besitzer, unter ihnen die Grafen von Cilli und die Habsburger. 1944 brannte ein Teil des Schlosses ab. Trotz zahlreicher Sicherungen, Rekonstruktionen und Flügelanbauten ist aber der zentrale Bereich aus dem Mittelalter mit dem zweistöckigen Palas immer noch dominant.

Wanderung zum Trdinov vrh

Mit Bus (www.arriva.si) oder Auto erreicht man **Gabrje** östlich von Novo Mesto. Von hier ist es eine gute Fußstunde zur Berghütte *Planinski dom pri Gospodični na Gorjancih* (828 m, Tel. 041-68 24 69, www.gospodična.si, auch mit dem Auto erreichbar, essen und schlafen möglich, MTB-Verleih) und weitere 45 Min. bis zum Gipfel Trdinov vrh, 1178 m hoch und direkt an der **slowenisch-kroatischen Grenze**. Grandiose Fernsicht vom höchsten Punkt der Gegend belohnt den Eifrigen.

Wanderungen bei Prečna

Kleine Wanderungen beginnen bei Prečna, 5 km westlich von Novo Mesto. In einem Talkessel 1,5 km westlich des Dorfes und nördlich des Sportflughafens am Ende des **Luknja-Tales** entspringt unterhalb der Ruinen der Burg Luegg das Flüsschen Prečna, ein unterirdischer Karstabfluss der Temenica. Man gelangt am Ufer der Temenica entlang bis zu ihrer Quelle, der Burg und der **Lukenjska-Höhle** (1,8 km, 1 Std.) oder man wandert in etwa 300 m Höhe über dem Luknja-Tal und steigt dann hinab zur Höhle (3,5 km, 2 Std.). Informationstafeln weisen den Weg. Ein Abstieg in die Höhle ist nur geführt möglich (Informationen dazu hat das TIC Novo Mesto).

Dolenjske Toplice

Den **Thermalkurort** 12 km westlich von Novo Mesto gründeten die Grafen von Auersperg im 17. Jh. unter dem Namen Töplitz. Er zählt damit zu den ältesten Europas, was man dem Örtchen heute nur noch an wenigen Stellen ansieht. Der sozialistische Kurtourismus – die Heilanstalt Dolenjske Toplice gehörte und gehört dem slowenischen Pharmakonzern Krka Zdravilišča – hat ihm moderne Wohn- und Kurbauten beschert. Dazu gesellt sich die **Badelandschaft Vitarium Spa & Beauty,** die den medizinisch orientierten Anwendungsschwerpunkt (rheumatische und neurologische Beschwerden) mit Wellness- und Freizeitangebot (Wasserpark **Balnea Fun**) ergänzt.

Prähistorische Siedlungsreste aus dem 5. Jh. v. Chr. sind auf dem **Hügel Cvinger** erhalten, zu dem ein angenehmer Spazierweg hinaufführt (Ausgangspunkt Parkplatz beim Friedhof, 2,5 km, rote Markierung).

■ **Vitarium Spa & Beauty,** Zdraviliški trg 7, 8350 Dolenjske Toplice, Tel. 08-205 03 00, **Balnea Fun** im Sommer Sa–Do 9–21, Fr 9–22 Uhr, 15 €, Kind 10 €; **Sauna** ab 14 Uhr, Fr–So ab 11 Uhr, 27 €.

Abtei Stična

Die Abtei in dem kleinen gleichnamigen Örtchen liegt auf halbem Weg zwischen Novo Mesto und Ljubljana und etwas abseits der Hauptstraße bei Ivančna Gorica. Stična – Sittich – ist eine Abtei des **Zisterzienserordens** und hat ihren Ursprung 1135, als das reguläre Ordensleben drei Jahre nach dem Ruf des Patriarchen von Aquileia begann. Die ersten Mönche stammten aus der Nähe von Graz, der Abt aus Frankreich. Sittich war bis 1462 das wichtigste religiöse Zentrum der Unterkrain und blieb auch nach der Gründung der Diözese von Ljubljana eines der bedeutendsten kirchlichen Zentren des Landes – bis 1784, als Kaiser *Joseph II.* die Abtei schloss. Viele der gesammelten Kunstwerke und die reichhaltige Bibliothek gingen verloren. 1898 schließlich hauchten österreichische Zisterzienser Sittich neues Leben ein und heute blüht das Klosterleben wieder – nicht zuletzt der Touristen wegen, die die Abtei als Religionsmuseum besuchen und deren Spenden den Erhalt der weitläufigen Anlagen erst erlauben.

An der Vorderfront des Klosters dominiert der ehemalige **Eingangsturm,** in früheren Jahren einziger Zugang. Sein Gewölbe schmückt der älteste erhaltene figurale Stuck in Slowenien und zeigt die Kirchenväter *Augustinus, Gregorius, Ambrosius* und *Hieronymus,* das jüngste Gericht und die Kreuzigung.

Wichtigstes Denkmal auf dem Abteigelände ist die **romanische Basilika** mit typischem Grundriss. Bei den Zisterziensern stand die Schmucklosigkeit der Gotteshäuser im Vordergrund, was zu glatten und geraden Abschlüssen der Apsiden führte. Im Gegensatz dazu ist die Basilika von Sittich im frühzisterziensischen Stil mit gerundeten Abschlüssen aller fünf Apsiden ausgestattet – eigentlich ein Baumerkmal des 10. Jh. 1622 wurde die Basilika barockisiert, sie zeigt sich so dem heutigen Betrachter. Besonderes Augenmerk verdienen die vorzüglich gearbeiteten 14 Stationsbilder des Barockmalers *Fortunatus Bergant* von 1766.

Unser Tipp: Der schöne **Kreuzgang** ist eine Mischung aus romanischen und gotischen Stilmerkmalen. Die Innenwände stammen noch aus dem 12. Jh., ein Doppelfenster und ein Durchgang sind ebenfalls romanischen Ursprungs. Das Rippengewölbe geht auf die Frühgotik des 13. Jh. zurück. Die Malereien wurden im 14. Jh. aufgebracht und ihre Mannigfaltigkeit ist für Slowenien einmalig.

Das ursprünglich in der Romanik gebaute **Refektorium** gibt sich mit seinen Stukkaturen wiederum im Barockstil.

Die wenigen alten Bücher und Handschriften der **Bibliothek** kamen erst ab Wiedereröffnung Ende des 19. Jh. in ihren Besitz. Auf immerhin 25.000 Bände summiert sich der Bestand.

Den Hof begrenzen unter anderem die **Abtskapelle** im Stil des Spätbarock mit Einschlag aus dem Rokoko und die alte **Prälatur** im Stil der Renaissance.

Das strenge Klosterleben der Mönche – „arbeite und bete" – drückt sich in den Sammlungen des **Museums** aus: Man sieht eine Schuhmacherei, eine Tischlerei, eine Buchbinderei, aber auch Künstlerateliers, denn einige Mönche brachten es in der Malerei zu beträchtlichem Bekanntheitsgrad – unter ihnen Pater *Gabrijel Humek*, dessen Gemälde ausgestellt sind. Sammlungen liturgischer Gefäße, Messgewänder und einfache religiöse Andachtsgegenstände komplettieren die Ausstellung.

■ **Samostan/Abtei Stična,** Tel. 01-787 78 63, Klosterhof und Basilika tgl. 8–12, 14–17 Uhr, www.mks-sticna.si. Eintritt frei; Kloster- und Museumsführungen Di–Fr 10–18 Uhr, Führungen Di–Sa 10/12/14/16, So 14/16 Uhr, 8 €, Kind 3 €, Familie 12 €, Sonderausstellungen 3 €, Kind frei.

Haus der Krainer Biene

Knapp 30 km südöstlich von Ljubljana (über die Autobahn nach Novo Mesto, zahlreiche Busse ab Ljubljana) feiert ein modernes, **interaktives Museum** der Slowenen liebstes Hobby, die Imkerei. Gehuldigt wird der hier beheimateten, inzwischen aber auch in anderen Ländern weit verbreiteten Krainer Biene (Apis mellifera carnica). Das **Hiša Kranjske čebele** erzählt von Zucht und Besonderheiten, erläutert die heilende Wirkung von Honig und Propolis und verrät Rezepte für Honig-Leckereien, die im Museums-Café verkostet werden können. Spannend ist der **gläserne Bienenstock,** in dem Groß und Klein den Bienen bei ihrer Arbeit zusehen können. Live erleben Besucher die fleißigen Honigsammlerinnen am Bienenstock in dem kleinen Park nebenan. Ein weiterer Clou ist das **Bienen-Hostel** im Haus, wo Gäste in wabenförmigen Nischen übernachten (→ S. 262).

■ **Hiša Kranjske čebele,** Mestni trg 2, 1294 Višnja Gora, Tel. 01-444 04 10, www.hisakranjskecebele.si, Di–So 10–16 Uhr, 9 €, Kind 5 €.

Burg Bogenšperk

Fährt man von der Abtei Stična noch weiter nördlich Richtung Šmartno/Litija, ragt schließlich Burg Bogenšperk in den Himmel. „Wagensberg" geht auf die Familie *Wagen* zurück, die mit ihrer Burg zum ersten Mal 1533 in den Schriften auftaucht. Die Burg entstand im Stil der Renaissance und ersetzte die alte Familienburg, die einem Erdbeben zum Opfer gefallen war. Zu einem fast heiligen Ort

168sl sk

geriet Bogenšperk für die Slowenen, weil das große Universalgenie *Johann Weichard Valvasor* die Burg 1672 kaufte und zu seinem Wohnsitz gestaltete. Er lebte und arbeitete hier 20 Jahre lang, richtete eine **Druckerei** ein und schrieb unter anderem das Werk **„Die Ehre des Herzogthums Crain"** (das er allerdings in Nürnberg drucken ließ). Die Erstellung dieses Werkes stürzte ihn in Armut und er musste Bogenšperk aufgeben und verkaufen. Es gelangte schließlich in die Hände der Windischgrätzer und fiel 1945 an den Staat. Heute ist es ein **Museum.**

Die Ausstellungen umfassen das Arbeitszimmer von *Valvasor*, eine Kupferstecherei, eine Druckerei und eine ethnologische Sammlung zu Aberglauben und Volkstrachten. Eine eigene Ausstellung widmet sich einer Episode im Zweiten Weltkrieg, als die Burg zum Grenzübergang zwischen Italien und Deutschland mutierte, die das Land unter sich aufgeteilt hatten. Ein Restaurant dient dem leiblichen Wohl und verköstigt ab und an auch Brautgesellschaften, die im Trausaal den Bund fürs Leben schließen. In den Sommermonaten sind deshalb samstags die Besichtigungszeiten häufig eingeschränkt.

⌂ Schloss Bogenšperk ist heute eine beliebte Hochzeits-Location – romantischer geht's nicht!

■ **Grad Bogenšperk,** Bogenšperk 5, Šmartno pri Litji, Tel. 01-898 76 64, www.bogensperk.si, Juli/Aug. tgl. 9–18, Jan–März/Nov./Dez. Mo–Fr 10–14, Sa/So 10–16 Uhr, April–Juni/Sept./Okt. Mo–Fr 9–16, Sa/So 10–18 Uhr, 6 €, Kind 4,50 €, Familie 18,50 €.

Muljava

Unweit der Abtei von Stična, südlich von Ivančna Gorica im Ort Muljava, blendet in der **Kirche Mariä Himmelfahrt** (15. Jh.) das Gold eines der größten Altäre des Landes nachgerade die Besucher. Wie viele Kirchengebäude wurde auch dieses Gotteshaus barockisiert und mit Fresken ausgemalt. 1475 überfielen die Türken den Ort, was der Schriftsteller *Josip Jurčič* in einem seiner Werke festhielt.

Sein Geburtshaus wurde in ein **Freilichtmuseum** integriert. Es besteht aus dem Wohnhaus und Wirtschaftsgebäuden, die für einen Hof der Unterkrain typisch waren. In einer Galerie im ehemaligen Stall finden Dichterlesungen statt.

■ **Muzej na prostem/Freilichtmuseum,** Muljava 11, Tel. 01-787 65 00, März–Nov. Di–Sa 11–17, So 12–17 Uhr, 3,50 €, Kind 2,50 €.

Žužemberk

Von Muljava auf der Nebenstraße Richtung Dolenjske Toplice nach Novo Mesto zurückfahrend, passiert man Žužemberk. Die gewaltige **Burg** wurde im Zweiten Weltkrieg bei mehrfachen Luftangriffen zerstört, die Außenmauern und Bastionen blieben aber stehen und seit vielen Jahren wird renoviert und neu gebaut. Jährlich findet Mitte Juli ein **Mittelaltermarkt** mit Rahmenprogramm statt. Den ganzen Sommer über werden Konzerte veranstaltet.

Unterhalb des Ortes führt eine schmale Straße in das Bett der Krka hi-

Schloss Žužemberk am Fluss Krka

731sl sk

nunter, zu Fuß weiter zur alten **Mühle** – einem pittoresken Ort.

■ **Grad Žužemberk,** Grajski trg 1, Žužemberk, Tel. 07-388 51 80, www.zuzemberk.si, Besichtigung mit Führerung unter 041-53 92 92 vereinbaren, 4 €, Kind 2 €.

Krka-Quelle

Die 20 km zwischen Žužemberk und der Quelle der Krka gelten als herausragendes Angelrevier. Zum Quellgebiet der Krka gelangt man zwischen Žužemberk und Muljava westlich des Weilers Trebnja Gorica nahe der Ortschaft **Gabrovčec**. An einem kleinen Kiosk ist Eintritt zu zahlen, dann geht es unter Führung oder individuell zum Eingang und knapp 200 m vorbei an Tropfsteinen hinunter zu einem **Höhlensee**, dessen Oberfläche aber nur einen Bruchteil des unterirdischen Seengebietes ausmacht. Er wird **Siphonsee** genannt, da er im Winterhalbjahr die ganze Höhle überschwemmen kann.

■ **Izvir Krke/Krka-Quelle,** Führungen zu jeder vollen Stunde April, Mai, Sept. Sa 13–17, So 11–17, Juni bis Aug. Sa 13–18, So 10–18 Uhr nach Voranmeldung unter Tel. 041-27 62 52, www. tdkrka.si/krska-jama, Eintritt 4 €, Kinder 3 €.

Praktische Tipps

Informationen/Service

■ **TIC,** Glavni trg 11, 8000 Novo Mesto, Tel. 07-393 92 63, www.visitnovomesto.si, www.visitdolenjska.eu, April–Okt. Mo–Sa 9–17, So 9–15, Winter Mo–Fr 9–17, Sa 9–14 Uhr.

■ **Post:** Novi trg 7.

013sl_sk

Notfälle

■ **Ambulanz/Zdravstveni dom:** Kandijska cesta 4, Tel. 07-391 67 00, http://zd-nm.si.
■ **Apotheke/Lekarna:** Kandijska cesta 1, Tel. 07-393 29 00, www.dolenjske-lekarne.si.

Verkehr

■ **Züge:** Novo Mesto hat zwei Bahnhöfe, einen kleinen beim Zentrum und den eigentlichen Fernbahnhof 2 km im Norden, Kolodvorska ulica 1. Verbindungen Richtung Ljubljana, Črnomelj und Zagreb, https://potniski.sz.si, Tel. 080-81 11.
■ **Fernbusse:** Topliška cesta 1, Tel. 07-332 11 23, www.ap-ljubljana.si, www.arriva.si, Busse in Richtung Ljubljana, Dolenjske Toplice, und Brežice.
■ **Öffentl. Stadtverkehr:** Novo Mesto bietet ein gut ausgebautes Busnetz, das das Zentrum mit den Vororten verbindet (www.arriva.si).
■ **Fahrradverleih:** bei *Kolesa Smole,* Šentjernejska cesta 7, Tel. 07-337 98 00, www.kolesa-smole.si, und beim *Kamp Polje* (s. „Camping"), Fahrrad 15 €, E-Bike 40 €/Tag.

Einkaufen

■ **Bücher und Karten:** 5 **Mladinska Knjiga,** Glavni trg 9, Tel. 07-393 11 50.

Unterkunft

6 **Hotel Pri Belokranjcu**②, Kandijska cesta 63, Tel. 07-302 84 44, www.hotel.pribelokranjcu.si. Komfortable sechs Gästezimmer an der Straße in Richtung Šentjernej und ein gutes **Restaurant**②.
4 **Hostel Situla**①-②, Dilanceva 1, Tel. 040-60 19 00, www.situla.si. Modernes Hostel im Herzen der Altstadt, 20 Zimmer, auch Doppelzimmer mit Bad, und Möglichkeit zu Abend zu essen, Weinkeller.
7 **Ravbar**②, Smrečnikova 15, Tel. 07-373 06 80, www.ravbar.net, in südlichem Vorort (10 Min. zu Fuß von der Altstadt über die Kandijski-Brücke). Apartments und Zimmer in einem modernen Bau, Radfahrer willkommen (gute Tipps). Die Familie vermietet auch eine *zidanica,* ein typisches Weinberghäuschen, in der Nähe.

Otočec

■ **Schlosshotel Otočec**④, Grajska cesta 2, Otočec ob Krki, Tel. 08-205 03 00, www.grad-otocec.com. Eines der schönsten Hotels des Landes mit vorzüglichem Personal, 16 Zimmer, stilvolle Einrichtung, herrschaftliches Ambiente, Speisen im Burghof.

Ratez

(Unser Tipp) **Šeruga**②, Sela pri Ratežu 15, südlich von Otočec kurz vor Ratež, Tel. 07-334 69 00, www.seruga.si. Ein idyllisch gelegener, nostalgischer **Ferienbauernhof,** mit alten Möbeln eingerichtet und von sehr aufmerksamen Gastgebern geführt. Neben gemütlichen Zimmern gibt es auch ein Häuschen für zwei Personen, den „Getreidespeicher". Vieles, was auf den Tisch kommt, ist bio.

Doljenske Toplice

Die Thermenhotels bieten bei Buchung über einen Veranstalter deutlich günstigere Preise.
■ **Hotel Vital**④, **Hotel Balnea**④ und **Hotel Kristal**④, Doljenske Toplice, Tel. 08-205 03 00, www.terme-krka.com. Renovierte Kurhotels mit gemeinsamen Kureinrichtungen; Isoakratothermalwasser (36°C), gegen rheumatische Erkrankungen, Rehabilitation bei orthopädischen Erkrankungen, Osteoporose. Hotel *Vital* dient vornehmlich der Rehabilitation und ist meist ausgebucht.

◁ Beliebtes Ausflugsziel: Das Schlosshotel Otočec

Oštarija Herbelier

Unser Tipp Mit die beste Küche des Landes verbirgt sich hinter einer modernen Fassade mitten im Thermalörtchen Dolenjske Toplice. *Rob Gregorčič* gehört zu den jungen Wilden Sloweniens, die aktuell die Szene aufmischen. Ihr erklärtes Ziel ist es, die alten Ingredienzen und Zubereitungsweisen zu retten, aus dem Regionalen – egal ob Fleisch, Gemüse oder Kräuter – zu schöpfen und kreativ neu zu interpretieren. Sein Restaurant-Hotel (mit 12 **Zimmern**②) hat in der Kulinarikwelt Sloweniens nicht ohne Grund Furore gemacht. Genießen Sie ländliche Köstlichkeiten wie Rinderzunge mit frischem Brot, eine Rind-/Wildfleischpastete, geräucherten Wels und Forellenmousse. Und das Ganze zu überaus wettbewerbstauglichen Preisen, besonders bei den Degustationsmenüs. Selbstredend, dass nur hervorragende Weine von ausgesuchten Winzern auf den Tisch kommen. Wie heißt es so schön? Dieses Lokal ist eine eigene Reise wert.

■ **Oštarija Herbelier**③, Sokolski trg 2, Dolenjske Toplice, Tel. 051-26 29 90, www.ostarija-herbelier.com, So geschl.

508sl sk

Šmarješke Toplice

■ **Hotel Šmarjeta**④, **Hotel Vitarium**④, Brezovica 1, Šmarješke Toplice, Tel. 08-205 03 00, www.terme-krka.com. Komfortable, moderne Kurhotels; Hypothermalwasser mit 32°C gegen Herz- und Gefäßleiden, Erkrankungen des Bewegungsapparates, Sportverletzungen, Erkrankungen des Nervensystems und psychosomatischer Art. Außerdem ein angenehmer Wellnessbereich mit allem Luxus.

■ **Gostilna Domen**①-②, Družinska vas 1, Šmarješke Toplice, nordöstlich von Otočec, Tel. 07-307 30 10. **Ferienbauernhof** mit Radverleih und guter Gaststätte.

Višnja Gora (nahe Abtei Stična)

■ **Honeybee Hostel**①-②, Mestni trg 2, 1294 Višnja Gora, 12 Doppel- und Mehrbettzimmer. Schlafen in Honigwaben aus Holz – modernes Hostel im **Haus der Krainer Biene** (→ S. 257).

Camping

■ **Kamp Polje,** Meniška vas 47, 8350 Dolenjske Toplice, Tel. 040-46 65 89, www.kamp-polje.si; ganzjährig offen. Zeltplatz am Wald nahe der Krka und dem *Balnea Wellness Center* mit seinen Pools und Saunen, Fahrrad- und Kanuverleih.

Essen und Trinken

2 **Gostišce Loka**②-③, Župancicevo sprehajališce 2, Tel. 07-332 11 08, www.gostisce-loka.si. Vor allem im Sommer, wenn man auf der Terrasse an der Krka sitzen kann, eine gute Adresse mit Pizza, Burgern, Pasta und slowenischen Spezialitäten.

◁ Küchenchef Rob Gregorčič ist stets mit Feuereifer dabei

1 Gostilna Dežmar②, Ljubljanska cesta 65, Tel. 07-337 93 00, http://dezmar.si, So geschlossen. Herzhafte slowenische und mediterrane Küche mit viel Fisch in bügerlicher Atmosphäre.
8 Oštarija Rudolfswerth②, Kandijska cesta 35, Tel. 07-332 33 35, www.ostarija-rudolfswerth.si. Die Lage an der Hauptstraße ist nicht gerade anregend, aber innen ist das Restaurant hübsch eingerichtet und das Essen schmeckt lecker.

Ratez

■ **Gostilna Vovko**③, Ratež 48, Brusnice, Tel. 07-308 56 03, www.gostilna-vovko.si. So geschlossen. Der Gasthof hat sich zu einem kulinarischen „Geheimtipp" gemausert, dessen moderne, slowenische Küche die Gourmetbibeln preisen. Zum Glück bleiben Eigentümer und Personal bodenständig und sich selbst treu. Herzlichkeit steht über allem. Für Übernachtungsgäste gibt es gemütliche **Zimmer**③.

Žužemberk

■ **Gostilna pri Gradu**②, Grajski trg 4, Žužemberk, Tel. 07-308 72 90, www.gostilna-prigradu.si. Einfacherer Gasthof am Burgplatz von Žužemberk mit guter Hausmannskost.

Dolenjske Toplice

■ **Gostilna Stravs**②-③, Podturn 28, Dolenjske Toplice, Tel. 07-306 53 90. Die Spezialität des urigen Gasthauses ist Bärenbraten und vielleicht nicht jedermanns Sache; aber auch anderes Wild und köstlich frische Forellen kommen auf den Tisch. Auch einfache Gästezimmer②.

Straža

■ **Pod Smrekco**②, Potok 2, Straža, Tel. 07-384 75 88, www.facebook.com/GostilnaPodSmrekco, Sa geschlossen. An der Straße von Novo Mesto nach Dolenjske Toplice gelegen bietet dieses Gasthaus solide Küche mit einigen Spezialitäten aus Bela Krajina.

Abends unterwegs

Um das Nachleben in Novo Mesto ist es nicht gerade gut bestellt. Zentrum des Geschehens ist der Klub **3 LokalPatriot,** Dilančeva ulica 1, www.lokalpatriot.si, ein Studentenclub mit breitem Veranstaltungsprogramm.

Aktivitäten

■ **Wandern:** Neben diversen markierten Wanderwegen besonders bei den beiden Thermalorten gibt es bei Dolenjske Toplice den Naturlehrpfad *Rožek;* er beginnt an der Abzweigung nach Rog von der Hauptstraße zwischen Ljubljana und Črnomelj und geht über 2 km an 12 Stationen vorbei durch den Wald.

■ **Golf:** 18 Loch auf 75 ha – der Golfplatz des Schlosshotels *Otočec* gilt als längster Parcours Sloweniens. Tel. 041-30 44 44, http://golfklub-otocec.si.

■ **Thermalbäder:** siehe Unterkunft/Umgebung

■ **Bootsverleih:** Beim Schlosshotel *Otočec,* Otočec ob Krki und beim Camping *Polje.*

Kanufahrten und Rafting: K2M, Pionirska cesta 2, 8350 Dolenjske Toplice, Tel. 07-306 68 30, www.k2m.si, auch leichtere Touren, die Kindern Spaß machen, Kajak- und Kanufahrten auf der Krka; *Carpe diem,* Krka 27, 1301 Krka, Tel. 051-31 54 00, www.kayak.si, organisiert Rudern und Kajakfahrten; *Rafting Klub Gimpex,* Straža, Stara cesta 1, Tel. 040-86 56 59, http://rafting-gimpex.si, Gummibootfahrten auf der Krka.

■ **Angeln:** Angelscheine erhält man im Schloss *Otočec,* in den Hotels von Dolenjske Toplice und für das Quellgebiet der Krka in der Gostilna von Žužemberk.

Brežice

- **Meereshöhe:** 162 m
- **PLZ:** 8250
- **Vorwahl:** 07
- **Einwohner:** 6900
- **Dt. Name:** Rann

Brežice bewacht von einer Anhöhe aus den **Zusammenfluss von Krka und Sava** unweit der kroatischen Grenze. Die Hauptstraße Ljubljana – Zagreb verläuft entlang der Sava an deren südlichem Ufer. Verlässt man die Autobahn, kommt man über eine Brücke und in einem Bogen auf die Hauptstraße des Ortes, einen langen Straßenmarkt. Im Bereich der Burg sind Parkplätze kein Problem, das Zentrum ist gut zu Fuß erreichbar.

Die beherrschende Lage an der Verengung der Sava machte Brežice zu einem vorzüglichen Ort für Befestigung – erst zum Schutz vor den Ungarn, dann gegen die Türken. Davor hatten aber auch schon die Römer die Geländevorteile erkannt und ein Kastell errichtet. 1241 fand der Ort seinen Weg in die Schriftrollen. Er stand in Besitz der Bischöfe zu Salzburg bis 1493, als die Habsburger die Macht übernahmen. Ab 1694 war er Eigentum der *Grafen von Attems*. Stadtrechte erhielt man bereits 1353. Die Ungarn bemächtigten sich zwischen 1479 und 1491 der Siedlung. Im 15. Jh. zerstörten die Türken mehrfach die Befestigungsanlagen. Die Bauern taten es ihnen 1515 anlässlich eines Aufstands gleich: Sie brannten die Burg nieder.

In der zweiten Hälfte des 19. Jh. polarisierte sich Brežice wegen der vehementen Germanisierung die Bevölkerung. Die Gründung einer deutschen Schule führte zur Entstehung nationalslowenischer Einrichtungen. Während des Zweiten Weltkriegs siedelten die Besatzer Deutschstämmige aus der Ukraine, aus Rumänien, Bulgarien und Bessarabien an. Nach dem Krieg wanderten die meisten nicht ganz freiwillig wieder aus.

Museum in der Burg

Wichtigste Sehenswürdigkeit ist das Burgmuseum. Es widmet sich der **Geschichte des Sava-Tales,** zeigt Ausstellungen zu Archäologie und Ethnologie mit ganzen Zimmereinrichtungen. Hinzu kommen eine Sammlung **barocker Kunst** und eine **kunstgeschichtliche Abteilung.** Ein eigener Bereich beschäftigt sich mit dem Partisanenkrieg, ein weiterer mit den Bauernaufständen. Im mit Fresken verzierten Rittersaal vom Beginn des 18. Jh. finden Veranstaltungen statt. Er ist mit 35 x 10 m und 8 m Höhe der größte barock geschmückte Profanraum des Landes. Der Reichtum der Fresken geht auf den Grafen *Ignaz Maria Attems* zurück, der sich Maler auf die Burg holte und diese zu Freskenmeistern ausbilden ließ.

- **Posavski muzej,** Cesta prvih borcev 1, Tel. 07-466 05 17, www.pmb.si, Nov.–Feb. Di–Sa 10–16, So 13–17, März–Mai, Sept., Okt. Di–Sa 10–18, So 14–18, Juni, Aug. Di–Sa 10–20, So 14–20 Uhr, 6 €, Kind 3 €.

Sv. Lovrenc

Die **Kirche** Sv. Lovrenc entstand 1782 anstelle der ständig vom Hochwasser bedrohten, früheren Pfarrkirche. Im Inneren prunkt es barock, das Äußere ist kühl klassizistisch gehalten.

Thermen

Auf dem anderen Ufer der Sava, ein wenig östlich der Stadt, locken die Thermen von Čatez mit einer **riesigen Wasserlandschaft** und nicht weniger als neun Außenpools, in den Hallen sind weitere Schwimmbäder, Saunen, Dampfbäder nach römischer und türkischer Art, Solarien, Fitnessgeräte und allerlei mehr. Das Wasser ist gesund und lindert rheumatische Beschwerden und Nervenleiden, mit unterhaltsamen Einrichtungen wie diversen Wasserrutschen kommen auch Kinder und Jugendliche auf ihre Kosten.

■ **Terme Čatez,** Topliška 35, 8250 Brežice, Tel. 07-493 67 00, www.terme-catez.si, Mai–Sept. 9–21 Uhr, Winter kürzer, aktuelle Preise siehe Website.

In der Umgebung

Schloss Mokrice

Mokrice – herrlich inmitten eines **Golfplatzes** gelegen – ist mit seinen wenigen Zimmern eine exklusive und luxuriöse Herberge, die nicht nur Golfspieler schätzen. Das Schloss geht auf den Beginn des 15. Jh. zurück und wurde auf einer kleinen Anhöhe errichtet und mit einem Burggraben umgeben. Im 16. Jh. baute man um und gab ihm seinen heutigen **Renaissance-Charakter** mit drei mächtigen Türmen, vier Flügeln und einem arkadengesäumten Innenhof. Der **Park** entstand im 19. Jh., zu Beginn des 20. Jh. wurde er romantisch umgestaltet.

An den Ufern der Sava

Von Brežice gelangt man ab dem Ort Krško auf breiter, gut ausgebauter Straße am südlichen Ufer der Sava entlang nach Westen oder am nördlichen Ufer parallel zu den Eisenbahnschienen auf schmalem Weg. Die erste Station, **Krško** (Gurkfeld), ist – auch wenn einst *Valvasor* einige Zeit hier gelebt hat – ein unansehnlicher Industrieort und Standort von **Sloweniens einzigem Atomkraftwerk,** das das Land zusammen mit dem Nachbarn Kroatien betreibt. In einer stark erdbebengefährdeten Zone erbaut, ist es ständiger Zankapfel zwischen den EU-Nachbarn Slowenien und Österreich, das Havarien befürchtet.

Einzige Sehenswürdigkeit ist das **Kapuziner-Kloster** mit einer beachtenswerten Bibliothek und einer kleinen Sammlung alter Meister.

■ **Kapucinski samostan,** Cesta krških žrtev 26, Tel. 07-490 40 00, www.knjiznica-krsko.si, Führung nach Voranmeldung, 1 Std. Dauer. 2024 war das Kloster geschlossen.

In der nächsten Ortschaft **Brestanica** ist der Besuch der **Rajhenburg** (Reichenburg) ein Muss. Steil führt der Weg hinauf und bedrohlich thront die Burg über der Sava – so bedrohlich wie der Inhalt des Museums, das die deutsche

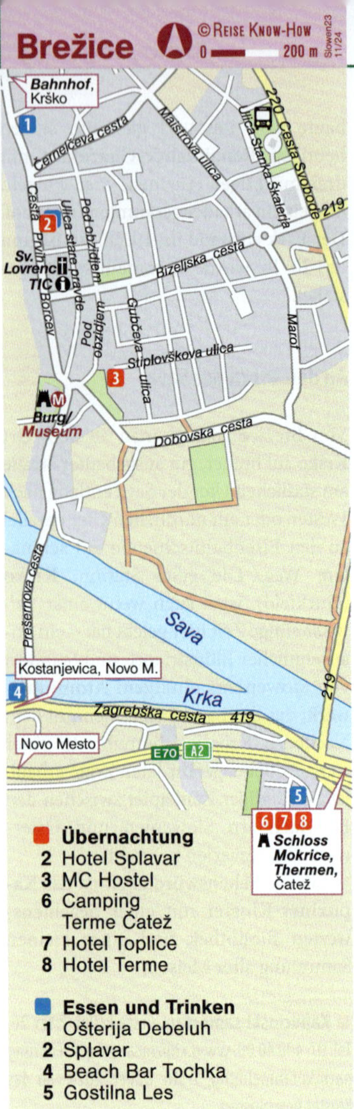

Besatzungszeit und KZs auf slowenischem Boden thematisiert.

895 errichtet, tauchte die Burg als erste auf slowenischem Boden in den Urkunden auf. 1043 gelangte sie in Salzburger Besitz. 1884 wurde sie zum Kloster, während des Zweiten Weltkriegs diente sie schließlich als Deportationssammellager – ein Großteil Sloweniens sollte deutsch werden, man plante deshalb die Aussiedlung von 250.000 Menschen nach Serbien und Kroatien. Die zweite permanente Ausstellung widmet sich der Geschichte der Burg und derer von Rajhenburg. Im Museumsladen gibt's Kunsthandwerk, im (2024 leider geschlossenen) Café Erfrischungen.

■ **Grad Rajhenburg,** Cesta Izgnancev 3, Tel. 07-620 42 16, www.gradrajhenburg.si, Sommer Di–So 10–18/20 Uhr, sonst 10–16 Uhr, 6 €, Kind 4 €, Familie 12 €.

Dritter Halt ist **Sevnica** (Lichtenwalde). Das dominierende Schloss erbauten die Salzburger Erzbischöfe im 14. Jh. Der spätromanische Bergfried ist noch erhalten, die zweistöckigen Arkaden im Hof gehen auf die Renaissance zurück. In den Vorratsgewölben ist der **Luther-Keller** zu besuchen, der im 16. und 17. Jh. Protestanten als Andachtsraum diente. Er ist im Renaissance-Stil mit herrlichen Fresken geschmückt, eines der wichtigsten Denkmäler aus jener Zeit. Bei der Renovierung des Schlosses kamen schöne Fresken aus Renaissance und Barock ans Tageslicht. Neben verschiedenen Privatsammlungen zu Themen wie Zierkunst oder Feuerwehr beherbergt es heute ein modernes Burg-Café, eine Vinothek und einen Souvenirladen.

■ **Grad Sevnica,** Cesta na grad 17, Sevnica, www.visit-sevnica.com, Tel. 051-68 02 89, Führungen April–Okt. Di–Fr 12–18 Uhr, Sa/So 10–18 Uhr, Winter nach Voranmeldung, 10 €, Kind 4 €.

Fährt man von Sevnica am linken Ufer der Sava 3 km zur Ortschaft Spodnje Vranje und dort nach Norden in die Berge, kommt man oberhalb von Vranje nach **Ajdovski gradec,** eine spätrömische/frühchristliche Siedlung und ein archäologischer Park. Fundamente von Wohnhäusern, zwei Kirchen, Grabstätten und Wehrtürme erinnern an die Blütezeit der Ortschaft auf 436 m Höhe, von der die Brandschatzung im Zuge der Völkerwanderung nichts als Ruinen ließ.

Auf den Gipfel der Lisca

Von Sevnica ca. 15 km nach Nordwesten bietet der 947 m hohe Gipfel der Lisca mit der **Berghütte Tončkov dom** vielzählige Freizeitmöglichkeiten. Der leichteste, kindergeeignete Aufstieg führt vom Weinkeller Mastnak auf dem Gut Krakovo in ca. 1½ Std. hinauf. Auf einer anspruchsvollen Via Ferrata kann man den Gipfel von Cerje aus in 45 Minuten erklimmen (Ausrüstung und Erfahrung erforderlich). Die Berghütte empfängt Besucher mit deftigen Gerichten, gemütlichen Zimmern und einem Kinderspielplatz. Die Lisca ist auch ein beliebter Startplatz für Drachenflieger.

- **Lisca – Tončkov dom na Lisci,** Tel. 03-573 50 16, http://lisca-dom.com, Di–So bis 19 Uhr.

Praktische Tipps

Informationen

- **TIC,** Ulica stare pravde 40, 8250 Brezice, Tel. 040-67 11 18, www.visitbrezice.si, Di–Fr 8–16, Sa 10–18, So 13–16 Uhr.

Verkehr

- **Bahnhof:** Trg Vstaje 3, 2 km außerhalb im Norden, Züge nach Ljubljana, Tel. 080-81 11, https://potniski.sz.si.
- **Fernbusse:** *Nomago,* Cesta svobode 11, Tel. 01-431 77 00, www.nomago.si. Verbindungen in Richtung Novo Mesto, Ljubljana, Mokrice.
- **Öffentl. Nahverkehr:** Zwischen Busstation und Bahnhof verkehren Busse von Nomago tagsüber halbstündlich.
- **Fahrradverleih:** *Terme Čatež,* Topliska cesta 35, Tel. 07-493 50 00, und *Prah Sport,* Prešernova cesta 15c, Tel. 041-34 19 85, www.prahsport.si.

Unterkunft

7 **Hotel Toplice**④ und 8 **Hotel Terme**④, Topliška cesta 35, Čatež, Tel. 07-493 50 00, www.terme-catez.si. Beide sind modernisiert und besitzen alle Annehmlichkeiten der gehobenen Mittelklasse, 137 und 226 Zimmer.

2 **Hotel Splavar**②, Cesta prvih borcev 40a, Tel. 07-499 06 30, www.splavar.si. Mitten in der Stadt, 16 angenehm ausgestattete Zimmer und ein beliebtes Pub mit Restaurant.

Unser Tipp: 3 **MC Hostel**①, Gubčeva ulica 10a, Tel. 05-908 37 90, www.mc-hostel.si. Modernes, fast elegantes Hostel mit Zwei-Bett-Zimmern, Schlafsaal und Suiten, Gemeinschaftsküche und einem Info-Center.

Bizeljsko

- **Vila Istenič**②, Stara Vas 7, Bizeljsko, Tel. 07-495 15 59, www.istenic.si. 8 komfortable Zimmer in einem Familienbetrieb 12 km nordöstlich von Brežice. Istenič ist berühmt für seine Schaumweine, die als die besten Sloweniens gelten, Weinverkostung.

Sevnica

- **Hotel Ajdovec**③, Trg Svobode 1, 8920 Sevnica, Tel. 07-816 10 50, www.hotel-ajdovec.com. Modernes Haus mit 15 elegant eingerichteten Zimmern und gutem Restaurant am Ufer der Sava.

Jesenice na Dolenjskem

■ **Hotel Golf Grad Mokrice**④, Rajec 4, Jesenice na Dolenjskem, 10 km südöstlich Brežice, Tel. 07-493 50 00, https://mokrice-castle.com. Das von einem Golfplatz eingerahmte Schlosshotel wird nach einem umfassenden Facelifting seiner hohen Kategorie gerecht – für Flitterwochen und ähnliche Events.

Camping

6 **Camping Terme Čatež,** Topliška cesta 35, Čatež, Tel. 07-493 50 00, www.terme-catez.si, ganzjährig offen, 250 Stellflächen. Großzügig konzeptionierter Platz mit bester Infrastruktur.

Essen und Trinken

2 **Splavar**②, im Hotel *Splavar* (s.o.). Internationale Küche in elegant-gemütlicher Atmosphäre.

1 **Ošterija Debeluh**③, Trg izgnancev 7, www.debeluh.si, Tel. 07-496 10 70. Slowenische Küche auf gehobenem Niveau in schickem Restaurant.

5 **Gostilna Les**①-②, Rimska cesta 31, Čatež, Tel. 07-496 11 00, www.pension.si. Gute slowenische Küche zu günstigen Preisen (z.B. hausgemachte Presswurst mit Kürbiskernöl, *Gibanica*) und beliebte Pizzeria, auch **Zimmervermietung**②.

4 **Beach Bar Tochka**①, Velike Malence pri Brežicah, Tel. 040-53 95 05, www.facebook.com: Beach Bar Tochka, nur im Sommer. Ein netter und beliebter Treff am Krka-Strand mit Craft-Bieren, coolen Drinks und Picknickplätzen.

Globočice

■ **Pri Martinovih**③, Globočice 8, Krška vas, Tel. 07-496 10 57, www.martinovi.com. Hausmacherkost wie Lamm oder Spanferkel mit selbstgebackenem Brot auf einem Bauernhof, südlich von Brežice fast an der kroatischen Grenze. Auch **Gästezimmer**②.

Šentjanž

Unser Tipp 7 **Gostilna Repovž**③, Šentjanž 14, Šentjanž, Tel. 07-818 56 61, www.gostilnarepovz.si, Do–So nur nach Vorbestellung. Wie aus einem traditionellen Gasthof Fine Dining wird, ohne die familiären Wurzeln und den grünen Anspruch zu vernachlässigen, demonstriert das ländliche Restaurant mit regionalen Spezialitäten, die modern und leicht interpretiert werden. Auch Weinbau und Verkauf eigener Produkte.

Feste und Veranstaltungen

■ Im Rittersaal der Burg werden in regelmäßigen Abständen **Konzerte** gegeben. Im **August** findet dort ein Festival mit mittelalterlicher Musik statt.

■ **Mednarodni otroški pevski festival Brežice** (alljährlich im **August**), internationales Kinder-Gesangsfestival mit Teilnehmern aus dem slawischen und ungarischen Raum; www.brezice.eu.

Aktivitäten

■ **Thermalbad:** *Terme Čatež,* Topliška cesta 35, Čatež ob Savi, Tel. 07-493 50 00, www.terme-catez.si; → Thermen S. 265.

■ **Angeln:** Angelscheine in den Hotels der Thermen.

■ **Golfen:** Hotel *Golf Grad Mokrice,* s. „Unterkunft", 18-Loch-Platz, Länge 1-18: 5835 m, Par: 71.

Stand up Paddling: Kurse und Verleih von Brettern bei SUP Čatež, Čateška ulica 6, Brežice, Tel. 040-64 92 65. Für ältere Kinder ein Riesenspaß. Kurse und Touren finden auf ruhig fließenden Abschnitten der Krka statt.

Das ehemalige Zisterzienserkloster Kostanjevica dient heute als Kunstgalerie

Kostanjevica

- **Meereshöhe:** 151m
- **PLZ:** 8311
- **Vorwahl:** 07
- **Einwohner:** 700
- **Dt. Name:** Landstrass

Kostanjevica, etwa auf halbem Weg zwischen Brežice und Novo Mesto, lag früher in einer Flussschleife der **Krka,** bis diese sich für den kurzen Weg entschloss und die Stadt, eine der ältesten des Landes, zur Insel machte. Die Hauptstraße verläuft von Nordwesten nach Südosten über die Insel und teilt sich dort in zwei, als Einbahnstraßen genutzte, parallel verlaufende Wege. Wer mit dem Auto anreist, parkt am besten außerhalb der Altstadtinsel.

Die Stadt, als Gesamt-Ensemble unter **Denkmalschutz,** wurde im 11. Jh. von den *Grafen von Spanheim* gegründet. Bereits 1215 prägte man eigene Münzen, zu einer Zeit, als die Befestigungen die Grenze nach Kroatien sicherten. Doch die erste schriftliche Erwähnung wird erst auf das Jahr 1252 datiert. Immer wieder tauchten die Türken auf und bedrohten die Stadt, bis man sie schließlich im Jahr 1563 vor den Toren besiegte. Danach marschierten die Bauern ein, die die Zwangsabgaben als ungerecht empfanden. 1573 versammelte man in der Stadt erneut die Schlosswehr, verstärkt durch uskokische Landsknechte, und besiegte die Bauernarmee.

Sv. Jakob

An der nördlichen Brücke steht die Kirche Sv. Jakob, deren romanischer Ursprung von 1228 sich noch in zwei steinernen Portalen dokumentiert. Ein Fresko mit dem Heiligen *Christophorus* an der Außenwand datiert von 1350.

173sl sk

Galerien

Das Schloss der Grafen von Spanheim am südlichen Inselende aus dem 15. Jh. beherbergt die **Galerie Lamut,** Räumlichkeiten für Bedarfsausstellungen. Die **Galerie Gorjup**, südlich der Insel im Gebäude der ehemaligen Grundschule von 1908, zeigt in ihrer Dauerausstellung Werke von *Jože Gorjup* (1907–1932), der auch das Presbyterium der Kirche **Sv. Miklavž** aus dem 16. Jahrhundert mit expressionistischen Fresken schmückte.

- **Galerija Lamut,** Lamutov Likovni Salon, Oražnova ulica 5, www.galerija-bj.si, nur offen bei Ausstellungen und dann nach Vereinbarung.
- **Galerija Gorjup,** Osnovna šola, Gorjanska ulica 2, Tel. 07-481 00 13, www.osgorjup.si, Besichtigung nur nach Voranmeldung.

Zisterzienserkloster

Die interessanteste Kunstausstellung befindet sich im Süden der Stadt in der **Galerie Božidar Jakac** im Hauptmuseum im ehemaligen Zisterzienserkloster. Der Wandel der Zeit zeigt sich hervorragend in der Klosterkirche, in der Romanik, Frühgotik, Renaissance und Barock vereint sind. Die aus der frühen Zeit erhaltenen Fundamente und die ursprüngliche Anlage lassen sich an der Stelle des ehemaligen Kreuzganges erahnen. Im 16. Jh. wurden der Arkadenhof neu geplant und der Westflügel errichtet. Zur Zeit des Barock schuf man schließlich die Wehrtürme des Eingangs und unter anderem den südlichen Arkadenflügel.

Die Dauerausstellungen des Klosters widmen sich jedem einzelnen bedeutenden **slowenischen Künstler:** dem Expressionisten *France Kralj* (1895–1960), der sich über den Sezessionismus zum Verfechter der neuen Sachlichkeit wandelte, *Zoran Didek* (1910–75), *Tone Kralj* (1900–75), ebenfalls ein Expressionist, der Namensgeber der Galerie *Božidar Jakac* (1899–1989), der auch als Mitbegründer einer Avantgarde-Bewegung bekannt wurde (*novomeško pomlad* – Novomestiner Frühling), und *Jože Gorjup.* Die Sammlung alter Meister aus dem Kloster Pleterje vervollständigt die Sammlung.

Vor der Galerie lädt im Park eine Skulpturensammlung aus Holz zur Besichtigung ein – **Forma viva.** Internationale Künstler schufen 100 Werke, die teils in die Landschaft eingepasst sind und deren Eindruck verstärken sollen.

- **Galerija Božidar Jakac,** Grajska cesta 45, Tel. 07-498 81 40, www.galerija-bj.si, Di–So 10–18, Juli/Aug. Fr bis 20 Uhr, 7 €, Kind 5 €, Familie 12 €.

Kostanjeviška-Höhle

Die Führung durch die Höhle Kostanjeviška jama, 1,5 km südlich der Stadt über die Gorjanska cesta zu erreichen, bringt Besucher 300 m tief in den Berg hinein; dabei steigt man zu einem **See** ab und wieder auf zu einem **Tropfsteinsaal.** Die Höhle wurde erst 1932 entdeckt, als bei einem Unwetter der Hang abrutschte und den Eingang freilegte. 1550 m sind bislang erforscht.

- **Kostanjeviška jama,** Tel. 041-29 70 01, www.kostanjeviska-jama.com, Mitte April–Okt. Sa, So, feiertags, Juli/Aug. tgl. Führung (30 Min.) um 10, 12, 14, 16 und 18 Uhr, 10 €, Kind 5 €, Familie 25 €.

In der Umgebung

Kloster Pleterje

Am schnellsten erreicht man Pleterje von Kostanjevica auf der Hauptstraße Richtung Novo Mesto (in Šentjernej nach Süden Richtung Šmarje abbiegen und den Schildern nach Pleterje folgen). Das Kloster ist ein Riesenkomplex, eine **Kartause** – ein Kloster der Kartäuser Mönche, ein katholischer Einsiedlerorden, den *Bruno von Köln* stiftete und dessen Stammsitz ab 1084 bei Grenoble (Grande Chartreuse) war.

Einer der *Grafen von Cilli* ließ Pleterje zwischen 1407 und 1420 errichten, 1471 war es aber bereits von den Türken zerstört. Man baute neu und überließ das Kloster den Jesuiten, die es 1595 bis 1773 bewirtschafteten. 1899 erwarben die Kartäuser es zurück und fügten die heutigen weitläufigen Anlagen hinzu. Die gotische Kirche **Sv. Trojice** (Dreifaltigkeit) an zentraler Stelle ist das älteste Bauwerk und zeigt die typische Gotik des Ordens. Man beachte die in die Wände eingelassenen Hohlkörper, die mit ihrer Resonanzwirkung dem hohen Raum eine ganz eigene Akustik geben. Ein Flügel ist als **Museum** eingerichtet, das das Ordensleben zeigt. Derzeit lebt ein rundes Dutzend Mönche in dem riesigen Komplex mit 30 ha Fläche und einer 2,5 km langen Umfassungsmauer. Früher gelang es dem einen oder anderen (männlichen) Besucher, eingelassen zu werden und die Bibliothek und den Weinkeller zu besichtigen. Der neue Prior legt die Ordensregeln strenger aus, und so bleibt die Pforte verschlossen.

Das Leben hinter den hohen Mauern zeigt eine etwa halbstündige **Multi-**

Cviček-Wein – die älteste Rebe der Welt

Seit 1406 baut man um die Kartause Pleterje die edle Rebe an, entpresst den Saft, und lässt ihn zum *Cviček*-Wein gären und reifen. Schon zu Zeiten des römischen Kaisers *Marcus Aurelius Proba* sei die Rebe nach Slowenien gekommen – also um 278. Mit dem Verlust ihres Weltreiches verschwand mit den Römern auch das Wissen um die Weinherstellung und erst die Katholische Kirche belebte die Kunst neu – wohl nicht nur, um den Wein lithurgisch nutzen zu können, die Mönche des Mittelalters waren schließlich sinnenfrohe Gesellen. Man baute an, kelterte, verbesserte und schuf so in gemeinsamem Bemühen von weltlichen Bauern und Ordensgemeinschaften wie Pleterje und Kostanjevica aus der wohl ältesten Rebsorte der Welt den *Cviček* (einer der Abkömmlinge, der in Maribor am Lent wächst, soll 400 Jahre alt sein).

Der Charakter des Weins bestimmt sich aus seinem sehr trockenen Geschmack, der Säurebetontheit und dem geringen Alkoholgehalt, das Farbbild ist violettrot. Er schmeckt erfrischend und auch an heißen Tagen ist ein Gläschen, mittags genossen, keine falsche Entscheidung, er macht die Augenlider nicht müde, sondern regt, in Maßen genossen, eher an. Abends ist er ein angenehmer Begleiter sowohl für Fisch als auch Fleisch und man kann mit ihm den Abend in der Bar bei einem letzten Glas ausläuten. Der *Cviček* ist universell und jeder Bauer reicht voller Stolz seine Version dieses uralten und leichten Weines.

visionsschau, die wirklich sehenswert ist und in der Kirche für Gruppen ab fünf Personen gezeigt wird. Einzelreisende oder kleinere Gruppen, die bereit sind, den Eintritt von rund 15 € zu bezahlen, können sie natürlich ebenfalls sehen.

Danach lohnt noch ein Abstecher in den **Museumsladen,** in dem es alles von den Mönchen Gekelterte, Gepflanzte und Getrocknete zu kaufen gibt - also *Cviček*-Wein, Birnenschnaps und Kräutertees, Honig und Bienenwachskerzen.

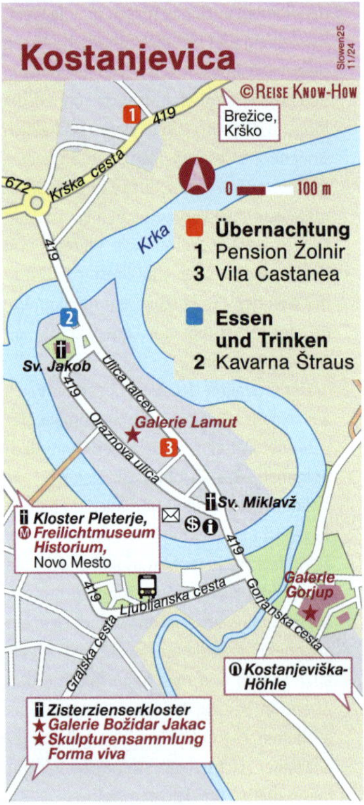

■ **Kartuzija Pleterje,** Kirche Mo–Sa 8–17 Uhr, Klosterladen Mo–Sa 7.30–17.30 Uhr, Anmeldung für Multivisionsschau im Freiluftmuseum oder unter Tel. 07-308 12 19, www.kartuzija-pleterje.si.

Dem Kloster gegenüber befindet sich das **Freilichtmuseum Historium.** Mehrere typische Bauernhäuser der Region, ein Schweinestall, ein Heuschober und ein Toplar, also eine doppelte Heuharfe, vermitteln das typische Bild eines Bauerngehöfts. Die Tatsache, dass auch einige Tiere wie Ziegen, Hühner und Gänse das Museumsdorf bewohnen, wird besonders Kindern Freude machen. In einem Haus befindet sich ein Souvenirladen mit hübschen Töpferwaren sowie Wein, Öl und Schnaps.

■ **Muzej na prostem Historium,** Tel. 041-63 91 91, www.facebook.com/OpenAirMuseumPleterje, April–Nov., tgl. 9–17 Uhr, 4 €, Kind 3 €, Familie 8 €.

Praktische Tipps

Informationen

■ **TIC,** Kambičev trg 5, Tel. 07-498 81 52, www.visit-kostanjevica.si, Di–So 9–17 Uhr.

Verkehr

■ **Züge:** Der nächste Bahnhof ist in Krško, Verbindungen nach Ljubljana, Tel. 080-81 11, https://potniski.sz.si.

■ **Fernbusse:** *Nomago,* www.nomago.si, Tel. 01-431 77 00, Verbindungen von Krško in Richtung Brežice, Kostanjevica in Richtung Brežice und Novo Mesto.

172sl sk

Unterkunft, Essen und Trinken

■ Mehrere Vermieter haben **Weinberghäuschen** als Ferienwohnungen hergerichtet, meist in toller und ruhiger Lage und mit viel Charme. Kontakt über die Touristinformation oder auf www.zidanice.si.

1 **Pension Žolnir**②, Krška cesta 4, Kostanjevica, Tel. 07-498 71 3, www.zolnir.eu. 12 Zimmer klein und mit Gaststätte und guter **Küche**② – Gerichte aus dem Tontopf.

3 **Vila Castanea**②, Ulica talcev 9, Kostanjevica, Tel. 031-66 20 11, www.vilacastanea.com. Einige hell und modern eingerichtete Zimmer in einem historischen Haus in der Ortsmitte; Frühstück.

2 **Kavarna Štraus,** Ulica talcev 31, Tel. 07-498 75 30, www.facebook.com: Kavarna Štraus, Kostanjevica na Krki. Idyllisch am Fluss gelegen und mit großem Kuchenangebot sowie herzhaften Snacks.

☐ Ein typisches Dolenjska-Haus im Freilichtmuseum Historium

Krško

■ **Hotel City**②-③, Trg Matije Gubca 3, Krško, Tel. 07-488 03 00, www.city-hotel.si. Es lebe die Postmoderne! Betonbau mit 76 Zimmern, erstaunlichem Design und meist mit Geschäftsleuten belegt, mit angeschlossenem **Restaurant.**

Šentjernej

■ **Gostilna Pri Jerneju**②, Trubarjeva cesta 2a, 8310 Šentjernej, Tel. 07-496 44 00, www.prijerneju.si, tgl. offen. 7 km westlich gibt's *Ćevapčići*, Pizza, Palatschinken und noch viel mehr; nicht teuer und von sehr zuvorkommendem Personal serviert. Fazit: modern, sauber, aufgeräumt und gut.

Aktivitäten

■ **Angeln:** Angelscheine über den Angelklub, Ulica talcev 20, Tel. 07-498 62 60.

■ **Verleih von Kajaks und SUP:** *Društvo Landestrost,* Ulica talcev 20, Tel. 068-64 07 72, www.landestrost.com. SUP 10 €/Std.

Metlika

- **Meereshöhe:** 169 m
- **PLZ:** 8330
- **Vorwahl:** 07
- **Einwohner:** 3200
- **Dt. Name:** Merling/Möttling

Metlika an der **Kolpa** ist Ausgangspunkt für Unternehmungen von Kanuten und Kajakfahrern auf den warmen Fluten dieser Wasserstraße. Der Grenzfluss zu Kroatien gilt aber leider auch als beliebte Route von Schleusern, die Geflüchtete hier über den Fluss schicken. Slowenien reagierte mit Stacheldraht und engmaschiger Überwachung, was den touristischen Wert der Region natürlich schmälerte. Inzwischen sind die martialischen Maßnahmen zurückgefahren. Die Kolpa (kroatisch: Kupa) entspringt im Nachbarland als Siphonquelle und bewältigt bis zur Mündung eine Gesamtlänge von 292 km, davon ist sie auf 118 km Grenzfluss zwischen Slowenien und Kroatien.

Da Metlikas Innenstadt nur wenige Parkmöglichkeiten besitzt, stellt man das Auto am besten um den Trg Svobode beim Schloss ab. Bahnhof und Busbahnhof befinden sich im Süden der Stadt, ca. 20 Min. Fußweg vom Zentrum.

Die Gegend war bereits zur Steinzeit besiedelt und auch während der Bronze- und Eisenzeit hatten sich am Flussufer Menschen eingefunden. Die Bela Krajina gehörte zu Kroatien, als *Albert von Weixelberg* sie in der zweiten Hälfte des 12. Jh. eroberte und dem Land Krain zuschlug. Möttling wird erstmals 1288 als Landschaft erwähnt: Möttlinger Mark. 1300 schließlich erscheint der Ort in den Büchern, damals noch als Neustadt. Metlika war als Grenzbefestigung gegen die Türkengefahr gedacht, diese Rolle erfüllte es aber mehr schlecht als recht. Ganze 16 x brannten die Osmanen die Mauern nieder.

Feuerwehrmuseum

Die zahlreichen Feuersbrünste sind für die Einrichtung der ersten Feuerwehr auf slowenischem Boden verantwortlich – ein guter Grund, in Metlika das Feuerwehrmuseum des Landes zu eröffnen. Man zeigt die Entwicklung der Wehren von 1869 bis heute und eine Menge technisches Gerät.

- **Gasilski muzej,** Trg Svobode 5, Tel. 07-305 86 97, Di–Sa 7–15 Uhr, 3 €.

Schloss

Das Museum gehört zum Schloss von Metlika, das im 18. Jh. an Stelle einer Burg entstand. Im Schlossgarten sind Hallstattgräber und im Schloss Grabstätten der Familie *Burgstall* im Renaissance-Stil zu sehen. In mehreren Flügeln des Gebäudes ist das **Museum der Bela Krajina** untergebracht. Es widmet sich der Geschichte der Weißen Mark und beleuchtet sie aus historischer, ethnologischer und archäologischer Sicht. Besonderes Augenmerk wurde natürlich auf den Weinbau gelegt, denn neben dem Handel war dieser das wichtigste Standbein der Möttlinger.

■ **Belokranjski muzej/Mus. der Bela Krajina,** Trg Svobode 4, Tel. 07-3063370, www.belokranjski-muzej.si, Mo–Sa 9–17, So 10–14 Uhr, 5 €, Kind 4 €, Familie 10 €.

Mestni trg

Den Mestni trg, den alten Stadtplatz, flankieren einige historische Gebäude. 1869 baute man das **Rathaus** im neogotischen Stil (Mestni trg 24), die frei stehende Kirche **Sv. Nikolaj** entstand in ihrer heutigen Form 1759, als man sie nach einem Brand neu errichtete. In ihr predigte u.a. der spätere Bischof *Baraga,* der dann nach Amerika ging, um die indigene Bevölkerung zu missionieren, und die ersten ethnografischen Schriften über die Ureinwohner nach Europa zurückbrachte.

Im Haus der Kirche gegenüber lebten einst die **Gebrüder Gangl,** einer war Schriftsteller, der andere Bildhauer (Mestni trg 19). Im **Haus des Bürgermeisters** (Nr. 14) arbeitete früher der Erfinder der Glasfotografie *Janez Puhar* und der spätere Bischof Baraga. Im Süden schließt der ehemalige **Sitz des Deutschritterordens** den Platz ab, ein gutes Beispiel für den frühen Baustil der Bela Krajina ist das an der Frelihova ulica stehende, noch mit Stroh eingedeckte Haus.

In der Umgebung

Rosalnice

Bedeutendstes Ausflugsziel der Umgebung sind die **Kirchen** von Rosalnice. Den kleinen Ort erreicht man über die Vinogradniska cesta stadtauswärts und bei Brezje nach rechts (Südosten) Richtung Rosalnice abbiegend (knapp 3 km).

Die dicht beieinander stehenden drei Kirchen (*Tri fare* – drei Pfarreien) sind eine Gründung der Deutschritter des 12. Jh. Ihre heutige Form erhielten sie im 14. und 15. Jh. Die nördliche Kirche der Schmerzhaften Muttergottes besitzt von den dreien die „gotischsten" Charakteristika: Strebepfeiler und Kreuzrippengewölbe im Presbyterium. Die mittlere Kirche, Ecce homo, zeigt ebenfalls noch ein gotisches Presbyterium und als einzige einen Turm. Die südliche Kirche ist der Muttergottes von Lourdes geweiht. Alle drei sind innen spätbarock mit Elementen aus dem Rokoko gestaltet.

Drašiči

Biegt man bei Brezje nicht nach Rosalnice ab, sondern fährt geradeaus Richtung Drašiči, erreicht man an der nächsten Gabelung den **Forst von Vinomer,** wo Farne wachsen, die nur hier zu finden sind. Wie Vinomer ist Drašiči ein bekannter **Weinanbauort** und die Bauern produzieren zusätzlich Walnussöl.

Praktische Tipps

Informationen

- **TIC,** Mestni trg 7, 8330 Metlika, Tel. 07-363 54 70, www.metlika-turizem.si. Juli, Aug. Mo–Fr 9–16, Sa 9–13, Juli, Aug. Mo–Sa 9–18 Uhr.

Verkehr

- **Bahnhof:** Kolodvorska ulica 2, Tel. 080-81 11, https://potniski.sz.si.
- **Fernbusse:** *Nomago,* Črnomeljska cesta 1, Tel. 01-431 77 00, www.nomago.si.

Einkaufen

- **Souvenirs:** Die **Hiša dobrot Bele krajine** (Haus der Genüsse von Bela Krajina) am Mestni trg 7 **(TIC)** verkauft **Hühnereier** – und zwar besondere Hühnereier. Früher bemalte man als Schmuck ausgeblasene Eier nach einer überlieferten Methode. Mit Bienenwachs deckte man Teile ab und färbte die Eier immer wieder in einer anderen Farbe ein. Während des Zweiten Weltkriegs erhielt man aber keine Farben mehr. Schließlich kochte man die Eier für zwei Stunden in Zwiebelschalensud und brachte mit dem Messer kratzend feinziselierte, florale Muster auf. Diese Technik hat sich bis in die heutige Zeit gehalten.

Ein anderes Souvenir ist **Walnussöl,** das in dem Weiler Drašiči gewonnen wird.

Drittes Souvenir ist der „Computer" Metlikas: auf Schnüre gespannte **Holzstückchen.** Mit ihnen maß ein Bürger mit Vertrauen den Weinkonsum der Bauern. Denn jeder Winzer brachte früher 20 Liter Wein in die Stadt und dafür stand es ihm frei, das Jahr über zu trinken, ohne zahlen zu müssen. Allerdings nur bis zu 15 Liter, was darüber war (genau bemessen), musste er löhnen.

- **Weine:** Die Weinkellerei von Metlika, **2 Vinska klet,** CBE 68, Tel. 07-363 70 37, www.kletmetlika.si, macht Weinproben (nach Voranmeldung für Gruppen), Besichtigungen des Weinkellers (3 €) und verkauft insbesondere die *Vrhunska Metliška črnina,* den einzigen Rotwein, der auch als „Schwarzer Wein" bekannt ist.

Unterkunft, Essen und Trinken

1 Hotel Bela Krajina②, Cesta bratstva in enotnosti 32, Tel. 07-305 81 23, www.hotel-belakrajina.si. 28 Komfortzimmer in einem modernen Hotel in der Altstadt.

4 Pizzerija Julija①, Naselje Borisa Kidrica 9, Metlika, Tel. 031-70 67 05, www.pizzerijajulija.postach.io. Ausgezeichnete Pizzen (auch in ungewöhnlicheren Versionen), aber auch Burger und Fischgerichte in modernem Ambiente.

Gradac

- **Fortun Estate**③, Krasinec 23, Gradac, www.fortun-estate.si. Komfortabel ausgestattete Apartment-Häuschen an der Krka – im Grunde nichts anderes als Glamping. Für Wassersportler ideal – Kanus werden von den Gastgebern vermietet.
- **Gostilna Kapušin**③, Krasinec 55, Gradac, Tel. 07-369 91 50, www.gostilna-kapusin.si, Mi–So. Slowenische Spezialitätenküche auf schöner Terrasse – probieren: Lamm vom Grill.

Jugorje

Unser Tipp: **Gostilna Peter Badovinac**②, Jugorje pri Metliki 5, Suhor, Tel. 07-305 01 33, www.badovinac.si, Di geschl. Das nette Ausflugsgasthaus in den Weinbergen ist berühmt für seine regionalen Spezialitäten und den Aperitiv *karampampuli*.

Camping

Die folgenden Plätze liegen an der Kolpa, die Reihenfolge entspricht ihrer Lage, bei Metlika beginnend.

3 **BIG BERRY Kolpa River Resort** ③, Primostek 50, Metlika (3 km außerhalb nach Südwesten an der Kolpa), Tel. 064-24 13 11, www. bigberry.eu. 2½ ha am Kolpa-Ufer, sieben Luxuszeltbungalows (für bis zu 6 Personen) mit Wohnraum, Schlafzimmern, Bad und Terrasse, allerlei Annehmlichkeiten wie Kanu- oder Radverleih – und ambitionierte Preise. Bei Vollbelegung (Gruppe, Familie) aber durchaus erschwinglich.

Podzemelj

■ **Podzemelj ob Kolpi,** Podzemelj 16b, Podzemelj, Tel. 07-306 95 72, www.kamp-podzemelj.si, Mai–Sept., 80 Plätze. Direkt an der Kolpa, Platz mit Boots- und Radverleih, Angelmöglichkeit, *Glamping*-Keltenhütten mit Flussblick.

Adlešiči

■ **Kolpa's,** Adlešiči 24a, Adlešiči, Tel. 07-307 03 15, www.kolpas.si, Mai–Sept., 20 Plätze. Am Ufer mit Bootsverleih und Glamping in Holzhütten.

Feste und Veranstaltungen

■ Im Schloss von Metlika findet jeden **Sommer** eine ganze Reihe von Veranstaltungen statt: **Konzerte, Theater und Ausstellungen.**

■ **Mitte bis Ende Mai** kommen die **Winzer** der Bela Krajina nach Metlika und stellen auf einer **Messe** ihre Weine vor.

Aktivitäten

■ **Kanuverleih:** *Tine & Co,* Sr. Radenci 2, Stari trg, Tel. 031-31 37 19, www.kolpa-adventures.com; *Grand Kolpa,* Stari trg ob Kolpi 15, Stari trg, Tel. 041-74 07 98, www.grandkolpa.si.

■ **Angeln:** Angelscheine bekommt man beim Angelverein (Naselje B. Kidriča 2), im Hotel *Bela Krajina* und in der Gaststätte *Kapušin.*

■ **Höhlenerkundung:** 4 km östlich von Metlika sind beim Dorf Božakovo zwei Höhlen zu besichtigen (Informationen über TIC Metlika oder im Dorf Božakovo). Ein markierter Lehrpfad beginnt im Dorf, passiert erst die Höhle Zdenc und dann die Höhle Vidovec und kehrt am Ufer der Kolpa ins Dorf zurück (ca. 1 Std. Gehzeit/GPS auf www.belakrajina.si). Die Höhlen sind unterirdisch miteinander über den Bach Vdiovec verbunden.

Črnomelj

- **Meereshöhe:** 163m
- **PLZ:** 8340
- **Vorwahl:** 07
- **Einwohner:** 5850
- **Dt. Name:** Schirnomel/Tschernembl

Črnomelj, obwohl abseits der Hauptachse Novo Mesto – Karlovac/Kroatien gelegen, ist die **größte Stadt der Bela Krajina.** Am Zusammenfluss der Flüsse Dobličica und Lahinja liegt sie geschützt in der Landschaft. Wenn man die Stadt durchfährt, wirkt der Hauptplatz Trg Svobode eher unscheinbar und die Flüsse bleiben hinter den Häuserzeilen verborgen. Man parkt am Hauptplatz und bewegt sich zu Fuß durchs Altstadtzentrum. Vom Bahnhof und Busbahnhof sind es etwa 15 Min. Fußweg ins Zentrum.

Bereits zur Eisenzeit besiedelt, gewann der Ort unter römischer Herrschaft an Bedeutung und war während des Mittelalters gegen die Türkengefahr gut befestigt. An der schmalsten Stelle der Landzunge hob man nördlich der heutigen Burg einen Graben aus und machte den Ort zur Insel, der nur noch über eine Zugbrücke betreten werden konnte. Die Wirtschaftsgebäude der Bauern mussten aus Platzmangel außerhalb der Stadt stehen. Im 19. Jh. schüttete man den Graben zu und die Stadt wuchs nach Norden.

1228 tauchte Schirnomel erstmals in den Schriften auf, 1277 erhielt es Markt- und 1407 Stadtrechte. 1408 zogen die Türken vor die Tore und unverrichteter Dinge wieder ab. Dies wiederholte sich noch 18-mal. Črnomelj war zu gut befestigt und innerhalb der Mauern stand eine starke Wacht. Als Außenposten und Ausgangspunkt für Kriegszüge gegen den Feind aus dem Morgenland florierte der Handel und machte die Stadt und ihre Bürger vermögend. Doch alles hat ein Ende – es kam mit der Erweiterung des gesicherten Gebietes. Die Armee bezog ihren Vorposten in Karlovac, die Stadt verarmte und wurde als Folge der Türkeneinfälle noch weiter in Mitleidenschaft gezogen: Uskoken, vor den Türken aus dem Süden geflohen, marodierten ebenso wie die Söldner, die man gegen die Osmanen aufgeboten hatte. Plünderungen standen auf der Tagesordnung. Hinzu kamen Heuschrecken, Pest, Brände, Cholera und Pocken, Plagen, die bis Mitte des 19. Jh. für Tod und Verderben sorgten. Zu der Zeit, als die Armee nach Karlovac umzog, entstand in Črnomelj eine starke protestantische Gemeinde, deren Schule auch das Kyrillische und Glagolitische lehrte. Die Gegenre-formation sorgte aber Anfang des 17. Jh. für die Schließung der Lehranstalt.

In der Altstadt

Das **Schloss von Črnomelj** wurde im 12. Jh. errichtet, das heutige Gebäude mit mehrstöckigen Arkaden im viereckigen Innenhof entstand im 16. Jh. Es beherbergt Büros, das **Stadtmuseum** und widmet sich der Stadtgeschichte und der Bela Krajina; eine Dauerausstellung zeigt Werke des Malers *Božidar Jakac* (s. „Kostanjevica") mit der Bela Krajina als Motiv.

■ **Mestna muzejska zbirka Črnomelj,** Ulica Mirana Jarca 3, Tel. 07-620 08 97, www.muzej-crnomelj.si, Di–Fr 8–16 Uhr, 5 €, Kind 3 €.

Im ehemaligen Pfarrhaus in der Parallelgasse zur Hauptstraße ist eine **archäologische Fundstätte** eingerichtet. Unter einem verglasten Boden sind spätantike und mittelalterliche Fundamente zu sehen, in der Schaukästen Kleinfunde.

■ **Arheološko najdišče,** Ulica Mirana Jarca 5, Tel. 07-305 18 24, offen nach Vereinbarung.

Die Mauern der Kirche **Sv. Peter** schräg gegenüber dem Schloss bestehen teilweise aus römischen Grabsteinen. Die Kirche nutzte zu Beginn des 18. Jh. die Fundamente des alten Gotteshauses aus dem 13. Jahrhundert.

Ebenfalls dem Schloss gegenüber erinnert das **Haus Nr. 4** an der Kolodvorska cesta an die jüngere Geschichte: Hier tagte zum ersten Mal das slowenische Parlament – am 19. und 20. Februar 1944.

In der Umgebung

Mithräum

Unser Tipp: Außerhalb im Norden liegt das **Mithräum** (nach 3 km nach Rožanec abbiegen und im Ort weiter nach Westen über die Bahnlinie, dahinter nach rechts und parken). Die geheimnisvolle Stelle ist bei der Tag-und-Nachtgleiche Ort für Lesungen, dann sitzt der Dichter im kleinen Talkessel, und an den Hängen verteilen sich die Zuhörer auf den Steinen und lauschen

☐ Die sanften Hügel der Bela krajina laden zum Genussradeln ein

Slovenian_Tourist_Board © Tomo Jeseničnik

den nicht weniger geheimnisvollen Worten.

Mithras war dieser Ort geweiht, dem arischen Lichtgott, Herrscher über Fruchtbarkeit, Frieden und Sieg. Von Persien über Kleinasien, Griechenland und schließlich mit den Römern kam der Kult nach Mitteleuropa und man schuf die Heiligtümer in Grotten und unterirdischen Räumen. Die Christen verfolgten den Kult mit aller Härte, da sie in dessen Verbreitung eine Gefährdung ihrer eigenen Glaubensgrundsätze befürchteten. Rožanek lag an einer römischen Heerstraße nach Emona/Ljubljana und die Kultstätte war wohl ein ehemaliger römischer Steinbruch. Sie zeigt steingemeißelt ein klassisches Szenario: Mithras kniet auf dem Rücken eines Bullen und zieht diesem das Messer durch die Kehle.

Landschaftspark Lahinja

Im Süden, knapp 10 km von Črnomelj, bewahrt der Landschaftspark Lahinja, 1,5 km hinter Dragatuš, charakteristische Karstlandschaft. Ein **Rundwanderweg** führt auf 14 km von Dorf zu Dorf und erschließt naturräumliche und botanische Besonderheiten (Start in Podlog, Dauer 4 Std., Beschreibung auf www.belakrajina.si).

Hier erblickt der Fluss Lahinja in mehreren **Karstquellen** das Licht der Welt. 15 Stück gibt es auf dem Gelände des Parks – für die an sich wasserarme Bela Krajina eine kleine Sensation. Nachtigallen, Pirole und Eisvögel tummeln sich, Dolinen sind zu besichtigen und seltene Pflanzen sowie eine vorgeschichtliche Siedlung.

Semič

Nördlich von Črnomelj, in Semič, der kleinsten Stadt der Bela Krajina, zeigt ein **Heimatmuseum** die Stadtgeschichte, im Keller kann Wein verkostet werden.

■ **Muzejska hiša Semič,** Štefanov trg 7, Semič, Tel. 07-356 52 00, Di–Fr 8–18, Sa 9–15, So 10–14, Winter Di–Fr 8–16, Sa 9–13 Uhr, 4 €, Kind 3 €, Familie 8 €.

Der Naturlehrpfad **Kraška učna pot od Lebice do Krupe** (Karstweg von der Lebica zur Krupa) führt durch die charakteristische Karstlandschaft mit ihren verschiedenen Formationen wie **Dolinen** und **Einsturztrichtern.** Farn und Hainbuchen bilden die typische, fast magisch wirkende Vegetation. Zum Zauber tragen auch drei kleine **Höhlen** bei, die der Lehrpfad passiert. Er beginnt in Semič bei der Kirche Sv. Duh, unweit der Wasserhöhle Lebica. Man geht weiter zur Kirche Sv. Mihael, kommt zur Höhle Malikovec, zur Kirche Sv. Trojice und marschiert dann entlang der Krupa zur Kirche Sv. Marija an der Einmündung der Lahinja. Am anderen Flussufer geht es zurück, vorbei an der Höhle Judovska hiša und bei der Quelle der Krupa auf gleichem Weg zum Parkplatz. Die Wanderung dauert vier Stunden. Die Besichtigung der Höhlen sollte nur unter erfahrener Führung gemacht werden (Infos: Touristeninformationen in Semič oder Črnomelj; eine Beschreibung mit GPS-Daten zum Herunterladen findet sich auf www.belakrajina.si/de/outdoor/pohodnistvo/kraska-ucna-pot-od-lebice-do-krupe/).

Praktische Tipps

Informationen

■ **TIC,** Trg Svobode 3, 8340 Črnomelj, Tel. 07-305 65 30, www.visitdolenjska.eu, www.belakrajina.si, Sommer Mo–Fr 8–16, Sa 9–12 Uhr.

Verkehr

■ **Bahnhof:** Kolodvorska cesta 1, Züge in Richtung Metlika und Karlovac (Kroatien) sowie Grosuplje/Ljubljana, Tel. 080-81 11, https://potniski.sz.si.

■ **Fernbusse:** Busstation am Bahnhof. Das Unternehmen MPOV fährt nach Novo Mesto und Ljubljana sowie in die Orte der näheren Umgebung und nach Kroatien, www.mpov.si. Außerdem Busse von Nomago in die größeren Städte, www.nomago.si.

Einkaufen

4 **Wein: Črnomaljska klet,** Weininformationszentrum der Bela Krajina mit Verkauf und Weinprobe in den Gewölben der Altstadt nach Voranmeldung (über das TIC), Ulica Mirana Jarca 2.

Unterkunft

2 **Samarin**②, Kočevje 10/C, Črnomelj, Tel. 040-66 00 80, www.gostilna-samarin.si. 6 geschmackvoll eingerichtete Zimmer am Ortsrand an der Hauptstraße, mit beliebter **Gaststätte**②-③.

Vinica

■ **Žagar**②, Damelj 11, Vinica, Tel. 07-306 44 41, www.tk-zagar.si. Moderner Ferienbauernhof mit sechs Zimmern und Gummibootvermietung fürs Rafting, Halbpension möglich.

Semič

■ **Ob Izviru Krupe**②, Krupa 9, Semič (10 km nördlich von Črnomelj gelegen), Tel. 07-306 80 12, www.turisticna-kmetija-cerjanec.si. Ferienbauernhof mit acht Zimmern und leckerer Landküche mit vornehmlich Fleisch.

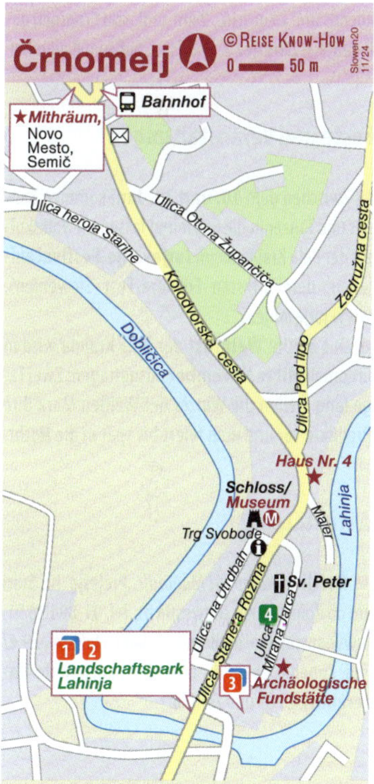

■ **Übernachtung**
1 Gostišče Župančičev Hram
2 Samarin
3 Gostilna Müller

■ **Essen und Trinken**
1 Gostišče Župančičev Hram
3 Gostilna Müller

■ **Einkaufen**
4 Črnomaljska klet (Weininformation und -verkauf)

Essen und Trinken

3 **Gostilna Müller**②, Ločka cesta 6, Črnomelj, Tel. 07-356 72 00, www.gostilna-muller.si, Mo geschlossen. Hübsch über der Lahinja gelegen mit Terrasse zum Fluss, gute slowenische Hausmannskost, angenehmes Personal, auch 3 **Zimmervermietung**③.

1 **Gostišče Župančičev Hram**②, Dragatuš 22, Tel. 07-305 73 47, www.zupancicevhram.com, So abends und Di geschl., 2 km südl. von Črnomelj gelegen, 1 **Zimmer**② und Essen auf dem Bauernhof.

Feste und Veranstaltungen

- Zwischen dem **10. und 20. Juni** kommen Sänger und Tänzer in die Stadt und lassen die Volkskultur der Bela Krajina beim **Jurjevanje-Festival** aufleben, dem ältesten Folklore-Fest Sloweniens, www.jurjevanje.si.
- Das größte **Weinfest** der Bela Krajina wird in Črnomelj **Mitte November** ausgetragen: Zwei Tage lang stellen die Winzer der Weißen Mark ihre Produkte vor und man feiert bis spät in die Nacht.

Aktivitäten

- **Rafting:** *Kamp Pri Madronič,* Prelesje 10, Stari Trg ob Kolpi (15 km südwestlich), Tel. 01-894 36 91, www.gostinstvo-madronic.si. Mini-Floß 24–29 €/ Tag, Zubehör ebenfalls erhältlich, auch nette **Unterkunft**①-② und Zeltplatz.

Kočevje

- **Meereshöhe:** 464 m
- **PLZ:** 1330
- **Vorwahl:** 01
- **Einwohner:** 8400
- **Dt. Name:** Gottschee

Langgestreckt, grau und unscheinbar liegt Kočevje am Flüsschen Rinža und an der Hauptstraße zwischen Ljubljana und der Küstenmagistrale Kroatiens. Die Fernstraße führt mitten durch das Zentrum des kleinen Industrieortes, der an Sehenswürdigkeiten nicht allzuviel bietet.

Wer nach Kočevje reist, möchte in den **Wäldern der Umgebung** wandern – im Osten der Gebirgszug **Kočevski rog** (der „Hornwald"), den nach Norden hin die Suha Krajina ablöst, im Westen die Hügelketten Goteniška gora, Velika gora und Stojna, die die Grenze zum Nachbarland Kroatien bilden.

Bekannt ist das Land für seine **wilde Tierwelt** und die ehemals deutsche Bevölkerung, die Gottscheer, die Jahrhunderte tief im Walde siedelten und das Land urbar machten, am Ende des Zweiten Weltkriegs aber zwangsausgesiedelt wurden (allerdings hatte das Dritte Reich noch kurz zuvor die umgekehrte Siedlungspolitik erzwungen).

Die Region um Kočevski rog war von jeher dünn besiedelt – abgelegen, schlechte Böden, dichter Wald. Im 14. Jh. entschieden sich die Grafen *Ortenburg* dem abzuhelfen und holten deutsche Kolonisten ins Land. In den folgenden Jahrhunderten wechselten die Besitzer mehrfach: Cillis, Habsburger und schließlich

die Auersperger. 1492 erhielten die Bewohner vom deutschen Kaiser die Erlaubnis, die in Gottschee hergestellten Waren im ganzen Reich anzubieten und zu verkaufen. Aus diesem Privileg resultierte die Tradition des Hausierens der Gotscheer. In manchen Jahren war bis zu einem Viertel der männlichen Bevölkerung handelnd im Reich unterwegs.

Während des Zweiten Weltkriegs besetzten die Italiener Kočevje, nach dem Ende des italienischen Faschismus marschierten **die Deutschen** ein und blieben bis kurz vor dem allgemeinen Ende des Krieges in Europa. Immer wieder versuchten Polizei-, SS- und Wehrmachtsverbände, der starken **Partisanengruppen** in den Wäldern Herr zu werden und immer wieder misslang es gründlich. Sogar Gottschee war längere Zeit in Händen *Titos* und seiner Mannen. Wenn sie den Ort auch nicht halten konnten, die Verbindungswege zwischen den Siedlungen brachten die Deutschen nicht in ihre Gewalt. Gekämpft wurde bis aufs Messer: „Terror gegen Terror, Auge um Auge, ... Im Kampf ist alles richtig, was zum Erfolg führt. ... Daß ... bisweilen auch Unschuldige mit Gut und Blut unter die Räder kommen, ist bedauerlich, aber nicht zu ändern. Sie mögen sich bei den Banden bedanken ...", so ein deutscher General im Februar 1944 in einer Motivationssession für seine Mannschaften über die augenscheinlich damals schon vom gemeinen Volk erkannten Kollateralschäden und das Prinzip „Wer nicht für uns ist, ist gegen uns".

Heute sind von der deutschen Siedlungsgeschichte nur noch verschwindend geringe Reste erhalten, eine Kirchenruine in Nemška Loka (Unterdeutschau), Brunnenfundamente in Rib (Büchel) oder einige **Grabsteine und -kreuze in Koprivnik (Nesseltal).**

Für die Stadt wichtigstes Datum ist vielleicht der 1. bis 3. Oktober 1943, als Kočevje in Händen der Partisanen war und sich hier die regulär und geheim gewählten Abgesandten des gesamten slowenischen Volkes trafen, gewählt in den befreiten und besetzten Gebieten und von den Auslandsslowenen.

Kirche

Die älteste Kirche Kočevjes, **cerkev Rešnjega telesa** (Fronleichnamskirche) im Vorort Trata im Norden, stammt von 1471, die neueste im Zentrum in der Flussschleife von 1903; sie ist in neoromanischem Stil mit zweitürmiger Fassade gehalten.

Museum

Das Museum von Kočevje sammelt alles Wichtige zur **Geschichte des Gottscheer Landes** und stellt die Exponate in archäologische, volkskundliche und kunstgeschichtliche Zusammenhänge. Für deutschsprachige Besucher ist insbesondere die Dauerausstellung „Das verlorene Kulturerbe der Gotscheer Deutschen" von Interesse. Das Nachweltkriegsjugoslawien hatte versucht, alle Spuren zu verwischen, auch die Häuser durften die Nachsiedelnden nicht nutzen – man wollte jegliches kulturelles Erbe vernichten.

■ **Pokrajinski muzej,** Prešernova ulica 11, Tel. 01-895 03 03, www.pmk-kocevje.si, Mo–Fr 7–15, Sa 10–13 Uhr, 5 €, Kind 3 €.

In der Umgebung

Burg Fridrihštajn und Höhlen

Burg Fridrihštajn (Friedrichstein) ist nur noch als Ruine zu besichtigen, sie hatte man bereits 1650 aufgegeben. Sie steht südlich der Stadt in 970 m Höhe und ist von der **Schutzhütte Koča pri Jelenovem studencu** (876 m, Tel. 041-47 13 29, www.planinsko-drustvo-kocevje.si, ganzjährig, Essen und Unterkunft) erreichbar, die man auf einem 9 km langen Waldweg mit dem Auto anfährt oder zu Fuß in 90 Minuten erwandert. Von der Hütte sind es 30 Minuten zur Burg.

Weitere Spaziergänge mit der Hütte als Basis führen auf die Gipfel Mestni vrh (1034 m, 30 Min.) und Livoldski vrh (994 m, 1 Std., vorbei an der Burg). Die Höhle **Ledena jama** liegt 20 Min. Fuß-

732sl sk

marsch von der Hütte entfernt. In dieser größten Eishöhle Sloweniens überdauert die mächtige Eisschicht auch den Sommer, ihr Umfang schwankt allerdings je nach Jahreszeit. Wer hinabsteigen will, benötigt Ausrüstung.

Um die **Tropfsteinhöhle Eleonorina jama** zu besichtigen, ist ebenfalls Ausrüstung und möglichst ein Führer notwendig. Man nimmt von der Waldstraße zur Hütte (ca. 1 km vor ihr) den Weg nach Westen Richtung Gipfel Ledenik und bleibt 3 km auf diesem. Die Höhle ist etwa 150 m lang und besteht aus drei Hallen, wobei die letzte die eindrucksvollste ist.

Hier erfährt man die Geschichte der Partisanen: Baza 20

Durch den Wald zur Baza 20

Vorab: Die Straßen im Waldgebiet sind zum größten Teil nicht asphaltiert und daher mit Camper oder tiefliegendem Fahrzeug **nicht befahrbar!** Zum **„Basislager 20“** der slowenischen Befreiungsbewegung des Zweiten Weltkrieges kommt man von Dolenjske Toplice aus über das Dorf Podturn (insgesamt 10 km). Von Kočevje aus fährt man entweder in großem Bogen um die Wälder und Berge des Kočevski rog herum (über Dvor nach Dolenjske Toplice), abenteuerlich Gesinnte schlagen sich jedoch auf Waldwegen vorbei am Baggersee durch den Weiler Zeljne nach Osten. Auf diesem Weg kommt man nach 9 km zu einer Gedenkstätte für die Opfer der kommunistischen Nachkriegssäuberungen: **Jama pod Krenom** unterhalb des Gipfels des Kren. Einfache Kreuze markieren die Stelle, wo Weißgardisten *(Domobranci)*, Helfer der italienischen und deutschen Besatzer, ihr Ende fanden (und wohl auch einige, die aus anderen Gründen missliebig waren). Bei Km 12 ist eine weitere solche Gedenkstätte zu finden: **Jama pod Macesnovo gorico.**

20 km sind es von hier über den 840 m hohen Pass mit Pfadfinderheim (Žaga rog, 6 km hinter der Höhle) unterhalb des Kočevski rog (Hornwald) nach Podturn. 5 km weiter und 9 km vor Podstenice liegt an einer Wegkreuzung eine Höhle, bei der ebenfalls Massenhinrichtungen stattfanden. Nach 2,5 km kommt man zum Weiler **Podstenice.** Eine 5 km lange Waldstraße führt von hier zu der oben beschriebenen Eishöhle, der **Ledena jama pri Kunču.** Schließlich passiert man nach 16 km (4 km vor Podturn) den 2 km langen Abzweig zur Baza 20.

Das Basislager ist ein **Barackenkomplex** aus 26 Gebäuden, in dem von April 1943 bis Anfang 1945 die **politische und militärische Leitung** der slowenischen Befreiungsbewegung und assoziierter Bewegungen Unterschlupf fanden. Wohnbaracken, Küche, Radiostation, Druckerei, Versammlungsräume, Krankenstation, fast eine eigene kleine Stadt stand hier. Nicht alle Gebäude sind erhalten, viele aber renoviert, zwei enthalten **Ausstellungen.** Das Blätterdach des Waldes ist nicht so blickdicht, wie man eigentlich annehmen sollte, doch damals, vor 60 Jahren, lagen die Baracken noch in dichtem Urwald und kein Flugzeugpilot konnte erspähen, was darunter vorging.

Vom Parkplatz beim Empfangsgebäude geht es 700 m den Berg hoch zur eigentlichen Baza 20, auf halbem Weg führt ein Abzweig Richtung Bunker 44 (ein Erdbunker, 300 m) und zum ehemaligen Hospital (Jelendol, 1,5 km), das erste Partisanenlazarett, das nicht in eine Höhle gebaut war.

Das Gelände ist frei zugänglich; für die Filmvorführung zur Geschichte des Partisanenlagers und die geführte Tour wird Eintritt erhoben.

■ **Baza 20,** Spomeniško območje baza 20, Tel. 041-31 51 65, www.dolenjskimuzej.si, immer zugänglich, Film und Führungen Mo–Fr 8–16 Uhr oder nach Voranmeldung, Führung 5 €, Kind 3 €, Familie 12 €.

Das vergessene Dorf

15 km südlich von Kočevje in den Wäldern liegt das ehemalige Gotscheer Dorf **Škrilj** (Unterskrill). Seit der Machtübernahme *Titos* war es ein geheimer Ort des Militärs. Seit 2017 darf man es besuchen und die Bunkeranlage K-35 80 m unter der Erde entdecken, eine ganze Stadt, die die Führung im Falle eines russischen Angriffs für 100 Tage aufnehmen sollte.

■ **Bunker Škrilj,** Kontakt über TIC Kočevska Reka, Kočevska Reka 5, 1338 Kočevska Reka, Tel. 059-95 92 04, www.kocevsko.com, Führungen nach Voranmeldung, 18 €, Kind 8 €.

[>] Der Gottscheer Friedhof von Nesseltal (Koprivnik)

Burg Kostel an der Kolpa

Hoch über der Kolpa südlich von Kočevje und 2 km abseits der Hauptstraße nach Kroatien wacht die ungemein dekorative Burg Kostel (Grafenwarth). Sie wurde erstmalig 1336 erwähnt und war ein wichtiger Verteidigungspunkt gegen die Türken, die nur ein einziges Mal vermochten, sich ihrer zu bemächtigen: Sie warfen sich in kroatische Trachten, nahmen Kinder auf den Arm und überwältigten so die vertrauensseligen Wachen. 1809 nach Eroberung durch die Franzosen gab man die Burg auf. In den letzten Jahren wurde sie restauriert, ein **Burgmuseum** und ein Escape Game eingerichtet.

■ **Burg Kostel,** Kostel 2, 1336 Kostel, Tel. 05-132 86 82, https://visitkostel.com, 6 €, Kind 5 €, Familie 19 €, Escape Game in engl. Sprache nach Voranmeldung unter Tel. 040-77 18 47, 50 €/Person.

Trekking im Kočevsko

Eine spektakuläre **Wanderung** über 60 km durch die Urwälder der Umgebung von Kočevje dauert drei Tage. Die Tour ist als *Roška Pešpot* in der Karte *Kočevsko 1:50.000* des Geodätischen Instituts eingezeichnet und deutlich markiert (weißer Fleck mit grüner Bärentatze). Man marschiert in eigener Verantwortung (im Wald leben Bären, Luchse und Wölfe), ein Permit ist nicht nötig.

735sl sk

Ausführliche Informationen erhält man auch in der Touristeninformation Kočevje. Man passiert kleine Weiler, in denen auf Bauernhöfen genächtigt wird. Die GPS-Daten kann man herunterladen unter www.kocevsko.com/sl/poti/roska-pespot/.

Die meisten dieser Weiler waren bis 1942 von den **„Gottscheer Deutschen"** bewohnt, den Nachfahren deutscher Auswanderer, die ihre Heimat im 14. Jh. verlassen und die unwegsame Waldregion kolonisiert hatten. Als die Region 1941 Italien zugeschlagen wurde, siedelte man 12.000 Menschen in deutsch besetzte Gebiete an der Sava und Sotla um. Die Partisanen haben sie nach ihrem Sieg 1945 von dort wieder vertrieben. Die meisten Gotscheer zogen nach Österreich; nach der Unabhängigkeit Sloweniens kehrten nur einige wenige zurück. Die Emigrantengemeinde unterhält unter www.gottschee.de eine Homepage mit Informationen über Geschichte, Kultur, Architektur und Wirtschaft der Gottscheer. Man erfährt auch, dass die New Yorker Gemeinde alljährlich eine Miss Gottschee wählt. In den zumeist verlassenen Dörfern erinnern heute Gedenksteine an die ehemaligen deutschen Sprachinseln im slowenischen Urwald.

Wasser ist auf der Rundtour ein Problem, wenn man an einer Zisterne ist, sollte man immer seine Vorräte auffüllen. Die Tour beginnt am See von Kočevje und geht nach Stari Breg und über Pugled Richtung Norden nach Luža. Von dort hält man sich wieder südlich und passiert Kunč, den Gipfel Vrh Roga und schließlich Podstene, von wo es in westlicher Richtung nach Rajhenav, Onek und schließlich Kočevje geht.

Praktische Tipps

Informationen

■ **TIC,** im Bahnhof, Kolodvorska cesta 14, Tel. 031 61 77 00 und im Hostel *Bearlog* (s. „Unterkunft"), www.kocevsko.com.

Verkehr

■ **Bahnhof:** Kolodvorska cesta 14, Verbindungen über Grosuplje (dort auch nach Metlika) nach Ljubljana, Tel. 080-81 11, https://potniski.sz.si.

■ **Fernbusse:** *Reška cesta*, Tel. 01-431 77 00, www.nomago.si. Fahren in Richtung Ribnica und Ljubljana.

Unterkunft

3 **Gostišče Veronika**③, Ljubljanska cesta 35, Ribnica, Tel. 01-895 30 17, www.gostisce-veronika.com. Die Privatpension vermietet sieben freundlich eingerichtete, helle Zimmer mit Bad. Im Restaurant gibt es gute slowenische Küche①-②.

4 **Hostel Bearlog**①-②, Ljubljanska cesta 4, Tel. 031-54 47 44, www.kocevsko.com/de/poi/hostel-bearlog/. Modernes Hostel mit 8 Mehrbettzimmern. E-Bike- und Fahrradverleih, Infostelle.

Koprivnik

Unser Tipp: **GOSTel Kočevski Rog**②, Koprivnik 13, Tel. 031-63 70 22, www.kocevskirog.si/nastanitve.htm. Koprivnik ist eines der halb verlassenen Gottscheer Dörfer, die ein rühriger Kulturverein wieder zum Leben erweckt. Ein Ergebnis ist diese ländliche Unterkunft im Grünen mit gemütlichen Zimmern und Apartments. Ein idealer Standort für Walderkundungen.

Camping

5 Camp Jezero Kočevsko, Trdnjava 3, Tel. 031 69 96 00, www.kocevsko.com/de/poi/camp-jezero. Das übersichtliche Camp am See bietet auch Unterkunft in fünf hölzernen Glamping-Häuschen sowie Stellplätze für WoMo.

■ **Kmečki turizem Muhvič,** Dol 9, Stari trg ob Kolpi, Tel. 031-36 51 72, www.kamp-muhvic.com. Einfache Gästezimmer (Selbstversorgung, Gemeinschaftsküche) und Campingplatz auf einem Ferienbauernhof direkt an der Kolpa.

Essen und Trinken

2 Gostilna Tri zvezde②, Pri unionu 32, Kočevje, Tel. 01-895 30 36, www.trizvezde.si, Mo geschl. Im aufgeräumt-modernen „Drei Sterne" gibt es Köstliches vom Wild und Fisch, auch **Zimmervermietung**②.

1 Restaurant Falkenau②, Mahovnik 90, Kočevje, Tel. 01-893 18 50. Dorfwirtschaft mit ländlicher Küche und großer Auswahl an Wildgerichten.

Aktivitäten

■ **Angeln:** Zwischen der Einmündung der Čabranka in die Kolpa und dem Dorf Dol wird mit Fliegen auf Forelle und Äsche gegangen, an der Rinža bei Breg bis zum Wehr in Kočevje angelt man Karpfen, Zander und Hecht, ebenso im Baggersee Rudniško direkt östlich von Kočevje; Angelscheine sind beim TIC erhältlich.

■ **Wassersport:** siehe „Metlika" und „Črnomelj" für Kanu- und Kajakunternehmungen auf der Kolpa.

Ribnica

- **Meereshöhe:** 489 m
- **PLZ:** 1310
- **Vorwahl:** 01
- **Einwohner:** 3600
- **Dt. Name:** Reifnitz

Das eher unscheinbare Städtchen Ribnica breitet sich entlang des Flusses Bistrica aus. Die Neustadt durchschneidet die Regionalstraße Kočevje – Ljubljana. Der historische Kern konzentriert sich beidseits des Flusses im Umkreis der Burg Ribnica (hier auch Parkplätze). Vom Bahnhof sind es 15 Minuten zu Fuß ins Zentrum.

Die Römer befestigten im Ribnica-Tal eine ihrer Heerstraßen. 1220 taucht der Ort in den Büchern als Marktflecken mit einigen Handwerksbetrieben auf. Bis in die heutigen Tage hat sich das Handwerk der **Holzbearbeitung** erhalten. Waren für den Hausgebrauch (Löffel etc.) vertrieben ehemals die Hausierer in ganz Europa, heute sind sie nur noch im Souvenirgeschäft ausgestellt. Aus schaurigen Gründen wurde Ribnica im späten Mittelalter über die Grenzen hinaus bekannt: Nirgends sonst verfolgte man so viele Hexen, machte ihnen den Prozess und verbrannte sie.

In der Altstadt

Die **Burg** von Ribnica (10. Jh.) war immer Sitz der verschiedensten Adelsfamilien, die das Bauwerk bis ins 20. Jh. unterhielten. Der Zweite Weltkrieg zerstör-

736sl sk

te die Burg schließlich und heute sind nur noch die (säuberlich restaurierten) Reste der Ringmauer und zwei Türme zu sehen. Zwischen den Fundamenten wurde der **„Park der Kulturschaffenden"** eröffnet, der Statuen und Gedenktafeln wichtiger Personen des öffentlich-kulturellen Lebens zeigt.

Die Burg beherbergt einen Teil des **Stadtmuseums.** Die Hauptausstellung befindet sich gegenüber im **Kulturzentrum** mit einer Sammlung zur Besiedlung der Gegend und zur Auswanderung in die Neue Welt, die bis zum Zweiten Weltkrieg immer wieder ein Aderlass für die unterentwickelte Region war.

Unser Tipp: Einen großen Teil nimmt die **Verkaufsausstellung mit Holzwaren** ein – vom Kochlöffel bis zur repräsentativen Holzschale und beileibe nicht altbacken. Immer wieder gewinnen die Hersteller Designpreise.

■ **Muzej Ribnica,** Cesta na Ugar 6, Tel. 01-835 03 76, www.muzej-ribnica.si, Burg Mai–Sept. tgl. 10–18 Uhr, Zentrum Mo–Fr 9–17, Sa 9–18, So 10–18 Uhr, 3 €, Kind 2 €.

Die Galerija Miklova hiša (Galerie Mikl-Haus) am Flussufer gegenüber zeigt aus Kirchen gerettete Kostbarkeiten und anderes Kulturgut der Region. Gelegentlich finden auch Ausstellungen zeitgenössischer Künstler statt.

■ **Galerija Miklova hiša,** Škrabčev trg 21, Tel. 01-836 93 34, Mo–Sa 10–12 und 16–19 Uhr, 3 €, Kind 2 €.

Die Handschrift des Architekten Plečnik ist unverkennbar. Er restaurierte Teile der Burg von Ribnica

733sl sk

Ein Blick in die Kirche **Sv. Štefan** lohnt wegen der farbenprächtigen Malereien von Künstlern aus der Mitte des 19. Jh. (die Kirche wurde 1868 errichtet). Die Türme erinnern den Betrachter an *Plečnik* – zu recht, unter seiner Leitung wurden sie renoviert.

In der Umgebung

Sv. Marija

Die **Wallfahrtskirche Mariä Himmelfahrt** bei **Nova Štifta** (4 km Richtung Ljubljana, dann Richtung Breže und Jurjevica abbiegen, durch die Dörfer und nach weiteren 4 km schließlich den Berg hoch) war 1671 nach dreißig Jahren fertig. Der Innenraum ist achteckig, das Presbyterium fast quadratisch. Eine riesige Kuppel überdeckt den Bau und ein Arkadengang umschließt ihn. Die Kirche wurde zum Vorbild vieler barocker Sakralbauten des Landes. Beachtenswert sind die reichen Holzschnitzereien und die Votivbilder. Die Orgel stammt von 1904 und gilt ebenfalls als Meisterwerk.

Die beiden **Linden** zwischen Kirche und Kloster sind sehr alt, auf die eine darf man über Stiegen hinauf und blickt auf einer Plattform in Höhe des Glockenturms in die Landschaft. Der Baum misst im Umfang über 8 m. Kirche und Kloster sind täglich geöffnet, eine Spende ist nicht falsch.

■ **Nova Štifta,** Nova Štifta 3, Sodražica, Tel. 03-839 46 36, www.novastifta.si, 9–17 Uhr.

⊡ Schön und praktisch: Holzwaren aus Ribnica

Trubar-Museum

Fährt man von Ribnica Richtung Ljubljana (gute 20 km), kommt man bei **Rašica** zu einem kleinen Museum. Hier wurde **Bischof Primož Trubar** 1508 geboren, ein Gedenkzimmer erinnert an ihn. Er war Herausgeber der ersten auf Slowenisch erschienen reformatorischen Kirchentexte. Sein Geburtshaus wurde von den Türken zerstört, daher nutzt man eine renovierte Sägemühle, ein kleines Café lädt zu einer Rast ein.

■ **Trubarjeva domačija na Rašci,** Tel. 01-788 10 06, www.trubarjeva-domacija.si, Mo–Fr 9–17, Sa 9–12, So 10–17 Uhr, Winter Do, Fr 10–17, Sa 10–14 Uhr, Führung 4 €, Kind 3 €, Familie 8 €.

Burg von Turjak

Noch 2 km weiter im Norden wachen 300 m abseits der Straße die gewaltigen Mauern der Burg von Turjak trutzig über das Tal, eine der größten im ehemaligen Krain, und in Besitz derer zu Auersperg (= Turjak). Die Burg entstand in der heutigen Form im 16. Jh. unter Einbeziehung älterer Bauteile, die ein Erdbeben in Mitleidenschaft gezogen hatte. Der Großteil des Bauwerks ist der Renaissance verhaftet, die Kapelle allerdings ist gotisch gehalten und man mag sogar romanische Spuren entdecken. Ein Wohntrakt ist ebenfalls romanischer Herkunft. Die Burg war im Zweiten Weltkrieg heiß umkämpft und wurde geplündert. In den renovierten Räumen ist eine virtuelle Ausstellung über seine Geschichte, Ritterturniere und das Geschlecht der Turjak zu sehen. Die Schlosstaverne versorgt Besucher an den Wochenenden.

■ **Turjak,** Turjak 32, Tel. 041-62 10 98, auf Facebook, Mi–So 10–19, Winter Sa, So 10–19 Uhr und nach tel. Voranmeldung, 8 €, Kind 4 €, Familie 15 €.

Praktische Tipps

Informationen

■ **TIC,** Infostelle in der Burg, Tel. 051-41 54 29, www.turizem.ribnica.si, www.rokodelstvo-ribnica.si, Mai– Sept. tgl. 10–19 Uhr.

Verkehr

■ **Bahnhof:** Kolodvorska ulica nn. In Richtung Kočevje und Ljubljana, Tel. 080-81 11, https://potniski.sz.si.

■ **Fernbusse:** Vrvarska Pot 3, nach Kočevje, www.nomago.si, Tel. 01-431 77 00.

Einkaufen

2 **Korbwaren und Holzgeschirr:** *Franc Jaklič,* Sajevec 16, Tel. 01-836 21 42, Tel. 041-91 67 06, www.rokodelstvo-ribnica.si/rokodelci/franc-jaklic-suha-roba-posodarstvo. Nach Voranmeldung kann man *Franc Jaklič* bei der Herstellung traditioneller Handwerkswaren zusehen und sie kaufen.

■ **Holzwaren:** im Museum (→ oben), www.rokodelstvo-ribnica.si.

Unterkunft

Unser Tipp: 4 **Škrabčeva domačija**③, Hrovača 42, 1310 Ribnica, Tel. 031-37 82 52, www.skrabceva-domacija.com. Schöne, moderne, mit geschickter Hand eingerichtete Zimmer auf einem ehemaligen Gutshof.

1 **Guesthouse Kmetija**①, Dane 9, 1310 Dane, Tel. 041-89 80 34, auf booking.com. Einfache Unterkunft auf einem Ferienbauernhof zur Selbstversorgung (Frühstück möglich) und guter Ausgangspunkt für Rad- und Wandertouren.

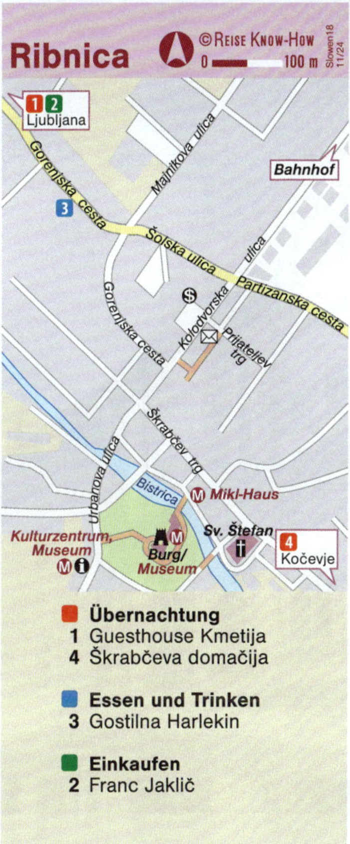

Essen und Trinken

3 **Gostilna Harlekin**②, Gorenjska Cesta 21, Tel. 01-836 15 32, www.harlekin.si. Von den Einheimischen favorisiertes Lokal mit Pizzeria an der Durchgangsstraße, hell und freundlich eingerichtet, handfeste Gerichte zu fairen Preisen, auch **Zimmervermietung**② mit vier Zimmern und einem Apartment, eingerichtet mit Massivholzmöbeln.

Feste und Veranstaltungen

- Einmal im Jahr, am ersten Wochenende im September, kommen aus der ganzen Umgebung die **Töpfer, Korbflechter, Schnitzer** und **Böttcher** zur **Septembermesse** und bieten ihre Waren an; dazu wird getrunken und gesungen, getanzt und gelacht.

Aktivitäten

- **Wandern:** Ein ausgeschilderter botanischer Lehrpfad *(Ribniška naravoslovna pot)* beginnt im Zentrum von Ribnica und führt in zwei Stunden nach Norden auf 932 m Höhe, wo die Kirche Sv. Ana steht und man in einer Schutzhütte etwas trinken kann (*Naša Koča/Planinska koča pri Sv. Ani na Mali gori,* 910 m, Tel. 041-36 82 52, ganzjährig).

Steil und 1122 m hoch erhebt sich die markante **„Weiße Wand“,** *Bela Stena,* über das Ribnica-Tal. Eine Legende erzählt von einer Hochzeitsgesellschaft, die hier **versteinert** sei. Knapp zwei Stunden dauert die Wanderung (ca. 600 Höhenmeter, 6 km) auf die weißen Kalksteinfelsen, von denen sich ein herrlicher Blick über die Waldlandschaft des Kočevje eröffnet (Beschreibung auf www.hike.uno/hiking_tour/rakitnica_bela_stena/26/1740/3170).

005sl sk

6

Celje und die Welt der Thermen

»Celje im Herzen Sloweniens ist eine uralte Stadt mit reicher und herrschaftlicher Geschichte. In der gesamten Region erinnern wehrhafte Burgen an kriegerische Zeiten. Hier entspringen erstaunlich viele Heilquellen, eine jede in einem Thermalbad gefasst. Von Laško bis Rogaška reihen sich schicke Kurorte wie an einer Perlenkette aneinander.

In der Fußgängerzone von Celje

BERGE, HÜGEL UND FLÜSSE

Wie eine Wand stummer Felsriesen wacht die Gebirgskette der Kamniške alpe (Steiner Alpen) über Sloweniens Kernland. In ihrem Schatten gründeten die Grafen von Celje den ersten, eigenständig-slowenischen Staat. Die freundliche, ländliche Region empfängt den Besucher mit hübschen Dörfern, wehrhaften Burgen und heilkräftigen Thermalquellen wie Laško oder Rogaška Slatina, wo im 19. Jh. Europas Adel zur Kur weilte.

734sl sk

Die Region um Celje repräsentiert fast alle Landschaftsformen Sloweniens. Im Norden nach Kamnik hin ragen im slowenischen Kärnten, dem **Koroško,** die Felswände der Alpen steil in den Himmel, der Voralpenraum mit Hügeln, Weinbergen und vielen Flüssen, die slowenische Steiermark, **Štajerska,** zieht sich nach Süden und Osten hin und schließlich ragt ein Finger der **subpannonischen Ebene** aus Ungarn herein und umfasst Celje.

Unzählige **Thermalquellen** gibt es in dieser Gegend, viele davon sind gefasst und seit Jahrhunderten berühmte Kur-

[>] Die Almhütten auf der Velika Planina liegen auf 1500 m Höhe – ein mühsam zu erreichender Arbeitsplatz für die Senner. Schließlich wurde der Zugang mit einer Seilbahn erleichtert

Die Highlights für Kinder

- „Celeia – mesto pod mestom“ **unterirdische Ausstellung der römischen Stadt** | 304
- **Kindermuseum** im Museum für neuere Geschichte | 305
- **Stadtstrand:** Puppentheater und Toben an der Savinja | 305
- Motorräder satt im **Motorradmuseum Grom** | 307
- **Aquapark Olimia** | 316
- Besuch einer **Kristallbläserei** | 319
- Kleine Tierwelt im **Mini Zoo Land** | 324
- **Bergwerk** mit kindgerechtem Erlebnisfaktor | 327
- **Pferde, Streicheltiere und Kindermenüs** in der Gostilna Repnik | 340

NICHT VERPASSEN!

- **Burgfest von Celje** im August | 309
- **Burg Tabor** bei Laško | 310
- Kuren wie die alten Römer in den **Rimske Terme** | 312
- Besuch der alten **Apotheke im Schloss Olimje** | 315
- Fabrikverkauf von **Glaswaren in Rogaška Slatina** | 320
- Spaziergang in den Ruinen des **Klosters Žiče** in der Abenddämmerung | 324
- **Bergwerksmuseum** von Velenje | 327
- Ausflug auf die **Velika Planina** | 337

Diese Tipps erkennt man an der gelben Markierung.

und Heilbäder, in die schon Kaiser, Könige und Industriemagnaten kamen, um die Bädersaison der K.-u.-k.-Monarchie angenehm und unter sich zu verbringen. Burgen und auch Schlösser künden ebenfalls von dieser Zeit und vom Mittelalter, als das heutige Slowenien und damalige Krain als Kulturlandschaft auf Mitteleuropa Einfluss nahm, von ihm beeinflusst wurde und nicht zuletzt als Bollwerk gegen die Türkeneinfälle stand.

Ob man nun seinen Angelhaken in einen der vielen Flüsse oder einen See hängt, im Zuge eines Museumsbesuches tief in die Erde einfährt, auf Weinprobe geht, kuren oder einfach im warmen Wasser plätschern will, Porzellan, Keramik oder wertvolles Bleikristall ersteht, mit dem Rad oder auf Schusters Rappen durch die Wälder zieht – Celje und das mittlere Slowenien haben viel zu bieten.

Celje und die Welt der Thermen

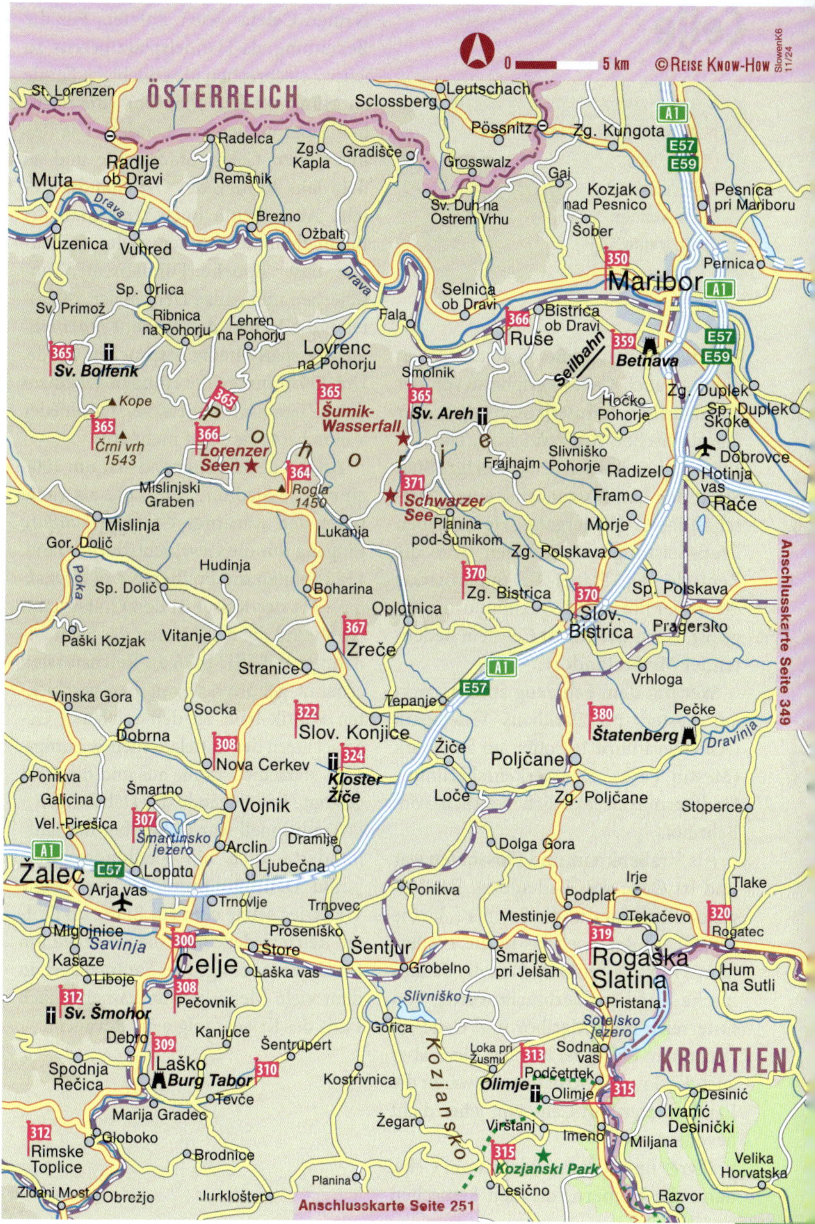
0 5 km
©Reise Know-How
Slowenk6 11/24
ÖSTERREICH
KROATIEN
St. Lorenzen
Radelca
Zg. Kapla
Gradišče
Schlossberg
Leutschach
Pössnitz
Grosswalz
Zg. Kungota
A1
E57
E59
Radlje ob Dravi
Muta
Remšnik
Sv. Duh na Ostrem Vrhu
Gaj
Kozjak nad Pesnico
Pesnica pri Mariboru
Šober
Drava
Brezno
Ožbalt
Vuzenica
Vuhred
350
Maribor
Pernica
Sp. Orlica
Sv. Primož
Ribnica na Pohorju
Lehren na Pohorju
Fala
Selnica ob Dravi
366
Bistrica ob Dravi
Ruše
Seilbahn
359
Betnava
365
Sv. Bolfenk
Lovrenc na Pohorju
Smolnik
Kope
Šumik-Wasserfall
Sv. Areh
Hočko Pohorje
Zg. Duplek
Sp. Duplek
Skoke
Dobrovce
Črni vrh 1543
Lorenzer Seen
Pohorje
Slivniško Pohorje
Frajhajm
Radizel
Hotinja vas
364
Rogla 1450
371
Schwarzer See
Planina pod-Šumikom
Mislinjski Graben
Fram
Rače
Mislinja
Gor. Dolič
Lukanja
Morje
Zg. Polskava
Poka
Hudinja
370
Zg. Bistrica
Sp. Polskava
Sp. Dolič
Boharina
Oplotnica
Slov. Bistrica
Pragersko
Paški Kozjak
Vitanje
367
Zreče
Stranice
Vrhloga
Anschlusskarte Seite 349
Vinska Gora
Socka
322
Slov. Konjice
Tepanje
380
Štatenberg
Pečke
Dobrna
Dravinja
308
Nova Cerkev
324
Kloster Žiče
Žiče
Poljčane
Ponikva
Šmartno
Loče
Zg. Poljčane
Galicina
Vojnik
Stoperce
Vel.-Pirešica
307
Šmartinsko jezero
Arclin
Dramlje
Dolga Gora
Žalec
Lopata
Ljubečna
Arja vas
Trnovlje
Trnovec
Ponikva
Irje
Tlake
Podplat
Mestinje
Tekačevo
320
Rogatec
Migojnice
Savinja
300
Proseniško
Štore
Šentjur
319
Šmarje pri Jelšah
Rogaška Slatina
Kasaze
Celje
Laška vas
Grobelno
Hum na Sutli
Liboje
Slivniško j.
Pristana
312
Sv. Šmohor
Pečovnik
Sotelsko jezero
Debro
309
Kanjuce
Gorica
Šentrupert
Kozjansko
Loka pri Žusmu
313
Sodna vas
Spodnja Rečica
Laško
Burg Tabor
310
Kostrivnica
Podčetrtek
Olimje
315
Desinić
Tevče
Ivanić Desinički
Marija Gradec
Žegar
Virštanj
Imeno
Miljana
Globoko
Rimske Toplice
Brodnice
Kozjanski Park
Velika Horvatska
Planina
Lesično
Zidani Most
Obrežje
Jurklošter
Razvor
Anschlusskarte Seite 251

Celje

- **Meereshöhe:** 241 m
- **PLZ:** 3000
- **Vorwahl:** 03
- **Einwohner:** 38.000
- **Dt. Name:** Cilli

Wie die meisten größeren Städte Sloweniens ist auch Celjes Peripherie von der ungezügelten Industrialisierung in der jugoslawischen Ära gezeichnet. Die Unabhängigkeit bescherte der **viertgrößten Stadt des Landes** zunächst einen wirtschaftlichen Niedergang. Heute haben Dienstleistungsunternehmen wie die Zentrale der Planet-Tuš-Supermärkte die früher florierende Textilindustrie abgelöst. Nach wie vor ist Celje ein **bedeutender Messestandort.**

Wer mit dem Fahrzeug anreist, parkt am besten im Parkhaus Celeiapark (Aškerčeva ulica 10) oder am Stadtpark (Mestni Park). Der verkehrsberuhigte Stadtkern erstreckt sich westlich vom Bahnhof.

Als Straßenkreuz und **Flusshafen** war und ist Celje von Bedeutung. Die Voglajna fließt hier in die Savinja („kleine Sava"), auf der noch bis in die 1960er-Jahre Holz aus den Bergen in die Pannonische Tiefebene verbracht wurde. Von Österreich über Maribor und Celje erreicht man Ljubljana und das Meer, aber auch Karlovac in Kroatien. So waren die Landschaften um Celje von jeher dicht bevölkert.

Illyrer und Kelten siedelten um Celje, dann die Römern, die den keltischen Namen **Celeia** weiter nutzten. Für die Bedeutung als Handelsplatz bereits zu jener Zeit sprechen die ergiebigen Funde an Münzen des 1. Jt. v. Chr. (die reichhaltigsten des ganzen Landes). Die Römer gaben Celeia Stadtrechte und ab dem Jahr 45 hieß der Ort **Claudia Celeia.** Auch heute noch trifft man bei Baumaßnahmen immer wieder auf Zeugen dieser Epoche: Fundamente, Tonscherben und ganze Denkmäler. 283 töteten die Römer den Bischof *Maximilian,* der später heilig gesprochen wurde. Um 450 brannten die Hunnen auf einem ihrer Züge nach Italien die Stadt nieder – man baute sie nicht mehr auf.

An ihrer Stelle entstand erst um 1000 eine neue Siedlung, die 1122 als **Celje** unter den Kärntner Grafen *Heunburg* Eingang ihn die Geschichtsbücher fand. 1322 folgten die Freiherrn *von Žovnek*, die 1341 der Kaiser in den Grafenstand erhob und die den Namen der Stadt annahmen – **Cilli.** 1436 zu Reichsfürsten ernannt, gehörten sie mit ihrer geschickten Politik bald zu den reichsten Geschlechtern des mittelalterlichen Europa. 1456 starb die Familie aus und die Stadt gelangte in die Hände der Habsburger.

Traditionell war Celje über die Jahrhunderte auch ein Siedlungsschwerpunkt Deutschstämmiger. Der Zweite Weltkrieg setzte dem ein Ende. Im Dritten Reich siedelte man die Slowenen um (in Celje war ein großes Sammellager, in dem viele Menschen umkamen), nach Ende des Krieges folgte die Revanche.

Celje
0 100 m ©Reise Know-How
Slowen04 11/24
Übernachtung
2 MCC Hostel
8 Hotel Europa
Essen und Trinken
1 Gostilna Amerika
3 Gostilna pri Kmetec
4 Gostilna Oštirka
5 Stari Pisker
8 Restaurant Europa
9 Restaurant Francl
Nachtleben
7 Tamkoučiri
Einkaufen
6 Galerija 94
Kersnikova ulica
Kosovetova ulica
Vrunčeva ulica
Ipavčeva ulica
Ljubljanska cesta
Mariborska cesta
Levstikova ul.
Sv. Maximilian
Aškerčeva ulica
Ambulanz/ Apotheke
Gregorčičeva ul.
Alpenverein
Vodnikova ulica
Volkstheater
Stadtmauer
Linhartova ulica
Stanetova ulica
Burg Stari grad
Cankarjeva ulica
Lilekova
Narodni dom
Minoritenmarien-kirche
Jurčičeva ul.
Trg Celjskih knezov
Knežji dvor (Museum im Unteren Schloss)
Prešernova ulica
Stari Pisker, Museum für Neuere Geschichte
Denkmal Alma Karlin
Bahnhof
Krekov trg
Glavni trg
TIC
Gosposka ulica
Muzejski trg
Erotikgalerie
Celjski dom
Mariensäule
Fotoatelier
Alte Grafei/ Stara grofija
Sv. Danijela
Slomškov trg
Kocenova ul.
Razlagova ul.
Wasserturm
Ulica XIV. Divizije
Savinja
Partizanska cesta
Heracleum, Laško

Der schlafende König

Indirekt ist eine legendäre Gestalt mit den **Grafen von Cilli** verbunden, die eigentlich gar nicht ins slowenische Heldenpantheon gehört: die des Königs **Matthias Corvinus,** historisch unter dem Namen *Matthias I. Hunyadi* bekannt, Fürst einer ungarisch-kroatischen Monarchie. Vater und Bruder hatten sich im Kampf gegen die Türken hervorgetan und Matthias sollte *Elisabeth von Cilli* heiraten, um die politischen Allianzen zu festigen. *Elisabeth* allerdings starb und *Laszlo Hunyadi, Matthias'* Bruder, ermordete *Ulrich II. von Cilli,* um sich für eine angebliche Beleidigung seiner Familie zu rächen.

So war die Stimmung zwischen den Cilli-Anhängern und den *Hunyadis* nicht gerade optimal, als *Matthias Corvinus* nun selbst den **kroatisch-ungarischen Thron** bestieg. Er erwarb sich aber durch vorausschauende Politik schnell großes Ansehen und schaffte es, die Türken weitgehend fern zu halten und die unterworfenen Länder – Ende des 15. Jh. hatte er auch das heutige slowenische Territorium und Habsburger Ländereien bis nach Wien besetzt – mit Güte und Sinn für Gerechtigkeit zu lenken. Als *Corvinus* 1490 starb, galt er nicht nur seinem eigenen Volk, sondern auch den Slowenen als Lichtgestalt, und da seiner relativ friedlichen Ära die gewalttätige der Bauernaufstände folgte, wurde aus *Matthias Corvinus Kralj Matjaž,* **König Matthias,** der umgeben von seinen Getreuen im Berg Peca schläft und darauf wartet, dass ein mutiger Mann das Königsschwert aus der Scheide zieht und damit das Signal gibt für die letzte Schlacht.

Sehenswertes

Rund um den Krekov trg

Der Rundgang beginnt am pompösen **Bahnhof** von 1846 am Krekov trg. Im selben Jahr verband die Eisenbahn über Celje Wien mit Triest und brachte die Industrialisierung (der Bahnhof wurde 1902 und 1995 renoviert). Hier findet sich auch das Gebäude **Celjski dom,** das Versammlungsgebäude der deutschstämmigen Bevölkerung des frühen 20. Jh. Es entstand zwischen 1905 und 1907 und erinnert stark an die Wilhelminische Zeit – der Wiener Architekt *Peter Paul Branga* errichtete es im neugotischen Stil.

Gegenüber dem Bahnhof erinnert die **Statue einer einfachen Frau mit Hut und Koffer** an die in Celje geborene Journalistin und Weltreisende **Alma Karlin** (1889–1950). Ihrem Leben und Werk ist in ihrem Geburtshaus im Vorort Pečovnik eine **Ausstellung** gewidmet (nur im Sommer und nach Voranmeldung, Infos beim TIC Celje). Eine weitere Ausstellung im Pokrajinski muzej (Stara grofija, S. 304) beleuchtet die wichtigsten Stationen ihres Lebens. Von 1919 bis 1928 bereiste *Karlin* mit nur geringen finanziellen Mitteln und meist alleine **nahezu alle Regionen der Erde.** Ihre Reiseberichte zählten zwischen den Weltkriegen zu literarischen Bestsellern.

Geht man von hier nach Norden, kommt man zur **Kirche Sv. Maximilian,** dem Bischof von Lorch in Oberösterreich geweiht, den die Römer 283 enthaupteten. Ursprünglich ein gotisches Bauwerk aus dem 15. Jh., baute man nach und nach an, veränderte und stempelte den jeweiligen Zeitgeschmack auf.

Geht man vom Krekov trg nach Westen und biegt in die Stanetova ulica rechts ein bis zur nächsten großen Kreuzung, erreicht man das **Bankgebäude** *(Banka Celje)*, das 1928/29 unter der Regie des Architekten *Jože Plečnik* entstand. Der Vodnikova ulica ein Stück nach Westen folgend, führt sie zu Resten der mittelalterlichen **Stadtmauer.**

Vom Krekov trg der Stanetova ulica in südlicher Richtung folgend, passiert man den Lavni trg mit der Mariensäule von 1776 und einigen hübschen Bürgerhäusern aus dem 16. bis 18. Jh. Hier befindet sich auch die **Erotikgalerie Račka,** eine ehemalige Peepshow, die sich zur ernstzunehmenden Kunstgalerie für Erotisches gemausert hat.

■ **Galerija erotike Račka,** Gosposka ulica 3, Tel. 03-426 51 62, www.csu.si, Do–Sa 16–19 Uhr, Eintritt frei, 2024 geschlossen.

Hinter der Mariensäule öffnet sich der Slomškov trg mit der **Abteikirche Sv. Danijel.** Sie gehört zu den ältesten Bauwerken der Stadt, ein 1306 entstandenes romanisches Gebäude, das um 1400 eingewölbt und mit Anbauten im hochgotischen Stil versehen wurde (u.a. die Cillier Kapelle). Die Grafen *Cilli* gaben die Bildhauerarbeiten darin in Auftrag, ebenso wie die Plastik der „Schmerzhaften Muttergottes". Die Fresken entstanden zur gleichen Zeit. Ein Bild aus dem 18. Jh. ist dem Heiligen *Florian* gewidmet – es zeigt die Stadt in den Flammen von 1789.

Im Osten der Abteikirche, dort wo die Razlagova ulica nach Norden abbiegt, entstand der **Wasserturm** 1473 als Teil der Stadtmauer. Er erlitt im 18. Jh. schwere Beschädigungen. Mehrere römische Steine sind in die Fundamente gemauert, eine Tafel berichtet von einer großen Überschwemmung durch die Savinja im Jahr 1672.

An der Razlagova ulica weiter im Norden erlaubte das **Fotoatelier Josip Pelikan** wegen der ausgedehnten Fensterflächen des ersten Stocks ganzjährig Tageslichtaufnahmen in geheizten Räumen. Kameras und viele Bilder bzw. fotografische Glasplatten von der Wende des 19. zum 20. Jh. sind zu sehen. Wer mag, kann sich hier wie in der guten alten Zeit fotografieren lassen und bekommt die Fotografie je nach Format ab 10 €, die Glasplatte gegen einen Unkostenbeitrag ab 50 € mit nach Hause.

■ **Fotografski atelje Josipa Pelikana,** Razlagova ul. 5, Tel. 03-548 58 91, www.muzej-nz-ce.si, nur nach Voranmeldung Di–Sa 9–13 Uhr, 5 €, Kind 2 € (auch für Museum für Neuere Geschichte und Gefängnis *Stari Pisker* gültig).

175sl sk

▷ Alma Karlin unterwegs in die große, weite Welt

Alte Grafei

Zurück geht es nun an Resten der Stadtmauer vorbei nach Westen zum Muzejski trg und der **Stara grofija,** der Alten Grafei. 1580 erbaut, begann man 1620 bereits mit der Anfügung der Arkaden und umschloss den Hof mit einer Mauer. 1869 übernahm die Stadt die Grafei, nutzte sie als Schule und Gericht und schließlich – nach Entdeckung wertvoller Baudetails – als **Regionalmuseum,** dessen Ausstellungen auf das Gebäude der Grafei und des Unteren Schlosses *(Knežji dvor)* aufgeteilt sind.

Im Lapidarium im Untergeschoss sprechen die steinernen Zeugen vom Reichtum der Stadt Claudia Celeia. Im Kunst- und kulturgeschichtlichen Teil des Museums besticht besonders das **Deckengemälde** eines unbekannten Meisters, eines der wichtigsten Beispiele für illusionistische Malerei zu Beginn des 17. Jh. Das Gemälde erhöht den Saal in den Himmel, indem es Türme perspektivisch verzerrt und mit Randfiguren wie den vier Jahreszeiten und Giganten belebt. Die Decke ist mit Leinwand bespannt und diese mit Temperafarben bemalt. Eine volkskundliche Ausstellung informiert über traditionelles Handwerk und Brauchtum. Eine weitere Ausstellung ist den Reisen *Alma Karlins* gewidmet.

■ **Stara grofija,** Muzejski trg 1, Tel. 03-428 09 62, www.pokmuz-ce.si, März–Okt. Di–So 10–18 Uhr, Winter Di–Fr 10–16, Sa 9–13 Uhr, 7 €, Kind 4 €, Familie 12 €.

[>] Celje besitzt eine lange Tradition der Keramikherstellung – erst nach und nach erholen sich die Firmen vom 40-jährigen sozialistischen Intermezzo

Unteres Schloss

Nördlich des Museums und am südlichen Ende des Trg Celjskih knezov steht das Untere Schloss, im 14. Jh. als Wohnsitz der Grafen gebaut. In ihm residiert die **Archäologische Abteilung des Regionalmuseums** mit einigen sehenswerten Exponaten aus der Vor- und Frühgeschichte der Region. Die Ausstellung *Grofje Celjski* (Grafen von Celje) widmet sich der Geschichte und den herausragenden Vertretern der Grafenfamilie (und zeigt sogar die Schädel der Familie).

Spannend auch für Kinder ist die Ausstellung **Celeia – mesto pod mestom (Die Stadt unter der Stadt).** Hier haben Archäologen Fundamente des römischen Celeia freigelegt und präsentieren sie in situ. Zu sehen sind u.a. eine gepflasterte Straße, die mehrere Hausfundamente säumten, sowie Überreste der Stadtmauer und des Stadttores.

■ **Knežji dvor,** Trg Celjskih knezov 8, Tel. 03-428 09 62, www.pokmuz-ce.si, Öffnungszeiten wie *Stara grofija,* Ticket gilt für beide Museen.

Narodni Dom

Am oberen Ende des Trg Celjskih knezov war der Narodni Dom, das **Rathaus** im Neorenaissance-Stil vom Ende des 19. Jh., das slowenische Pendant zum Deutschen Kulturhaus. Heute residieren darin die verschiedenen Ämter der Stadtverwaltung und eine Kunstgalerie. Dem Narodni Dom schräg gegenüber säumen Fassade und Portal des Prothasi Palais noch im Originalzustand von 1770 die Prešernova cesta.

Minoritenmarienkirche

Nach Osten geht es zur Prešernova ulica und der Minoritenmarienkirche im 14. Jh. erbaut und dann mehrfach verändert. Das Relief des Sakristeiportals mit *Maria* und den Kirchenstiftern stammt vermutlich von 1360. Die Kirche gehörte bis 1808 zum **Kloster der Minoriten,** eines Bettelordens. Kaiser *Franz I.* löste das Kloster gegenüber der Kirche auf und ließ es zum **Gefängnis** umbauen. In dieser Funktion erlebte der Komplex auch den Zweiten Weltkrieg und die Verfolgung slowenischer Widerständler durch die deutsche Besatzung.

Die **Gedenkstätte Stari Pisker** erinnert an diese Zeit mit einem Gedenkzimmer in einer ehemaligen Folterkammer der Gestapo, die im Gefängnis 374 Geiseln erschoss.

■ **Stari Pisker,** Prešernova ul. 20, Tel. 03-428 64 10, www.muzej-nz-ce.si, Di–Sa 9–13 Uhr, nur nach vorheriger Anmeldung, 5 €, Kind 2 € (auch für Fotoatelier *Josip Pelikan* und Museum für Neuere Geschichte gültig).

Museum für Neuere Geschichte

Neben der Gedenkstätte begeistert die Sammlung des Museums für Neuere Geschichte besonders die Kleinen, zeigt sie doch z.B. eine originalgetreue Einkaufsstraße zu Beginn des 20. Jh. sowie das Behandlungszimmer eines Zahnarztes und mehr zum Thema „slowenische Zahnheilkunde". „Herman's Höhle" ist ein eigenes **Kindermuseum** im Haus, das für die ganz Kleinen alles bereitstellt, was in deren Vorstellung ein Museum haben sollte: Vieles zum Mitmachen und lustige Sammlungen.

■ **Muzej novejše zgodovine,** Prešernova ulica 17, Tel. 03-428 64 10, www.muzej-nz-ce.si, Di–Fr 9–17, Sa 9–13, So 14–18 Uhr, 5 €, Kind 2 € (auch für Fotoatelier *Josip Pelikan* und Gefängnis *Stari Pisker* gültig).

Stadtstrand

Die **Grünanlage zwischen Stara grofija und Savinja-Fluss** verwandelt sich

082sl kc

bei schönem Wetter in eine Spiel- und Eventzone. Unten am Fluss kann man baden, während in der, den Strand säumenden Grünanlage Spielgeräte, Klettergerüste und manchmal auch Unterhaltungsprogramm wie Theatergruppen oder Malaktionen die Kinder zum Mitmachen animieren.

Burg Stari grad

Die Mauern der Burg von Celje außerhalb des Zentrums im Südosten ragen hoch über der Savinja in den Himmel. Man erreicht sie über die Cankarjeva ulica nördlich des Bahnhofs unter der Unterführung hindurch und dann hinter der Brücke rechts am Ufer der Voglajna entlang nach Süden. Direkt unterhalb des Burgberges beginnt ein Spazierweg hinauf (407 m, 30 Min.), mit dem Auto muss man einen großen Bogen fahren.

Die Burg, im romanischen Stil des 12. Jh. erbaut, ließen die *Grafen Cilli* mit gotischem Gepräge versehen. Dreifach sind die Mauern, massiv die Türme. Die Burg galt in ihrer Zeit als die größte und stärkste Befestigung in ganz Slowenien. Im 15. Jh. zogen die Grafen in das Untere Schloss um, nur noch Verwalter und Bedienstete blieben oben. Im 18. Jh. gänzlich aufgegeben, verfiel sie bald. Heute renoviert man und nutzt die einmalige Lage mit Blick über die Täler für Sommerveranstaltungen.

■ **Stari grad,** *cesta na grad,* www.visitcelje.eu/product/old-castle-of-celje, Dez./Jan. 10–16, Nov./Feb. 9–17, März/Okt. 9–18, April 9–19, Mai/Sept. 9–20, Juni–Aug. 9–21 Uhr, 7 €, Kind 3 €, Familie 15 €.

Im Unteren Schloss (Knežji dvor) erinnern Exponate an das Grafengeschlecht von Celje

176sl sk

In der Umgebung

Stausee Šmartinsko

Nördlich der Stadt ist der See **Šmartinsko jezero** mit großem Freizeitangebot – Wander- und Radwegen, SUP- und Kanuverleih, Wake-Park, Ausflugsgaststätten, Spielplatz, Waldlehrpfad – ein beliebtes Ausflugsziel im Sommer. 1970 angelegt, ist er mit einem Quadratkilometer der größte Stausee des Landes. Die schöne Natur an seinen Ufern und die vielen Buchten machen ihn sehr idyllisch. Einen Überblick über Aktivitäten und Einkehrmöglichkeiten gibt https://smartinskojezero.si.

Almas Haus

Die letzten Jahre ihres unsteten Lebens verbrachte die in Celje geborene Weltreisende, Spionin und Partisanin **Alma Karlin** (1889–1950) mit ihrer Freundin (vielleicht auch Lebensgefährtin) *Thea* in einem bescheidenen Häuschen auf einem Hügel im südlichen Vorort Pečovnik. 183 steile Stufen führen zu dem Anwesen mit einem Gedenkzimmer.

■ **Almina hiša,** Pečovnik 44, 3 km südlich von Celje, Mai–Sept., Sa 10–17 Uhr, Anmeldung beim TIC Celje unter Tel. 03-428 79 36 dringend empfohlen.

Römische Nekropole/Pekel-Höhle

In **Šempeter,** 12 km westlich von Celje an der Hauptstraße nach Ljubljana, hat man in der römischen Nekropole die Grab- und Denkmäler in ihre ursprüngliche Lage gebracht, und so ist inmitten des Ortes bei der Kirche einer der schönsten Friedhöfe der antiken Welt entstanden (eine halbe Stunde für die Besichtigung einplanen). Die großen **Grabstelen** aus Stein besitzen herrliche Reliefarbeiten und entstammen dem ersten bis dritten Jh. Fünf Gehminuten entfernt sind rund 300 m einer 9 Meter breiten **römischen Straße** erhalten.

5 km nördlich des Ortes befindet sich die **Tropfsteinhöhle Pekel** (Hölle), die einzige Höhle mit Artefakt-Funden aus der Zeit der Neandertaler auf slowenischem Boden. Man entdeckt bei konstant 10°C auf über 1000 m Stegen u.a. den größten **Höhlenwasserfall** des Landes.

■ **Nekropola,** Tel. 031-645937, https://td-sempeter.si, Besichtigung nur geführt nach Voranmeldung April–Okt., 7 €, Kind 5 €.

■ **Jama Pekel/Höllenhöhle,** Tel. 03-700 20 56, https://td-sempeter.si, Führungen Mai bis Mitte Juni Fr–So 11, 13 und 15 Uhr, Mitte Juni bis Ende Aug. auch 16 Uhr, Sept., Okt. Sa, So 11, 13 und 15 Uhr, 14 €, Kind 8 €.

Motorradmuseum Grom

In **Vransko,** ca. 30 km westlich, hat ein Sammler über 140 Motorräder aus verschiedensten Epochen zusammengetragen – für Liebhaber ein Paradies! Ältere Kinder haben an den historischen Geräten ebensoviel Freude wie die Erwachsenen.

■ **Muzej motociklov Grom,** Vransko 31a, 3305 Vransko, Tel. 041-98 91 91, www.muzej-motociklov.com, 10–18 Uhr (kurze Anmeldung erbeten), 10 €, Kind 5 €.

Praktische Tipps

Informationen

■ **TIC,** Glavni trg 17, 3000 Celje, Tel. 03-428 79 36, www.visitcelje.eu, außerdem Info-Stand auf der Burg, Mai–Sept. Mo–Sa 10–19, Jan.–April, Okt., Nov. Mo–Fr 10–16, Sa 10–13, So 14–18 Uhr, Dez. tgl. 10–20 Uhr.

■ **Alpenverein/Planinsko društvo,** Stanetova ulica 20, Tel. 051-33 83 58, www.planinsko-drustvo-celje.si.

Service/Notfälle

■ **Ambulanz/Zdravstveni dom:** Gregorčičeva ulica 5, Tel. 03-543 40 00, www.zd-celje.si.

■ **Apotheke/Lekarna:** Gregorčičeva ulica 5, Tel. 03-752 11 20, www.lekarnanaklik.si.

Verkehr

■ **Züge:** Der Bahnhof befindet sich am Krekov trg 1. Züge nach Ljubljana, Velenje, Maribor, Tel. 080-81 11, https://potniski.sz.si.

■ **Fernbusse:** Aškerčeva ulica 20, Tel. 01-431 77 00, www.nomago.de. Busse in Richtung Krško, Koper, Ljubljana, Maribor.

Einkaufen

6 **Galerija 94,** Trg celjskih knezov 9, Tel. 03-713 23 00, www.d94.gallery. Souvenirs und kunstvolle Arbeiten aus Glas, Holz, Silber und Gold.

Unterkunft

8 **Hotel Europa**②, Krekov trg 4, Tel. 03-426 90 00, www.hotel-evropa.si. Bahnhofs- und zentrumsnah gelegen, edel eingerichtet, 8 gute Küche und ein beliebtes Café im Stil der vorletzten Jahrhundertwende, 61 Zimmer.

2 **MCC Hostel**①, Celjski mladinski center, Mariborska cesta 2, Tel. 03-490 87 42, www.mc-celje.si. Modern, schick und zentral gelegenes Hostel mit Mehrbett-, aber auch Doppelzimmern mit Bad.

Pečovnik

■ **Celjska koča**②, Pečovnik 31, Tel. 041-71 82 74, www.celjska-koca.si. Berghotel bei Pečovnik auf 650 m im Süden von Celje (10 km); im Winter sorgen Schneekanonen am Hang des 834 m hohen Tolsta (2 Schlepplifte) für gute Pistenverhältnisse, im Sommer kann man wandern oder mountainbiken. Preisgekrönte moderne Architektur, im Restaurant gibt's deftige Mahlzeiten, übernachtet wird in Doppel- oder Mehrbettzimmern.

Nova Cerkev

Turistična kmetija Sorževmlin②, Polže 1, Nova Cerkev, auf dem Weg nach Dobrna im Norden, Tel. 041-57 14 73, www.sorzev-mlin.si. Ferienbauernhof und aktive Mühle mit vier Apartments, Verkauf von Bio-Mehl.

Essen und Trinken

1 **Gostilna Amerika**②, Mariborska 79, Tel. 03-541 93 20, www.gostilna-amerika.com. Nicht durch den Namen täuschen lassen, hier stehen Steaks und Grillgerichte wie *čevapčići* im Vordergrund.

9 **Francl**③, Zagrad 77, Tel. 03-492 64 60, www.gostilnafrancl.si, So/Mo geschl. Zu erreichen südlich des Burgberges am Flüsschen Ločnica entlang vom Ufer der Savinja weg, typische slowenische Küche, und ein großes Lob von Michelin.

5 **Stari Pisker**②, Savinova ulica 9, Tel. 03-544 24 80, www.stari-pisker.com, Mo geschl. Hier dreht sich alles um die perfekte Zubereitung von Steaks; darüber hinaus stehen auch einige mediterrane Gerichte auf der Karte.

3 Gostilna pri Kmetec②-③, Zagrad 140a, Tel. 03-544 25 55, www.gostilna-kmetec.si, Mo geschl. Allein schon wegen der Lage konkurrenzlos – oberhalb und gegenüber vom Stari grad, auf den man beim Essen hinunterblickt. Die Küche ist bäuerlich-slowenisch und lecker.

4 Gostilna Oštirka②-③, Linhartova 6, Tel. 031-84 02 00, www.ostirka.com, So geschl. Unter den recht traditionellen Adressen tanzt diese aus der Reihe: ein großer, eher kühler Raum, wenig Deko, dafür größte Sorgfalt in der innovativen Zubereitung traditioneller Rezepte – natürlich sind alle Zutaten frisch vom Markt, denn der liegt direkt vor der Tür.

Feste und Veranstaltungen

■ Im **August** findet auf der Burg eine großes Treffen statt – ein **Marktplatz des Mittelalters** in traditionellen Kostümen, mit Marketendereien, Gesang, Tanz und Ritterspielen bei Fackelschein und vielem mehr.

■ Im **Dezember** werden auf dem **Weihnachtsmarkt** Kinderträume wahr, wenn die Märchenwelt Celjes in Adventslicht getaucht von vergangenen Zeiten berichtet – *Fairytale Celje.*

Abends unterwegs

UNSER TIPP: **7** Die Künstlerszene ist im Café-Restaurant **Tamkoučiri** (Gosposka 1a, Tel. 041-32 92 61, www.facebook.com/krcmatamkouciri/) zu Hause; viele Ateliers in unmittelbarer Nähe.

Aktivitäten

■ **Kur & Wellness:** *Terme Dobrna, Dobrna,* 20 km im Norden Richtung Velenje, Tel. 03-780 80 00, www.terme-dobrna.si. Quelle mit 36°C, bei rheumatischen und orthopädischen Erkrankungen. Ein illustrer Gast war *Karl May,* der 1907 vorbeischaute. Auch wer etwas Luxus und Wellness sucht, wird sich in der runderneuerten Anlage wohlfühlen.

■ **Angeln:** Angelscheine sind erhältlich beim Angelklub Celje, Čopova 19.

Laško

- **Meereshöhe:** 228 m
- **PLZ:** 3270
- **Vorwahl:** 03
- **Einwohner:** 3400
- **Dt. Name:** Tüffer

Laško ist ein hübscher Ort in der grünen Hügelwelt des **Tales der Savinja,** umgeben von Thermalquellen, an denen Kurorte entstanden sind. Die Straße von Celje folgt dem westlichen Ufer der Savinja, bis sie nach 10 km den kleinen Ort erreicht hat, der im ganzen Land bekannt ist – wegen seines Bieres. Die **Brauerei Laško** stellt die landesweit vertriebenen Biermarken *Zlatorog* und *Laško* her und gehört seit 2015 mehrheitlich dem niederländischen Heineken-Konzern. Nicht umsonst ist die Firma Laško einer der großen Steuerzahler des Landes und so stellt sich das Städtchen beiderseits der Ufer äußerst schmuck dar, besonders, wenn die Sonne aus dem klaren Himmel lacht. An der Autobrücke über die Savinja liegt westlich der Hauptplatz, der alte Ortskern befindet sich am anderen Ufer, unterhalb der Burg Tabor.

Die **Thermalquellen** um den Ort herum waren bereits den Römern bekannt, man nutzte sie aber nicht, da die häufigen Überschwemmungen der Savinja immer wieder die Thermaleinrichtungen zerstört hätten. Erst Mitte des 19. Jh. gelang es, die Savinja zu bändigen und damit war es möglich, auch die Quellen langfristig zu fassen. Die Kurorte Laško und Rimske Toplice entstanden zu allerbester, hochblühender k. u. k.-Zeit. Das **Kaiser-Franz-Joseph-Bad Tüffer** machte Furore.

Laško war bereits zur Zeit der Urnengräberkulturen 800 v. Chr. bewohnt. 1147 kam es erstmals in die Bücher, das Marktrecht wurde 1227 vergeben, ebenso die Gerichtsbarkeit. Die Pfarre kam 1257 hinzu. In dieser Zeit stand die Gegend in Besitz derer zu *Sann*, bald aber wechselten die Besitzer häufiger als die Generationen. Schließlich verkauften die Habsburger an die Barone von *Moscon*. Man blieb in ruhigen Fahrwassern, war der Ort doch nur schwer erreichbar, aber endlich verband die Straße Celje mit der Mündung der Savinja in die Sava (1810). Die Eisenbahn folgte 1849, der Kurbetrieb begann und mit ihm kamen die deutschen Siedler, deren Einfluss bis Ende des Ersten Weltkriegs bestimmend blieb. Mit Ende des Krieges und bis zum Beginn des nächsten blieben die Tore der Brauerei geschlossen, erst 1938 entfachte man wieder das Feuer unter den Sudpfannen.

Burg Tabor

Grad Tabor steht 100 m über dem Ort an den Hängen des Berges Hum (583 m). In 45 Minuten gelangt man zu Fuß erst über die Treppe zwischen den Häusern Aškerčev trg 6 und 7 und dann entlang des markierten Pfades hinauf (man kann aber auch mit dem Auto hochfahren). Sie ist als Teilruine saniert, einige Gebäude mauerte man neu auf. In ihnen ist heute ein Michelin-gekröntes **Restaurant** im Burgstil mit kleinen Zimmern, verschwiegenen Tischen, Rittersälen

und ein Standesamt untergebracht *(Pavus).* Der Komplex ist in Besitz der Brauerei und steht jedem offen, der die ausgezeichneten Speisen mit Bierspezialitäten hinunterspülen möchte (→ „Essen und Trinken“).

In der Altstadt

Die Fundamente der **Pfarrkirche Sv. Martin** am Aškerčev trg sollen noch aus vorromanischen Zeiten stammen, in den Büchern wird die Kirche erstmals im Jahr 1269 erwähnt. Ein gotischer Chor kam hinzu, Seitenschiffe mit Kreuzrippengewölbe entstanden, um 1700 baute man die Barockkapellen an den Seiten. Der Hochaltar und die beiden kleinen Altäre entstanden schließlich Mitte des 18. Jh.

Das **Weichselberger Schloss**, nördlich der Kirche, beherbergt das **Stadtmuseum.** Das Gebäude gehörte einst dem Marktrichter *Sigismund Weichselberger*, der es 1506 von den Grafen von *Cilli* kaufte. Die Dauerausstellung widmet sich der Stadtgeschichte, der besonderen Geologie mit den vielen Thermalquellen und der Entwicklung des Kurtourismus.

■ **Muzej Laško,** Aškerčev trg 5, Tel. 03-734 02 36, Di–Fr 9–12, 13–16 Uhr, 3 €, Kind 2 €.

Brauerei Laško

Die Brauerei *Laško* wurde 1825 gegründet. 1866 zog man auf die andere Uferseite und 1889 begann ein neuer Besitzer in der Überzeugung, dass Thermalwasser dem Brauvorgang gut täte, mit der Herstellung von Thermalbier. Er hatte recht. Heute gehört die Firma *Laško* zu den modernsten Brauereien Europas und wer mag, kann sie auf einer geführten Tour besichtigen und abschließend seinen Durst mit einem Glas löschen.

■ **Pivovarna/Brauerei Laško,** Trubarjeva ulica 28, Tel. 03 734 80 00, www.lasko.eu, Tour für Individualgäste organisiert das Tourismusbüro TIC auf Anfrage.

Thermalbad

Thermana Laško, der Thermalbadkomplex, nördlich der Brauerei an den Ufern der Savinja, und praktisch noch im Ort, lockt mit Freibädern, Hallenbädern, Whirlpools und einer Saunalandschaft mit über 500 m². Die Behandlungsvariationen sind zahllos, die simple Massage ist da noch die gängigste: Magnettherapie, Thermotherapie mit Paraffin und Fango, Ultraviolettherapie, Reflextherapie und natürlich Kräuterbäder.

■ **Thermana Laško,** Zdraviliška cesta 4,Tel. 03-423 21 00, www.thermana.si, Tageskarte wochentags/feiertags 16/20 €, Kind 10/14 €.

Kirchen am Stadtrand

Geht man am Kurbad die Straße nach Westen, kommt man nach 45 Minuten zur Kirche **Sv. Mihael,** nach der sich (abkürzend) der Weiler Šmihel nennt. Das zweitürmige Gebäude ist nachts angestrahlt und entstand in den Jahren 1637–41. Beachtenswert sind die Steinmetzarbeiten im Stil der Gotik und Renaissance. Die Altäre entstammen ebenfalls dem 17. Jh. Die Kirche **Sv. Marija** (am östlichen Ufer der Savinja einen Kilometr nach Süden) wurde 1503/05 gebaut und 1526 mit Fresken im Stil der Gotik und Renaissance versehen, die man erst in neuester Zeit wiederentdeckt und restauriert hat.

In der Umgebung

Šmohor

Der Weg auf den 784 m hohen Hausberg Šmohor, ein beliebtes Ausflugsziel, beginnt ebenfalls an der Eisenbahnunterführung beim Kurbad. Man folgt dem Rečica-Tal und biegt oberhalb der Wohnhäuser in den markierten Weg ein (90 Min.). 781 m hoch liegt die **Berghütte Dom na Šmohorju** und bietet Essen und Übernachtung (ganzjährig, Mo geschl., Tel. 03-573 32 70, auf Facebook). Die Kirche **Sv. Šmohor** geht auf das Jahr 1421 zurück. Die drei uralten Linden um das Gotteshaus sollen von Türken auf ihrem Durchmarsch nach Wien gepflanzt worden sein.

Rimske Toplice

Rimske Toplice, südlich von Laško an der Hauptstraße, war einst ein **eleganter Kurort** mit k. u. k.-Hotels an den Hängen des Savinja-Tales, heute knüpft man nach jahrzehntelanger Vernachlässigung mit schön sanierten Hotels und neuen Badeanlagen als **Rimske Terme** an die Tradition an.

- **Rimske Terme,** Toplice 10, Rimske Toplice, Tel. 03-574 20 10, www.rimske-terme.si.

Praktische Tipps

Informationen

- **TIC,** Valvasorjev trg 1, 3270 Laško, Tel. 03-733 89 50, www.lasko.info, Mo–Fr 9–17, Sa 9–12 Uhr.

Verkehr

- **Bahnhof:** Trg Svobode 3, in Richtung Ljubljana und Celje, Tel. 080-81 11, https://potniski.sz.si.
- **Fernbusse:** Izletnik Celje, Trg Svobode, Tel. 03-425 34 00, www.nomago.de. Regelmäßig nach Celje.

Unterkunft

3 **Hotel Thermana Park Laško**④, Zdraviliška ulica 4, Tel. 03-423 21 00 , www.thermana.si. Modernes Kurhotel mit 181 Zimmern und vielen Einrichtungen 15 Gehmin. vom Zentrum.

5 **Vila Monet**③, Savinjsko nabrežje 4, Tel. 041-435 902, www.vilamonet.si. Die hübsche Villa liegt ruhig am Savinja-Ufer, aber dennoch zentral, ein Café ist angeschlossen, 10 Komfort-Zimmer.

1 **Vila Aina**②, Jagoče 3d, Tel. 05-922 76 52, www.vila-aina.com. Das geschmackvoll und modern eingerichtete Haus liegt mit 12 Zimmern etwas außerhalb, verwöhnt seine Gäste aber mit einem kleinen und sehr feinen Spa.

2 **Penzion Park**②, Zdraviliška 22, Tel. 031-75 00 09, www.penzionpark.si.14 schlichte, freundlich eingerichtete Zimmer, auch Übernachtung in Mehrbettzimmern möglich, Fahrradverleih.

Essen und Trinken

Unser Tipp: **4** **Restaurant Pavus**③-④, auf der Burg über Laško, Tel. 03-620 07 23, www.pavus.si, Di–Fr abends, So auch mittags. Küchenchef *Marko Pavčnik* war 2022 Küchenchef des Jahres. Seine Devise: Hauptsache wild, was bedeutet, dass die meisten Zutaten saisonal sind und aus den heimischen Wäldern und Flüssen stammen.

6 **Gostilna Čater**②, Marija Gradec 34, Laško, Tel. 03-734 06 80, www.gostisce-cater.si. 1 km außerhalb wird in einem ehemaligen Herrenhaus Fleisch, Fisch und Vegetarisches serviert, auch Zimmervermietung②.

Feste und Veranstaltungen

- Im **Sommer** finden auf der Burg Tabor **Musik- und Theaterveranstaltungen** statt.
- Das **Festival „Bier und Blüten"** *(pivo in cvetje)* taucht die Stadt **Mitte Juli** mehere Tage mit Feuerwerk in buntes Licht, dazu wird natürlich Bier getrunken, eine Landhochzeit gefeiert und es gibt Umzüge, www.pivo-cvetje.si.

Aktivitäten

- **Kur & Wellness:** *Thermana Laško,* Zdraviliška cesta 4, Tel. 03-734 51 11, www.thermana.si. Isothermalwasser zwischen 32 und 35°C, Rehabilitation nach orthopädischen Operationen, Degenerativ- und Weichteilrheumatismus, außerdem Bierwellness. **Rimske Terme,** Toplice 10, Rimske Toplice, Tel. 03-574 20 10, www.rimske-terme.si. Wellnesstempel im altrömischen Stil.
- **Angeln:** Angelscheine beim Angelklub *Laško,* Trubarjeva ulica 3, und beim TIC.

Podčetrtek

- **Meereshöhe:** 211 m
- **PLZ:** 3254
- **Vorwahl:** 03
- **Einwohner:** 3500
- **Dt. Name:** Windischlandsberg

Die kleine Ortschaft Podčetrtek unweit des Grenzflusses Sotla zieht sich westlich der Hauptstraße nach Norden. Die Verbindungsstrecke Zagreb – Celje verläuft entlang der beiden nahegelegenen **Thermenzentren.** Die südliche Therme, Olimje, ist von Hotels umgeben, an den nördlichen Thermal- und Aquapark Aqualuna grenzt der Campingplatz. Beide Thermalzentren verfügen über ausgedehnte Wasserlandschaften mit mehreren Becken. Ein Golfplatz ist ebenfalls in der Nähe. Wandern, Rad fahren und Jagen – die Betätigungsmöglichkeiten in der nahezu unberührten Natur der Umgebung sind äußerst vielfältig.

Der Ort gehörte dem Grafen *Attems,* der die Burg hoch über der Stadt bis zum Zweiten Weltkrieg bewohnte und dann ermordet wurde. 1209 tauchte Podčetrtek zum ersten Mal schriftlich auf, 1328 erhielt es die Stadtrechte. Der slowenische Name leitet sich von Donnerstag *(četrtek)* ab, dem Markttag, an dem auch das Gericht zusammentrat. Eine weitere Namensänderung betrifft die Thermen, die man von *Terme Atomske Toplice* zu **Terme Olimia** umbenannte – zu bedrohlich mag der ursprüngliche Name in deutschen Ohren geklungen haben und außerdem konnte man bei

177sl sk

Olimia vom Bekanntheitsgrad des gleichnamigen Schlosses im Süden des Ortes profitieren.

Burg Podčetrtek

Hoch über dem Ort wartete die Burg lange auf einen Investor. Seit 2023 wird renoviert, zum Redaktionsschluss waren die Arbeiten noch nicht abgeschlossen. Trutzig und intakt wirkt sie, das Tal bewachend, doch wer sich ihr auf einem halbstündigen Spaziergang näherte, fand eine Ruine vor. Aber was für eine! Nach Abschluss der Arbeiten soll eine digitale Burg-Erlebniswelt entstehen. Infos hat das TIC im Ort (Fußweg ab dem nördlichen Ortsrand).

Ethnologisches Museum

Unterhalb der Burg zeigt das kleine, private Museum von Herrn *Počivavšek* allerlei aus einem erfüllten Sammlerleben, seien es Öllampen, Bauernwerkzeuge oder Möbel.

■ **Muzej kmečke opreme Etnološka zbirka,** Trška cesta 46, Tel. 041-68 44 60, nach Voranmeldung, 3 €.

⌃ Kloster Olimje pflegt pharmazeutische Tradition – seine Apotheke gilt als eine der ältesten Europas

› Hügel, Streuobstwiesen und Bauernhöfe prägen die Landschaft des Kozjanski Park

In der Umgebung

Schloss und Kloster Olimje

3 km sind es zum Schloss Olimje westlich von Podčetrtek. Um 1015 stand hier wohl schon ein Schlösschen, erwähnt wird Olimje aber erst 1208 unter dem Namen Wolin, aus dem sich das heutige Olimje ableitet. Oft sah das Schloss einen neuen Hausherrn, auch im Mittelalter waren Zwangsversteigerungen nicht unüblich. Schließlich landete Olimje in den Händen von *Janez Sakhmardi de Dyankoch,* der 1663 das **Eremitenkloster der Pauliner** stiftete. Dieser Orden fügte dem Schloss eine Kirche an und gründete eine **Apotheke** im Erdgeschoss des südlichen Schlossturmes, heute eine der ältesten ganz Europas. Die Fresken, die die Arzneimittelherstellung illustrieren, beeindrucken noch heute.

Kaiser *Joseph II.* schloss alle Klöster, 1782 auch Olimje. 1805 gelangte der Komplex in den Besitz des Grafen *Ferdinand Attems.* Seit 1990 versorgen **Minoriten-Mönche** Olimje und führen durch das Apothekenmuseum und die Kirche. Letztere erstaunt mit seinen drei schwarzen Altären mit kostbarem Golddekor, zu beachten sind auch die Orgel von 1765 und das Presbyterium, dessen Fresken ein Pauliner 1739 gemalt hat.

Die Mönche haben die alte Tradition der Naturheilkunde wiederbelebt und pflanzen im **Klostergarten** Heilkräuter. Die daraus gewonnenen Heilmittel können Besucher erwerben.

Minoritski samostan, Olimje 82, Tel. 03-582 91 61, www.olimje.net, Mo–Sa 9–12 und 13–16/18, So 13–19 Uhr, Führung 1 €, Kind 0,50 €, sonst Eintritt frei.

Kozjanski Park und Burg Podsreda

Der Regionalpark zwischen Olimje im Norden, der kroatischen Grenze im Osten, dem Hügelland Bizeljsko im Süden und den Bergketten von Oslica und Vetrnik im Westen zählt mit 206 km² zu den kleineren Schutzgebieten Sloweniens und nicht zu den bekanntesten. Dörfer, Burgen, barocke Kirchlein und Mühlen akzentuieren die sanft gewellte

738sl sk

Landschaft, deren herausragende Charakteristik die **Streuobstwiesen mit teils uralten, einheimischen Apfelsorten** bilden. Diese weitgehend naturbelassenen Obstgärten bieten einer vielfältigen Vogelwelt eine Heimat, darunter dem Wendehals, dem Neuntöter, der Zwergohreule und verschiedenen Spechtarten. Ein solcher **Streuobstgarten** steht 3,3 km nördlich des Ortes **Podsreda** Besuchern offen (Sadovnjak Kozjanskega Parka, Gradišče). Die Bäume sind mit Erklärungen beschriftet. Stolze 52 Sorten Äpfel und Birnen gedeihen hier.

Traditionell spielte die Glasbläserei eine große Rolle im Wirtschaftsleben. Auf der seit dem 12. Jh. bezeugten und mehrmals erweiterten **Burg Podsreda** des gleichnamigen Ortes ist eine Sammlung **historischer Glaswaren** zu sehen. Eindrucksvoll sind die noch im Originalzustand erhaltenen bzw. renovierten Räumlichkeiten wie der Renaissance-Saal, die mittelalterliche Küche oder das romanische Zimmer. Wer gern ritterlich übernachtet, kann Zimmer oder Apartments buchen. Für Touren durch die Region vermietet das Schloss E-Bikes (20 €/Tag).

■ **Grad Podsreda,** Podsreda 45, 3257 Podsreda, Tel. 041-41 99 96, https://castlepodsreda.com, März–Nov. Di–Sa 10–17 Uhr, 7 €, Kind 4 €, Familie 18 €.

Terme Olimia

Das Thermalbad Olimia zählt mit seiner auffälligen Architektur und den modernen Pools, Saunen und Ruheräumen zu den **beliebtesten Badeanlagen Sloweniens.** Und damit auch kleine Gäste ihren Spaß haben, gibt es einen **Erlebnispark** mit 3000 m^3 Wasserfläche mit Fällen, Wellen, Geysiren und Massagedüsen für die Großen, Planschbecken, elf Wasserrutschen von gemächlich bis extremsportlich, Restaurant, Imbiss und Bar. Der ganzen Familie geht es hier gut und das Wasser ist immer warm - es kommt von den Thermen.

■ **Terme Olimia,** Zdraviliška cesta 24, terme-olimia.com, Wellnessbereich So–Do 9–22, Fr, Sa 9–24 Uhr, Tageskarte Mo–Do/Fr–So 25/35, Kind 23,50/35 €, Aqualuna, Sommer tgl. 10–18 Uhr, Tagesticket 19/25 €, Kind 15/21 €, Familie (2+2) 65/87 €.

Praktische Tipps

Informationen

■ **TIC,** Škofja Gora 1, 3254 Podčetrtek, Tel. 03-810 90 13, www.visitpodcetrtek.com, Sept. bis Juni Mo–Fr 8–15, Sa 8–12, Sommer Mo–Sa 9–17, So 9–12 Uhr.

Verkehr

■ **Bahnhof Podčetrtek,** Zdraviliška cesta, Tel. 080-81 11, https://potniski.sz.si, Verbindungen in Richtung Ljubljana. Der Bahnhof liegt rund 300 m vom Infozentrum und 2 km von der Burg entfernt.

■ **Bahnhof Terme Olimia,** an den Thermen, Tel. 080-81 11, https://potniski.sz.si, Verbindungen in Richtung Ljubljana.

Unterkunft

2 **Eko Pony Ranč Ogrizek**③, Mala Rudnica 6, 3254 Podčetrtek, Tel. 031-61 10 93, https://poniranc.si. Das Glück der Erde liegt für Kinder eindeutig

auf dem Rücken der Ponys! Außerdem: rustikale Apartments, nette Gastgeber, viel Natur.

6 Sotelia④, Zdraviliška cesta 24, Tel. 03-829 70 00, www.terme-olimia.com. Das Wellnesshotel mit 135 Zimmern hat einen Architekturpreis gewonnen und ist auch innen dezent postmodern gestaltet.

7 Aparthotel Rosa③, Zdraviliška cesta 24, Tel. 03-829 70 00, www.terme-olimia.com. Am südlichen Thermenzentrum, Apartments mit Hotelbetreuung.

8 Jelenov Greben③, Olimje 90, Podčetrtek, Tel. 03-582 90 46, www.jelenov-greben.si. Der touristische Bauernhof in Olimje bietet ein Rundumpaket: familienfreundliche Zimmer und Apartments, kleiner Wellnessbereich, ein Hirschgehege zur Freude der Kinder und gute Landküche.

3 Ortenia Apartments④, Škofja Gora 36, Podčetrtek, Tel. 040-37 33 31, www.ortenia.com. Sechs hypergestylte Apartments mit Küche am Ortsrand mit viel Massivholz und verglaster Dusche

Übernachtung
2 Eko Pony Ranč Ogrizek
3 Ortenia Apartments
4 Campingplatz Natura
6 Hotel Sotelia
7 Aparthotel Rosa
8 Jelenov Greben
9 Camping Olimia Adria Village

Essen und Trinken
1 Amon
10 Kmečki turizem Jelenov Greben
11 Gostišče Haler
12 Čokoladnica Olimje

739sl sk

im Wohnraum, kleine Wellnesseinrichtung, Frühstück möglich.

Camping/Glamping

4 **Natura,** Zdraviliška cesta 24, Tel. 03-829 70 00, www.terme-olimia.com, Mai–Sept., 110 Plätze. Campingplatz im hochklassigen Bereich mit viel Schatten, Thermalbad.

9 **Olimia Adria Village,** Zdraviliška cesta 24, in Olimje, Tel. 03-829 78 36, www.terme-olimia.com. Glamping in luxuriösen Safarizelten, teils mit eigenem kleinen Pool.

Essen und Trinken

1 **Amon**③, Olimje 24, auf dem Weg zum Schloss nach ca. 2,5 km, Tel. 03-818 24 80, www.amon.si, Do geschl. Kulinarisches aus der Region in Bauernstubenatmosphäre, Weinproben nach Voranmeldung, auch **Unterkunft**③.

10 **Kmečki turizem Jelenov Greben**③, → Unterkunft, Restaurant Mo geschl. Zur Ausflugsgaststätte mit einheimischen Spezialitäten gehören Café, Hirschgehege, Hofladen und Fahrradverleih.

11 **Gostišče Haler**②-③, Olimje 6, auf halbem Weg nach Olimje, Tel. 03-812 12 00, www.haler.si. Großer, schön hergerichteter Hof mit Bierkeller der eigenen Brauerei, gemütliche Atmosphäre und deftige Kost, auch **Vermietung** praktisch eingerichteter Zimmer und Apartments②.

12 **Čokoladnica Olimje,** Olimje 61, http://cokoladnica-olimje.si, tgl. 10–17 Uhr, nur wenige Schritte vom Kloster entfernt. Seit Langem werden in Olimje hervorragende Pralinen und Schokoladen hergestellt. Nun kann man sie in einem Laden verkosten und kaufen.

Aktivitäten

■ **Kur & Wellness:** *Terme Olimia,* Adresse wie Hotel Sotelia; Thermalwasser mit 30 bis 37°C gegen rheumatische Leiden, Hauterkrankungen, Gefäßkrankheiten, Verletzungen des Bewegungsapparates. Die Kuranlage ist mit schicken Wellnessbereichen aufgewertet.

Turm der Gesundheit und der Freude *(Stolp zdravja in veselja):* Der Aussichtsturm auf dem 686 m hohen Hügel Silavca knapp 5 km nordwestlich von Podčetrtek macht Groß und Klein Spaß. 185 Stufen führen zur Aussichtsplattform in 36 m Höhe. Schwindelfrei sollte man allerdings sein!

■ **Angeln:** Angelscheine sind bei Hotels und Campingplätzen erhältlich.

■ **Golf:** *Golf Podčetrtek,* Olimje 24, Podčetrtek, Tel. 03-810 90 66, www.amon.si, 9–Loch-Platz (Länge 1–9: 2204 m, Par: 35)

■ **Radfahren:** Im TIC gibt es eine Karte mit Tourenvorschlägen von 7 bis 41 km Länge; Räder verleihen der Sportpark Gaj, südliches Thermalzentrum, Tel. 03-829 70 00, sowie die Gasthöfe Jelenov Greben und Amon.

■ **Wandern:** Das TIC gibt Wanderkarten aus, die leichte bis mittelschwere Wege von zwei bis vier Stunden detailliert beschreiben.

Burg Podsreda beherbergt Gäste-Apartments und eine Ausstellung zum Thema Glas

Rogaška Slatina

- **Meereshöhe:** 228 m
- **PLZ:** 3250
- **Vorwahl:** 03
- **Einwohner:** 5200
- **Dt. Name:** Rohitsch-Sauerbrunn

Der Thermalkurort Rogaška Slatina liegt unweit der direkten Verbindung von Celje zur kroatischen Grenze. Berühmt ist der Ort für seine **heilkräftigen Wasser** und für die schönen **Glaserzeugnisse.** Wer kuren und gleichzeitig Bleikristall erwerben, wandern und Rad fahren will, ist genau richtig. Wohl haben bereits die Römer von der Heilwirkung des Mineralwassers der Gegend gewusst, aber erst ab Mitte des 17. Jh. fasste man die Quelle Styria und begann, das Wasser zu verkaufen. Unter dem Grafen *Attems,* zu dieser Zeit Landeshauptmann, entstanden 1840 bis 1860 Unterkünfte und ein **Kurhaus,** das aber 1910 abbrannte. 1912 erhielt der Ort ein neues Kurhaus im klassizistischen Stil. Die Habsburger besuchten Rogaška Slatina, die Familie *Bonaparte,* gekrönte Häupter und durch Geld Geadelte verbrachten die Saison im Kurbad.

Im Zentrum

Die zentrale Quelle ist durch ein **Brunnenhaus** von 1819 im Tempelstil überdacht. Die **Kapelle der hl. Anna** entwarf der Architekt *Jože Plečnik* 1928. Das kleine **grafische Museum** im Kurpark zeigt wertvolle Radierungen, Drucke und Zeichnungen des 16. bis 19. Jh.

- **Anina Galerija,** Zdraviliški trg 4, 2024 geschl.

Glaswaren

In der Glasfabrik werden Gläser, Vasen etc. noch in traditionellem Verfahren von Hand bzw. Mund geblasen, was

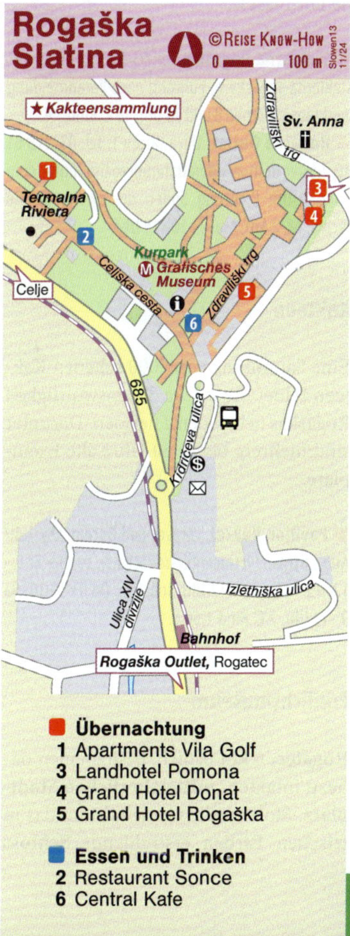

sehr faszinierend ist und fast archaisch wirkt. Bei der Führung durch die Fabrik werden die verschiedenen Produktionsschritte erläutert; zum Abschluss bekommt man ein kleines Kristallsouvenir.

Auch ein Besuch des **Fabrikverkaufs** des Kristallherstellers *Rogaška* und der **Glasfachschule** lohnt sich, weil Gläser, Vasen und Schüsseln zweiter Wahl, teils nur ein Drittel der ersten Wahl kosten, aber lediglich minimale Schäden aufweisen (meist nur eine kleine eingeschlossene Luftblase).

- **Steklarna Rogaška,** Tel. 03-818 02 05, www.steklarna-rogaska.si, Führung nach Voranmeldung werktags zwischen 8 und 13 Uhr, 10 €, Kind 5 €.
- **Rogaška Outlet,** Ulica talcev 1, Tel. 03-818 01 30, hinter dem zweiten Bahnübergang hinter dem Kurzentrum Richtung Süden die zweite Straße rechts, ca. 2 km, Mo–Fr 10–18 Uhr.

Kakteen

Eine Sammlung von 7000 seltenen Kakteen bildet die zweite Sehenswürdigkeit Rogaškas neben den Thermen. Darunter sind mehrere bis zu 60 Jahre alte Exemplare.

- **Paviljon Kaktej,** Cerovec pod Bocem 22a, Juli/Aug., https://vrtnicenter-rogaska.si, Di, Do, Fr 9–12, 15–17, Sa 9–12 Uhr, sonst Di, Do, Fr 9–16, Sa 9–12 Uhr, 2 €, Kind 1,50 €.

Freilichtmuseum

Rogatec, 6 km östlich, besitzt einen nahezu intakten, **mittelalterlichen Stadtplatz.** Stolz ist die Gemeinde auf das in frischen Farben erstrahlende **Schloss Strmol,** dessen Renaissancegestalt aus dem 15. Jh. wunderbar zur Geltung kommt. Zu besichtigen sind barocke Salons und Küche, zudem eine Ausstellung über die Tradition der Glaskunst.

Hauptattraktion des Ortes ist das Freilichtmuseum, ein typischer **Hof der mittleren Steiermark,** die besonders den subpannonische Haustyp bevorzugte. Das Šmit-Haus von 1816 wurde aus mit Lehm verputzten Blockhauswänden errichtet. Innen ist eine Rauchküche, Bauernstube, Stubenkammer, kleine Stube und Speisekammer eingerichtet. Der Hof besteht aus Wirtschaftsgebäude, Schweinestall, Heuharfe, Brunnen, Laden, Schmiede, Pergolen, Bienenstand und einem Winzerhaus.

- **Grad Strmol,** Pot k ribniku 3, Tel. 03-812 62 00, www.rogatec.si/dvorec-strmol, Di–So Juli, Aug. 9–19, April–Juni, Sept. 10–18, Okt. 10–16 Uhr, 6 €, Kind 3,50 €, Familie 12 €.
- **Muzej na prostem Rogatec,** Ptujska cesta 2, Tel. 03-818 62 00, www.rogatec.si, April–Okt. Di–So 10–18, Winter Sa 10–16 Uhr, 6 €, Kind 3,50 €, Familie 12 €.

Praktische Tipps

Informationen

- **TIC,** Zdraviliški trg 1, 3250 Rogaška Slatina, Tel. 03-581 44 14, www.visit-rogaska-slatina.si, Mo–Fr 9–17, Sa 9–13 Uhr.

[>] In der Architektur des Kurhauses von Rogaška Slatina lebt die Erinnerung an das ehemalige Habsburger Mutterland wieder auf

Verkehr

- **Bahnhof:** Kidričeva ulica 29, Tel. 080-81 11, https://potniski.sz.si, Züge nach Ljubljana.
- **Fernbusse:** Kidričeva ul. 1, Tel. 01-431 77 00, www.nomago.si. In Richtung Celje und Rogatec.
- **Fahrradverleih:** In den Hotels Sava und Donat.

Unterkunft

Die Kurhotels sind pauschal über Veranstalter gebucht deutlich günstiger.

5 Grand Hotel Rogaška④, Zdraviliški trg 14, Tel. 03-811 20 00, www.rogaska-resort.com. Traditionsreiches Prunkstück mit 200 Zimmern in drei Flügeln in strahlendem Kaisergelb – die Adresse für Nostalgiker.

1 Apartments Vila Golf②, Celjska cesta 8, Tel. 03-819 02 00, www.vila-golf.si. Etwas abseits im Kurpark neben den Thermen gelegen, 5 Apartments zur Selbstversorgung in einer hübschen Villa.

4 Grand Hotel Donat④, Zdraviliški trg 10, Tel. 03-811 30 00, www.ghdonat.com. Modern, renoviertes Großhotel mit 160 Zimmern und Apartments unterschiedlicher Kategorien.

3 Pomona③, Zg. Sečovo 3, 3250 Rogaška Slatina, Tel. 031-39 94 74, www.pomona.si, 5 km nordöstlich. Rustikal und sehr geschmackvoll eingerichtete 6 Zimmer und 2 Apartments in einem Landhotel mit Restaurant und Wellness-Angeboten, darunter ein Naturpool.

Essen und Trinken

2 Restavracija Sonce②-③, Celjska cesta 9a, Tel. 03-819 21 60, www.restavracijasonce.com. Das große Restaurant ist v.a. auf Gruppen eingestellt, bietet aber auch Individualreisenden aufmerksa-

012sl sk

men Service und gute slowenische Küche. Die hauseigene Kellerei *Mijošek* ist weit über die Grenzen hinaus berühmt für ihre exzellenten Weine.

6 **Central Kafe,** Zdraviliški trg 21, Tel. 03-819 08 88. Hier trifft sich die Jugend auf Kaffee, Cocktails, Snacks und an den Wochenenden zu DJ-Sounds.

■ **Gostišče Jurg**②, Male Rodne 20, ein Dorf 3 km westlich, Tel. 03-581 47 88, www.gostiscejurg.si, Mo geschl. Forelle, Wild- und Pilzgerichte in eleganter Atmosphäre mit rustikalem Touch.

Feste und Veranstaltungen

■ Besonders häufig im Sommer finden **Konzerte** statt; besonders besuchenswert sind sie in der würdigen Atmosphäre des Kristallsaales des Kurhauses.

Aktivitäten

■ **Kur & Wellness:** *Rogaška,* Zdraviliški trg 14, Tel. 03-811 40 00, www.rogaska-resort.com. Magnesiumquelle gegen Verdauungs- und Stoffwechselkrankheiten, psychosomatische Leiden, Diabetes, Übergewicht; außerdem umfangreiches Wellnessangebot im *Vis Vita Spa&Beauty.*

■ **Baden:** Die *Rogaška Riviera* ist ein Schwimmbad-Komplex im Freien und unter Dach mit zahllosen Bademöglichkeiten (Celjska cesta 5, Tel. 03-818 19 50, www.rogaska-resort.com, Juli, Aug. tgl. 9–19, Juni, Sept. Mo–Fr 13–19, Sa, So 9–19 Uhr, Tageskarte wochentags/Wochenende 16/18 €, Kind 10/12 €).

■ **Wanderungen:** Zahlreiche Wanderungen in den Wäldern rund um Rogaška Slatina sind möglich, das TIC hilft bei der Planung. Auf www.visit-rogaska-slatina.si sind Bergtouren und Waldwanderungen vorgestellt; die GPS-Daten lassen sich herunterladen.

Slovenske Konjice

■ **Meereshöhe:** 322 m
■ **PLZ:** 3210
■ **Vorwahl:** 03
■ **Einwohner:** 5100
■ **Dt. Name:** Gonobitz

Die Annalen erwähnen die Stadt unterhalb des Pohorje-Gebirges am Flüsschen Dravinja erstmals 1185 als Markt. Die verkehrstechnisch günstige Lage machte die Gegend schon in der Antike zu einem bevorzugten Siedlungsort. Das späte Mittelalter sah Konjice als wichtiges Handelszentrum. Wer von Wien nach Triest reiste, wechselte hier auch die Pferde, weshalb ein Pferd Teil des Stadtwappens ist. Die Türken brannten die Stadt 1615, 1616, 1765 und 1786 nieder. Die waldbestandenen Hügel mit ihrem endlosen Holzvorrat und Fundstellen von Eisenerz und Kieselsandstein prädestinierten Slovenske Konjice für die Hütttenindustrie, man produzierte Eisen und Glas. Die Eisenbahn allerdings umging die Stadt und läutete damit ihren Niedergang ein.

Mit der Unabhängigkeit im ausgehenden 20. Jh. besann man sich auf die Stärke der Region: die Natur. 1998 erhielt Slovenske Konjice im Zuge eines gesamteuropäischen Wettbewerbs, der „Entente florale“, als **Blumenstadt** die Goldmedaille.

Die hübsche Hauptstraße durch die Altstadt verläuft von Norden auf das Hotel am anderen Dravinja-Ufer zu. Sie ist

verkehrsberuhigt und entlang des gefassten Stadtbaches reihen sich Straßencafés aneinander.

Im Zentrum

Die **Kirche Sv. Jurij** stand schon zu Zeiten des Marktes Gonobitz, besitzt aber nur Fragmente der Architektur des 13. Jh. Heute stellt sie sich im gotischen Stil dar. Die Einrichtung ist der Spätgotisch.

Das **Schloss Trebnik,** im 17. Jh. erbaut, verfiel im 19. und wurde im 20. renoviert. In einem Flügel ist oben ein Hotel (→ Unterkunft) untergebracht.

Die **Stadtgalerie Riemer** zeigt eine Dauerausstellung mit Möbeln und 70 Gemälden international bekannter Künstler und das einzig erhaltene Fresko des Kartäuserklosters Žiče.

■ **Galerija Riemer,** Stari trg 15, Tel. 03-759 31 10, nur nach Voranmeldung beim TIC, 3 €.

Burg

Die Burg von Konjice, auf einem Hügel westlich der Stadt, schützte seit dem 12. Jh. die Wege nach Žiče. Im 16. und 17. Jh. gehörte die Gegend den Grafen

Tattenbach, deren Vertreter *Hans Erasmus* gegen den Kaiser *Leopold I.* intrigierte und als Folge davon in Graz den Kopf lassen musste. Die Burg fiel an die Kartause Žiče. 2024 fanden in der Ruine Restaurierungsarbeiten statt.

Die Josephinischen Reformen

Joseph II. (1741–90) war der Sohn *Maria Theresias* und Kaiser von 1765 bis 1790. Er führte die als josephinischen in die Geschichtsbücher eingegangenen, im Zuge der Aufklärung entwickelten Reformen durch. Damit erneuerte der Staat seine Verwaltung und viele Bereiche, die kirchlich bestimmt waren, ließ man säkularisiert bzw. dem Staat untergeordnet, unter anderem die Ausbildung der Pfarrer. Um die Reformen zu finanzieren, wurden **alle kontemplativen Klöster geschlossen,** d.h. Klöster, die sich allein dem Ideellen verschrieben hatten und in Staat und Gesellschaft keine materiell relevante Funktion ausübten.

Mit den konfiszierten Vermögen konnten neue Pfarren geschaffen und soziale Notwendigkeiten wie der Bau von Armenhäusern durchgeführt werden. Ein Großteil der **gegen das Papsttum** gerichteten Reformen musste aufgrund von Aufständen, die die Kirche und mit ihr verbundene Staatshäupter angezettelt hatten, schließlich zurückgenommen werden – die Ordensgemeinschaften aber konnten sich nicht mehr reinstitutionalisieren.

Mini ZOO Land

Der **Freizeitpark** mit einer Mini-Wildweststadt, einem Bauernhof samt Federvieh, Ponyreiten und anderen Attraktionen – darunter einem sprechenden Papagei – ist eine nette Abwechslung für kleinere Kinder.

■ **Mini ZOO Land,** Ob potoku 4, Slovenske Konjice, Tel. 064-18 24 78, http://minizoo.si, Sommer tgl. 9–18 Uhr, 9 €, Kind 6 €.

In der Umgebung

Kartäuserkloster Žiče

Das Kartäuserkloster Žiče (deutsch: Seiz) erreicht man, indem man Konjice nach Südosten verlasst, die Autobahn kreuzt und im Ort Žiče Richtung Spitalič weiterfährt (insgesamt 9 km).

Das Kloster, 1160 gegründet, bestand bis 1782. Die riesige Anlage ist nur halb verfallen, sodass man vor dem inneren Auge förmlich die Mönche ihren Beschäftigungen nachgehen sieht. Werden die Schatten länger, ist ein Aufenthalt in den Gemäuern sogar ein bisschen unheimlich – als träten Ritter hinter den Steinen hervor und verlangten Tribut. Im renovierten Verwaltungstrakt des Klosters informiert eine Ausstellung über die Geschichte des Konvents und zeigt wertvolle, hier angefertigte Handschriften. Virtual-Reality-Brillen helfen dabei, sich in die Vergangenheit zurückzuversetzen (Ausleihe an der Kasse, 12 €).

In alter, wieder aufgenommener Klostertradition werden Heilpflanzen aus dem **Kräutergarten** zu Naturmedi-

178sl sk

zin und Hautpflegeprodukten verarbeitet und im **Klosterladen** des renovierten Turmes verkauft (*Viva Sana*, Tel. 03-759 13 91). Außerhalb der Klostermauern bot das Gasthaus *Gastuž*, ebenfalls in einem Turm untergebracht, Durchreisenden ab 1467 Kost und Logis. Zumindest das kulinarische Angebot ist bis in die Neuzeit geblieben.

■ **Samostan Žiče,** Tel. 03-752 37 32, April–Okt. Di–So 10–18, Juli, Aug. tgl. 10–18, Nov. Di–So 10–16, Dez.–März Sa, So 10–16 Uhr, 8 €, Kind 4 €.

⌃ Wehrhaft im stillen Tal: Kartäuserkloster Žiče

Praktische Tipps

Informationen

■ **TIC,** Stari trg 29, 3210 Slovenske Konjice, Tel. 03-757 31 10, Büro Kartäuserkloster Tel. 03-759 37 32, www.tic.konjice.si. Juli–Okt. Mo–Fr 8–17, Sa 10–14, April–Juni Mo–Fr 8–17, Sa 10–12, Nov.–März Mo–Fr 8–16 Uhr.

Verkehr

■ **Fernbusse:** Liptovska cesta 15, Tel. 01-431 77 00, www.nomago.si, nach Celje, Ljubljana und Maribor.

Unterkunft

1 **Hotel Dvorec Trebnik**②, Grajska ulica 9, Tel. 040 29 95 66, www.dvorectrebnik.si. Schönes

Kleinhotel in einem Flügel des Renaissancekomplexes (die ehemaligen Pferdeställe) von Dvorec Trebnik mit 8 Zimmern.

Essen und Trinken

3 **Center Okusov**②, Škalska cesta 1a, Tel. 064-24 66 70, www.center-okusov.si. Burger, Salate, Wraps und Čevapčiči für den schnellen oder auch Familienhunger – unkompliziert und gut.

Nahe Kartäuserkloster Žiče

■ **Spargus**③, Spitalič pri Slo. Konjicah 9, Tel. 040-469116, https://spargus.si, Do–So. Das Edelrestaurant in den oberen Räumen des historischen Gasthauses Gastuž vor der Klosterpforte setzt auf Gourmet-Küche als Degustationsmenü oder à la carte. Im Erdgeschoss bietet **Café Gastuž**① Di–So Kaffee, Kuchen und kleine Snacks, auch an einigen Tischen im Freien.

Nachtleben

2 Im **Patriot Klub** (Stari trg, www.facebook.com/patriotslovenskekonjice), ursprünglich der Jugendclub des Ortes, finden immer wieder Konzerte statt (von Jazz bis Irish Folk), dazu gibt es günstige Getränke.

Aktivitäten

■ **Golf & Wein:** *Slovenske Konjice*, Škalce 91, Tel. 03-758 03 62, 9-Loch-Platz (Länge 1–9: 1924–2505 m, Par: 35). Schon die Lage des Golfplatzes inmitten von Rebhängen ist herrlich, noch spaktakulärer aber ist das in den Weinberg gebaute, topmoderne **Weingut Zlati Grič,** Tel. 03-758 03 50, https://zlatigric.si, Kellerführung mit Verkostung um 20 €/Person (mindestens einen Tag vorher anmelden, auch Apartments③).

Velenje

- **Meereshöhe:** 390 m
- **PLZ:** 3220
- **Vorwahl:** 03
- **Einwohner:** 26.000
- **Dt. Name:** Wöllan

Die Geschichte von Velenje beginnt 1959 – und das ist kein Schreibfehler. Die Stadt wurde zehn Jahre **nach dem Zweiten Weltkrieg geplant** und 1959 feierlich eröffnet. Man schuf Grünanlagen, bebaute einen zentralen Platz mit administrativen Gebäuden und versündigte sich mit Plattenbausiedlungen an städtebaulichen Erfordernissen – eine Stadt war auf dem Reißbrett entstanden. Zu den traditionellen Bergwerken in der Region kam viel Industrie – und eine Erfolgsstory: Die Produkte der Firma *Gorenje,* ein Haushaltsgerätehersteller für Kühlschränke, Waschmaschinen etc., findet man inzwischen in ganz Europa. Allerdings ist das slowenische Unternehmen inzwischen 95 % Tochter der chinesischen Firma Hisensee. Nach der Übernahme 2018 wurden rund ein Viertel der ursprünglich rund 11.000 Mitarbeiter entlassen.

Natürlich gab es schon vorher mit dem heutigen Vorort Škale eine Siedlung (auf etwa 1250 datiert). Ab 1767 baute man Kohle ab, ein Schmied begann damit und bald buddelten sich ganze Heerscharen durch die Tiefe und schufen schließlich sogar Seen. Die im Norden der Stadt liegenden **Seen Velenjsko und Škalsko jezero** sind Produkte des Bergbaus und heute beliebte Naherholungsgebiete. Velenjes Sehenswürdigkeiten befinden sich am Stadtrand oder in der Umgebung.

Burg Velenje

Westlich des Zentrums thront auf einem Hügel die Burg Velenje. Die Burg „Wöllan", 1264 erstmals schriftlich erwähnt, gehörte dem Geschlecht der *Königsberger.* Mitte des 16. Jh. baute man im Renaissance-Stil um, nur der runde Wehrturm erinnert noch an die Spätgotik. Man fügte Arkaden an, erweiterte die Ringmauer mit Türmen und Rondell. Bis zum Ende des Zweiten Weltkriegs war die Burg im Besitz des Grafen *Coronini.* Im Inneren sind mehrere **Dauerausstellungen** zu sehen: Die Region um Velenje zwischen Romanik und Barock, urgeschichtliche Tierfunde (Mastodonten), eine Sammlung afrikanischer Kunst (darunter viele Masken und Puppen) Barockkunst aus einer Kirche in Škale, eine Galerie slowenischer Malerei des 20. Jh., originalgetreue Nachbauten eines Ladens und einer Wirtschaft aus den 1930er Jahren.

■ **Velenjski grad,** Ljubljanska cesta 54, Tel. 03-898 26 30, www.muzej-velenje.si, Di–So 10–17/18 Uhr, 4 €, Kind 3 €, Familie 10 €.

Weitere Burgen

Drei Burgen bzw. Burgruinen akzentuieren die Peripherie der Stadt: **Burg Šalek** (Schallegg) im Osten, errichtet im 12. Jh. mit einem ungewöhnlichen, dreieckigen Bergfried, brannte nach einem Blitzschlag im 17. Jh. vollständig aus. Unter Verwaltung des Museums Velenje stehend, kann man sie Mittwoch und Samstag 9–17 Uhr besichtigen.

Nicht weit entfernt beherrschen die Mauern von **Grad Ekenštajn** (auch Gorica genannt) den Hügel Veterski hrib. Im 13. Jh. erbaut und lange im Besitz der Grafen von Celje, geht die heutige Architektur auf das 19. Jh. zurück. Von den romanischen und gotischen Ursprüngen ist kaum etwas erhalten.

Auch **Grad Turn** im nördlichen Vorort Hrastovec besitzt Wurzeln im 13. Jh. Nach dem Zweiten Weltkrieg wurden darin Wohnungen eingerichtet; heute verfällt der Bau, der zu den wenigen aus dem Mittelalter erhaltenen Burgen Sloweniens zählt.

Bergwerksmuseum

Eines der interessantesten Museen Sloweniens ist das Bergwerksmuseum von Velenje am „Alten Schacht" zwischen den beiden Seen auf dem ehemaligen **Bergwerksgelände.** Wie die Hauer kleidet man sich ein, bekommt den Beutel mit der Jause und fährt ein. Vorgeführt wird die Entwicklung des Bergbaus von den Anfängen bis zur Moderne. Mit dem Zug geht es in den Stollen und die Explosion eines Bergschlages mit Erdbeben, Blitz und Donner hallt durch die Gänge. Wer danach nicht entmutigt ist, nimmt die Jause ein. 1½ Std. dauert die Führung, und wer etwas Zeit mitbringt, sollte unbedingt an der liebevoll organisierten Tour teilnehmen. Multivisionsschauen, ein Museumsladen, Kinderspielzimmer und viele Szenen aus dem

Leben der Bergleute komplettieren den Besuch.

■ **Muzej premogovištva Slovenije,** Stari jašek, Tel. 031-75 24 18, http://muzej.rlv.si/de, Di–Sa 9–16.30 Uhr, Führungen 21 €, Kind 18 €, Familie 50 % Rabatt für die Kinder.

Kavčnik-Bauernhof

Zwischen Velenje und Črna na Koroškem liegt das Dorf **Zavodnje** und 3 km dahinter der Kavčnik-Bauernhof, *Kavčnikova domačija*. Er ist eines der besten Beispiele für slowenische **Bauernarchitektur** mit einer 400 Jahre alten Rauchküche.

■ **Kavčnikova domačija,** Tel. 03-898 26 30, www.muzej-velenje.si, Juli, Aug. So 10–17 Uhr, 6 €, Kind 5 €.

Thermalbäder

In der näheren Umgebung von Velenje gibt es zwei große Thermalbäder mit Kureinrichtungen: **Terme Topolšica** (www.terme-topolsica.si) im Westen und

Terme Dobrna (www.terme-dobrna.si) im Osten. 1403 erstmals erwähnt, ist es das älteste slowenische Thermalbad und blickt auf eine über 600-jährige Geschichte zurück.

Praktische Tipps

Informationen

- **TIC,** Strari trg 3, 3320 Velenje, Tel. 03-896 17 15, www.visitsaleska.si. Sommer tgl. 9–17 Uhr.

Service/Notfälle

- **Post:** Kidričeva cesta 2a.
- **Ambulanz/Zdravstveni dom:** Vodnikova cesta 1, Tel. 03-899 54 00.
- **Apotheke/Lekarna:** Vodnikova cesta 1, Tel. 03-898 18 80, www.lekarna-velenje.si.

Verkehr

- **Bahnhof,** Celjska ulica 5, Tel. 080-81 11, https://potniski.sz.si, nach Celje, von dort in Richtung Ljubljana u. Maribor.
- **Fernbusse:** Šaleška cesta, Tel. 01-431 77 00, www.nomago.si, nach Celje, Ljubljana.

Unterkunft

3 **Hotel Paka**③, Rudarska 1, Tel. 03-898 07 00, www.hotelpaka.com. Das zentral gelegene Haus ist Eigentum des Unternehmes *Gorenje,* das es mit viel Geld aufgehübscht und modernisiert hat. Neben eleganten Zimmern und diversen Einrichtungen für Geschäftsleute gehört das Fusion-Restaurant „Haus" zum runderneuerten Angebot.

5 **Vila Herberstein**③, Kopališka 1, Tel. 03-896 14 00, https://vila-herberstein.si/. Ruhig gelegen, luxussaniert in altem Herrenhaus (10 Zimmer), mit gelobtem Restaurant (→ unten).

4 **Hotels Boutique Hotel Dobrna**④ und **Vita**③, Dobrna 46, Tel. 03-780 80 00, www.terme-dobrna.si. Die beiden Kurhotels der gehobenen Klasse sprechen unterschiedliche Bedürfnisse an: das Hotel *Dobrna* verwöhnt klein und fein den individuellen Gast; *Vita,* groß und betonwuchtig, bietet hingegen allumfassenden Komfort.

2 **Hotel Razgoršek**②, Stari trg 33, Tel. 03-898 36 30, www.hotelrazgorsek.si. Ewas antiquiert, aber freundlich und unterhalb der Burg gelegen, 30 Zimmer, mit **Restaurant**②.

4 **Hotel Park**③, Adresse wie *Boutique Hotel Dobrna.* Mittelklasse-Kurhotel mit 45 Zimmern und Wellness-Einrichtungen.

Essen und Trinken

3 **Haus**③ **im Hotel Paka,** → „Unterkunft". Fusionküche und Steaks bilden das Rückgrat dieses schicken Businessrestaurant.

1 **Restavracija Jezero**③, Cesta Simona Blatnika 23, Tel. 03-586 64 62, https://gorenjegostinstvo.si, Fr–So mittags. Ein weiteres kulinarisches Aushängeschild von Gorenje – Fine Dining am See.

5 **Restaurant der Vila Herberstein**③ (→ oben). Der gerühmte Chefkoch hat das Haus verlassen. Wie es sich neu aufstellt, können Besucher nun selbst testen. Der erste Eindruck ist gut.

6 **Bistro Bianca**②, Stari trg 3, Tel. 040-79 51 18, https://bistrobianca.si, tgl. ab 8 Uhr. *Igor Stanković* von der Vila Herberstein zaubert nun in seinem eigenen Lokal Gerichte aus aller Welt im Bistro-Stil und serviert bis 11.30 Uhr grandioses Frühstück.

Vransko

- **Gostilna pri šoferski mamici**②, Ločica pri Vranskem 42, 3205 Vransko, Tel. 08-330 19 00, www.soferskamamica.si, Mi–So. Bei der „Mutter vom Chauffeur" 30 km im Südwesten kann man gut essen, beispielsweise Brathähnchen oder Gulasch. Aber auch Humus auf Savinja-Art, die Küche traut sich durchaus Grenzüberschreitendes zu.

Feste und Veranstaltungen

- Eine der wichtigsten Veranstaltungen ist die Initiation der jungen Bergleute, der **„Sprung über die Haut"**, er findet mit Konzerten und Umzügen am **3. Juli** statt.

Aktivitäten

- **Kur & Wellness:** *Terme Topolšica*, Topolšica 77, Topolšica, Tel. 03-896 31 00, www.terme-topolsica.si. Akratoisothermalquelle mit 32°C gegen Erkrankungen des Stützapparates, Weichteilrheumatismus, Atemwegsleiden; *Terme Dobrna*, Dobrna, Tel. 03-780 80 00, www.terme-dobrna.si, Quelle mit 36°C bei rheumatischen und orthopädischen Erkrankungen.
- **Angeln:** Angelscheine beim Restaurant *Jezero*, Cesta Simona Blatnika 23, Tel. 03-586 64 62.

Unser Tipp: **Wassersport: Vista Park und Velenje Beach,** am Südufer des Velenje-Sees. Kiesstrand mit großer Rasenfläche, Kanu- und SUP-Verleih, Bar. Vista Park besteht aus einer futuristischen Aussichtsplattform, die auch als Event-Location dient. Daneben lockt eine modern gestaltete Fläche Skateboarder, Radartisten und alle, die es werden wollen.

- **Skifahren:** Golte, *Rekreacijsko-turistični center*, Radegunda 19, Mozirje, Tel. 03-839 12 00, www.golte.si, Schneelage auf www.snezni-telefon.si, Meereshöhe 1375–1600 m, eine Kabinenbahn, 4 Sessellifte, 2 Schlepplifte, 12 km Pisten, 15 km Loipen, Snowboardrennen; Tagespass 39 €, Kind 26 €, Wochenpass 207/130 €.

Slovenj Gradec

- **Meereshöhe:** 410 m
- **PLZ:** 2380
- **Vorwahl:** 02
- **Einwohner:** 7700
- **Dt. Name:** Windischgrätz

Slovenj Gradec ist die **Hauptstadt des slowenischen Kärnten** – der Koroška. Die Stadt liegt im Zentrum des Tales, in dem die Mislinja, die Mies, beschaulich dahinfließt. Im Ort vereinigt sie sich mit der Suhodolnica. Auch die Straße von Velenje nach Dravograd und weiter nach Österreich durchzieht den Ort. Hauptstraße des Zentrums ist der langgezogene Glavni trg, den viele alte Bürgerhäuser in neuem Glanz der abgeschlossenen Renovierung säumen.

Steinzeitliche Werkzeugfunde am Stari trg westlich des Ortes dokumentieren die frühe Besiedlung, die von den Römern fortgeführt wurde (sie nannten die Siedlung Colatio). Im Jahr 1091 erwähnen die Urkunden zum ersten Mal eine Burg namens **Grez.** Die Burgherren gründeten Mitte des 13. Jh. einen Markt und nannten ihn **Windisch-Grez** („Windische" ist eine kaum noch verwendete, heute meist abwertend verstandene, österreichische Bezeichnung für die Slowenen). In **Windischgrätz** wehte bald der Wind der Reformation und das Nationalbewusstsein schlug hoch – *Trubar* bestand bereits 1577 darauf, den Ort slowenisch, Slovenj Gradec, zu benennen. Mehrfach erlebte Slovenj Gradec Plünderungen (1471 von den Türken, 16 Jahre später von den Ungarn, 1810 nahmen sich die Soldaten *Napoleons,* was sie brauchen konnten) und es brannte fünfmal ab, zuletzt 1903.

Am Glavni trg

Noch heute ist die mittelalterliche Stadtanlage zu erahnen. Quadratisch war Slovenj Gradec, halbiert vom Glavni trg, dessen schmalere Enden Tore abriegelten. Im 18. Jh. sorgte der Abriss der Stadtmauern für mehr Platz. Von den früheren, ganz schmalen Grundstücken (eine Fassade zum Glavni trg war den mittelalterlichen Bürgern wichtig) sind nur noch wenige zu sehen, viele wurden im Laufe der Jahrhunderte zusammengelegt.

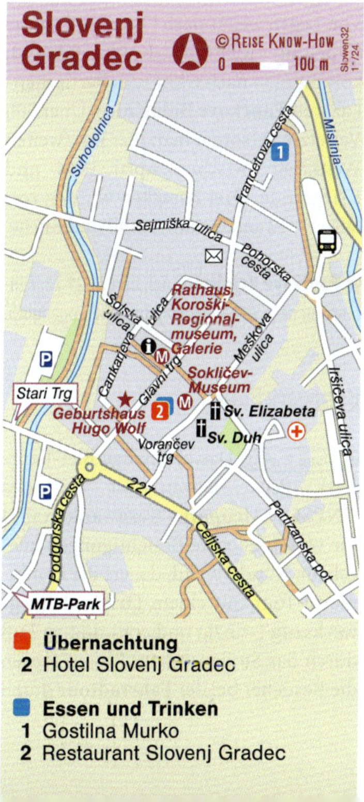

Das größte Haus am Platz ist das **Rathaus** (Nr. 24/26) vom 17. Jh., umgebaut 1885. Im ihm befindet sich das **Koroški-Regionalmuseum.** Gegründet als Museum des nationalen Befreiungskampfes, baute man es aus und nun gibt es Dauerausstellungen zum Thema Archäologie, Bienentafeln und zur medizinischen Versorgung der Partisanen. Eine eigene Abteilung ist dem Sammler *Sokličev* gewidmet, der von Kunst über Kunsthandwerk bis zu Waffen alles in die Finger kriegen wollte.

Im ersten Stock zeigt die **Galerie der Bildenden Künste** (Koroška galerija likovnih umetnosti) internationale Gemälde, Grafiken und Fotografien und stellt architektonische Projekte vor. Sie besitzt auch eine Sammlung slowenischer bildender Künstler, eine Africana-Abteilung und ist für die Freiluftgalerie im Park auf dem Štibuh südlich des Zentrums verantwortlich.

■ **Koroški muzej,** Glavni trg 24, Tel. 02-621 25 20, www.kpm.si, Di–Fr 10–17 Uhr, Sa/So 10–13, 14–17 Uhr, 4 €, Kind 2 €.

■ **Koroška galerija likovnih umetnosti,** www.glu-sg.si, Di–Fr 10–18, Sa, So 10–17, Winter Di–Fr 9–16, Sa, So 9–13 Uhr, 5 €, Kind 2 €, Kombiticket 6 €, Kind 2,50 €.

Das **Geburtshaus von Hugo Wolf** (1860–1903), einem später in Wien tätigen Komponisten, steht am südlichen Ende des Glavni trg (Nr. 40).

■ **Spominski muzej Huga Wolfa,** Tel. 02-62 12 545, www.hugowolf.si, Di–Sa 10–16 Uhr, 5 €, Kind 2,50 €.

Am Trg Svobode

Die **Pfarrkirche Sv. Elizabeta** schmückt östlich des Glavni trg mit seiner Kirche Sv. Duh einen eigenen kleinen Platz, den Trg Svobode. Sv. Elizabeta entstand bereits im Jahr 1251, wurde aber um 1400 gotisiert und um 1500 erhielt das Presbyterium ein spätgotisches Gewölbe. Im 17. Jh. barockisierte man das Schiff. Die **Heiliggeistkirche Sv. Duh** war ab dem 15. Jh. als Spitalkirche Teil des Armenhauses.

Sv. Pankracij

Westlich der Stadt bei Stari Trg beginnt ein Kreuzweg hoch zur Kirche Sv. Pankracij (St. Pankratius). Der Kirchturm ist der alte umgebaute Bergfried der einstigen Burg. Die Saalkirche ist romanischen Stils und bildet einen Würfel, eine zentrale Säule trägt vier Kreuzrippengewölbe. Besonders schön erstrahlt die barock ausgemalte Heilige Stiege.

Mit einem originalen Bergwerkszug geht's in die Tiefen der Peca

740sl sk

In der Umgebung

Sv. Jurij

4 km südöstlich im Weiler **Legen** steht die **Filialkirche** Sv. Jurij. Bei Restaurierungsarbeiten fand man frühmittelalterliche Sakralobjekte und altslawische Gräber mit Beigaben, die durch eine Glasscheibe im Kirchenboden betrachtet werden können.

■ **Sv. Jurij,** Šmartno pri Slovenj Gradcu, Tel. 02-621 25 20, April–Okt. Sa 9–13, 14–18 Uhr, So 14–18 Uhr.

Partisanen-Lazarett

Von Legen weiter nach Osten und an der Gabelung Richtung Kolpa fahrend, kommt man nach 6 km zum Partisanen-Lazarett **Paučkove Bolnišnice.** Über 300 Verletzte versorgte man hier im Zweiten Weltkrieg zwischen April 1944 und Kriegsende. Drei Baracken wurden restauriert: Krankenzimmer, OP und Küche.

■ **Paučkove Bolnišnice,** Tel. 02-621 25 22, Führung nur nach Voranmeldung, sonst frei zugänglich.

Bergwerk Peca

Unser Tipp: Das ehemalige Blei-Bergwerk Peca (Petzen) ist Teil des **UNESCO-Geoparks Karawanken** und für verschiedenste Besichtigungen ausgebaut. Rund 2½ Std. dauert die kombinierte Tour mit einem **Original-Bergwerkszug** (winzig und eng) und zu Fuß durch das Stollensystem. Rasant fahren die Besucher bei der **Fahrradtour** durch

741sl sk

die Schächte. Besinnlicher geht es per **Kanu** durch das Bergwerk, inklusive uriger Bergmanns-Mahlzeit. Als Bike-Park unter Tage nutzt die Mountainbike-Tour auf dem **Bike Hole Trail** das Labyrinth – entsprechende Fähigkeiten und gute Fitness vorausgesetzt.

■ **Podzemlje Peze,** Glančnik 8, 2392 Mežica, Tel. 02-870 01 80, www.podzemljepece.com, Bergwerktour Sa, So 11 Uhr, 20 €, Kind 16 €; mit dem MTB Sa, So 10 und 14 Uhr, 35 €; mit dem Kajak Sa, So 9 und 11 Uhr, 55 €; Black Hole Trail nach Voranmeldung 75 €.

Dravograd

Dravograd an der Drava präsentiert sich unspektakulär-romantisch. Sehenswert ist die Kirche **Sv. Vid.** Sie gehört zum in Slowenien seltenen Kärntner Typ in romanischer Bauweise, die älteste ihrer Art im Land. Die Grundmauern der ehemaligen Apsis neben der Außenwand sind rekonstruiert. Ein Bummel durch die Altstadt führt an mehreren **Bürgerhäusern** aus dem 17. bis 19. Jh. vorbei.

Wanderung im Pohorje-Gebirge

Am Rande des Pohorje-Gebirges ist Slovenj Gradec Versorgungsort der Wanderer auf der **slowenischen Bergtransversale.** Bis zur Rogla und weiter kann man marschieren und auf dem Weg in **Berghütten** übernachten. An der „Partisanenhütte" kreuzt sich die Bergtransversale mit dem Europäischen Wanderweg Nr. 6 und führt dann über Grmovškov dom und die Hütte *Ribniška koča* zur Rogla.

■ **Koča pod Kremžarjevim Vrhom,** 1102 m, Tel. 02-884 48 83, Mai–Okt. täglich, sonst Sa/So., 18 Betten, Essen.

⌃ Johannes dem Evangelisten ist das barocke Kirchlein bei Dravograd geweiht

■ **Grmovškov dom,** 1377 m, Tel. 02-883 98 70, www.kope.si. Die runderneuerte Berghütte gleicht einem schicken Hotel. Unterkunft in Doppel- und Mehrbettzimmern, Restaurant②, ganzjährig.

Wanderung nach Sv. Uršlja

In die andere Richtung der slowenischen Bergtransversale wandert man von Slovenj Gradec über die **Hütte** *Poštarski dom pod Plešivcem* in 4½ Stunden zur Berghütte *Dom na Uršlji* mit der gleichnamigen **Kirche Sv. Uršlja** von 1602, die mit einem massigen Turm bewehrt als eine der höchstgelegenen Kirchen des Landes gilt.

■ **Poštarski dom pod Plešivcem,** 805 m, Tel. 02-882 10 55, ganzjährig offen, 30 Betten, Essen.
■ **Dom na Uršlji gori,** Tel. 041-68 55 55, 1696 m, Mai–Sept. täglich, sonst bei schönem Wetter am Wochenende.

Praktische Tipps

Informationen, Verkehr

■ **TIC,** Glavni trg 24, 2380 Slovenj Gradec, Tel. 02-881 21 16, www.turizem-slovenjgradec.si, Sommer Mo–Fr 8–18, Sa/So 10–17, Winter bis 16/13 Uhr.
■ **Fernbusse:** Pohorska cesta 15, Tel. 01-431 77 00, www.nomago.si, nach Celje, Maribor, Velenje.

Unterkunft, Essen und Trinken

2 **Hotel Slovenj Gradec**②, Glavni trg 43, Tel. 02-883 98 50, www.hotelslovenjgradec.si. Angenehmes Mittelklassehotel im Herzen der Altstadt mit 60 Zimmern und 2 **Restaurant/Pizzeria.**

1 **Gostilna Murko**②, Francetova cesta 14, Tel. 02-883 81 03, www.gostilnamurko.com, Di–So mittags. Spezialitäten aus der Koroška wie Schlachtplatte, mit kreativem Schwung und modernem Touch.

Šmartno

Ekološka turistična kmetija Lešnik①-②, Golavabuka 24, Šmartno pri Slovenj Gradcu (6 km südöstlich) Tel. 02-885 36 01 und 041-45 33 26, www.facebook.com: Ekološko turistična kmetija Lešnik und verschiedene Buchungsplattformen. Ferienbauernhof mit Apartments, Fahrradverleih. Spezialitätenküche mit Produkten aus eigenem Bio-Anbau.

Jamnica

Unser Tipp: **Ekohotel Koroš**②-③, Tel. 02-870 30 60, Jamnica 10, 2391 Prevalje, https://bikenomad.com, 30 km nordwestlich. Das rustikale Haus bei Prevalje und nahe der österreichischen Grenze ist Mittelpunkt eines Bike-Parks mit verschiedensten Mountainbike-Trails. Im Haus dreht sich alles ums Biken. Das Team hilft mit Werkstattservice, Verleih und Tipps. Beim Hotel auch ein schöner Wohnmobilstellplatz.

Šentjanž

■ **Korošica**②, Otikih vrh 25a, Šentjanž, Richtung österreichische Grenze kurz vor Dravograd, Tel. 02-878 69 12, www.korosica.si. Slowenische Traditionsgerichte und ein bisschen Internationales wie Wiener Schnitzel im Restaurant eines modernen **Hotels**③.

Aktivitäten

Unser Tipp: **MTB:** Das **Ekohotel Koroš** (→ oben) organisiert alles rund ums Mountainbiking in den Karawanken.
■ **Angeln:** Angelscheine bei *Koroška ribiška družina,* Ribiška pot 11, Tel. 02-878 00 93.

Kamnik

- **Meereshöhe:** 379 m
- **PLZ:** 1240
- **Vorwahl:** 01
- **Einwohner:** 14.000
- **Dt. Name:** Stein

Nur 25 km von Ljubljana entfernt, ist Kamnik das **Tor zu den Steiner Alpen** und Basis für Hochgebirgswanderungen, Spaziergänge und Wintersportvergnügungen. Eine Brücke über das Flüsschen Kamniška Bistrica führt in die hübsche Altstadt. Parkmöglichkeiten gibt es an der Tomšičeva ulica hinter der Brücke rechts. Links findet man den Busbahnhof.

Kamnik ist ein typisches **mittelalterliches Städtchen,** das sich rund um Burg und Kirche entlang eines langgestreckten Stadtplatzes entwickelte. Es lag an der einstigen Handelsstraße, die den Donauraum mit der Adria verband, und spielte bereits in der Antike eine wichtige Rolle. Urkundlich erwähnt wurde Kamnik erstmals im Jahre 1076, als es den Ländereien der bayerischen Grafen *Andechs-Meran* angehörte und die ihre eigene Münze hatten (ein Stempel von 1220 prägte den Schriftzug „Civitas Stein"). Von der auf dem Berg Krniška gora an der Verengung des Flusstals im 12. Jh. erbauten Burg ließ sich der Verkehr aus 585 m Höhe gut kontrollieren.

☐ Kamnik liegt am Fuß der Steiner Alpen – eine wunderbare Spielwiese für Wanderer und Bergsteiger

081sl sk

089sl sk

Ein kleines Freiluftmuseum zeigt die bäuerlichen Bauweisen rund um Kamnik

Kleine und Große Burg

Stari grad ist heute eine Ruine. Ein Spazierweg führt in 30 Minuten 200 Höhenmeter nach oben. Die Aussicht über die Ebene bis nach Ljubljana und über die Gipfel der Steiner Alpen ist fantastisch.

Die **Kleine Burg** (Mali grad) auf einem Felsen im Zentrum entstand noch vor der Alten Burg (Stari grad). Auch Mali grad ist eine Ruine, aber gut erhalten und in Teilen wieder aufgebaut.

Daneben steht ein zweistöckiges, seltsames Bauwerk, die **Kapelle Sv. Eligij.** Unter ihr befinden sich die Reste ihrer Vorgängerin **Sv. Marjeta;** insbesondere ein romanisches Portal ist interessant, das versetzt steht. Der untere Teil wird dem 12., der obere dem 13. Jh. zugerechnet. Sv. Marjeta ist mit spätgotischen und spätbarocken Fresken geschmückt.

Sv. Egidij, bei der Touristinfo oder unter Tel. 031-38 83 24 nach Führung bzw. Schlüssel fragen, 2,50 €, Kind 1,50 €.

Im Zentrum

Das **Franziskanerkloster** besitzt eine reiche Bibliothek mit Werken ab dem 15. Jh., darunter eine Bibelübersetzung von 1578 vom ersten slowenischen Bibelübersetzer, dem Protestanten *Jurij Dalmatin,* und Inkunabeln, d.h. Bücher aus dem 15. Jh. Die St.-Jakobus-Kirche wurde 1423 erstmals erwähnt und 1695 neu gebaut. Die als „Gottesgrab" gestaltete Kapelle entwarf Architekt *Jože Plečnik* 1956 als Mahnmal für die beiden Weltkriege - seine Handschrift ist unübersehbar. Die Kapelle ist eine der letzten Arbeiten des großen slowenischen Architekten.

■ **Frančiskanski samostan,** Samostanski trg 2, Tel. 064-17 99 10, https://franciskani-kamnik.si, Kirche tgl. 7.30–19.30 Uhr, Kapelle nach Voranmeldung.

Burg Zaprice

Die dritte Burg der Stadt ist Grad Zaprice aus dem 16. Jh., südwestlich des Zentrums jenseits der Eisenbahn. In ihr ist das **Museum Kamnik** mit Möbeln und einer Sammlung zur Geschichte der Region im 19. Jh. sowie ein Lapidarium der Archäologie und Kunstgeschichte untergebracht. Vor der Burg wurde ein **Freiluftmuseum** mit diversen Bauernkaten errichtet.

■ **Muzej Kamnik,** Muzejska pot 3, Tel. 01-831 76 62, www.muzej-kamnik-on.net, Di–Sa 10–18 Uhr, 4 €, Kind 2 €, Familie 8,50 €.

In der Umgebung

Arboretum

5 km südlich von Kamnik liegt das Arboretum, das auf das 19. Jh. zurückgeht, als der damalige Besitzer *Leon Souvan* einen englischen Garten plante. Heute wachsen in dem **botanischen Garten** über 3500 Pflanzen. Besonders schön ist er während der Blumenschau Ende April/Anfang Mai. Gleich beim Arboretum befindet sich ein 25 ha großer **Golfplatz** (s. „Aktivitäten").

■ **Arboretum,** Volčji Potok 3a, 1235 Radomlje, Tel. 01-831 23 45, www.arboretum.si, März/Okt. 8–18, Sept. 8–19, Nov.–Feb. 8–17, April–Aug. 8–20 Uhr, 9,50 €, Kind 6 €, Familie 24 €, Hund 3 €.

Hochebene Velika Planina

Um auf die Velika Planina zu gelangen, nimmt man die Straße nach Norden und folgt der Beschilderung nach Kamniška Bistrica (13 km). Auf dem Weg in den Talkessel passiert man auf halber Strecke die Talstation der **Seilbahn.** Von der Bergstation auf 1407 m geht es mit dem **Sessellift** auf 1666 m weiter. Von Kamnik verkehren regelmäßig Busse (www.arriva.si).

Schon bei der Auffahrt mit dem Sessellift sieht man allerorten die für die Hochebene Velika Planina typischen **ovalen Hütten,** doch die eigentliche Siedlung liegt auf der anderen Seite. Man geht 15 Minuten zu Fuß hinunter, dorthin, wo einst die Hirten den Sommer verbrachten. Von der Mittelstation der Seilbahn (Zeleni Rob) führen gut markierte, familienfreundliche MTB-Stre-

180sl sk

cken den Berg hinunter ins Tal. Fahrräder können in der Kabinenbahn und im Sessellift mitgenommen werden. In der Hirtensiedlung zeigt das **Preskar-Museum** *(Preskarjeva bajta)*, wie diese Hütten ursprünglich einmal eingerichtet waren (Sommer tgl. 10–16 Uhr, 3 €, Kind 1,50 €). Am Wochenende herrscht hier reichlich Betrieb, die Häuschen sind beliebte **Feriendomizile** – mit den Rauchsäulen aus den bullernden Öfen steigt auch der vom *šnops* angeheizte Gesang fröhlichen Trinkliedgutes in den Himmel. In mehreren nahe beieinander lie-

Mit dem Sessellift geht's auf die Velika Planina

genden Berghütten wird Übernachtung und Essen angeboten:

- **Zeleni rob,** an der Mittelstation der Bergbahn, Tel. 01-832 72 58, www.facebook.com/zelenirob. Urige Berghütte, es gibt Eintopf und Würstl.
- **Planinski dom Domžale na Veliki Planini,** 1534 m, Mai–Sept., 9 Mehrbettzimmer, Tel. 051-66 56 65, auf Facebook.
- **Črnuški dom na Mali Planini,** 1528 m, 9 Mehrbettzimmer, Tel. 040-72 82 87, www.crnuskidom.si.
- **Jarški dom na Mali Planini,** 1520 m, 25 Betten, Tel. 041-67 62 54, https://visitkamnik.com/de/unterkunfte/berghutten/jarski-dom-auf-mala-planina.
- **Seilbahn,** www.velikaplanina.si, 8–17/18 Uhr, Fahrten zu jeder vollen Stunde, Fr, Sa, So 8–20 Uhr zu jeder vollen Stunde; Sessellift Juni–Sept., 8.30–17.30 durchgängiger Betrieb, sonst mehrmals/Tag, genaue Zeiten siehe Website. Hin- und Rückfahrt bis ganz hoch 17 €, Kind 12 €, Familie 40 €. Im Winter eingeschränkte Fahrzeiten.

Wanderungen ab Kamniška Bistrica

Die **Berghütte Dom v Kamniški Bistrici** im Talkessel auf 600 m Höhe ist Ausgangspunkt für zahlreiche Wanderungen. Unter anderem geht es hinauf zum Bergsattel **Kokrsko sedlo** mit der Hütte *Cojzova koča* (3½ Stunden einfach), von wo anspruchsvolle Touren etwa auf den Grintovec (2558 m, 2 Std.) oder die Skuta (2532 m, 3 Std.) starten. Vom **Kamniško sedlo** mit der Hütte *Kamniška koča* (4 Stunden einfach) kann man hinüberwandern ins Tal Logarska dolina (Schwindelfreiheit und Trittsicherheit erforderlich). Auf jeden Fall ist für Touren in den Steiner Alpen für hinreichende **Bergausrüstung** zu sorgen!

- **Dom v Kamniški Bistrici,** 600 m, Tel. 040-62 07 87, auf Facebook, April–Sept. tgl., sonst an Wochenenden, Übernachtungsmöglichkeit und Essen; auch Busverbindung von Kamnik, 3x tgl. (https://arriva.si).
- **Cojzova koča,** 1793 m, Tel. 08-161 51 15, https://cojzova-koca.si, Juni–September tgl., Oktober an Wochenenden, Essen und Unterkunft.
- **Kamniška koča,** 1864 m, Juni–Sept. tgl., sonst an Wochenenden, Tel. 051-61 13 67, https://kamniska-koca.si, Essen.

Praktische Tipps

Informationen

- **TIC,** Glavni trg 2, 1240 Kamnik, Tel. 01-831 82 50, www.visitkamnik.com, Sommer Mo–Sa 9–20, So 10–20, Winter bis 16 Uhr. Wanderkartenverkauf, Fahrradverleih. Hier gibt es eine kostenlose Broschüre mit detaillierten Vorschlägen für 12 Radtouren in der Umgebung.
- **Alpenverein/Planinsko društvo,** Šutna 42, Tel. 01-839 13 45, www.pdkamnik.si.

Notfälle, Service

- **Ambulanz/Zdravstveni dom:** Novi trg, 26, Tel. 01-831 86 00, www.zdkamnik.si.
- **Apotheke/Lekarna:** Šutna 7, Tel. 01-770 01 88.
- **Post:** Glavni trg 27.

Verkehr

- **Bahnhof:** Kranjska 4, Zugverbindung nach Ljubljana, Tel. 080-81 11, https://potniski.sz.si.
- **Bus:** Maistrova ulica 18, Tel. 090-74 11, www.arriva.si, Busse nach Kamniška Bistrica und Ljubljana.

Einkaufen

■ Der **Wochenmarkt** findet nahe der Brücke Maistrov most Di und Sa 7–13 Uhr statt.

Unterkunft, Essen und Trinken

1 **Pri Cesarju**②-③, Tunjiška cesta 1, Tel. 01-839 29 17, https://pricesarju.si. Gemütliche, mit viel Holz und etwas Nostalgie ausgestattete Zimmer in einem historischen Stadthaus am Fluss; dazu eine neapolitanische **1** **Pizzeria** fürs leibliche Wohl.

3 **Pension/Hostel pod Skalo**①, Maistrova ulica 32, Tel. 031-52 13 65, https://podskalo.si. Einfache Zimmer vom EZ bis zum Schlafsaal, üppiges Frühstück und herzliche, hilfsbereite Gastgeber sprechen für die zentral gelegene Pension. Nur der angeschlossene Pub macht manchmal etwas Lärm.

Unser Tipp: **4** **Gostilna Repnik**③, Vrhpolje 186, Kamnik, Tel. 040-69 51 37, www.gostilna-repnik.si. Neun im modernen alpenländischen Stil eingerichtete Zimmer nebst exzellentem **4** **Restaurant**③ machen den Aufenthalt zum Genuss. Das amiliär geführte Gasthaus pflegt traditionelle Spezialitäten mit regionalen Zutaten wie dem Hartkäse *Trnič* oder der deftig gewürzten Wurst *Kamniška klobasa*. Kinder haben auf dem angeschlossenen Reiterhof mit Streicheltieren und Kutschfahrten jede Menge Spaß.

6 **Gostilna Mlakar**①, Ljubljanska cesta 40, Tel. 01-831 27 58, www.facebook.com: gostilna mlakar kamnik, So, Mo, Di abends geschl. Slowenische, handfeste Mahlzeiten zu überaus fairen Preisen.

2 **Orient**②, Maistrova 13b, Tel. 041-89 25 85, auf Facebook, bis 20/21 Uhr. Čevapčiči und andere deftige Köstlichkeiten vom Grill für den großen Hunger.

Stahovica

■ **Gostilna pri Planinskem orlu**①, Stahovica 20, 6 km nördlich auf dem Weg zur Seilbahn, Tel. 01-832 54 10, www.priorlu.si. Gemütliche Pension in stiller Gebirgslandschaft, auch eine sehr gute **Ausflugsgaststätte**②.

Camping/Glamping

■ **Resnik,** Maistrova 32, Tel. 051-34 65 43, www.kampresnik.com, Mai–Sept., 200 Plätze. 500 m vom Zentrum, schattiger Platz, gute Infrastruktur.

■ **Slovenia Eco Resort**③, Godič 44a, Stahovica, Tel. 030-46 24 07, http://sloveniaecoresort.com. Glamping in ländlichem Ambiente mit 16 Holzhäuschen im Stil der Hirtenhütten auf Velika Planina und Glamping-Häusern. Zum Angebot gehören auch ein Spielplatz und ein Aussichtsturm.

Nachtleben

5 **Korobač,** Šutna 76, Tel. 040-81 48 42, auf Facebook, Mo–Do 10–22, Fr, Sa bis 24 Uhr. Kamniks Treff der jüngeren Generation. Burger und Pizza schaffen die Grundlage für Craftbier und Cocktails.

Aktivitäten

■ **Geführte Wanderungen:** Bergführer kann man über den Alpenverein organisieren; mittelschwere Touren kosten etwa 100 € pro Tag plus Spesen (Essen; Übernachtung).

■ **Kur & Wellness:** *Terme Snovik,* Moklova pot 5, Mekinje, Tel. 01-830 86 00, www.terme-snovik.si; 8 km östlich von Kamnik, Therme mit Hallenbad, 32°C, gegen Magenprobleme, Skelettverletzungen und Hautkrankheiten.

■ **Angeln:** *Ribiška družina,* Tel. 01-832 54 10.

■ **Golf:** *Golf Arboretum,* Volčji potok 3a, Radomlje, Tel. 01-831 80 80, www.golfarboretum.si, 18 Loch, Par 71, 5452 m.

■ **Skifahren:** *Velika Planina,* Glavni trg 23, Kamnik, Tel. 01-839 71 77, www.velikaplanina.si. Schneelage auf www.snezni-telefon.si, kein Kunstschnee. Meereshöhe 1420– 1666 m, eine Kabinenbahn, ein Sessellift, 3 Schlepplifte, 4 km Pisten, 10 km Loipen; Tageskarte 29 €, Kind 19 €.

Logarska dolina

Unser Tipp: Das **hochalpine Tal** Logarska dolina ist wunderschön – gerahmt von unnahbaren Felswänden in rötlich-grauem Kleid breitet sich das farbenfroh geblümte Grün der Wiesen aus, mächtige Linden spenden Schatten unter dem kristallenen Himmel und fröhlich plätschern Bäche, stürzen Wasserfälle in die Tiefe, glänzen weiß die Kappen der Gipfel, Boten der kalten Jahreszeit.

Nah mag dem Betrachter der Landkarte das sagenumwobene Tal dünken, wenn er den Abstand zwischen Kamniška Bistrica und dem Ende des „Langen Tales" misst – gerade einmal 4 km. Doch dazwischen liegt eine hohe Felswand. Diese zu umfahren erfordert einen längeren Umweg.

5 km nördlich von Kamnik nimmt man bei Stahovica die östliche Abzweigung nach Gornj Grad und biegt 1 km hinter dem Ort nach Norden und Radmirje ab, wo man auf die Verbindung Nazarje – Luče stößt, sich westlich hält und bei Luče dem mal engeren, mal weiteren Tal der Savinja folgt. Am Zusammenfluss von Črna und Jezero beginnt der eigentliche Regionalpark Logarska dolina, eingezwängt zwischen Karawanken und Steiner Alpen. In der Hochsaison verbindet ein Shuttlebus Kamnik mit dem Tal (Auskunft beim TIC).

Nach 2 km erreicht man eine Häusergruppe mit Hotel und Pension. Von hier geht ein Wanderweg über 1 km zum **Wasserfall Palenk.** Von der Savinja-Quelle gleich am Beginn des Tals (hinter der Brücke rechts am Waldrand) bis zum

179sl sk

Rinka-Wasserfall führt ein schattiger, neu ausgeschilderter Naturlehrpfad ca. 7 km durchs Tal. An den verschiedenen Stationen werden Flora und Fauna, wirtschaftliche Nutzung und Ökologie des Tals anschaulich erklärt. Zurück kann man mit dem Shuttlebus fahren.

Am Ende des Tals bildet der 78 m hohe **Wasserfall Rinka** mit der rustikalen Panoramabar Orlovo gnezdo ein attraktives Ziel. Dem Namen „Adlernest" wird sie gerecht, und der Blick auf den Wasserfall ist sehr eindrucksvoll. Zur nächstgelegenen **Hütte Frischauvov dom** am Okrešelj auf 1396 m geht man von hier 60 Minuten und die Reihen der Bergsteiger lichten sich beträchtlich.

Das Tal wurde zum **Naturpark** erklärt und für die Einfahrt wird eine Gebühr von 7 € pro Pkw erhoben, mit der die Pflege bezahlt wird (unter anderem eine Feuerversicherung).

Unterwegs lohnt ein Stopp in der Hütte **Logarski kot,** wo vor der imposanten Kulisse der steil emporwachsenden Zweitausender deftige slowenische Küche serviert wird (auch Übernachtung und Camping).

Den Kühen schmeckt's

Informationen, Verkehr

- **TIC,** Logarska dolina 9, 3335 Solčava, Tel. 03-839 07 10, www.logarska-dolina.si, Juni, Juli, Sept. tgl. 9–15, Okt.–Mai, Juli, Aug. geschl.
- **Infobüro Rinka** mit kleinem Museum und Café im Ort Solčava, Solčava 29, auf dem Weg ins Tal, Tel. 03-839 07 10, www.solcavsko.info, Mo–Fr 9–13, Sa 8–15, So 9–16 Uhr.
- **Bus:** Busverbindungen in der Hochsaison ab Ljubljana, Celje und Kamnik listet aktuell die Website des Logartals: www.logarska-dolina.si/en/plan-your-visit/tourist-transport.

Unterkunft

- **Hotel Plesnik**④, Logarska dolina 10, Solčava, Tel. 03-839 23 00, www.plesnik.si. Hotel im alpenländischen Stil mit 30 Zimmern, Wellnesseinrichtungen und Hallenbad, Restaurant, Radverleih.
- **Eko hiša na Razpotju**③, Logarska dolina 14, Solčava, Tel. 031-24 94 41, http://logarska-naraz potju.si. Angenehme Familienpension mit 10 nett eingerichteten Zimmern und sehr leckerer Bergküche. Kinder erfreut der Märchenwald.
- **Ekološka domačija Plesnik**③, Logarska dolina 13, Solčava, Tel. 03-839 23 00, www.logarska-

tkplesnik.si. Ferienbauernhof mit 5 komfortablen Zimmern, kein Restaurant.

■ **Lenar**③, Logarska dolina 11, Solčava, Tel. 041-85 18 29, www.lenar.si. Ferienbauernhof mit acht Zimmern und Apartments, kein Restaurant.

■ **Juvanija**②, Logarska dolina 8, Solčava, Tel. 03-838 90 80, www.juvanija.com. Ferienbauernhof mit 4 Zimmern, kein Restaurant.

■ **Hiša Raduha**④, Luče 67, Luče, Tel. 03-838 40 00, www.raduha.com. In dieser ungewöhnlichen „Pension“ kommen Gäste hochluxuriös in „Heustadel“, „Altem Stall“ oder „Baumhaus“ oder in normalen, freundlichen Zimmern unter. Neben dem tollen Design besticht die Küche durch hohe Qualität und Kreativität.

Aktivitäten

■ **Skifahren:** Logarska dolina 9, Solčava, Tel. 03-838 90 04, www.smucisce-luce.si. Schneelage auf ww.snezni-telefon.si, 770–1125 m, 2 Schlepplifte, 1 km Pisten, 15 km Loipen, Rodelbahn, Tageskarte 10 €, Kind 7 €.

■ Bei der Touristeninformation (Infopoint) beim Hotel *Plesnik* kann man folgende Aktivitäten buchen: **Kutschfahrt, Paragliding, Klettergarten, Bogenschießen, Paddeln, Bergwandern.** Außerdem lassen sich Pferde und Mountainbikes mieten.

Camping/Glamping

■ **Šmica,** Luče 4, Luče, Tel. 03-584 43 30, www.camp-smica.com, Mai–Sept., 50 Plätze. Kayak- und Radverleih, Bungalowvermietung.

Die Berghütten sind im ganzen Land liebevoll konzipiert, und die Wirte versuchen, allen Bedürfnissen gerecht zu werden

085sl sk

011sl sk

7

Maribor, Pohorje und Haloze

»Nirgends ist Österreich so nah wie hier, und doch zeigt die slowenische Steiermark zu Füßen des waldreichen Pohorje-Gebirges ein eigenes, slawisches Gesicht. Maribor und das zweitausendjährige Ptuj präsentieren sich als historische Städte mit modernem Kulturleben.

‹ Die Gedenksäule für die Opfer der Pest in Maribor

WEINKELLER UND WANDERSCHAFT

Österreich ist so nah, vielleicht näher als in jedem anderen Teil Sloweniens. Nicht ohne Grund hieß die Gegend früher Untersteiermark oder Südsteiermark – Spodnja Štajerska. Heute hat man natürlich seine eigene Identität, die sich aber immer noch ein wenig mehr nach Norden orientiert als nach Süden. Tiefe Wälder bestimmen die Landschaften, sanfte Kuppen, breite Hügelrücken und hohe Plateaus, zum Skifahren ebenso geeignet wie zum Wandern. Und zum Weinbau – mit die besten Tropfen Sloweniens stammen von hier.

Im Schatten von Tannen und Buchen stehen dunkle Seen zwischen Mooslandschaften und Hochmoorvegetation, schäumend sprudeln Bäche und Flüsschen zu Tal und im Winter ziehen Skiwanderer auf Loipen ihre Bahn durch die fast nordisch anmutende Natur des **Pohorje-Gebirges.** Nicht weit entfernt bietet sich dem Reisenden ein gänzlich anderes Bild: In den Bergen des **Haloze** klettern Weinreben in akkuraten Reihen und Schwüngen steile Hänge hinauf und auf den Kuppen sitzen Einödhöfe oder Buschenschänken.

Die Drava entlangfahrend, verlässt man bei Maribor das alpine Slowenien; Pohorje und Haloze sind Mittelgebirge, die allmählich überleiten zum Weinbaugebiet der Štajerska und zum Pannonischen Tiefland jenseits der Mura. In dieser Region liegt mit **Ptuj** eine der ältesten Siedlungszonen Sloweniens und mit **Maribor** eine Barockstadt, die ein bisschen aussieht wie eine kleine und gemütlichere Variante des nahen Graz.

Aktivreisende können sich im Pohorje beim Mountainbiken, Wandern oder Skifahren austoben, Genießer kehren in Gaststätten zwischen Weinhügeln ein oder besuchen Restaurants mit alten Gewölben und wer gute Tropfen nicht verschmäht, findet in den Weinkellern von Maribor und Ptuj eine schier unerschöpfliche Auswahl.

[>] An den Wochenenden wird gefeiert: Ob man heiratet, ein Jubiläum begeht oder einfach so – Musik ist immer dabei

092sl sk

Die Highlights für Kinder

- **Floßfahrt** auf der Drava | 364
- **Wanderung** über Holzstege durchs Moor | 366
- **Winter- und Sommerrodelbahn** | 367
- **Ferienbauernhof Urška** | 369
- **Sonderausstellung Faschingsbräuche** im Regionalmuseum Ptuj | 375
- **Domačija Firbas** – kinderfreundlicher Ferienbauernhof | 382

NICHT VERPASSEN!

- Maribors altes **Flößerviertel Lent** | 354
- Wanderung zu den **Lorenzer Seen** im Pohorje-Gebirge | 366
- Ein **Kurztrip in den Weltraum** im KSEVT | 367
- Eines der schönsten Barockschlösser: **Grad Bistrica** | 370
- **Altstadt von Ptuj** mit Orpheus-Denkmal, Schloss und Dominikanerkloster | 372
- **Weinkeller Pullus** in Ptuj | 376
- **Wallfahrtskirche Ptujska Gora** | 377

Diese Tipps erkennt man an der gelben Markierung.

Maribor, Pohorje und Haloze

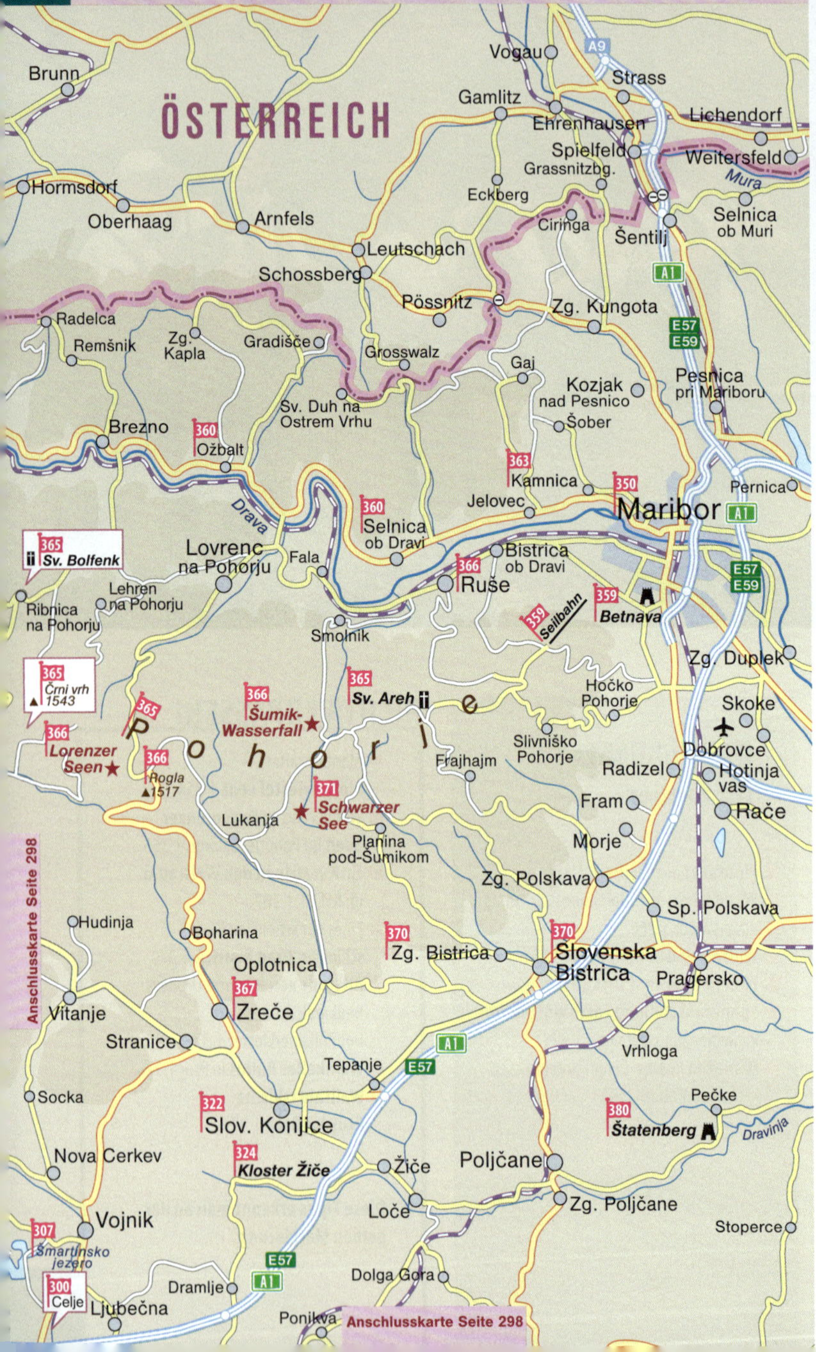

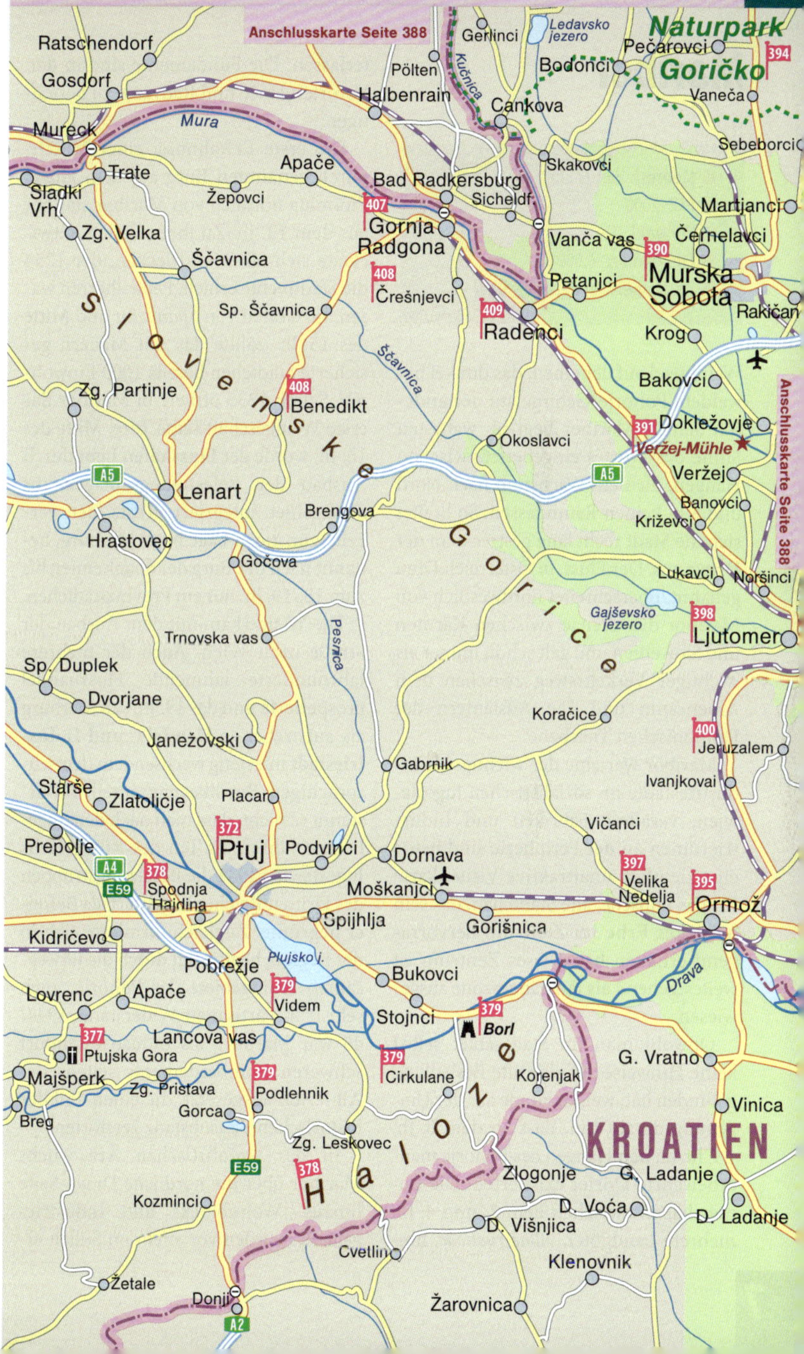
0
5 km
©Reise Know-How
SlowenK7 11/24
Anschlusskarte Seite 388
Naturpark
Goričko
Ledavsko jezero
Ratschendorf
Gosdorf
Mureck
Mura
Gerlinci
Pölten
Kučnica
Halbenrain
Cankova
Bodonci
Pečarovci
394
Vaneča
Sebeborci
Skakovci
Trate
Sladki Vrh
Žepovci
Apače
Bad Radkersburg
Sicheldf.
407
Gornja Radgona
Martjanci
Černelavci
Vanča vas
390
Murska Sobota
Petanjci
Rakičan
Zg. Velka
Ščavnica
408
Črešnjevci
409
Radenci
Sp. Ščavnica
Krog
Ščavnica
Bakovci
Slovenske Gorice
Zg. Partinje
408
Benedikt
391
Dokležovje
Veržej-Mühle
Okoslavci
A5
Lenart
Veržej
Banovci
Križevci
Brengova
Hrastovec
Gočova
Lukavci
Noršinci
Gajševsko jezero
398
Ljutomer
Trnovska vas
Pesnica
Sp. Duplek
Dvorjane
Koračice
400
Jeruzalem
Janežovski
Gabrnik
Ivanjkovai
Starše
Zlatoličje
Placar
Vičanci
372
Ptuj
Prepolje
Podvinci
Dornava
397
Velika Nedelja
395
Ormož
A4
E59
378
Spodnja Hajdina
Moškanjci
Spijhlja
Gorišnica
Kidričevo
Plujsko j.
Pobrežje
Drava
Bukovci
Lovrenc
Apače
379
Videm
Stojnci
379
Borl
Lancova vas
377
Ptujska Gora
379
Cirkulane
G. Vratno
Majšperk
Zg. Pristava
379
Podlehnik
Korenjak
Vinica
Breg
Gorca
Haloze
Zg. Leskovec
KROATIEN
E59
378
Zlogonje
G. Ladanje
Kozminci
D. Voća
D. Ladanje
D. Višnjica
Cvetlin
Klenovnik
Žetale
Donji
Žarovnica
A2
Anschlusskarte Seite 388

Maribor

- **Meereshöhe:** 275 m
- **PLZ:** 2000
- **Vorwahl:** 02
- **Einwohner:** 96.000
- **Dt. Name:** Marburg an der Drau

Weinhügel auf der einen, das dunkel bewaldete Pohorje-Gebirge auf der anderen Seite – Maribor liegt im wahrsten Sinne des Wortes eingebettet zwischen Hängen, die dem Wachstum nach Nord und Süd keinen Raum lassen. So breitet sich die Stadt recht lang gestreckt an der **Drava** aus. Der Fluss, in Österreich Drau genannt, überschreitet nordwestlich von Maribor die Grenze zwischen Kärnten und Slowenien und galt schon immer als wichtiger Verkehrsweg zwischen dem Alpenraum und den Ausläufern der Pannonischen Tiefebene.

Maribor war eine der wichtigsten Industriestädte im sozialistischen Jugoslawien; veraltete Fabriken und Industrieruinen an der Peripherie sind heute eine ziemlich unattraktive Visitenkarte für das hübsche, alte Städtchen, das sein **barockes Erbe im Zentrum** hervorragend erhalten hat. Dieses Zentrum ist weitestgehend als Fußgängerzone ausgewiesen.

Obwohl man im Stadtgebiet selbst keine Hinweise auf eine alte Besiedlung gefunden hat, weisen Funde aus der Umgebung darauf hin, dass ab dem 8. Jh. v. Chr. an den Hängen des Pohorje mauerbewehrte Dörfer existierten. Die Römer haben zwischen dem 2. und 4. Jh. mehrere Landgüter, *villae rusticae*, hinterlassen. Die Fundamente sind in den Vororten Hoče und Radvanje zu besichtigen.

Die erste Erwähnung einer Marchpurch genannten Burg auf dem Hügel Piramida nördlich von Maribor stammt aus dem 12. Jh. Zu ihren Füßen entwickelte sich ein Marktflecken, der 1254 die Stadtrechte erhielt. Feudalherren waren die Grafen von *Spanheim* und Mitte des 15. Jh. zählte das mit Mauern gesicherte Städtchen bereits 1000 Einwohner. Schon 1335 öffnete in Maribor das erste Weingeschäft seine Tore, Mitte des 16. Jh. wurde der **Flusshafen Lent** durch Ausbau der Befestigungsanlagen ins Stadtgebiet integriert. Trotz der verkehrsgünstigen Lage blieb Marburg, benannt nach der Burg der Spanheimer, bis zum 18./19. Jh. nur ein Provinzstädtchen.

Die Wende kam mit dem Ausbau der Straße nach Wien. Auch der mehrere Jahrhunderte lahmende Flusshandel prosperierte und das 19. Jh. sah Marburg als aufstrebende **Handels- und Industriestadt** mit stetig wachsendem deutschsprachigen Bevölkerungsanteil. So erstaunt es nicht, dass man nach den ungeliebten Jahren als Teil des Königreichs Jugoslawien 1941 die Besatzungstruppen des Dritten Reiches begeistert als Befreier begrüßte. Zugleich formierte sich in der Region, begünstigt durch die unwegsamen Waldgebiete des Pohorje, auch sehr früh Partisanen-Widerstand. 1944/45 war Marburg als Industriestandort schweren Bombardements seitens der Alliierten ausgesetzt, die einen Teil der historischen Bausubstanz zerstörten.

In der sozialistischen Ära wuchs Maribor über die nördliche Drava-Seite hinaus, Wohnblocks und Industriegelände wurden vor allem im Süden er-

742sl sk

richtet. Stahl- und Textilindustrie, chemische Betriebe und ein Kraftwerk an der Drava sorgten für Arbeitsplätze. Als nach der Unabhängigkeit Sloweniens die Handelsverbindungen in die ehemaligen Bruderrepubliken abrissen, erlebte Maribor eine schwere wirtschaftliche Krise. Doch durch den Ausbau des Dienstleistungssektors konnte der Wegfall der Industrie-Arbeitsplätze weitgehend aufgefangen werden.

Sehenswertes

Wasserturm und Judenturm

Am Wasserturm **Vodni stolp** an der Drava, unweit der modernen Tivoli-Brücke, beginnt der Spaziergang ins mittelalterliche Maribor. Ab 1555 diente der gedrungene Renaissance-Turm als Verstärkung der Stadtbefestigung und zur Sicherung des Flusshafens. Heute hat der Bau nichts Kriegerisches mehr.

Der **Židovski stolp,** Judenturm, stammt noch aus gotischer Zeit; die **Synagoge** daneben wurde um 1480 errichtet, doch offensichtlich hielt man es im damaligen Marburg nicht so mit der Religionsfreiheit, denn bereits 1500 wurde sie zur Kirche umgewandelt und ab dem 18. Jh. diente sie als Lagerraum. Heute residiert im Judenturm eine **Fotokunstgalerie** (→ „Praktische Tipps“), und auch die ehemalige Synagoge wird als Ausstellungsraum genutzt.

■ **Kulturni center Sinagoga,** Židovska ulica 4, Tel. 02-252 78 36, www.sinagogamaribor.si, Mo–Fr 8–16 Uhr, 2 €, geführte Tour auf Englisch 60 €.

⌃ Das Flößerviertel Lent mit dem Wasserturm, heute eine beliebte Flaniermeile

Maribor

Übernachtung
6 Youth Hostel UNI
7 Hotel Orel
13 Hotel Maribor
19 Hotel Lent
20 Hostel Mlada lipa
21 Pohorska kavarna
23 Hostel Pekarna
27 Hotel Piramida

Essen und Trinken
1 Restaurant Anderlič
2 Hiša Denk
5 Restaurant Mal'ca mimogrede
8 Restaurant Novi svet pri stolnici
9 Rožmarin
10 La Pizzeria
11 Baščaršija
17 Restaurant Tako's
26 Mak
29 Protner
30 Sedem

Nachtleben
3 Café Astoria
12 Patricks
15 KGB
18 Piranha Cocktail Bureau
24 Kulturzentrum Pekarna
25 Štuk
28 Luft 360°

Einkaufen
4 E2RD Galerija
14 ARTmijeMAR
16 Medičar in svečar
22 Čebelarski center Maribor

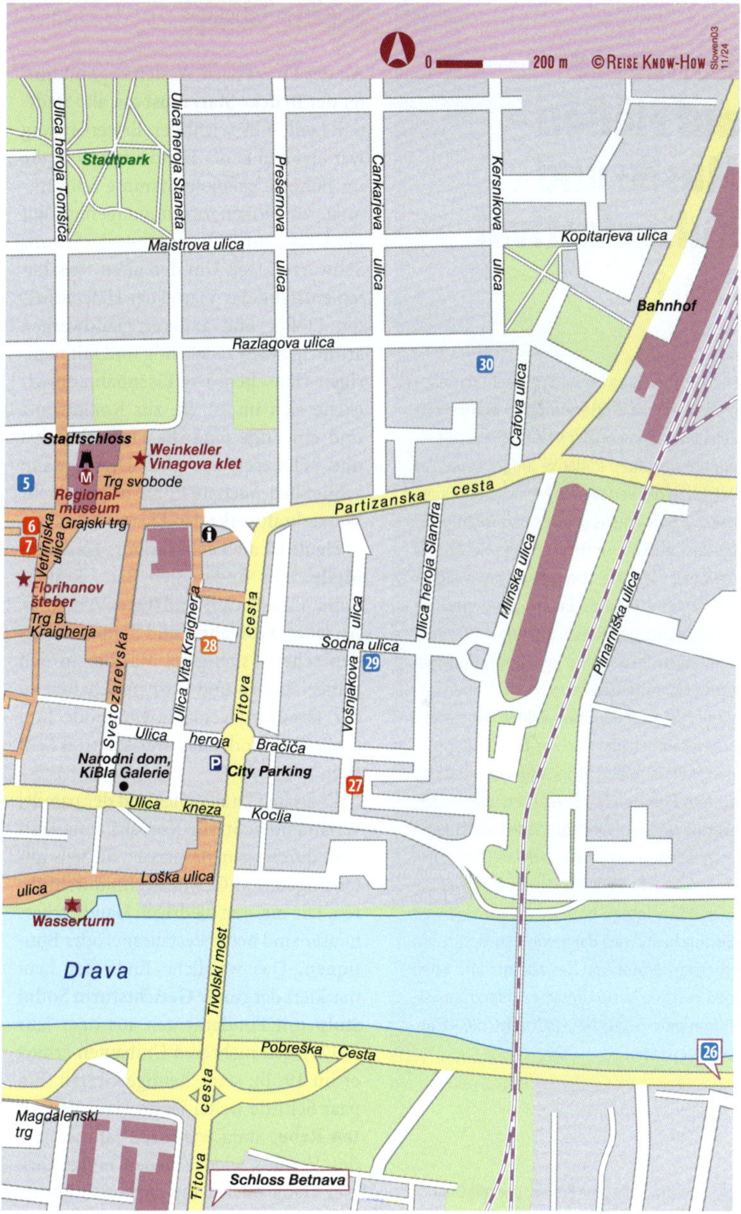
0 200 m
©Reise Know-How
Slowen03 11/24
Ulica heroja Tomšiča
Stadtpark
Ulica heroja Staneta
Prešernova ulica
Cankarjeva ulica
Kersnikova ulica
Maistrova ulica
Kopitarjeva ulica
Bahnhof
Razlagova ulica
30
Cafova ulica
Stadtschloss
Weinkeller Vinagova klet
M
Trg svobode
5
Regionalmuseum
Partizanska cesta
6
7
Grajski trg
Vetrinjska ulica
Florihanov šteber
Trg B. Kraigherja
Ulica heroja Slandra
Mlinska ulica
Plinarniška ulica
Svetozarevska
Ulica Vita Kraigherja
28
Titova cesta
Sodna ulica
Vošnjakova ulica
29
Ulica heroja Bračiča
Narodni dom, KiBla Galerie
P
City Parking
27
Ulica kneza Koclja
Loška ulica
ulica
Wasserturm
Drava
Tivolski most
Pobreška Cesta
26
Titova cesta
Magdalenski trg
Schloss Betnava

Konzerte auf Flößen – Musik- und Kulturfestival Lent

Drei Wochen lang im Juni/Juli steht das ehemals verrufene **Flößerviertel in Maribor** im Zeichen internationaler Musikgrößen. Aus einer eher privaten Initiative junger Leute zur Belebung des verfallenen Areals an der Drava hat sich Sloweniens größtes und wichtigstes Musik- und Kulturfestival entwickelt. Was als regionales Musikfest begann, ist heute längst ein **internationales Event,** zumindest im südeuropäischen Raum. Bühnen und Veranstaltungsorte, darunter Synagoge, Gerichtsturm, Minoritenkloster, vor allem aber vertäute Flöße auf der Drava, bilden den historischen Rahmen für verschiedenste Aufführungen: Von mittelalterlicher Musik über Jazz bis zu Afro-Pop, von Folkloretänzen über Ruderwettbewerbe bis hin zu Cyber-Events kann man an der Lent drei Wochen lang Kultur live erleben. Das alte Viertel, in dem früher die Drauflößer lebten und danach die Halbwelt Einzug hielt, wird dann von den Besuchern überschwemmt und Restaurants und Kneipen machen beste Umsätze. Anfang Juni eröffnet eine feierliche „Floßtaufe" die Veranstaltungsreihe.

▷ Stari most, die „Alte Brücke" über die Drau

Flößerviertel Lent

An der Drava nach Westen beginnt hinter der **Brücke Stari most** der alte Stadtteil Lent. Ein wichtiger Erwerbszweig war hier früher der Handel mit Holz; die im Pohorje gefällten Stämme schwammen, zu Flößen zusammengefügt, auf der Drava zur Donau und weiter bis ans Schwarze Meer. Um den alten Flusshafen entstand das Viertel der Hafenarbeiter, Flößer und anderer Handwerker, ärmlich, etwas zwielichtig und mit niedrigen Häuschen. Die Eisenbahn entwickelte sich im 20. Jh. zur Konkurrenz und ein Ende fand die Flussschiffahrt und Flößerei auf der Drava dann schließlich nach 1945 als immer mehr Wasserkraftwerke den Fluss stauten.

Heute ist die Lent Maribors **Kneipen-Meile;** hier finden sich Bars, Restaurants, Pizzabäcker und Taco-Verkäufer. An lauen Frühjahrs- und Sommerabenden scheint sich ganz Maribor in den Kaffeehäusern und Gastwirtschaften an der Drava zu versammeln. Ende Juni schließlich findet das Musikfestival Lent statt.

Zwischen Drava-Ufer und der parallel verlaufenden Straße Koroška cesta läuft man durch schmale Gassen, die teils unter Bögen und Gewölben hindurchführen. Die meisten niedrigen Handwerkerhäuser sind heute Restaurants oder Boutiquen. Das westliche Ende der Lent markiert der runde **Gerichtsturm Sodni stolp** mit Fundamenten aus dem Jahr 1312. Nach mehreren Umbauten erhielt er im 19. Jh. seine heutige Gestalt. Ein paar Schritte weiter ist im **Haus der Alten Rebe,** Stara trta, nach Jahrzehnten des Verfalls wieder Leben eingekehrt. Am Haus wächst die angeblich **älteste**

Weinrebe Europas, und im Inneren zeigt eine Ausstellung Weinbau und Weinsorten der slowenischen Steiermark.

Markt

Die „Hafenstraße" Pristanska ulica führt nun bergan zur **Tržnica,** dem Marktplatz von Maribor. Wie überall in Slowenien ist es in den Vormittagsstunden besonders lebhaft; verkauft werden Obst, Gemüse und Blumen aus der Region und auch Honig, Öl oder Essig aus bäuerlicher Produktion stehen hier zur Auswahl.

Kunstgalerie

Die Strossmayerjeva ulica nach Norden gehend, erreicht man rechts die Umetnostna Galerija Maribor mit einer sehr sehenswerten Sammlung **slowenischer Kunst des 20. Jh.** Im Keller der Galerie befindet sich einer der besten **Jazzclubs** Sloweniens, das *Satchmo.*

■ **Umetnostna Galerija,** Strossmayerjeva ul. 6, Tel. 02-229 58 60, www.ugm.si, Di–So 10–18 Uhr, 4 €, Kind (ab 12 Jahre) 3 €.

Rund um den Glavni trg

Die Koroška cesta stadteinwärts passiert den Glavni trg, Maribors Hauptplatz mit dem **Rathaus Rotovž** und der Pestsäule in der Mitte. Restaurierte Häuser der Renaissance und des Barock säumen den großen, verkehrsreichen Platz. Dem Rathaus gegenüber bilden das Jesuitenkloster und das erste, 1758 in Maribor gegründete Gymnasium den Rahmen für die rosafarbene Barockfassade der Kirche **Sv. Alojz.** Die **Pestsäule** mit der Jungfrau Maria gestaltete der in Maribor gebürtigen Bildhauer *Jožef Straub* im 18. Jh.; sie erinnert an eine ganze Serie

511sl sk

von Epidemien, durch die Maribor im 17. Jahrhundert ein Drittel seiner Einwohner verlor.

An der Ecke zum Stari most, der „alten Brücke“ über die Drava, steht Maribors **Casino,** in den 1940er und 1950er Jahren ein beliebtes Tanzlokal. Hier beginnt die Gosposka ulica, eine der wichtigsten Einkaufsstraßen von Maribor. Bevor man sich dem Shopping hingibt, lohnt ein Besuch des **Rotovški trg,** des von Renaissance-Arkaden umschlossenen Innenhofs des Rathauses, in dem früher der Getreidemarkt stattfand.

Domkirche

Stufen und schmale Gassen führen weiter zum **Slomškov trg,** einer idyllischen Parkanlage vor der Domkirche **Sv. Janez Krstnik.** Die bereits im 12. Jh. begonnene Kirche ist ein wunderbares Beispiel der gotischen Zeit mit tiefem Chor und eleganten Kreuzrippen im Gewölbe. Sie wurde im 18. Jh. stark barockisiert, die erhaltenen gotischen Plastiken sind im Pokrajinski muzej zu besichtigen. Vom Glockenturm blickt man hervorragend über Maribor. Der ehemalige Friedhof ist eingeebnet, nur noch eine dekorative, aus dem Jahr 1517 stammende, steinerne Grablaterne blieb erhalten und ziert heute den Kirchenvorplatz. Im Park gegenüber sieht man die Statue von *A.M. Slomšek,* des ersten Bischofs von Maribor.

181sl sk

■ **Zvonik mariborske stolnice/Glockenturm,** Aufstieg nach Voranmeldung beim TIC.

Stadttheater

Von der Gotik ist es ein großer Sprung zur Neo-Renaissance des Hauptpostamtes gleich neben dem Dom und zum klassizistischen Stadttheater **Mestno gledališče** schräg gegenüber. Auch wenn der moderne Anbau nebenan den Gesamteindruck etwas stört, wirkt das Theater mit seinen Schnörkeln wie ein kleines Schatzkästchen und tatsächlich wird es diesem ersten Eindruck mit einem repräsentativen Konzertsaal im ersten Stock und dem eigentlichen, verspielten Theaterraum durchaus gerecht. Man kann sich bildhaft vorstellen, wie die feine Gesellschaft des ausgehenden 19. Jh. aufstrebenden Künstlern huldig-

[<] Maribors Stadtschloss mit barockem Türmchen, verspieltes Rokoko im [>] Treppenhaus

182sl sk

te. Slowenen durften das eigentliche Theater übrigens lange Zeit nicht betreten; sie hatten einen eigenen, schlichteren Vorstellungssaal. Internationale Berühmtheit erlangte das Mariborer Theater in den 1990er Jahren durch den Theaterregisseur *Tomaž Pandur*, der mit einer exzessiven Inszenierung von *Dantes* „Göttliche Komödie" Furore machte und dann fast ausschließlich im Ausland arbeitete (Hamburger *Thalia Theater*, *Staatsoper Unter den Linden* in Berlin). *Pandur* verstarb 2016.

Schlossplatz

Die Cesta 10. Oktobra führt zur Gosparksa ulica und über den Volkmerjev prehod, vorbei am „Wintergarten" des Hotels Union, zum **Grajski trg,** dem Schlossplatz. In den Platz mündet die Vetrinjska ulica, Maribors zweite Einkaufsstraße, an der die Florianssäule **Florihanov šteber** steht, ein weiteres Denkmal, das die Stadt vor Katastrophen, eben Bränden, retten sollte (was dem hl. *Florian* aber nicht immer gelang – vor allem das Spätmittelalter verzeichnete verheerende Feuersbrünste).

Stadtschloss

Das Stadtschloss **Mestni grad,** ab 1478 am nordwestlichen Stadttor errichtet, zeigt sich in seiner heutigen Gestalt als im 17. Jahrhundert vollendetes Barockbauwerk. Berühmt ist das Rokoko-Treppenhaus an der Westseite, eine Orgie aus

Stukkaturen und Skulpturen, die sich unter illusionistischen Fresken in die erste Etage hinaufschwingt.

Das im Stadtschloss untergebrachte **Regionalmuseum** illustriert Maribors Geschichte mit bronzezeitlichen Funden, Kunstwerken der Gotik und des Barock sowie Trachten und Uniformen, darunter eine von *Tito*. Die Zinnsoldatensammlung gehört zu den größten der Welt. Sehenswert sind nicht nur die Exponate an sich, sondern auch deren geschicktes und kompetentes (und nicht immer bierernstes) Arrangement; auch die Einrichtungen der Räume sind bemerkenswert. Zwischen dem Stadtschloss und der Marchpurch auf dem Piramida-Hügel soll es übrigens einen Geheimgang gegeben haben, durch den sich die Herrschaften retten konnten, wenn Gefahr drohte.

■ **Pokrajinski muzej,** Grajska ulica 2, Tel. 02-228 35 51, www.museum-mb.si, Di–Sa 10–18, 8 €, Kind 5,50 €.

Trg svobode und Weinkeller

Die Ostfassade des Stadtschlosses begrenzt den modern gestalteten Trg svobode mit einer Bronzeplastik, die den Opfern des Befreiungskampfes gewidmet ist und 1975 aufgestellt wurde. Nach Osten hin überragt die neoromanische, ziegelrote Fassade der Franziskanerkirche die stark befahrenen Partisanska cesta, die zum Bahnhof und Bushof führt.

Unter dem Trg svobode findet sich Maribors berühmter **Weinkeller Vinagova klet,** der größte unterirdische Keller Europas. Uralte Eichenfässer und moderne Stahlkanister ruhen beschaulich nebeneinander und natürlich sind die alten Gewölbe die interessantesten. Der Keller wurde vor 200 Jahren angelegt, umfasst 20.000 m² Gewölbe und hat eine Lagerkapazität von sieben Millionen Liter Wein. Sein „Einzugsgebiet“ sind 1500 ha Weinberge rund um Maribor, an denen besonders die weißen Tropfen wie *Welschriesling, Chardonnay, Traminer* und *Muskateller* gedeihen. Neben einer Besichtigung kann man auch eine Verkostung mit oder ohne Brotzeit buchen und natürlich den Wein in dem angeschlossenen Laden kaufen.

■ **Vinagova klet,** Trg svobode 3, Tel. 02-230 75 30, www.vinag1847.si, Führungen nur nach Voranmeldung, ab 20 €.

Rund um den Stadtpark

Klassizistische Villen hinter schmiedeeisernen Portalen, alte, verwachsene Gärten und einige wenige elegante Wohnblocks prägen die Straßen nördlich des Trg svobode. Hier wohnten zumeist deutschstämmige Kaufleute und Fabrikanten, die noch unter Habsburger Herrschaft reich geworden waren und nach Ende des Zweiten Weltkriegs als Ausbeuter und Volksfeinde fast alle enteignet und des Landes verwiesen wurden. In ihre Villen zog das Volk, das die alte Bausubstanz nicht unterhalten konnte; später rissen sich die neuen Privilegierten die schönen Wohnungen und Häuser unter den Nagel.

Dieser repräsentative Teil Maribors geht über in den Ende des 19. Jh. angelegten **Mestni park,** der sich in der Senke zwischen Piramida- und Kalvarija-Hügel fortsetzt.

Ein beliebtes Ziel sonntäglicher Spaziergänge sind die Drei Teiche, **Pri treh ribnikih,** mit einer hübschen Ausflugsgaststätte zwischen Blumen und Weinreben (2024 geschlossen).

Stadtrand und Umgebung

Piramida und Kalvarija

UNSER TIPP: Die beiden direkt am Stadtpark beginnenden Hügel Piramida (386 m) und Kalvarija (375 m) belohnen den Wanderer mit einem herrlichen Blick über den alten Stadtkern von Maribor, die Drava und über die neuen Viertel hinweg hinüber zum Pohorje-Gebirge. Die Piramida, auf der früher die Burg Marchpurch der *Spanheimer* stand, ziert heute eine Marienkapelle von 1821. Die Kalvarija krönt eine schöne, der hl. Barbara geweihte Barockkapelle von 1681. Beide Hügel sind mit Weinreben bepflanzt.

Villa rustica

Auf der südlichen Drava-Seite gruben Archäologen in einem modernen Industrie- und Siedlungsgebiet die **Fundamente eines römischen Landgutes** des 2. Jh. aus – die *Villa rustica.* Die Ausgrabungsstätte befindet sich in Nova Vas und besteht aus den fein säuberlich wiederhergestellten Fundamenten, zwischen denen akkurat gestutzter Rasen wächst.

■ **Villa rustica,** Majcigerjeva ulica 36 (Ausschilderung in Richtung Pohorje/Zg. Radvanje), frei zugänglich.

Schloss Betnava

Das ehemals in Kirchenbesitz befindliche **Barockschloss Betnava** im Süden Maribors war noch bis in die 2000er-Jahre ein beliebter Platz für Hochzeitsgesellschaften. Dann hat die Mariborer Kirche spekuliert und 700 Mio. Euro in den Sand gesetzt. Seitdem sind die Fresken und illusionistischen Gemälde an Wänden und Decken hinter der mehr und mehr unansehnlichen Fassade dem Besucher dauerhaft verborgen. Das wird sich hoffentlich bald wieder ändern. Gleich nebenan befindet sich der Hochseilpark **Pustolovski Park Betnava.**

■ **Hochseilpark Pustolovski Park Betnava,** Tel. 040-18 13 72, www.pustolovski-park.si, April, Okt. Sa, So 11–18, Mai, Juni Mo–Fr 15–19.30, Sa, So ab 10, Juli, Aug. tgl. 10–20, Sept. Mo–Fr 15–18.30, Sa, So ab 10 Uhr, 21 €, Kind 7–15 Jahre 16 €, unter 7 Jahre 9 €, Anfahrt mit Bus Nr. 2.

Pohorje-Seilbahn

Zgornje Radvanje heißt das südlich gelegene Dorf am Endpunkt einer berühmten **Weltcup-Abfahrt:** jeden Winter wird der Damenwettbewerb „Goldene Füchsin", *Zlata lisica,* ausgetragen, aber vom Dorf sieht man dabei natürlich kaum etwas. Nur das Luxushotel *Habakuk* neben der Talstation der Kabinenbahn rückt sich regelmäßig gut ins Bild. Die Bahn führt hinauf auf 1020 m Höhe (alternativ kann man dem Weg folgend in etwa eineinhalb Stunden zur Bergstation hinaufwandern) und oben bietet sich eine Vielzahl interessanter Wander, Mountainbike- und im Winter Ski-Aktivitäten (→ „Pohorje-Gebirge").

Botanischer Garten

Der botanische Garten der Universität befindet sich 10 km südlich des Zentrums und bedeckt eine Fläche von 8 ha. Hier wachsen die typischen **Pflanzen des Pohorje** aber auch **Exoten** wie Rhododendren oder Bambus. Eine kleine Wirtschaft verkauft Getränke.

■ **Botanični vrt Univerze v Maribor,** Pivola/Hoče, Tel. 02-613 08 58, http://botanicnivrt.um.si, von März bis Nov. 9–16/19 Uhr, 6 €, Kind 3,50 €, Familie 14 €, Anfahrt mit Bus Nr. 2.

An der Drava nach Westen

Unser Tipp: Eine schöne Tour per Auto oder Fahrrad, teils auf dem fast durchgängig zweispurig ausgebauten Drava-Radweg (https://dravabike.si) führt von Maribor über **Selnica ob Dravi** 60 km bis **Dravograd.** Sie verläuft entlang malerisch an der Drava gelegener Dörfer, abwechselnd wald- und weinbestandener Hänge, kleiner Industriezonen, unzähliger barocker Kirchen und Kapellen und fast ebenso vieler Gaststätten, die zur Einkehr einladen. Ein Abstecher in den nördlich verlaufenden **Gebirgszug Kozjak** führt in schmalen Serpentinen bergauf zur aussichtsreich an der Grenze zu Österreich gelegenen **Wallfahrtskirche Sv. Duh** (Kirche zum Heiligen Geist am Osterberg, 13 km ab Selnica, 903 m). Man kommt zum im 16. Jh. errichteten und 1902 im Geschmack des Historismus umgebauten **Schloss Viltuš** (Schloss Wildhaus) bei Selnica, das nach wechselvoller Geschichte langsam verfällt, dessen Park mit uralten Bäumen aber eine wahre Pracht ist. Im Dorf **Ožbalt** erinnert ein **Flößermuseum** (Splavarski muzej) an die jahrhundertelang betriebene Flößerei. Ein reizvolles **Flussbad an der Drava** besitzt das Örtchen **Muta** gegenüber seiner aus dem 13. Jh. stammenden **Kirche Sv. Janez Krstnik** mit Freskenresten im Chor.

In Ožbalt warten Flößer am Flößermuseum auf Kunden

743sl sk

Praktische Tipps

Informationen

■ **TIC Maribor,** Partizanska 6a, 2000 Maribor, Tel. 02-234 66 11, www.maribor-pohorje.si, April–Okt. Mo–Fr 9–17, Sa, So 9–15 Uhr.

■ **Info Point Stara trta/Haus der Alten Rebe,** Vojašniška 8, Tel. 02-251 51 00. Mo–Sa 10–18, So 10–16 Uhr.

■ **Alpenverein/Planinsko Društvo Matica,** Juričičeva ulica 8, Tel. 051-33 85 23, http://pd-mbmatica.si, stellt Informationsmaterial zu Wandermöglichkeiten und Führer.

Service/Notfälle

■ **Post:** *Pošta Slovenije,* Slomškov trg 10.

■ **Hospital:** Ljubljanska ulica 5, Tel. 02-321 10 00, Notfallzentrum Tel. 02-321 15 34, www.ukc-mb.si.

■ **Apotheke/Lekarna:** *Center,* Gosposka ulica 12, Tel. 02-22945 30, www.mb-lekarne.si.

Verkehr

■ Eine zentrale Parkmöglichkeit bietet die **Parkgarage City Parking** (ulica Kneza koclja 11, https://cityparking.si).

■ **Bahnhof:** Mariborski Kolodvor, Partizanska cesta 50, Tel. 080-81 11, https://potniski.sz.si, in Richtung Ljubljana, Celje, Murska Sobota, Graz und Hodos (Ungarn). Bahnhof und Busbahnhof liegen am Rande der Innenstadt in fußläufiger Entfernung vom Zentrum.

■ **Busse:** Mlinska ulica 1, Tel. 090-74 11, www.arriva.si. Der moderne Busbahnhof ist zugleich Laden- und Restaurantzentrum; von hier starten innerstädtische wie überregionale Busse, Fahrpläne auf www.marprom.si/en. Touristisch interessant ist die Linie 2 nach Betnava und zum Botanischen Garten, Ticket beim Fahrer, 2 € (nur bar).

■ **Fahrradverleih: Mariborska kolesarska mreža,** Partizanska cesta 21, Tel. 040-55 64 49, https://ibikemaribor. com/storitve/izposoja-koles, Citybike 10 €/Tag, MTB 20 €/Tag.

Einkaufen

16 **Medičar in svečar,** Glavni trg 5, Tel. 041-71 60 05, auf Facebook. Bienenhonig und Kerzen.

22 **Čebelarski center Maribor,** Streliška cesta 150, Tel. 051-34 84 26, http://cebelarski-center.si, Mo, Mi, Fr 8.30–17, Do bis 14.30, Sa 8–12 Uhr. Hier dreht sich alles um die Biene bzw. deren Produkte, vom Honig bis zur Kosmetik.

14 **ARTmijeMAR,** Pristaniška ulica 8, Tel. 02-621 03 77, https://artmijemar.si, Di–Fr 9–17, Mo, Sa bis 12 Uhr. Slowenisches Kunsthandwerk mit Produkten von über 200 Künstlern.

4 **E2RD Galerija,** Gosposka ulica 34, Tel. 041-97 72 30, auf Facebook. Schmuck wie er angesagter nicht mehr sein kann – von *Bojana Kovačič Zemljič.*

Ruše

■ **Lorna & Črtomir,** Bezena 49, Ruše (10 km westlich vom Zentrum), Tel. 040-16 17 13, www.loncarstvo.si. Im Töpferatelier gibt es sehr geschmackvolle Keramik.

Unterkunft

13 **Hotel Maribor**③, Glavni trg 8, Tel. 02-234 56 00, www.hotelmaribor.si. Modern und komfortabel ausgestattete Zimmer und Apartments im Herzen der Stadt. Zum Hotel gehören ein Spa und das Gourmet-Restaurant Rožmarin ein paar Häuser weiter.

7 **Hotel Orel**②, Volkmerjev prehod 7, Tel. 02-250 67 00, https://hotel.hotel-orel.si. Traditionshotel im Stadtzentrum, 71 renovierte Zimmer, freundliches Personal.

27 **Hotel Piramida**③, Ulica heroja Šlandra 10, Tel. 08-201 04 20, www.hotel-piramida.si. Ange-

nehmes 70-Zimmer-Haus in zentraler Lage, das sowohl Geschäftsleute als auch Touristen anspricht; gutes Restaurant, Parkplätze.

19 **Hotel Lent**③, Dravska ulica 9, Tel. 059-17 77 00, www.hotel-lent.si. Direkt an der Drava und im Ausgehviertel Lent gelegenes und modernes, teils etwas exzentrisch eingerichtetes Hotel. Zimmer sind klein.

21 **Pohorska kavarna**②, Ob ribniku 1, Tel. 02-614 15 00, www.pohorska-kavarna.com. Das beliebte Kaffeehaus unweit der Talstation der Pohorje-Seilbahn hat 11 geschmackvolle, moderne Zimmer und serviert köstliches Frühstück.

20 **Hostel Mlada lipa**②-③, Lackova cesta 76, Tel. 041-61 04 60, www.mladalipa.si. Fröhlich-buntes Hostel mit 13 Doppelzimmern zu hostelunüblich hohen Preisen.

6 **Youth Hostel UNI**①-②, Volkmerjev prehod 7, Tel. 02-250 67 00, https://unihostel.hotel-orel.si. Gleich neben dem Hotel Orel gelegen. Modern eingerichtet, bietet es neben Mehrbettzimmern auch DZ mit eigenem Bad zu günstigem Preis.

23 **Hostel Pekarna**①-②, Ob železnici 16, Tel. 076-17 41 75, www.hostelpekarna.eu. Schickes Hostel im Partygelände *Pekarna,* in einer ehemaligen Industriebäckerei. Die Doppel- und Mehrbettzimmer sind sehr farbenfroh eingerichtet.

Essen und Trinken

17 **Tako's**①-②, Mesarski prehod 3, Tel. 031-67 68 71, www.takos.si. Bei Studenten beliebter Ketten-Mexikaner im Flößerviertel.

8 **Novi svet pri stolnici**③, Slomškov trg 5, Tel. 02-250 04 86, www.facebook.com/novisvet.restavracija. Istrische Spezialitäten in etwas kitschigem Fischerambiente, aber der Fisch ist frisch und gut zubereitet.

11 **Baščaršija**②, Poštna ul. 8, Tel. 02-250 63 59, www.bascarsija.si. Maribors bosnische Enklave mit knoblauchlastigen Grillgerichten und türkischem Mokka in manchmal geradliniger, manchmal herzlicher Atmosphäre, auch Zimmervermietung②.

1 **Anderlič**②-③, Za Kalvarijo 10, Tel. 02-234 36 50, www.facebook.com/GostilnaAnderlic. Mo geschl. Deftig-slowenisch, auch international wird hier gekocht; Einheimische empfehlen *Anderlič* besonders im Herbst, wenn es *koline,* Schlachtplatte, gibt.

9 **Rožmarin**③, Gosposka ul. 8, Tel. 02-234 31 22, www.rozmarin.si, So geschl. Eine gute Adresse für Fleischliebhaber: Die Auswahl an Cuts und Steaks ist imposant – aber auch das vegetarische Angebot für nicht ganz so Fleischbegeisterte.

Unser Tipp: 30 **Sedem**②-③, Cafova ulica 7, Tel. 02-621 14 12, http://sedem.si. So, Mo geschl. Ein besonderes Gourmet-Erlebnis: Sedem ist das Lehrrestaurant der Kochschule; die Studenten bereiten unter den wachsamen Augen ihrer Lehrer, aber auch mit großem eigenen Kreativanteil feine Gerichte auf der Basis slowenischer Traditionen zu. Die Mittagsmenüs sind preiswerter.

10 **La Pizzeria**②, Gosposka ulica 8, Tel. 02-234 56 78, www.lapizzeria.si, So geschl. Ein Stück Italien in Maribor mit der angeblich besten Pizza der Stadt. Auch vegetarische Gerichte.

Unser Tipp: 5 **Mal'ca mimogrede**①-②, Slovenska ulica 4, Tel. 059-10 03 97, www.malca-mimogrede.com. Lecker und preiswert, mit regionalen Zutaten nach regionalen Rezepten gekocht. Oft stehen gehaltvolle Suppen und Eintöpfe wie *Bograč* oder slowenische Spezialitäten wie *Žlikrofi* auf der Schiefertafel.

26 **Mak**③-④, Osojnikova 20, Tel. 02-620 00 53, www.restavracija-mak.si. Eines der besten Restaurants Maribors mit großem Überraschungsfaktor. Die erfindungsreichen und fein abgeschmeckten Kreationen von *David Vračko* lassen sogar den Guide Michelin schwärmen.

[>] Im Restaurant Baščaršija umweht die Gäste ein Hauch Balkan

29 Protner①-②, Dragučova 65, Pernica, Tel. 02-473 03 92, www.protner.si, nur Fr–So. Der Bauernhof liegt östlich Maribors in den Weinbergen und serviert zur schönen Aussicht gute steirische Küche und selbst gekelterten Wein, auch **Zimmervermietung**①.

2 Hiša Denk④, Zgornja Kungota 11A, Tel. 02-656 35 51, www.hisadenk.si, geöffnet nur Do–So. *Gregor Vračko* heißt das Mastermind hinter diesem futuristischen Restaurant (mit **Gästezimmern**③), das einmal die simple elterliche Wirtschaft war. Als einer der ersten slowenischen Jungen Wilden stellte er Restaurant und Küche so gründlich auf den Kopf, dass Gourmets aus Österreich wie Italien zu ihm pilgern, um seine Degustationsmenüs zu genießen.

Kamnica

■ **Koblarjev zaliv**②, Na Otok 20, 2351 Kamnica, Tel. 02-229 95 50, www.koblarjev-zaliv.si, tgl. 10–20, Fr, Sa bis 21 Uhr. Die beliebte Ausflugsgaststätte 3 km westlich von Maribor an der Drava ist weit über Maribor hinaus bekannt für ihre schmackhafte Traditionsküche. Wohnmobilstellplätze mit Strom und Wasser direkt an der Drava.

Abends unterwegs

Unser Tipp: **28 Luft 360°,** Ulica Vita Kraigherja 3 (auf dem Dach des Slavija-Gebäudes), Tel. 070-38 83 46, www.facebook.com/luftbar. Der Name ist Programm, hoch oben in luftiger Höhe des letzten Obergeschosses trinkt man Wein oder Cocktails mit einem fantastischen 360-Grad-Rundumblick ohne irgendetwas, das den Blick verstellen könnte.

18 Piranha Cocktail Bureau, Vojašniška ulica 4, Tel. 041-42 91 85, www.facebook.com/piranha cocktailbureau. Perfekte Cocktails, drinnen futuristisch, draußen bequem am Drau-Ufer.

15 KGB, Vojašniški trg 5, Tel. 02-252 30 77, http://klub-kgb.si. Blues- und Jazzkonzerte.

25 Štuk, Gosposvetska 83, Tel. 02-228 56 30, www.stuk.org. Hier rütteln meist Studenten ihre Knochen.

24 Kulturzentrum Pekarna, Ob Železnici 8, Tel. 02-300 78 70, www.pekarna.net. Auf dem Gelände einer ehemaligen Bäckerei sind neben verschiedenen sozialen und kulturellen Initiativen zwei Klubs und mehrere Veranstaltungshallen angesiedelt.

183sl sk

12 **Patricks,** Poštna ulica 10, Tel. 02-251 18 01, auf facebook. Wie der Name nahelegt, irisch und Ale bis zum Abwinken.

3 **Café Astoria,** Slovenska ulica 2, Tel. 070-14 99 10. Links Bistro, oben Restaurant und rechts das, warum man herkommt – man sitzt an großen Fenstern, um zu sehen und gesehen zu werden.

Galerien

- **Galerija Stolp,** Židovska ulica 6, Tel. 02-251 24 90, www.fotoklub-maribor.si, Di–Fr 15–18, Sa 10–12 Uhr, Eintritt je nach Ausstellung. Die Galerie im Judenturm zeigt Fotografien des „Mariborer Kreises", einer Vereinigung von Künstlern, die in den 1970er Jahren die Fotografie als Stilmittel einsetzten und immer wieder auch Wechselausstellungen.
- **Galerija DLUM,** Židovska ulica 10, Tel. 02-252 36 81, www.dlum.si, Di–Sa 11–13 Uhr; Ausstellung der slowenischen Künstlervereinigung.
- **KiBla,** Ulica Kneza Koclja 9, Tel. 02-229 40 12, www.kibla.org, Mo–Fr 10–18, Sa 10–14 Uhr; im Narodni dom residiert dieses Kunstzentrum mit Cyber-Café, Galerie und verschiedenen Tanz- und Theaterprojekten; es finden Aufführungen, Performances, Installationen und Ausstellungen statt.

Feste und Veranstaltungen

- Wichtigstes und interessantestes Festival ist das **Lent** (www.festival-lent.si), das in der Regel alljährlich Ende Juni abgehalten wird (→ Exkurs „Konzerte auf Flößen – Musik- und Kulturfestival Lent", S. 354).
- Noch ein wichtiges Ereignis im gesellschaftlichen Leben Maribors findet an der Lent statt: An dem ehemaligen Wirtshaus *Stara trta* (Vojašniška ulica 8) wächst angeblich die **älteste Weinrebe Europas,** und die **Traubenlese** an dieser mindestens 300 Jahre alten Rebe nimmt der Bürgermeister am ersten Sonntag im Oktober persönlich vor. Der daraus gekelterte Wein wird hochrangigen Stadtbesuchern in 2,5 cl fassenden Fläschchen gern als Gastgeschenk überreicht. Die Mariborčani nehmen dieses Ereignis gern zum Anlass, ein feuchtfröhliches Fest mit Musik, Tanz, Wein und Gesang zu feiern. Den Winzern der Umgebung dient der symbolische Akt als Startschuss für die Traubenlese.
- Zwischen Juni und September wird das **Internationale Puppenspielerfestival** mit Straßentheater abgehalten (www.lg-mb.si).
- Im September feiert Maribor das **Maribor Festival** (www.festivalmaribor.si), auf dem klassische Musik wie auch Werke zeitgenössischer slowenischer Künstler gespielt werden.
- Im Oktober kommen Sloweniens beste Theatergruppen zum **Borštnikovo srečanje,** einem international geachteten Theatertreffen (www.borstnikovo.si).

Aktivitäten

- **Radweg Pesnica:** Radfahrern sei folgende, aussichtsreiche Tour durch das Weinbaugebiet nördlich von Maribor empfohlen: Von *Pesnica* (7,5 km nördlich) aus geht es durch die Obstgärten des Tals *Dobrenjska dolina* und bergauf zwischen Weinreben nach *Hlapje,* dann weiter zur Windmühle *Vogrinov mlin* und in einem Bogen zurück nach *Pesnica,* wobei man den idyllischen See *Pesniško jezero* passiert. Eine genaue Beschreibung findet sich auf www.visitmaribor.si, Menüpunkte Was unternehmen/Routen /Der Radweg Pesnica. Dort werden auch andere reizvolle Touren empfohlen. Länge: 42 km, Steigung ca. 500 m, Anspruch mittel.
- **Angeln:** Angelkarten für Ausflüge an der Drau erhält man beim Verein *Ribiška durużina,* Cesta XIV. Divizije 54, Tel. 02-471 43 28, www.ribiskekarte.si Mo–Fr 8–12 Uhr.

Floßfahrten: Beim TIC oder online bei Dravatours kann man sich von Juni bis September für Floßfahrten anmelden, die beim Gasthaus *Koblarjev zaliv* westlich der Stadt beginnen (nördliches

Drava-Ufer), und 90 Min. später an der Alten Rebe enden; dazwischen wird man getauft, lauscht einer Blaskapelle und nimmt eine zünftige Aufschnittplatte zu sich (manchmal auch nachts unter Fackelschein); auch Kinder haben ihren Spaß, www.dravatours.com, 25 €, Kind 15 €, Familie 70 € (2 Erw. und 2 Kinder).

Schwimmbad: Mariborski otok, Na Otok 40, 2351 Kamnica, Tel. 02-623 10 32, Juni–Aug. tgl. 9–20 Uhr, 6 €, Kind 4,50 €. Drei Schwimmbecken, Sport- und Spielplätze auf der Dravainsel 4 km westlich des Zentrums.

Pohorje-Gebirge

Mit 1000 km² Fläche und Höhen um 1500 m (höchster Gipfel ist der **Črni vrh,** 1543 m) ist das Pohorje (dt. Bachergebirge) ein teils mit Nadel-, teils mit Buchenwald bestandenes Mittelgebirge. Es bildet den Übergang von den Alpen zu den Höhen des Dinarischen Bergzugs im Süden und zur Pannonischen Tiefebene im Osten. Im Gegensatz zum Kalk der Südalpen herrscht hier **vulkanisches Gestein** vor, eine harte, wasserundurchlässige Schicht und sorgt für ein besonderes Oberflächenphänomen: Regenwasser versickert nicht, sondern läuft in Bächen ab, bildet **Seen** und auf der Hochebene bzw. den sanfter geneigten Hängen sogar **Torfmoore.**

So durchziehen das Pohorje unzählige Wasserläufe und schaffen eine Landschaft, die auch gelegentlich (wie bei den Lovrenška jezerja) an Skandinavien erinnert. An anderen Stellen (Šumik-Wasserfall und Pragozd) wiederum wuchert entlang der Bachbetten fast urwaldartige Vegetation. Ein Netz aus **Wander- und Fahrradwegen** führt zu Naturschönheiten wie den oben erwähnten Seen, aber auch zu **Denkmälern der ländlichen Architektur** (Kirche Sv. Bolfenk, **Sv. Areh,** Einödbauernhöfe), zu **imposanten Bäumen** („Marolt-Tanne mit 6 m Umfang, „Dolar-Kastanie“ mit 8,38 m Umfang) und zu **historischen Sehenswürdigkeiten** (keltische Siedlungsreste, Glashütten, Holzrutsche für den Transport der Stämme).

Ausgangspunkte im Pohorje sind im Norden die Bergstation der Kabinenbahn von Zg. Radvanje bei Maribor (Region Hočko Pohorje) und die Ruška koča (Russische Hütte) auf dem 1269 m hohen Areh (Region Ruško Pohorje), im Südwesten der Gipfel der Rogla (Region Konjiško-Zreško Pohorje) und im Süden Sv. Trije kralji (Region Slovenjebistriško Pohorje). Im Folgenden einige Ausflugs-Vorschläge.

Naturlehrpfad Rozika

Der etwa zweistündige Naturlehrpfad Rozika führt von der **Bergstation** der Kabinenbahn zur um 1500 errichteten Kirche **Sv. Bolfenk,** passiert danach mehrere „Riesenbäume“, so die angeblich höchste Kastanie (14 m) und eine riesige Buche, erreicht schließlich einen alten Feuersteinbruch und dann den **Aussichtsturm Razglednik** (schöner Blick ins Drava-Tal). Über die „Eisenbahnerhütte“ Železničarski dom kehrt man zum Ausgangspunkt zurück. Der Weg verläuft fast durchweg eben in Höhen zwischen 1000 und 1150 m.

■ **Pohorje-Seilbahn,** Pohorska ul. 60, Maribor, Tel. 02-613 18 50, www.marprom.si/vozni-redi/po

horska-vzpenjaca, Sommer tgl. 7–18 Uhr halbstündlich, Sa, So 8–15 Uhr durchgängig, Winter tgl. 7–22 Uhr stündlich, 10 €, hin und zurück 16 €, Kind 7/11 €. Von Maribor mit Bus Linie 6.

Lorenzer Seen

Vom Parkplatz am Hotel *Planja* auf der Rogla (1450 m) führt diese etwa dreistündige **Wandertour** ebenfalls nur mit minimalen Höhenunterschieden (200 m) in das Seengebiet der Lovrenška jezera. Man wandert zunächst über Wiesen in Richtung Ribniška koča, durchquert dann ein Waldstück und spürt bei jedem Schritt, wie weich und federnd der Untergrund ist. Am Aussichtsturm sind die Seen bereits zu erkennen. Über **Holzstege** führt der Weg um die großen und kleinen Wasseraugen im **Moor,** im Frühjahr und Sommer blühen seltene Pflanzen wie der Rundblättrige Sonnentau und vielleicht tanzt das Nachtpfauenauge über den Blüten. Der Rückweg geht zunächst in Richtung Pesek und auf einer Waldstraße zum Komisija-Sattel (sedlo Komisija); am Abzweig zum Pesek biegt man rechts in Richtung Rogla ab und kommt schließlich zum Ausgangspunkt zurück.

Urwald und Wasserfälle

Vom Ort **Ruše** westlich von Maribor führt eine Waldstraße etwa 10 km zu einem Parkplatz, von dem aus Wegweiser zum *pragozd* (Urwald) leiten. Das unter Naturschutz stehende Waldstück ist nicht sehr groß und dicht mit Tannen, Buchen, Ahorn und Ulmen bewachsen. Der 36 m hohe **Wasserfall** *Veliki Šumik* und sein etwas unterhalb liegender Bruder *Mali Šumik* (2 x 9 m) besprühen Farne und Moose mit einer feinen Wassergischt. Zwei seltene Pohorje-Pflanzen sind in der Umgebung zu finden: die Rostblättrige Alpenrose *(Rhododendron ferrugineum)* und der Steinbrech *(Saxifraga paradoxa).*

Über den Wipfeln

Auf dem Gipfel der Rogla, auf 1517 m Höhe, können Besucher auf einem rund 1000 m langen **Baumwipfelpfad** in 20 m Höhe entlang der Baumkronen spazieren und anhand von Schautafeln die Natur der Wälder verstehen. Der Pfad endet an einem runden, 37 m hohen **Panoramaturm** mit grandioser Aussicht auf das Gebirge.

Pot med krošnjami Pohorje, Rogla, Zreče, https://treetop-walks.com/pohorje, Nov.–Feb. 10–16, März–Mai, Okt. 10–18, Juni–Sept. 9.30–19 Uhr, letzter Einlass jew. 1 Std. vorher, 13 €, Kind 10 €, Familie 32 €.

744sl sk

Praktische Tipps

Unterkunft

An der Bergstation der Kabinenbahn

■ **Bolfenk**③, Na Slemenu 35, Pohorje, Tel. 070-29 26 61, www.pohorjevillageresort.si. Komfortabel eingerichtete 20 Zimmer, Restaurant und ein Wellnessbereich mit Hallenbad.

■ **Grand Hotel Bellevue**④, Na Slemenu 35, Pohorje, Tel. 02-607 51 00, www.ghbellevue.si. Modern gestyltes Berghotel mit Wellnessbereich.

■ Hotel **Planja**③, auf der Rogla, Tel. 03-757 71 00, www.rogla.eu. Luxuriöses Berghotel in 1500 m Höhe gelegen, mit Wellnessbereich, Halbpension.

Berghütten

■ **Ruška koča,** Frajhajm 42, Šmartno na Pohorju (bei der Kirche Sv. Areh, Zufahrt über Straße Hoče – Areh), Tel. 02-603 50 46, www.ruskakoca.si. 6 Zimmer auf 1250 m Höhe (21 Betten), Schlafsaal mit 15 Liegeplätzen, 9 Apartments(je 4 Betten); Restaurant.

■ **Mariborska koča,** Slivniško Pohorje 24, Pohorje (am Südhang des Reški vrh, erreichbar auf der Straße Hoče – Areh, Abzweigung in Richtung Hotel *Bellevue*), Tel. 02-603 27 31, pdmbmatica@gmail.com, Mi geschl. Drei Zimmer auf 1068 m Höhe mit 9 Betten, Schlafsaal mit 40 Liegestellen, Restaurant.

Aktivitäten

■ **Fahrradfahren:** Hilfreich ist die von *MRA (Mariborska razvojna agencija)* herausgegebene Karte „Radfahren in und um Maribor" (erhältlich beim TIC in Maribor), mit Fahrradtouren der Region samt Hinweisen auf Ausrüstung bzw. Radtyp, www.bikeparkpohorje.si. Im **Bike-Park** geht's auf Trassen verschiedener Schwierigkeitsgrade 4 km vom Hotel Bellevue downhill.

■ **Paragliding:** Etwa 100 m unterhalb des Hotels *Bellevue* liegt der Startplatz des Mariborer Paragliding-Clubs (www.parakrilec-drustvo.si).

Winter- und Sommerrodelbahn Pohor Jet: Die auf Schienen gesetzten Schlitten können eine Geschwindigkeit bis zu 40 km/h erreichen. Die Strecke führt über eine Länge von 1360 m von der Bergstation der Seilbahn zum Skistadion im Tal. Für Kinder ab 7 Jahren, im Sommer tgl. 12–18 Uhr, 10 €, Kind 7 €, www.enjoyment.si.

◁ Vom Baumwipfelpfad auf der Rogla blickt man weit über das Land

Zreče

- **Meereshöhe:** 396 m
- **PLZ:** 3214
- **Vorwahl:** 02
- **Einwohner:** 3000
- **Dt. Name:** Rötschach

Zreče liegt südlich des Pohorje-Gebirges und bietet als Ausgangspunkt winters wie sommers Unterkünfte. Bekannt ist der überschaubare Ort für seine Heilquellen und so nimmt er als **Therme** einen festen Platz im Universum der slowenischen Heilbäder ein. Modernisiert, sind nicht nur die klassischen medizinischen Anwendungen im Angebot, Wellness steht ebenso auf der Liste.

Die Kosmologisierung der Kunst

Unweit von Zreče ist 10 km nordwestlich mitten in **Vitanje** an den Hängen des Pohorje-Gebirges ein Raumschiff gelandet: Das **KSEVT** versteht sich als **Kulturzentrum für europäische Raum-**

184sl sk

fahrttechnik, das im Sinne des Raketenforschers *Herman Potočnik* (1892–1929) die menschliche Besiedelung des Weltalls unter verschiedenen Aspekten – neben dem technischen auch dem kulturellen – thematisiert und diskutiert. Die Architektur des 3 Mio. € teuren Baus (2 Mio. € hat die EU gestiftet) ist dem Entwurf *Potočniks* für eine Raumstation nachempfunden. *Potočnik*, der unter dem Pseudonym *Herman Noordung* publizierte, war ein heute weitgehend vergessener Vordenker der Raumfahrttechnik, auf dessen Ideen u.a. Studien und Konzepte *Wernher von Brauns* basierten, der die Raumfahrt in den USA maßgeblich prägte. *Potočniks* Würdigung im KSEVT nimmt teilweise eigenwillige Züge an. Man huldigt ihm beispielsweise mit einem Theater in Schwerelosigkeit. Übrigens hat sich die Theatergruppe, die zusammen mit der Band Laibach und verschiedenen Künstlerkollektiven die Bewegung **Neue Slowenische Kunst** (www.nskstate.com) begründete, nach *Potočniks* Pseudonym *Noordung* benannt.

■ **KSEVT** (Cultural Centre of European Space Technologies), Na vasi 18, 3205 Vitanje, Tel. 040-30 00 52, www.ksevt.eu, www.center-noordung.si, Mo–Do 9–16, Fr bis 17, Sa, So 10–18 Uhr, 7 €, Kind 5 €, Führungen nach Voranmeldung.

Praktische Tipps

Informationen

■ **TIC Zreče,** Cesta na Roglo 11j, 3214 Zrece, Tel. 03-759 04 70, www.ticzrece.si, Sommer Mo–Fr 8–16, Sa 8–15, So 9–11 Uhr.

Verkehr

■ **Busse:** Dreimal tgl. Busse auf die Rogla, Auskunft beim TIC oder unter http://lipicnik.com/aktualni-izleti-2/. Nach Slovenske Konjice: Tel. 01-431 77 00, www.nomago.si.

Tatsächlich, ein UFO!
Mitten im ländlichen Idyll des Pohorje

Unterkunft, Essen und Trinken

4 **Hotel Vital**③, Cesta na Roglo 15, Tel. 03-757 61 00, www.terme-zrece.eu. Modernes und überschaubares Vier-Sterne-Hotel mit vielen Kurangeboten, 60 Zimmern, Büffet- und À-la-carte-Restaurant.

6 **Hotel Zvon**②-③, Slomškova 2, Tel. 03-757 36 00, www.garnihotelzvon.si. Kleines familiengeführtes Hotel in der Nähe der Thermen.

2 **Privatzimmer Cokla**①, Šarhova ulica 19, Tel. 041-50 69 59, www.cokla.si. Vier Ferienwohnungen mit allem Notwendigen zur Selbstversorgung.

3 **Hotel Vile Terme**③, Cesta na Roglo 15, Tel. 03-757 61 00, www.terme-zrece.eu. Zimmer und Apartments in mehreren kleinen Villen, Halbpension oder Selbstversorgung.

Urška②, Križevec 11a, Stranice, gleich südwestlich von Zreče, Tel. 031-24 98 12, www.kmetija-urska.si. Ferienbauernhof, der als besonders kinderfreundlich gilt, hervorragende Bioküche, Spielplatz, Haustiere und kleiner Streichelzoo.

1 **Tourist Farm Arbajter**②, Skomarje 46, Zreče, auf dem Weg zur Rogla, Tel. 041-81 56 97, www.turisticnekmetije.si. Auch auf diesem Hof auf 1000 m Höhe und umgeben von Hirschgehegen fühlen sich Kinder wohl. Und die Erwachsenen genießen Hirschsalami oder -schinken.

5 **Gostišče Smogavc**②, Gorenje pri Zrečah 27, Zreče 3214, Tel. 03-757 35 50, www.smogavc.com. 6 km nördlich gibt es beste Küche: Hausmannskost mit viel Wild und Pilzgerichten und einen unvergleichlichen Blaubeerstrudel (auch **Zimmervermietung**②).

Aktivitäten

- **Kur & Wellness:** Die Schwimmbäder der Thermen laden mit Innen- und Außenpools, Whirlpools und Saunalandschaften zum Entspannen ein. *Terme Zreče,* Cesta na Roglo 15, Tel. 03-757 60 00, www.terme-zrece.si. Akratothermalwasser mit 34,5 °C gegen Verletzungen des Bewegungsapparates, rheumatische Erkrankungen, Verletzungen des peripheren Nervensystems und Störungen des peripheren Kreislaufs. Dialysestation.

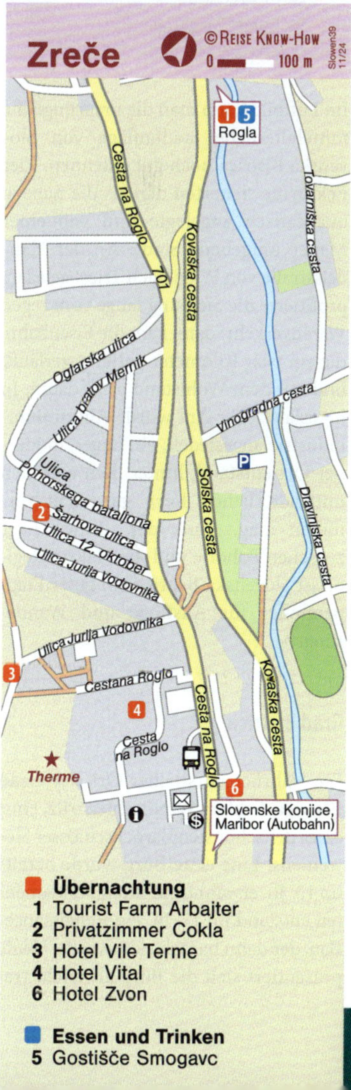

Slovenska Bistrica

- **Meereshöhe:** 247 m
- **PLZ:** 2310
- **Vorwahl:** 02
- **Einwohner:** 8100
- **Dt. Name:** Windischfeistritz

Im Luftbild kann man die ursprüngliche mittelalterliche Stadtanlage von Slovenska Bistrica noch gut erkennen. Vier Ecktürme sicherten damals die nahezu quadratisch angelegte und von einer Mauer umgebene Stadt. An der Handelsstraße von Wien nach Triest gelegen, profitierte die Siedlung lange vom regen Warenverkehr; dann kam die Eisenbahn, die ein paar Kilometer entfernt verläuft, und mit dem Wohlstand war's dahin. In jugoslawischer Ära wurde Aluminiumindustrie angesiedelt; ein neuer, moderner Ort entstand, hinter dem man den mittelalterlichen Kern gar nicht vermuten mag. Dank der idealen Lage zwischen Pohorje und der Haloze-Region ist Slovenska Bistrica ein guter Etappenpunkt für Ausflüge und Wanderungen.

Grad Bistrica

Ein wahrlich fürstlicher Ort war **Grad Bistrica,** Schloss Windischfeistritz, einst eines der schönsten Barockschlösser Sloweniens. Eine erste Burg wurde bereits im 13. Jh. erwähnt, auf ihren Fundamenten entstand im 17. Jh. ein Renaissance-Bau, der dann barockisiert wurde. Heute präsentiert sich die Burg als leicht trapezförmiges, mit Türmen und Graben gesichertes, teilrenoviertes Ensemble mit einem geometrischen, im Geiste des Barock angelegten **Park** mit einer herrlichen Weißbuchenallee. Neben dem Innenhof mit seinen Renaissancearkaden ist der **„Rittersaal“** des Schlosses sehenswert, angelegt auf Anordnung der Grafen *Attems*, die ab dem 18. Jh. bis zum Ende des Zweiten Weltkriegs die letzten privaten Eigner der Burg waren. An der Decke gibt ein perfekt illusionistisches Gemälde den Blick frei auf einen Himmel voller griechischer Heroen und Götter, die Herkules' Ankunft auf dem Olymp feiern. Weitere illusionistische Deckenmalereien finden sich über dem Treppenhaus und in der Schlosskapelle.

1945 verlor die Familie *Attems* alles und das Schloss diente als Wohnhaus, was seinem Erhalt nicht unbedingt zugute kam. Heute sind einige Sammlungen darin untergebracht, darunter die auch für Nicht-Slowenen sehenswerte Ausstellung über die **Römerstraße Celeia – Poetovio** (Celje – Ptuj), eine Kfz-Ausstellung und das kleine **Weinmuseum** mit den besten Tropfen lokaler Winzer.

- **Grad Bistrica,** Grajska ulica 11, Tel. 02-805 53 50, www.zavod-ksb.si, Di–Fr 9–17, Sa 11–15 Uhr, 5 €, Kind 3 €, Familie 10 €.

Wanderung durch die Bistrica-Schlucht

Um zur Schlucht **Bistriški vintgar** zu gelangen, folgt man der Straße am Bistrica-Fluss entlang nach Nordwesten durch **Zgornja Bistrica.** Vom ausgeschilderten

Parkplatz geht's dann zu Fuß 1,5 km weiter in die Bistrica-Schlucht. An einigen Stellen findet man das in Slowenien seltene Serpentin-Gestein, auf dem besondere Farnarten gedeihen. Kurz vor dem Ort Zgornja Nova vas liegt rechts ein **römischer Steinbruch;** dann kommt etwas weiter der hübsche, 13 m hohe **Wasserfall Šum** (ab Bistrica 4,5 km, Gesamtlänge der leichten Wanderung 8 km in eine Richtung). Die meiste Zeit wandert man im kühlen Schatten des Mischwaldes und an Überresten von Wassermühlen vorbei, die in früheren Zeiten Sägen und Hammerwerke antrieben.

Der ganze Stolz der Gemeinde Slovenska Bistrica war die **Maroltova jelka,** eine riesige Weißtanne mit einem Stammumfang von 605 cm und einer ursprünglichen Höhe von 43 m. Die Größe oder das Alter sind ihr nicht bekommen, sie ist vertrocknet und der Sturm hat den Baum schließlich gefällt. Zurück blieb ein mächtiger Stumpf, an dem aber zusehends Zeit und Käfer nagen. Der Rückweg nach Bistrica erfolgt entweder auf gleichem Weg oder etwas weiter westlich über den Berg Urh und die Dörfer Veliko Tinje und Jurišna Vas.

Wanderung am Schwarzen See

Am Skizentrum Sv. Trije kralji vorbei führt die Bergstraße zur **Hütte an der Osankarica,** von wo hölzerne Stege in etwa 20 Minuten durch das Hochmoor zum **Črno jezero,** dem Schwarzen See führen, der düster zwischen hohen Tannen liegt. Der See wurde im 19. Jh. als Sammelbecken für die Holzdrift künstlich angelegt und ist Lebensraum seltener Pflanzen wie der Moosbeere, des rundblättrigen Sonnentaus und des Torfmooses. Die schwarze Farbe verdankt der glasklare See Pflanzenablagerungen auf seinem Grund. Wer mag, kann die Wanderung zum Skiresort *Trije Kralji* (+2,7 km, 40 Min.) fortsetzen und dann auf der Landstraße (4 km) oder auf gleichem Weg zurückkehren.

- **Dom na Osankarici,** Lukanja 27, Voranmeldung unter Tel. 05-994 73 41, www.facebook.com/osankarica, Essen und Unterkunft in 6 Zimmern.

Praktische Tipps

Informationen

- **TIC,** Trg Svobode 17, 2310 Slovenska Bistrica, Tel. 02-843 08 10, www.tic-sb.si, Mo–Fr 9–16, Sa 9–13 Uhr.
- **Alpenverein/Planinsko društvo,** trg Svobode 16, Tel. 02-818 51 09, www.pdsb.si.

Verkehr

- Der **Bahnhof** liegt 4 km südlich: Crešnjevec 152 Tel. 080-81 11, https://potniski.sz.si.
- **Fernbusse:** Kolodvorska cesta 10, Tel. 090-74 11, www.arriva.si, u.a. nach Maribor.

Unterkunft, Essen und Trinken

- **Leonardo**②, Leonova ulica, Tel. 02-805 07 10, http://h-leonardo.com. Nettes, modernes Mittelklassehotel am Ortsrand mit 20 Zimmern.
- **Gostišče Iršič**③, Žabljek 32, 2318 Laporje, Tel. 02-803 86 23, www.gostisce-irsic.com. Der 5 km entfernte Landgasthof begeistert mit anspruchsvoller Kulinarik und angenehmen Gästezimmern.

Ptuj und das Dravsko polje

- **Meereshöhe:** 232 m
- **PLZ:** 2250
- **Vorwahl:** 02
- **Einwohner:** 23.500
- **Dt. Name:** Pettau

Südöstlich von Maribor fließt die Drava durch ein weites, fast ebenes Becken, das sich hervorragend für die Landwirtschaft eignet. Dieses **Draufeld,** Dravsko polje, und die Stadt Ptuj sind deshalb Sloweniens ältestes und bis heute durchgängig bewirtschaftetes Siedlungsgebiet. In der bäuerlichen Kultur haben sich viele **abergläubische Sitten und Bräuche** wie das Kurentenlaufen erhalten (→ Exkurs „Teufel, Pflüger und Fellgestalten – der Fasching in Ptuj“, S. 381). Ptuj mit der Burg, den pittoresken Gassen der **Altstadt** und dem Drava-Ufer zählt zu den **schönsten Städten Sloweniens** und verdient nicht nur zur Faschingszeit einen längeren Besuch.

Die Verkehrsführung in den **engen Gassen** des Städtchens ist kompliziert und zur Stoßzeit nervenaufreibend. Zudem ist ein Großteil des Zentrums verkehrsberuhigt. Man fährt am besten hoch zum Schloss, parkt dort und unternimmt alles Weitere zu Fuß. Bahnhof und Busbahnhof sind zu Fuß rund zehn Minuten vom historischen Zentrum entfernt.

Die ältesten in Ptuj entdeckten Siedlungsreste stammen aus der Jungsteinzeit und sind damit etwa 4000 Jahre alt. Die alten **Römer** gründeten **Poetovio** gegenüber der **Siedlung der Illyrer** auf der rechten Drava-Seite. Da Ptuj an der historischen Bernsteinstraße vom Baltikum zur Adria an einem wichtigen Drava-Übergang lag, brachte die Eingliederung ins römische Imperium etwa 15 v. Chr. einen enormen Aufschwung im Handel. Die beiden Städte waren durch eine Drava-Brücke verbunden, wurden aber jede für sich relativ autonom verwaltet. Zumindest besaß jede eine eigene Wasserleitung. Die Römer erhielten Wasser per Aquaedukt vom Pohorje, während das der Illyrer gegenüber durchs Rogoznica-Tal floss. In der Spätzeit römischer Herrschaft verbreitete sich in der Region der **Mithras-Kult,** dessen Heiligtümer zu den eindrucksvollsten Zeugnissen der römischen Epoche um Ptuj zählen.

Auch danach blieb Ptuj eine wichtige Siedlung, gehörte dem Salzburger Bistum und ab dem 16. Jh. zu Habsburg. Ungarn und Türken belagerten es, weshalb man Mitte des 16. Jh. mächtige Bollwerke errichtete. Im 17. Jh. kam der Niedergang, die Handelswege hatten sich verlagert und das nahe Maribor lief Ptuj den Rang ab. Seither ist die Stadt ein wichtiges landwirtschaftliches Zentrum, vor allem der **Weinbau** in den Haloze-Bergen trägt zum Wohlstand bei.

Sehenswertes

Mestni trg

Ausgangspunkt eines Altstadtrundgangs ist der Mestni trg, der Stadtplatz am ehemaligen Osttor des mittelalterlichen Ptuj. Heute dominiert die verspielte Fas-

Übernachtung
1 Grand Hotel Primus, Glamping Terme Ptuj
2 B&B/Sobe Šilak
4 Hotel Mitra
6 muziKafe
10 Hotel Roškar
11 Hostel Sonce

Essen und Trinken
3 Restaurant Ribič
5 Gostilna Amadeus
7 Gostilna Grabar

Nachtleben
9 Ranca Bar

Einkaufen
8 Hiša usnja Herman

sade des Anfang des 20. Jh. errichteten neogotischen Rathauses **Mestna hiša** und die des gegenüberliegenden Renaissance-Hauses mit hell abgesetzten Ornamenten. Mittelpunkt des Platzes ist eine **Statue des hl. Florian,** den die Ptujer Bürger allerdings erst um Schutz baten, als es bereits zu spät war. 1744 nämlich vernichtete ein verheerender Brand einen großen Teil der alten Stadt und erst danach erhielt *Florian* in kriegerischer Montur und auf Wolken schwebend seinen Platz.

Slovenski trg

(Unser Tipp:) Von hier führt die Murkova ulica bergan zum Slovenski trg. Alte Häuser mit teils eigenwilligen Portalen säumen diese Straße, die am ehemaligen Marktplatz endet. Wie die Hauptplätze in vielen anderen slowenischen Städten gleicht auch der Slovenski trg eher einer breiten Gasse denn einem geräumigen Platz. Ihn säumen alte, aus Barock und Renaissance stammende Häuser, darunter das **alte Rathaus** mit venezianischem

Doppelfenster und das **Ljutomerska hiša** nebenan mit einem sehr hübschen Arkadenhof.

In der Mitte des Platzes residiert die Touristinformation stilgerecht im alten **Stadtturm Mestni stolp** aus dem 16. Jh., in dessen Fassade man im 19. Jh. römische Grabsteine und Steintafeln einmauerte und so eine Art Freiluftmuseum schuf.

Wichtigstes römisches Relikt ist aber das **Orpheus-Denkmal** Orfejev spomenik, das an exakt dieser Stelle als Grabstein für den angesehenen Bürger *Markus Aurelius Verus* im 2. Jh. errichtet wurde und seinen Namen einem an der Spitze eingemeißelten Orpheus-Relief verdankt. Im Mittelalter diente der 5 m hohe Block aus Pohorje-Marmor als Pranger.

Der Slovenski trg scheint über die Jahrhunderte eine bedeutende sakrale Stätte gewesen zu sein; Spuren dokumentieren eine frühchristliche Basilika bereits im 4. Jh., aus dem 9. Jh. ist die Existenz einer einschiffigen Kirche dokumentiert und heute steht an dieser Stelle die Kirche **Sv. Jurij,** die Georgskirche. Bauphasen zwischen dem 12. und 17. Jh. lassen sich an ihr ablesen, im Inneren zeigt sie abgesehen von den barocken Seitenkapellen klare gotische Linien. Gleich rechts vom Eingang ist die Taufkapelle mit einem wunderbaren gotischen Altar, dem 1460 entstandenen „Laib-Altar", und einem gotischen Taufstein unbedingt sehenswert. Links vom Eingang steht unter Glas eine ebenfalls aus gotischer Zeit stammende Plastik eines zierlich wirkenden hl. *Georg* mit dem Drachen.

Kurenten-Haus

Prächristliche Elemente, nämlich die in der Faschingszeit zum Leben erwachenden Kurenten, dokumentiert die Kurentova hiša mittels Bildern, Videos und „furchterregenden" Originalkostümen. Das uralte Brauchtum zählt seit 2017 zum **Immateriellen Weltkulturerbe** der UNESCO.

■ **Kurentova hiša,** Murkova ulica 7, Tel. 070-53 84 76, Mi–Mo 12–18 Uhr, 7 €, Kind 5 €.

Burg

Die Gasse Grajski trg führt, ebenfalls von alten, schönen Häusern gesäumt, hinauf zur Burg **Ptujski grad.** Einzigartig ist der Blick von der Burgmauer hinunter auf die Altstadt und das helle Band der Drava. Aus dem 3. Jt. v. Chr. stammen die ältesten Funde – kein Wunder, denn der 264 m hohe Hügel, ein Ausläufer der Slovenske gorice (Windische Büheln), bietet eine strategisch hervorragende Position mit Weitsicht über die fruchtbaren Ebenen. In römischer Zeit hat man hier oben Jupiter verehrt; später ließen Kelten und Awaren ihre Toten bestatten und im 10./11. Jh. ist eine erste Festung entstanden, von welcher der Westturm am äußersten Ende des Turnierplatzes übrigblieb. Die restlichen Bauteile stammen vorwiegend aus dem barocken 17. Jh.

Durch den unteren Burghof mit den ehemaligen Pferdeställen und einem hübschen Café erreicht man den inneren Burgbereich, dessen Hof zierliche Arkaden säumen und in dessen Erdgeschoss der romanische Saal eine **historische**

185sl sk

Waffensammlung birgt. In den anderen Etagen zeigt das **Regionalmuseum** feudale Original-Einrichtungen aus dem 19. Jahrhundert, die größtenteils der Familie *Herberstein*, den letzten Schlossherren von Ptuj, gehörten.

Beachtenswert ist auch die Sonderausstellung zum Thema **Fasching,** die die ländlichen Bräuche des Kurentenlaufens mit Masken und Kostümen beschreibt; man sieht und versteht im Grunde mehr als bei den Faschingsveranstaltungen und die furchterregenden Masken sind sehr faszinierend.

■ **Pokrajinski muzej Ptuj,** Na Gradu 1, Tel. 02-748 03 60, http://pmpo.si, 10–18 Uhr, im Winter Di–So 10–16 Uhr,10 €, Kind 5 €, Familie 20 €.

Die Burg Ptujski grad beherrscht Ptujs Altstadt

Dominikanerkloster

Die Grajska ulica weiter bergab gehend gelangt man zum Muzejkski trg mit dem ehemaligen Dominikanerkloster, das heute modern umgebaut als Kultur- und Kongresszentrum dient. Wie Blütenranken überwuchert der Stuck die Fassade der Klosterkirche. Hinter den abweisenden Mauern verbirgt sich einer der schönsten Kreuzgänge Sloweniens aus dem 15. Jh.

■ **Dominikanski samostan,** Muzejski trg 1, Tel. 051-32 60 11, www.dominikanskisamostan.si, Di–So 10–18 Uhr, 4 €, Kind 2 €, Familie 9 €.

Die früher im Dominikanerkloster gezeigten, **archäologischen Exponate der römischen Epoche,** inklusive zweier Mithräen, sind zur Zeit leider nicht zu sehen. Allerdings veranstaltet die archäologische Abteilung des Regionalmuseums gelegentlich Sonderausstellungen

187sl sk

in ihren Räumen am Muzejski trg 2, die dann meist Montag bis Freitag 10–14 Uhr geöffnet sind.

An der Prešernova ulica

Die Prešernova ulica führt nach Osten und zurück zum Slovenski trg, vorbei an alten Anwesen wie dem Haus Nr. 16, in dessen Innenhof Grabsteine aus römischer Zeit eingemauert sind, dem Haus Nr. 5, das aus dem 15. Jh. stammt, und Nr. 4 mit Fragmenten romanischer Fassadengestaltung. In Haus Nr. 6 empfängt das Hotel *Mitra* Gäste. An dessen Stelle war einst das **Mithräum V.**

Auf der Terrasse des Schlosscafés kann man den Blick genießen und sich von der Besichtigung erholen

Weinkeller Pullus

Nach so viel Architektur lockt ein gänzlich anderer Genuss. Der Ptujer Weinkeller *Pullus* (ehem. „Vinska klet") blickt auf eine **750-jährige Weinbautradition** zurück. Die Anlage selbst stammt aus dem 19. Jahrhundert. Nach der Verstaatlichung Mitte des 20. Jh. brach man den bei Weltkriegsende vom Vorbesitzer zugemauerten Weinkeller auf und fand darin wertvolle alte Tropfen, darunter die 1917 abgefüllte *Zlata trta*, den Goldenen Rebstock – ein Zierfandler bzw. Spätrot, ein Abkömmling des *Roten Veltliner.*

Die Weine aus der Region werden unter dem Namen *Pullus* vermarktet. Die Erzeuger nehmen für sich in Anspruch, besonders naturreine, gesunde Weine zu keltern. Die **preisgekrönten Weine** stammen aus der nördlich gelegenen Re-

189sl sk

gion Slovenske gorice und aus dem südlichen Hügelland Haloze. Eine spannend aufbereitete Licht- und Tonschau begleitet Besucher bei der Besichtigung und am Ende wartet eine Weinverkostung und eine kleine Brotzeit.

■ **Pullus,** Trstenjakova 6, Tel. 02-787 98 10, www.pullus.si, Besichtigung nur nach Voranmeldung, 90 Min. Präsentation und Verkostung mit vier Weinen 18 €, mit Käse 7 € extra.

So wuchtig sie von außen wirkt, so elegant erscheint das Innere der Marienkirche

In der Umgebung

Wallfahrtskirche

Ptujska Gora, 13 km südwestlich der Stadt, ist eine der bedeutendsten Marien-Wallfahrtsstätten Sloweniens. Um die im 14. Jh. auf einem Hügel errichtete Kirche drängen sich die Häuser des gleichnamigen Ortes, in dem nicht wenig Läden Opferkerzen und Devotionalien verkaufen. Alles dreht sich um die Verehrung der Schutzmantelmadonna über dem Hauptaltar der Kirche, ein wunderbar gearbeitetes gotisches Muttergottes-Relief, unter deren ausgebreitetem Mantel die Gläubigen Schutz suchen. An hohen **Marien-Feiertagen** wie dem 15. August pilgern die Menschen in Scharen den Berg hinauf, um zur Madonna zu beten und Kerzen zu stiften.

■ **Ptujska Gora,** Ptujska Gora 40, Tel. 02-79 44 231, www.ptujska-gora.si, tgl. 6–19, Messen Mo–Mi 7.30, Do, Fr 19 (Sommer) oder 18 (Winter), Sa 7.30, 10, So 6.30, 8, 10, 16 Uhr.

Mithräum I und III

Wer sich für weitere Mithräen interessiert wird im Ort **Spodnja Hajdina** fündig: Mithräum I, an der Straße in Richtung Maribor unweit des Bauernhofs Zupanič (37a), und Mithräum III in der Straße K mitreju. Sehenswert ist auf jeden Fall Mithräum III, bei dem man die Tempelanlage mit dem tiefer liegenden Mittelschiff gut zu erkennen ist. Die Stirnwand ziert ein Altarbild, das Gott Mithras beim Kampf mit dem Stier zeigt. Mithrasskulpturen und Votivsteine, teils aus anderen Mithräen in Slowenien, sind in dem schlichten Raum aufgestellt. Mithräum I ist etwas einfacher gestaltet.

■ **Mithräum I und III,** nur nach Voranmeldung (mind. 3 Werktage im Voraus), Pokrajinski muzej, Tel. 02-748 03 60, http://pmpo.si, 3 €/Person (Kind 2 €) pro Mithräum, mit Führung zusätzlich 45 bzw. 30 € pro Gruppe bis 15 Personen und Mithräum.

Der Mithras-Kult

Seinen Ursprung hat der Mithraskult in der **persischen Glaubenswelt,** von wo er sich schnell ausbreitete, sodass er ab 70 v. Chr. im **Römischen Reich** immer mehr Anhänger fand. Besonders Legionäre und Beamte in den Grenzprovinzen scheinen davon angezogen worden zu sein. Im Mittelpunkt der Anbetung steht der **Lichtgott Mithras,** dessen „Urtat", die Überwindung des Bösen (und der Finsternis), im symbolischen Akt der **Tötung eines Stiers** dargestellt wird. Skulpturen und Reliefs mit diesem Motiv wurden in fast allen Mithräen gefunden. Verehrt wurde Mithras in unterirdischen Gewölben, Höhlen und Grotten; sein Heiligtum ist fast immer „dreischiffig" mit einem tieferen mittleren Schiff, das auf den Altar zuführt.

Mithras-Anhänger waren in einer Art Geheimgesellschaften mit unterschiedlichen Stufen der Weihe organisiert, das Glaubensleben war stark von Mysterienkulten geprägt. Die römischen Kaiser betrachteten den persischen Kult mit Misstrauen und erkannten ihn nicht an, weshalb sich die Mithräen immer außerhalb der eigentlichen Stadtgebiete befanden.

Rundfahrt durch die Haloze

Der Bergzug Haloze südlich von Ptuj besteht aus teils sehr steilen, spitz zulaufenden Hügeln, deren mühsam terrassierten östlichen Hänge mit Weinreben bepflanzt wurden, während im Südwesten dichte Wälder dominieren. Die 250 km² große Region ist eine der abgeschiedensten Sloweniens. Erst nach dem Zweiten Weltkrieg hat der Staat eine Infrastruktur geschaffen und bis heute machen manche der **einsam liegenden Bauernhöfe** den Eindruck, als seien die letzten Jahrhunderte spurlos an ihnen vorübergezogen; auch heute besitzen noch viele aus Bruchstein gemauerte Fundamente und mit Schindeln oder Stroh gedeckte Dächer. Rinder können in dem steilen Gelände nicht grasen, so halten die Bauern **Ziegen,** weswegen die typische Haloze-Spezialität, ein aromatischer Ziegenkäse, die Weinverkostungen begleitet.

745sl sk

Im Touristeninformationszentrum in Ptuj sowie im Haloze-Büro im Weiler Circulane sind Karten mit Tourenvorschlägen durch die Haloze erhältlich. Eine Weinstraße beginnt beispielsweise in **Videm pri Ptuju** südöstlich von Ptuj und führt über **Dravinjski vrh** (261 m, Kirche Janeza Krstnika aus dem 13. Jh.) nach Südwesten durch Weinberge bis Majski Vrh und **Podlehnik.** Dann kreuzt man die Hauptstraße Maribor – Zagreb und fährt weiter nach Westen durch Weinberge und vorbei an Kellereien, klettert auf bis zu 400 m Höhe (Berg **Gorca** mit Gasthaus) und passiert ein kleines ethnografisches Museum, das sich der bäuerlichen Kultur der Haloze widmet (3 km hinter Gorca). Der Rückweg nach Ptuj führt über Breg und Majšperk in die Ebene Ptujsko polje.

Steile Hänge sind charakteristisch für die Weinlagen der Haloze

Hauptort der Haloze ist das Dorf **Cirkulane** im Osten der Bergregion. Nicht weit entfernt liegt **Burg Borl** (Dolane 1), eine zu Teilen aus dem 13. Jh. stammende Burganlage, in deren Nähe man schön über dem Drava-Ufer sitzen und bei einem Glas Wein über die bewegte Geschichte der Region nachdenken kann, in der sich Ungarn und Osmanen mit Attacken auf die Festungen abwechselten.

Die Burg wurde 2024 nach Jahren der Vernachlässigung teilrenoviert wiedereröffnet. In den Räumen residiert nun ein **Informationszentrum** des EU-Naturschutzprojektes **Natura 2000** für die Region Borl-Drava (Fr–So 10–18 Uhr, 6 €). Ein nettes Schlosscafé sorgt an den Wochenenden für das leibliche Wohl.

Schloss Štatenberg

Schloss Štatenberg, 10 km südwestlich von Ptujska Gora, liegt herrlich auf einem Hügel beim gleichnamigen Weiler am Flüsschen Dravinja. Es wurde ab 1720 von den Grafen *Attems* errichtet. Besonders schön ist der barocke Innenhof. Eine rührige Privatinitiative hat das Schloss zu einer Art **Ehrenmal für die Habsburger** erkoren, denen Slowenien – so wie sie es sehen – fast alles zu verdanken hätte. Und wenn der Pfau durch den Innenhof schreitet und die Damen und Herren der Initiative in historischen Gewändern wandeln, ist die Monarchie zurückgekehrt.

■ **Dvorec Štatenberg,** Štatenberg 86, 2321 Makole, Tel. 02-87 08 35, www.dvorecstatenberg.si, Mai–Okt. So 10–18 Uhr, 5 €.

Dominikanerinnenkloster Studenice

Das seit Jahren in Renovierung befindliche Kloster 6 km westlich von Štatenberg entstand 1235–49 und hatte eine **wechselvolle Geschichte.** Im 16. Jh. plünderten erst die Türken, dann die Bauern das reiche Kloster und die Nonnen gaben es auf. Im 19. Jh. kehrten die Dominikanerinnen zurück. 1945 zogen sie sich endgültig zurück und das Kloster verfiel. Oberhalb von ihm sind noch Mauerreste einer Burg erhalten. Die Kirche ist der hl. *Lucija* gewidmet.

Praktische Tipps

Informationen, Notfälle

■ **TIC,** Slovenski trg 5, 2250 Ptuj, Tel. 02-779 60 11, www.visitptuj.eu, Mo–Fr 9–16, Sa, So 10–15 Uhr.

■ **Touristinformation Cirkulane,** Cirkulane 56, Tel. 02-795 32 00, www.turizem.haloze.org, Mo–Fr 8–16 Uhr.

■ **Alpenverein/Planinsko društvo,** Prešernova ulica 27, Tel. 02-777 15 11.

■ **Hospital/Splošna bolnišnica,** Potrčeva cesta 23, Tel. 02-749 14 00, www.sb-ptuj.si.

■ **Apotheke/Lekarna:** Trstenjakova ulica 9, Tel. 02-771 60 01, www.lekarne-ptuj.si.

Verkehr

■ **Bahnhof:** Osojnikova 2, Tel. 080-81 11, https://potniski.sz.si, Verbindungen in Richtung Maribor, Murska Sobota, Hodos (Ungarn).

■ **Fernbusse:** Osojnikova cesta 11, Tel. 090-74 11, www.arriva.si, in Richtung Ptujska Gora, Maribor und Murska Sobota.

Einkaufen

8 **Hiša usnja Herman,** Dolane 8, Borl, Circulane, Tel. 02-761 20 01, www.herman.si, Mo–Fr 7.30–18 Uhr, Sa 7.30–13 Uhr. Alles nur Erdenkliche aus Leder zu durchaus günstigen Preisen, auch Maßanfertigungen sind möglich.

Unterkunft

1 **Grand Hotel Primus**④, Terme Ptuj, Tel. 02-749 45 06, www.sava-hotels-resorts.com. Luxussaniert mit 119 Zimmern und mit einem Hauch Alten Roms ausgestattet, das Wellnesshotel ist das

Teufel, Pflüger und Fellgestalten – der Fasching in Ptuj

Traditionelles Brauchtum hat sich in der Region um Ptuj, besonders im bäuerlich geprägten Dravsko und Ptujsko polje, bis nach dem Zweiten Weltkrieg erhalten; dann aber wich der Aberglaube sozialistischem Realitätssinn und erst ab Mitte der 1980er Jahre gibt es eine Wiederbelebung der alten Sitten des **Winteraustreibens.** Zum traditionellen Figurenkanon der Masken gehören Bären, Teufel, die „Pflüger" genannten *orači* und die *kurenti,* in Schaffelle gekleidete und mit Kuhglocken behängte, furchterregende Gestalten, die drohen und allerlei Schabernack treiben. In Ptuj kommen all diese Figuren zum **Kurentenlauf** zusammen, dem großen Umzug am Faschingssonntag, der von Faschingsvereinen aus anderen Städten und Nachbarländern mitgetragen wird. In der Woche davor kann man die Kurenten auch schon in den Dörfern sehen, wenn sie an den Bauernhöfen Naturalien wie Wein, Speck, Würste und Brot einsammeln und dafür alles Böse von der Schwelle des Hauses und den Feldern des Anwesens vertreiben. Ursprünglich durften nur junge Burschen als Kurenten in Erscheinung treten, inzwischen hält man es damit nicht mehr so genau.

Noch hängen sie im Museum, aber zum Fasching werden sie lebendig und jagen die Wintergeister

188sl sk

Flagschiff der Thermen – es bietet allen erdenklichen Komfort und ein großzügiges Wellness-Center.

4 **Hotel Mitra**③, Prešernova ulica 6, Ptuj, Tel. 02-787 74 55, www.hotel-mitra.si. Direkt unterhalb des Schlosses in der Altstadt nächtigt man elegant und zentral in einem der 29 Zimmer; kleines Atrium, Kaffee und Weinkeller.

10 **Hotel Roškar**①, Hajdoše 43 j, Tel. 02-782 32 01, www.hotelroskar.com. Einfaches Mittelklassehotel mit 32 Zimmern und einer guten Gaststätte.

Unser Tipp: 2 **B&B/Sobe Šilak**②, Dravska ulica 13, Tel. 02-787 74 47, www.rooms-silak. com. Drei Apartments und 12 Zimmer in einem wunderschön restaurierten, historischen Stadthaus an der Drava, gutes Frühstück und zuvorkommende Gastgeber; Fahrradverleih.

6 **muziKafe**①-②, Jadranska ulica 5, Tel. 02-787 88 60, www.muzikafe.si. Eine weltreisende Familie hat sich mit diesem B&B einen Traum erfüllt; sie verstehen sich nicht nur als Unterkunft, sondern auch als Kulturzentrum und veranstalten Lesungen und Musik-Events. Die Zimmer sind individuell und originell.

11 **Hostel Sonce**①, Zagrebška cesta 10, Tel. 031-36 19 82, http://hostel-sonce.com. Sonce heißt Sonne, und sonnig-orange sieht das Hostel von Außen aus. Die farbenfrohe Gestaltung setzt sich in den freundlichen Ein- und Mehrbettzimmern fort.

Bauernhof Firbas

25 km nordöstlich von Ptuj steht in der Hügelwelt ein vorzüglich unterhaltener, mit viel Liebe und Blick fürs Detail eingerichteter Ferienbauernhof mit 10 Doppel- und Familienzimmern. Umgeben von Obstbäumen und Weinreben grasen Pferde und Kühe auf der Weide, leben Hühner, Schweine und Hasen. In dieser Umgebung wird es nicht langweilig. Eine schöne Gartenanlage mit Rückzugsmöglichkeiten, angenehme Zimmer auch für Familien und eine ausgezeichnete Küche mit vornehmlich auf dem Hof hergestellten Produkten garantieren einen schönen (und gesunden) Urlaub. Sauermilch, Leberwurst, Brot, Käse, Schweineschmalz, Marmeladen, Obstsaft, Wein, Salat – auch wenn es aufwendig ist, alles selbst zu pflanzen, zu füttern und herzustellen, für die Familie *Firbas* ist es Ehrensache. Das Übernachtungsangebot reicht vom Stellplatz über Glamping und gemütliche Zimmer bis zu voll ausgestatteten Apartments. Oder eine abenteuerliche Nacht auf dem Heuboden?

■ **Firbas**①-③, Cogetinci 60, Cerkvenjak, Tel. 031-85 58 14, www.firbas.com.

Cirkulane

■ **Kozarčan**②, Pristava 28a, 2282 Cirkulane, Tel. 02-740 80 30, www.kozarcan.si. Der Weinbauernhof vermietet 4 Zimmer und 2 Apartments.

■ **Gasthof Krona**①, Cirkulane 60, 2282 Cirkulane, Tel. 02-761 15 01. Gemütliche Gaststätte mit Spezialitätenküche und netten Pensionszimmern.

Camping/Glamping

1 **Terme Ptuj,** Pot v Toplice 9, Tel. 02-783 79 41, www.sava-hotels-resorts.com, geöffnet Mai–Sept., rund 100 Plätze. 1 km außerhalb, aufgeräumter, ordentlicher Platz, freier Zugang zu den Thermen. Das *Wine Village Glamping* besteht aus ausgemusterten Weinfässern, Halbpension ist zubuchbar.

Essen und Trinken

5 **Gostilna Amadeus**②, Prešernova 36, Tel. 02-771 70 51, auf Instagram. Di, So abends geschl. Rustikales Gasthaus mit bodenständiger slowenischer Standardküche und großen Portionen.

3 **Ribič**②, Dravska ulica 9, Tel. 02-749 06 35, www.facebook.com/gostilnaribic, Mo geschl. Fischlokal am Drava-Ufer; Zander, Forellen und Karpfen sind frisch, gekonnt angerichtet und sehr schmackhaft zubereitet.

7 **Gostilna Grabar**③, Rabelčja vas 15a, Tel. 02-778 21 40, www.gostilnagrabar.si, Mo, Di geschl. Exzellente Menüs zu mehr als fairen Preisen am nördlichen Stadtrand 2 km vom Zentrum. Fazit: Auch das Auge isst mit!

Abends unterwegs

7 **Ranca Bar,** K jezeru, Tel. 040-27 46 91, auf Facebook, nur im Sommer. Dort, wo ein Wehr die Drava zum See aufstaut, bringt die Bar mediterrane Stimmung ans „Ptujer Meer".

Aktivitäten

■ **Radfahren:** Ptuj liegt am Drava-Fernradweg (https://dravabike.si). Rund um den Stausee sind Radtouren verschiedener Schwierigkeitsgrade ausgewiesen. Infos und Material gibt es beim TIC Ptuj.

■ **Angeln:** Angelscheine bekommt man beim Angelverein/*Ribiška družina,* Cesta 8. Avgusta 11, Tel. 02-746 22 81, www.ribiskekarte.si/rd-ptuj.

■ **Bootsverleih:** bei der Ranca Bar (→ oben), auch SUP-Boards und Kajaks.

■ **Kur & Wellness:** *Terme Ptuj,* Pot v Toplice 9, Tel. 02-783 79 41, www.sava-hotels-resorts.com; Akratothermalwasser mit 39°C gegen rheumatische Beschwerden, orthopädische Leiden, Erkrankungen des Nervensystemes und Altersbeschwerden.

■ **Golf:** Golfplatz Ptuj, *Golfinvest d.o.o.,* Mlinska cesta 13, Tel. 041-76 19 65, www.golf-ptuj.si; 18-Loch-Platz (Länge 1–18: 4389–5765 m, Par: 70–73).

Das beste Kernöl der Welt

Das Mahlen der Kürbiskerne ist eine Wissenschaft für sich und *Alojz Kocbek* beherrscht sie perfekt. Seit 1929 ist der Betrieb in Familienbesitz und die besten Restaurants des Landes kaufen bei ihm das mildere kaltgepresste und das kräftigere warmgepresste schwarze Öl (oder auch nach alter Tradition steingepresst). Gesund ist es und mit seinem ganz eigenen Geschmack harmoniert es perfekt mit allen erdenklichen Salaten. Und wer etwas für seinen Körper tun will, nimmt täglich ein kleines Gläschen pur vor dem Frühstück. Preiswert kann das Öl nicht sein, denn aus 30 Kürbissen gewinnt man 3 kg Kerne, die wiederum einen Liter Öl ergeben. Maximal 17 l pro Stunde produziert die Mühle und genaustens muss die Temperatur beim Erwärmen eingehalten werden. Es ist ein Balanceakt, denn eine höhere Temperatur macht das Öl kräftiger, zerstört aber auch Inhaltstoffe. In Österreich ist prinzipiell eine höhere Temperatur erlaubt als in Slowenien, weshalb das slowenische Öl als qualitätsvoller gilt (was die Nachbarn natürlich abstreiten). Neben Kernöl sind auch Walnuss- und Sonnenblumenöl im Angebot – und auch Schokolade mit Geschmacksnuancen, die erst einmal exotisch anmuten, nichtsdestotrotz aber absolut köstlich schmecken.

■ **Ölmühle/Oljarna Kocbek,** Stara Gora 1, Sv. Jurij ob Ščavnici, 25 km nordöstlich von Ptuj, Tel. 02-568 90 26, www.kocbek.si.

509sl sk

8

Murska Sobota und die pannonische Tiefebene

» Ljutomer, Jeruzalem, Ormož – Kleinstädte und Dörfer, die der Kenner mit den besten slowenischen Weinen verbindet – hier ist eine (Rad-)Tour auf den Weinstraßen von Winzer zu Winzer Pflicht.

191sl sk

< Plečniks Kirche in Bogomila wird manchmal auch „Weiße Taube" genannt

AN DER GRENZE ZU UNGARN

192sl sk

Willkommen im Weinland! Winzer und Weinberge auf Schritt und Tritt geben der Region zwischen Drava und Mura ein eigenes Gepräge. Im Winzer- und Bauernland scheint die Zeit stillzustehen. Von Ljutomer geht's per Auto, Rad oder auch zu Fuß hügelauf, hügelab zu Weinschänken und urigen Gasthäusern. Jenseits des Flusses Mura von Wein keine Spur, dafür schmücken Maiskolben die Hausfirste. Das flache, weite Land ist Ausläufer der pannonischen Tiefebene und erinnert in Sprache wie Ortsbild ans benachbarte Ungarn.

Ländlich ist der Osten des Landes zur pannonischen Tiefebene hin, weit sind die Landschaften, durchzogen von **Mura und Drava** (Mur und Drau). Als sei die Geschichte stehengeblieben, findet man noch **mittelalterliche Dorfkerne,** als sei die Natur wie eh und je, nisten **Störche** auf den Kirchtürmen und Hausdächern. Als kenne man moderne Produktion nur vom Hörensagen, rattern **Mühlen** an Flussufern. Überall erklingt das Klappern des **klopotec,** der akustischen Vogelscheuche, über den von Morgennebel verhangenen **Weinbergen,** auf denen sich die Reihen der Reben bis zum Horizont hinziehen. Hier und da ragt stolz eine Burg in den Himmel und zeugt von Reichtum und Adel. Doch das **Prekmurje** und die östliche **Štajerska** gehören seit jeher den Bauern.

Wer einen guten Tropfen schätzt, sei er weiß oder rot, still oder prickelnd, ist in den Ausläufern der pannonischen Tiefebene richtig. Zahllos sind die Weinkeller, Buschenschänken und Bauernhöfe, die „Geistiges" anbieten, aber auch eine deftige Mahlzeit servieren.

Die letzte noch in Betrieb befindliche Mühle an der Mura bei Veržej. Mehl kann man hier direkt kaufen

Die Highlights für Kinder

- Interaktive Elemente: Pomurje-Schau im **Expano Pavillon** | 391
- Sie mahlen tatsächlich noch Mehl: **Mühlen an der Mura** | 391, 393
- Wohnen wie anno dazumal und auf dem Dach klappern die Störche: **kindgerechte Ferienwohnungen** | 394

NICHT VERPASSEN!

- **Mühle von Veržej** | 391
- **Plečnik-Kirche von Bogojina** | 393
- **Weinstraßen** zwischen Ljutomer und Ormož und um Jeruzalem | 397, 399
- **Radtouren um Ljutomer** | 402
- Einkauf von **Schwarzkeramik** in Filovci | 405

Diese Tipps erkennt man an der gelben Markierung.

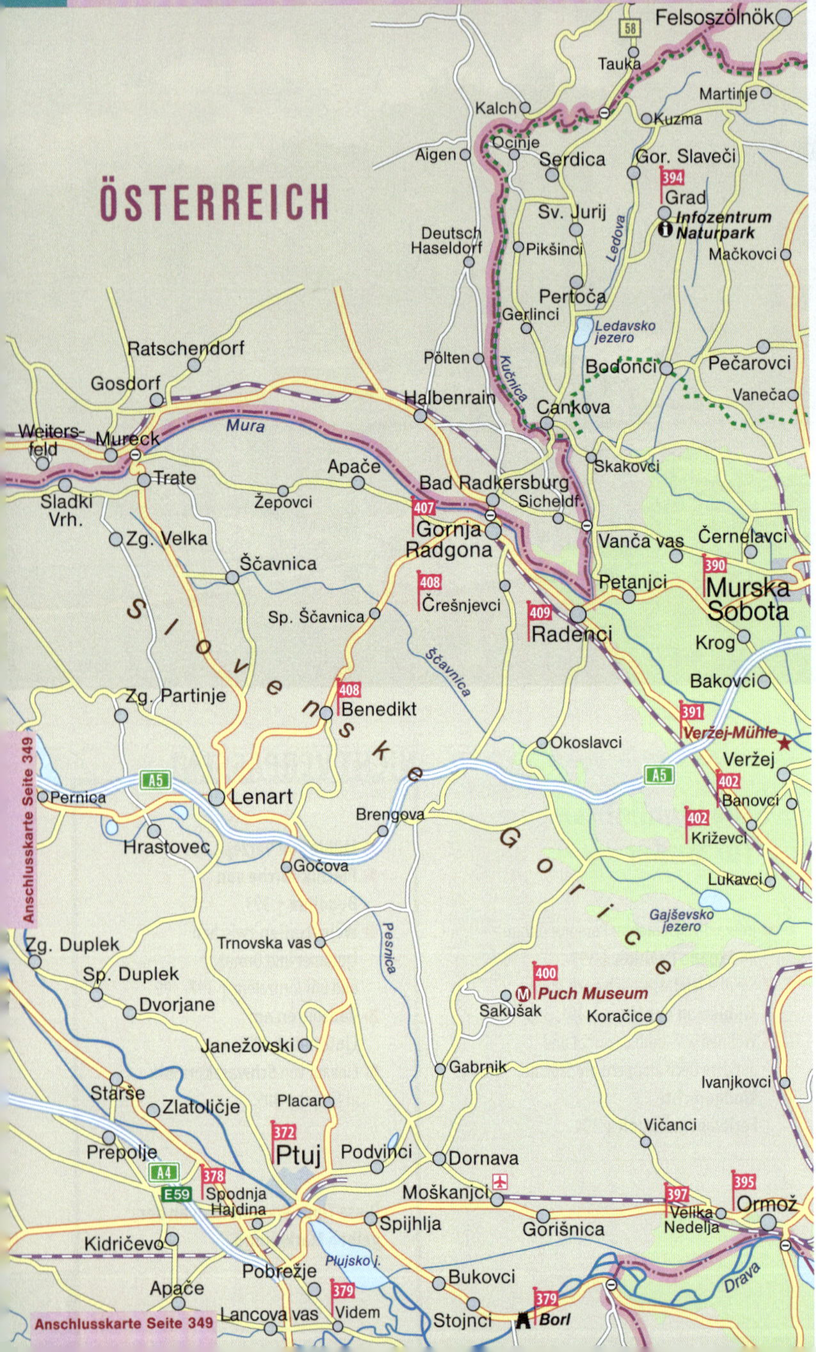

Anschlusskarte Seite 349

Anschlusskarte Seite 349

UNGARN
KROATIEN
Naturpark
Goričko
Čepinci
Dolenci
Šulincci
Šalovci
Stanjevci
Gornji Petrovci
394
Križevci
Domanjševci
393
Čašar-Mühle
Bergovic
Prosenjakovci
Fokovci
Sebeborci
395
Moravske Toplice
Martjanci
393
Bogojina
Plečnik
Filovci
Motvarjevci
Kobilje
Dobrovnik
Rakičan
Ledava
Lipovci
392
Bratonci
Renkovci
404
Turnišče
Gančani
Beltinci
Dokležovje
392
Ižakovci
Gomilica
Velika Polana
Melinci
Črenšovci
Krapje
Gor. Bistrica
Hotiza
Kapca
Gaberje
Noršinci
Razkrižje
Ljutomer
398
402
Globoka
Štrigova
Sv. Martin na Muri
Sv. Urban
400
Jeruzalem
402
Miklavž
Santovec
Selnica
Mursko Središće
Perklenica
Štrukovec
Vratišinec
Žiškovec
Sivica
Podturen
Domašinec
Novo Selo-Rok
Belica
Lopatinec
Šenkovec
Dunjkovec
Pribislavec
Čakovec
Nedelišće
Mala Subotica
Središće ob Dravi
Obrež
Trnovec
Drava
Szalafő
Zala
Őriszentpéter
Bajánsenye
Nagy Kerka
Szatta
Szomoróc
Magyarszombatfa
Kerka
86
Velemér
Szentgyörgyvölgy
Porszombat
Csesztreg
Nemesnép
Zalabaksa
Lendvajakabfa
Kerkabarabás
Resznek
Kerka
Lentikápolna
Szentistvánlak
Genterovci
Lenti
Mostje
Rédics
A5
Ledava
404
Dolga Vas
Máhomfa
404
Stolp Vinarium
403
Lendava
Lendvadeces
Szécsiszeget
Čentiba
Lováski
Petišovci
A5
Pince
Tornyiszentmiklós
M70
Mura
Kerkaszentkirály
Mura

Murska Sobota

- **Meereshöhe:** 190 m
- **PLZ:** 9000
- **Vorwahl:** 02
- **Einwohner:** 11.000
- **Dt. Name:** Olsnitz
- **Ungar. Name:** Muraszombat

Die Stadt an den Ufern des Flüsschens Lendava wird häufig nur durchquert, um möglichst schnell zur ungarischen Grenze zu gelangen. Doch hat Murska Sobota seinen ganz eigenen Charme, der entdeckt werden will. Zentraler Platz ist der **Trg Zmage,** der Siegesplatz, der zwischen den beiden die Stadt von Ost nach West durchschneidenden Hauptstraßen liegt und wo sich Parkmöglichkeiten befinden. Von ihm geht die Einkaufsstraße Slovenska ulica ab. Das Schloss mit dem Museum liegt westlich des Platzes inmitten eines Parks. Bahnhof und Busbahnhof liegen etwa einen Kilometer östlich.

Murska Sobota entstand im Mittelalter am Schnittpunkt wichtiger Verkehrswege, die Mitteleuropa mit Ungarn verbanden (1366 wird es erstmals erwähnt, archäologische Funde weisen aber auf eine frühere Besiedlung hin). Die Geschichte der Stadt spiegelt die verworrenen Fäden im Machtgeflecht Mitteleuropas, Ungarns und des türkischen Einflussgebietes wider. Erwähnenswert ist, dass 1919, nach Ende des Ersten Weltkriegs, Slowenen in Murska Sobota die **Mur-Republik** ausriefen – den historischen Ort kann man heute noch besuchen: Es ist der Balkon des Hotels Zvezda. Die Republik währte nur sechs Tage! Erst spät konnten im Zweiten Weltkrieg die Rotarmisten die Stadt befreien. Sie und die slowenischen Partisanen ehrt ein hohes Denkmal.

Stadtschloss

Im Park von Murska Sobota wacht das Renaissance-Schloss seit dem 16. Jh. Im 18. Jh. nahm man umfangreiche Umbauten vor, eine Festhalle und eine Kapelle kamen hinzu. Heute beherbergt es das **Regionalmuseum,** das das Leben an der Mura von den Kelten über die Römer, Slawen, Türken und Ungarn bis zur jugoslawischen Zeit dokumentiert (mit anschaulichen Installationen wie einer Schlafstube und einer Schwarzküche).

- **Pomurski muzej Murska Sobota,** Trubarjev drevored 4, Tel. 02-527 17 06, www.pomurski-muzej.si, Di–Fr 9–17 Uhr, Sa 9–13, So 14–18 Uhr, Winter eingeschränkt, 6 €, Kind 4 €, Familie 15 €.

Galerie Murska Sobota

Aus der Idee, Pannonien in einer Triennale vorzustellen und unter der Beteiligung von Österreich und Ungarn entstand über einige Umwege die Galerija Murska Sobota. Ihre Sammlung besitzt Werke slowenischer Künstler sowie Plastiken der ihr vorangehenden Triennale.

- **Galerija Murska Sobota,** Kocljeva ulica 7, Tel. 02-522 38 34, www.galerija-ms.si, Di–Fr 8–17, Mo, Sa 9–12 Uhr, Juni bis Aug. Mo–Fr 8–15, Sa 9–12 Uhr, 2 €, Kind 1 €, Sonderausstellung 3/1 €.

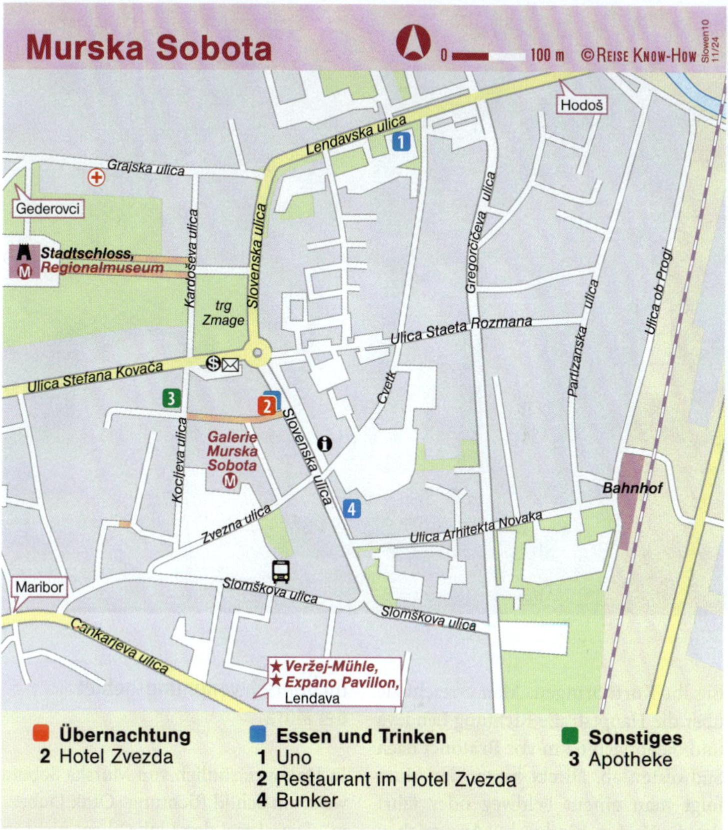

In der Umgebung

Expano Pavillon

Der **futuristische Bau** am See Soboško jezero 2,5 km südlich der Stadt lädt zum virtuellen Kennenlernen der Pomurje-Region ein, u.a. mit einem Flug über die Landschaft und vielen interaktiven Elementen. Außerdem am See: Riesenspielplatz, Badestrand, Gaststätte und ein Ableger der Touristinfo TIC.

■ **Expano Pavillon,** Bakovska ulica, Tel. 082 01 53 70, www.expano.si. April–Okt. Di–So 10–18, Winter bis 17 Uhr, 12 €, Kind 8 €, Familie 28 €.

Veržej-Mühle

Unter den noch erhaltenen Mühlen an der Mura ist die Mühle von Veržej südlich der Stadt die einzige noch veritabel arbeitende Anlage, zu der die Bauern auch in der heutigen Zeit noch regelmä-

193sl sk

ßig ihr Korn bringen. Man erreicht sie über die Hauptstraße Richtung Lendava und biegt nach 6 km vor **Bratonci** nach Südwesten ab. Direkt hinter der Mura folgt man einem Feldweg oder fährt durch Veržej hindurch. Angetrieben wird die Mühle von einem separat **schwimmenden Wasserrad** im Fluss, das seine Energie mittels eines langen Riemens ans Ufer überträgt.

■ **Mlin na Muri Karmen Babič,** Mlinska cesta 25, 9241 Veržej, Tel. 041-69 40 87, Mo–Fr 8–16.30, Sa 8–14 Uhr, 2 €.

Fast alles noch Handarbeit, hier das Befüllen der Mehlsäcke

Im Überschwemmungsgebiet der Mura

In **Ižakovci**, südlich von Murska Sobota weist ein Schild Richtung „Otok Ljubezni". Die **„Insel der Liebe"** liegt nicht in der Mura, sondern im Schwemmland am Mura-Ufer, das man mit dem Auto erreicht. Hier spaziert man am Wasser entlang und labt sich an Erfrischungsgetränken, währenddessen eine **schwimmende Wassermühle** am Ufer verzurrt tatsächlich noch Getreide mahlt (zweimal die Woche), das die Touristen in kleine Säckchen verpackt kaufen können. Zwei Ausflugslokale bei der niedlichen Autofähre sorgen sich ums leibliche Wohl der zahlreichen Wochenendbesucher. An Werktagen ist es ruhiger.

716cl ck

Časar-Mühle

Die dritte Mühle befindet sich 17 km nordöstlich von Murska Sobota an der ungarischen Grenze. Die Časar-Mühle von 1930 gehört der Familie *Petje* und verfiel nach dem Krieg. 1999 baute die Familie sie wieder auf und richtete ein kleines **ethnografisches Museum** ein. In der angeschlossenen Gaststätte werden Speisen und Getränke serviert.

Časarov mlin, Berkovci 30, Tel. 02-544 11 51, www.casarov-mlin.com. Die bei den Überschwemmungen 2023 stark beschädigte Mühle war bei Redaktionsschluss noch nicht wieder in Betrieb.

Die Mühle an der „Insel der Liebe" mahlt nur noch zu Demonstrationszwecken

Plečnik-Kirche

Im Örtchen **Bogojina** östlich von Murska Sobota (über Moravske Toplice erreichbar) grüßt schon von Weitem ein weißes Gebäude die Besucher. Es ist eine Kirche in ganz eigenwilligem Stil – eben so, wie *Jože Plečnik* ihn so häufig in den Landschaften und Städten Stein werden ließ. Die **Kirche Christi Himmelfahrt** entstand 1924–27 und zeigt wie viele Bauten von *Plečnik* eine bunte **Stilmischung.** Als Ausgangspunkt nahm er den romanischen Grundriss, aus dem er Vorhalle und Sängerchor machte, und fügte einen quadratischen Anbau hinzu, den u.a. Keramik schmückt (da das Töpfern in der Region eine lange Tradition hat). Der Turm besitzt eine Säulenetage für Ausblicke über die Prekmurje-Ebene.

Schloss Grad/Naturpark Goričko

Die landschaftlichen und kulturellen Besonderheiten des **Dreiländerecks** – mächtige Buchen und Eichen, unzählige Libellen- und ebenso viele Pilzarten, Mühlen, historische Bauernhöfe, mittelalterliche Burganlagen, traditionelles Handwerk und erstaunlich viele evangelische Kirchlein bewahrt dieser Naturpark. Die Homepage informiert auch auf Deutsch über die faszinierenden Facetten und Sehenswürdigkeiten zwischen Ungarn, Österreich und Slowenien. Das riesige 1208 erstmals erwähnte Schloss von Grad verbirgt sich in dichtem Wald und die schiere Ausdehnung der größten Burganlage Sloweniens macht die Renovierung zu einer Mammutaufgabe (über 350 Zimmer und eine Bausubstanz von Romantik, Gotik, Renaissance und Barock). Bereits zu sehen sind eine Galerie und mehrere Modellwerkstätten.

■ **Informacijski center Grad Goričko,** Grad 191, 9264 Grad, Tel. 02-551 88 60, www.park-goricko.org, Di–So, April–Okt., 10–18, März, Nov. 10–16 Uhr, 4 €, Kind 2,50 €.

Praktische Tipps

Informationen, Notfälle

■ **TIC,** Slovenska ulica 41, 9000 Murska Sobota, Tel. 02-534 11 30, www.visitmurskasobota.si, Mo–Fr 9–16, Sa 9–13 Uhr.

3 **Apotheke/Lekarna:** Kocljeva ulica 2, Tel. 512 44 00, www.pomurske-lekarne.si.

■ **Krankenhaus: Splošna bolnišnica Murska Sobota,** Rakičan 6, Tel. 02-512 31 00, www.sb-ms.si.

Verkehr

■ **Bahnhof:** Ulica Arhitekta Novaka 23, Tel. 080-81 11, https://potniski.sz.si, Verbindungen in Richtung Celje, Maribor, Hodos (Ungarn).

■ **Fernbusse:** Avtobusna postaja, Bakovska ulica 29A, Tel. 090-13 44 00, www.apms.si, Richtung Maribor, Ljutomer, Ljubljana.

Unterkunft, Essen und Trinken

■ **Schloss Grad**②, s. oben. Vier sauber renovierte Zimmer im größten Schloss des Landes, absolute Ruhe nachts ist sicher.

2 **Zvezda**②, Trg zmage 8, Tel. 02-539 15 73, www.hotel-zvezda.si. Zentral gelegen mit etwas plüschig eingerichteten Zimmern, aber sehr freundlichem Service sowie **2** **Restaurant** mit traditioneller Küche und Bar.

Die Agentur **Slovenia for Families** hat hübsche Ferienhäuser im Naturpark *Goričko* im Angebot. Ideal für Aktiv- und Familienurlaub: *Samuel and Samuel,* Ozka ulica 10, Murska Sobota, Tel. 02-524 12 53, www.sloveniaforfamilies.com.

4 **Bunker**②, Slovenska ulica 47, Tel. 031-67 04 44, auf Facebook. Die extravagante Bar versorgt ihre Fans bis tief in die Nacht mit Burgern und mittags mit preiswerten Mahlzeiten, teils vegan, teils glutenfrei.

1 **Uno**②, Cvetkova ulica 21, Tel. 02-523 12 38, www.uno-rajh.com, So, Mo geschl. Mini-Restaurant mit Pizza, Pasta, Risotto und mehr, alles sehr günstig und dennoch hervorragend.

In der Umgebung

■ **Gostilna Rajh**③, Soboška ulica 32, Bakovci, Tel. 02-543 90 98, www.rajh.si, Mo geschl. Traditionelle

Speisen des Prekmurje von bester Qualität in einem kleinen Ort 5 km südlich von Murska Sobota.

■ **Delikatesa & Restaurant Kodila**②-③, Markišavci 44, Tel. 02-522 36 00, www.kodila.si. Ursprung des rustikalen Restaurants mit Delikatessenverkauf (4 km nördlich von Murska Sobota) ist eine Schinkenräucherei, deren Produkte in ganz Slowenien geschätzt werden. Entsprechend fleisch- bzw schweinlastig ist das Angebot an Burgern und vom Grill, darunter Spezialitäten wie Fleisch vom Krškopolje-Schwein. Für Fleischesser ein Paradies!

Camping/Glamping

Moravske Toplice

■ **Kamp Terme 3000,** Kranjceva ulica 12, Moravske Toplice, Tel. 080-50 00, www.sava-camping.com, ganzjährig offen, 400 Plätze. Familiencamping mit Erlebnisbadewelt und ausgezeichneter Infrastruktur.

Bogojina

■ **Glamping na Brejgi**③, Filovci 102, Bogojina, Tel. 041-20 73 58, www.nabrejgi.si. Ein kuscheliges Holzhäuschen, ein Badezuber auf der Terrasse und rundherum Weinreben ... wer so idyllisch übernachten möchte, ist bei *Jožica* und *Grega* richtig.

Aktivitäten

■ **Kur & Wellness:** *Terme 3000,* Moravske Toplice, Kranjčeva 12, Tel. 080-50 00, www.sava-hotels-resorts.com. Rundum modernisiertes Thermalbad mit allen Einrichtungen wie Poollandschaft, Saunen, Wellness-Center etc., Thermomineralwasser mit 72 °C gegen rheumatische Beschwerden, Verletzungen des Bewegungsaparates, Lungen- und Hautleiden.

■ **Golf:** *Livada,* Kranjčeva 12, Moravske Toplice, Tel. 02-512 22 00, www.sava-hotels-resorts.com. 18-Loch, Par 72.

■ **Radfahren:** In der Region wurde mit dem Ausbau der *Terme 3000* eine Vielzahl neuer Radwege angelegt. Eine Broschüre ist bei der Tourist-Info und in den Thermen erhältlich.

Ormož

■ **Meereshöhe:** 213 m
■ **PLZ:** 2270
■ **Vorwahl:** 02
■ **Einwohner:** 2200
■ **Dt. Name:** Friedau

Ormož liegt an der **Drava,** deren Verlauf die natürliche **Grenze zu Kroatien** bildet, bevor sie sich vollständig auf nachbarliches Gebiet begibt. Der Ort ist Hauptgrenzübergang nach Varaždin in Kroatien.

Auf dem Terrassenufer der Drava ließen sich bereits die Bewohner der Spätbronzezeit (1000–800 v. Chr.) nieder und siedelten in einer Ortschaft, die nicht viel kleiner war als die heutige Ausdehnung von Ormož. Nach Süden hin war man damals durch den Fluss geschützt, nach Westen und Osten durch Sturzbäche und nach Norden brachten ein Erdwall und ein Graben Sicherheit. Die vielen Funde geben ein relativ klares Bild der Siedlungsgeschichte und man weiß von fast urbanem Wohnen mit teilweise holzgepflasterten Wegen.

Der deutsche Name **Friedau** geht auf einen der Schlossherren zurück, doch eigentlich wurde die Stadt immer **Holermuos** und später durch Lautverschiebung Ormož genannt. 1278 gründete *Friedrich von Plettau* den Ort, um östlich

195sl sk

von Ptuj eine wehrhafte Stellung zu schaffen. 1293 wurde Ormož Markt, 1331 Stadt. Um 1200 lagen die Herrschaftsrechte bei den Deutschrittern. Immer wieder attackierten Türken die Stadt und sogar aufständische Bauern – die Kruzzen – brannten Ormož einmal nieder. Die letzten Kämpfe fanden zu Beginn der 1990er Jahre statt. Ormož war einer der wenigen Orte Sloweniens, wo **jugoslawische Truppen** mit den Territorialkräften des Landes ernsthaft zusammenstießen.

Weinkeller

Bekannt ist die Stadt als Mittelpunkt einer landwirtschaftlich genutzten Region, der Ormoške gorice, die vorzügliche Weine hervorbringt. Deshalb grub man schon vor Jahrhunderten tiefe Keller in die Drava-Ufer. Die wichtigste Sehenswürdigkeit ist sicherlich das Gewölbe der **Kellerei Puklavec Family Wines,** das fünf Stockwerke in die Tiefe führt (→ „Einkaufen“).

Schloss Ormož und Sv. Jakob

Das Schloss Ormož geht auf das 13. Jh. zurück, doch nur der Nordostturm stammt noch aus dieser Zeit, alles andere datiert 200 Jahre später. Das Schloss thront über der Drava inmitten eines hübschen Parks. Im Inneren zeigt es Gemäldesammlungen. Bemerkenswert sind die klassizistischen Fresken in den Räumen der ersten Etage. 2024 war das

Schloss wegen Renovierungsarbeiten nicht zugänglich. Neben dem Schloss ist in einem modernen Gebäude eine Sammlung an mittelalterlichen Statuen und eine archäologische Ausstellung untergebracht.

■ **Grad Ormož/Pokrajinski muzej Ptuj-Ormož,** Kolodvorska 9, Tel. 02-741 72 90, pmpo.si, Mo–Fr 9–17, Winter bis 16, Sa 9–15 Uhr, 3 €, Kind 1,50 €.

Die Kirche Sv. Jakob steht an der Vrazova ulica, ihr Inneres ist ebenfalls mit einem sehenswerten **Freskenzyklus** aus 48 Bildern geschmückt. Es werden Szenen aus dem Alten und Neuen Testament gezeigt, die 1632 ein Bürger des Städtchens in Auftrag gegeben hatte.

In der Umgebung

Schloss Velika Nedelja

3 km westlich von Ormož birgt das Schloss von Velika Nedelja ein kleines Museum. Der Ort wurde ebenfalls von Friedrich Plettau gegründet, nachdem dieser am Ostersonntag (= Velika Nedelja) 1199 die Ungarn besiegt hatte. Das Schloss stammt aus dem 17. und 18. Jh. Ein Schwergewicht des Museums liegt auf der eine ethnologische Ausstellung u.a. mit **Faschingsmasken.**

■ **Velika Nedelja,** Grad 9, 2274 Velika Nedelja, Tel. 02-741 72 80, http://pmpo.si, Di–Fr 9–17, Sa 9–15 Uhr, Winter geschl., 3 €, Kind 1,50 €.

[<] Schloss Velika Nedelja

Weinstraße Ormož – Ljutomer

Zwischen Ormož und Ljutomer ist man in einer Gegend mit begnadeten Winzern, sanften Hügeln und terrassierten Hängen. **Klopotci,** die lärmenden „Vogelscheuchen", drehen sich und erzeugen ein monotones Klacken, das weit durch die Landschaft hallt und gefräßige Vögel von den köstlichen Trauben fernhält. Durch das Windrad wird ein hölzerner Klöppel gehoben, der nach einer halben Umdrehung auf einen ebenso hölzernen Klangkörper fällt und damit die gefiederten Freunde verscheucht.

Viele Bauernhöfe laden zur **Weinverkostung** und zum Mahl mit allerlei Selbsthergestelltem ein. Adressen erhält man bei den Tourismusbüros und Hotels.

Praktische Tipps

Informationen

■ **TIC Ormož,** Grajski trg 3, 2270 Ormož, Tel. 02-741 53 56, www.jeruzalem-slovenija.si, www.ormoz.net, tgl. 8–16, Sommer bis 17 Uhr, mit Vinothek.

Verkehr

■ **Bahnhof:** Kolodvorska cesta 10, Tel. 080-81 11, https://potniski.sz.si, Züge in Richtung Kendava (Ungarn), Maribor, Ljutomer.

■ **Fernbusse:** Kolodvorska cesta 2a, Tel. 090-74 11, www.arriva.si, Richtung Maribor, Ljutomer.

Einkaufen

■ **Weine** erhält man bei *Puklavec Family Wines,* Kolodvorska cesta 11, Tel. 02-741 57 25, www.jeru

zalem-ormoz.com; besonders erwähnenswert sind die Sorten *Rheinriesling, Welschriesling, Sauvignon, Sipon Trockenbeerenauslese* und *Welschriesling Eiswein.*

- **Ölpresse:** Ljutomerska cesta 4, Središče ob Dravi, Tel. 051-43 90 49, www.oljarna-jeruzalem.si. Nach Voranmeldung kann man bei der Herstellung von Kürbiskernöl zusehen, es verkosten und auch kaufen (Mo–Fr 7.30–15, Sa 8–12 Uhr, ab 6 €).

Essen und Trinken

- **Gostilna Prosnik**②, Hardek 34a, Tel. 02-740 18 21, www.gostilna-prosnik.si, So geschl. Gemütliche Gaststätte mit großer Terrasse und Pensionsbetrieb, am Wochenende Diskothek.

Ljutomer

- **Meereshöhe:** 179 m
- **PLZ:** 9240
- **Vorwahl:** 02
- **Einwohner:** 3400
- **Dt. Name:** Luttenberg

Ljutomer liegt in der **Prlekija,** einer Gegend, die im ganzen Land für den seltsamen Dialekt ihrer Bewohner bekannt ist. Kaum verständlich ist er den Landsleuten und Witze kursieren darüber, doch um den köstlichen Wein der Prlekija zu kosten, kommt man dennoch gern hierher und begibt sich auf Entdeckungsreise in die Weinberge der Umgebung.

Ljutomer liegt abseits der heutigen Hauptverkehrswege zwischen Murska Sobota und der kroatischen Grenze im Süden bei Ormož, dennoch taucht der Ort schon im Jahr 1211 erstmals in den Schriften auf (Luotenwerde). 1265 wurde er Markt und blieb es bis ins 18. Jh. Im 16. Jh. attackierten die Türken Ljutomer mehrfach und auch die Pest forderte Tribut. Nach 1848 entstand in Ljutomer die Tabor-Bewegung, die 1863–68 zur Blüte gelangte. Man forderte die Unabhängigkeit aller slowenischen Länder von der Donaumonarchie im Rahmen von Massentreffen, die volksfestähnlich zuerst in Ljutomer und dann in immer mehr Städten abgehalten wurden.

In der Altstadt

Auf dem Stari trg steht die **Kapelle der Hl. Anna** von 1756. Einmal herumgehend, sieht man an der Vorderseite die hl. *Anna,* links den hl. *Florian,* dahinter Herz Jesu und die hl. Dreifaltigkeit und rechts den hl. *Anton.* Am Glavni trg, dem Hauptplatz, ehemaliger Standort des Prangers, ragt die **Pestsäule** mit einer Statue der Unbefleckten Maria empor.

Die Kirche **Sv. Janez Krstnik** (Johannes der Täufer) stand anfangs außerhalb der Stadtmauern, wurde aber nach den Türkenangriffen befestigt und in die Stadt aufgenommen. 1440 baute man die romanische Apsis in einen langen Chor mit Sterngewölbe um, Ende des 17. Jh. wurde die Kirche barockisiert. Die Innenbemalung stammt vom Anfang des 20. Jh., da die Orgel abbrannte und die geschwärzte Kirche neu gestaltet werden musste. Die Kapelle des hl. *Florian* ist Bestandteil der Pfarrkirche.

Das Ensemble steht am Miklošič-Platz mit dem Denkmal des gleichnamigen

Sprachwissenschaftlers slowenischer Herkunft, der es bis zum Abgeordneten im österreichischen Nationalparlament brachte.

Das **Museum** Ljutomers widmet sich im alten Marktrathaus der Stadt- und Regionalgeschichte. Interessant ist die Sammlung von Wappen der Gegend Prlekija – farbenfroh und teils humoristisch. Zum Komplex mit Bücherei gehört auch ein Kino, in dem der erste slowenische **Stummfilm** gezeigt wird (Teil des Museumsrundgangs). Der Regisseur *Karol Grossmann* stammte aus Ljutomer.

■ **Muzej Ljutomer,** Glavni trg 2, Tel. 02-581 12 95, www.knjiznica-ljutomer.si, Mo–Fr 8–15 Uhr, 2 €.

☑ Die Jeruzalemer Weinstraße führt durch intensiv-grüne Hügellandschaft voller Weinreben und Kellereien

In der Umgebung

Weinstraßen um Jeruzalem

Südlich von Ljutomer, liegt eines der bekanntesten und beliebtesten Weinanbaugebiete des Landes. Nicht nur Šipon, Laški, Rheinriesling, Traminer, Blauer Pinot, Muskateller und Kerner werden hier angebaut. Buschenschänken liegen am Wegesrand und Bauernhöfe, die Weine, die Dutzende von Jahren alt sind, lagern. Sie alle bieten Weinproben, Essen und den Verkauf der edlen Tropfen. Die Weinstraße beginnt in Ormož bzw. Dobrava und führt 30 km über Kogl, Strezetine, Runeč, Žvab, Koračiški Vrh, Senik, Sodinski Vrh und Drakšl bis Velika Nedelja. Die zweite (10 km lange) Strecke führt von Podgorci über Cvetkovski Vrh durch das Tal Bresnica nach Zamušanski Vrh.

747sl sk

Mittelpunkt der Weinstraße und malerisch in aussichtsreicher Lage auf einem Weinberg gelegen ist der Weiler **Jeruzalem** – Kirche, Schloss, Gasthöfe. Der Legende nach waren heimkehrende Kreuzritter so glücklich, wieder im Weinland zu sein, dass sie den Ort nach Jerusalem benannten.

Museen

Nördlich von Ljutomer findet sich bei **Krapje** kurz vor der Mura ein **Bienenzuchtmuseum** unter privater Leitung. Man kann den Bienen im Stock zusehen und bis 150 Jahre alte Exponate bestaunen. Im Eintritt enthalten ist eine einstündige **Führung** und die **Verkostung** von Honig, Lebkuchen und einem Likörwein. Im kleinen Laden gibt es abschließend Honig, Met und Bienenwachskerzen zu kaufen.

- **Čebelarski muzej/Bienenzuchtmuseum,** Krapje 22, Veržej, Tel. 031-76 16 80, www.cebelarski-muzej.si, nur nach Voranmeldung, 3 €.

In **Razkrižje,** 8 km östlich von Ljutomer kurz vor der Brücke über die Mura, öffnet ein **Schmiedemuseum** seine Pforten. Es erzählt die Schmiedegeschichte der Familie *Horvat,* die auf eine 150-jährige Tradition zurückschauen kann; Werkzeuge, Zubehör und Schmiedearbeiten berichten davon. Und dann kann man auch noch Wein und Aufschnitt aus eigener Produktion verkosten und am Ende Souvenirs kaufen.

- **Kovaški muzej/Schmiedemuseum,** Razkrižje 16, Tel. 02-589 10 72, nach Voranmeldung, 2 €.

Kennen Sie den Slowenen **Janez Puh** aus **Sakušak** bei Juršinci (20 km westlich von Ljutomer)? Nein? Vielleicht aber *Johann Puch?* Nach Eindeutschung seines Namens gründete er 1889 die *Styria*-Werke (die späteren *Steyr-Puch*-Werke) und baute Motorräder, Autos und Lkw. Das **Puch-Museum** in Sakušak schildert sein Leben.

- **Janez Puh muzej/Puch-Museum,** Sakušak 83, Tel. 051-26 05 06, www.janez-puh.si, Mai–Nov. Sa/So 10–18 Uhr, 5 €, kind 2,50 €.

Praktische Tipps

Informationen

- **TIC Ljutomer,** Glavni trg, 9240 Ljutomer, Tel. 02-581 11 05, www.ljutomer.si. Sommer Mo–Fr 9–16, Sa 9–12 Uhr; Außenposten in der *Vinoteka Jeruzalem,* Jeruzalem 8, 2259 Ivanjkovci.

Verkehr

- **Bahnhof:** Kolodvorska ulica 9, Tel. 080-81 11, https://potniski.sz.si, Züge in Richtung Ormož, Maribor.
- **Fernbusse:** Ormoško cesta 3,Tel. 02-584 88 26, www.apms.si, nach Murska Sobota.

Einkaufen

- **Töpferei Zuman,** Ormoška cesta 27, Tel. 041-51 59 79, https://loncarstvozuman.si. Hier brennt man noch nach traditioneller Methode im Holzofen; außerdem ein Laden und ein kleines Museum zur Töpfergeschichte.

Sinnbild slowenischer Volkskultur – Bienenkorbbrettchen

Die **Imkerei** ist besonders im Norden und Osten Sloweniens verbreitet und den Brauch, die **Stirnbrettchen der Bienenkörbe** mit bunten Bildern zu schmücken, gibt es wohl schon seit Jahrhunderten – das Bienenzuchtmuseum in Radovljica zählt Bienenkorbbrettchen aus dem 18. Jh. zu seinen Exponaten. Viele Brettchen zeigen humorvolle Motive, so die berühmte, 1876 gemalte Szene, bei der Bär, Fuchs und Hasen einen toten Jäger zu Grabe tragen, oder die Altweibermühle, die verhutzelte Weiblein wieder in rosige Jungfrauen verwandelt. Wohlhabende Imker ließen aufwendige, Schlössern nachgebildete Stöcke für ihre Lieblinge bauen oder sie durch den Mund eines hölzernen Türken ausschwärmen. Die Bienenbrett-Malerei wird heute noch ausgeübt, natürlich meist nicht mehr so kunstvoll wie früher, aber ebenso wie die historischen Vorbilder mit Sinn für derben Witz.

An Motiven für die Bienenkorbbrettchen mangelt es nicht – auf diesem zieht Jesus in Jerusalem ein

222sl sk

Unterkunft, Essen und Trinken

Buschenschänken, also Gasthäuser mit Weinausschank, ländlich geprägter Kost und meist auch Übernachtungsmöglichkeiten (alle außerhalb):

- **Frank & Ozmec,** Slamnjak 33, 9240 Ljutomer, Tel. 02-584 96 66, www.frank-ozmec.com
- **Hlebec,** Kog 108, 2276 Kog, Tel. 041-39 41 46, www.hlebec-kog.com.
- **Jureš** (s.u.)

Jeruzalem

- **Dvorec Jeruzalem**③, Jeruzalem 8, Ivanjkovci, Das Schlosshotel neben der Jeruzalemer Kirche wechselt leider häufig den Besitzer. Zu Redaktionsschluss 2024 geschlossen.

■ **Jeruzalem Resort**③-④, Jeruzalem 17, 2259 Ivanjkovci, Tel. 031–32 32 31, www.jeruzalem-resort.com. Drei Wohnungen, eine Glampinghütte und ein Penthouse in den Weinbergen bei Jeruzalem zu recht stolzen Preisen – aber der Blick entschädigt.

■ **Vinski Hram**②, Jeruzalem 8, Ivanjkovci, Tel. 02-719 45 04, www.brenholc.com. Freundliches und beliebtes Ausflugslokal in den Weinbergen in Aussichtslage, Spezialitäten wie Buchweizenbrot oder Buchweizengrütze und *gibanica*.

■ **Taverna**②-③, Svetinje 21, 2259 Ivanjkovci, Tel. 02-719 41 28, www.taverna-kupljen.si. Die beliebte Ausflugsgaststätte beim Dörfchen Jeruzalem besitzt einen Wirtsgarten mit herrlichem Blick über die Weinberge. Gekocht wird deftig steirisch. Auch hübsche Gästezimmer.

Banovci

■ **Hotel Zeleni Gaj**③, Banovci 1, Veržej, Tel. 02-513 14 40, www.terme-banovci.si. Modernes Thermalbadehotel mit 24 Zimmern in einem Haupthaus und 42 Zimmern im Bungalow-Stil, große Badelandschaft.

Miklavž

■ **Zelena Oaza**②-③, Vinski vrh 76, 2275 Miklavž pri Ormožu, Tel. 031-44 18 11, https://zelena-oaza.si. Die „grüne Oase" inmitten von Weinreben verspricht Ruhe und Entspannung sowie ein üppiges, typisch steirisches Frühstück.

Globoka

■ **Kmetija Jureš**①, Globoka 14, 9240 Ljutomer, Tel. 041-79 87 95, www.turizemjures.si. Ländlicher, hübscher Ferienbauernhof 5 km südöstlich mit drei Zimmern und einem Apartment, auch Halbpension.

Križevci

Village Jurka & Villa Jurka②-③, Križevci 3, Križevci pri Ljutomeru, Tel. 040-47 73 57, www.villagejurka.com. Die fahrradfreundliche, nach Öko-Prinzipien wirtschaftende Anlage besteht aus dem Haupthaus („Villa") mit modern ausgestatteten Zimmern und Apartments sowie 25 Mini-Holzhäuschen mit Platz für zwei Betten, zwei Hocker und einen Tisch. Fahrradverleih und Grillplatz ergänzen das Angebot.

Camping

Banovci

■ **Terme Banovci,** Banovci 1a, Veržej, Tel. 02-513 14 40, www.terme-banovci.si. Mitte April–Mitte Okt., 200 Plätze. Gute Infrastruktur und ein eigener Bereich für FKK-Anhänger.

Feste und Veranstaltungen

■ Am **15. August** feiert man und baut neue **Klopotci,** die kleinen Lärmmaschinen.

■ Wie es sich für eine Weinbaugegend gehört, wird das **Martinsfest** am **11. November** gefeiert.

Aktivitäten

■ **Kur & Wellness:** *Terme Banovci,* Veržej, Tel. 02-513 14 40, www.terme-banovci.si; Thermomineralwasser mit bis 60°C bei Rekonvaleszenz nach Knochen-, Gelenk- und Muskeloperationen.

■ **Wandern:** Ljutomer hat mehrere mit Themen belegte und gut markierte Wanderwege in der Umgebung eingerichtet.

■ **Radtouren:** Die Touristenorganisation Ljutomer (s.o.) hat einen Satz Karten, der zahlreiche Radtouren in der Umgebung beschreibt (u.a. die Weintour und die Storchentour) und verleiht auch die dazu nötigen Räder.

Lendava

- **Meereshöhe:** 170 m
- **PLZ:** 9220
- **Vorwahl:** 02
- **Einwohner:** 3400
- **Dt. Name:** Unterlimbach
- **Ungar. Name:** Lenva

Lendava liegt direkt an der ungarischen Grenze, und wenn irgendwo im Lande **ungarischer Einfluss** spürbar ist, dann hier. Die Landschaft, meist weit gedehnt und platt wie ein Pfannkuchen, hat als einzigen Augenhalt kleine Baumgruppen und vor dem Wind schützende Hecken, die sich in der Ferne verlieren – Puszta eben. Lendava ist zudem das Zentrum der in Slowenien lebenden ungarischen Minderheit.

Erste Siedlung der Gegend war wohl das von den Römern errichtete Halicanum (heute ungarisch). 1192 taucht Lindva (nach dem Fluss benannt) als Ort in den Büchern auf, erst spät wurde es Markt (im 14. Jh.). Türken und Ungarn bestimmten abwechselnd die Geschicke. 1867 erhielt Lendava Stadtrechte. Bis zum Zweiten Weltkrieg gab es eine große jüdische Gemeinde (die im Zuge der Besatzung vertrieben und teils ermordet wurde; in Dolga vas, gleich nördlich anschließend, befindet sich der **größte jüdische Friedhof Sloweniens**.

Schloss

Über Lendava erhebt sich seit dem 18. Jh. das Schloss, doch schon im 12. Jh. wohnten da oben die damaligen Herren in einem Vorgängerbau mit Blick auf ihre Untertanen. Das heutige Gebäude entstand 1712–17 unter Fürst *Esterhazy*, der zu Ehren seines Kaisers *Leopold* das „L" dessen Namens architektonisch aufnehmen und im Grundriss des Schlosses verewigen ließ. So besitzt das Gebäude einen Hauptkörper und ganz ungewöhnlich einen einzigen nach hinten weisenden Flügel.

Im Schloss zeigt das **Museum** der Stadt die Ausstellung Oloris mit Funden der Bronzezeitsiedlung bei Dolnji Lakoš; das Gedenkzimmer *György Zala* (1858–1937) ist dem bedeutenden ungarischen Bildhauer gewidmet. Regelmäßig treffen

010sl sk

☒ Das Schloss aus dem 18. Jh. steht hoch über dem Städtchen Lendava sich internationale Künstler in Lendava zu Workshops und die Ergebnisse werden ebenfalls im Museum präsentiert.

■ **Galerija-muzej Lendava,** Banffyjev trg, Tel. 02-578 92 60, www.gml.si, April–Okt., Mo–Fr 8–18, Sa/So 10–18, Winter Mo–Fr 8–16, Sa 10–14 Uhr, 6 €, Kind 2 €.

Sv. Katarina

Die Kirche Sv. Katarina unterhalb des Schlosses stammt aus dem Jahr 1751. Auch sie geht auf die *Esterhazys* zurück, die an Stelle einer aus dem 9. Jh. stammenden Kapelle das barocke Bethaus mit halbrundem Presbyterium erbauen ließen. Das Gemälde hinter dem Hauptaltar stammt von *Barazutti* (1800).

Kapelle der Dreifaltigkeit

Kurze Zeit nach Fertigstellung des Schlosses entstand am südlichen Hang die Kapelle der Dreifaltigkeit. Sie erinnert an die Vertreibung der Türken aus Ungarn. Die Mumie im Glassarg ist angeblich *Mihály Hadik,* zur Zeit der Türkenherrschaft Burghauptmann.

Holocaust-Museum

Das Museum in der 1866 errichteten und bis 1944 genutzten **Synagoge** befindet sich in der ersten Etage. Das Parterre dient für temporäre Ausstellungen.

■ **Holocaust muzej,** Spodnja ulica 5, Tel. 02-578 92 60, sinagoga.gml.si, Mo–Sa 10–14 Uhr, Sommer auch So, 2,50 €.

In der Umgebung

Turnišče

Im nordwestlich gelegenen Turnišče (Turnisch) lohnt ein Besuch der **Dorfkirche Maria im Wald,** zu der sich 1914 eine moderne Basilika gesellt hat. Die kleine Kirche besitzt als kostbaren Schatz Fresken des Meisters *Johannes von Aquila,* der hier mit seinen Helfern 1383–93 seinen Pinsel schwang. Besonders schön ist der elfteilige Zyklus über den Kampf zwischen Ladislaus dem Heiligen und den turksprachigen Kumanen und Petschegen auf dem obersten Fries des Schiffes und am Triumphbogen.

Dolga Vas

Der **jüdische Friedhof** des Vorortes ist einer der drei Begräbnisplätze, die in Slowenien überdauert haben. Die zumeist aus dem 19. Jh. stammenden Grabsteine dokumentieren, dass Lendava einst eine große jüdische Gemeinde besaß. Die Schergen des Dritten Reiches deportierten die Lendaver Juden in die Vernichtungslager, wo der Großteil nicht überlebte. Die Synagoge (im Ortszentrum) existiert auch noch, dient heute aber als Konzert- und Ausstellungsraum.

Stolp Vinarium

Die **Stahlkonstruktion** des **Vinarium Turm** steht 2 km östlich von Lendava und bietet von ihrer Aussichtsplattform auf 40 m Höhe den Blick über vier Länder (Aufstieg über 240 Stufen oder mit dem Lift).

■ **Stolp Vinarium,** www.vinarium-lendava.si, Mai–Aug. tgl. 9–19, April/Sept. tgl. 10–19, März/Okt. 10–18, Nov.–Feb. Di–So 10–17 Uhr, 7 €, Kind ab 6 Jahre 5 €, Familie 14 €.

Praktische Tipps

Informationen

■ **TIC Lendava,** Glavna ulica 38, 9220 Lendava, Tel. 02-578 83 90, www.lendava-lendva.si, Sommer Mo–Fr 9–16, Sa/So 9–13 Uhr.

Verkehr

■ **Bahnhof:** Kolodvorska ulica 28, Tel. 080-81 11, https://potniski.sz.si, Züge in Richtung Ormož, Maribor.

■ **Fernbusse:** Kolodvorska ulica 4, Tel. 02-578 95 56, www.apms.si, in Richtung Murska Sobota.

■ **Radverleih:** Zavod za turizem in razvoj Lendava, Lendavska cesta 19, Tel. 01-200 94 22, http://ztr.si. Trekkingräder und Mountainbikes.

Einkaufen

■ **Keramik:** Empfehlenswert ist ein Besuch bei **5 Cojhter,** Ulica pod hribom 6, Lendava, Tel. 040-95 86 30, https://keramika-cojhter.webs.com. Am besten vorher anrufen, ob jemand da ist. Die traditionelle Keramik wird von Hand gefertigt.

Unterkunft

2 Turistična kmetija Doris①, Lendavske gorice 203, Lendava, Tel. 02-578 97 13, auf Instagram. Der Buschenschank und Ferienbauernhof vermietet an Selbstversorger sieben Doppelzimmer, teils mit eigener Küche ausgestattet, ansonsten Gemeinschaftsküche.

748sl sk

Eine stille Oase: der jüdische Friedhof von Dolga Vas bei Lendava

Essen und Trinken

4 Lovski dom②-③, Lendavske gorice 238 a, Lendava, Tel. 02 757 14 50, auf Facebook, Mo, Di geschl. Das Traditionslokal führt häufig Wild auf der Karte – schließlich nennt es sich Jäger-Haus. Prekmurje-Spezialitäten wie *Bograč* gibt's ebenfalls.

1 Weinhaus Ludvik Cuk②-③, Lendavske gorice 248, Tel. 031-467 990, www.hisa-vina-cuk.si. Einer der besten Weine der Region wird hier ausgeschenkt und verkauft. Auch Gästezimmer.

3 Taverna Artisan③, Tomšičeva ulica 2, Tel. 02-577 41 00, https://wellnessresortlendava.com, tgl. 11–22 Uhr. Das À-la-carte-Restaurant der Therme ist in Lendava die einzige Möglichkeit, moderne, internationale Küche zu genießen.

Feste und Veranstaltungen

- Bereits im September wird in Lendava die **Weinlese** mit Umzügen, Märkten und Verkostung nicht nur des Rebensaftes gefeiert.

Aktivitäten

- **Thermalresort Lendava,** Tomšičeva ulica 2, Tel. 02-577 41 00, https://wellnessresortlendava.com, Mineralhyperthermalwasser mit 62 °C, bei rheumatischen Erkrankungen und Verletzungen des peripheren Nervensystems, breites Wellness-Angebot.
- **Radfahren:** Das Informationsbüro hält eine Kartensammlung bereit mit detaillierten Beschreibungen von Radtouren.

Gornja Radgona

- **Meereshöhe:** 210 m
- **PLZ:** 9250
- **Vorwahl:** 02
- **Einwohner:** 3200
- **Dt. Name:** Oberradkersburg

Heißt die Grenzstadt in der deutschen Übersetzung **Oberradkersburg,** ist es drüben in Österreich **Bad Radkersburg.** Gornja Radgona hadert immer noch ein wenig mit dem Schicksal, einst Vorstadt von Letzterem gewesen zu sein und jenseits der Mura zu liegen. Die Gegend war bereits vor den Römern besiedelt, da an der Furt eine Straße nach Ptuj begann. 1211 wird die Burg erstmals in Schriften erwähnt. Immer wieder griffen im Mittelalter Ungarn, Türken oder die Kruzzen an – abtrünnige Kreuzzugsteilnehmer, Pest und Überschwemmungen taten das Ihre. Diese dauernden Belastungen ließen die Siedlung sich nicht so recht entwickeln und deshalb wurde sie erst 1907 Markt. Die Stadtrechte schließlich erhielt der Ort 1952.

Die **Tradition der Sektkellerei** ist in Gornja Radgona 150 Jahre alt und man sollte auf alle Fälle den Schaumwein probieren. Die Geschmacksrichtung variiert von extratrocken bis halbtrocken, einige

Flaschen für zu Hause gehören unbedingt ins Reisegepäck.

Das interessanteste historische Gebäude ist die **Burg Radgona,** die als Ratigoypurch entstand und mehrfach den Besitzer wechselte, da sie nicht dem Landesfürsten gehörte, sondern einfachen Adligen, die den Weltläufen stärker unterworfen waren.

Eine Legende besagt, dass die Herren der Burg immer gern dort wohnten und den Wein genossen. Einmal sollen 17 Ritter der Umgebung zur Zecherei geladen worden sein; sie blieben 98 Tage, wobei jeder seine 28 Gläser am Tag vertrug.

■ **Grad/Schloss Gornja Radgona,** Grajska cesta 28, www.chateau-agata.com, tgl. 10–17 Uhr, Schlosspark 1 €, Schlosshof 4 €, obere Etage 10 €.

In der Umgebung

Sv. Trije Kralji

Zur Wallfahrtskirche der heiligen Drei Könige unweit von **Benedikt** (1,5 km), südwestlich von Gornja Radgona an der Straße nach Maribor, führen 107 Stufen. Sie entstand 1528 als einschiffiger Bau, 1588 vergrößerte man das Schiff und baute den Glockenturm an. Die Kirche ist wohl deshalb original erhalten, weil man kein Geld mehr für sie aufbrachte, da die Pilger bald die Kirche Sv. Troijca einige Kilometer südlich am See Gradiško zum Ziel nahmen. Erwähnenswert sind der Reliefflügelaltar von 1623 und weitere Reliefs wie eine Weinrebe mit Figuren und eines mit der Hl. Familie. Außen ist die Kirche mit Strebepfeilern und aufwendigen Portalen geschmückt.

Črešnjevci

In Črešnjevci, 2 km südlich von Gornja Radgona, zeigt ein kleines **ethnografisches Museum,** eine Schwarzküche und einige ethnologische Gegenstände. Im Haus erblickte *Peter Dajnko* (1787–1873) das Licht der Welt, der als Schriftsteller und Grammatiker in slowenisch-steyrischem Dialekt schrieb und auch eine eigene Schrift entwickelte (die Dajnčica).

Unweit des Weilers im Süden steht in freier Landschaft die nur von außen zu besichtigende **Vila Hold.**

■ **Domačija Petra Dajnka,** Črešnjevci 82, Tel. 02-563 11 44, derzeit nur für Gruppen ab 15 Personen nach Voranmeldung.

Praktische Tipps

Informationen

■ **TIC,** Kerenčičeva 16, 9250 Gornja Radgona, Tel. 02-564 89 07, www.kultprotur.si, Sommer Mo–Fr 8–16, Sa 8–12 Uhr.

Verkehr

■ **Bahnhof:** Panonska ulica 2a, Tel. 080-81 11, https://potniski.sz.si, Züge nach Ljutomer.

■ **Fernbusse:** Prešernova cesta 1a, Tel. 02-564 97 80, www.apms.si, in Richtung Ljutomer, Maribor.

Einkaufen/Wein

1 **Vinotok Radgonske gorice,** Jurkovičeva 5–9, Tel. 02-564 85 26, www.radgonske-gorice.si. Der Weinkeller gehört zu den schönsten des Landes, tief unten in den Gewölben befinden sich Flaschenar-

chiv, Champagnerkeller und Fasslager sowie der Degustationsraum. Besichtigung nach Voranmeldung ab 15 €.

■ **Steyer,** Plitvica 10 (südlich von Apače beim Weiler Lešane, westlich von Gornja Radgona), Tel. 051-66 88 88, www.steyer.si. Sekt und Wein, darunter auch die Spezialität *Königswein Steyer,* dessen Trauben erst im Januar geerntet werden.

Essen und Trinken

3 **Majda Šmid**③, Partizanska cesta 42, Tel. 02-561 12 20, www.restavracijasmid.si. Regionalküche, aber vor allem Fisch und Meeresfrüchte, schöne und ruhige Terrasse mit Ausblick ins Grüne.

2 **Turistična kmetija Hari**①, Spodnja Ščavnica 42, Tel. 02-564 83 46, www.facebook.com/TuristicnaKmetijaHari, nur Fr, Sa, So geöffnet. Hausgemachtes vom Bauernhof (7 km südwestlich), lecker und zu günstigen Preisen.

Radenci

- **Meereshöhe:** 207 m
- **PLZ:** 9252
- **Vorwahl:** 02
- **Einwohner:** 2200
- **Dt. Name:** Radein

Eine weitere Perle der langen Kette der **Thermalbäder** Sloweniens ist Radenci. Der Ort liegt auf halbem Weg von Gornja Radgona nach Murska Sobota und ist Anlaufpunkt vieler Österreicher, die ein Wochenende entspannen und dafür nicht die Welt zahlen wollen. Sommerkonzerte und ein breit gefächertes Aktivangebot verwöhnen die Gäste, wie es sich für ein Heilbad gehört. Das kleine **Museum im Kurpark,** in dem auch die Quelle in einem Glaszylinder sprudelt, vermittelt die Geschichte des berühmten „Wassers der drei roten Herzen" (im Haus Maria, einer Villa von 1894). *Karl Henn* entdeckte die Quelle 1833, 1896 wurde das erste Mal Wasser abgefüllt. 1882 eröffnete das Heilbad und bald tranken das Wasser der Kaiser in Wien und der Papst in Rom. Nach dem Zweiten Weltkrieg übernahm der Staat die Anlagen und Jugoslawien ließ jene Form von Hotels errichten, deren Anblick jeden Vernunftbegabten den Niedergang sozialistischer Regimes erahnen ließ. Heute sind die Betonbauten zwar hergerichtet, dräuen aber noch machtgebietend über den Wäldern.

Unterkunft, Essen und Trinken

■ **Izvir**③ und **Radin**③, Zdraviliško Naselje 12, Radenci, Tel. 02-520 27 22, www.sava-hotels-resorts.com. Moderne und riesige Thermalhotels mit allem nur Vorstellbaren an Infrastruktur eines Vier-Sterne-Komplexes mit 420 Zimmern.

■ **Gostilna Adanič**②-③, Mele 27 A, Radenci, Tel. 02-562 11 78, www.gostilnaadanic-mk.si, Fr, Sa geschlossen. Sympathischer Gasthof mit bodenständiger, regionaler Küche, auch einige vegetarische Gerichte.

Aktivitäten

■ **Kur und Wellness:** *Terme Radenci,* Zdraviliško naselje 12, Tel. 02-5201000, www.sava-hotels-resorts.com; Thermomineralwasser mit 41°C gegen Herz- und Gefäßerkrankungen, Nieren- und Harnleiterleiden, Rheuma und Stoffwechselerkrankungen; Ayurveda-Behandlung.

201sl sk

9

Triest

»Nach langer Vernachlässigung erwacht Triest aus seinem Dornröschenschlaf. Die italienische Hafenstadt vibriert vor Ideen, Projekten und Trends, wie es sich für eine multikulturelle Metropole gehört.

‹ Das Schloss von Duino unweit von Triest liegt herrlich auf einer Klippe

DIE VERGESSENE SCHÖNE HINTER DER DORNENHECKE

Wie eine Sackgasse wirkte der Schlauch entlang der Küste: Auf der Landseite das „blockfreie" sozialistische Jugoslawien, auf der anderen Seite das Meer. Ein 30 km langer Korridor am Golf von Triest, ein Kanal zwischen dem Ferienort Grado bei der Isonzo-Mündung im Norden und dem Beginn der Istrischen Halbinsel im Süden. Trotz der überschaubaren Länge ist dieser Küstenabschnitt erstaunlich vielfältig: goldgelbe Sandstrände bei Sistiana für den perfekten Strandurlaub, felsig-malerische Klippen bei Duino für Weitsicht und Romantik und ewig lange Strandpromenaden bei Triest für den sonntäglichen Spaziergang und das erfrischende Sommerbad.

Wer Kultur mag, wird Stadt und Golf lieben: Von der Antike bis zur Neuzeit, von Klassik bis Moderne ist alles vorhanden – adrett verpackt in Museen und zu Festen und Veranstaltungen auf die Straßen gebracht. Außerdem? Wein, Olivenöl, beschauliche Kaffeehäuser und kulinarische Abenteuer, historische Buchhandlungen, schicke Mode und raffinierte Fischrestaurants. Das Ganze in der multikulturellen Atmosphäre einer Stadt, in der die italienische Sphäre auf slawische Wurzeln und österreichische Sahnehäubchen trifft.

NICHT VERPASSEN!

- Triestiner Kaufmannspracht auf der **Piazza Unità d'Italia** erleben | 420
- Spaziergang zum Kapitol mit der **Kathedrale** | 426
- Pause in einem **historischen Kaffeehaus** | 434
- Imbiss in einem **Triestiner Buffet** | 439
- **Miramare,** Märchenschloss eines unglücklichen Kaisers | 444
- **Wanderung auf dem Rilke-Weg** von Sistiana nach Duino | 447

Diese Tipps erkennt man an der gelben Markierung.

Die Highlights für Kinder

- Meeresbewohner bestaunen im **Aquario Marino** | 431
- Dampflokomotiven im **Museo Ferroviario Campo Marzio** | 431
- Natur als Multimedia im **Wissenschaftszentrum** | 433
- Abenteuer in den Bäumen im **Trieste Adventure Park** | 451

202sl sk

Triest

- **Meereshöhe:** 0 m
- **PLZ:** 34100
- **Vorwahl:** 040, Italien: 0039
- **Einwohner:** 201.600
- **It. Name:** Trieste
- **Slow. Name:** Irst
- **Entfernung:** Udine 70 km, Gorizia 45 km, Venedig 160 km

Autobahnen winden sich an Schloten vorbei, senken sich zwischen Lagerhallen ab und schwingen sich wieder hoch in die Lüfte, um einen besseren Blick auf die Rohre und Flammen der Petrochemie freizugeben und das abblätternde Grau von Industrieanstrichen besonders wirkungsvoll zur Geltung zu bringen. Die Ankunft in Triest auf dem Landweg ist sicherlich nicht das Erhebendste, was man sich vorstellen kann, und auch auf dem Seeweg lässt die Skyline ganz beträchtlich zu wünschen übrig. Doch wer die „Dornenhecke“ aus Industriegebäuden über-wunden hat, wird staunend die Augen aufreißen. Im Zentrum glänzen die **Paläste der K.-u.-k.-Monarchie,** die Prunkbauten der **Versicherungen und Reedereien,** die einst ganze Flotten unter ihrer Flagge

⌃ Der Palast des Lloyd Triestino stand für Triests maritime Ambitionen

Triestiner Riviera

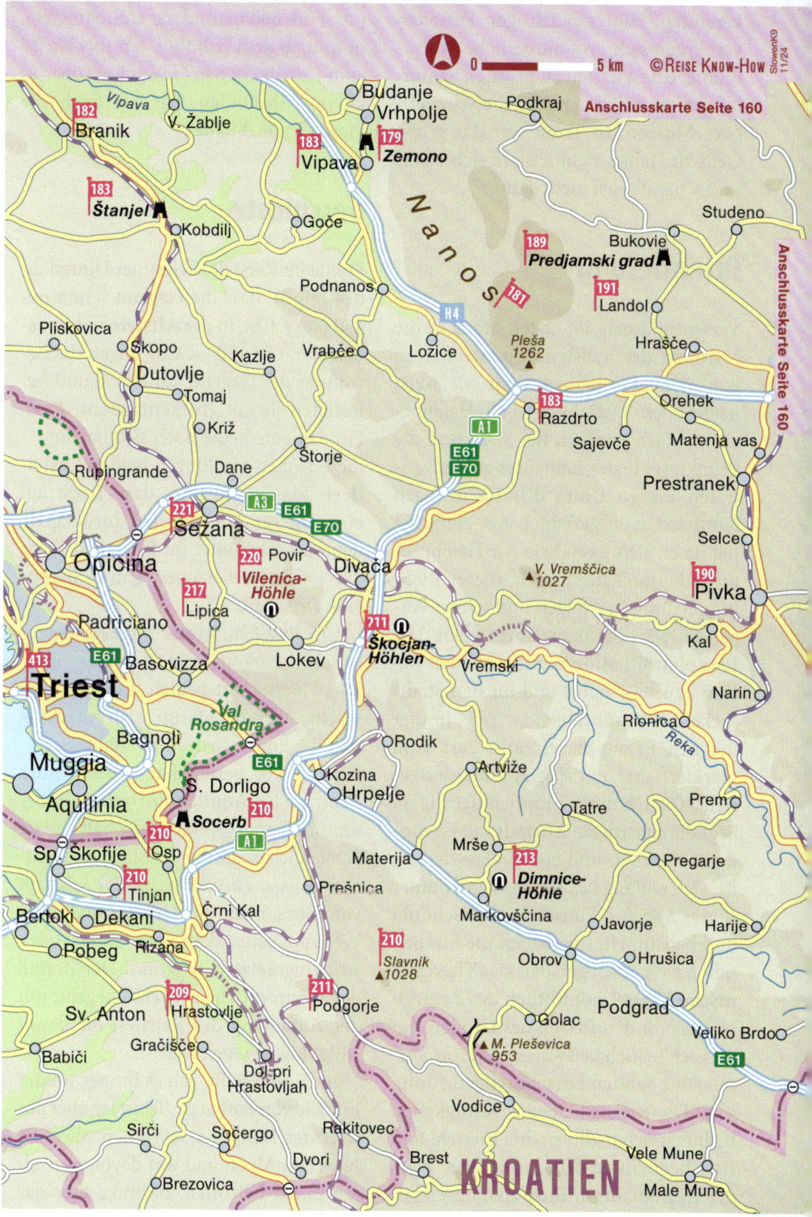
0 5 km
©Reise Know-How
SlowenK9 11/24
Anschlusskarte Seite 160
Anschlusskarte Seite 160
Vipava
Branik
V. Žablje
Budanje
Vrhpolje
Podkraj
Vipava
Zemono
Štanjel
Kobdilj
Goče
Nanos
Studeno
Bukovje
Predjamski grad
Podnanos
Landol
Pliskovica
Skopo
Kazlje
Vrabče
Lozice
Pleša 1262
Hrašče
Dutovlje
Tomaj
Razdrto
Orehek
Križ
Sajevče
Matenja vas
Rupingrande
Dane
Štorje
Prestranek
Sežana
Selce
Opicina
Povir
Vilenica-Höhle
Divača
V. Vremščica 1027
Pivka
Lipica
Padriciano
Škocjan-Höhlen
Kal
Triest
Basovizza
Lokev
Vremski
Narin
Val Rosandra
Rionica
Reka
Bagnoli
Rodik
Muggia
Kozina
Artviže
Hrpelje
S. Dorligo
Tatre
Prem
Aquilinia
Socerb
Mrše
Sp. Škofije
Osp
Materija
Pregarje
Dimnice-Höhle
Tinjan
Prešnica
Markovščina
Bertoki
Dekani
Črni Kal
Javorje
Harije
Pobeg
Rižana
Obrov
Hrušica
Slavnik 1028
Podgorje
Podgrad
Sv. Anton
Hrastovlje
Golac
Veliko Brdo
M. Pleševica 953
Babiči
Gračišče
Dol pri Hrastovljah
Vodice
Sirči
Sočergo
Rakitovec
Vele Mune
Dvori
Brest
KROATIEN
Male Mune
Brezovica
182 183 179 183 189 191 181 183 221 220 217 211 190 413 210 210 210 213 210 211 209
H4 A1 E61 E70 A3 E61 E70 E61 E61 A1 E61

vereinten. Hinter prächtigen Fassaden verbergen sich großbürgerliche Wohnräume, eine Vielzahl an privaten Sammlungen und eine ganze Reihe vorzüglicher Museen. In Triest war das große Geld zu Hause, man leistete sich etwas und schämte sich nicht dafür.

Orientierung

Verwirrend mag im ersten Moment die Nordung der meisten Touristenkarten von Triest erscheinen, denn sie weist nach Süden. Tatsächlich ist das Hafenbecken jedoch nördlich der Stadt und die Prunkfassade des Rathauses an der zentralen **Piazza Unità d'Italia** ist nach Nordwesten ausgerichtet. Am einfachsten ist es, sich irgendwie zur Hafenpromenade durchzuschlagen, dieser Richtung Bahnhof zu folgen und seinen Wagen dort im Parkhaus abzustellen. Die **Parkplatzsituation** um die Altstadt herum ist katastrophal und für den Stadtsäckel gewinnbringend. Wo immer möglich, ist mit blauer Farbe Parkraum markiert und ein Parkautomat aufgestellt. Östlich und südöstlich der Piazza liegt die eigentliche **Altstadt** mit gewundenen Straßen und engen Gassen. Der Bereich entlang des **Hafens** wurde unter *Kaiser Joseph I.* künstlich aufgeschüttet und bebaut. Hier verlaufen die Straßen schon wesentlich gerader. Das **Theresianische Viertel** nordöstlich des Zentralplatzes mit den Resten des Großen Kanals schließlich ließ *Kaiserin Maria Theresia* auf Salinen schachbrettartig anlegen. Die meisten Sehenswürdigkeiten befinden sich in diesen drei Vierteln und sind bequem zu Fuß erreichbar. Wem der Weg hinauf zur **Burg** zu mühselig ist (zu Fuß 600 m und 60 Höhenmeter), nimmt ab dem Bahnhof den Bus Nr. 24 zum Castello di San Giusto (tagsüber in kurzen Abständen, passiert auch die Piazza Unità d'Italia).

Geschichte

Funde im Karst des Triestiner Hinterlandes zeigen, dass die Gegend schon um 450.000 v. Chr. in der **Altsteinzeit** besiedelt war. Um 1500 v. Chr. zogen die Bewohner der Gegend auf Hügel und befestigten sie mit Trockenmauern, deren Fundamente heute noch sichtbar sind – diese frühen Siedlungen heißen **Castellieri.** Man nimmt an, dass Triest auf eines dieser Hügeldörfer zurückgeht, denn als die Römer im Istrischen Krieg 177 v. Chr. vorbeizogen, gab es bereits eine Ortschaft.

Um 50 v. Chr. wurde **Tergesta** zur römischen Kolonie erklärt. Unter römischer Herrschaft gedieh die Stadt und wuchs, aber bereits im 2. Jh. machten sich die Einflüsse des Christentums immer stärker bemerkbar, dessen eines Zentrum bei **Aquileum/Aquileia** in der unmittelbaren Nachbarschaft lag. Schließlich siegte der christlich-oströmische Kaiser, *Theodosius,* in der Schlacht von Bora über die Heiden und über Westrom unter dem vom Goten *Arbogast* eingesetzten *Eugenius.* Der Zerfall des Weströmischen Reiches begann mit der Aufteilung des Reiches, die damit endgültig besiegelt war.

Im 5. und 6. Jh. gab es immer wieder Einfälle von Barbaren; Triest lag aber abseits der Hauptmarschrouten über die Julischen Alpen und war davon nur selten direkt betroffen, indirekt aber dadurch, dass Westrom seine Einflusssphäre verlor und Triest ab 539 Ostrom/Byzanz zugerechnet wurde. 788 brachte *Karl der Große* Istrien, Friaul und den Karst in einer Grenzmark des Heiligen Römischen Reiches Deutscher Nation zusammen – **Austriae Italiae.**

1295 wurde Triest **Freie Stadt** und bestimmte zukünftig seine Regierungsgeschäfte mit dem Großen Rat selbst. 1368 machte Venedig Triest de facto zum Vasallen, doch nur für kurze Zeit. Nach der Schlacht von Chioggia und dem anschließenden Friedensschluss von Turin kam Triest 1381 in den Machtbereich des **Patriarchen von Aquileia.** Das folgende Jahrhundert sah Triest mal bei den Österreichern, mal bei den Venezianern. Schließlich blieb es ab 1509 bei Österreich, das damit über vier Jahrhunderte (mit einem napoleonischen Zwischenspiel bzw. drei Besetzungen durch die Franzosen: 1797, 1805/6 und 1809–13) einen Zugang zum Mittelmeer besaß. 1717 wurde Triest **Freihafen,** die Salinen wurden trockengelegt und die Stadt vergrößerte sich.

Bis weit ins 19. Jh. hinein war das Mittelmeer eine der wichtigen politischen Bühnen der Weltgeschichte. 1831 wurde das Versicherungsunternehmen *Assicurazioni Generali* gegründet, 1836 die Reederei *Lloyd Triestino* und 1838 entstand der Versicherer *Riunione Adriatica di Sicurtà.* In diesen Gründungen spiegelt sich wider, wo das Geld lag – im **Handel,** und den betrieb man mit Wonne und Einfallsreichtum. 1857 verband die **Südbahn** Wien mit dem Adriahafen, einen weiteren Schub brachte die Eröffnung des Suezkanals 1869, der die Schifffahrtswege zum Indischen Subkontinent entschieden verkürzte.

027f sk

Parallel zu der Expansion auf wirtschaftlichem Gebiet traten aber mit der Revolution von 1848 patriotische, teils sezessionistische Bewegungen in ganz Europa auf, und auch die Jugend von Triest blieb davon nicht unberührt. Man wollte mehr Unabhängigkeit von den Habsburgern in Wien, teilweise wurde schon der Ruf nach einem Anschluss an Italien laut. Der **Dreibund** sollte dem schließlich entgegenwirken. Deutschland, Österreich-Ungarn und Italien verpflichteten sich 1882 zur gegenseitigen Waffenhilfe gegen Aggressoren, was sich

⌃ Der Arco di Riccardo aus altrömischer Zeit

Triest
Übernachtung
9 Residence Al Granzo
15 Hotel B&B
19 Albergo alla Posta
26 Hotel Istria
Einkaufen/Sonstiges
12 Trieste Green Tour
13 Surf Trieste
24 Einkaufszentrum Il Giulia
32 Mercato Coperto
36 Liquorificio Artigianale Piolo & Max
37 Torrefazione Guatemala
Nachtleben
1 Loft
3 Stazione Rogers
25 Round Midnight
28 Gran Malabar
34 Barakin San Giusto
Freihafen
Ospedale Maggiore
Molo IV
Boot nach Slowenien/Istrien
422
Molo Audace
Riva 3 Novembre
Boote nach Muggia, Sistiana, Miramare
Molo dei Bersaglieri
Piazza Unità d'Italia
Stazione Marittima, Kongresszentrum
Molo Teresiano
Leuchtturm La Lanterna
Molo Pescheria
Molo Fratelli Bandiera
Molo Venezia
Altstadt
Meeresbad La Lanterna
Acquario Marino/ Salone degli Incanti
Riva Nazario Sauro
Civico Museo Revoltella
Jachthafen
Bagno Ausonia
Piazza Venezia
Piazza Attilio Hortis
Piazzella Sta Lucia
Biblioteca Hortis
Stazione Campo Marzio
Museo Ferroviario
Riva Tommaso Gulli
Riva Ottaviano Augusto
Museo Sartorio
Obst- und Gemüsemarkt
Via Giulio Cesare
Piazzale Gioachino Alessi
Via di Campo Marzio
Riva Traiana
Passeggio Sant'Andrea
Kino Ariston
Piazza Carlo Alberto
Via Franca
Via Bellosguardo
Essen und Trinken
2 Osteria Istriano
4 Pier
5 Il Pinguino
6 Eataly
7 La Bottega di Trimalcione
8 Nero di Seppia
10 Mimi e Cocotte
11 Buffet da Siora Rosa
14 Al Faro
16 Gelateria Zampolli
17 Il Posto delle Fragole
18 Pizzeria Casa Peperino
20 Buffet da Rudy
21 Sbecolez
22 Caffè San Marco

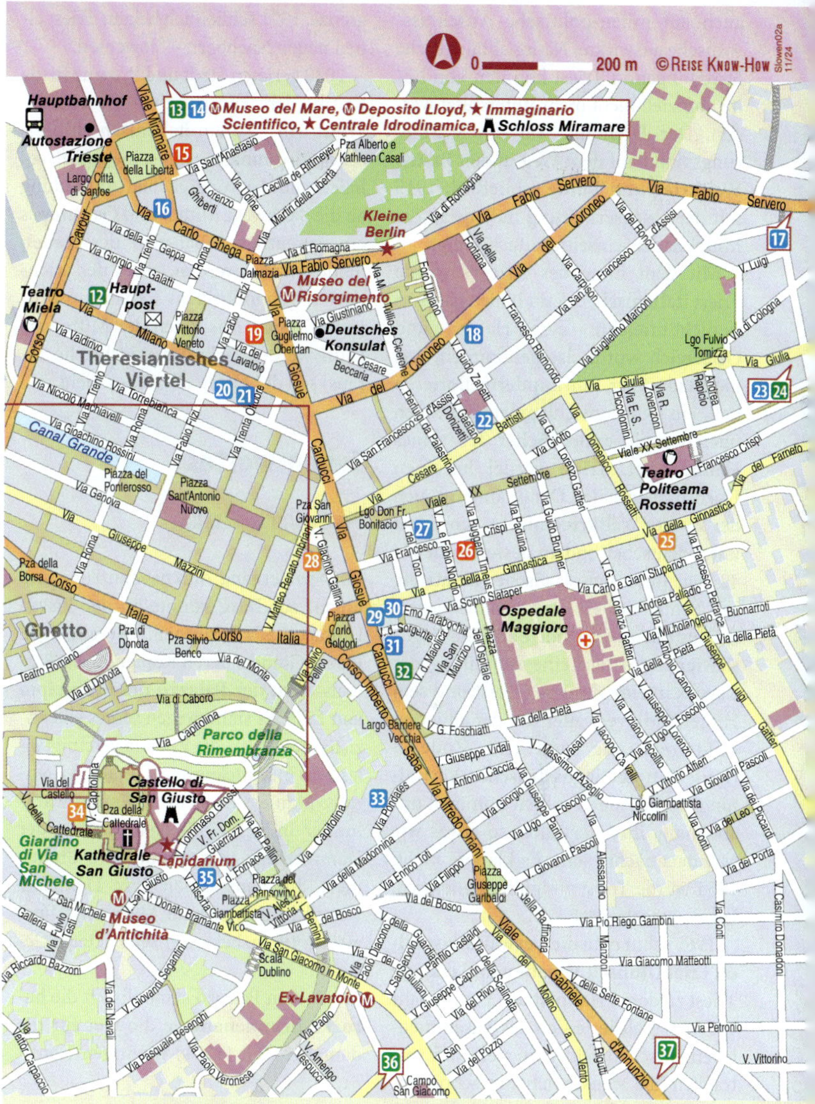

23 Antica Trattoria Suban
27 Pizzeria Al Civicosei
29 Trattoria alla Sorgente
30 Buffet Vittorio
31 Buffet L'Approdo
33 Rustiko
35 Antica Ostaria da Libero

auch auf innen-politische Anschlusswünsche auswirkte: Nationalitalienische Strömungen in Triest konnten von Italien offiziell nicht mehr unterstützt werden. Der Dreibund war ein Markierungspunkt auf dem Weg in den **Ersten Weltkrieg** und wurde schließlich 1915 mit der Kriegserklärung Italiens an die Mittelmächte einseitig aufgekündigt.

Mit dem Ende des Krieges wurde Triest **italienisch,** bekam Italien das, was es nicht brauchte – einen Hafen –, und Österreich wurde das genommen, was die Stadt über Jahrhunderte florieren ließ, ein Güterumschlagplatz am Meer, über den ein erklecklicher Teil seines Handels lief. Triest verfiel in einen Dornröschenschlaf. Daran änderte auch der **Zweite Weltkrieg** nichts, den Triest unter deutscher und an dessen Ende für 40 Tage unter jugoslawischer Besatzung sah. Schließlich einigten sich die Siegermächte (zu ihnen gehörte auch das Jugoslawien Titos) auf eine Aufteilung des Karstes in eine **Zone A** (Triest und sein Hinterland), verwaltet von der alliierten Militärregierung, und eine **Zone B** (Istrien) unter jugoslawischer Verwaltung. Beide Zonen sollten nominell unabhängig, ihre Verwalter so etwas wie Mandatsmächte sein. Es klappte nicht: 1954 wurde Triest endgültig italienisch, Istrien jugoslawisch.

1965 schuf man die **Verwaltungsregion Friaul-Julisch Venetien** und erklärte Triest zu deren **Hauptstadt.** Erst im Jahr 1975 normalisierte sich das Zusammenleben zwischen beiden Staaten auch vertraglich (die Menschen hatten schon lange vorher im kleinen Grenzverkehr wirtschaftliche Beziehungen gepflegt) – der **Vertrag von Osimo** machte die Grenze zwischen Zone A und Zone B zur Staatsgrenze. 1991 schließlich bekam Triest einen neuen Nachbarn – Slowenien.

2019 gerieten Stadt und Provinz in die Kritik der europäischen Nachbarn. Triest will – so ein italienisch-chinesisches Abkommen – mit seinem Tiefseehafen und der vorzüglichen Anbindung an die Bahnwege Mittel- und Osteuropas ein wesentlicher Baustein der **Neuen Seidenstraße** werden, eines der wichtigsten geopolitischen Expansionsprojekte Chinas. Ans Reich der Mitte verkauft werden (wie das griechische Piräus) soll der Hafen allerdings nicht.

Sehenswertes

Piazza Unità d'Italia

Ein Spaziergang durchs Zentrum und hinauf zur Burg könnte an der Piazza Unità d'Italia beginnen, der einstigen Piazza Grande, deren Kopfende das Rathaus ziert, der **Palazzo del Municipio** von 1875. Er stand wegen seines eklektizistischen Stils – die Fassade vereinigt alles, was in Mitteleuropa damals an Figurativ-Manieristischem zu finden war – immer in der Kritik, hat aber in der Dämmerung, in sanftem Gelb illuminiert, durchaus seinen Reiz. Der Platz war nicht immer zum Meer hin offen, erst im 19. Jh. bekam er seine jetzige Gestalt.

Vor dem Palazzo symbolisiert die **barocke Brunnenanlage** die vier für die damalige Zeit (1751) wichtigen Konti-

[>] Der Palazzo Modello beherrscht die Piazza d'Unità d'Italia

nente, und eine Ehrensäule erinnert an *Karl VI.*, der durch sein Verdikt, Triest zum Freihafen zu machen, für dessen Reichtum sorgte.

Den **Palazzo Modello** an der nordöstlichen Ecke (Via Bartoli) schuf der Architekt *Giuseppe Bruni* 1873 als Programm für die Fassadengestaltung des gesamten Platzes (was aber schließlich nicht realisiert wurde).

In der 1839 erbauten **Casa Stratti** direkt nebenan – Triestiner Klassizismus – befindet sich das ebenso alte **19 Caffè degli Specchi** (Spiegel-Café, → Karte S. 422) mit illustrer Gästeliste, darunter *Rilke*, *Svevo* und *Joyce*. Es war im 19. Jh. aber auch Treffpunkt der Irredentisten, einer panitalienischen Bewegung, die den „Anschluss" Triests und der „Volkstumsgebiete" Istrien und Trient/Südtirol betrieb.

Zum Meer hin schließt die nördliche Seite des Platzes seit 1905 der **Palazzo del Governo** ab; der heutige Sitz der Präfektur ist ein Werk des Wiener Architekten *Emil Artman* im Secessionsstil unter Verwendung von Mosaikschmuck aus Murano-Glas. Im Palast befindet sich auch die außerordentlich wertvoll ausgestattete Residenzwohnung des italieni-

203sl sk

Triest Zentrum

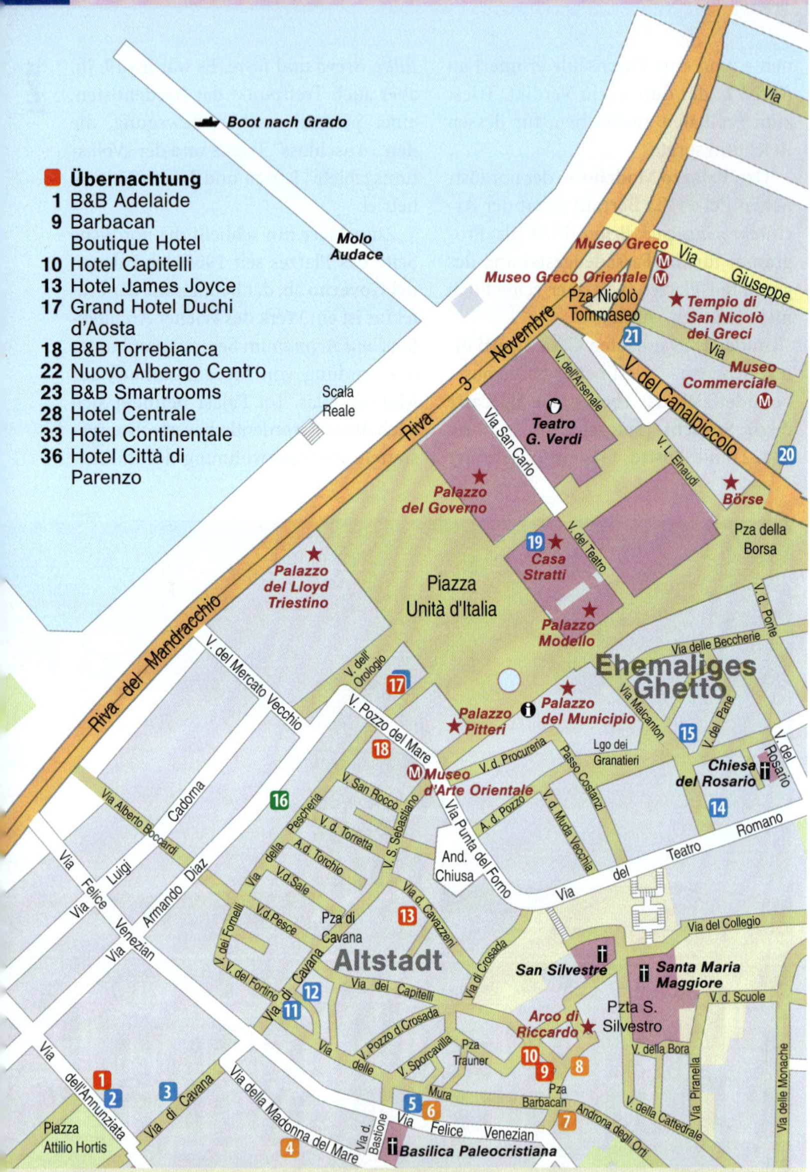

Übernachtung
- 1 B&B Adelaide
- 9 Barbacan Boutique Hotel
- 10 Hotel Capitelli
- 13 Hotel James Joyce
- 17 Grand Hotel Duchi d'Aosta
- 18 B&B Torrebianca
- 22 Nuovo Albergo Centro
- 23 B&B Smartrooms
- 28 Hotel Centrale
- 33 Hotel Continentale
- 36 Hotel Città di Parenzo

Essen und Trinken
- 2 Trattoria Ai Fiori
- 3 Hops Beerstrò
- 5 Zoe Food
- 11 Palato
- 12 Torrefazione La Triestina
- 14 Gelato Marco
- 15 Hosteria Malcanton
- 17 Harry's Piccolo
- 19 Caffè degli Specchi
- 20 Buffet Da Pepi
- 21 Caffè Tommaseo
- 24 Al Barattolo
- 25 Pasticceria La Bomboniera
- 26 Trattoria da Giovanni
- 27 Illy-Caffè

0 100 m ©Reise Know-How Slowen02b 11/24

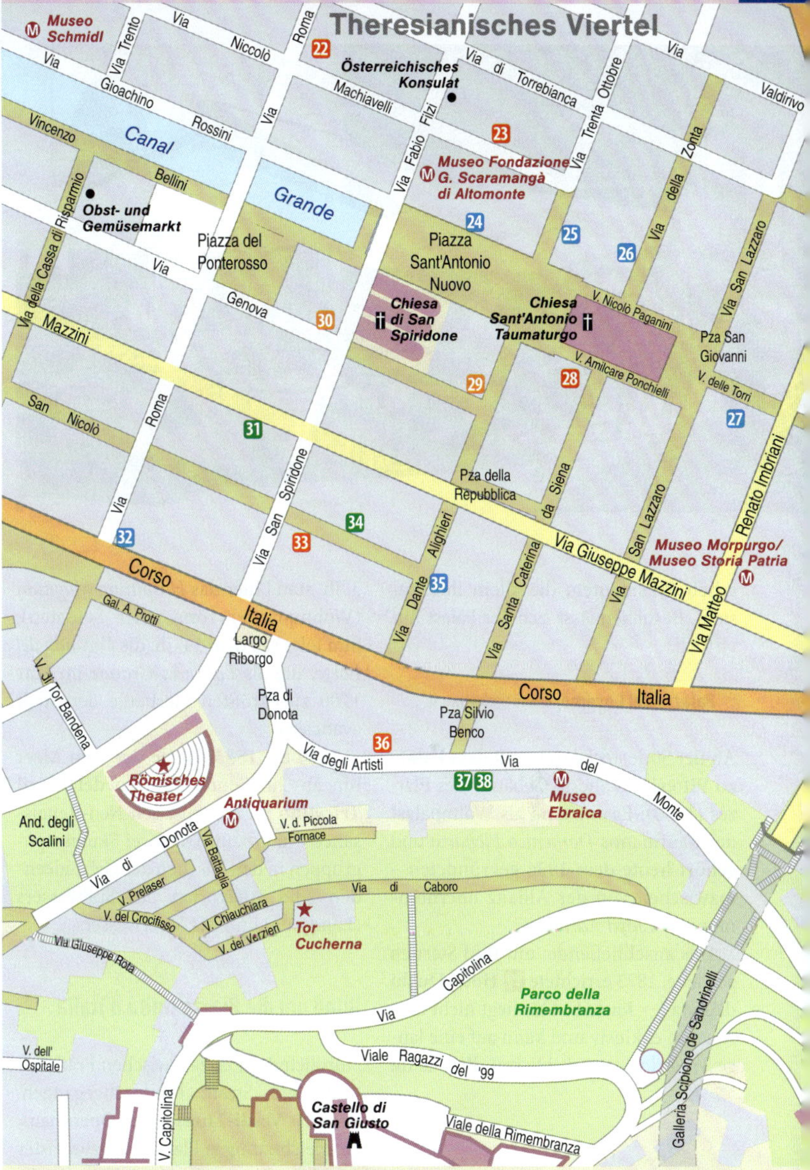

32 Antico Caffè Torinese
35 Caffè Sacher

Einkaufen/Sonstiges
16 Katastrofa
31 Enoteca Bischoff
34 Libreria Antiquaria Saba
37 Nature Point
38 Tea Time

Nachtleben
4 Knulp Bar
6 Mastro Birraio
7 BARbacan
8 Viva
29 Bar GBU
30 Enoteca Nanut

026f sk

schen Präsidenten, die allein ihm zusteht. Besuchen lässt sich der Palast nur virtuell.

■ **Palazzo del Governo,** www.prefettura.it.

An der Südostecke steht mit dem **Palazzo Pitteri** das älteste Gebäude des Platzes (1780). Es entstand als Wohnpalast des Kaufmanns *Domenico Plenario* und gehört heute dem 1936 gegründeten – inzwischen von der Allianz übernommenen – *Lloyd Adriatico.*

Das anschließende, mit fünf Sternen geadelte, 1873 errichtete 17 **Hotel Duchi d'Aosta** (→ Karte S. 422) liegt nicht umsonst so exklusiv und kann auf eine lange Tradition zurück-blicken. Bereits im 3. Jh. stand hier das *Hospitium Magnum* (Wohnquartier römi-scher Soldaten); ihm folgte ab dem 14. Jh. die *Locanda del Porto,* die als *Locanda Grande* im Jahr 1700 zur größten Herberge der Stadt avancierte.

1880 bis 1883 wurde der zum Meer hin abschließende **Palazzo del Lloyd Triestino** im italienischen Neo-Renaissance-Stil erbaut. Die zwei Skulpturengruppen in den Nischen der Gebäudeenden sind Allegorien des Süßwassers (Landseite) und des Meerwassers.

Rund um die Piazza Unità d'Italia

Nördlich der Piazza, zwischen Präfektur und Casa Stratti hindurchgegangen, steht das **Verdi-Theater,** das Opernhaus, am gleichnamigen Platz. Der Baumeister *Matthäus Pertsch* (der auch Venedigs La Fenice verantwortete) ließ sich von der Mailänder Scala inspirieren. Eröffnet

Marktstand nahe der Piazza Hortis

wurde es 1801 mit der Oper *Ginevra di Scozia (Jennifer von Schottland),* die der bayerische Komponist *Johann Simon Mayr* eigens dafür geschrieben hatte.

■ **Teatro Giuseppe Verdi,** Piazza Verdi, Tel. 04 06 72 22 10, www.teatroverdi-trieste.com, Führungen (englisch, 40 Min.) Di–Fr 9–13, 10 €.

Wenige Schritte führen von der Südostecke des Platzes zum hochinteressanten **Orientmuseum** im 1747 erbauten, gräflichen Palazzetto Leo (in dem *Casanova* 1772 länger gewohnt haben soll). Ausgestellt sind die Asiatica der Familie, wie chinesisches und japanisches Porzellan, kostbare Gewänder, Waffen und Rüstungen von Samurai und Drucke. Eigene Abteilungen führen in die Religion Japans ein, und auch dessen Theater wird beleuchtet.

■ **Museo d'Arte Orientale,** Via San Sebastiano 1, Tel. 04 03 22 07 36, www.museoarteorientaletrieste.it, Do–So 10–17 Uhr, Eintritt frei.

Hier beginnt das **Viertel Cavana,** die Altstadt südwestlich der Piazza, mit Gassen, verkehrsberuhigten Zonen, Läden, Restaurants und Straßencafés – und an der **Piazza Hortis** mit der Traditionsadresse „Siora Rosa" für eine Triestiner Buffet-Mahlzeit (→ S. 439). An der Südostseite des Platzes spaziert der Schriftsteller *Italo Svevo* in Bronze entlang – das Pendant zu *James Joyce* auf der Brücke am Canal Grande im Theresianischen Viertel.

100 m südöstlich des Orientmuseums wachen die Kirchen Santa Maria Maggiore und San Silvestro leicht erhöht am Fuß des Hügels San Giusto über das Zentrum (über eine Treppe erreichbar). Grobes Mauerwerk verweist auf das hohe Alter der **Chiesa di San Silvestro.** Die Legende besagt, dass sich hier im 3. Jh. die ersten Christen Triests im Haus der *Heiligen Euphemia* getroffen hätten. Das romanische Bauwerk entstand im 11. Jh. im Basilikastil (Fundamente aus dem 9. Jh.). Heute nutzen es die protestantischen Gemeinden des Helvetischen Bekenntnisses und der Waldenser.

Ein wenig verblasst die Kirche vor der barocken Pracht der Nachbarin **Santa Maria Maggiore.** Das ehemalige Jesuitenkolleg aus dem 17. Jh. bewohnen seit 1922 Franziskaner. Der Hochaltar wurde 1717 fertiggestellt und bildet inhaltlich und optisch eindrucksvoll eine Einheit mit dem Apsisgemälde der Unbefleckten Empfängnis.

Von hier kann man kurz beim gut erhaltenen **Arco di Riccardo** aus dem 1. Jh. vorbeischauen (50 m südlich hinter San Silvestre an der Piazzetta Riccardo). Er war einst Teil der Stadtbefestigung des flavianischen Triests, vielleicht aber auch Zugang zu einem Tempel.

Geht man nun entlang der schmalen, von Restaurants und Bars gesäumten Piazza del Barbacan – einer der abendlichen Ausgeh-Hotspots – Richtung Süden und auf der Via della Rotonda weiter, gelangt man nach knapp 200 m zur **Biblioteca Hortis** mit drei Museen: Das **Petrarca-Piccolomini-Museum** ist im Besitz einer der weltweit bedeutendsten Handschriften-, Bücher- und Drucksammlungen, darunter *Petrarcas* Erstausgaben von „Canzoniere" und „Trionfi" (1470) und ein Brief *Enea Silvio Piccolominis.* Zwei weitere Museen widmen sich Leben und Werk der Schriftsteller **James Joyce** und **Italo Svevo** und deren Aufenthalt in der Stadt.

■ **Museo Petrarchesco Piccolomineo/Museo Sveviano/Museo Joyciano,** Via Madonna del Mare 13, Tel. 04 06 75 81 84, https://museopetrarchesco.it; www.museosveviano.it und https://museojoycetrieste.it, Mo–Sa 9–13, Mi auch 14–18 Uhr, Eintritt frei.

Auf dem Burgberg

Zwischen San Silvestre und Santa Maria Maggiore beginnt die Via della Cattedrale hoch zur Kathedrale, vorbei am netten Terrassengarten **Giardino di Via San Michele** (Sommer 8–20.15, Winter 8–18.15 Uhr, Spielplatz, Toiletten) und dem Museum Museo d'Antichità J. J. Winckelmann (→ unten).

Die Fassade der fünfschiffigen **Kathedrale San Giusto** ist stark asymmetrisch, da das Gotteshaus durch Zusammenlegung zweier nebeneinanderstehender Kirchen entstand: der zwischen dem 9. und 11. Jh. erbauten, dreischiffigen Santa Maria Assunta und einer kleineren Gedächtniskapelle. Anfang des 14. Jh. hat man dann zwei Seitenschiffe abgetragen und ein einziges Mittelschiff konstruiert. Im Inneren sind die ursprünglichen Mauern auf dem Boden symbolisch festgehalten. Besonders beachtenswert sind die byzantinischen Mosaike in der Kalotte der rechten Apside aus dem 11. Jh. Die Cappella del Tesoro bewahrt die Reliquien der Basilica Minor. Im Baptisterium von 1380 stammt das sechseckige Taufbecken aus dem 9. Jh. Den Glockenturm (90 Stufen) darf man besteigen und die Aussicht genießen. Auf dem Hügel befand sich einst das römische Forum. Auch die Seitenpfosten des Kirchenportals erinnern daran: Die Grabstele mit den Köpfen der altrömischen Familie *Barba* wurde längs geteilt und – mit den Außenseiten zueinander gekehrt – eingemauert. Auf der Piazza lädt der Kiosk Barakin zu einer Pause ein.

■ **Cattedrale di San Giusto,** Piazza della Cattedrale, www.sangiustomartire.it, Mo–Sa 8–18.30, So 9–19.30 Uhr; Torre Campanaria April–Sept. 9–17.30, März/Okt. 9–12, 14.30–17 Uhr, 2 €.

Auf dem römischen Forum bilden die Stümpfe der Säulen – die **Antiche Colonne di San Giusto** – mit den Bäumen zusammen malerische Spaliere. Das Monumentaldenkmal **Monumento ai Caduti** erinnert an die Gefallenen des Ersten Weltkriegs – für das faschistische Italien des Jahres 1935 ein Befreiungskampf, kam doch Triest „heim ins Reich". Auf weißem Sockel beklagen vier klassische Helden mit Schilden gerüstet und in schwarzer Bronze den Tod eines der Ihren.

Rechts der Kathedrale befindet sich der Eingang zum **Antikenmuseum Winckelmann**. Für die ausgesprochen reichhaltige Sammlung sollte man sich Zeit nehmen. Prähistorische Funde der Umgebung, römische und mittelalterliche Ausstellungsstücke und auch Griechisches und Ägyptisches (u.a. ein Holzsarkophag mit einer Frauenmumie) sind im Fundus. Im Lapidarium steht ein kleiner Tempel zu Ehren von *J. J. Winckelmann*, dem Begründer der neueren Archäologie, der 1768 in Triest Opfer eines Raubmordes wurde.

■ **Museo d'Antichità J. J. Winckelmann,** Piazza della Cattedrale 1, Tel. 040 30 86 86, https://museoantichitawinckelmann.it, Di–So 10– 17 Uhr, Eintritt frei.

Den Hügel schließt die **Festung,** das Museo del Castello di San Giusto, ab. Ihre Ursprünge liegen im 14. Jh., als sich Triest unter die Fittiche Österreichs begab und *Friedrich III. von Habsburg* den Bau für seinen Statthalter beauftragte. Immer wieder erweitert, erhielt es im 16. Jh. seine heutige Ausdehnung. Von den Mauern genießt man die Weitsicht über Stadt, Land und Meer. Das Museum zeigt Waffen vom 13. bis zum 19. Jh., Möbel, Teppiche und Gemälde. Das **Lapidarium Tergeste** der Burg (nördlich um die Festung herumgehen und in die Via Tommaso Grossi) erzählt in der im 16. Jh. errichteten Bastion Lalio die Geschichte des römischen Tergeste u.a. mit den Mosaiken aus einer Villa.

■ **Museo del Castello di San Giusto,** Piazza Cattedrale 3, Tel. 040 30 93 62, https://castellodisangiustotrieste.it, Di–So 10–19, Winter bis 17 Uhr, 6 €.

Rund ums ehemalige Ghetto

Zurück nimmt man die Via Capitolina, kürzt über die Treppen hinunter zur Via di Caboro ab und gelangt vorbei am **Tor Cucherna** (das einst zur Stadtbefestigung des 14. Jh. gehörte; *cucherna* ist Dialekt für „gucken") zum Antiquarium und dem **Römischen Theater** aus dem 1. Jh. Zu jener Zeit lag das Theater noch direkt am Meer, unterhalb befand sich der Hafen mit Molen und Kai. Wenn es regnete, wurden Volk und Statthalter mit Planen geschützt und konnten sich so im Trockenen an den Gladiatorenkämpfen ergötzen. Im **Antiquarium** sind Reste des Aquädukts (mit einem Inspektionszugang) zu sehen, das die antike Stadt mit Wasser aus dem Rosandra-Tal versorgte.

■ **Antiquarium,** Via Donota, www.beniculturali.it, nur nach Vereinbarung unter Tel. 04 04 26 14 11.

Dem Theater westlich schräg gegenüber steht die **Chiesa del Rosario,** die Rosenkranzkirche von 1635. Hier beginnt das 1696 durch kaiserlichen Erlass begründete **Jüdische Ghetto von Triest,** das damals hohe Mauern (mit drei von Soldaten bewachten Toren) – heute Via di Tor Bandena im Osten, Via Malcanton im Westen und Via delle Becchiere im Norden – umgrenzten. In den engen Gassen sind Antiquitätengeschäfte, Künstlerateliers, Galerien und natürlich die eine oder andere Kneipe untergekommen

Suum cuique: Religionsfreiheit mit Tradition

Triest ist stolz darauf, dass es so viele Kirchen unterschiedlicher Glaubensrichtungen besitzt. Es spricht für den Freigeist der Handelsstadt und ihre Toleranz Reisenden gegenüber, die aus aller Welt kamen, um in Triest ihren Geschäften nachzugehen. Waldenser, Griechisch-Orthodoxe, Juden, Anglikaner, Serbisch-Orthodoxe, Muslime, Katholiken und Anhänger der Kirche des Augsburgischen Bekenntnisses konnten neben vielen anderen in der Stadt ihre Religion ausüben, ohne dass sie Repressalien ausgesetzt waren. Der Kosmopolitismus der Stadtoberen ging aber noch weiter: So konnten die Glaubensgemeinschaften auch die Sprache für die Schulerziehung ihrer Kinder wählen, Häuser kaufen und verkaufen und einen eigenen Friedhof unterhalten.

und das Pflaster ist perfekt saniert worden – das Armenviertel von einst ist hip.

Durch das Viertel hindurch gelangt man zur Piazza della Borsa mit dem von einem Herkuleskopf gekrönten Ghettozugang **Portizza** und zur **Börse.** Früher war hier ein Wasserweg, auf dem die Altstadt versorgt wurde. Die klassizistische Börse wurde 1799–1806 errichtet, das Jugendstilhaus (Bartoli-Gebäude) gegenüber 1905. Unten am Meer kommt man nun zum *Caffè Tommaseo* und zur von *Matthäus Pertsch* erbauten **Kirche San Nicolò dei Greci** der griechisch-orthodoxen Ge-meinde, mit einer bedeutenden Ikonen-Sammlung im angeschlossenen Museum.

■ **Tempio di San Nicolò dei Greci,** Riva III Novembre 7, www.comgrecotrieste.it, Kirche Mo–Sa 9–12.30, 15.30–19.30, So 9–12.30 Uhr, Museum Mi 15.30–18.30, Do/Fr 9.30–12.30, Sa 9.30–12.30, 15.30–18.30 Uhr, Eintritt frei.

Theresianisches Viertel

Am Canal Grande befindet man sich mitten im **Borgo Teresiano** (der Neustadt), entstanden gegen Mitte des 18. Jh. durch Trockenlegung der Salinen und Anlage rechtwinkliger Straßen. Im Süden begrenzt der Corso Italia das Viertel, im Norden der Bahnhof und der alte Freihafen.

Die **Piazza della Libertà** entstand 1878 mit dem Bau des **Hauptbahnhofs.** Zeitüblich geriet er palastartig – ein eklektizistisches Bauwerk, das die italienische und österreichische Neo-Renaissance des Platzes ergänzt.

Im Südosten begrenzt die **Piazza Oberdan** das Viertel. Das **Risorgimento-Museum** erinnert an die Gefallenen von 1848 und die Jahre bis zum Ersten Weltkrieg. Eine Gedenkstätte würdigt den Namensgeber der Piazza: *Guglielmo Oberdan*, ein Triestiner Patriot, der 1882 *Kaiser Franz Joseph* ermorden wollte und am Würgegalgen starb (für die einen ein Terrorist, für die anderen ein Held).

■ **Museo del Risorgimento,** Via XXIV Maggio 4, Tel. 040 36 16 75, www.museodelrisorgimentotrieste.it, Do–So 10–17 Uhr, Eintritt frei.

In der Nähe der Piazza Oberdan steigt man in die Unterwelt zum (grammatikalisch nicht einwandfreien) **Kleine Berlin** ab. 1943 – nach Italiens Kapitulation – erklärte die Wehrmacht die Stadt zum Teil der „Operationszone Adriatisches Küstenland". Es entstanden u.a. ein Netz an Luftschutzbunkern nur für deutsche Soldaten (mit Geheimbereichen der SS) und ein eigenes städtisches Bunkersystem für Zivilisten.

■ **Kleine Berlin,** kleineberlin@cat.ts.it oder Tel. 33 92 53 97 12, Einstieg gegenüber Via Fabio Severo 11, nach Voranmeldung jeden 3. Fr zwei Führungen (17.30 und 20 Uhr).

Am Westende des **Canal Grande** reihen sich an der Hafenpromenade Corso Cavour nach Norden prächtige Paläste aneinander. Richtung Süden heißt sie Lungomare, dann Riva Tre Novembre. Dort steht an der Kanalecke der gewaltige **Palazzo Carciotto** auf einer Grundfläche von fast einem halben Hektar, errichtet 1805 für einen griechischen Händler und ab 1831 Sitz der gerade gegründeten *Assicurazioni Generali Austro-Italiche,* der heutigen Generali. Später zog die Hafenverwaltung ein, in den nächsten

029f sk

Jahren soll daraus ein Geschäftshaus mit Luxushotel und Läden werden.

Ursprünglich war der 330 m lange Kanal um einiges länger und besaß wegen der Boote zwei **Drehbrücken.** Als Rostschutz erhielten die Eisenkonstruktionen rote und grüne Farbanstriche und neue Namen (Ponte Rosso und Ponte Verde). Nach und nach wurden der Kanal verkürzt und die Dreh- durch Steinbrücken ersetzt. Die breiten Seitenpromenaden sind für abendliche Spaziergänge beliebt, die Cafés und Restaurants sorgen mit Schirmen für Schatten.

Östlich schließt ihn die **Piazza Sant'Antonio** ab; die Südseite dominieren die byzantinisch angehauchten Kuppeln und Außenmosaike der 1885 fertiggestellten **Dreifaltigkeitskirche Chiesa di San Spiridone,** Sitz des serbisch-orthodoxen Bischofs von Italien, Österreich, Malta und der Schweiz. Besonders wertvoll sind die vier Ikonen (in der unteren Reihe zwischen den Torbögen der Ikonostase): die Muttergottes, *Jesus, San Spiridione* und Verkündigung.

■ **Tempio serbo-ortodosso della Santissima Trinità e di San Spiridione,** Via Genova 12, www.comunitaserba.org, Di–Sa 8.30–12.30, 16–19, So 8.30–12.30 Uhr.

An der östlichen Schmalseite der Piazza ragen stolz die klassizistischen Säulen (ionischer Ordnung) der katholischen **Kirche Sant'Antonio** empor (1823–49). Ionische Säulen tragen auch das Gewölbe des einschiffigen Gotteshauses (den-

Die Kirche Sant'Antonio Taumaturgo beim Canal Grande

noch das größte der Stadt). Die von italienischen und deutschen Künstlern besorgte Ausstattung gibt sich eher karg.

■ **Chiesa Sant'Antonio Taumaturgo,** Piazza Sant'Antonio, www.diocesi.trieste.it, Mo–Sa 7–12, 16–18, So 16–18 Uhr.

An der Nordwestecke der Piazza entführt das **Scaramangà-Museum** in die Vergangenheit Triests. 1962 in der Beletage einer griechischstämmigen Familie eingerichtet, zeigt es Möbel und eine außerordentliche Sammlung an Stichen und Dokumenten, darunter 1000 Jahre alte Landkarten.

■ **Museo Fondazione G. Scaramangà di Altomonte,** Via Filzi 1, http://scaramanga.it, Tel. 040 63 15 85, Di und Fr 10–12 Uhr, Eintritt frei, 2024 geschlossen.

Hinter der Kirche Sant'Antonio (über Via delle Torri und Via Imbriani) zeigt das **Morpurgo-Museum** in einem Palast (1875) den Lebensstil eines großbürgerlichen Triestiner Haushalts. Möblierung, Gemälde und Keramiken sind so vorzüglich, dass sich Filmteams die Klinke in die Hand geben.

■ **Museo Mario Morpurgo de Nilma,** Via Imbriani 5, Tel. 04 06 75 40 39, www.museomorpurgo.it, Di 9–13 Uhr, Eintritt frei, Führung nach Voranmeldung (60 Min.) 55 €, 2024 wegen Renovierung geschlossen.

Die Südseite des Kanals ist – glaubt man modebewussten Triestinerinnen – das „bessere" Viertel, wenn auch zum Bahnhof hin asiatische Geschäfte die Läden mit Alta Moda verdrängen. An der **Piazza del Ponterosso** verspeisen Traditionsbewusste im *Buffet Al Vecio Canal* „Schweinernes", auf der Roten Brücke schlendert der bronzene *James Joyce* und mitten auf dem Platz sprüht seit 1753 ein **Brunnenputto** Wasser – der Giovannin del Ponterosso.

Tipp: An der Westseite des Platzes führen Treppen in den Untergrund zu einem **Bagno Pubblico** – eines der wenigen verbliebenen öffentlichen Duschbäder Italiens (mit Toiletten).

030f sk

Die Fontana del Giovannin auf der Piazza del Ponterosso im Theresianischen Viertel

Am neuen Hafen

Südwestlich der Piazza Unità dell'Italia, dem *Hotel Savoia Excelsior Palace* gegenüber, finden sich die **Stazione Marìttima** und das **Kongresszentrum** von Triest. Hier gibt es auch mehrere gute Fischrestaurants, und wenn sich nicht gerade die Gebirgswinde mit Eiseskälte in die Kleider der Passanten krallen, ist es angenehm, spazieren zu gehen. Pfeift dagegen die Bora, fällt es schwer, auf den Füßen zu bleiben.

Am Molo Venezia gibt das **Meeresaquarium** einen Überblick über die Unterwasserfauna der Welt mit Schwergewicht auf dem adriatischen Raum. In der ersten Etage sind Schlangen und Krabbeltiere zu sehen.

Acquario Marino, Riva Nazario Sauro 1, Tel. 040 30 62 01, www.aquariomarinotrieste.it, Do–Di 9–19, Winter bis 13.30 Uhr, 4,50 €, Kinder 3 €, 2024 wegen Umbau geschlossen.

Das Aquarium teilt sich den Gebäudekomplex mit dem Ausstellungszentrum **Salone degli Incanti.** Ursprünglich war es die 1913 im Liberty-Stil errichtete Pescheria Centrale (ihr Wassertank befand sich im „Campanile"). Die riesige Fischhalle beeindruckte auch *Francis Ford Coppola:* In „Der Pate Teil II" wählte er sie als Drehort für die Ankunft von *Vito Corleone* auf Ellis Island/USA.

Gleich daneben wurde 2017 eine moderne Halle errichtet. Wer die deutschen Filialen von 6 **Eataly** (→ Karte S. 418) mag, wird den darin untergebrachten Fresstempel und seinen Spezialitätenmarkt lieben.

Quert man von hier die Piazza Venezia, kommt man an der nächsten Ecke zum **Revoltella-Museum.** Die Residenz der Familie *Revoltella* ist als Beispiel fürstlicher Wohnkultur vielleicht schöner als das Schloss Miramare. *Revoltella* kam ursprünglich aus Venedig und war Stellvertreter von *Ferdinand de Lesseps,* dem Präsidenten der Suezkanal-Gesellschaft. Neben der grandiosen Einrichtung ist die ausgezeichnete Sammlung Moderner Kunst mit klassischen und modernen Werken beachtenswert. Im Sommer hat das Dachterrassen-Café Donnerstag und Freitag bis 22 Uhr offen.

Civico Museo Revoltella, Via Diaz 27, Tel. 04 06 75 43 50/41 58, www.museorevoltella.it, Mi–Mo 9–19 Uhr, 8 €.

Im Häuserblock dahinter erzählte bis vor Kurzem das **Istrisch-Dalmatinische Museum** in den Obergeschossen die Geschichte der Vertreibung aus dem kommunistischen Jugoslawien der italienischen Bevölkerung Dalmatiens und Istriens.

Civico Museo della Civiltà Istriana, Fiumana e Dalmata, Via Torino 8, Tel. 040 63 91 88. Im Sommer 2024 befand sich das Museum im Umzug zum neuen Standort im Magazzino 26 (Porto Vecchio).

In einer Villa aus dem 18. Jh. eine Straße weiter südlich ist das **Sartorio-Museum** ein weiteres Beispiel großbürgerlicher Lebensart. Beachtenswert ist die Porzellansammlung der ehemaligen, aus Ligurien stammenden Besitzer.

Museo Sartorio, Largo Papa Giovanni XXIII 1, Tel. 040 30 14 79, http://museosartoriotrieste.it, Do–So 10–17 Uhr, Eintritt frei.

Zurück am Wasser und ein Stück entlang des **Jachtbeckens** (Bacino Sacchetta) erstrecken sich die Hafenanlagen mit den großen Molen für den Containerumschlag.

Am westlichen Ende des Bacino an der Via Giulio Cesare ist das **Eisenbahnmuseum** in den ehemaligen Bahnhofsgebäuden der K.-u.-k.-Eisenbahn unterkommen. Elf Dampflokomotiven, eine E-Lok, ein Dieseltriebwagen, Straßenbahnen und andere Memorabilien lassen die Herzen aller Eisenbahnfans höherschlagen. Von hier fährt auch zweimal im Jahr ein historischer Dampfzug nach Servola, Aurisina, Opicina und über Rozzol zurück.

■ **Museo Ferroviario Campo Marzio,** Tel. 04 03 79 41 85, www.facebook.com/museoferroviario.triestecampomarzio, Mi, Sa, So 9–13 Uhr, 5 €.

Der 33 m hohe (aufgelassene) **Leuchtturm La Lanterna** auf dem Molo Teresiano entstand 1833 als Landmarke und als Fort. Die Schießscharten erlaubten eine Rundumverteidigung. Der Turm lieh auch dem **Meeresbad La Lanterna** seinen Namen. Es liegt dem Jachthafen abgewandt auf der Westseite; die Einheimischen nennen es „El Pedocin" (Die Muschel). Das Strandbad (man mag es kaum glauben) ist zweigeteilt: Der größere Abschnitt des Kiesstrandes ist den Frauen vorbehalten und seit 1903 durch einen hohen Sichtschutz vom Männerbereich getrennt.

■ **Bagno Marino La Laterna,** Molo Fratelli Bandiera 3, Tel. 040 30 59 22, 15. Mai–30 Sept. 7.30/8–18.30/19.30 Uhr, 1 €.

An der Promenade zwischen dem Molo Teresiano und dem Bahnhof sind einige Bronzestatuen zu entdecken: **Nazario Sauro,** vor dem Molo dei Bersaglieri, war österreichischer Staatsbürger italienischer Abstammung und trat 1914 als Offizier der Marine Italiens bei; 1916 gefangen genommen, ließ ihn die Donaumonarchie als Verräter hinrichten. Die **Ragazze di Trieste** (die Mädchen von Triest) gegen-über der Piazza Unità kurz vor dem Molo Audace stellen zwei Mädchen dar, die emsig an einer Tricolore nähen, mit der die italienischen Gebirgsjäger 1918 empfangen werden sollen (einer von ihnen betritt gerade Land). Der Erfinder **Josef Ressel** brachte eine Schraube als Schiffsantrieb zum praktischen Erfolg, erhielt dafür ein Patent und steht am Canal Grande.

Außerhalb des Zentrums

Am Alten Hafen

Einen guten Kilometer sind es vom Haupteingang des Bahnhofs meerseitig nach Norden zum Alten Hafen mit seinen Magazinen und der ehemaligen – heute als Ausstellungszentrum genutzten – **Centrale Idrodinamica** (das Pumpenwerk, das den Druck für die mit Wasserhydraulik betriebenen Kräne des alten Hafens bereitstellte).

Im Magazin 26 zeigt in der zweiten Etage das **Meeresmuseum** mit erstaunlich vielen und fein gearbeiteten Schiffsmodellen aus allen erdenklichen Epochen und historischen Stichen anschaulich die Entwicklung von Triest als Hafenstadt. Unter anderem zu sehen: ein Modell des Laboratoriumsschiffs des Radiopioniers *Guglielmo Marconi.* Im Parterre widmet sich das **Deposito Lloyd** als eigene Abteilung der Geschichte der Reederei. 2024 soll auch das Istrisch-Dalmatinische Museum hier einziehen.

■ **Museo del Mare,** Magazzino 26, Porto Vecchio, Tel. 34 57 15 91 32 , https://museodelmaretrieste.it, Di–So 10–19, Winter 10–17 Uhr, Eintritt frei.

■ **Deposito Lloyd,** Magazzino 26, Porto Vecchio, geöffnet wie Museo del Mare, Eintritt frei.

Ebenfalls im Magazinkomplex, aber ein Haus weiter, ist das **Wissenschaftszentrum** untergebracht, eine Multimedia-Ausstellung zu den Themen Naturphänomene, innovative Technik und Triest im Wissenschaftsbetrieb – viel zum Anfassen, Experimentieren, Schauen und Erleben.

■ **Science Centre Immaginario Scientifico,** Magazzino 26, Porto Vecchio, Tel. 040 22 44 24, www.immaginarioscientifico.it, Di–Fr 9–13, Sa, So 10–18 Uhr, 5 €.

Praktische Tipps

Informationen

■ **Vorwahl Italien:** 0039

■ **Trieste Info Point,** Piazza Unità d'Italia 4/B, 34121 Triest, Tel. 04 03 47 83 12, tgl. 9–18 Uhr.

■ **Web:** www.triestecultura.it, www.discover-trieste.it, www.turismofvg.it.

■ **FVGcard:** Kostenvergünstigungen bei der Nutzung einiger Hotels, Restaurants, Verkehrsmittel und Museen in der gesamten Region Friaul-Julisch Venetien; Gültigkeitsdauer 48 Std. oder 7 Tage, 30 € bzw. 45 €, www.turismofvg.it/fvg-card.

Stadtführungen

■ **Hop-on-Hop-off-Tour:** www.hoptour.it, Abfahrt Molo Audace (an der Piazza Unità), 13 Haltestellen zwischen dem Hafen, der Kathedrale und Schloss Miramare, im Sommer tgl. 10, 12.15, 14, 15.45 und 17.30 Uhr (Winter nur Fr–So), 15 €/Tag, Ticket im Bus.

■ **Geführte Stadtspaziergänge** in englischer Sprache organisiert das Tourismusbüro an mehreren Tagen im Monat, 2 Std., 12 € (mit FVGcard frei). Alternativ können Sie sich mit einem beim Tourismusbüro auch in Deutsch erhältlichen **Audioguide** durch Triest lotsen lassen (5 €, 8 € mit zwei Kopfhörern).

Unterkunft

Im Zentrum, Stadtplan S. 422

28 **Hotel Centrale**①-②, Via Ponchielli 1, Tel. 040 63 94 82, www.triestehotelcentrale.com. 24 Zimmer in den oberen Etagen und super Lage praktisch am Canal Grande, günstige Zimmer mit Etagenbad, *en suite* etwas teurer; gutes Frühstück.

10 **Hotel Capitelli**②, Via Trauner 1 (Ecke Via Capitelli), Tel. 32 74 47 54 05, www.hotelcapitelli.it. Einfaches, renoviertes Altstadthotel mit freundlich eingerichteten, preiswerten Zimmern mitten im Geschehen rund um die Piazza Barbacan.

22 **Nuovo Albergo Centro**②, Via Roma 13, Tel. 04 03 47 87 90, www.hotelcentrotrieste.it. Einfachere Unterkunft mit Zimmern mit eigenem Bad außerhalb, aber auch Doppelzimmer mit eigenem Bad.

36 **Hotel Città di Parenzo**②, Via Degli Artisti 8, Tel. 040 63 11 13, www.cittadiparenzo.it. Zentrales, sauberes Komforthotel zu günstigen Preisen; Parkgarage 250 m entfernt.

UNSER TIPP: 9 **Barbacan Boutique Hotel** ②-③, Piazza Barbacan 3, Tel. 04 02 47 10 15, www.hotelbarbacantrieste.com. Die elf Zimmer im Ausgehviertel um die Piazza sind geschmackvoll eingerichtet und bieten allen Komfort. Die Unterkunft verdient mehr als die zwei vergebenen Sterne.

UNSER TIPP: 13 **Hotel James Joyce**②-③, Via dei Cavazzeni 7, Tel. 040 31 10 23, www.hoteljamesjoyce.com. Sympathisches Hotel in einem Stadthaus von 1770 im Gassengewirr des ehemaligen Ghettos, 14 klar und modern-unaufdringlich möblierte Zimmer; angenehmes Personal, gutes Frühstück und Valet-Service fürs Auto.

Jenseits der Cappuccino-Grenze – Triestiner Kaffeekultur

In Triest bekommt der verwirrte Toskana-Freund auf seine Cappuccino-Bestellung hin eine kleine Tasse und im Kaffee schwimmt nur ein Klecks Milchschaum. Warum? Triest ist die Stadt der **Cappuccino-Grenze!** Was machen? Ihn genießen – oder wollen Sie mit dem Kellner streiten? Natürlich dürfen Sie das, aber bitte nur professionell: Zum Beispiel könnte der Klecks Milchschaum – der **gocciato,** kurz *goccia* (gibt es da nicht so ein Mörderspiel?) – nicht direkt in der Mitte liegen, oder er ist so breit verlaufen, dass es dem Genießer nicht möglich ist, seitlich den Zucker in die Tasse gleiten zu lassen. Da ist eine Beschwerde fällig, denn es ist kaum vorstellbar, dass so der Kaffee schmecken könnte. Das ist professionell und jeder Kellner wird für Sie Verständnis aufbringen – oder auch nicht. Diskutieren Sie mit dem Nebentisch, ob der *gocciato* bevorzugt in einem Glas oder einer Tasse zu trinken ist und ob gar die Verwendung des falschen Gefäßes in offenem Streit enden sollte. Um die ganze Sache noch komplizierter zu machen: Der Cappuccino ist eigentlich nicht ganz ein gocciato, da er „etwas mehr", aber auch wirklich nur ein ganz klein wenig mehr Milchschaum abbekommt. Und darüber, welche Temperatur die Tasse haben muss, um ein bestimmtes Aroma hervorzukitzeln, wollen wir gar nicht erst reden. Wer also einen Cappuccino will, wie er den Weg auf venezianische Tische findet, ordert am besten einen **cappuccino italiano** – schließlich ist man in Friaul.

Zugezogene sollen angeblich nie bis in die Tiefen des **Geheimwissens** von Triestiner Kaffeetrinkern vordringen. Sei's drum, die Kaffeehäuser sind hübsch und ein angenehmer Aufenthaltsort. Notfalls bestellt man eben einen Tee. Natürlich trifft man hier nicht mehr *James Joyce, Italo Svevo* oder *Umberto Saba,* die alle gern bei Braunem und Schwarzem disputierten, doch begegnet man vielleicht dem einen oder anderen Hitzkopf, der es irgendwann zu Großem und in die Annalen der Literaturwelt bringen wird.

Mit einem Vorurteil muss auch noch aufgeräumt werden: Die **Kaffeehaustradition** Triests ist beileibe nicht auf Österreich-Ungarn zurückzuführen – sie stammt aus Venedig, dessen Sitten nachzueifern den Triestinern des 16. Jh. erste Bürgerpflicht war. Und so sorgten sie auch bald für eine eigene Produktion und gründeten mehrere **Röstereien** – die *torrefazioni.*

Im Zentrum, Stadtplan S. 422

21 **Caffè Tommaseo,** Piazza Nicolò Tommaseo 4, Tel. 040 36 26 66, https://caffetommaseo.it. Das Kaffeehaus gehört zu den unbedingt besuchenswerten Adressen, es war eines der ersten der Stadt (1830) und Treffpunkt der Künstlerszene.

19 **Caffè degli Specchi,** Piazza Unità dell'Italia 7, Tel. 040 36 80 33, www.caffespecchi.it. Modern eingerichtet und dennoch mit Tradition, es befindet sich direkt am Hauptplatz, sodass man gut das Treiben beobachten kann.

32 **Antico Caffè Torinese,** Corso Italia 2, Tel. 04 02 60 01 53, www.anticocaffetorinese.ts.it. Auch wenn es von außen nicht so wirkt – seit 1919 holzgetäfelte Jugendstilgemütlichkeit; einen der raren Sitzplätze zu ergattern ist eine Herausforderung.

> Traditionsadresse für guten Kaffee: Caffè Tommaseo

25 Pasticceria La Bomboniera, Via XXX Ottobre 3, Tel. 040 63 27 52, www.facebook.com/LaBombonieraTs. Jugendstil-Konditorei und Kaffeehaus mit Rezepten aus österreichisch-ungarischer Zeit für süße Sünden wie Sacher oder Linzer zum Kaffee.

27 Illy-Caffè, Via Due Torri, Tel. 040 76 52 51. Aus der Reihe tanzt das modern-minimalistisch möblierte Café *Illy* – für Geschichtsvergessene, die dennoch guten Kaffee unter Einheimischen genießen wollen.

12 Torrefazione La Triestina, Via di Cavana 2, Tel. 040 30 65 86, www.torrefazionelatriestina.it. Familienrösterei mit Tradition und Mischungen für die ungeahnte Geschmacksexplosion und ein „Aha, so also sollte ein Espresso sein". Kleine Bar für die Verkostung und Vorort-Entscheidung, auch Geschirr, Maschinen und Tee.

35 Caffè Sacher Trieste, Via Dante Alighieri 1, Tel. 04 09 65 90 75, www.sacher.com/de/restaurants/caffe-sacher-trieste, Di–So 9–21 Uhr. Wo so viel Kaffee-Sachverstand waltet, wollte das Sacher nicht außen vor bleiben.

Außerhalb des Zentrums, Stadtplan S. 418

22 Caffè San Marco, Via Battisti 18A, Tel. 04 02 03 53 57, www.caffesanmarco.com. Geht auf das Jahr 1914 zurück, hier trafen sich die Intellektuellen am Vorabend des Ersten Weltkriegs, um die Lage zu diskutieren; Kaffeehaus, Restaurant, Buchhandlung und Veranstaltungsort für Konzerte und Lesungen.

032f sk

33 Hotel Continentale③-④, Via San Nicolò 25, Tel. 040 63 17 17, www.continentalehotel.com. Vier-Sterne-Hotel zentral im Theresianischen Viertel gelegen; 47 Zimmer und alle Einrichtungen eines Hauses dieser Kategorie.

17 Grand Hotel Duchi d'Aosta④, Piazza Unità d'Italia 2, Tel. 04 07 60 00 11, www.duchi.eu. Zentral gelegen, Luxus in einem alten Palast, direkt dahinter residiert man in der Dependance hochmodern und stylisch, das Restaurant **17 Harry's Piccolo**④ gilt als beste Adresse Triests; mit zwei Michelin-Sternen geschmückte Küche (Tel. 040 66 06 06, www.harrystrieste.it, Di–Sa 19.30–21.30, So 12.30–14.30 Uhr).

1 B&B Adelaide②, Piazza Hortis 7/3, Tel. 33 92 66 01 09, www.bebadelaide.it. Sehr zentral gelegenes B&B mit drei klimatisierten Zimmern mit eigenem Bad (über den Flur) und gutem Frühstück; geschmackvoll im 60er-Jahre-Retrostil eingerichtet und aufmerksam geführt, zwei Nächte Mindestaufenthalt.

23 B&B Smartrooms①, Via Niccolò Machiavelli 28, Tel. 34 20 46 12 20, www.smartrooms.it. 100 m vom Canal Grande nächtigt man sehr günstig in Zimmern mit eigenem Bad und sehr, sehr günstig mit Etagenbad. Sauber, praktisch, gut.

18 B&B Torrebianca②, Via Pozzo del Mare 1, Tel. 34 20 46 12 20, auf Facebook. Zwei Zimmer mit eigenem Bad in der 2. Etage eines Palazzo, die Lage 50 m von der Piazza Unità ist natürlich perfekt.

Außerhalb des Zentrums, Stadtplan S. 418

9 Residence Al Granzo②, Piazza Venezia 6/7, Tel. 040 30 03 93, www.algranzo.it. Zwölf angenehme, modern möblierte Apartments und Wohnungen über dem gleichnamigen Restaurant, ausgestattet mit allem Komfort und sehr gut gepflegt.

15 Hotel B&B②, Via Sant'Anastasio 1, Tel. 04 09 70 01 22, www.hotel-bb.com. Eines der Häuser, die alles Überflüssige weglassen und auf Design, Komfort sowie Zweckmäßigkeit setzen; direkt am Bahnhof.

19 Albergo alla Posta③, Piazza Oberdan, 1, Tel. 040 36 52 08, www.albergopostatrieste.it. Zentral gelegenes, modern eingerichtetes Traditionshotel, angenehmes Haus, allerdings mit etwas kleinen Zimmern.

26 Hotel Istria①, Via Ruggero Timeus 5, Tel. 040 37 13 43, https://hotelistria.com. Ein günstigeres Hotel (modern, sauber, teils Zimmer mit Bad) im Zentrum (10 Gehminuten vom Canal Grande) gibt es nicht. Man muss dafür mit dessen Hellhörigkeit leben; Ohrstöpsel angeraten.

Essen und Trinken

Für eine schnelle Mahlzeit, ein ausgedehnteres Lunch oder auch ein Abendessen sollte man mindestens einmal ein Buffet aufsuchen (→ Exkurs „Schnelle Mahlzeit mit Charme", S. 439). Zur Einstimmung auf das kulinarische Triest sei auch die Lektüre des Bändchens „Triest, Stadt der Winde" von *Veit Heinichen* und *Ami Scabar* empfohlen (Insel Verlag, Berlin 2012) – kulinarische Traditionen der Vielvölkerstadt mit zahlreichen gut nachkochbaren Rezepten.

Im Zentrum, Stadtplan S. 422

2 Trattoria Ai Fiori③-④, Piazza Attilio Hortis 7, Tel. 040 30 06 33, www.aifiori.com, Mo–Sa 19.30–22.30, Di–Sa auch 12.30–14.30 Uhr. Sympathische Trattoria mit feinen Fischspezialitäten. Mit dem Degustationsmenü kann man nicht falschliegen.

3 Hops Beerstrò②-③, Via di Cavana 15/A, Tel. 04 02 46 93 36, www.facebook.com/hopsbeerstro, tgl. 18–23, Di–So auch 12.30–15 Uhr. Fusionsküche im Bistro mit Stäbchen und Craftbier – jung, frisch, außergewöhnlich, ein Genuss für Auge und Zunge.

15 Hosteria Malcanton③, Via Malcanton 10, Tel. 04 02 41 07 19, www.hostariamalcanton.it, Di geschl. Fisch und Meeresfrüchte sind die Könige in dieser rustikal erscheinenden, aber sehr feinen Ostaria mit traditioneller Triestiner Küche unweit der Piazza Unità d'Italia.

24 Al Barattolo②-③, Piazza Sant'Antonio Nuovo 2/D, Tel. 040 63 14 80, https://albarattolo.it, tgl. 10.30–23 Uhr. Angenehm ist die Terrasse auf der schönen Piazza, auch im Gastraum sitzt man gut. Die Küche ist solide, aber nicht besonders einfallsreich. Großer Vorteil: Sie ist durchgehend geöffnet.

17 Harry's Piccolo④, → „Unterkunft": *Grand Hotel Duchi d'Aosta*.

11 Palato②, Via della Mura 2, Tel. 04 09 71 28 78. Die Kombination aus Delikatessengeschäft und schnellem Imbiss ist perfekt. Vom Sandwich bis zur Pasta, von der Schinken-Salami-Käse-Platte bis zu *pesce fritto* gibt es alles auch zum Verzehr an den Tischen drinnen und draußen – von bester Qualität.

Außerhalb des Zentrums, Stadtplan S. 418

33 Rustiko①, Via della Madonnina 19/A, Tel. 34 00 86 34 72, www.rustiko trieste.com, Mo–Sa 12–15, 19–23.30, So 19–24 Uhr. Serbische Wohlfühlkneipe mit bestem Traditionsessen vom Balkan, von *Cevapcici* bis Bohnensuppe, von *Sarma* bis Palatschinken. Große Portionen, günstige Preise und gut gelauntes Personal.

17 Il Posto delle Fragole①, Via de Pastrovich 4, Tel. 040 57 87 77, www.ilpostodellefragole.eu, Mo–Fr 8–15.30, 17–22 Uhr. *Osteria sociale* (sprich sehr günstig) mit einfachen, aber guten Menüs um 12 €; in der ehemaligen Psychiatrischen Anstalt etwas abseits, schöner Freisitz mit Blick aufs Grüne.

21 Sbecolez①-②, Via XXX Ottobre 12, Tel. 04 00 64 42 79, www.facebook.com/sbecolez, Mo–Sa 12–24, So 12–17 Uhr. Einfache Hausmannskost aus dem Friaul und aus Istrien mit täglich etwas variierender Karte; Freisitz und sympathisches Personal.

29 Trattoria alla Sorgente②, Via delle Sorgente 2, Tel. 34 79 39 65 19, www.facebook.com/trattoria.alla.sorgente, Di–Sa 9.30–15, 18.30–23 Uhr. Nahe der Markthalle und im Sommer draußen in der Gasse, nur mit Reservierung; aber auch im überschaubaren Gastraum drinnen schmecken die klassischen Fischgerichte.

2 Osteria Istriano②, Riva Grumula 6, Tel. 040 30 66 64, www.osteriaistriano.com, Di–Sa 12.30–14.30, 19.30–22.30, So 12.30–15 Uhr. Gemütliche, rustikale Fischkneipe gleich beim neuen Hafen. Die Fischvorspeisen – darunter panierte Anchovis! – sind ein Gedicht. Familiäre Stimmung unter Einheimischen.

10 Mimi e Cocotte②, Via Luigi Cadorna 19, Tel. 34 88 36 90 72, www.facebook.com/MimieCocotte, Mi/Do 9–15, Fr–So 9–15, 18.30–23 Uhr. Vom Frühstück über Lunch zum Abendessen gibt's allerlei aus aller Welt, besonders beliebt die Bowls zu Mittag. Lokal im Vintage-Stil mit entspannten Gästen.

8 Nero di Seppia②-③, Via Luigi Cadorna 23, Tel. 040 30 13 77, http://trattorianerodiseppia.com, Di–Sa 12.30–14, 19.30–22 Uhr. Beliebtes Fischlokal gegenüber dem Revoltella-Museum, Küche mit gehobenem Niveau, dennoch kein Firlefanz, gemütliches Sitzen in elegant-informeller Atmosphäre – das Dessert nicht versäumen!

35 Antica Hostaria da Libero②, Via Risorta 7/A, Tel. 040 30 11 13, www.hostariadalibero.com, Di–So 12.30–14, 19.30–22, Mo 19.30–22 Uhr. Anheimelnder geht nicht: Man wähnt sich um 100 Jahre zurückversetzt, raumhohe Holztäfelung und jede Nische wie in Omas Wohnzimmer geschmückt. Die Küche ist dagegen gar nicht altbacken, auf der Karte steht allerdings Fleisch. Karstküche vom Feinsten.

7 La Bottega di Trimalcione②-③, Via Lazzaretto Vecchio 3, Tel. 34 78 87 42 42, www.ristorantetrimalcione.it, Di–Sa 12–15, 19–23, So 12–15 Uhr. Die Portionen sind nicht sonderlich groß, dafür kann man sich durch die Vorspeisen mit vier kalten und drei warmen Antipasti futtern – netter Abend in Marine-Ambiente.

4 Pier③, Molo Venezia 1, Tel. 04 03 22 92 96, www.pierts.it, 11.30–15.30, 18.30–22.30 Uhr. Die Dachterrasse ist der vielleicht schönste Platz der

Stadt für den Sundowner; Bar-Restaurant auch mit empfehlenswerter Küche für das Dinner am kühlenden Wasser.

23 Antica Trattoria Suban③-④, Via Comici 2, Tel. 04 05 43 68, www.suban.it, Mi–Mo 19–21.30, Sa/So auch 12–14 Uhr. Außer- und oberhalb des Zentrums, eines der ältesten und typischsten Lokale der Stadt. Man sitzt im Kaminzimmer oder draußen unter Weinranken und speist vornehm vor allem Fleisch.

18 Pizzeria Casa Peperino①, Via del Coroneo 19/C, Tel. 040 63 12 34, www.pepepizza.it, Di–So 19–22.30 Uhr. Gute Holzofenpizza in neapolitanischem Stil und in modernem Ambiente – nichts, um länger zu verweilen.

27 Pizzeria Al Civicosei①, Via del Toro 6, Tel. 04 02 41 07 04, www.alcivicosei.it, Di–Sa 12.30–15, 19–22.45 Uhr. Ausgezeichnete Pizza aus dem Holzofen, knusprig und fluffig, nicht zu dick und mit Bedacht belegt; nettes Sitzen in der Gasse und angenehmes Personal.

14 Al Faro③, Scala Sforzi 2 (am Leuchtturm Vittoria), Tel. 040 41 00 92, www.trattorialfaro.it, nur im Sommer, Mi–Mo 12–15, 19–23 Uhr. Von der grün berankten Terrasse blickt man über Küste und Leuchtturm. Einfallsreiche Gerichte mit vornehmlich Fisch zu noch akzeptablen Preisen; köstlich: die Platte mit rohem Fisch und Meeresfrüchten.

Vegetarisch

5 Zoe Food②, → Plan S. 422, Via Felice Venezian 24/A, Tel. 04 02 46 04 20, https://zoefood.com. Organisch, gesund, vegetarisch oder vegan sind Bagels, Sandwiches, Tacos und die Tagesgerichte in diesem sympathischen Laden, in dem auch Obst verkauft wird.

Caffè & Eis

16 Gelateria Zampolli, → Plan S. 418, Via Ghega 10, Tel. 040 36 48 68, www.gelateriazampolli.it, Sommer Do–Di 9–24 Uhr. Die Traditionseisdiele in Triest mit über 60 Sorten und großen Portionen; auch ausgezeichnete *granite* (sizilianisches Sorbet).

14 Gelato Marco, → Plan S. 422, Via Malcanton 16/A, Tel. 39 20 78 82 30, www.facebook.com/gelatomarco, Mi–So 10–23 Uhr. Super Eis (auch laktosefrei und vegan) in zahlreichen Sorten mit ganz speziellen Kreationen wie Karamell mit Meersalz oder dunkle Schokolade mit Rum.

5 Il Pinguino, → Plan S. 418, Molo della Pescheria, Tel. 040 30 69 69, Di–So 9–24 Uhr. Auf der Mole zwischen den Schiffen gibt es nicht nur zahlreiche Eissorten, sondern auch *Sprizz, Brioche* und *Tramezzini.* Richtig los geht's zum Sonnenuntergang, und wenn's dunkel ist, sieht man die etwas ramponierte Ausstattung eh nicht.

Apero & Abend

Hotspots des Nachtlebens sind die Piazza Barbacan, die Piazza Unità und der Canal Grande mit der Piazza Pietrarossa.

Bars im Zentrum, Stadtplan S. 422

29 GBU, Via Dante Alighieri 14, Tel. 33 14 45 31 18, www. gbutrieste.it, So geschl. Die beliebte Gran Bar Unità auf der Piazza musste schließen – und erlebt hier ihre Wiedergeburt – mit noch besseren Cocktails und Aperitivo-Verführung.

8 Viva, Piazza Barbacan 2/B, Tel. 33 43 44 95 17, www.facebook.com/viva.trieste, Mo/Mi–Fr 11–

033f sk

Schnelle Mahlzeit mit Charme – il buffet

Neben der Kaffeehaus-Kultur hat sich in Triest die Kultur des Büfetts herausgebildet: Am Stehtisch, an der Theke oder auch am kleinen Tisch im Lokal oder auf der Piazza davor wird fertig Zubereitetes verspeist. Doch nicht nur Geschäftsleute kommen zur Mahlzeit „on the run", um wertvolle Arbeitszeit zu sparen – die Speisen haben durchaus Qualitäten, die auch Gourmets zufrieden stellen. Da die Büfetts keine Restaurants sind, schließen die meisten am frühen Abend und sind auch am Wochenende zu (nicht so „Pepi"). Neben **Suppen** und **Eintöpfen** gibt es vor allem Fleisch, vornehmlich vom **Schwein,** gern gesotten genossen (als *caldeia* – Schwein im Kochtopf), aber auch gebraten oder gegrillt. Schweineöhrchen, -schwänzchen und -füßchen sind besondere Spezialitäten der Triestiner, darüber kommt geraspelter Meerrettich. Viele Leute essen nicht im Lokal, sondern nehmen sich die Köstlichkeiten ins Brötchen gepackt mit. Isst man vor Ort und sitzend, kann man mit 10 € pro Person für eine schnelle Mahlzeit rechnen. Und wie heißt's? **Rebechin** – Jause!

Im Zentrum, Stadtplan S. 422

26 **Trattoria da Giovanni,** Via San Lazzaro 14B, Tel. 040 63 93 96, www.trattoriadagiovanni.com. Hier gibt's Gulasch, das – so die Einheimischen – ganz speziell schmecken soll.

20 **Buffet da Pepi,** Via Cassa di Risparmio 3, Tel. 040 36 68 58, www.buffetdapepi1897.it, Mo–Sa 8.30–22, So 10–16 Uhr. Wohl das berühmteste Triester Buffet. Einzelpersonen werden abgewiesen, wenn die Gefahr besteht, dass sie einen ganzen Tisch blockieren, selbst wenn es ein Millionär ist (und die Welt ist doch gerecht!). Das *Da Pepi* wird auch *S'Ciavo* genannt, eine nur in diesem Fall geduldete Lässigkeit, bedeutet es doch „Sklave" und wurde einst als Schimpfwort für die slawischen Nachbarn benutzt.

Außerhalb des Zentrums, Stadtplan S. 418

30 **Buffet Vittorio,** Via Giosuè Carducci 30/A, Tel. 040 60 57 09, Di–Sa 10.30–23.30, Mo ab 15.30 Uhr. Enkel *Vittorio* hat eine Familientradition wiederbelebt, das Buffet existierte bereits in den 1930er-Jahren. Hoch gelobt: der Kaiserschmarrn.

11 **Buffet da Siora Rosa** (*siora* ist ein „weggenuscheltes" *signora*), auch *Mamma Rosa* genannt, Piazza Hortis 3, Tel. 040 30 14 60, auf Facebook, Mo–Fr 8–20.30 Uhr, Sa bis 14 Uhr. Bei schönem Wetter und im Sommer ist der Platz vor dem Lokal mit Tischen vollgestellt und man speist unter freiem Himmel – das liebenswerteste der Buffets.

31 **Buffet L'Approdo,** Viale Carducci 34, Tel. 040 63 34 66, www.buffetlapprodo.it, Mo–Fr 9–20. Sa 9–15 Uhr. Etwas abseits des Touristenstroms bei der Markthalle und ein Hotspot auch der Triestiner Marktleute mit Suppen, Pasta und belegten Brötchen. Kurz: authentisch.

20 **Buffet da Rudy,** Via Valdirivo 32, Tel. 040 63 94 28, www.facebook.com/rudyspaten, Mo–Sa 10–24 Uhr. Die Teller mit gesottenem Fleisch, Würsten, Kraut und Kartoffelstampf stellen selbst die Allerhungrigsten ruhig; wohl dem, der keine Pasta vorher hatte. Gut besucht, gemütlich, günstig.

< Fleischtheke im Buffet da Pepi

13.30, 17–23, Sa 17–24 Uhr. Kleine und sehr beliebte Bar um die Ecke vom Arco di Riccardo.

7 **BARbacan,** Via S.Michele 2/A, Tel. 36 68 02 78 85, www.facebook.com/BARbacantrieste, Di–Sa 7.30–14, 17–2 Uhr. Cocktails, Wein und köstliche *Tramezzini*.

4 **Knulp Bar,** Via Madonna del Mare 7/A, https://knulp.org, Mo–Do 9–20, Fr 9–23.45, Sa 9–22 Uhr. Studentenkneipe voller Bücher und mit einem ambitionierten Programm aus Musik und Lesungen.

30 **Enoteca Nanut,** Via Genova 10, Tel. 040 36 06 42, auf Facebook, Di–Sa 11–14.30, 18–24 Uhr. Über 50 Weine werden glasweise ausgeschenkt, gemütliche Atmosphäre im Gewölbe.

6 **Mastro Birraio,** Via Felice Venezian 24/B, Tel. 34 98 25 62 01, Di–So 18–24 Uhr. Aus acht Hähnen fließt der Gerstensaft, dazu kommen so einige Flaschenbiere aus Craft-Betrieben; als Grundlage gibt's Deftiges wie Fleischpflanzerl mit Spiegelei oder *stuzzichini* (Häppchen).

Bars außerhalb des Zentrums, Stadtplan S. 418

1 **Loft,** Via Giovanni Demetrio Economo 12, Tel. 33 19 66 58 09, www.facebook.com/loft.trieste, Mo–Fr 18–1, Sa/So bis 3 Uhr. Bar und Events, DJ-Auftritte und Livemusik in einer Industriehalle.

25 **Round Midnight,** Via Ginnastica 39, Tel. 040 36 94 33, www.facebook.com/RoundMidnightTrieste, Mi/Do 21–2, Fr–So bis 3 Uhr. Beliebte Jazzkneipe im Kneipenviertel um das Ospedale Maggiore herum.

3 **Stazione Rogers,** Riva Grumula 14, Tel. 32 40 82 85 60, www.stazionerogers.org, So–Do 17.30–0.30, Fr/Sa bis 2 Uhr. Alternatives Kulturzentrum mit Barbetrieb in einer ehemaligen, für ihre Architektur preisgekrönten Tankstelle am Hafen – ein Muss!

28 **Gran Malabar,** Piazza San Giovanni 6/E, Tel. 040 63 62 26, Mo–Fr 6.30–21, Sa 7.30–21, So 8.30–13 Uhr. An kalten Tagen wärmt auch frühmorgens ein Gläschen Wein (natürlich gibt's auch Kaffee und Croissants). Legendäre Weinbar mit erstaunlicher Auswahl besonders aus dem Karst (auch aus dem slowenischen) – Tische vor der Tür, Glas und Häppchen drauf und ins Gespräch kommen.

34 **Barakin San Giusto,** Piazza della Cattedrale, Tel. 32 78 61 52 44, www.facebook.com/BarakinSanGiusto, tgl. 9–23 Uhr. Tagsüber Erfrischendes und abends Cocktails mit dem Dom im Rücken und Triest zu Füßen.

Kino

■ **Ariston,** Viale Gessi, Tel. 040 30 42 22, www.lacappellaunderground.org, auch Filme in Originalsprache.

Theater

■ **Ticket Point:** Corso Italia (Passage, Eingang von Corso Italia oder Via San Nicolò), Tel. 04 03 49 82 76, https://biglietteria.ticketpoint-trieste.it, Mo–Sa 8.30–12.30, 15.30–19 Uhr; Eintrittskarten für Theater und andere kulturelle Veranstaltungen.

■ **Teatro Politeama Rossetti,** Piazza Libertà 11, Tel. 04 03 59 35 11, www.ilrossetti.it; Sprechtheater. Hochklassige Tanz- und Musikveranstaltungen.

■ **Teatro Lirico Giuseppe Verdi,** Riva Tre Novembre 1, Tel. 04 06 72 21 11, www.teatroverdi-trieste.com. Gesangsstücke und Opern.

■ **Teatro La Contrada,** Via del Ghirlandaio 12, Tel. 040 94 84 71, www.teatrocristallo.it. Widmet sich der leichteren Muse – Konzerte, Komödien, auch Kindertheater.

■ **Teatro Miela,** Piazza Duca degli Abruzzi 3, Tel. 040 36 51 19, www.miela.it. Kooperative, die mit Konzerten, experimenteller Bühne und Kabarett abseits des Mainstreams arbeitet.

Einkaufen

Beidseitig des Canale Grande kann man auf Entdeckungsreise durch die Modegeschäfte gehen und die neuesten Trends begutachten. Je näher man dem Corso Italia kommt, desto exklusiver werden die Geschäfte und desto teurer die Alta Moda. Triest

035f sk

ist eine Fundgrube für Altertümliches. In den vielen kleinen und exklusiven Antiquitätenläden nördlich der Chiesa del Rosario im ehemaligen jüdischen Ghetto könnte man fündig werden. Kunst und Kunsthandwerk sind in der Via Felice Venezian zu erwerben. Im Einkaufszentrum „Il Giulia" werden auch am Sonntag und Montag – wenn viele Geschäfte geschlossen sind – Lebensmittel verkauft.

Straßenmärkte

Mercato del Tritone, Piazza Vittorio Veneto, Mitte Mai bis Ende Dez. jeden 2./4. Sa im Monat 8–19/20 Uhr. Kunstmarkt mit Antiquitäten, Hobbymalern, Schallplatten und Comics.

Mercatino dell'Antiquariato, im ehemaligen Ghetto, 3. Sonntag im Monat 8–20 Uhr. Alles, was gebraucht ist und was man nicht unbedingt braucht.

Mercato di Ponterosso, Piazza Ponterosso, Mo–Sa 8–14 Uhr. Kleiner Obst- und Gemüsemarkt.

Bücher

34 **Libreria Antiquaria Saba,** → Plan S. 422, Via San Niccolò 30, Tel. 040 63 17 41. Buchhandlung und Antiquariat mit 100-jähriger Geschichte, gegründet vom Schriftsteller *Umberto Saba.*

Mode und mehr

37 **Nature Point,** → Plan S. 422, Piazza Silvio Benco 3, Tel. 040 36 42 30, www.facebook.com/NaturePoint2001. Tragbare Mode für Damen und Herren aus natürlichen Materialien von Alpaka bis Kaschmir, von Leinen bis Seide – alles in Europa konfektioniert; außerdem: Bücher über die Natur.

16 **Katastrofa,** → Plan S. 422, Via Armando Diaz 4, Tel. 33 58 29 84 32, www.instagram.com/katastrofathesecondlifestore. Taschen und Accessoires,

Kunst, Krempel, Neueres und Altes im Secondhandladen Katastrofa

die ein zweites Leben suchen, auch mal eine Schreibmaschine oder ein Grammofon – schräg und bunt und ideal zum Stöbern.

Lebensmittel

24 Il Giulia/Supermercato PAM, → Plan S. 418, Via Giulia, Mo–Sa 8–20.30, So 9.30–20 Uhr. Großer Supermarkt mit breitem Sortiment.

32 Mercato Coperto, → Plan S. 418, Via Giosuè Carducci 36, Mo 8–14, Di–Sa 8–17 Uhr. 1936 gebautes Marktgebäude für Lebensmittel, mit großem Angebot.

31 Enoteca Bischoff, → Plan S. 422, Via Mazzini 21, Tel. 040 63 14 22, www.bischoff.it. Traditionsgeschäft mit Weinspezialitäten aus dem italienischen Karstgebiet im Hinterland.

37 Torrefazione Guatemala, → Plan S. 418, Via Giglio Padovan 4, Tel. 040 94 42 28, www.caffegua temala.com. Vorzügliche Kaffeerösterei in Familienbesitz – aus der Pfanne in die Tüte!

36 Liquorificio Artigianale Piolo & Max, → Plan S. 418, Via Angelo Emo 49/C, Tel. 04 00 64 19 14, https://pioloemax.it. *Aperitivi* und *Digestivi*, in Triest komponiert und hergestellt, gebrannt aus Wein, Beeren und Obst, verfeinert mit Kräutern und Gewürzen, darunter Peperoncino (fein-scharf), Ginsorten (fürs Geschmacksstudium), der geradlinige *Grappa* (räumt auf) oder der *Bitter Beirut* (als Magenöffner). Am besten kauft man die „Beginners Box".

38 Tea Time, → Plan S. 422, Piazza Silvio Benco 3, Tel. 04 04 70 73 12, www.teatimetrieste.com. Wem der Espresso zum Hals raushängt, der findet hier alles, was es braucht, um einen guten Tee zu brühen.

Aktivitäten

- **Golf Club Triest,** Via Padriciano 80, Tel. 040 22 61 59, www.golfclubtrieste.net. 18-Loch-Platz mit Restaurant (Tel. 04 09 51 06 04, Mi–Mo 9–22 Uhr), Greenfee 40–70 €.

- **Radverleih: 12 Trieste Green Tour,** → Plan S. 418, Via Giorgio Galatti 6, Tel. 04 00 64 19 13, www.triestegreentour.it; City Bike/MTB 25 €/Tag, E-MTB 35 €/Tag; **13 Surf Trieste,** → Plan S. 418, Viale Miramare 31/C, Tel. 34 09 20 78 18, www.surftries te.it. Laden mit SUP- und Radverleih (Stadtrad 3 €/Std., 15 €/Tag, 23 €/3 Tage) und Infos zu Surfspots.

Strände und Strandbäder

- **Triest Zentrum:** Die Badeanstalt **Bagno La Lanterna/El Pedocin** ist Legende (Molo Fratelli Bandiera 3, Tel. 040 30 59 22, 15. Mai–30 Sept. 7.30/8–18.30/19.30 Uhr) und der Zugang mit 1 € sensationell günstig – Männer und Frauen trennt eine hohe Mauer. Das ebenfalls historische **Bagno Ausonia** (Riva Traiana 1, Tel. 040 30 99 13, www.facebook.com/bagnoausonia, Juni–Mitte Sept. 8.30–19.30 Uhr, 7 €, zwei Liegen mit Schirm 15 €) gleich südlich hat ein Meerwasserbecken, einen geschützten Kiesstrand, allerlei Einrichtungen (wie Trampolin und Schwimminseln) und sogar eine Leseecke.

Feste und Veranstaltungen

- **Trieste Film Festival:** Eine Woche im Januar mit Filmen aus Zentral- und Osteuropa; www.tries tefilmfestival.it.
- **Marathon:** Alljährlich im Mai 21 km entlang der Küstenstraße SS14 „Costiera" nach Sistiana, auch kürzere Distanzen für Familien und Kinder; Tel. 35 19 37 09 45, www.triesterunningfestival.com, Gebühr 30 €.
- **Trieste Estate:** Mitte Juni bis Ende Aug. macht die Stadt bei Sommerfesten mit Musik und Veranstaltungen die Nacht zum Tag; www.triestestate.it.
- **Regatta La Barcolana:** Im Oktober treffen sich etwa 2000 Boote vor dem Faro della Vittoria zum weltgrößten Segelrennen; Società Velica Barcola,

Grignano, Tel. 040 41 16 64, www.barcolana.it.

■ **Festival del Cinema Ibero-Latino Americano:** Im Okt./Nov. für eine verlängerte Woche lateinamerikanisches Filmfest; Teatro Miela, Piazza degli Abruzzi 3, Tel. 04 15 38 23 71, www.cinelatinotrieste.org.

■ **Advent:** Im Dezember gibt's Weihnachtsmarkt, Schlittschuhbahn und stimmungsvolle Veranstaltungen.

Notfälle

■ **Klinik:** Ospedale Maggiore, Piazza dell'Ospitale, Tel. 800 99 11 70, www.asuits.sanita.fvg.it.

■ **Apotheke:** Notfallapotheken kann man unter der Rufnummer 040 76 79 44 erfragen oder auf www.farmacistitrieste.it recherchieren.

Verkehr

Flüge

■ **Aeroporto Internazionale Ronchi dei Legionari:** 32 km außerhalb hinter Monfalcone gelegen, Infos unter Tel. 04 81 77 32 24, www.triesteairport.it. Triest ist an Rom, Mailand, Genua und Neapel angebunden; internationale Flüge gehen nach München, London, Moskau und Belgrad.

■ **Anfahrt:** Mit dem **Zug** (www.trenitalia.it) in knapp 30 Min. in die Stadt (sehr häufige Verbindung, etwa 4,50 €); mit der **Buslinie G51** (*APT Gorizia,* www.aptgorizia.it) alle 30 Min. zum Busbahnhof (Parcheggio Silos, 60 Min., um 5 €, Tickets nicht im Bus, sondern am Automaten); mit dem **Taxi** um 60 €.

Züge

■ **Stazione Centrale FFSS:** Piazza della Libertà 8, Auskunft Tel. 040 89 20 21, www.trenitalia.com. Verbindungen gibt es tagsüber fast im Stundentakt nach Udine (60 Min., um 8 €), Venedig (120 Min., um 15 €) und nach Ljubljana (2 Std. 40 Min., um 10 €, je ein direkter Morgen- und Abendzug).

Fernbusse

■ **Autostazione Trieste:** Parcheggio Silos, unter dem Parkhaus, www.autostazionetrieste.it. Busse u.a. nach Koper/Slowenien (www.flixbus.at).

Schiffsverkehr

■ **Entlang der Triestiner Riviera:** *Delfino Verde Navigazione* (→ oben) bedient von Juni bis Mitte Sept. ab dem Molo dei Bersaglieri auch die nördliche Küste mit den Haltepunkten Barcola (20 Min., einfach 3 €, mit Rückfahrt 5,70 €), Grignano/Miramare (45 Min., 4,80/8,10 €) und Sistiana (80 Min., 6,90/ 11,70 €).

■ **Nach Slowenien und Istrien/Kroatien:** *Ustica Lines,* ein- bis viermal die Woche Tragflügelboot von Triest (Molo IV) nach Piran (Slowenien), Poreč, Rovinj (beide im kroatischen Istrien) und weiter zur Insel Mali Lošinj, Triest – Rovinj 100 Min., einfach 12,50–16 €, hin und zurück 25–30 €, Fahrrad um 4 €); Triest Molo IV, Tel. 09 23 02 20 22, www.libertylines.it.

Stadtverkehr

■ **Bus/Straßenbahn:** Tageskarten (3,25 €) und Einzelfahrten (1,45 €) in Tabacchi-Läden und an Kiosken (bei Einstieg entwerten). Da man mittags u. U. kein offenes Geschäft findet, sollte man immer ein Ticket in der Tasche haben; www.triestetrasporti.it.

Taxis

■ **Funktaxis:** Tel. 040 30 77 30, www.radiotaxitrieste.it.

Parken

■ **Parcheggio Silos:** www.sabait.it, hinter dem Hauptbahnhof (2,10 €/Std., ab 14 €/Tag).

Triestiner Riviera

Die **Strada Costiera Triestina SS14** zwischen Triest und Monfalcone erhielt ihre heutige, durchgängig der Küste folgende Streckenführung 1928, wobei man die noch in der K.-u.-k.-Zeit in die Felsen gesprengte Trasse nutzte – mit ihren Panoramen eine der schönsten Strecken der nördlichen Adria. Dass hier mit **Miramare** und **Duino** zwei der eindrucksvollsten Schlösser Italiens stehen, ist also nicht verwunderlich. Die kleinen Hafenbuchten und molengeschützten Ankerplätze von Barcola, Santa Croce, Grignano, Portopiccolo oder Sistiana sind bei Skippern ausgesprochen beliebt und häufig bis auf den letzten Platz besetzt, freie Felsstrände (zu denen man teilweise steil absteigen muss), (bewirtschaftete) Kieselstrände und das in weiten Bereichen frei zugängliche, betonierte und 5 km lange **Lungomare Barcola** ziehen am Wochenende halb Triest an (→ „Strände"). Letzte Station des Triestiner Landstreifens ist **Villaggio del Pescatore,** dann beginnt die wenig attraktive Industriezone von **Monfalcone.** Auch kulinarisch ist die Bucht von Triest von Bedeutung: Die zahlreichen Muschelbänke versorgen die Restaurants der Stadt.

Castello di Miramare

Das **Schloss von Miramare** an der Bucht von Grignano liegt inmitten eines herrlichen Parks. In der von der Romantik geprägten Anlage vom Anfang des 19. Jh. gedeihen mehr als 2000 Pflanzenarten. Park und Schloss wurden vom

Erzherzog Maximilian plante das romantische Schlösschen Miramare als Wohnsitz und ließ einen herrlichen Park anlegen. 1867 wurde er in Mexiko hingerichtet. Die Vollendung hat er nicht erlebt

024f sk

Bruder *Kaiser Franz Josephs I.* konzipiert, dem späteren (glücklosen und füsilierten) Kaiser von Mexiko, *Maximilian.* Gebaut wurde es nach den Plänen des Ingenieurs *Karl Junker* zwischen 1856 und 1860. Seit 1955 ist das Schloss ein **Museum.** Jeder Raum trägt einen Namen und kann besichtigt werden. Die Einrichtung ist teilweise original, teils stammt die Möblierung vom *Herzog von Aosta,* der 1931–37 im Schloss lebte. Empfangssäle, Schlafgemächer, Bibliotheken sowie der Chinesische und Japanische Salon zeigen das Leben von *Maximilian* und seiner Frau *Charlotte von Belgien.*

Der 22 ha große **Schlosspark** entstand unter *Maximilians* Ägide auf dem ur-sprünglich kahlen Karstfelsen von Grignano. Die Erde kam aus Kärnten und der Steiermark, die Pflanzen aus aller Welt. Der Park lag ihm so sehr am Herzen, dass er sich noch aus Mexiko nach ihm erkundigte und Pflanzen nach Triest schicken ließ. Fußmüde können mit Golfcarts auf Parktour gehen.

Das **Castelletto** im Park entstand zur selben Zeit wie das Schloss und nimmt dessen Architekturmerkmale auf. *Maximilian* und *Charlotte* nutzten es ab und an als Rückzugsort, nach dem Tod ihres Mannes verbrachte sie, geistig umnachtet, einige Zeit darin, bevor sie nach Belgien gebracht wurde und starb.

Das Küstengebiet um das Schloss herum steht als **Meeresschutzgebiet Riserva Marina di Miramare** unter dem Patronat des *WWF* und kann auf geführten Tauchgängen erkundet werden.

■ **Castello di Miramare** (Anfahrt: Buslinie 36 ab Piazza Oberdan), Tel. 040 22 41 43, https://miramare.cultura.gov.it/de; Schloss tgl. 9–19 Uhr (Tickets bis 18.30 Uhr), 12 €, bis 25 Jahre 2 €; Park April bis Sept. 8–19 Uhr, Feb./März, Okt/.Nov. 8–17/18 Uhr, Nov. bis Jan. 8–16 Uhr.

■ **Riserva Naturale Marina di Miramare,** Viale Miramare 349, Tel. 040 22 41 47, www.riservamarinamiramare.it. Mehrere kostenpflichtige Exkursionsangebote (darunter Schnorcheln für 25 €/Pers. und Tauchen für 280 €/Gruppe von 8 Teilnehmern).

204sl sk

036f sk

Santa Croce/Tiziana-Weiss-Weg

Etwa 2,5 km hinter Miramare geht es auf der schmalen Via della Vitalba schräg rechts hoch, unter der Eisenbahn durch und weiter nach Santa Croce. In den engen Gassen versteckt sich zum einen die **Locanda Carsica Contemporanea Crocevia** (→ S. 450), zum anderen das kleine **Fischereimuseum** mit einer liebevoll gestalteten (auch englisch erklärten) Ausstellung zur Geschichte der slowenischen Fischer.

■ **Museo della Pesca del Litorale Triestino,** Località Santa Croce 61, www.ribiski-muzej.it, April–Okt. Sa/So 10–13 Uhr, Eintritt frei.

Die Badebucht von Sistiana

In Santa Croce beginnt auch der – nach einer berühmten italienischen Bergsteigerin benannte – **Tiziana-Weiss-Weg,** ein der Küstenlinie folgender Spazierweg nach Aurisina, gut ausgebaut und praktisch ohne Steigungen. Man passiert erst einige Häuser und befindet sich dann schnell auf dem teils schattigen Weg mitten in der Natur oberhalb der Bahnlinie und mit weitem Blick über das Meer. Endpunkt ist die Schule „Scuola Media Igo Gruden" in Aurisina. Wer weiter will, kann von hier (50 m vor der Einmündung in die Hauptstraße links runter) dem **Sentiero dei Pescatori** bergab zum **Porto Vecchio** folgen (1 km, malerischer Fels- und Grobkieselstrand), um ins Wasser zu springen und sich von der *Bar Chiringuito Canovella* mit Fisch und Meeresfrüchten versorgen zu lassen.

GPS Sentiero Tiziana Weiss, Startpunkt Santa Croce (GPS N 45.73477, E 13.68403, 200 m westlich vom Straßenende der Via del Pucino auf schmalen Weg hoch), 3 km, keine Steigungen, 30 Min.

Der Rilke-Weg von Sistiana nach Duino

Schließlich kommt man zur ovalen – eher unattraktiven – Bucht von Sistiana. Die östliche Hälfte belegen Segelschiffe und Motorboote, an der westlichen Seite reihen sich einige kleine, schmale Kieselstrände auf. Oberhalb, beim Abzweig in die Bucht, beginnt am Informationskiosk und beim großen Hinweisschild der gut ausgebaute **Rilke-Weg** entlang der wunderschönen Steilküste des Schutzgebietes **Riserva Naturale Falesie di Duino.** Die drei Aussichtskanzeln entstanden während des Zweiten Weltkriegs als Stellungen für die Flugabwehr und geben heute den Blick auf das breite Panorama frei: von der Isonzo-Mündung im Westen bis Piran an der slowenischen Adria und zur kroatischen Landspitze von Savudrija im Süden.

Der Spaziergang endet beim **Schloss von Duino,** in dem *Rainer Maria Rilke* im Winter 1912 wohnte und – inspiriert von der Landschaft – die ersten beiden der (insgesamt zehn) „Duineser Elegien" vollendete und vier weitere (die 3., 6., 9. und 10.) begann.

GPS **Sentiero Rilke,** 2 km, 70 Höhenmeter, 30 Min.

Schloss von Duino

Das Schloss ist im Privatbesitz einer französisch-italienischen Linie derer zu *Thurn und Taxis* („Torre e Tasso"), die im 19. Jh. ein offenes Haus pflegten und Gäste aus aller Welt empfingen, darunter die Schauspielerin *Eleonara Duse,* die Schriftsteller *Mark Twain, Victor Hugo* und *Rainer Maria Rilke* oder die Komponisten *Franz Liszt* und *Richard Strauss.* Der Gebäudekomplex ist heute Museum und Veranstaltungsort. Hier bekommt man den Lebensstil des Adels so recht vor Augen geführt. Die **Lage an den Steilklippen** hoch über dem Meer ist herrlich (bester Blick von der Ruine des alten Schlosses), die **Architektur** formidabel (wie die von *Palladio* entworfene Treppe), die **Einrichtung** original und mit unzähligen Kunstgegenständen und Antiquitäten versehen (darunter ein Piano, auf dem *Franz Liszt* gespielt hat).

Im Fels unter dem Schloss befindet sich ein von der Deutschen Wehrmacht ausgeschachteter, weitläufiger **Bunker** (Eingang im Garten). Der nur vom Wasser her zugängliche kleine Kieselstrand unterhalb des Schlosses – die **Spiaggietta del Principe** auf der Landspitze gleich westlich – entstand durch den Aushub bei seinem Bau.

Der Vorgängerbau des Schlosses, das **Castello Vecchio,** stammt aus dem 11. Jh. und verfiel ab dem 16. Jh. Der Zugang ist im Eintritt des Neuen Schlosses enthalten und wegen des Panoramablicks empfohlen.

■ **Castello di Duino,** Tel. 040 20 81 20, http://castellodiduino.it, April–Okt. Mi–Mo 9.30–16/17.30 Uhr, sonst nur an Wochenenden 9.30–16 Uhr, 11 €, Kind 6 €.

Villaggio del Pescatore

Das „Dorf des Fischers" besteht aus langen Kais, an denen Freizeitboote dümpeln, und aus einigen Reihenhauszeilen. Im Campanium – vor rund 70 Mio. Jahren – tummelten sich hier die **Saurier.** Grabungen in den 1990ern förderten „Antonio" zutage, einen Hadrosaurier von 5 m Länge und 1,70 m Höhe. In der Gegend finden weitere Grabungen statt, die ständig neue Saurierfragmente entdecken. An *Antonios* **Fundort** kann man an Führungen teilnehmen.

■ **Sito Paleontologico,** Baia degli Uscocchi, derzeit nicht zugänglich.

Im Hinterland (2 km vom Hafen) ist ein Karstphänomen zu bestaunen. Beim **Quelltopf des Timavo** tritt dessen Wasser zutage und ergießt sich als einer der kürzesten Flüsse der Welt nach nicht einmal 2 km ins Meer. Man parkt bei der Chiesa San Giovanni in Tuba an der SS14 und ist nach ein paar Schritten beim Teich. Tatsächlich entspringt der Timavo an der slowenisch-kroatischen Grenze, wo er als Reka 50 km oberirdisch verläuft, dann in den Höhlen von Škocjan in der Unterwelt verschwindet, um dort für 35 km zu bleiben und bei Duino als Timavo wieder ans Tageslicht zu treten.

Direkt oberhalb auf einer Klippe über der SS14 heulen die **Lupi di Toscana** um die Wette. Die beiden Wölfe aus Bronze sind Symbole für zwei Regimenter der gleichnamigen Division, die 1916 den Monte Sabotino von den Österreichern eroberte.

Die Kirche **San Giovanni in Tuba** aus dem 16. Jh. steht auf moosüberwachsenen Fundamenten aus dem 4. Jh., die in der Apsis zu sehen sind.

■ **Risorgiva fiume Timavo,** frei zugänglich.

Ebenfalls sehenswert ist ein Höhlentempel. Um 4500 v. Chr. vollzogen die damaligen Bewohner hier am Hang des Monte Ermada Rituale. Auch zur Römerzeit im 2. bis 5. Jh. war die Höhle eine Kultstätte. In der **Mitra-Grotte** trafen sich die Anhänger des Sonnengottes. Erhalten sind noch einige Votivtafeln (eine zeigt ein Stieropfer) und zwei Steinbänke. Es ist das europaweit einzige Mithräum in einer Höhle. Der Zugang ist etwas kompliziert: Man parkt auf der anderen Seite der SS14 im Weiler San Giovanni di Duino bei der Chiesa di Giovanni Battista, unterquert auf dem Fußweg die Autobahn, hält sich nach 100 m an der Kreuzung geradeaus und östlich, biegt nach 300 m – noch vor Querung der Eisenbahn – bei der Ein-mündung rechts ab und hält sich nun südlich und parallel zu den Schienen; nach 400 m ist das Mithräum erreicht. Ein weiterer Zugang ist von der Stazione Forestale an der SS14 möglich (1 km).

■ **Grotta del Dio Mithra** (GPS N 45.78422, E 13.59786), Tel. 33 96 90 89 50, www.flondar.it, nach Voranmeldung und jeden Sa 10–12 Uhr, Treffpunkt an der Stazione Guardia Forestale di Duino (Frazione Duino 77C, Duino) um 9.45 Uhr.

Monfalcone

Die Industriestadt lebt vornehmlich von ihrer Werft *Fincantieri,* die auf die k. u. k. Zeit zurückgeht. 1907 gründete die italienische Reeder-Familie *Cosulich*

037f sk

– die im Liniendienst zwischen Triest und Südamerika engagiert war – die **Cantiere Navale Triestino,** war bald dick im Geschäft und baute Handels- und Kriegsschiffe für die Österreicher, schließlich U-Boote für die Achsenmächte. Bei den letzten Isonzoschlachten schoss die österreichische Artillerie die Werft in Schutt und Asche. Neu aufgebaut, wurde Monfalcone als Produktionsstandort im Zweiten Weltkrieg von alliierten Bombern erneut zerstört. Heute laufen Kreuzfahrtschiffe vom Stapel – unter ihnen 2005 die „Costa Concordia", die 2012 vor der Insel Giglio auf Grund lief und 32 Menschen in den Tod riss. Das topmoderne **Schiffbaumuseum MuCa** erzählt die Geschichte der Werft, lässt Besucher multimedial in die einzelnen Themen eintauchen und entführt u.a. im Design-Saal in die vergangenen Zeiten der luxuriösen Innendekorationen der Überseedampfer.

Triestiner Riviera: die Feriensiedlung Portopiccolo

■ **Museo della Cantieristica,** Via del Mercato 3, Tel. 04 81 49 49 01, www.mucamonfalcone.it, Fr–Mo 10–18, Sommer bis 19 Uhr, 7 €.

Im **Themenpark des Großen Krieges** sind nördlich der Gleise die Reste der Verteidigungswerke des Ersten Weltkriegs zu sehen, die die Italiener über den eroberten österreichischen Schützengräben errichteten. Ein Spaziergang führt vom Parkplatz an der Rocca di Monfalcone vorbei durch den Wald zu den Anlagen und auf einer Rundtour zurück.

GPS **Parco Tematico della Grande Guerra di Monfalcone,** www.turismofvg.it/GrandeGuerra, Parkplatz (GPS N 45.81191, E 13.53357, auf der Salita alla Rocca durch die Unterführung), mit 2–3 Std. Besichtigungszeit sollte man rechnen, 6,5 km, 50 Hm.

Die **Festung von Monfalcone** geht auf das 5. Jh. zurück, als der Ostgote *Theoderich* nach seinem Sieg über *Odoaker* eine erste Burg errichten ließ. Das heutige Bauwerk entstand im 13. Jh., wurde aber mehrfach verändert und verstärkt. Heute ist in ihm das **Paläontologie-Museum** mit Fossilien aus dem Mesozoikum und Känozoikum untergebracht.

■ **Museo Paleontologico della Rocca,** Tel. 04 81 28 19 22, Sa/So 10–13, 15–19 Uhr, Eintritt frei.

Praktische Tipps

Information

■ **Sistiana Info Point,** Sistiana 56/B, 34011 Duino, Tel. 040 29 91 66, Juni–August tgl. 9–13 und 14–18 Uhr.

Unterkunft

■ **Al Pescatore**②-③, Frazine Duino 69 (in Duino 200 m vom Schloss), **Grignano,** Tel. 040 20 81 88, www.alpescatoreduino.it. Nette, moderne Herberge und gutes Restaurant mit schattiger Terrasse im Ort.

■ **Riviera Maximilian's**④, Strada Costiera 22, **Grignano,** Tel. 040 22 45 51, www.rivieramax.eu. Am Meer in Höhe von Miramare gelegen, exzellenter Standort mit Blick über die Küste, eigenes und luxuriöses Strandbad mit Aufzug hinunter und Snackbar.

■ **Villa Tergeste**③, Viale Miramare 331, Tel. 040 22 41 02, https://villatergeste.it. Hübsche Pension in einer Villa von 1928 mit schönem Ausblick auf Schloss Miramare und seine Parkanlage. Zu erreichen mit Buslinie 36 ab Bahnhof (Haltestelle Bivio al Miramare); auch angenehmes Restaurant.

■ **Hotel N.A.O**②, Via del Mercato 5, **Monfalcone,** Tel. 38 84 04 14 66, www.naoperai.it. 45 Zimmer in einem Bau, in dem einst Werftarbeiter nach einem Tag voller Maloche ins Bett fielen; viele Flughafengäste.

■ **Locanda Carsica Contemporanea Crocevia** ②-③, Località Santa Croce 173, Tel. 36 33 63 33 94, www.crocevia173.it. Acht Zimmer, modern und geschmackvoll eingerichtet und mitten im Ort, nur über die engen Gassen erreichbar. Für das echte Karstdorf-Feeling und mit ausgezeichnetem **Restaurant**② (Do–So 12–23 Uhr).

Camping

■ **Mare Pineta, Sistiana,** Tel. 040 29 92 64, www.marepineta.com, Ende März–Mitte Okt. Schöner Platz in Panoramalage über dem Meer mit Stellflächen unterschiedlicher Kategorie; Stellplatz/2 Personen ab 30 €.

Essen und Trinken

■ **Bellariva**②-③, Via Auguste Picard, **Aurisina,** Tel. 35 34 16 22 64, April–Sept. Do–Di 12–14.30, 19–21.30 Uhr. Fischküche am Wasser zwischen Porticciolo und Aurisina. Man kommt vor allem der Lage wegen.

■ **Alla Dama Bianca**③-④, Duino Porto 61/C, **Duino,** Tel. 040 20 81 37, www.alladamabianca.com, Mo–Sa 11–14, 19–23 Uhr. Wer Ruhe sucht, eine herrliche Aussicht genießen und dabei ausgezeichnet essen möchte (z.B. Fisch im Salzmantel), ist hier richtig – hauptsächlich von Einheimischen aufgesuchtes Feinschmeckerlokal am Wasser, unprätentiös und vorzüglich; auch **Zimmervermietung**③.

■ **Chiringuito Canovella**②, Porto Vecchio, **Canovella degli Zoppoli,** Tel. 38 99 63 57 92, www.facebook.com/ChiringuitoCanovella, im Sommer tgl. 10–21 Uhr. Auf der Tafel stehen Spaghetti mit Muscheln, Calamari und *fritto misto,* gemischter Salat und Pommes, nicht mehr, nicht weniger – Essen mit *Robinson*-Feeling.

■ **Al Pesce d'Oro**③, Via dei Bagni Nuova 19, **Monfalcone,** Tel. 04 81 83 02 06, www.alpescedoro.com, Di–Sa 12–15, 19–23 Uhr. Am Hafen ohne Wasserblick und neben Silos. Abschreckend? Ja, aber die Terrasse ist ungeahnt nett, der Service aufmerksam und die Fischküche ausgezeichnet (ohne dass man sein letztes Hemd verliert).

■ **Al Pescaturismo**②-③, Zona Cava, **Villaggio al Pescatore,** Tel. 040 20 98 46, www.alpescaturismo.it, Do–So 12–14, 19–21.30 Uhr. Traditionsadresse für Fisch direkt an der Bucht – ideal für den Sonnenuntergang bei Fischsuppe, *Cozze* und Wolfsbarsch.

Aktivitäten

Trieste Adventure Park, Località Ceroglie 1 (3 km oberhalb der Sistiana-Bucht), Tel. 35 66 32 61 33, https://triesteadventurepark.it, 15. April bis 1. Okt. Do–So 10–18 Uhr bzw. bis Sonnenuntergang, Kind zwischen 6 € und 22,50 €, Erw. 25,50 €. In 8 m Höhe mit 63 Plattformen auf 750 m Länge gibt's 72 Herausforderungen und acht Ziplines.

■ **Tauchen/Schnorcheln:** Geführte Tauchgänge und Schnorcheln → **Riserva Naturale Marina di Miramare** S. 445.

Strände und Strandbäder

■ **Faro della Vittoria:** Die Jugend zieht den Küstenabschnitt bei **Barcola** (Lungomare Benedetto Croce) vor und lagert auf den – liebevoll als *topolini* bezeichneten – Betonterrassen; sie beginnen an der Pineta di Barcola (Buslinie 6) hinter dem Faro della Vittoria (wegen der Seeigel und Felsen besser Badeschuhe mit-nehmen). Das **Il Pane Quotidiano** („Das täglich Brot") ist schon ziemlich einzigartig – ein Strandbad ohne Wasserzugang, dafür mit Terrassen, Liegen, Schirmen und frisch Gebackenem wie Brot, Krapfen, Croissants und *kremšnita,* der slowenischen Crèmeschnitte (Viale Miramare 72, Tel. 04 03 40 39 29, www.ilpanequotidiano.com, zwei Liegen mit Schirm 25 €/Tag).

■ **Hundestrand (Bau Beach):** Barcola Bau Beach nördlich der Pineta di Barcola zwischen Il Cedas und Il Pane Quotidiano ist ein eigens für Hunde angelegter Strand; weitere Zugänge: beim kleinen Hafen von Barcola (Terrassen), vor dem Haupteingang von Schloss Miramare (Mole) und am Hafen von Santa Croce zwischen Miramare und Sistiana (Strand).

■ **Miramare:** Wie Kaisers kann man sich im **Stabilimento Balneare Sticco Mare** (an der Zufahrtsstraße zum Schloss) fühlen, wenn's auch recht felsig ist. Kindgerechter ist das **Stabilimento Balneare Sirena** (Riva Massimiliano e Carlotta 2, Buslinie 6) gleich nördlich von Miramare, von den Triestinern salopp als *Grignano Uno* bezeichnet (zwei Meeresschwimmbecken, schöne Bucht und einfacher Meereszugang); 300 m weiter gleich unterhalb des *Hotels Maximilian's* ragt die Betonrampe des **Stabilimento Balneare Grignano Due** ins Wasser.

■ **Portopiccolo:** Kurz vor Sistiana wartet der elegante **Portopiccolo Beach Club** (Strada Costiera/Duino, www.portopiccolosistiana.it) mit Holzterrassen, Pool und Kiesstrand (was seinen Preis hat: zwei Liegen mit Schirm 40–130 €/Tag, Privatkabine mit WC/Dusche 20–40 €/Tag on top).

■ **Sistiana:** Die **Bucht von Sistiana** mit zwei Kieselstränden – Caravella und Castelreggio – suchen Familien mit Kleinkindern gerne auf.

■ **FKK:** Südlich von Portopiccolo kann man auf einem steilen Pfad (Parkplätze am Punto Panoramico) zur **Spiaggia Liburnia/I Filtri** absteigen; dort darf man sich aller Kleidung entledigen (sollte aber die Badeschuhe anlassen).

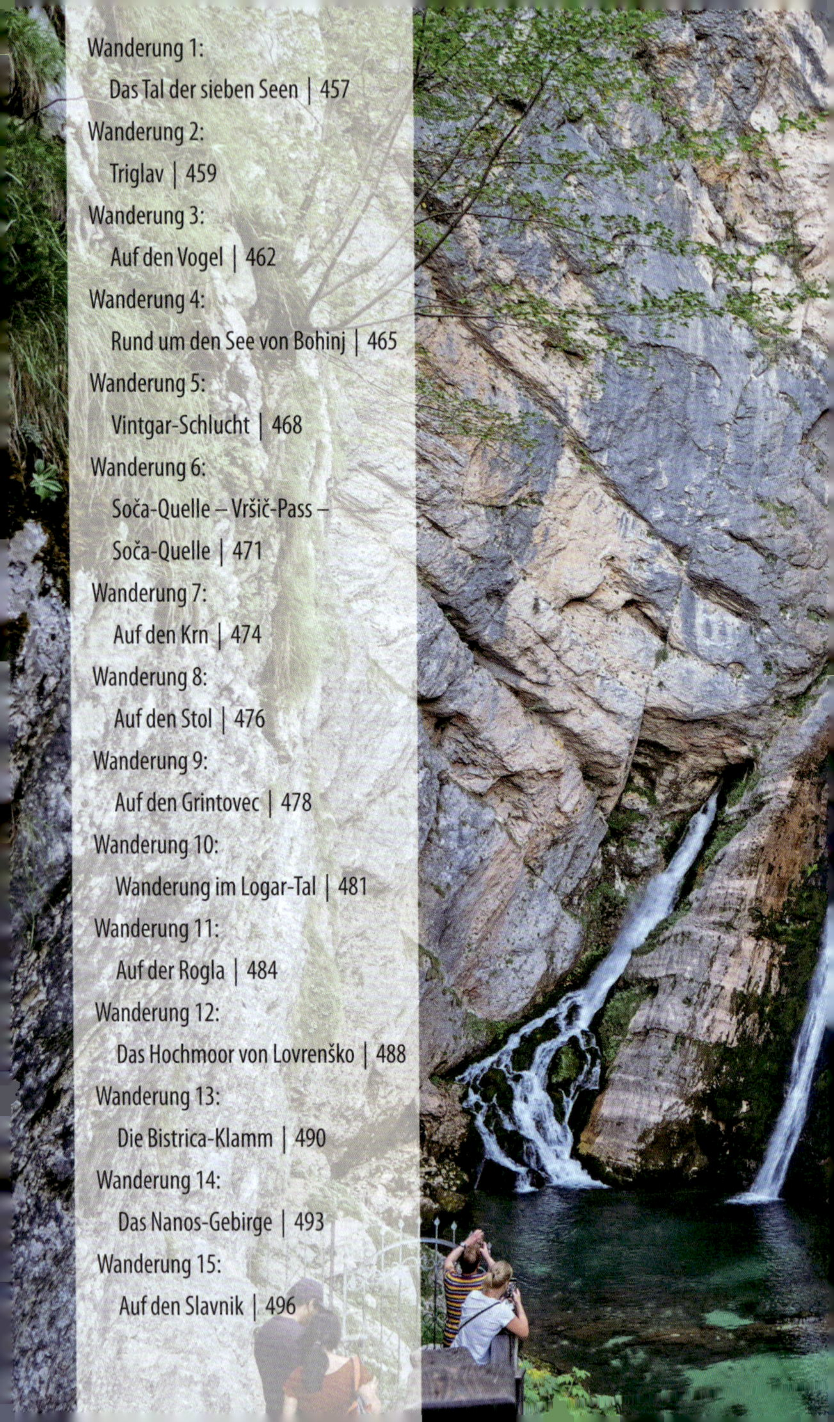

10

Extrakapitel Wandern

» Einst hat Gott bei der Erschaffung der Erde – so die Legende – alle Steine in einen Sack gepackt, um diesen im Meer zu versenken. Doch als er ihn Richtung Wasser schleuderte, sprang der Teufel hoch, zerriss den Sack und die Steine fielen wieder heraus – auf Slowenien.

Der Wasserfall an der Koča pri Savici (Wanderung 4)

Wanderungen Übersicht

Wanderwege

1. Wanderung 1: Das Tal der sieben Seen
2. Wanderung 2: Triglav
3. Wanderung 3: Auf den Vogel
4. Wanderung 4: Rund um den See von Bohinj
5. Wanderung 5: Vintgar-Schlucht
6. Wanderung 6: Soča-Quelle – Vršič-Pass – Soča-Quelle
7. Wanderung 7: Auf den Krn
8. Wanderung 8: Auf den Stol
9. Wanderung 9: Auf den Grintovec
10. Wanderung 10: Wanderung im Logar-Tal
11. Wanderung 11: Auf der Rogla
12. Wanderung 12: Das Hochmoor von Lovrenško
13. Wanderung 13: Die Bistrica-Klamm
14. Wanderung 14: Das Nanos-Gebirge
15. Wanderung 15: Auf den Slavnik

Hinweise zu den Wanderungen

- Generell gilt für alle beschriebenen Wanderungen, dass die **beigefügten Karten** nur der Übersicht dienen. Sie können keine der vor Ort erhältlichen Wanderkarten ersetzen. In den Touristeninformationen gibt es meist kostenfrei ausliegende Karten im Maßstab 1:50.000 bzw. 1:25.000 (oder in den Hotels nachfragen). Auch im Buchhandel ist Kartenmaterial vorhanden.
- Mit dem **Smartphone** kann man die kostenlose *App* von *GPSies* (für *Android* und *iPhone*) herunter- und darin Tracks hochladen und bei Netzabdeckung (die in Slowenien sehr gut ist) seine genaue Position bestimmen und dem Track folgen. Unter www.reise-know-how.de können für alle 15 Wanderungen kostenlos GPS-Tracks abgerufen werden. Sie finden die Daten auf der Produktseite dieses Titels.
- Wer eher **kürzere Strecken** gehen will, suche sich aus den weiteren im Buch bei den einzelnen Kapiteln beschriebenen Vorschlägen einfach die passenden Wanderung heraus.
- Von den 15 hier beschriebenen Wanderungen sind die folgenden **Spaziergänge** für Wanderunkundige geeignet, vorausgesetzt sie bringen einige Kondition mit: Wanderung 4 (Rund um den See von Bohnj); Wanderung 5 (Vintgar-Schlucht); Wanderung 10 (Im Logar-Tal) und die Variante 1 der Wanderung 12 (Das Hochmoor von Lovrenško) mit Rückweg wie im Abschnitt Pohorje-Gebirge/Lorenzer Seen beschrieben (ein bei slowenischen Familien mit Kindern beliebter Ausflug). Wanderung 13 (Die Bistrica-Klamm) erfordert auf dem Rückweg gutes Orientierungsvermögen (alternativ nehme man denselben Weg (Klamm) zurück).
- Extreme **Hochgebirgsexkursionen** sind die Wanderungen 2 (Triglav), 7 (Auf den Krn) und 9 (Auf den Grintovec). Diese sollte nur in Angriff nehmen, wer entsprechende Ausrüstung dabei hat sowie Orientierungsvermögen, absolute Trittsicherheit und eine sehr gute Kondition besitzt.

Wanderung 1

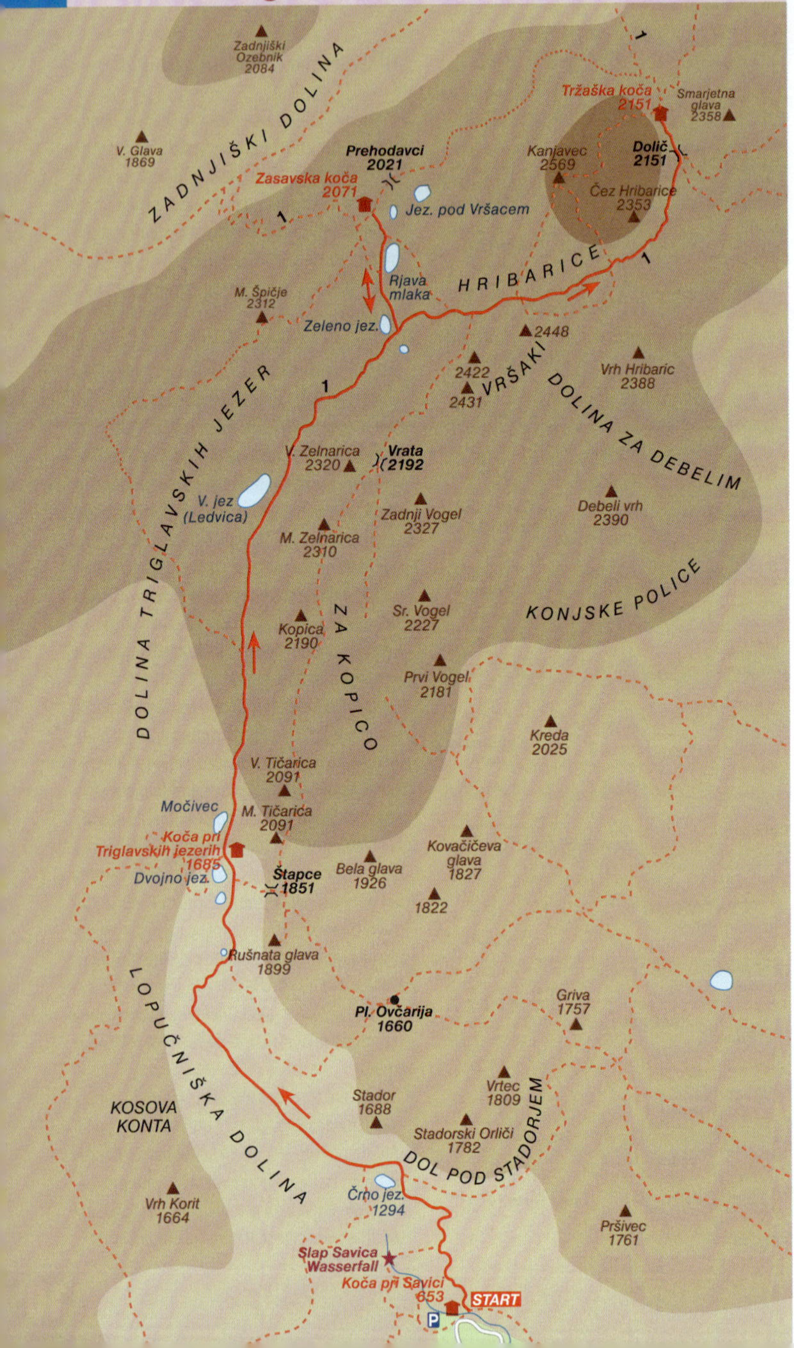
0 1 km
Zadnjiški Ozebnik 2084
ZADNJIŠKI DOLINA
V. Glava 1869
Prehodavci 2021
Zasavska koča 2071
Jez. pod Vršacem
Tržaška koča 2151
Smarjetna glava 2358
Kanjavec 2569
Dolič 2151
Čez Hribarice 2353
HRIBARICE
Rjava mlaka
M. Špičje 2312
Zeleno jez.
2448
2422
2431
VRŠAKI
Vrh Hribaric 2388
DOLINA ZA DEBELIM
DOLINA TRIGLAVSKIH JEZER
V. Zelnarica 2320
Vrata 2192
V. jez (Ledvica)
Zadnji Vogel 2327
Debeli vrh 2390
M. Zelnarica 2310
ZA KOPICO
Sr. Vogel 2227
KONJSKE POLICE
Kopica 2190
Prvi Vogel 2181
Kreda 2025
V. Tičarica 2091
Močivec
M. Tičarica 2091
Koča pri Triglavskih jezerih 1685
Kovačičeva glava 1827
Štapce 1851
Bela glava 1926
Dvojno jez.
1822
Rušnata glava 1899
LOPUČNIŠKA DOLINA
Griva 1757
Pl. Ovčarija 1660
Vrtec 1809
Stador 1688
KOSOVA KONTA
Stadorski Orliči 1782
DOL POD STADORJEM
Vrh Korit 1664
Črno jez. 1294
Pršivec 1761
Slap Savica Wasserfall
Koča pri Savici 653
START
P
1

Extrakapitel Wandern

Wanderung 1 Das Tal der sieben Seen

Steil geht es durch Wald hinauf zu einer Seenkette im Hochgebirge mit Farnen, Blumen, Salamandern und Murmeltieren. Weiter durch Fels führt der Weg an die Steilwände des Schicksalsbergs der Slowenen heran. Mitten in der Bergwelt wird in einer Hütte übernachtet und am nächsten Tag auf selbem Weg zurückgekehrt – oder der Gipfelsturm des Triglav begonnen.

- **Schwierigkeitsgrad:** Mittel
- **Länge:** 16 km
- **Dauer:** 8–9 Std.
- **Aufstieg/Abstieg:** 1800 m/300 m
- **Mitnehmen:** Feste Bergstiefel, Sonnen-/Regenschutz, Proviant/Getränke, Übernachtungsutensilien
- **Beschreibung:** Einfache Hochgebirgswanderung auf schmalen Steigen, teils steil, minimale Kletterpassagen, Übernachtung notwendig, Abstieg auf dem gleichen Weg oder Kombination mit der Ersteigung des Triglav.
- **Autoanfahrt:** Mit dem Pkw zum Parkplatz der Koča pri Savici.
- **ÖPV:** Mit der Eisenbahn bis Bohinjska Bistrica und dem Touristenbus über Ribčev Laz bis Koča pri Savici, Mitte Juni–Mitte Sept. tägl. drei Fahrten.
- **Ausgangspunkt:** Parkplatz Koča pri Savici/Hütte am Savica-Fall (653 m), GPS N 46. 289297, E 13.801830.
- **Endpunkt:** Tržaška koča na Doliču (2151 m), GPS N 46.364867, E 13.819466
- **Rast:** *Koča pri Savici* (Tel. 040-69 57 87, www.pd-ljmatica.si, Mai–Sept. tgl., April am Wochenende, Essen und Unterkunft); *Koča pri Triglavskih jezerih* (1685 m, Tel. 040-62 07 83, www.pd-ljmatica.si, Juli–Sept. tgl., Juni/Okt. am Wochenende, Unterkunft, Essen); *Zasavska Koča* (2071 m, Tel. 051-61 47 81, Juli–Sept. tgl., Juni am Wochenende, Unterkunft, Essen); *Tržaška koča na Doliču* (2151 m, Tel. 051-61 47 80, Juli–Sept. tgl., Juni am Wochenende, Unterkunft, Essen)

Wegbeschreibung

Wer nur das idyllische Tal der Sieben Seen besuchen will, wird sich als **Tagesbasis** die erste Hütte auswählen und Ausflüge in deren Umgebung unternehmen, wobei einer der schönsten Talabschnitte sich von der Hütte ca. ½ Stunde Fußmarsch ins Tal hinein erstreckt. Am späten Nachmittag macht man sich dann auf den Weg zurück zum Wocheiner See (ca. 5 Stunden Gehzeit für An- und Abmarsch).

Wenige Kilometer im Westen des **Wocheiner Sees** liegt im Wald versteckt am Ufer eines keck sprudelnden Flüsschens die **„Hütte an der Savica" – Koča pri Savici.** Hier lässt man seinen Wagen am gebührenpflichtigen **Parkplatz** stehen und wechselt auf der Brücke direkt hinter der Hütte ans andere Ufer, folgt für 100 m dem breiten Fußweg und schlägt sich dann auf den schmalen Pfad, der in steilen Serpentinen durch den Laubwald nach oben schlängelt. Nur selten erlaubt eine Lichtung den Blick auf die sich im dunklen Wasser des untenliegenden Sees spiegelnde Bergwelt. Nach einer guten halben Stunde auf 865 m führt der Weg zur **Quelle der Savica.** Hier sprudelt sie aus dem Fels und speist den **Wasserfall,** den viele Touristen als Attraktion besuchen, allerdings von der unteren Seite.

Der Weg ins Hochtal zweigt hier ab und man achte auf das **Hinweisschild.** Nun beginnen einige **kurze und einfache Kletterabschnitte** und die Seilsicherungen sind nur bei Trittunsicherheit und vielleicht bei Nässe notwendig. Etwa 60 Min. nach dem Abzweig hat man die erste Höhenstufe erklommen, ein kurzer und üppig farnbewachsener **Hohlweg** öffnet sich nach 5 Min. zur glatten Oberfläche des etwa 20 m unterhalb des Weges in einem waldbestandenen Felsrondell gelegenen ovalen **Črno jezero, der „Schwarze See"** (150 x 80 m, 6 m tief) unterhalb des Stador. Als wärmster der Triglav-Seen lädt er im Hochsommer zum (immer noch) kühlenden Fußbad.

Man nimmt den Weg dort auf, wo man ihn zum See hinunter verlassen hat und folgt dem Pfad nach Norden an einer fast überhängenden Felswand entlang auf von Wind und Wetter abgesprengtem Geröll. Oberhalb des Geröllfeldes verlässt man nun das durchwanderte **Hochtal Lopučniška dolina** und betritt auf felsigem Weg die wunderbare Welt des Tales der Sieben Seen. Hier mag man verstehen, warum es zur **Keimzelle des Nationalparks** wurde, zur ersten geschützten Region Sloweniens. Es grünt und blüht, summt und zwitschert überall. Vertraute Blumen sind zu entdecken und solche, die nur hier wachsen, so das roséfarbene Dolomiten-Fingerkraut *(Potentilla nitida)* oder die endemische, lilablaue Zois-Glockenblume *(Campanula zoyisii)*. Im Sommer tupft der Julische Mohn die Wiesen mit weißen Blüten. Nach Regen gilt es, den zahlreichen Feuersalamandern auszuweichen und den vielfältigen Stimmen der Natur zu lauschen. 40 Min. weiter kann man an einer gefassten Quelle unterhalb einer Felswand seine Wasserflasche füllen. 5 Min. später kommt ein Abzweig nach Stara Fužina und nach weiteren 5 Min. liegt der **Doppelsee Dvojno jezero** (120 x 80 m, 6 m tief und 100 x 70, 5 m tief) vor der **Hütte Koča pri Triglavskih jezerih** und den Bergketten, die zwischen dem Tal und dem Vršič-Pass aufragen. Die Hütte war eine der ersten in den Bergen. Die beiden Seen verbinden sich im Sommer zu einer Oberfläche und wer nicht in Eile ist, sollte sich auf einen kleinen Spaziergang um die Seen machen. Alle Farben des Regenbogens finden sich auf dem satten Grün der Wiesen; gelbe Aurikeln wetteifern duftend mit Dolomit-Nelken, vom Wind gekräuselt lecken die zarten Wellen an die Seeufer, die Vögel kommen auf die Besucher zugeflogen, lassen sich neben ihnen nieder, um vielleicht eine Krume von der Vesper aufzupicken. Eine deftige Mahlzeit, ein erfrischendes Getränk und ein erholsames Sonnenbad kräftigen für den weiteren Anstieg, der hinter der Hütte beginnt.

Vorerst geht es noch gemächlich am Seeufer des dritten, gleich hinter der Hütte liegenden Sees entlang (**Močivec** genannt). 10 Min. später aber wird es schon wieder steiler, die nunmehr vorherrschenden Nadelbäume werden auch spärlicher und stehen nur noch in einzelnen Gruppen, der Pfad ist holprig und führt über Felsflächen, doch wo immer ein bisschen Erde sich ansammelt, wachsen in dichten Büscheln Farne und Blumen, auch Edelweiß lässt hier seine weißen Sternchen sehen. Schließlich kommen die Latschenkiefern und stoppen das von der hoch und lang aufragenden Wand der Zelnarica abgesprengte Geröll. Eine halbe Stunde hinter der Hütte ist man bei 1800 m an der **Baumgrenze** und die Blicke treffen nur noch auf Fels, 20 Min. später aber auch auf den 50 m unten im Tal liegenden **See Veliko jezero** („Großer oder vierter See", 300 x 120 m, 15 m tief). Hinter dem See wird es wieder steiler und nach 40 Min. steht man auf der Passhöhe auf 2000 m am fünften der sieben Seen – **Zeleno jezero „Grüner See",** 100 x 80 m, 2 m tief). Von hier sind es 30 Min. hoch zur **Hütte Zasavska koča,** von deren Zuweg aus man schließlich die verbleibenden Seen **Rjava mlaka** („Brauner See", 150 x 100 m, 10 m tief) und **Jezero pod Vršacem** („See unter den Vršac", 90 x 60 m, 5 m tief) sehen kann.

Man nimmt den Weg unterhalb der Hütte am Zeleno jezero wieder auf und steigt zur Hribarica hoch, eine schweißtreibende Tätigkeit, geht es doch erst in der Direttissima ein Geröllfeld hoch, bis man es im oberen Viertel dann queren darf. Auf 2300 m erreicht man ein **Plateau**, auf dem auch noch im Hochsommer die Schneefelder überdauern und der **Pass Dolič** ist schließlich auf 2352 m erreicht. Lohn der Mühe: Der Blick auf den Triglav in seiner bedrohlich-wuchtigen Schönheit und auf die an seine Flanken gesprenkelten Hütten. Über Geröll und durch Schneefelder geht es hinab zur **Hütte Tržaška koča na Doliču,** geschmiegt in eine kurze Schlucht zwischen den Flanken des Triglav im Norden und des Kanjavec im Süden. Hier entledigt man sich der Stiefel und zieht die Hüttenschuhe über.

Wanderung 2 Triglav

Nachgerade umzingelt ist der höchste Gipfel Sloweniens von Übernachtungshütten und im Hochsommer wird er auch bei verblassendem Tageslicht noch von allen Seiten erstürmt. Wer ihn nie erstieg, ist kein Slowene – so heißt es.

- **Schwierigkeitsgrad:** Schwierig
- **Länge:** 21 km
- **Dauer:** 9–10 Std.
- **Aufstieg/Abstieg:** 750 m/2250 m
- **Mitnehmen:** Feste Bergstiefel, Klettersteigset, Handschuhe, Helm, Sonnen-/Regenschutz, Proviant/Getränke, Übernachtungsutensilien.
- **Beschreibung:** Sehr anspruchsvolle und lange Hochgebirgstour, steil und mit ausgeprägten Klettersteigpassagen, die zwar vorzüglich gesichert sind, aber dennoch Trittsicherheit und absolute Schwindelfreiheit erfordern; Klettersteigsicherung mit Gurt und Helm sollten obligatorisch sein, die Ersteigung ist nur bei gutem Wetter zu unternehmen – der Abstieg ab der *Dolič*-Hütte ist anspruchslos.
- **ÖPV:** Ende Juni–Anfang Sept. mehrmals am Tag Busverbindung von Trenta nach Kranjska Gora und Bovec (www.alpetour.si), Haltestelle Trenta.
- **Ausgangspunkt:** Tržaška koča na Doliču (2151 m), GPS N 46.364867, E 13.819466.
- **Endpunkt:** Dom Trenta (625 m), GPS N 46.382444, E 13.758114.

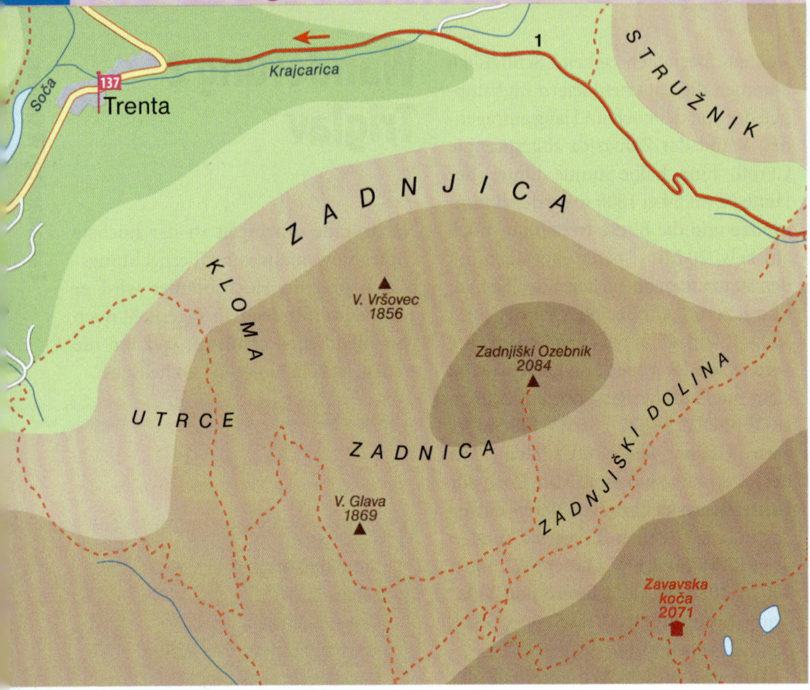

■ **Rast:** *Tržaška koča na Doliču* (2151 m, Tel. 051-61 47 80, Juli–Sept. tgl., Juni am Wochenende, Unterkunft, Essen); *Dom Planika pod Triglavom* (2401 m, Tel. 051-61 47 73, Juli–Sept. tgl., Juni am Wochenende, Unterkunft, Essen)

Wegbeschreibung

Hinter der **Tržaška koča** beginnt (den Großteil des Jahres hinter einer Schneewächte versteckt) einer der Wege hoch zum Triglav. Stramm geht es hinauf auf einem alten, aber breiten Weg – aus Bruchsteinen einst mühsam geschichtet um vom Wetter unabhängig zu sein. Das italienische Militär versorgte im Ersten Weltkrieg über diese Gebirgsstraße mit Maultieren und Trägern ihre **Festung Morbegna** in Fels und Eis auf 2520 m. Nach einer knappen Stunde verlässt man auf 2320 m den breiten Weg und wendet sich auf einem Pfad der Festung zu, die nach 45 Min. erreicht ist. Das wuchtige grau-verwitterte Gebäude war einst mit ausgedehnten Stacheldrahtanlagen gegen plötzliche Attacken gesichert. Um diese zu befestigen sind weit im Rund Eisenklammern in den Fels getrieben worden.

Hinter der Festung führt der Pfad weiter und in 20 Min. über ein Geröllfeld und nach der Einmündung in den zum Anstieg verlassenen Militärweg hoch zum **Ausgangspunkt des eigentlichen**

Gipfelsturms. Aus der Ferne sieht die massive Felswand des Triglav unbezwingbar aus, doch nähert man sich, erkennt man den Einstieg – ein Kamin, der mit Handgriffen und Fußstützen reich gesegnet ist.

Nun heißt es die Gurte des Rucksacks festzuzurren, den Beckengurt und das Brustgeschirr anzulegen und den Helm aufzusetzen. Der Geübte wird schnell den notwendigen Rhythmus finden und sich unter Ausnutzung der in den Fels getriebenen Eisenstifte zügig nach oben schieben, für den Gelegenheitsbergsteiger heißt es, sich langsam aber sicher nach oben zu arbeiten. Auf 2864 m und nach 1½ Std. ab dem Einstieg in den Fels ist das Ende der Fahnenstange erreicht – **der Gipfel** – und man darf sich endlich ein richtiger Slowene nennen.

Der **Rückweg** erfolgt über den fußschmalen, ausgesetzten Grat hinab zum (kleinen) **Mali Triglav** mit 2725 m. Der Grat ist mit einem Stahlseil ausreichend gesichert, doch bei viel Betrieb ein Nadelöhr, da man sich naturgemäß nur mit Mühe am Gegenverkehr vorbeiwinden kann, will man das Stahlseil nicht loslassen und in den freien Fall übergehen. So kommt es immer wieder zu Stockungen. In 15–20 Min. hat man die Gratwanderung normalerweise hinter sich. Nun geht es mehr oder weniger steil über blanke Felsflächen, immer wieder unter zu Hilfenahme der Eisenstifte und Drahtseile, in die man sich einhängen kann, hinunter; bald taucht die **Hütte Dom Planika** auf 2401 m im Blickfeld auf. 45–60 Min. muss man im steilen Fels hinter dem Grat bis zur Hütte kalkulieren.

Nach einer Stärkung geht man parallel zu den Höhenlinien mit wenigen Höhenunterschieden aber doch mit einigen etwas ausgesetzten Stellen (meist stahlseilgesichert) um die Flanke des Triglav herum. Wer Glück hat (und gar nicht so selten hat man es), sieht auf dieser Strecke einen Verwandten des legendären **Zlatorog,** der als **Steinbock** mit goldenen Hörnern die slowenische Sagenwelt bevölkert. Die nach ihrer Ausrottung vor knapp 100 Jahren wieder erfolgreich ausgewilderten Steinböcke tragen zwar kein Gold wie der legendäre Triglav-Bewohner, aber ein durchaus eindrucksvolles Gehörn. Sie fühlen sich hier oben in Fels und Eis besonders wohl. Das Pfeifen der Murmeltiere wird den Wanderer allemal begleiten. Schließlich kommt man nach 1½ bis 2 Stunden wieder zum Ausgangspunkt der Tagesetappe – der **Dolič-Hütte.**

Hinter ihr beginnt talseitig der breite Weg in Serpentinen hinunter. Nach 1½ Std. gelangt man auf 1500 m an eine Gabelung, an der es rechts hinauf zum Luknja-Pass geht, hier hält man sich links und folgt den Serpentinen weiter in Richtung des sichtbaren Tals. Auf 980 m kommt man nach 1½ Std. zum Talschluss des Zadnjica-Tales, nach 40 Min. zu einem Parkplatz und der öffentlichen Straße, auf der es noch 2 km bzw. 25 Min. bis zur Ortschaft **Trenta** sind.

Wanderung 3 Auf den Vogel

Mit der modernen Seilbahn ist das Skigebiet auf 1500 bis 1800 m Höhe unterhalb des Vogel-Gipfels zu einem der beliebtesten Orte für den weißen Sport geworden, doch auch der Sommertourismus hat zugenommen. Die Seilbahn erspart einen langen und mühsamen Aufstieg, und so machen sich oben an den Wochenenden leider ganze Heerscharen von Seilbahn-Wanderern breit.

- **Schwierigkeitsgrad:** Mittel
- **Länge:** 19 km (bei Seilbahnabfahrt)
- **Dauer:** um 7 Std. (mit Seilbahnauffahrt 4–5 Std.)
- **Aufstieg/Abstieg:** 1550 m (600 m bei Seilbahnauffahrt)/600 m
- **Mitnehmen:** Feste Bergstiefel, Sonnen-/Regenschutz, Proviant/Getränke
- **Beschreibung:** Einfache Wanderung mit einer kurzen, aber relativ stark ausgesetzten Stelle.
- **Autoanfahrt:** Mit dem Pkw zum Parkplatz der Talstation bei Ukanc an der Westseite des Sees von Bohinj.
- **ÖPV:** Mit der Eisenbahn bis Bohinjska Bistrica und dem Touristenbus über Ribčev Laz bis Koča pri Savici, Mitte Juni–Mitte Sept. tägl. drei Fahrten.
- **Ausgangs-/Endpunkt:** Talstation Seilbahn Vogel (530 m), GPS N 46.275599, E 13.835119.
- **Rast:** *Planinska koča Merjasec* (Tel. 051-644 316, www.vogel.si, ganzjährig offen, Unterkunft, Essen), Gaststätten am See.

Wegbeschreibung

Am Westende des Sees südlich der Straße im Wald versteckt sich die **Talstation der Seilbahn** auf die Planina prvi Vogel. Hinter ihr beginnt der Anstieg auf der breiten gerölligen Abfahrtspiste, die im ersten Abschnitt weit nach Westen ausholt und nur wenig ansteigt, sodass man zügig ausgreifen kann. 25 Min. hat man noch Sicht auf den oberen Talteil, dann geht es in den Wald hinein und steil und schweißtreibend auf dem Geröll nach oben; am besten wandert man in selbst gewählten Serpentinen. Nach 220 Höhenmetern und etwa 1 Std. ab Start wird es wieder etwas flacher, nach 5 Minuten geht es eben vom Tal weg durch den schluchtartigen **Zagarjev-Graben** nach Süden und im Einschnitt taucht in der Ferne das Ziel der Wanderung auf – das Massiv der Unteren Wocheiner Berge (Spodnje Bohinjske Gore) mit dem Gipfel des Vogel.

Nach 10 Min. verlässt man den Graben und es wird für 200 Höhenmeter wieder steil. An einer **Gabelung** auf 1340 m sieht man geradeaus und oben eine Liftanlage, man hält sich aber links und folgt dem schmaleren Fahrweg. 20 Min. später achte man auf 1420 m rechts auf einen **etwas versteckten Weg,** den man nimmt. Gleich nach der kurzen Steigung hält man sich wieder links. An der nächsten Gabelung auf 1470 m nimmt man den linken Weg und hat nach 5 Min. die Bergstation mit der Hütte **Planinska koča Merjasec** und weiteren privaten Berghütten erreicht.

Das Panorama im Süden bilden die Gipfel der Unteren Wocheiner Berge, im Norden stehen stolz das Triglav-Massiv und ihm vorgelagert grüne Gipfel und Almen. Direkt an der Terrasse der Berghütte beginnt der Weg über die Hochalmen, deren alpine Optik von den Metallstützen, den in den Winden schwankenden Sesseln, kurz vom sommerlichen Metallschrott eines intensiv erschlossenen Skigebietes, doch gewaltig beeinträchtigt wird. Es geht über eine Senke auf den breiten Abfahrtspisten an einem Lift entlang nach Süden die Hänge hinauf. Nach 30 Min. kommt man an die **Bergstation des Sesselliftes,** hält sich rechts und lässt schließlich die Bergstation des Liftes *Planina Zadnji* Vogel rechts liegen und folgt in etwa der Trasse des weiter hoch führenden Liftes. Nach 5 Min. geht es durch eine Senke und man orientiert sich weiter an den **Stahlstreben des Liftes,** denen man nun auf schmalem Pfad im Zick-Zack durch die Latschen folgt. Damit hat man endlich die Welt der Aufstiegshilfen verlassen.

Hinter den Latschen kommt man an eine Gabelung (1725 m) zum Skihotel zurück, geradeaus zur Šija und rechts nach Komna. Hier stößt man nach der Vogelbesteigung am Rückweg wieder auf den Hauptpfad. Man geht weiter geradeaus Richtung Šija und nimmt an der Bergstation des Liftes den Weg rechts hinter dem Häuschen auf, der in die Latschenkiefern hineinführt. Nach 5 Min. hat man das Wäldchen durchdrungen und wandert zu einem Sattel 40 m hinunter und schließlich über Geröll und relativ steil etwa 70 m zum **Gipfel der Šija** auf 1800 m hoch. Oben erwartet den Wanderer eine kleine Wiesenfläche, die zum Verschnaufen einlädt. Der Weg führt nun am Grat entlang und hinunter zum **Sattel Vratca** (1725 m, 30 Min.). Hier kann man über eine steile Geröllfläche mit wenig markantem Pfad 100 m

Wanderung 3

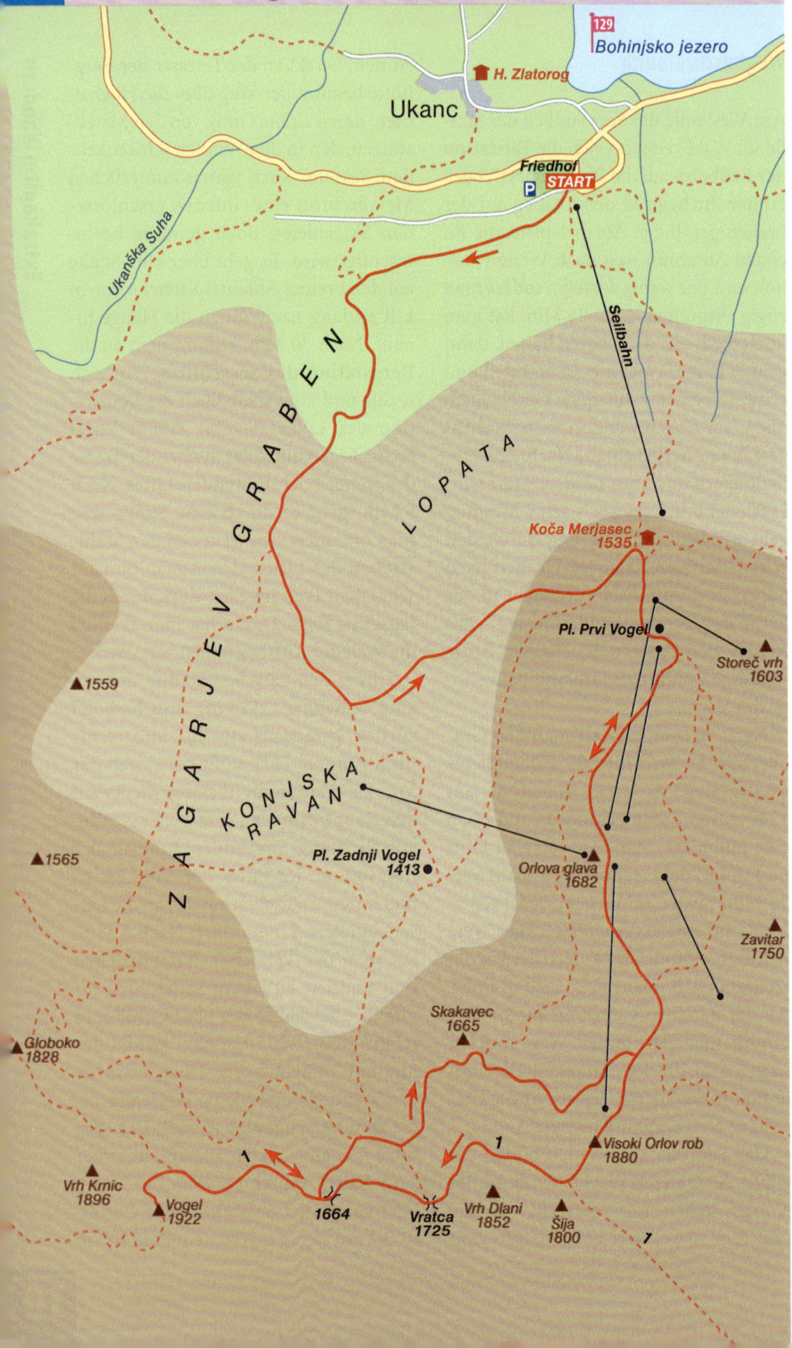
0 500 m
©Reise Know-How
SlowenW03 11/24
129
Bohinjsko jezero
H. Zlatorog
Ukanc
Friedhof
START
P
Ukanška Suha
Seilbahn
ZAGARJEV GRABEN
LOPATA
Koča Merjasec 1535
Pl. Prvi Vogel
Storeč vrh 1603
1559
KONJSKA RAVAN
1565
Pl. Zadnji Vogel 1413
Orlova glava 1682
Zavitar 1750
Skakavec 1665
Globoko 1828
Visoki Orlov rob 1880
1
1
1
Vrh Krnic 1896
Vogel 1922
1664
Vratca 1725
Vrh Dlani 1852
Šija 1800

absteigen, den Pfad für den Rückweg aufnehmen und an den oben beschriebenen Punkt gelangen. Es geht aber weiter über sattgrüne, blumengesprenkelte Wiesen mit Erlen und Latschengestrüpp und auf gutem Pfad. Nach 5 Min. muss man etwa 10 Höhenmeter unter Zuhilfenahme der Hände absteigen. Nach weiteren 5 Min. ist man auf 1664 m an einem **Sattel,** an dem in Serpentinen der gute Weg abführt, den man bei Rückkunft vom Vogel nehmen wird. 15 Min. später kommt man an die **Flanke des Vogel** wo ein steiles Stück mit 20 Höhenmetern teils sehr ausgesetzt ist, sodass Trittsicherheit und Schwindelfreiheit gefragt sind. Nach 5 Min. ist dieser Abschnitt überwunden und man wandert mit mäßiger Steigung auf angenehmem Geröllpfad um die Flanke des Vogel herum und auf dessen Westseite zu einer Kreuzung, an der der Pfad dann am Grat steil hinaufführt (oder nach Westen zur Komna-Hütte). Nach etwa 15 Min. hat man den **Gipfel auf 1922 m** erreicht, thront über den Almen und Tälern im Süden und blickt auf die Julischen Alpen im Norden.

Man folgt dem Aufstiegsweg **zurück** bis zum ersten Sattel auf 1664 m, nimmt die Serpentinen hinunter und hält sich künftighin an den **Gabelungen immer rechts** (links führen die Wege in diversen Varianten zur *Komna*-Hütte). Der Geröllweg senkt sich langsam auf 1624 m ab und steigt dann über mehrere Stufen wieder auf 1725 m an, wo man erneut auf die Welt der Skifahrer trifft. 1¾ Stunden nach Abmarsch vom Gipfel des Vogel steht man an der Bergstation der Seilbahn. Mit der Gondel der hochmodernen Anlage dauert es 5 Min. hinunter an die Ufer des Sees von Bohinj.

Wanderung 4 Rund um den See von Bohinj

Der Wocheiner See, Bohinjsko jezero, liegt zu Füßen der Julischen Alpen und seine Ufer eignen sich hervorragend für eine Umrundung zu Fuß, nicht ohne einen Blick auf die Quelle des Baches zu werfen, der ihn speist.

- **Schwierigkeitsgrad:** Einfach
- **Länge:** 16 km
- **Dauer:** um 4 Std.
- **Aufstieg/Abstieg:** 225 m
- **Mitnehmen:** Wanderschuhe, Sonnen-/Regenschutz, Proviant/Getränke
- **Beschreibung:** Einfacher Talspaziergang auf guten Wegen.
- **Autoanfahrt:** Mit dem Pkw von Bled nach Ribčev Laz.
- **ÖPV:** Mit der Eisenbahn bis Bohinjska Bistrica und dem Touristenbus nach Ribčev Laz, Mitte Juni–Mitte Sept. tägl. drei Fahrten; von Ribčev Laz zum Zeltplatz Zlatorog Schiffsverkehr April–Okt. bei gutem Wetter fast stündlich, Juli/Aug. immer.
- **Ausgangs-/Endpunkt:** Ribčev Laz (525 m), GPS N 46.278708, E 13.886533
- **Rast:** Gaststätten in Ribčev Laz; *Koča pri Savici* (Tel. 040-69 57 87, www.pd-ljmatica.si, Mai–Sept. tgl., April am Wochenende, Unterkunft, Essen).

Wegbeschreibung

Die Wanderung beginnt an der kleinen **Kirche** bei der schönen Steinbrücke der Streusiedlung **Ribčev Laz,** wo man auch den Wagen abstellen kann. Quer über die Straße nimmt man das Teersträßlein Richtung Westen in den Laubwald und kommt nach 5 Min. schon wieder an dessen Ende und zu einer großen Wiesenfläche, wo bei guter Thermik die Drachensegler nach ihrem stundenlangen Flug landen und sich in einem Restaurant erfrischen. Abkühlung findet man auch im Wasser der weiten **Bucht,** die sich mit ihrem Kiesstrand hervorragend zum Baden eignet.

Der **Wocheiner See** entstand als Gletschersee auf 525 m Meereshöhe und ist Sloweniens größter (nicht-periodischer) See: 4100 m lang, 1200 m breit und 45 m tief fasst er etwa 100 Millionen Tonnen Wasser. 22° C wird der See im Sommer warm.

Man folgt nun der Uferlinie und kommt nach 10 Min. wieder in **Laubwald,** der sich mit Nadelwald abwechselt. Den natürlichen Bewuchs stellt der Laubwald, zumindest Mischwald dar, überall dort, wo die Nadelbäume vorherrschen, hat die Forstwirtschaft ihre Hand im Spiel.

Teils auf mit Wurzeln überzogenem Pfad, teils auf gutem Weg wandert man immer wieder dicht **am Ufer entlang,** dann wieder ein Stück ab. Nach 40 Min. passiert man einen Hof, kurz dahinter ist ein Bächlein zu durchqueren. 15 Min. hinter dem Hof erreicht man erneut einen Badestrand mit ausgedehnter Wiese und einigen Häuschen im Hintergrund – Feriendomizile. Man bleibt auf dem Weg und gelangt nach 10 Min. zur Pen-

Wanderung 4

sion Park, wo man in die Teerstraße nach rechts einbiegt. 5 Min. dahinter bei der *Pension Store* ist der Asphaltbelag verschwunden und es geht auf der Kiesstraße 5 Min. bis zum Schild, das 1 Std. Wegzeit zum Wasserfall verspricht. 30 Min. leicht bergauf auf breitem Weg führt zum Abzweig ins Hochgebirge zu den „Sieben Seen". Hier geht man geradeaus weiter und sieht schon durch die Bäume die Autos auf einem Parkplatz und Häuser schimmern: die **Koča pri Savici,** Ausgangspunkt für diverse Wanderungen in die Julischen Alpen. 2 Min. hinter der Hütte (rechts vorbei am Dom Savica über den Parkplatz) teilt man sich für 3 Min. den Anstiegsweg mit denjenigen, die zur Komna hoch noch 1000 Höhenmeter vor sich haben. Am **Eingangskiosk** ist ein Obolus zu entrichten, dann

steigt man gemütlich in knapp 15 Min. hoch zu einem kleinen **Pavillon** aus Holz, von dem aus man den **Wasserfall** in seiner ganzen Länge begutachten kann. Etwas mehr als 50 m beträgt der sichtbare Fall, doch weiter oben hat die Savica schon 38 m schrägen Sprudelns hinter sich – nachdem sie aus einer Karsthöhle der Unterwelt entkommen ist (Forscher haben diese Höhle auf 240 m inspiziert). Wer will, kann auf dem guten Weg die wenigen Meter hinab zu dem See gehen, der die Wasser aus der Luft empfängt und in die Savica weiterleitet, die schließlich den See von Bohinj speist. Illustrester Besucher der Fälle war sicherlich der österreichische Erzherzog *Johann*, der sie 1807 bewunderte (und an dessen Besuch die Marmortafel am Pavillon erinnert).

Man kehrt auf dem gleichen Weg **zurück** und befindet sich 40 Min. später erneut bei der Pension Park, verbleibt hier aber auf der Asphaltstraße und kommt nach 100 m auf einer Holzbrücke über die Savica zur Hotelzone und 10 Min. nach der Pension *Park* zum Zeltplatz **Zlatorog.** Wessen Beine nun müde sind, nimmt den **Elektrodampfer zurück nach Ribčev Laz** (Anlegestelle im Campingplatz). Knappe 30 Min. dauert die friedvoll-lautlose Fahrt mit dem Boot.

Wer die Umrundung **zu Fuß beenden** will, folgt der Teerstraße noch 100 m bis zur Hauptstraße den See entlang und sucht sich auf der gegenüberliegenden Seite den Fußweg, der mal mehr mal weniger hoch über der Autostraße parallel zu ihr der Uferlinie folgt. Nach 25 Minuten passiert man ein Schulungszentrum und zwei Minuten danach steht man vor der **Kirche Sv. Duh** – zum Heiligen Geist. Die Kirche entstand aus einem Gelübde: die Bauern, geplagt von Missernten, versprachen neben anderen Verpflichtungen deren Bau; wenn es denn nur um die Ernteerträge besser stünde. Der schöne, helle Barockbau war 1743 fertig, eine der ursprünglichen Glocken hängt noch im Turm, sie wurde 1766 von *Balthasar Schneider* in Laibach (heute Ljubljana) gegossen. Unüblicherweise besitzt die Kirche eine angebaute Vorratskammer, in der die Spenden aufbewahrt wurden, die alle drei Jahre in das Städtchen Innichen in Österreich gebracht werden mussten (ein weiteres Gelübde, das immerhin bis 1917 erfüllt wurde). Gute 20 Min. hinter der Kirche hat man wieder die Brücke erreicht, den **Ausgangspunkt** der Wanderung.

Wanderung 5 Vintgar-Schlucht

Das weite Tal um den See von Bled und entlang der Sava Bohinjka sind das Kontrastprogramm zur Enge der Klamm der Radovna, die nach Durchbruch der dicht bewaldeten Hügel im Norden in die bei Kranjska Gora entspringende Sava Dolinka mündet, die sich schließlich mit der Sava Bohinjka zur Sava vereinigt.

- **Schwierigkeitsgrad:** Einfach
- **Länge:** 13 km
- **Dauer:** 3–4 Std.
- **Aufstieg/Abstieg:** 200 m/200 m
- **Mitnehmen:** Wanderschuhe, Sonnen-/Regenschutz, Proviant/Getränke
- **Beschreibung:** Anspruchsloser Spaziergang auf guten Wegen, wegen der Querung eines Südhanges nicht unbedingt um die Mittagszeit zu empfehlen (www.vintgar.si).
- **Autoanfahrt:** Mit dem Auto von Bled 1 km Richtung Pokljuka, dann Richtung Zasip, nach 400 m Richtung Podhom, dann 3 km bis zum Parkplatz an der Schlucht.
- **ÖPV:** Ein Bus fährt vom Busbahnhof in Bled Mitte Juni–Sept. morgens hin und mittags zurück.
- **Ausgangs-/Endpunkt:** Bled (530 m), GPS N 46.368386, E 14.114633
- **Rast:** *Gostilna Vintgar* (www.vintgar-bled.si), Kleinigkeiten am Kiosk am Klammeingang.

Wegbeschreibung

Der Spaziergang beginnt an der Hauptstraße in Bled beim **Busbahnhof,** von dem die Grajska Cesta bergan nach Westen führt. Auf ihr gelangt man, sich einmal rechts und kurz danach links haltend und wieder bergab gehend, nach ca. 10 Min. in die Rečiška Cesta, auf ihr geradeaus nach 5 Min. zur Hauptstraße mit dem parallel zur Straße verlaufenden Rad- und Wanderweg. Ihm folgt man nach rechts für knapp 10 Min., wechselt auf die andere Straßenseite, nimmt zwischen Lärmschutzwand und Haus den Durchgang und folgt der Cesta Vintgar

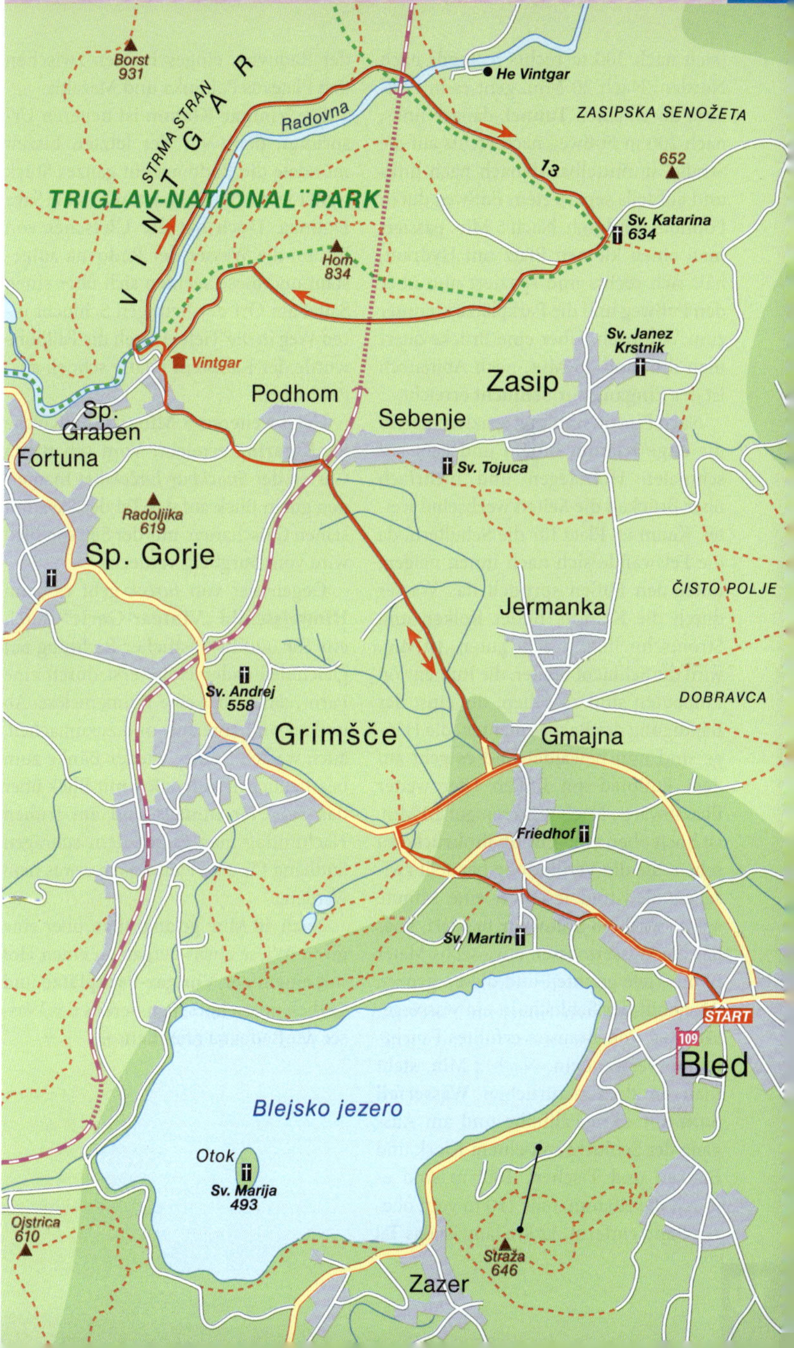
0 500 m
©Reise Know-How
SlowenW05 11/24
He Vintgar
Borst 931
STRMA STRAN
VINTGAR
Radovna
ZASIPSKA SENOŽETA
652
13
TRIGLAV-NATIONALPARK
Sv. Katarina 634
Hom 834
Sv. Janez Krstnik
Vintgar
Zasip
Podhom
Sp. Graben
Sebenje
Fortuna
Sv. Tojuca
Radoljika 619
Sp. Gorje
ČISTO POLJE
Jermanka
Sv. Andrej 558
DOBRAVCA
Grimšče
Gmajna
Friedhof
Sv. Martin
START
109
Bled
Blejsko jezero
Otok
Sv. Marija 493
Ojstrica 610
Straža 646
Zazer

(sich nach 300 m rechts haltend) nach Norden. Nach 20 Min. geht es in Podhom durch einen **Tunnel,** danach links, nach 200 m Fußweg nach rechts auf die Straße, unmittelbar danach nach links und auf teils separiertem Fußweg durch Podhom hindurch. Nach 5 Min. passiert man einen kleinen Platz mit Hydrant, hält sich rechts und spaziert nun über den Fußweg und die Parkplätze hinunter zum Wildbach. Über eine Brücke quert man ihn, und 45 Min. nach Abmarsch ist der **Eingang zur Schlucht** erreicht.

Nach Eintrittszahlung spaziert man in die **enge Klamm** hinein und geht auf schmalen Holzstegen und mehrfach über Brücken die Seiten wechselnd weiter. Kaum ist Platz für die Schultern, da die Felswände sich nach innen neigen, unter den Füßen sprudelt das Wasser durch die Klamm, bildet Kolken und Stromschnellen. Nach guten 10 Min. wird die Schlucht breiter, die Ruinen von Einbauten sind zu sehen, die einst der Bändigung des Baches dienten, die Hänge sind nun bewaldet und es geht auf dem Fußpfad am linken Ufer weiter flussabwärts. Nach weiteren gut 10 Min. ist hoch oben eine **Eisenbahnbrücke** zu sehen, die die Verbindung herstellt zwischen Bled und Jesenice, eine Minute später wird ein **Stauwehr** passiert, über das die Wassermassen etwa sechs Meter in die Tiefe gischten und diesen ganzen Abschnitt der Schlucht in ein wassergesättigtes, von Brausen erfülltes Feuchtbiotop verwandeln. Nach 2 Min. steht man an dem natürlichen **Wasserfall Šum** mit 13 m Fallhöhe und am Ausgang der Schlucht mit einem Kiosk und Bänken und Tischen. 1600 m sind es durch die Klamm, teils 150 m vom oberen Rand entfernt. 12 km lang ist das Tal der Radovna, eingeschnitten zwischen den Plateaus Pokljuka und Mežakla.

Die **Vintgar-Klamm** ist neueren Ursprungs, denn vor der letzten Eiszeit mündete die Radovna ein ganzes Stück weiter westlich bei Mojstrana in die Sava Dolinka. Doch hat der Gletscher von Bohinj die Wasser der Radovna aufgestaut und diese suchten sich über einen Sattel am Ort der heutigen Schlucht ihren Weg in die Tiefe. Durch die Fallhöhe wurde der Kalkstein relativ schnell ausgewaschen.

Nach weiteren 5 Min. ist die **Kirche Sv. Katarina** erreicht. Vom schattigen Garten der *Snackbar Jurček* hat man einen guten Blick auf das Tal der Sava mit seinen Ortschaften, nur der See von Bled wird vom Burgberg verdeckt.

Gegenüber von *Jurček* geht es beim **Hinweisschild „Vintgar-Gorje"** durch ein Tor und in westlicher Richtung auf gleichbleibender Höhe erst durch eine Farn-, dann über eine Blumenwiese. Ab und an sind Tore auf- und zuzumachen, auch warten immer wieder Bänke zum beschaulichen Verweilen mit Blick über das Tal. Nur mittags und am frühen Nachmittag mag es auf dem schrägen Südhang für eine Pause doch etwas heiß werden.

Nach 40 Min. gelangt man über eine große Wiese etwas bergab an einen Hof mit einem der **Vintgar-Parkplätze** und seitlich unten hört man bereits das Wasser der Radovna rauschen.

Wanderung 6 Soča-Quelle – Vršič-Pass – Soča-Quelle

Die Soča ist für Kayakfahrer der Fluss Sloweniens. Aber nicht nur fahrtechnisch ist die Soča ein Leckerbissen, auch fürs Auge hat sie etwas zu bieten. Ihre Wasser haben eine ganz eigene Farbe heißt es – und das läge an dem feinen Gemergel, das sie mit sich trägt, am Weiß der Steine ihres Bettes und am ganz speziellen Blau des Himmels.

- **Schwierigkeitsgrad:** Mittel
- **Länge:** 12 km
- **Dauer:** 5–6 Std.
- **Aufstieg/Abstieg:** 850 m/850 m
- **Mitnehmen:** Stabile Wanderstiefel, u.U. Wanderstöcke, Sonnen-/Regenschutz, Proviant/Getränke
- **Beschreibung:** Leichte bis mittelschwere Wanderung auf teils guten Wegen, teils schmalen, sehr steilen Pfaden, kurze Kletterpassage, Trittsicherheit erforderlich
- **Autoanfahrt:** Von Trenta auf der 206 4 km Richtung Vršič-Pass, dann links nach Westen abbiegen (1,2 km bis zum Parkplatz).
- **ÖPV:** Ende Juni–Anfang Sept. mehrmals am Tag Busverbindung über den Vršič-Pass (Linie Bovec–Kranjska Gora, www.alpetour.si), Haltestelle Izvir Soče Koča.
- **Ausgangs-/Endpunkt:** Parkplatz Koča pri izviru Soče/Hütte an der Soča-Quelle (886 m), GPS N 46.409328, E 13.725568.
- **Rast:** *Tičarjev dom na Vršiču* (Tel. 051-63 45 71, www.pdjesenice-drustvo.si, Juni–Sept. tgl., Mai/Okt. an Wochenenden, Unterkunft, Essen)

Wegbeschreibung

Unterhalb des Parkplatzes weisen zwei Trockenmauern die Richtung. Zwischen ihnen gelangt man in den Wald, an einigen Häuschen vorbei und nach etwa 10 Min. an den **Bach Limarica,** dessen Ufer wir in die Schlucht hinein folgen. Teils verläuft der Weg in Serpentinen durch den lichten Wald, der immer wieder Ausblicke auf das grüne Soča-Tal und die massiven Felstürme im Rund erlaubt. Es geht zwischen grün bemoostem Felsgetürm vorbei, beschattet vom Mischwald und wohltuend kühl im Sommer. Nach 15 Min. wird der Wald etwas dichter und immer noch begleitet einen das Rauschen des überquerten Bergbaches, obwohl man sich in Serpentinen immer mehr von ihm entfernt. Man passiert nochmals ein Bächlein und nach 10 Min. geht es etwas steiler hoch. Nach weiteren 10 Min. hat man eine Höhe von 1200 m erreicht, den Bach hinter sich gelassen und folgt nun einem anderen Bachbett, das aber alsbald durchquert werden muss (es ist meist trockengefallen).

Nun geht es auf breitem **Forstweg** leicht den Berg hoch und bei 1250 m und knappen weiteren 10 Min. achte man hinter einer Kurve auf den Abzweig links auf einen schmalen Pfad. 5 Min. später kreuzt man einen Forstweg und

Wanderung 6

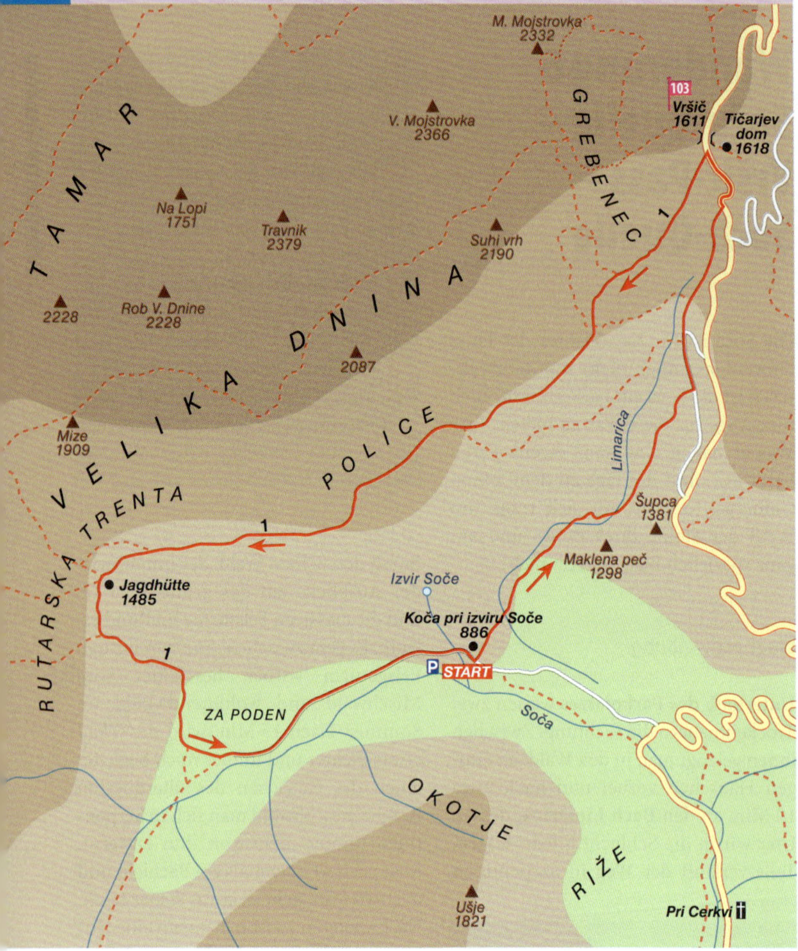

geht geradeaus weiter gegenüber in den Wald. Wieder nach 5 Min. kommt erneut ein Forstweg, dem man nach links folgt. Nach weiteren 5 Min. und einer Lichtung geht es vom breiten Weg nach links auf einen Waldpfad und man steigt wenige Höhenmeter in Serpentinen auf. Nach 15 Min. gelangt man wieder auf einen Forstweg (nach links) und sieht die beiden südlichen Felstürme des Mojstrovka-Massivs: **Travnik** und **Suhi vrh.** 5 Min. später biegt ein Pfad rechts hoch (eine Abkürzung), man verbleibt aber auf dem Wirtschaftsweg, passiert eine Bank mit Gedenkstein an einen 1908 hier verstorbenen Führer, sieht rechts oben die Brückenbogen der Autostraße und quert ein Rinnsal. 15 Min. dauert es von hier, bis man die Gebäude des Vršič-Passes erblickt. Auf dem Weg dorthin bewegt man sich parallel und unterhalb der Straße und kreuzt mehrfach kleine Rinnsale. Die letzten 10 Min. verlaufen auf der Straße.

Man nimmt für die Rückkehr den Weg am Kiosk auf der anderen Straßenseite unterhalb des **Tičarjev dom** auf und geht von dort bergab zu einem Stein, der die Richtung zum Jalovec weist. Wer hier rechts hoch geht und sich auf schmalem Pfad durch die Latschenkiefern schlägt, kommt nach 10 Min. zu einem **Bunker** aus den Anfängen des 20. Jahrhunderts, der einst den Pass bewachte.

Der Pfad führt nach Südwesten und man muss in den folgenden 25 Min. **zwei drahtseilgesicherte Abschnitte** überwinden, die aber eher als Aufstiegshilfe, denn aus Sicherheitsgründen installiert sind. So kommt man in den folgenden 15 Min. in mehreren Stufen wieder auf die Höhe des Vršič-Passes und befindet sich bald auf einem guten Pfad mit einem fantastischen Blick über das Soča-Tal und die Felstürme der Julier.

Nun geht es langsam, aber kontinuierlich bergab und nach 25 Min. und 100 Höhenmeter tiefer fällt der Blick auf die Berghütte an der **Soča-Quelle** und die Passstraße, wie sie sich schlangengleich von Bovec hoch zum Vršič-Pass an die Hänge schmiegt. Die nächsten 40 Minuten geht es auf Waldwegen, wo das Laub die Schritte dämpft, und über steile Wiesen bergab. Die Sicht geht ins Tal **Zadnja Trenta** (Trenta-Abschluss) hinein – dessen Ende das Massiv des Bavški Grintavec bildet (die Soča verläuft stattdessen im Spodnja Trenta, dem Unteren Trentatal).

An einem Abzweig geht es geradeaus (und nicht nach rechts) und man gelangt nach 10 Min. an eine **Jagdhütte** auf 1485 m im Wald. An der Gabelung unterhalb der Hütte führt der Weg den Berg hinunter, kommt nach 5 Min. nochmals an eine Gabelung, wo es rechts Richtung Jalovec geht, man sich aber links hält. Nach weiteren 5 Min. erneut links abbiegend geht es stramm durch den Wald bergab. In 40 Min. auf teils sehr steilem Pfad gelangt man in das breite Tal mit Almhäuschen, die als Ferienwohnungen genutzt werden, einem Picknickplatz und einem Parkplatz. Auf der Schotterstraße nach links und Osten gehend erreicht man nach 30 Min. die Hütte an der Soča-Quelle. Nun kann man noch auf dem Pfad an der Hütte vorbei in gut 10 Min. über Stufen und Fels und auf einem Waldpfad hoch zur **Quelle** wandern, die aus einem engen Felsspalt sprudelt – eine Karstquelle, die einer tektonischen Spalte entströmt und über mehrere kleine Stufen zur Koča sprudelt. Nach 5 Min. ist man zurück am Ausgangspunkt, dem Parkplatz.

Wanderung 7
Auf den Krn

Der Krn und sein Nachbargipfel waren die Eckpfeiler der Alpenfront im Südwesten und heiß umkämpft. Am 31. Mai 1915 kamen sie in italienische Hand und blieben dort bis zum 24. Oktober 1917, als Minen die Stellungen sprengten und die Achsenmächte eindringen konnten.

- **Schwierigkeitsgrad:** Schwer
- **Länge:** 20 km
- **Dauer:** 9–10 Std.
- **Aufstieg/Abstieg:** 1650 m/1650 m
- **Mitnehmen:** Bergstiefel, Sonnen-/Regenschutz, Proviant/Getränke
- **Beschreibung:** Einfache, aber sehr lange Ganztagestour auf guten, manchmal stark geröllligen Wegen mit mäßigen Steigungen, u.U. sollte man eine Übernachtung auf einer der Hütten einplanen
- **Autoanfahrt:** 9 km von Bovec Richtung Kranjska Gora, 6,5 km ins Tal hinein zur Hütte dr. Klementa Juga
- **Ausgangs-/Endpunkt:** Dom dr. Klementa Juga (700 m), GPS N 46.303701, E 13.681754
- **Rast:** *Dom dr. Klementa Juga* (Tel. 053-02 30 30, Juli/Aug. tgl., Juni/Sept. an Wochenenden, Unterkunft, Essen); *Planinski dom pri Krnskih jezerih* (1385 m, Tel. 051-32 89 28, Juni–Sept. tgl., März–Mai/Okt. an Wochenenden, Unterkunft, Essen); *Gomiščkovo zavetišče na Krnu* (2182 m, Tel. 05-997 45 24, Juli/Aug. tgl., Juni/Sept. an Wochenenden, Unterkunft, Essen)

Wegbeschreibung

Die Wanderung beginnt **auf 700 m Höhe** und führt im ersten Teil auf gutem, manchmal etwas gerölligem Wanderweg durch den schattigen Mischwald nach oben. Man wandert fast die ganze Strecke hoch auf dem **alten Militärweg,** der die Front am Krn mit Verpflegung, Waffen und Munition versorgte. Maultiere und Träger bildeten dazu das ganze Jahr über eine lange Kolonne. Nach 35 Min. hat man einen der seltenen Ausblicke auf das Tal unten und nach 1 Stunde stößt man auf einen breiteren Weg, dem man für 5 Min. zur Mittelstation der Materialseilbahn folgt (1350 m). Hier marschiert man nun durch eine Schlucht, an einem Schneestandsanzeiger (im April 1988 immerhin 2,80 m) und am Abzweig zum Gipfel des V. Baba vorbei zur **Hütte,** die man nach 20 Min erreicht hat.

5 Min. hinter der Hütte bergab gehend gelangt man auf eine Hochalm in einem Talkessel und weitere 5 Min. darauf geht es links in 2½ Std. hinüber zur Komna. Der in einem idyllischen Talkessel liegende **See** ist eine Viertelstunde hinter der Hütte erreicht. Man geht nun aber nicht zu ihm hinunter, sondern den Weg schräg hoch über das Geröllfeld unterhalb der links im Südosten liegenden Wand. Nach 20 Min. stößt man auf den Weg vom See hoch, dem man folgt und auf dem man in 10 Min. erst über eine weite vom Schmelzwasser heruntergespülte Geröllfläche und dann über eine Wiese mit Almhütte auf den Krn zuwandert. Auf 1470 m Höhe geht es einen Abhang hoch an dessen Felsen man ganz ausgezeichnet die durch Schmelzwasser entstandenen Karren in ihrer Vielfältigkeit studieren kann. Nach 30 Min. durchsteigt man erneut ein Geröllfeld und 20 Min. später steht man gänzlich unerwartet in einem Blumenmeer. Hier wird der Sommer endgültig zurückgelassen. Man durchschreitet nach 10 Min. einen Talkessel aus rauem Fels und es geht in 20 Min. hinauf zum **Sattel Krnska škrbina (2058 m)** zwischen den Gipfeln des Krn und des Batognica. Nun steht man inmitten der stummen Zeugen des Alpenkrieges: Kavernen, Granatsplitter, Stacheldrahtreste.

20 Min. sind es auf die Terrasse der **Hütte Gomiščkovo zavetišče na Krnu,** die sich an die Südflanke des Krn

schmiegt, 10 Min. später genießt man vom **Gipfel (2244 m)** die Sicht auf den Krn-See und das Tal der Soča. Wie mögen sich die Soldaten im Eis des Spätwinters hier oben gefühlt haben, wenn im so nahen Tal unten schon die ersten Frühlingsblumen im Gras erblühten?

Am östlichen Rücken des Krn geht es nun direkt hinunter zum Sattel (15 Min.) und auf der anderen Seite wieder hoch auf in den Fels gehauenen und vor fast hundert Jahren **zementierten Stufen,** vorbei an Bunkern, Höhlen, Stollen, Löchern, Schützengräben und Kavernen. Wie die Perlen einer endlosen Kette liegen die **Unterstände den Grat entlang** bis hoch und auch dort ist das ganze Plateau des **Gipfels Batognica** (2164 m, 20 Min.) unterhöhlt und durchkreuzt, mit Granatsplittern und Stacheldraht gesprenkelt, liegen Schuhreste herum, das Leder im Wechsel der Zeit fast fossiliert.

Man geht nun wieder hinunter zum **Sattel Prag** (2068 m, 15 Min.) und nimmt den ganz linken Weg westlich am Gipfel des Vrh nad Peski vorbei durch dessen Geröllflanke. Nach 25 Min. gelangt man auf 1780 m wieder auf den **Aufstiegsweg,** nach 15 Min. gelangt der **See** ins Blickfeld und nach 30 Min. steht man an seinen Ufern. 380 m x 150 m misst er und besitzt eine Tiefe zwischen 4 und 17 m. Kleine Fische tummeln sich darin, sanft kräuselt der laue Wind die Oberfläche und im Schwarz des Wassers spiegeln sich die Wände des Talkessels. Nach guten 20 Min. kommt man zur Hütte *Planinski dom pri Krnskih jezerih* und nach 15 Min. zur Mittelstation (kurz dahinter sollte man den Abzweig nach rechts nicht verfehlen). 70 Min. sind es auf dem Militärweg wieder ins Tal.

Wanderung 8 Auf den Stol

Der Stol ist mit 2236 m der höchste Gipfel der Karawanken und der Hausberg der Bleder und der Wanderer aus Radovljica. Auch die Österreicher steigen gerne auf den Hochstuhl, liegt der Gipfel doch an der Grenze und die Klagenfurter Hütte ist nicht weit. Der Nordhang ist recht schroff und steil abfallend, während der Süden des Berges sich mit Wiesen weit lieblicher darstellt.

- **Schwierigkeitsgrad:** Einfach
- **Länge:** 10 km
- **Dauer:** 5–6 Std.
- **Aufstieg/Abstieg:** 1100 m/1100 m
- **Mitnehmen:** Wanderschuhe, Sonnen-/Regenschutz, Proviant/Getränke
- **Beschreibung:** Wegen des steilen Anstiegs anstrengende, sonst einfache Wanderung.
- **Autoanfahrt:** Mit dem Auto von Bled Richtung Jesenice, aber nicht auf die Autobahn, sondern auf der Landstraße parallel dazu fahren, in Moste hinter der Brücke scharf rechts abbiegen und unmittelbar danach wieder links und auf der Hauptstraße 1,3 km den Berg hoch, dann auf Schotter noch 5 km.
- **ÖPV:** mit dem Bus von Jesenice nach Moste und zuerst auf Schotterstraße, dann auf Waldweg in ca. 2 Stunden hoch zur Hütte *Valvasorjev dom* (bei Anmarsch wegen der Länge Übernachtung auf der Hütte notwendig).
- **Ausgangs-/Endpunkt:** Valvasorjev dom pod Stolom (1171 m), GPS N 46.426058, E 14. 146626.

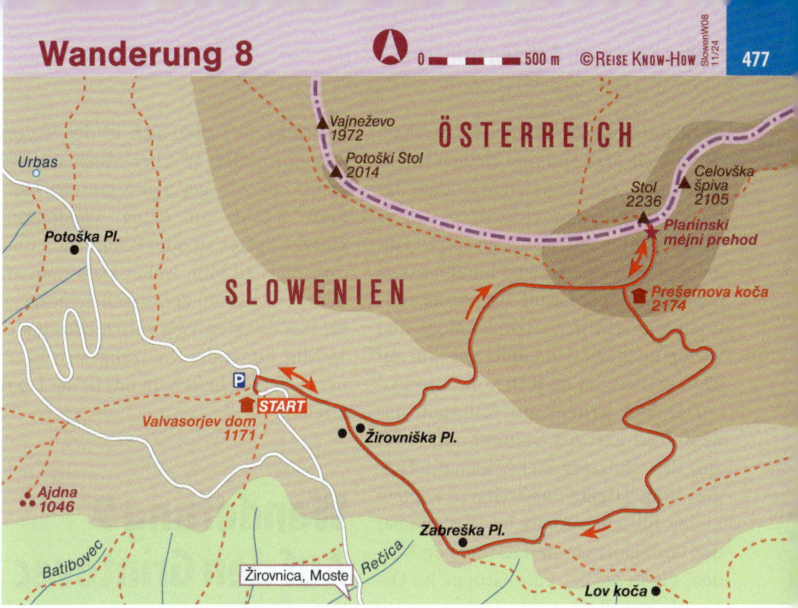

■ **Rast:** *Valvasorjev dom* (Tel. 04-828 03 01, ganzj. offen, Unterkunft, Essen), Prešernova koča (2174 m, Tel. 051-61 13 66, Juni–Aug. tgl., Sept. Wochenenden, Unterkunft, Essen).

Wegbeschreibung

Die Wanderung beginnt an der **Hütte Valvasorjev dom** auf gleicher Höhe der Hausfront gegenüber in den Wald hineingehend. Nach 3 Min. hält man sich an einer Gabelung rechts und geht Höhe haltend auf schmalem Pfad durch den Wald. Nach 15 Min. an eine Kreuzung gekommen lichtet sich der Wald und wird zur **Alm (Žirovniška planina).** Hier hält man sich links. 2 Min. weiter kommt erneut eine Gabelung, die zwei Alternativen für den Weg auf den Stol zeigt, hier wählt man den direkten Anstieg nach links (über den flacheren Weg kehrt man zur Hütte zurück). Es geht nun teils steil und unmittelbar, abwechselnd aber auch mit engen, immer noch recht steilen Serpentinen die Flanke des Berges hoch, meist mit Aussicht über das Tal.

Nach 40 Min. anstrengenden Anstiegs ist man im Nadelwald und sieht hoch oben die Wiesen der sonst blanken Gipfel, weitere 20 Min. später steht man auf einer Art **Balkon auf 1640 m Höhe,** nicht ohne Grund **Prižnica** – Kanzel – genannt. Der Blick schweift über das Sava-Tal, den See von Bled und in der Ferne blinkt in der Morgensonne, umringt mit einem weißen Wolkenkragen, der Fels des Triglav-Massivs.

Immer noch geht es nun steil bergauf, am Wegesrand stehen Latschenkiefern, bald aber verschwinden auch diese und man steigt über die Wiesen und auf Geröll hoch zu den Kuppen, die man nun nicht mehr aus dem Blickfeld verliert. Nach 1 Std. und weit über der Kanzel erreicht man auf **2174 m** die **Hütte Prešer-**

nova koča, 24 Höhenmeter unterhalb des Gipfels Mali Stol (des kleinen Hochstuhl) aufs Tal ausgerichtet, sodass der Blick so richtig weit reicht.

Nun geht es über den Mali Stol 50 Höhenmeter zu einem Sattel hinunter (von dem aus es 1½ Std. zur Klagenfurter Hütte auf österreichischem Boden sind), und wieder hoch auf den **Gipfel des Stol auf 2236 m,** wo man nach 20 Min. anlangt.

Der Stol besteht aus Kalkstein aus dem Trias und aus Dolomit und bietet eine der schönsten Weitsichten des Landes: Vom Triglav und weiteren Gipfeln in den Julischen Alpen im Westen über den Großglockner und Kärnten im Norden, die Berge der Peca-Gruppe im Osten bis zum Becken von Ljubljana. Auf den Wiesen des Berges wächst eine bunte Pracht an Alpenblumen, u.a. das Zois-Frühlingsveilchen *(Viola zoysii).* Direkt auf der Grenze zum Nachbarland steht der Stol und auf österreichischer Seite wächst er steil und unwirtlich aus dem Fels heraus. Man wandert auf den idyllischen Wiesen der Südseite in 15 Min. **zur Koča zurück** und nimmt nach einer Rast auf den sonnigen Bänken der Hütte den Weg über die Wiesen vor der Terrasse hinunter. Nach 25 Min. gelangt man auf 1900 m Höhe an ein **Schild,** das den Weg schräg rechts hinunter weist. Bald geht es über Geröll und in Serpentinen hinein in die Latschenkiefern und nach 25 Min. passiert man einen Gedächtnisstein für einen Bergsteiger. Nun geht es endgültig in den Wald und auf schmalem Pfad schnell hinunter. Nach 20 Min. achte man auf den Pfad rechter Hand und folgt ihm bergab. 15 Min. später kommt man an eine Gabelung: Der Weg nach rechts führt direkt zum Valvasorjev dom, nach links zum Dom über die **Alm Zabreška** (wo man sich in der Saison mit einem Glas frischer Milch stärken kann). Rechts gegangen kommt man nach 5 Min. an einen Weidezaun, 10 Min. später an eine Schutthalde und nochmals 10 Min. weiter steht man an der Kreuzung, an der man sich morgens für den direkten Weg entschieden hatte. 15 Min. hinter der Kreuzung (sich an einer Gabelung links haltend) ist der Dom erreicht.

Wanderung 9 Auf den Grintovec

Eigentlich zerfällt der Gebirgsstock zwischen den Karawanken und dem Siedlungsbecken um Ljubljana und Celje in zwei eigenständige Bergstöcke – die Steiner und die östlich davon liegenden Sanntaler Alpen. Doch umgangssprachlich bezeichnen heute die Steiner Alpen den gesamten Gebirgszug. Er ist ursprünglich und wegen seiner teils anspruchsvollen Klettersteige nicht so häufig besucht wie die Julischen Alpen. Der Grintovec bietet eine der wenigen Chancen Sloweniens technisch problemlos die Welt auf über 2500 m zu erleben.

- **Schwierigkeitsgrad:** Mittel
- **Länge:** 17 km
- **Dauer:** 9–10 Std.
- **Aufstieg/Abstieg:** 2000 m/2000 m
- **Mitnehmen:** Feste Bergstiefel, Sonnen-/Regenschutz, Proviant/Getränke

- **Beschreibung:** Technisch anspruchsloser, aber sehr langer und steiler Anstieg, Rückweg auf selber Strecke.
- **Autoanfahrt:** Mit dem Auto von Kamnik zum Parkplatz an der Hütte *Kamniška Bistrica.*
- **ÖPV:** Mit dem Bus werktägl. mindestens zweimal (Hochsommer bis zu sechsmal) von Kamnik nach *Kamniška Bistrica* und zurück (www.kam-bus.si).
- **Ausgangs-/Endpunkt:** *Dom v Kamniški Bistrici* (600 m), GPS N 46.327600, E 14.589256
- **Rast:** *Dom v Kamniški Bistrici* (Tel. 051-63 55 49, April–Sept. tägl., sonst an Wochenenden, Unterkunft, Essen); *Cojzova koča na Kokrskem sedlu* (Juni bis Oktober täglich, Unterkunft, Essen).

Wegbeschreibung

Die Wanderung beginnt an der Hütte **Dom v Kamniški Bistrici,** die man links liegen lässt und das Asphaltsträßchen weiter hinter ins Tal nimmt. Es wird bald zur Schotterstraße und nach 5 Min. passiert man ein Schild, das rechts hoch zum Kamniško sedlo, geradeaus zum **Kokrsko sedlo,** das heutige Ziel, weist. Der Forstwirtschaftsweg gabelt sich mehrfach, man orientiert sich immer bergauf und nach 15 Min. wird der Weg zum Pfad, der durch Mischwald mit vielen Rotbuchen führt. Gering ist die Steigung, teils gewinnt man keinerlei Höhe. Nach 10 Min. trifft man auf die Kurve eines Fahrwegs, den man geradeaus und aufwärts nimmt. Nach guten 5 Min. geht es an einer Gabelung nochmals geradeaus und man folgt dem Lauf eines **trockengefallenen Bachbettes,** das kurz darauf überquert wird. 10 Min. später stößt man auf die **Talstation der Materialseilbahn,** die die Hütte am Kokrsko sedlo versorgt.

Hinter dem Gebäude biegt man links auf den bergauf führenden **Waldpfad** ein. Es geht 25 Min. mäßig steil durch den Laubwald, teils in Serpentinen und über einen mit Karstgestein gesprenkelten Abhang. Nach 30 Min. geht es über eine Felsstufe. Eine halbe Stunde später verlässt man unterhalb einer Felswand den Wald und sieht voraus eine Scharte, auf die man zugeht. Nun gelangt man in die Welt der Latschenkiefern und wandert über ein Geröllfeld in breiter Rinne zur rechten Felswand herüber, der man einige Minuten folgt, um dann nach 15 Min. wieder in der Mitte des Geröllfeldes aufzusteigen. 35 Min. dauert es, die oben im Blickfeld liegenden **Masten der Seilbahn** zu erreichen, erst noch einmal in sehr steilem Gelände, immer wieder im Geröll mit den Stiefeln Halt suchend, die letzten Höhenmeter einfacher in Serpentinen. Am Sattel schließlich angekommen ist unvermittelt die **Hütte** zu sehen, nur einige Meter vom Hang weg.

Man nimmt den an der Hütte beginnenden **Weg Richtung Norden und Grintovec** auf, der nicht weit entfernt mit seinen Felsmassen den Sattel dominiert. Erst geht es durch die Wiesen, deren Schwarzerde die Felsbrocken etwas rutschig machen. Man gelangt nach 10 Min. an ein Schild, das nach links weist und 20 Min. weiter, nur 50 Höhenmeter gewonnen, auf eine idyllische Almwiese in einem Felshalbrund. Hatte man erst den Eindruck, dass es hoch zu einem Grat und dann auf diesem zum Gipfel ginge, sieht man nun, dass man direkt zur **Südflanke des Berges** marschiert ist, um an dieser aufzusteigen.

Wanderung 9

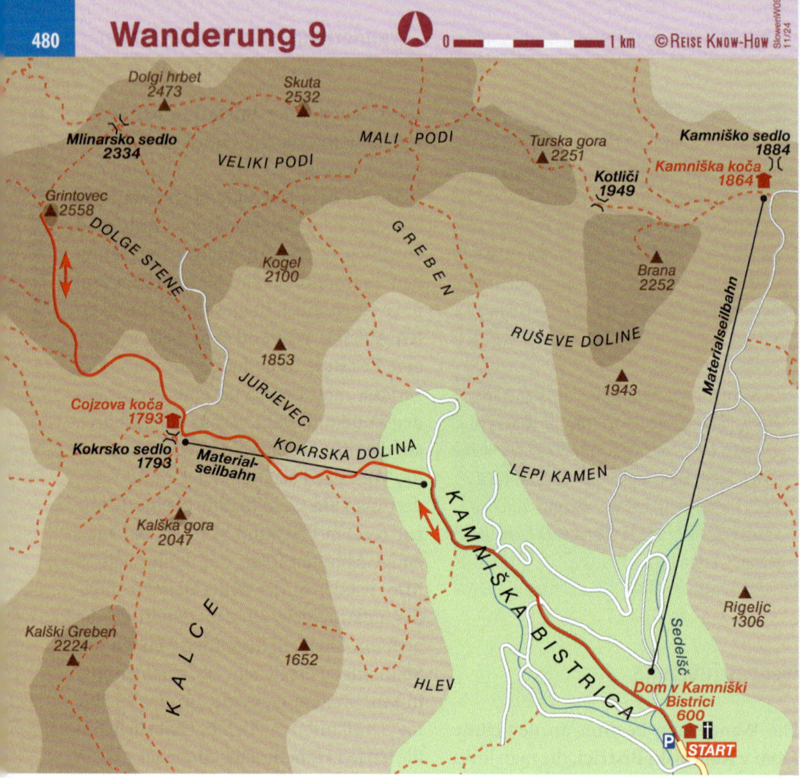

Nach 15 Min. an einer weiteren Kreuzung (an der es nach links zum nur unwesentlich niedrigeren Gipfel Jezerska Kočna geht) nimmt man den rechten Weg unterhalb eines markanten Felsrückens und zu ihm hoch. Durch Geröll, steil und direkt, teils in Serpentinen, kommt man dem Rücken näher und umrundet ihn nach 35 Min. schließlich. Nun lässt man das Geröll hinter sich und steigt auf gewachsenem Fels weiter in Serpentinen hoch. Nach 20 Min. auf 2350 m geht es an die letzte Steigung. 30 Min. später ist der **Gipfel des Grintovec** erreicht.

Wie es sich für den höchsten Berg eines Alpenzuges gehört, ist die **Aussicht** fantastisch. Im Westen stehen als höchste Gipfel die Hochalmspitze und der Großglockner schon in Österreich, der Triglav und die julischen Gipfel Kanjavec und Krn, im Süden kann man das Nanos-Gebirge mit seinem höchsten Punkt Pleša erspähen, im Osten die Rogla des Pohorje und die Peca, im Norden stehen Obir und Hochgolling.

Dem **versierten Bergsteiger** stehen vom Grintovec die Übergänge zur Jezerska Kočna und zur Skuta (und weiter ins Logarska dolina) offen, alles anspruchsvollere Klettersteige, die einiges an Erfahrung erfordern. Man kehrt auf dem selben Weg zurück. Nach 1½ Std. steht man wieder an der **Cojzova koča na kokrskem sedlu** und bis zum Parkplatz sind es nochmals gute 2 Stunden.

Wanderung 10 Wanderung im Logar-Tal

Der bequeme Wanderweg durchs bewaldete Logar-Tal ist ein Naturlehrpfad, auf dem man allerlei über Flora, Fauna, Geologie und Wirtschaft im Tal erfährt. Endpunkt ist der Rinka-Wasserfall am Talschluss.

- **Schwierigkeitsgrad:** Einfach
- **Länge:** 15 km
- **Dauer:** 4½–5 Std.
- **Aufstieg/Abstieg:** 400 m/400 m
- **Mitnehmen:** Wanderschuhe, Sonnen-/Regenschutz, Proviant/Getränke.
- **Beschreibung:** Leichte Talwanderung auf bequemen Waldwegen.
- **Autoanfahrt:** Mit dem Auto von Solčava 5 km bis zur Mautstation, dann 1,5 km bis zum Parkplatz nahe dem Bauernhof *Javornik.*
- **ÖPV:** Juli–Aug. Sa/So Bus morgens und mittags von Celje zum Rinka-Wasserfall, vormittags und abends zurück (www.logarska-dolina.si)
- **Ausgangs-/Endpunkt:** Brücke (734 m), GPS N 46.410159, E 14.637096
- **Rast:** *Pension Logarski kot* (Tel. 041-21 00 17, www.logarski-kot.si, ganzjährig offen, Unterkunft, Essen).

Wegbeschreibung

Die Wanderung beginnt am **Parkplatz hinter der Brücke.** Zum Ausgangspunkt des Naturlehrpfades geht man auf die andere Seite der Brücke, wo das Hinweisschild auf den **Naturlehrpfad** durch die Logarska dolina steht. Der Weg führt über eine feuchte Wiese auf die **Quelle der Črna,** des zweiten Savinja-Zuflusses zu, deren Quellteich ruhig zwischen Moosen schimmert. Eine Holzbrücke führt hinüber und in den Mischwald hinein, nach etwa 15 Minuten ist der erste, grandiose Aussichtspunkt erreicht: Über eine satt-grüne Wiese blickt man auf die nahezu senkrecht aus dem Tal emporwachsenden **Felsriesen** der Ojstrica, Škarje, Planjava und des Steiner Sattels, Kamniško Sedlo. Dieses herrische Panorama ist Punkt 2 des Lehrpfades.

Auf Punkt 3 trifft man nach 10 Min. durch den Wald: Es ist eine **nachgebaute Holzfällerhütte,** und rechts von ihr mündet eine aus Stämmen gebaute Holzrutsche, auf der man früher das im Wald geschlagene Holz talwärts beförderte. Die beiden übermannsgroßen und mit Moos bewachsenen Kalksteinbrocken hinter der Hütte beeindrucken allerdings mehr als die Errungenschaften der Menschen, die den Wald auch in diesem Tal stark abgeholzt haben. Dem Thema **Wiederaufforstung und Waldpflege** widmet sich denn auch Punkt 4 des Lehrpfades gute 5 Min. weiter. Hier wird erklärt, dass Mischwald die ursprüngliche Vegetation war, der Anteil von Kiefern aber ständig zurückgehe.

Der Weg folgt dem trotz aller Eingriffe erstaunlich dichten Wald, nähert sich gelegentlich dem trocken liegenden Bett der Savinja und überquert es auf einer Brücke. Nach einer guten halben Stunde Gesamtgehzeit erläutert eine Schautafel

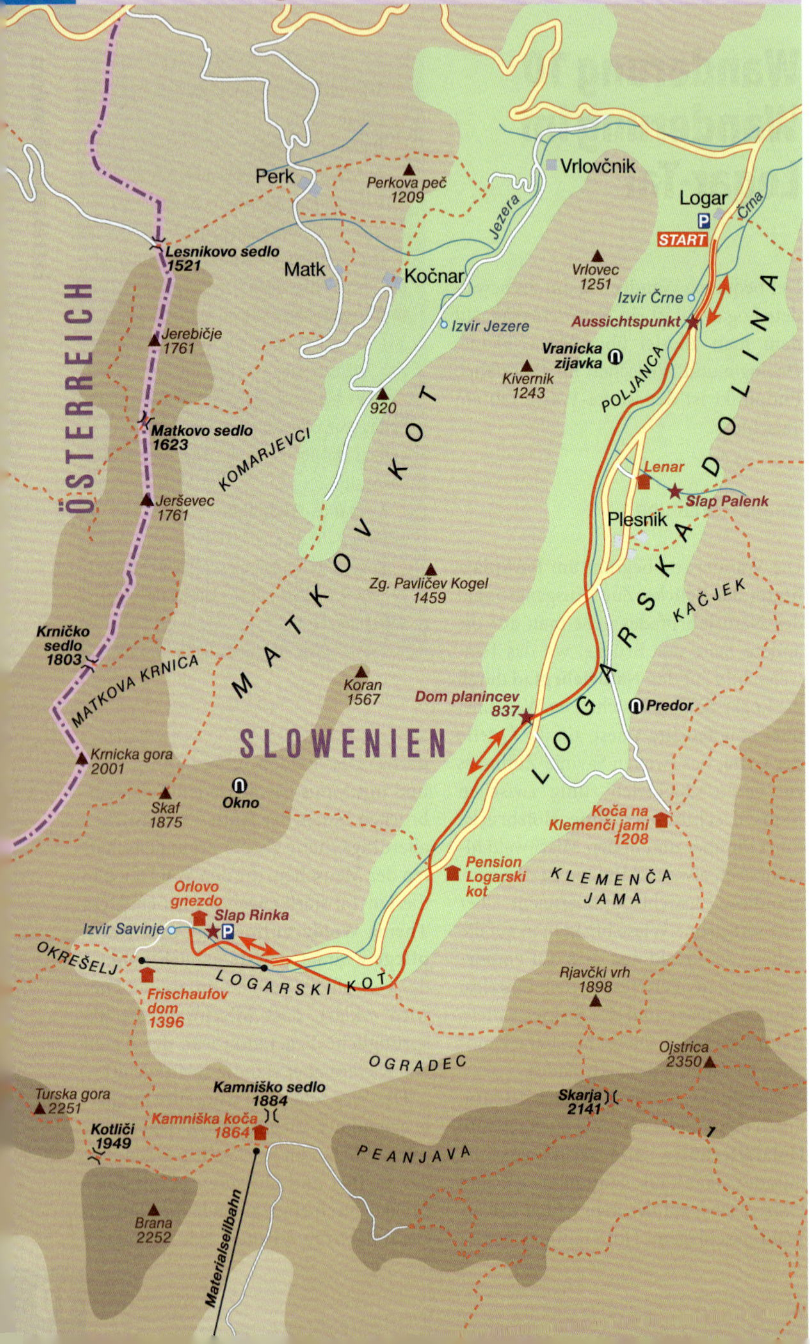
0
1 km
©Reise Know-How
SlowenW10
11/24
ÖSTERREICH
SLOWENIEN
Perk
Perkova peč
1209
Vrlovčnik
Logar
START
Črna
Jezera
Lesnikovo sedlo
1521
Matk
Kočnar
Vrlovec
1251
Izvir Črne
Izvir Jezere
Aussichtspunkt
Jerebičje
1761
Vranicka
zijavka
Kivernik
1243
POLJANCA
920
MATKOV KOT
Matkovo sedlo
1623
KOMARJEVCI
Lenar
Slap Palenk
Jerševec
1761
Plesnik
LOGARSKA DOLINA
Zg. Pavličev Kogel
1459
KAČJEK
Krničko
sedlo
1803
MATKOVA KRNICA
Koran
1567
Dom planincev
837
Predor
Krnicka gora
2001
Skaf
1875
Okno
Koča na
Klemenči jami
1208
Pension
Logarski
kot
KLEMENČA
JAMA
Orlovo
gnezdo
Slap Rinka
Izvir Savinje
OKREŠELJ
LOGARSKI KOT
Frischaufov
dom
1396
Rjavčki vrh
1898
OGRADEC
Ojstrica
2350
Turska gora
2251
Kamniško sedlo
1884
Skarja
2141
Kotliči
1949
Kamniška koča
1864
PEANJAVA
Brana
2252
Materialseilbahn

bei Punkt 5 die **Vogelwelt** des Logar-Tales. Weiter der Savinja taleinwärts folgend sieht man die Straße jenseits des Bachbettes, die hier parallel zum Wanderweg durchs Tal führt. Punkt 6, 15 Min. weiter, macht mit dem **Wild** des Tales bekannt.

Von hier wendet sich der Weg, der bislang am rechten Talrand entlanglief, der Mitte zu und überquert die Asphaltstraße, um sich dann wieder von ihr zu entfernen. Markiert ist die Fortsetzung mit dem **Schild** „Pešpot do Rinke" („Fußweg zur Rinka"), dem Ziel der Wanderung. Ein Stück auf breitem Kiesweg, dann erneut auf Waldpfad, der sich nun zur linken Talseite orientiert, erreicht man weiter durch Wald und über eine Lichtung erneut die Straße, überquert sie (Richtung Pešpot do Rinke) und erreicht nach 25 Min. mit der **Hütte Oglarska bajta** Punkt 9 des Wanderweges. Hier geht's um die **Köhlerei,** die in den waldreichen Gebieten bis in jüngste Zeit betrieben wurde. Der Kohlenmeiler vor dem Holzhaus ist anschaulich im Querschnitt aufgebaut; Torferde, Binsen und Äste umhüllten das Holz, das sich darin in Kohle verwandelte. Ein Brunnen spendet frisches Wasser.

Das Bett der Savinja hat inzwischen ansehnlich an Breite gewonnen; gemauerte Stufen regulieren ihren Lauf, und der Weg überwindet sie oder umgeht sie im Bogen durch den Wald. Silberdisteln schmücken den Wiesenboden und ganze Armeen von Zitronenfaltern tanzen über den Blüten. Voraus rückt das Tal immer enger zusammen, im Talschluss stehen die weißgrauen Kalkwände von Okrešelj und Kamniško sedlo wie eine unüberwindbare Festung. Punkt 10 informiert über die **Waldnutzung,** Punkt 11, der nach 20 Min. über die **geologische Zusammensetzung des Gesteins** und über **Sedimentablagerungen** informiert, bleibt weitgehend abstrakt. Der Weg überquert hier das Savinja-Bett und danach die Straße und folgt nun dem Hinweisschild nach „Logarski kot" auf ein dunkles Holzhaus zu, das sich nach 10 Min. als zauberhafte **Pension und Gaststätte** entpuppt.

Der Weg biegt vor dem Haus nach rechts, man kommt wieder in den Schatten des Waldes und in einem Bogen nach links auf eine Wiese mit Spitzenpanorama. Das Lehrpfad-Schild 12 nennt die **Namen der Berge,** die wie eine senkrechte Wand aus der Wiese auf über 2000 m Höhe wachsen, im unteren Teil von Bäumen verkleidet, darüber nackt und weiß. Zwischen den hohen Gipfeln sieht man den Sattel des Kamniško sedlo, einer der Übergänge zum Tal der Kamniška Bistrica hinter der Barriere.

Hinter einem Gatter auf der anderen Wiesenseite geht es auf **breitem Kiesweg** wieder in den Wald. Erneut quert man die Straße. Voraus und jenseits des Flussbettes stehen Mala und Štajerska Rinka, links der Kamniško sedlo und rechts die Mrzla gora. Und etwas unterhalb in der rechten Hälfte des Tableaus zischt der Rinka-Wasserfall als weißer Strahl zu Tal. Etwa 30 Min. sind es von der Pension hierher.

Bequem führt der Weg auf dem letzten Teilstück 15 Min. durch den Wald, dann erblickt man jenseits des hier inzwischen richtig breiten und mit riesigen Felsblöcken übersäten Flussbettes den **Parkplatz,** an dem die Logar-Tal-Straße endet. Ein **Kiosk** verkauft Erfrischungen. Doch zunächst locken die letzten Meter zum Wasserfall, dessen Rauschen bereits zu hören ist. Gegenüber dem Kiosk führen ein paar Treppenstufen zum Beginn zweier Wege zum **Berg Okrešelj.** Man nimmt den linken und klettert in Serpentinen durch Wald die letzten 100 m in 10 Min. hinauf zum Fuß des **90 m hohen Wasserfalls.** Wer Lust hat, eine Erfrischung mit optimaler Aussicht zu krönen, gehe über die Holzstiegen hinauf ins **Lokal Orlovo gnezdo,** das seinem Namen „Adlernest" hoch in den Felsen alle Ehre macht.

Wanderung 11 Auf der Rogla

- **Schwierigkeitsgrad:** Einfach
- **Länge:** 24 km
- **Dauer:** 6½–7½ Std.
- **Aufstieg/Abstieg:** 500 m/500 m
- **Mitnehmen:** Wanderschuhe, Sonnen-/Regenschutz, Proviant/Getränke
- **Beschreibung:** Einfache, aber lange Wanderung auf guten Wegen mit nur geringen Höhenunterschieden.
- **Autoanfahrt:** Mit dem Pkw vom Hotel *Planja/Rogla* auf Geröllstraße zum Parkplatz 2,5 km von der Koča na Pesku Richtung Klopni vrh.
- **ÖPV:** Mit dem Bus von Zreče zur Rogla hoch (ganzjährig, mehrmals am Tag), dann 1,25 Std. (6 km) zu Fuß über die *Koča na Pesku* zum Ausgangspunkt.
- **Ausgangs-/Endpunkt:** Parkplatz bei Zgornja brv (1300 m), GPS N 46.481026, E 15. 358436
- **Rast:** *Koča na Pesku* (1386 m, Tel. 03-757 71 67, ganzjährig offen, Unterkunft, Essen); *Dom na Osankarici* (Tel. 040-37 51 82, ganzj., Essen, www.facebook.com/osankarica)

Durch die dunklen Wälder und durchs Unterholz geht es über die Hügel des Pohorje zu einer noch ursprünglicheren Landschaft, dem Urwald, Pragozd, mit seinem Wasserfall. Hier folgt man dem Pfad zu dem größten Moorsee des Bachern-Gebirges und kehrt über den Schauplatz einer Schlacht der Partisanen zurück.

Wegbeschreibung

Die Tour beginnt am **Parkplatz bei Zgornja brv,** wo der Wanderweg mit der Markierung PP5 im Wald verschwindet. Nach 20 Min. stößt man auf einen Forstweg, dem man erst halblinks folgt, ihn aber nach 50 m links in einen Hohlweg hinein verlässt. Nach 2 Min. gabelt sich der Weg und man folgt der **Richtung Klopni vrh** (**Markierung** roter Kreis mit weißem Zentrum und der „1" der slowenischen Transversale). Nach 30 Min. nimmt man unterhalb des Klopni vrh den breiten Fahrweg bergan, verlässt ihn aber nach 10 Min. kurz hinter der Kuppe (1320 m) rechts nach unten auf einem unscheinbaren, schmalen Waldpfad und trifft kurz darauf wieder auf einen Fahrweg, dem man rechts folgt und sich an der Gabelung nochmals nach rechts Richtung Šumik orientiert. 50 m hinter der Gabelung steht rechter Hand ein Partisanendenkmal und nach 10 Min. an der nächsten Gabelung geht es links Richtung Šumik. Weitere 10 Min. später wird unterhalb des **Mizni vrh** (1300 m) das Ende einer Forststraße erreicht, die man nach 15 Min. direkt hinter einer S-Kurve rechts auf schmalem Waldsteig wieder verlässt. Er verläuft erst parallel zur Forststraße, geht dann steiler hinunter und trifft nach 20 Min. auf eine Hüttenansammlung, die man geradeaus weiter auf breitem Weg passiert. Kurz darauf geht man an der Gabelung Richtung Koča na Šumiku, vorbei an einem Partisanendenkmal, und 10 Min. hinter den Hütten steht die **Koča Šumik.**

Von der Berghütte (1092 m) aus nimmt man den Weg hinunter Richtung Areh, nach 5 Min. geht es an der Kreuzung rechts und nach knappen 10 Min. ist bei den Picknickplätzen an der Brücke der Zugang (1050 m) zu den **Wasserfällen von Pragozd (Slapovi Šumik)** erreicht.

Auf der Halbinsel beim Zusammenfluss zweier Bäche schlägt man die Richtung Norden ein und wechselt ans andere Ufer. Im schäumenden Wasser sind noch Überreste der Uferbefestigungen zu sehen, als der Bach zum Flößen genutzt wurde. 40 Min. ist die Gehzeit zum ersten der Wasserfälle und zurück. Er ist der Größere der beiden und fällt über mehrere Stufen **40 m herab (950 m).** Im feuchten Tal mit urwüchsigen Stämmen, Moosen und Farnkräutern verläuft der Steig teils recht glitschig und ist an einigen Stellen mit Drahtseil und eisernen Stiften gesichert, doch sollten diese sehr kurzen Passagen bei gutem Schuhwerk keinerlei Probleme aufwerfen.

Fortgesetzt wird die Wanderung für 30 m Richtung Areh und dann in den Wald hinein und unmittelbar über das schmale Bächlein. Nach kurzem, steilem Stück wird ein Fahrweg gekreuzt und es geht hinein in einen Hohlweg und in diesem hinauf. Nach 30 Min. hält man sich an einer Gabelung links, passiert nach 5 Min. einen **Gedenkstein** aus neuerer Zeit und hält sich nach 15 Min. an der Kreuzung (1250 m) nach rechts und Westen Richtung **Osankarica.** Nach 10 Min. kündigt sich das **Hochmoor des Črno jezero** mit Holzbohlen an, die die feuchten Böden für den Wanderer befestigen. 5 Min. sind es nun noch bis zum **Schwarzen See.** An seinen Ufern wurden Picknickplätze eingerichtet und am Wochenende fahren die Mariborer gerne hoch zur nahen Osankarica und wandern die 15 Min. auf Holzbohlen zum See herüber. Die Sumpfgebiete um den See mit dem typischen niedrigen Kiefernwald sind ein Paradies für Vögel und deren Beobachter. Aber auch die Pflanzenwelt hat Besonderes zu bieten, z.B. das Torfmoos *(Sphagnum riparium).* Die Landschaften um den Črno jezero herum sind als Natur besonders geschützt.

Man geht nun die Viertelstunde hinüber zu der **Berghütte Dom na Osankarici (1193)** und besucht das kleine Museum, das den Partisanenkampf gegen die deutschen Truppen zum Thema hat. Das **Pohorje** war ein wichtiges **Zentrum des Widerstandes gegen die Besatzer.** Die Deutschen haben immer wieder Versuche gestartet, der Partisanen habhaft zu werden – am 8. Januar 1943 erfolgreich. Das Schlachtfeld, wo das ganze Partisanan-Batallion des Pohorje aufgerieben wurde, liegt auf unserem Weg. Man nimmt den gepflegten Pfad hinter der Berghütte über die Treppen auf und schlägt sich in den Wald. Nach 20 Min. kommt eine Kreuzung, an der man sich geradeaus hält und kommt nach 5 Min. zu den im Wald verteilten einfachen **Quadern,** die jeweils einen oder mehre-

Wanderung 11

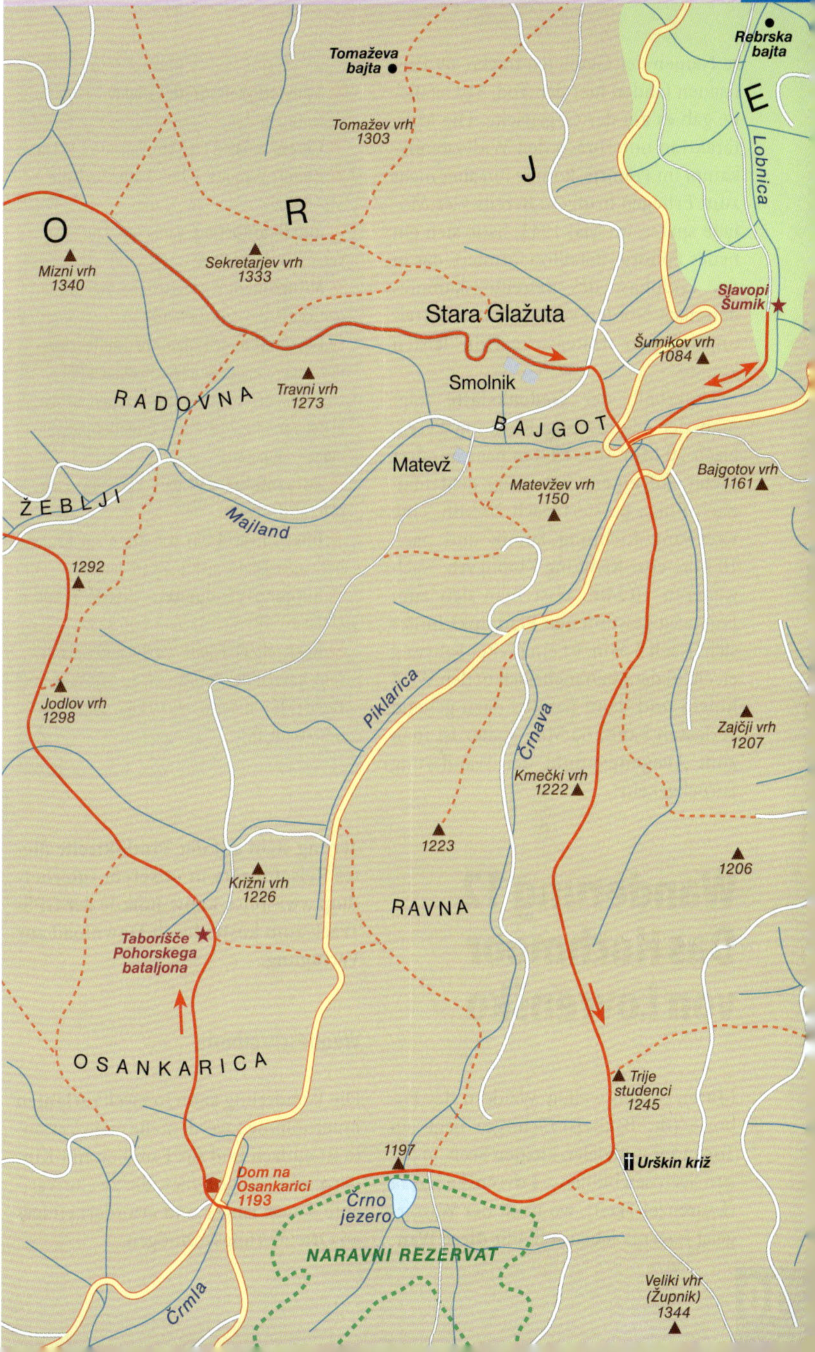
Tomaževa bajta
Rebrska bajta
Tomažev vrh 1303
Lobnica
O R J E
Mizni vrh 1340
Sekretarjev vrh 1333
Stara Glažuta
Slavopi Šumik
Šumikov vrh 1084
Smolnik
Travni vrh 1273
RADOVNA
BAJGOT
Matevž
Matevžev vrh 1150
Bajgotov vrh 1161
ŽEBLJI
Majland
1292
Jodlov vrh 1298
Piklarica
Črnava
Zajčji vrh 1207
Kmečki vrh 1222
1223
1206
Križni vrh 1226
RAVNA
Taborišče Pohorskega bataljona
OSANKARICA
Trije studenci 1245
1197
Urškin križ
Dom na Osankarici 1193
Črno jezero
NARAVNI REZERVAT
Črmla
Veliki vhr (Županik) 1344

re Namen der Getöteten tragen. 69 Partisanen fanden hier den Tod, 31 Gefallene gab es auf der Gegenseite. Die Militäraktion unterbrach den Widerstandskampf im Pohorje, konnte ihn aber nicht zum Erliegen bringen. Bereits vier Monate später, im Mai 1943, hatte sich ein neues Pohorje-Bataillon formiert, das in der Endphase des Befreiungskampfes den nach Norden vorrückenden Befreiungstruppen strategische Hilfe leisten konnte.

Unterhalb der **Gedenkstätte** folgt man der Markierung Richtung Pesek. Nach 30 Min. (die letzten paar hundert Meter auf einem Forstweg) geht man nach links, passiert nach 20 Min. eine Kreuzung Richtung Šumik und nach 10 Min. eine Richtung Klopni vrh. Nach weiteren 10 Min. lässt man den zum Forstweg gewordenen Pfad links hinter sich. Nach 5 Min. ist ein breiter Fahrweg erreicht, den man mehrfach in den Wald hinein und dann parallel dazu gehend verlassen kann. 60 Min. später ist man zum **Ausgangspunkt** der Wanderung zurückgekehrt.

- **Schwierigkeitsgrad:** Variante 1 einfach, Variante 2 mittel
- **Länge:** Variante 1 9,5 km; Variante 2 15 km
- **Dauer:** Variante 1 2½–3 Std.; Variante 2 3½–4 Std.
- **Aufstieg/Abstieg:** Variante 1 220/220 m; Variante 2 440/440 m
- **Mitnehmen:** Wanderschuhe, Sonne-/Regenschutz, Proviant/Getränke
- **Beschreibung:** Einfache und mittelschwere Wanderungen mit überschaubaren Höhenunterschieden auf teils verwurzelten Wegen, in der Variante 2 ist etwas Orientierungsvermögen vonnöten.
- **Autoanfahrt:** Mit dem Pkw zum Parkplatz an der Rogla.
- **ÖPV:** Mit dem Bus von Zreče zur Rogla hoch (ganzjährig, mehrmals am Tag).
- **Ausgangs-/Endpunkt:** Hotel *Planja* (1450 m), GPS N 46.453642, E 15.333751.
- **Rast:** Hotel *Planja* (www.hotel-planja.com, ganzjährig, Unterkunft, Essen); *Koča na Pesku* (1385 m, Tel. 03-757 71 67, ganzjährig, Unterkunft, Essen).

Wanderung 12 Das Hochmoor von Lovrenško

Mitten in den weiten Wäldern des Pohorje (dt. Bachern-Gebirge) liegt ein Torfmoor mit vielen kleinen Seen, in denen Seerosen blühen – **Lovrenška jezera** (Laurenzer Seen), wo noch der Wassergeist Jezernik leben soll. **Für diese Wanderung steht auf der Produktseite dieses Reiseführers in unserem Internetshop www.reise-know-how.de der GPS-Track zum kostenlosen Download zur Verfügung.**

Wegbeschreibung

Die Wanderung kann in **zwei Varianten** unternommen werden, die erste Variante ist einfach und für Familien mit Kindern sehr gut geeignet, die zweite Variante dauert länger und erfordert einiges an Orientierungsvermögen.

Wanderung 12

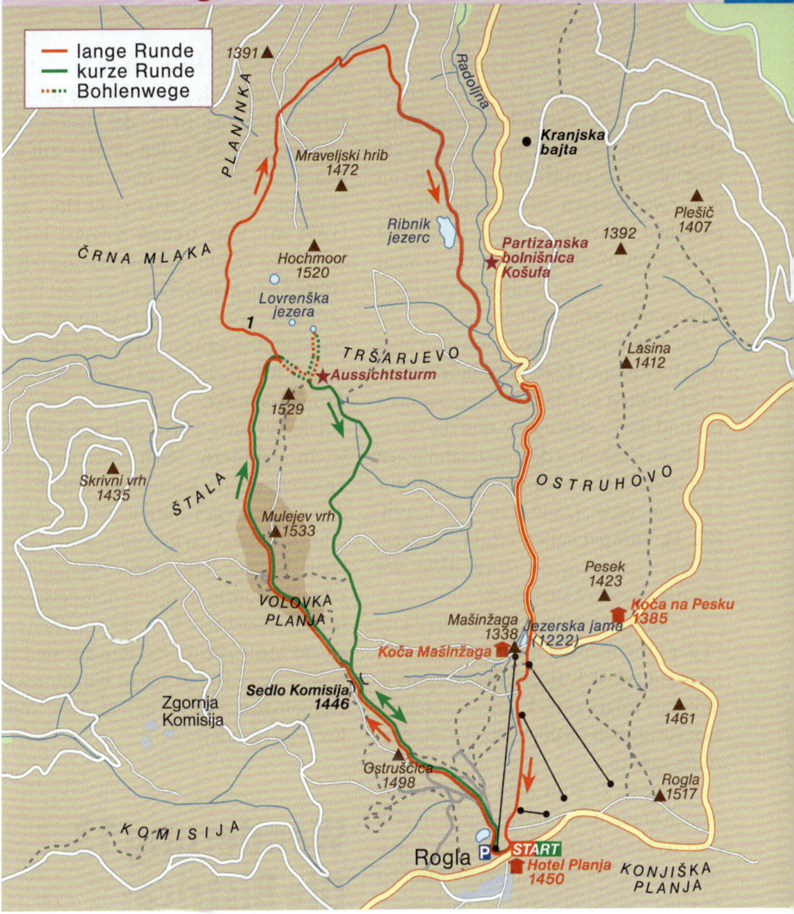

Für **beide Varianten** beginnt die Wanderung an der Pizzeria (1450 m) dem Hotel *Planja* schräg gegenüber. Unterhalb des Wasserbassins folgt man dem Schild *Lovrenška Jezera* bzw. *Ostruščica,* das über die Hochalm nach Nordwesten weist. An Kuhherden vorbei geht es leicht hoch zum Waldrand, wo zwei Stelen an den Partisanenkrieg erinnern. Man taucht in den Wald ein und hält sich 10 Min. nach Abmarsch an der Gabelung links. Es geht auf Wurzelpfaden unter den Bäumen durch und nach weiteren 10 Min. nur kurz auf einen Feldweg, den man umgehend nach links verlässt. Nun wandert man wieder leicht bergauf und nach 30 Min. ab dem Hotel wartet eine große **Lichtung,** die den Blick über das tief unten liegende Umland freigibt. Weiter geht es leicht bergauf und nach 5 Min. wieder in den Wald. 15 Min. dauert es nun bis zum Schild, das nach rechts zu den Seen weist, der mit Holz befestigte Pfad hoch endet nach 5 Min. bei einem **hölzernen Aussichtsturm.** Besteigt man ihn, blickt man über die eindrucksvolle, sattgrün mit Zwergkiefern bestandene Ebene, zwischen denen sich das Schwarz der Seen geheimnisvoll ausnimmt – nicht umsonst spricht die Legende vom Wassergeist im unergründlichen Nass.

Auf **hölzernen Stegen** kann man über das **Hochmoor (1520 m)** wandeln. Seerosen blühen auf dem Wasser, Sonnentau und die Roststeinrose sind die floralen Besonderheiten der tundraähnlichen Landschaft. Die Seen werden nicht aus Quellen gespeist, sondern vom Regen. Die **21 Tümpel** sollen schon seit 8000 Jahren existieren, die Torfschicht des Moores ist zwei Meter stark.

Variante 1: Familien mit Kindern und in der Orientierung nicht so Fitte, nehmen am Aussichtsturm den Weg nach links zur Rogla zurück. Dieser vereinigt sich auf etwa der halben Strecke mit dem Aufstiegsweg.

Variante 2: Nun geht man zurück zum Anfang des Bohlenwegs, hält sich dort rechts Richtung Ribniška koča und umwandert das Moor in gut 10 Min. bis zu einer Gabelung, an der es nach rechts auf einem erst schmalen Wiesenpfad, dann auf einem Waldweg nach Pesek geht. Nach 2 Min. ist der Schnittpunkt mit dem Pfad vom Moor erreicht. Man folgt dem Schild *Pesek* weiter geradeaus, bergab durch den Wald. Etwa 15 Min. später hält man sich an zwei Gabelungen jeweils rechts. Der Forstweg ist nun etwas ruppig, an der nächsten Verzweigung, 10 Min. später, geht es rechts auf einen guten, breiten Kiesweg bergan und nach weiteren 10 Min. an einer Gabelung geradeaus. Nach gut 10 Min. steht man am idyllisch gelegenen **See Ribnik Jezerc.** Man folgt weiter der Staubstraße und gelangt nach guten 20 Min. auf einen Hauptweg, dem man nach rechts oben folgt. Ein Schild weist die Höhe aus (1256 m). Eine weitere knappe halbe Stunde ist es nun zur bewirtschafteten **Hütte Koča Mašin-Žaga** an einem Wasserbassin. Nun orientiert man sich am Sessellift und wandert in ca. 25 Min. den steilen Skihang hoch zur Rogla und zum **Ausgangspunkt.**

Die Variante 2 lässt sich am Anfang leicht abändern: Nach einer längeren Trockenperiode kann man vom Ende des Bohlenweges mitten im Moor auf schmalem Pfad nach Norden gehen. Der Steig ist gut erkennbar, wenngleich schmal, moorig und von den Latschen teils überwachsen. Er endet im Wald an einem Meilenstein. Von ihm aus sind es weglos etwa 100 m leicht bergab nach Norden zum Hauptweg (15 Min. vom Bohlenwegende).

Wanderung 13 Die Bistrica-Klamm

Auf schmalen Brücken und engen Steigen geht es tief in die Schlucht der Bistrica hinein und ihrem Lauf entlang hoch, bis man am oberen Ende der Klamm in die Hügelwelt der Bauern gelangt. **Für diese Wanderung steht auf www.reise-know-how.de der GPS-Track zum kostenlosen Download zur Verfügung.**

Wegbeschreibung

- **Schwierigkeitsgrad:** In der Klamm einfach, beim Rückweg ist Orientierungsfähigkeit gefragt.
- **Länge:** 16 km
- **Dauer:** 5–5½ Std.
- **Aufstieg/Abstieg:** 600/600 m
- **Mitnehmen:** Wanderschuhe, Sonnen-/Regenschutz, Proviant/Getränke
- **Beschreibung:** Einfache Wanderung auf teils schmalen Steigen mit Überquerungen der Klamm auf grob gezimmerten Brücken.
- **Autoanfahrt:** Mit dem Pkw am Hauptplatz von Slovenska Bistrica nach Norden Richtung Pohorje abbiegen, vorbei an der Aluminiumfabrik und auf schmaler Teerstraße bis zum Eingang der Schlucht bei Zgornja Bistrica (4 km).
- **Ausgangs-/Endpunkt:** Parkplatz Zgornja Bistrica (400 m), GPS N 46.411327, E 15.533028
- **Rast:** *Gašperjev Hram* (Zgornja Bistrica 1,8 km südl. des Parkplatzes, Tel. 02-843 32 86, ganzjährig, Essen); *Gostišče Brbre* (Turiška vas, Tel. 02-818 31 40, http://gostisce-brbre.weebly.com, ganzjährig Di–So, Essen).

Man verlässt den **Parkplatz** (400 m) und geht 5 Min. mäßig steil auf dem flussaufwärts rechten Ufer in die Schlucht hinein und dann auf flacher verlaufendem, breitem und gutem Weg weiter. Nach nochmals 5 Min. wechselt man über eine schmale Brücke auf die andere Seite. Man wandert auf breitem Weg durch dichtes Laubgehölz und erreicht nach 10 Min. einen märchenhaften Nadelwald, in dessen Dunkel man aber nur kurz eintaucht. Mit Glück wird dem Wanderer der eine oder andere **Feuersalamander** begegnen, ein Tierchen, um das sich viele Legenden ranken. Nun geht es wieder etwas steiler hoch und man lässt die Bistrica etwa 20 m unter sich. Die Wände der Schlucht sind mit Farnen bewachsen, grünes Moos überzieht die Felsen und die Atmosphäre ist feucht und dunkel. Eine halbe Stunde nach Abmarsch erreicht man einen **Picknickplatz** und gegenüber am anderen Ufer ist der Eingang zu einer Höhle zu sehen – ein alter **römischer Steinbruch (Rimski kamnolom),** in dem man einst weißen Marmor herausschnitt.

10 Minuten hinter dem Steinbruch kommt man über einen Abzweig nach unten zur Bistrica zum ersten und höchsten einer **Reihe von Wasserfällen, Bistriški Šum.** Etwa 20 m springt er in Kaskaden herunter. Nun geht es auf schmalem Pfad und schlüpfrigen Steinen ein kurzes Stück wieder steil hoch zum Hauptweg (15 Min.). Nach 100 m an einer Brücke wird auf die andere Seite gewechselt. Ginge man geradeaus, käme man nach wenigen Minuten zum Ančnikovo gradišče, die Überreste einer spätantiken Siedlung, deren Fundamente an einem Hang noch zu besichtigen sind. Auf schmalem und schlüpfrigem, teils steilem Pfad folgt man dem Lauf, passiert nach 30 Min. einen **Kaskadenfall** von 10 m Höhe und kommt nach 25 Min. an eine Brücke mit Hütte, die **frühere Mühle Štanpoharjev mlin (850 m).**

Vom anderen Ufer aus wären es 30 Min. zum Weiler Škrbinjek. Wir jedoch gehen weiter am rechten Flussufer entgegen der Fließrichtung auf gleichbleibender Höhe und bewundern die **Schleifen der Bistrica.** Nach 5 Min. kommt ein Treppchen und nun geht es

Wanderung 13

immer wieder auf kleinen Stegen über die Zuflüsse hinweg, und wenn keine Brückchen da sind, kann es schon mal passieren, dass bei „Hochwasser" die Fluten über den dicht am Ufer verlaufenden Pfad schwappen und ein Weiterkommen zumindest erschweren. Nach 15 Min. kommt wieder ein Übergang. Auf der anderen Seite stand einst die Maroltova jelka, eine uralte Tanne und 43 m hoch, die mächtigste des Landes.

10 Min. danach kommt eine **Gabelung,** an der man am Ufer verbleibt, und bald schon kündigt sich das Ende des Weges am rechten Ufer mit einer Häufung von Stegen über sumpfigen Bodenabschnitten an. Schließlich ist man 5 Min. später über eine Wiese gegangen und im Weiler **Močnik** an eine **Steinbrücke** gelangt, die man nach links überquert und auf breiter Schotterfahrstraße weitergeht.

Man folgt dem Ufer noch kurz flussabwärts und dann der **Straße bergauf** vom Fluss weg. Am Wegesrand wachsen Zyklame, Glockenblumen und Farne. Nach 15 Min. ist der Ort **Anjelj** (ab hier Asphalt) erreicht und auf 900 m nach nochmal 15 Min. die sich im Wald versteckende **Kapelle Sv. Urh** im romanischen Stil. Hier nimmt man die Asphaltstraße 5 Min. links hinunter und am Weiler Škrbinjek vor dem ersten Gebäude – einem Schuppen – den Feldweg nach rechts hinunter, biegt nach 5 Min. vor einem Haus nach rechts ab und wandert nun wieder auf Asphalt oberhalb der Schlucht durch die Hügelwelt des Vorpohorje mit Wiesen und weiter Sicht über die Ebenen vor dem Mittelgebirge und durch Jurišna Vas.

Nun folgt man dem Asphalt bis **Turiška vas,** geht im „Ort" sich an der Gabelung links haltend, an dem Bildstock vorbei, zum Restaurant *Gostišče Brbre.* Hier hält man sich links und nach 50 m wird der Asphalt zum Waldweg (sich geradeaus links halten in den Wald hinein!). Holprig geht es bergab, dann aus dem Wald heraus und auf Asphalt weiter. Der Blick fällt auf Visole und das Tal.

Nach 20 Min. im Ort Visole an einem **Partisanen-Denkmal** aus Aluminium – ein langes in den Himmel gestrecktes Bauwerk – hält man sich unmittelbar hinter dem Denkmal links, nimmt den überwucherten Waldfahrweg, ignoriert den gleich rechts erscheinenden schmalen Waldpfad, der wieder zur Hauptstraße führen würde, und hält sich geradeaus. Nach guten 5 Min. geht es an einer Gabelung nach rechts bergab und kurz danach an der nächsten Gabelung wieder rechts. Nun muss man weglos die 30 m tiefer liegende **Furt** queren, auf der anderen Seite wieder 30 m aufsteigen und den Waldweg oben nach rechts aufnehmen, der einen weiter bergab bringt. Mehrere Pfade kreuzen und teilen sich hier, man hält die Generalrichtung Südost und bergab und gelangt schließlich über einen sehr schmalen Pfad aus dem Wald heraus und hinunter zu einigen Häusern an der Brücke über die Bistrica. Dahinter links gehend erreicht man den **Parkplatz.**

Wanderung 14 Das Nanos-Gebirge

Das Nanos-Gebirge verläuft von Nord nach Süd und steigt Richtung Süden von gut 800 m bis zum höchsten Gipfel – die Pleša – mit 1262 m auf und fällt dann abrupt ab, sodass man bis zu 700 m über seiner Umgebung steht, ins Vipavatal schaut und tief hinein in den Karst bis zur Adria. 10 km lang ist der – eine Karsthochebene bildende – Gebirgsrücken und schon von weitem beeindruckt er mit steilen Wiesenflanken im Westen und waldbestandenen Hängen im Osten.

Wegbeschreibung

Wir beginnen unsere Wanderung am **Wegweiser.** Die ersten Schritte führen über eine bunte Wiese, doch schon nach 5 Min. geht es in den typischen, niedrigen Karstwald: Steineichen wechseln mit Föhren und Buchen ab, auch Wacholder

Wanderung 14

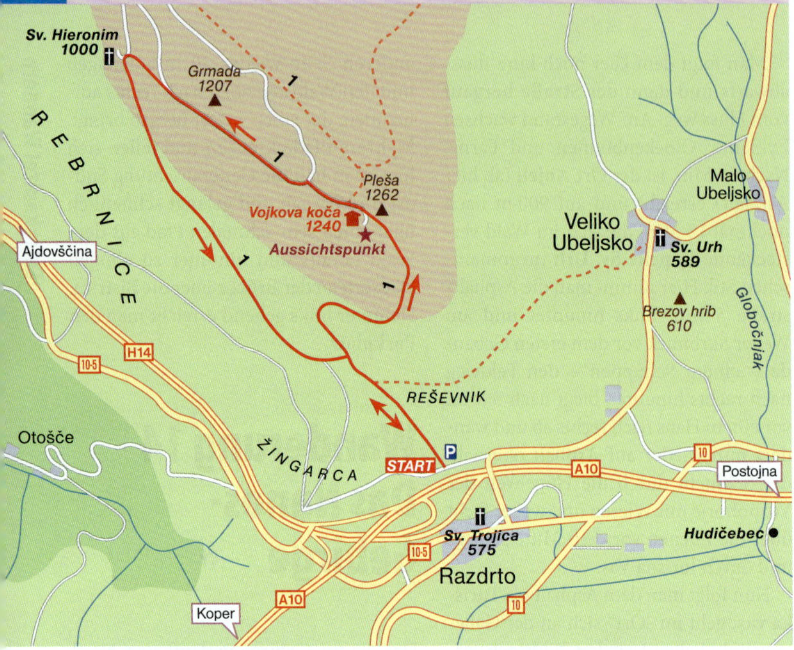

- **Schwierigkeitsgrad:** Mittel
- **Länge:** 7 km
- **Dauer:** 3½–4 Std.
- **Aufstieg/Abstieg:** 700 m/700 m
- **Mitnehmen:** Bergstiefel, Sonnen-/Regenschutz, Proviant/Getränke
- **Beschreibung:** Auf dem direkten Weg mittelschwer mit einigen wenigen Drahtversicherungen und Kletterstellen, der Abstieg geschieht auf Schotterwegen (alternativ absolviert man den Aufstieg auf dem Abstiegsweg und hat so eine leichte Wanderung).
- **Autoanfahrt:** Mit dem Auto nach Razdrto, im Ort Richtung Strane/Veliko Ubeljsko abbiegen, nach 300 m direkt hinter der Autobahnbrücke noch 100 m links, dann parken.
- **ÖPV:** Mit dem Bus mehrmals täglich von und nach Postojna (www.avrigo.si).

- **Ausgangs-/Endpunkt:** Razdrto (600 m), GPS N 45.759866, E 14.060093
- **Rast:** *Vojkova koča* (Tel. 051-37 39 00, Mai–Sept. tägl., sonst nur an Wochenenden, Unterkunft, Essen), Gaststätten in Razdrto.

ist zu sehen. Man wandert auf dem gerölligen Pfad nach oben und kommt nach 10 Min. an eine Gabelung. Hier wenden sich Wagemutigere auf den steilen Pfad nach rechts, die es gemütlicher wollen, marschieren auf dem Pfad geradeaus und bequem nach oben. Es geht rechts, steil, direkt und schweißtreibend auf Geröll und Kies hinauf. An Gabelungen orientiert man sich **immer bergauf.** Nach 30 Min. Anstieg passiert man eine

Geröllhalde und hält sich vor einer Felswand links. 5 Min. später geht es der Markierung folgend nach rechts und man überwindet eine minimal ausgesetzte Felsnase. Gleich anschließend heißt es 15 Höhenmeter leicht kletternd zu bewältigen. Weitere 5 Min. sind vergangen und man hat nun Sicht über die grünen Hügel des Karst bis nach Koper.

Die folgenden 10 Min. sieht man **Fels,** dessen Erosion sich aber gut als Stufen nutzen lassen. Und wo es einmal steiler ist, hilft eine Kette. Danach geht es erst etwas entspannter zu, dann wird es wieder steiler, zweimal warnen gespannte Drahtseile, Abgründen nicht zu nahe zu kommen. Schließlich ist man an einem Absatz unterhalb der begrasten Gipfelkuppe angekommen, an dem es bei einem Hinweisschild nach rechts zur Koča geht (15 Min.). Bläst die **Burja** stark, sollte man diesen Weg meiden, da sie nach einem Stück an der Flanke entlang dem Wanderer extrem entgegenschlägt, sodass er sich kaum auf den Beinen halten kann. Besser ist es dann, den direkten Weg hoch zu den hervorspitzenden Sendeantennen am Gipfel zu nehmen. Nach 15 Min. befindet man sich so oder so oben am Mast und geht durch das Rotbuchen-Wäldchen zur **Berghütte.**

Für den **Rückweg** nimmt man die Schotterstraße bergab und nach 5 Min. den linken Abzweig. Nun geht es durch ein Wäldchen und dann die Wiesenabhänge des Nanos-Gebirges entlang mit **herrlicher Sicht** über die Täler und die Bucht von Triest. Die Almen des Nanos (v.a. auf der Westseite) waren als Schafweiden für die Bauern aus dem Vipavatal lange Zeit von großer Bedeutung. Aber auch den Botaniker mag die Flora an der Grenze zwischen Mittelmeerklima und Kontinentalklima interessieren. So wachsen hier einvernehmlich Pflanzen aus beiden Bereichen, aber auch endemische Gewächse wie der Wraber Hahnenfuß *(Ranunculus wraberi).*

Nach 10 Min. verlässt man den Schotter auf einen Wiesenpfad nach links unten und gelangt nach weiteren 10 Min. zur **Kapelle Sv. Hieronim.** Das Kirchlein wurde Mitte des 17. Jahrhunderts zu Wallfahrtszwecken gestiftet und nicht nur sein Dach aus Steinplättchen verdient Beachtung. Messen finden hier nur sechs oder sieben Mal im Jahr statt, dann aber kommen viele der Bauernfamilien aus dem Tal hoch und ein Großteil nimmt den Weg zu Fuß. 5 Min. auf dem Weg zurück sind es bis zum Wegweiser nach Razdrto, dessen Richtungsweisung nach schräg unten man folgt. Anfangs geht es durch die steilen Wiesen, schließlich kommen immer wieder unschwierige Felsabschnitte. Nach 20 Min. umfängt einen wieder der Mischwald und nach 15 Min. genießt man auf knapp 900 m an einem Balkon noch einmal den **Blick aufs Tal.** Nun verläuft der Weg fast bequem an der Flanke des Nanos' entlang.

Nach knappen 20 Min. hält man sich an einer Gabelung links, kommt nach 5 Min. über Wiesen und gleich wieder in den Wald und unmittelbar danach an die Kreuzung mit dem Aufstiegspfad. Eine Viertelstunde später ist der **Parkplatz** erreicht.

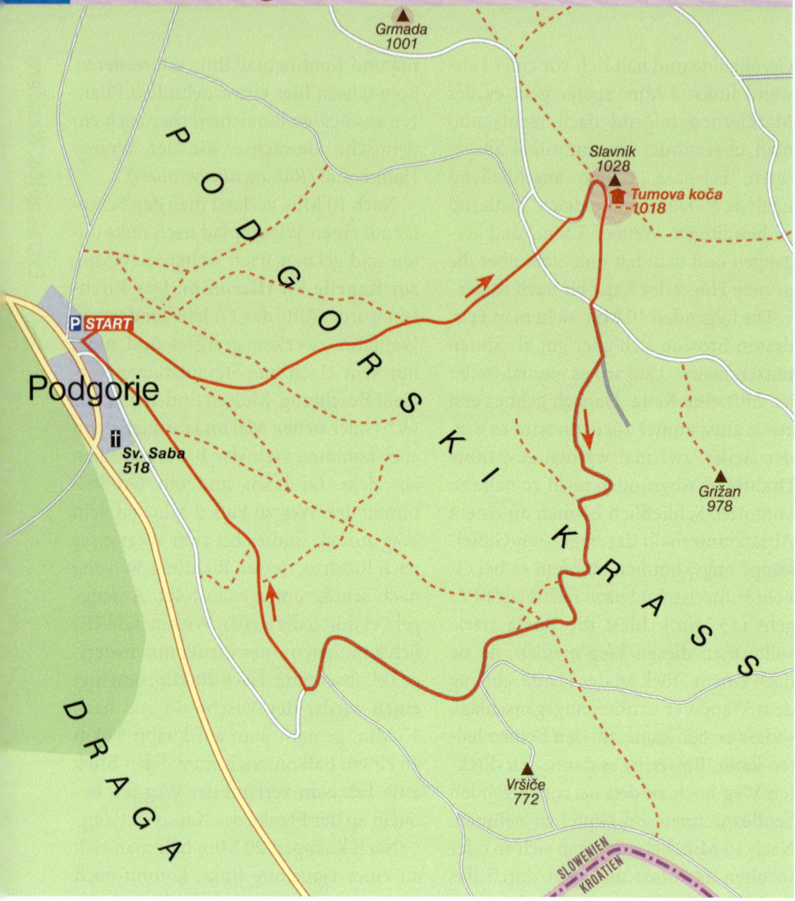

Wanderung 15 Auf den Slavnik

Der Slavnik ist eines der beliebtesten Tagesziele der Küstenbewohner und an Sonntagen kann halb Koper hier hochkommen, um ein wenig Bergwelt zu genießen (die andere Hälfte badet im Meer). Auch wenn man es nicht erwartet: Immer wieder werden Bären in den lichten Wäldern gesichtet – doch sind nur kurze Blicke möglich, die Tiere sind zu scheu und sie verschwinden umgehend im Gestrüpp.

Wegbeschreibung

Die Wanderung beginnt am unscheinbaren **Hinweisschild „Slavnik“** an der

- **Schwierigkeitsgrad:** Einfach
- **Länge:** 7 km
- **Dauer:** 2½–3 Std.
- **Aufstieg/Abstieg:** 500 m/500 m
- **Mitnehmen:** Wanderschuhe, Sonnen-/Regenschutz, Proviant/Getränke
- **Beschreibung:** Einfache Wanderung großteils durch lichten Karstwald.
- **Autoanfahrt:** Mit dem Auto oben vor dem Steilabfall Črni Kal nach Podgorje (8 km).
- **ÖPV:** Bahnhof 1 km außerhalb im Nordwesten des Dorfes (Verbindung nach Koper)
- **Ausgangs-/Endpunkt:** Podgorje (518 m), GPS N 45.530831, E 13.949224

Rast: *Tumova koča na Slavniku* (1018 m, Tel. 031-66 86 88, ganzjährig, Unterkunft, Essen).

Hauptstraße unterhalb des Ortes gegenüber dem Marterl. Man spaziert in den Ort, hält sich an einem Brunnenhäuschen („Slavnik 1h") links und gelangt schließlich auf einen breiten Schotterweg, auf dem es direkt und mäßig steil bergan durch die lichten Büsche geht. Nach 20 Min. kreuzt man eine Schotterstraße und bleibt auf dem Weg geradeaus, wo man bald auf Karstgestein, nur noch teilweise auf Geröll, bergan steigt.

Nach weiteren 20 Min., die letzte Strecke von Eichenbäumen begleitet, tritt man auf eine Lichtung, quert diese bergan, ist von Kiefern umgeben und steht nach weiteren 20 Min. am unteren Rand der gras- und blumenbewachsenen Kuppe des Slavnik. Nochmals 20 Min. sind es nun über die Wiesen der Hochalm zur **Hütte mit ihrem Sendemast** und dem Gipfel. Einst als Hochalm genutzt, wurde die ganze Kuppe gerodet und bietet nun Platz für die seltene Flora des Slavnik. Hier gedeihen mediterrane Bergpflanzen wie das Hellgelbe Läusekraut *(Pedicularis friderici-augustii)*, der Bergenzian *(Gentiana lutea subsp. symphyandra)*, die Bergschachblume *(Frittilaria tenella)* oder auch Pfingstrosen *(Paeonia officinalis)* und Narzissen *(Narcissus stellaris)*.

1028 m ist der **Slavnik** hoch, ragt damit 500 Höhenmeter über seine Umgebung hinaus und erlaubt Ausblicke auf Koper, Triest und bis nach Venedig am Meer, natürlich auf die Hügelwelt und die Plateaus des umgebenden Karstes und wenn die Luft klar ist bis zu den Julischen Alpen und den Dolomiten.

Die Karte ist für die Aufnahme des **Rückwegs** missverständlich, da die Feldwege um den Gipfel herum unzureichend eingezeichnet sind. Man geht 50 m auf der gleichen Strecke hinunter und hält sich an der **Weggabelung** Richtung Pološna links. Nach 5 Min. kommt eine weitere Gabelung, dort geht es geradeaus, 2 Min. später kreuzt man eine Schotterstraße und sofort danach stößt man schräg auf eine weitere **Fahrstraße,** der man in der bisherigen Richtung folgt. 50 m dahinter biegt man in den schmalen Wiesenpfad nach rechts ein und gelangt nach 2 Min. an eine Gabelung, wo man sich links hält. 15 Min. nach Abmarsch vom Gipfel geht es auf breitem Schotterweg weit um die Flanke des Slavnik herum hinunter nach Podgorje. Erst ist der Weg noch grobschottrig, doch nach 20 Min. wird er glatter und bequem. Nach 15 Min. folgt man einer Schotterstraße nach rechts und nochmal 15 Min. später kündigt sich **Podgorje** mit einer Trockenmauer an. Die ersten Häuser scheinen von unten durch die Büsche, es geht in den Ort hinein und nach 10 Min. steht man wieder am **Ausgangspunkt.**

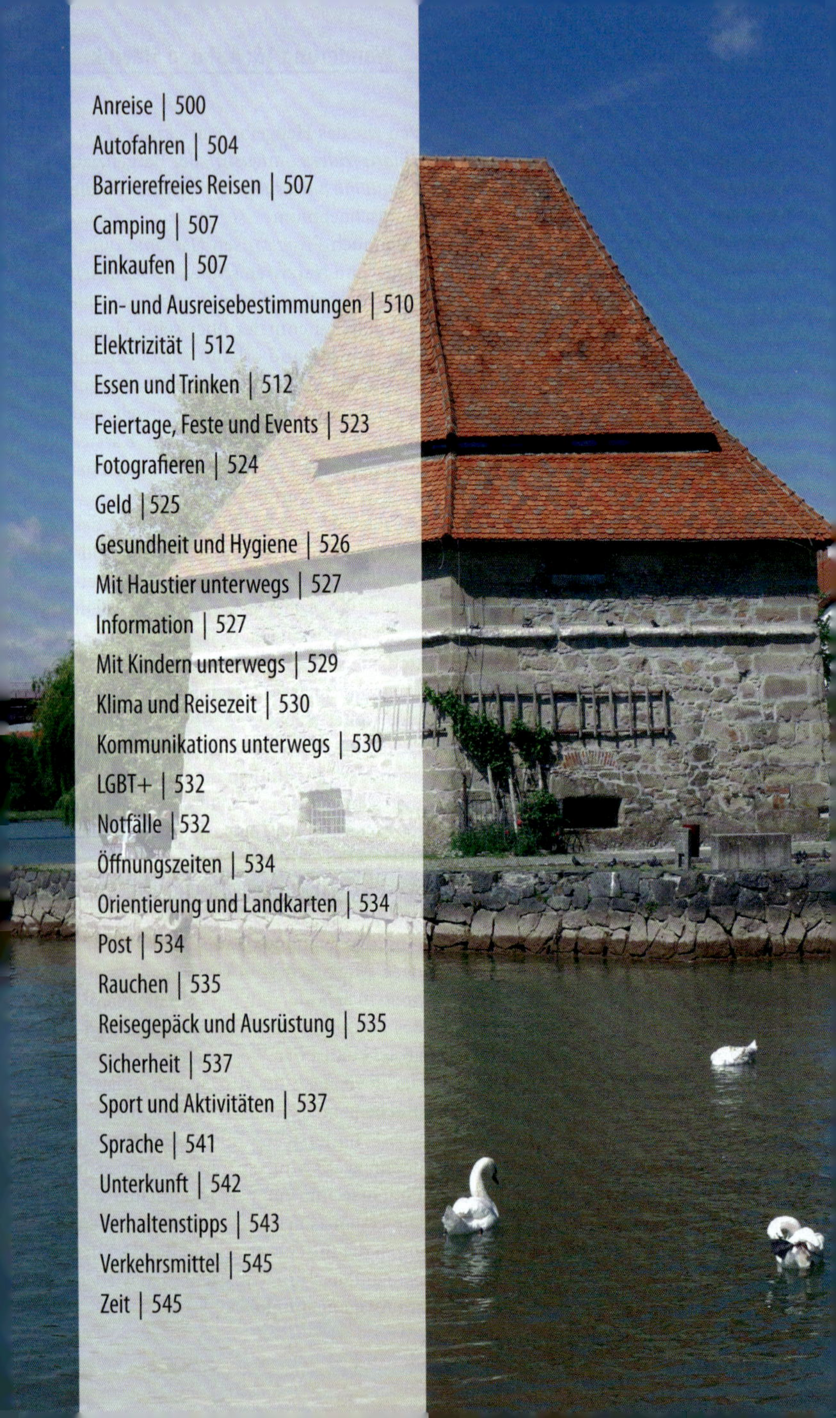

11 Praktische Reisetipps A–Z

Der Alte Wasserturm an der Lent von Maribor stammt aus dem 16. Jh.

Anreise

→ Autofahren
→ Verkehrsmittel

Mit dem eigenen Fahrzeug

Alpentransit

Die schnellste Straßenverbindung von Deutschland nach Slowenien führt über die **österreichischen Autobahnen** und über die Orte Salzburg und Villach durch Katschberg-, Tauern- und den Karawankentunnel in Richtung Ljubljana. Einige Reisende (die ans Meer bei Koper wollen) wählen die Strecke durch Italien, die hinter Villach durch die Orte Tarvisio, Udine und Triest führt. Ab München beträgt die Strecke über Villach nach Ljubljana 450 km (ab Salzburg 310 km).

In der Hauptreisezeit sind die zu passierenden Tauerntunnels sowie der Karawankentunnel meist überlastet. Obwohl sowohl Katschberg- als auch Tauerntunnel vierspurig ausgebaut sind, kommt es bei hohem Verkehrsaufkommen immer wieder zu längeren Wartezeiten. Dann kann es durchaus schneller sein, die jeweiligen **Pässe** (Tauern und Katschberg, nicht für Gespannfahrer) zu benutzen, weil man sich auch die – zusätzlich zur Autobahnvignette eingeforderte – Maut spart. Allerdings ist die Fahrt sehr kurvenreich.

Alternativ zu Passquerung und Tunnelfahrt kann man bei Bischofshofen hinter Salzburg die Autobahn verlassen, über Badgastein fahren, sein Fahrzeug zwischen Böckstein und Mallnitz auf die **Bahn verladen** (Autoschleuse Tauernbahn, Pkw/Motorrad 20,40 € einfache Fahrt), in 12 Minuten die Tauern unterfahren und bei Spittal auf die Autobahn zurückkehren (6.20–23.20 Uhr alle 60 Min.). Wegen Modernisierungsarbeiten ist die Autoschleuse vom 8.11.2024 bis 4.7.2025 nicht in Betrieb.

Wer Passfahrten und herrliche Aussichten liebt, ist gut beraten, nicht den Karawankentunnel anzusteuern, sondern bei Villach Richtung **Italien** und Tarvisio abzubiegen und die nächste Autobahnausfahrt Richtung Podkoren und Wurzenpass zu nehmen. Man erreicht nach kurvenreicher Strecke **Kranjska Gora** und weiter auf dem Weg nach Süden den **Triglav-Nationalpark** mit seinen Naturschönheiten.

Um in den **Osten Sloweniens** zu gelangen, fährt man über Salzburg auf die A 10 und verlässt sie an der Ausfahrt in Richtung Graz, um die Fahrt auf der Bundesstraße fortzusetzen. Die Autobahn A 9 wird erst kurz vor der slowenischen Grenze erreicht (320 km ab Salzburg).

Von Wien aus ist Maribor über die A 2 und die A 9 erreichbar (250 km, Ljubljana 380 km). **Aus der Schweiz** kommend, fährt man am besten durch den St. Gotthard oder den San Bernardino und von dort aus weiter über Como, Milano, Verona, Venezia nach Triest und Koper (Zürich – Milano 280 km, Milano – Triest 450 km). Achtung: von Zeit zu Zeit schließt der Gotthard-Straßentunnel für Wartungsarbeiten, diese Daten werden vorab z.B. unter www.gotthard-strassentunnel.ch veröffentlicht.

Maut- und Kraftstoffpreise

Die **Preise für Treibstoff** liegen in Österreich und Slowenien in etwa auf deutschem Niveau.

Die Mautkosten für die Anfahrt mit einem Fahrzeug bis einschließlich 3,5 t Gesamtgewicht betragen für die Jahresvignette für die **österreichischen Autobahnen** 96,40 € (Zweimonatsvignette 28,90 €, 10-Tages-Vignette 11,50 €, Tages Vignette 8,60 €), die Maut auf der **Tauernautobahn** 13,50 € (einfache Fahrt) und für den **Karawankentunnel** 8,20 €. Für beide besteht die Möglichkeit, online eine **digitale Streckenmaut** zu erwerben (Karawankentunnel nur in Nord-Süd-Richtung). Das erspart lange Wartezeiten an den Mautstellen.

Von Tarvisio über Udine nach Triest verlangen die **italienischen Autobahnbetreiber** ca. 4 €, für die Strecke **Como – Triest** etwa 31 €. Für die Nutzung der **Autobahnen und Schnellstraßen in Slowenien** benötigt man ebenfalls eine Vignette, die es nur digital gibt. Für Fahrzeuge bis 3,5 t kostet die Jahresvignette 117 €, die Monatsvignette 32 € und die Wochenvignette 16 €. Österreichische Vignetten kann man u.a. an Raststätten in den Nachbarstaaten sowie in Geschäftsstellen der internationalen Autoklubs kaufen. Slowenische Vignetten können nur online bei den Automobilklubs oder auf https://evinjeta.dars.si/de erworben werden. An allen Mautstationen Österreichs und Italiens kann man auch mit Kreditkarten zahlen; an den italienischen Stationen ist darauf zu achten, dass man sich dazu in die richtigen Reihen einordnet.

E-Ladestationen

Mit 1500 Ladestationen auf nur 20.000 qkm Landesfläche besitzt Slowenien bereits ein gutes Netz an Lademöglichkeiten für E-Autos und baut dieses zügig aus. Sowohl an **Tankstellen** als auch in vielen **touristischen Betrieben** kann aufgeladen werden. Das Netz ist aber noch nicht gleichmäßig verteilt – so steht eine Fülle an Stationen in Ljubljana nur wenigen in Maribor gegenüber. Eine Karte stellt die Lademöglichkeiten vor: www.plugshare.com/en.

Motorrad

Die Gebirgsstrecken Sloweniens und die Anfahrt über die Alpenpässe sind bei Motorradfahrern sehr beliebt. Man sollte aber bedenken, dass die **Kurvenfahrerei** auf Dauer sehr anstrengend ist, folglich die Tagesetappen darauf abstimmen und öfters von der Maschine steigen und sich die Beine vertreten.

Mietwagen

In jeder größeren Stadt sowie an den internationalen Flughäfen befinden sich Autovermietungen. Vor Ort variieren die Preise zwischen den Anbietern nur wenig. Wer die Kaution nicht bar hinterlegen will, muss eine Kreditkarte besitzen. Besser ist es, das Fahrzeug **zu Hause vorauszubuchen** und eines der im Vergleich zu den „vor Ort“-Mieten günstigeren „alles inklusive“-Angebote wahrzunehmen (freie Kilometer, alle Versicherungen, keinen Selbstbehalt).

Mini-„Flug-Know-how"

Check-in

Nicht vergessen: Ohne einen **gültigen Reisepass oder Personalausweis** für EU-Staatsbürger und Schweizer kommt man nicht an Bord. **Kinder** benötigen einen eigenen Reisepass.

Das (Hand-)Gepäck

Man darf pro Person in der Regel **ein Handgepäck-** und zusätzlich **ein Gepäckstück** einchecken. Informieren Sie sich vor Ihrem Flug bei Ihrer Airline über die konkreten Bestimmungen, da diese mitunter stark voneinander abweichen. Beim Packen des Handgepäcks sollte man darauf achten, dass **Flüssigkeiten** jeder Art nur in geringen Mengen bis zu jeweils 100 ml mit dem Handgepäck ins Flugzeug dürfen. Diese Substanzen muss man **separat** in einem durchsichtigen Plastikbeutel (z.B. Gefrierbeutel) mit sich führen. Die Regelung wurde jedoch 2024 bereits an einigen internationalen Flughäfen aufgehoben und soll auch auf innereuropäischen Flügen entfallen. Man sollte sich vorher bei der Fluggesellschaft informieren, welche Gegenstände im Handgepäck erlaubt sind. Nicht erlaubte Gegenstände (Messer, Nagelfeilen, Scheren, Feuerzeuge) werden im Regelfall konfisziert und vernichtet.

Ein kleiner Tipp: Um Stress und Ärger zu vermeiden, packen Sie neben den wichtigsten Dingen auch Utensilien ins Handgepäck, die Sie **am ersten Tag** in Ihrem Urlaub gebrauchen könnten. Falls das Gepäck Verspätung hat oder verloren geht, kann man so trotzdem schon den ersten Tag genießen und muss nicht gleich einkaufen gehen.

CO_2-Fußabdruck

Grundsätzlich gilt beim Thema Umweltschutz: Vermeiden ist besser als kompensieren. Auch längere Strecken lassen sich oft per Bahn, Bus oder Schiff zurücklegen, die allesamt eine bessere Klimabilanz haben als das Flugzeug. Wer nicht aufs Reisen mit dem Flugzeug verzichten will oder kann, hat die Möglichkeit, zusätzlich Geld für **Klimaschutzprojekte** auszugeben.

Vergleichsportale listen die diversen Anbieter auf. Mit einer sehr guten Übersicht bezüglich der unterschiedlichen Kombinationen, auch gewichtet nach Zusatzgebühren wie Flugplatzbereitstellung, voller Tank, Diebstahlschutz, bringen Websites wie z.B. www.billiger-mietwagen.de Licht in den Angebotsdschungel.

Anreise mit der Bahn

Direktverbindungen von deutschen Städten wie Stuttgart oder München nach **Ljubljana** bieten nur **EuroNight-Züge** an (Fahrtzeit ab München ca. 8 Std.). Wer tagsüber fährt, muss in Villach umsteigen (ca. 6 Std., gleiches gilt für Fahrten ab Wien). Reisende ab Zürich wechseln den Zug in Schwarzach St. Veit und Villach (ca. 10 Std.). Die Preise schwanken je nach Buchungssituation und Zeit stark; aktuelle Infos können auf den Websites der jeweiligen Bahngesellschaft abgefragt werden.

2024 wurde eine neue Verbindung zwischen **Triest** und dem kroatischen **Rijeka via Slowenien** (Stopps in Sežana, Divača, Pivka, Ilirska Bistrica) aufgenommen, die nur im Sommerhalbjahr verkehrt. Die Fahrtzeiten stehen auf https://potniski.sz.si.

- **Deutschland:** www.bahn.de
- **Österreich:** https://fahrplan.oebb.at
- **Schweiz:** www.sbb.ch

Anreise mit dem Linienbus

Aus dem Verdrängungswettbewerb der Fernbus-Anbieter ist **Flixbus** als Sieger hervorgegangen. Mit Verbindungen aus vielen größeren Städten Deutschlands, Österreichs und der Schweiz nach **Ljubljana, Maribor und Ptuj** bietet Flixbus ein umfangreiches und preiswertes Netz. Die Kosten für Hin- und Rückfahrt betragen für die Strecke Frankfurt/Main – Ljubljana z.B. um 90 €.

- **Flixbus:** www.flixbus.de, www.flixbus.at.

Anreise mit dem Flugzeug

Nach der Insolvenz der staatlichen Adria Airways 2019 wird Ljubljana von Deutschland aus von der Lufthansa (www.lufthansa.de), von Wien von der AUA (www.aua.at) und von Zürich von der Swiss (www.swiss.ch) angeflogen. Welche Low-Cost-Airlines saisonal (meist im Sommerhalbjahr) nach Ljubljana fliegen, ändert sich von Jahr zu Jahr. Die **Flugzeit** von mitteleuropäischen Startpunkten beträgt zwischen einer und eineinhalb Stunden. Ein **Economy-Ticket** für einen Flug von München nach Ljubljana kostet je nach Jahreszeit und Aufenthaltsdauer 150–300 €, von Wien nach Ljubljana um 250 € und von Zürich nach Ljubljana 230 €.

Anreise mit der Yacht

Die Riviera Sloweniens hat trotz ihrer geringen Ausdehnung immerhin **drei Yachthäfen** anzubieten: **Portorož, Koper** und **Izola.** Sobald der Skipper auf dem Seeweg slowenisches Gewässer erreicht, hat er auf direktem Weg einen der Häfen mit **internationalen Abfertigungseinrichtungen** anzulaufen: Piran, Izola oder Koper. An Papieren benötigt er neben den persönlichen Dokumenten der Personen auf dem Boot eine Schiffsregistration und er muss die Berechtigung zum Führen eines Schiffes nachweisen können. Über die genauen **Bestimmungen** für Bootseinreisen informiert die Website https://skipper.adac.de/reviere/slowenien/.

Slowenische Yachthäfen

- **Marina Portorož dd.,** Cesta solinarjev 8, 6320 Portorož, Tel. 05-676 11 00, VHF-Kanal 17, www.marinap.si.
- **Marina Koper doo.,** Kopališko nabrežje 5, 6000 Koper, Tel. 05-662 61 00, VHF-Kanal 17, www.marina-koper.si.
- **Porting doo.,** Tomažičeva 4A, 6310 Izola, Tel. 05-662 54 00, VHF-Kanal 17, www.marinaup.com.

Ganzjährig geöffnete Seegrenzübergänge
- **Koper,** Ukmarjev trg 2, MID: 002780200, Tel. 05-663 21 00, VHF-Kanal 16 und
- **Piran,** Dantejeva 2, MID: 278007048, Tel. 05-671 01 92, VHF-Kanal 16.
- **Izola,** Veliki trg 12, MID: 278007046, Tel. 05-663 21 50, VHF-Kanal 16.

Autofahren

→ Anreise
→ Verkehrsmittel
→ Camping

Die **Unfallraten** in Slowenien sind im europäischen Vergleich relativ hoch. Die Polizei versucht mit rigorosen Kontrollen und Radarüberwachungen gegenzusteuern, was aber nur teilweise gelingt. Riskante Überholmanöver gehören weiterhin zum täglichen Brot des slowenischen Fahrers und Schilder zur Geschwindigkeitsbeschränkung gelten als mehr oder weniger farbenfrohe Auflockerung des Wegesrandes.

Verkehrsregeln

Wichtigste Besonderheit im Straßenverkehr Sloweniens ist die Verpflichtung, auch tagsüber mit **Abblendlicht** zu fahren (bzw. Tagfahrlicht). Ob durch diese nach der Unabhängigkeit eingeführte Regel die Zahl der Verkehrstoten tatsächlich zurückgegangen ist, blieb strittig. Auf alle Fälle achtet die Polizei sehr genau darauf und Touristen müssen bei Verstoß löhnen wie jeder Einheimische.

Als **Höchstgeschwindigkeiten** sind außerhalb geschlossener Ortschaften für Pkw und Motorräder 90 km/h, auf Schnellstraßen 100 km/h und auf Autobahnen 110 km/h festgelegt. Gespanne und Wohnmobile über 3,5 t dürfen außerorts max. 80 km/h fahren, Wohnmobile unter 3,5 t auf Schnellstraßen und Autobahnen max. 100 km/h. Innerorts gilt 50 km/h als Höchstgeschwindigkeit, wenn nicht anders ausgeschildert.

Beim **Rückwärtsfahren** muss die Warnblinkanlage eingeschaltet werden.

Während des gesamten **Überholvorganges** muss der Blinker eingeschaltet bleiben. Kolonnenspringen ist verboten. Schulbusse und Busse mit Kindern dürfen nicht überholt werden, wenn sie an einer Haltestelle stehen.

Hohe Strafen für Verkehrsübertretungen

Bei schweren Vergehen gegen die Verkehrssicherheit sieht das Gesetz sogar Freiheitsstrafen und die Abnahme des Fahrzeuges vor. Besonders **hart bestraft** werden **zu schnelles Fahren,** vor allem im Ortsgebiet (mit bis zu 1200 € z.B. in geschlossenen Ortschaften und Tempolimit von 30 km/h), und **Alkohol am Steuer** (bis zu 1200 €), beides Hauptursachen für schwere Verkehrsunfälle. Schon falsches Parken schlägt mit 40 € zu Buche. Gerichte können auch den Führerschein abnehmen und darüber hinaus bestimmen, dass für den Zeitraum von ein bis fünf Jahren kein neuer Führerschein ausgestellt werden darf. Die Überwachung der Verkehrssicherheit obliegt nicht nur der Polizei, sondern auch dem städtischen Wachpersonal.

Wird ein Fahrzeug **abgeschleppt,** muss das Zugfahrzeug frontseitig, das abgeschleppte Auto am Heck mit einem Warndreieck gekennzeichnet werden.

Als **Ersatzteile** sind Glühlampen mitzuführen. Im Winter (15.11. bis 15.03.) müssen die Fahrzeuge an der Antriebsachse **Winterreifen** oder auf allen vier Rädern Radialreifen mit mindestens 3 mm Profiltiefe montiert haben. Auf allen Sitzen mit eingebauten Gurten gilt **Anschnallpflicht.** Kinder unter zwölf Jahren und unter einer Größe von 1,50 m müssen mittels eines an ihr Gewicht und ihre Körpergröße angepassten Kinderrückhaltesystems gesichert werden.

Als **Promillegrenze** gilt 0,5‰, Fahranfänger (bis zu 2 Jahren Führerschein) und Berufsfahrer müssen am Steuer prinzipiell „trocken" sein.

Unfälle

Bei Unfällen mit Personenschäden oder mit höherem Sachschaden ist in jedem Fall die Polizei hinzuzuziehen. Sie stellt dann ein *potrdilo* (Bestätigung) aus, ein Papier, das zum Beispiel bei auffälligen Karosserieschäden bei eventuellen Schwierigkeiten an der Grenze hilft.

- **Einheitliche Notrufnummer: Tel. 112**
- **AMZS:** Der Straßenhilfsdienst des slowenischen Automobilklubs ist 24 Stunden unter der Nummer **19 87** erreichbar. An den Notrufsäulen der Autobahnen kann er ebenfalls kontaktiert werden.

Die Deckungssummen der **slowenischen Haftpflichtversicherer** liegen unter mitteleuropäischem Durchschnitt (deshalb ist eine Vollkaskoversicherung für die Reise angeraten). An Sachschäden werden deutsche Werkstattkosten nur ersetzt, wenn der reparierte Schaden mit der polizeilichen Bestätigung übereinstimmt bzw. eine Versicherung den Schaden entsprechend geschätzt hat. Mietwagenkosten werden nur ersetzt, wenn man den Nachweis der beruflichen Erfordernis beibringt (u.U. wird ein Abzug wegen Eigenersparnis vorgenommen). Kosten der ärztlichen Behandlung werden übernommen, wenn sie nicht durch die Krankenkasse abgedeckt sind, Verdienstausfälle und Schmerzensgeld liegen niedriger als im deutschsprachigen Mitteleuropa.

Hilfreich sind die Mitgliedschaften in **Automobilklubs,** da sie u.a. eine kostenfreie Beratung durch den slowenischen Partnerklub *AMZS* ermöglichen. Für die Notfallnummern der wichtigsten Automobilclubs siehe „Notfall".

Straßennetz

Das slowenische Straßennetz gilt als sehr gut und ist vorbildlich unterhalten. Auch Nebenstraßen haben so gut wie keine Schlaglöcher (doch sollte man nichtsdestotrotz seine Fahrweise auf Unvorhergesehenes abstimmen). In **ländlichen Gebieten** ist immer mit Verkehrsteilnehmern zu rechnen, die nicht dem Hochgeschwindigkeitsbereich angehören: Leiterwagen, Traktoren, Kühe, Esel. Schmale Straßen bieten dann kein Durchkommen mehr oder zumindest nur in einer Fahrtrichtung – fatal, wenn man schnell in eine Kurve fährt und dahinter eine Kuh genüsslich am Wegesrand Grün zupft.

Zwei internationale Hauptachsen durchziehen Slowenien. Die **Slovenika**

(E57) kommt von Graz und verläuft über Maribor, Celje und Ljubljana nach Koper und führt weiter nach Triest, die **Ilirica (E61)** verläuft von Salzburg über Jesenice nach Ljubljana und führt weiter bis nach Zagreb. Beide Strecken sind durchgängig zur Autobahn ausgebaut.

Als Fernverkehrsstraßen gelten 1400 km, das regionale – meist zweispurige – Straßennetz besteht aus 3400 km (davon ca. 500 km Schotter) und an Nebenstraßen gibt es etwa 10.000 km (zur Hälfte unbefestigt).

Vignettenpflicht

Auf Autobahnen und Schnellstraßen gilt Vignettenpflicht (Preise → S. 501). Das Auswärtige Amt weist auf Folgendes hin: „Vignettenpflicht **gilt auch auf blau markierten Fernstraßen.** Achtung: die blaue Beschilderung kann leicht übersehen werden. Jedoch finden gerade hier Kontrollen statt. Es ist also nicht ohne weiteres möglich, die Vignettenpflicht durch Umfahren der Autobahn zu umgehen."

Verkehrsfunk

Der staatliche Rundfunk verbreitet auf seinem Verkehrssender auf UKW während der Hauptreisezeit Verkehrsmeldungen auch in deutscher, englischer und italienischer Sprache. Die Sendefrequenzen wechseln je nach Gebiet, sind aber am Wegesrand auf Schildern angegeben. Gemeldet werden Straßenzustand, Staus, Wartezeiten an Grenzen und Tunnels und das Wetter.

749sl sk

Parken

In allen größeren Orten und an beliebten Ausflugszielen gelten **Parkzonen,** in denen nur eingeschränkt und gegen Gebühr geparkt werden darf. Verkehrsschilder weisen (meist auch in Englisch) auf die geltenden Regeln hin. Die **App Easypark** erspart das Suchen nach Kleingeld bzw. den oft etwas komplizierten Umgang mit den Automaten (kostenlos auf www.easypark.com oder in den einschlägigen App Stores). Die Gebühren werden online bezahlt, wofür das Unternehmen eine Servicegebühr von 15 % erhebt.

⌃ An vielen Parkplätzen kann man nur per App bezahlen

〉 Die Region ist berühmt für ihre feinen Weißweine

Barrierefreies Reisen

Slowenien arbeitet engagiert am Ausbau der **Barrierefreiheit seiner öffentlichen Einrichtungen,** wo immer das möglich ist. Behindertenparkplätze vor Ämtern und Einkaufszentren, behindertengerechte, öffentliche Toiletten, Zugang mittels Rampen z.B. an den Bahnhöfen sowie absenkbare Busse für Zu- und Ausstieg finden Menschen mit Handicap fast überall vor. Auch die meisten Hotels und Restaurants verfügen über entsprechende Einrichtungen. Eine Hürde bleiben Altstädte mit ihren schmalen, holprigen Gassen und Treppen. Auch an den slowenischen Felsstränden werden sich Gehbehinderte schwertun, ins Wasser zu steigen. Die meisten Thermenanlagen hingegen sind behindertengerecht konzipiert. Als **vorbildlich** gelten die **Thermen von Laško, Rimske terme** und **Dobrna.**

Camping

Campingplätze mit **hohen Standards** sind über ganz Slowenien verteilt, sodass man überall eine Übernachtungsmöglichkeit findet. Informationen über Campingplätze geben die Tourismusbüros und deren Website www.slovenia.info sowie einschlägige Campingführer bzw. -Websites wie www.camping.info.

Wohnmobilfahrer seien darauf hingewiesen, dass die slowenische Polizei an ungenehmigten Stellen geparkte Fahrzeuge rigoros kontrolliert und zur Weiterfahrt auffordert – auch mitten in der Nacht. Stellplätze werden in diesem Buch nur als Auswahl aufgeführt. Spezielle Websites und Führer informieren ausführlich über gute Stellplätze, so etwa https://camperstop.si/de.

Der Siegeszug der Luxusvariante des Campings ist in Slowenien nicht aufzuhalten. **Glamping** mitten in der Natur und mit erhöhtem Erlebniswert in luxuriösen Unterkünften wird vielerorts und in unterschiedlichsten Varianten angeboten: vom Riesenzelt mit eigenem Bad bis zum Baumhaus.

Einkaufen

Reisende bekommen in Slowenien alles zu kaufen, die **Supermärkte** sind ausgezeichnet sortiert und auch in kleineren Läden gibt es die wichtigsten Nahrungsmittel und Kosmetikartikel. Das **Preis-**

810sl sk

niveau ist gemessen am Einkommen der Slowenen recht hoch; man zahlt für Wurst, Käse oder Brot nur geringfügig niedrigere Preise als in Deutschland oder Österreich.

Die Geschäfte sind in der Regel werktags von 8 bis 12.30 und 14.30 bis 19 Uhr **geöffnet,** samstags oft nur bis 13 Uhr. Größere Läden, Supermärkte und die Geschäfte in touristischen Regionen verzichten zumeist auf die Mittagspause und bleiben abends länger (bis 20 Uhr) und am Samstag den ganzen Tag geöffnet. Einige arbeiten auch am Sonntag Vormittag.

Kulinarisches

Was man in Slowenien in bester Qualität und zu sehr günstigen Preisen erwerben kann, sind **Naturprodukte** wie Öl, Honig, Obstsäfte, Wein und Schnaps und dies meist direkt vom Erzeuger. Aber auch auf Märkten sind all diese Dinge erhältlich. Einen **Obst-, Gemüse- und Blumenmarkt** hat jedes Städtchen aufzuweisen; die beste Besuchszeit ist der Vormittag, denn nachmittags bauen viele Händler ihre Stände wieder ab und fahren nach Hause. Samstagvormittag sind die Märkte besonders lebhaft, weil dann auch die Berufstätigen zum Shopping kommen.

Hofverkauf

Wenn Bauern etwas zu verkaufen haben, hängen sie ein Schild an die Hauseinfahrt, sodass man im Vorbeifahren darauf aufmerksam wird. *Med* steht häufig darauf, Honig, manchmal aber auch *vino* (Wein), *šnops* (Schnaps), *olje* (Öl) oder *krompir* (Kartoffeln). **Honig** zu kaufen lohnt sich auf jeden Fall, denn er ist völlig naturbelassen und im Vergleich zu Mitteleuropa sehr preiswert. Auch **Öl,**

213sl sk

vor allem das schwarze Kürbiskernöl, und der **Obstschnaps** sind preiswerte und gute Souvenirs, die man auch gut im Supermarkt kaufen kann. **Wein** sollte man jedoch lieber bei einem Winzer erwerben, auch wenn viele Slowenen auf den „Wein vom Nachbarn" schwören.

Klosterläden

Die **Klosterbrüder von Stična und Pleterje** haben mit den Produkten ihrer Gärten ein einträgliches Geschäft entwickelt. Die Fratres von Stična setzten auf die Heilkraft der Natur und verkaufen **Kräutertees und Tinkturen** gegen alle möglichen Leiden. Ihre Brüder aus Pleterje sind etwas weltlicher gestimmt und den leiblichen Genüssen gegenüber aufgeschlossener: Hinter den hohen Mauern wird ein ganz besonderer **Birnenschnaps** gebrannt, die *Pleterska hruška,* deren Markenzeichen eine in der Flasche gewachsene Birne ist. Außerdem keltern die Herren einen ganz ausgezeichneten *Cviček,* einen säuerlichen **Rotwein,** mit dem sie schon Preise gewonnen haben.

Kunsthandwerkliches

Handarbeiten

Berühmt sind die **Klöppelspitzen,** die vor allem in der **Region um Idrija** von den Frauen und Mädchen in akribischer Handarbeit hergestellt werden. Die Spitzentradition in der Region ist sehr alt und es gibt eine eigene Klöppelschule, die die Frauen ausbildet. Die filigranen Deckchen, Kissenhüllen, Spitzenkragen, Bettwäsche und sogar Vorhänge gibt es in gut sortierten Souvenirläden zu kaufen; die Preise sind überall gleich hoch, denn die Klöppelspitzen sind sehr begehrt.

[<] Auch schöne und nützliche Keramikarbeiten gibt es zu kaufen

Schmiedeeisen

Im Eisendorf **Kropa** in der Nähe von Bled pflegen die Menschen seit Jahrhunderten die Tradition der Eisenverarbeitung. Auch heute noch leben hier einige **Kunstschmiede,** die schmiedeeiserne Gitter, aber auch handlichere Dinge wie Schlüsselbrettchen oder Blumentopfhalter herstellen.

Kristall

Tržišče in der Nähe des Kurbads Rogaška Slatina ist die Heimat des **slowenischen Bleikristalls,** das man geschliffen oder glatt in dem fabrikeigenen Geschäft kauft. Geschäfte mit Kristall aus Rogaška findet man in jedem größeren Ort. Es gibt klassisches, aber auch modernes Design, doch die Preise sind stolz.

Keramik

Traditionelle Keramik wird kaum noch produziert, nur auf den Märkten des **Prekmurje** kann man mit etwas Glück **schwarz lasierte Schalen und Teller** bekommen, die typisch sind für diese Region und das angrenzende Ungarn.

In vielen Städten gibt es Kunsthandwerksläden, die hübsche naturbelassene oder auch farbig lasierte Keramik verkaufen, die zu allem nur Erdenklichen verarbeitet ist: Vom Weihnachtsschmuck über Halsketten bis hin zu Tontöpfen ist alles vertreten. Vieles ist kitschig, aber man kann durchaus interessante Entdeckungen machen.

Imkereiprodukte

Die **Bienenkorbbrettchen** mit ihren bäuerlichen Motiven sind schon fast ein Wahrzeichen Sloweniens. Reproduktionen gibt es in den meisten Souvenirläden. Aber die Imkerei wirft mehr ab als nur Honig und so kann man beispielsweise im Imkermuseum von Radovljica preiswerte **Kerzen** aus echtem Bienenwachs und **Propolis** erwerben.

Literatur

Gemessen an der Einwohnerzahl und damit am Käuferpotential gibt es in Slowenien eine erstaunlich breite und qualitativ hochwertige Buchproduktion. Einige **Bildbände und Reiseführer** werden mehrsprachig produziert. Besonders aktiv ist in diesem Bereich der Verlag *Mladinska knjiga*, der mit seinem fast 1000-seitigen deutschen „Slowenien-Reiseführer" noch das kleinste Kirchlein und das winzigste Dorf listet und beschreibt.

Ein- und Ausreisebestimmungen

Dokumente

Slowenien ist Mitglied der **Europäischen Union** und Schengen-Staat. Bürger der EU-Mitgliedsstaaten und der Schweiz benötigen für einen Aufenthalt bis zu drei Monaten einen **Personalausweis. Kinder** benötigen ein eigenes Dokument. Reisende mit Nationalitäten von außerhalb der EU sollten bei der diplomatischen Vertretung ihres Landes in Erfahrung bringen, ob sie ein **Visum** zur Einreise nach Slowenien benötigen oder ob der eigene Aufenthaltstitel ausreicht. Informationen bzw. Links findet man bei den Auswärtigen Ämtern:

- **Deutsches Auswärtiges Amt,** Tel. +49 30 18172000, www.auswaertiges-amt.de (auch App „Sicher Reisen" für iOS und Android).
- **Außenministerium Österreich,** für generelle Anfragen Tel. 01 901153775, für dringende Fälle Tel. +43 1901154411, www.bmeia.gv.at (auch „Auslandsservice-App" für iOS und Android).
- **Eidgenössisches Departement für auswärtige Angelegenheiten (Schweiz),** Tel. +41 800 247365 oder 0584653333, www.eda.admin.ch, (auch „itinerisApp" für iOS und Android).

Wer mit dem **Kfz** einreist, benötigt den Führerschein und den nationalen Fahrzeugschein. Die grüne Versicherungskarte ist nicht zwingend vorgeschrieben, doch ihre Mitnahme mag bei Unfällen hilfreich sein. Da die slowenischen Deckungssummen der Haftpflichtversicherer nicht immer dem deutsch-österreichisch-schweizerischen Standard entsprechen, ist der Abschluss einer Vollkaskoversicherung (monatsweise möglich) empfehlenswert.

Für **Hunde und Katzen** benötigt man den EU-Heimtierpass, der eine Kennzeichnung des Tieres und den Nachweis der Tollwutimpfung enthält. Darüber hinaus muss das Tier mit einem **Microchip** gekennzeichnet sein.

Zoll und Steuer

Der **private Warenverkehr** innerhalb der EU ist grundsätzlich frei. Als Richtmengen für den privaten Gebrauch gelten bestimmte Mengengrenzen bei hochsteuerbaren Waren. Mehrmengen sind grundsätzlich nicht einfuhrfähig, wenn keine glaubhafte Begründung vorliegt, dass die Ware persönlich verwendet wird.

Einzelne **nationale Verbote und Beschränkungen** sind weiterhin zu beachten. Diese betreffen u.a. verbotene Waffen, Artenschutzprodukte, Arzneimittel, Drogen (auch Kleinmengen), Markenfälschungen (geringe Stückzahlen zum Eigenbedarf / als Geschenk erlaubt) und Feuerwerkskörper.

Richtmengen innerhalb der EU

- **Tabakwaren:** 800 St. Zigaretten und 400 St. Zigarillos und 200 St. Zigarren und 1 kg Rauchtabak.
- **Alkohol:** 10 l Spirituosen, 110 l Bier, 60 l Schaumwein.
- **Andere Waren:** 10 kg Kaffee; 20 l Treibstoff im Ersatzkanister.

Reisefreimengen für Reisende aus der Schweiz nach Italien

- **Tabakwaren:** 200 Zigaretten oder 100 Zigarillos oder 50 Zigarren oder 250 g Tabak oder eine anteilige Zusammenstellung dieser Waren.
- **Alkohol:** 1 l Spirituosen (über 22 Vol.-%) oder 2 l Spirituosen oder ähnliche Getränke (22 Vol.-% oder weniger) oder 2 l Schaum- oder Likörweine oder eine anteilige Zusammenstellung dieser Waren und 2 l nicht schäumende Weine (man beachte auch die Regeln für das Handgepäck auf Flügen).
- **Andere Waren:** bis zu einem Wert von insgesamt 430 €, ausgenommen sind Goldlegierungen und Goldplattierungen in unbearbeitetem Zustand oder als Halbfabrikat.

Reisefreimengen bei Rückkehr in die Schweiz

- **Tabakwaren:** 250 Zigaretten/Zigarren oder 250 g Tabak (jeweils für Personen ab 17 Jahren).
- **Alkohol:** 5 l Alkohol bis 18 Vol.-% und 1 l über 18 Vol.-%.
- **Andere Waren:** 25 l Kraftstoff im Benzinkanister, 1 kg Fleisch/Fisch, 1 kg Butter, 5 kg Speisefette /-öle. Übersteigt der Gesamtwert der mitgeführten Waren (inkl. aller Lebensmittel) 300 SFr, ist in jedem Fall Mehrwertsteuer zu zahlen.

Weitere Informationen

- **Deutschland:** www.zoll.de, App „Zoll und Reise".
- **Österreich:** www.bmf.gv.at, BMF-App.
- **Schweiz:** www.ezv.admin.ch, QuickZoll-App.

Impfungen

Besondere Impfungen sind nicht vorgeschrieben und bei normalem Reiseverhalten auch nicht notwendig. Wer wandern will, sollte sich über eine eventuell empfohlene **FSME-Impfung** gegen die von **Zecken** übertragene Hirnhautentzündung informieren.

Elektrizität

Die Netzspannung beträgt in Slowenien 230 V wie in Deutschland, Österreich und der Schweiz. Adapter für die Steckdosen sind nicht notwendig.

Essen und Trinken

→ Kleine Sprachhilfe Slowenisch im Anhang

Slowenien ist eine Reise wert, nicht zuletzt schon des Essens wegen. Das Gastronomieangebot ist äußerst reichhaltig und man kann von der Pizzeria bis zum Gourmet-Restaurant alles finden, wonach einem der Sinn steht. Nur eines sollte man bedenken: *Čevapčiči* hat mit Slowenien so viel zu tun wie ein Fisch mit einem Fahrrad – nämlich gar nichts. Auch wenn es recht häufig auf der Speisekarte steht: Die Fleischröllchen haben ihre Heimat in Bosnien.

Die slowenische Küche ist eine **bäuerliche Küche,** so wie auch die österreichische. Man kocht mit viel Mehl, Fett, Schmalz und Butter, die Speisen sind wie die *štruklji* (Strudel) oder die Speck-*Potica* (ein Hefeteigkuchen) gehaltvoll und die Portionen groß. Wie man die Küche des nördlichen Nachbarlandes beeinflusst hat, wurde man auch von dieser angeregt.

Aber nicht nur die K.-u.-k.-Monarchie hat ihre Spuren hinterlassen, auch Italienisches findet sich immer wieder auf den Karten, sei es als Gerichte oder über die Zubereitungsart. Ein gutes Beispiel ist die Maispolenta, die in Slowenien auch gern aus Buchweizenmehl zubereitet wird.

Ein weiteres Standbein der Küche ist die Kost der Gebirgsbewohner. Fett und nahrhaft musste das Essen sein, um ein Überleben in Schnee und Eis zu erlauben – für mitteleuropäische Zungen mag daher als Vorspeise eine Handvoll *zaseka,* durch den Fleischwolf getriebener, fettester Schweinespeck, gewöhnungsbedürftig sein – nach einem Tag des Bergsteigens ist es willkommene Aufbaukost.

Wohin Gourmets pilgern

Seit Jahren begleitet die österreichische Gourmetbibel *Gault&Millau* (https://si.gaultmillau.com) ambitionierte Küchenchefs auf ihrem Weg an die kulinarische Weltspitze, und seit 2020 gibt es auch eine Ausgabe des roten Guide Michelin für Slowenien (https://guide.michelin.com/en/si/restaurants). Er vergab 2023 **drei Sterne** an *Ana Roš* von der **Hiša Franko in Kobarid.** Mehrere Zwei- und Ein-Sterne-Köchinnen und -Köche stehen für das hohe Niveau der slowenischen Gourmetküche, ebenso eine Handvoll grüner Sterne für die Nachhaltigkeit und der **BIB Gourmand** für das tolle Preis-Leistungs-Verhältnis. Zu einem Kultevent haben sich die Fress-Freitage im Sommerhalbjahr in Ljubljana entwickelt: Bei der **„Odprta kuhna“** (offene Küche) stellen Restaurants aus dem ganzen Land an mobilen Küchenständen ihre Spezialitäten zur Verkostung.

→ Zu jeder Zeit, S. 18

Wer in Bled Pause macht, darf keinesfalls die kremšnita verpassen – die Cremeschnitte

Typische Gerichte

Vorspeisen

Pršut, roher **Schinken,** die konventionelle Vorspeise Sloweniens, kommt bäuerlich in dicke Scheiben geschnitten oder wird elegant papierfein aufgetan; am besten genießt man das mehrere Monate im Wind des slowenischen Karstes getrocknete schweinerne Stück mit selbst gebackenem Brot. Eine Essigfrucht oder eingelegte Oliven lockern die Speise auf. Neben dem Schinken liegt auch oft Salami oder andere hausgemachte Wurst.

Wer großen Hunger hat, wird sich vor den Hauptgerichten gern noch eine **Suppe** bestellen. Suppen haben eine lange Tradition in der slowenischen Küche. Kartoffeln, Karotten und Kohl werden beispielsweise mit Rauchfleisch zu einem nahrhaften Gericht verbunden. Fast vergessen ist in Mitteleuropa die Graupe *(ješpren)*. In Slowenien wurde sie in der Küche wieder zu einem wichtigen Bestandteil. Suppen gibt sie das sättigende Rückgrat. Saure Suppe ist in der Gegend des Pohorje-Gebirges eine Spezialität. Suppen sind also allgegenwärtig, besonders in der kalten Jahreszeit. Sie können durchaus auch als Hauptgericht aufgetafelt werden – man muss aber keine Angst haben, nicht satt zu werden, die Ingredienzen füllen jeden Magen zur Genüge. Um das sicherzustellen, wird häufig mit Mehlschwitze die Grundlage geschaffen, Sahne kommt zur Verfeinerung auch noch hinzu.

001sl sk

Hauptspeisen

Große Ereignisse feiern Familien mit einem opulenten Mahl. Zwanglos sitzt man zusammen und tut sich auf, dabei können Zwischengericht und Hauptgericht zeitgleich auf den Tisch gelangen.

Als Zwischengericht im Landesinneren kommen natürlich die **Süßwasserfische** zu Ehren, hauptsächlich die Bachforelle *(postrv)*, weniger, aber auch, Karpfen, Hechte und Welse. Gegrillt, nach Müllerin-Art oder blau – die Forellen aus der Soča gelten als Delikatesse. Karpfen werden gezüchtet oder in den Seen am Alpenrand gefangen.

Am Meer finden **Langusten, Muscheln und Kalamari** den Weg auf die Teller. Gebacken oder gegrillt kann der Tintenfisch sein, aber auch gefüllt mit Schinken und/oder Käse. Die Muscheln sind nach „buzara"-Art angerichtet (gedünstet in Knoblauch-/Zwiebel-/Wein-/Ölsud) oder nach einer der vielen anderen aus Italien bekannten Methoden.

Das Hauptgericht besteht schließlich aus Fleisch (wenn man nicht schon nach der Forelle oder dem Meeresgetier satt ist). Da Slowenien viele Wälder besitzt und Pilzsammeln sich im Herbst zum Nationalsport entwickelt, werden Fleischgerichte oft von einer **Pilzsauce** begleitet. Steinpilze sind dabei gar nicht selten (vielleicht hat man sie ja in der Menüabfolge auch schon als Suppe – *gobova juha* – genossen).

751sl sk

Auch **Rot- und Niederwild** kann man in der Jagdsaison häufig bestellen – als Filet, Gulasch oder Braten. Besonders Hirsch *(jelen)* hat es den Slowenen angetan. Auch **Bär** – man höre und staune – steht auf der Karte. Slowenien hat noch eine gar nicht kleine Population dieser sonst fast verschwundenen Tiere und sie dürfen reglementiert bejagt werden. Wenn es auf der Karte steht, bestelle man also *medved v omaki* – Bärenfleisch mit Sauce.

Gewöhnungsbedürftig mag das Hauptgericht aus **Fohlenfleisch** sein – als Steak *(žrebičkov steak)* oder als Braten. Doch ist seine Ablehnung meist psychologischer Natur – es mundet köstlich und die Verwendung von Pferdefleisch hatte einst auch in Mitteleuropa Tradition. „Lungenbraten" hat übrigens nichts mit dem Blasebalg zu tun – es ist die österreichische Bezeichnung für Lende.

Wer sich am Meer als Hauptgang **Fisch** aussucht, hat die Qual der Wahl: Seewolf, Drachenkopf, Seeteufel, Goldbrasse, Seebarsch, Schwertfisch, Seezunge werden gegrillt, in Pergament oder Alufolie in den verschiedensten Saucen gedünstet oder im Salzmantel im Ofen gebacken und dann am Tisch aufgehämmert, filetiert und serviert. In Weiß- und Rotwein, mit Knoblauch, Zwiebeln, Tomaten oder Zucchini gekocht, mit Estragon, Thymian oder Oregano gewürzt – so viele Köche es gibt, so unterschiedlich sind die Rezepte der Fischzubereitung.

Die klassische Beilage ist der **Sterz aus Buchweizen** *(ajdovi žganci)*. Polentaähnlich hat er früher jedes Gericht

750sl sk

begleitet bzw. war das Gericht selbst. Mit Sauce oder Schmalz konnte man Geschmack reinbringen. Heute wird der Buchweizensterz (auch Heidensterz) in kleineren Portionen als „Begleitmusik" und Erinnerung an vergangene Zeiten neben dem Fleisch oder der Wurst gereicht – von Lokalen, die sich auf die Traditionen der Landesküche besinnen.

Nachspeisen

Gibanica ist ein mit Nüssen, Quark und Früchten gefüllter **Strudel.** Auch Mohn gehört traditionell zu den Ingredienzen der slowenischen Zuckerbäckerei und kommt manchmal in die *Gibanica.* Die *Potica* besteht aus Hefeteig (ebenfalls mit Nüssen und Quark). Der bei uns bekannte Strudelteig ist mit Quark oder Äpfeln gefüllt.

Überall auf den Karten trifft man auf **Palatschinken** – Pfannkuchen, die mit Schokolade oder Nüssen und von Schlagsahne begleitet den Magen abschließend sättigen. **Eis** ist an der Küste die bevorzugte Nachspeise und als Erfrischung zwischendurch an Straßenständen zu kaufen.

Reich und vielfältig ist das Angebot an **Torten und Schnitten** in den Auslagen der Konditoreien und Vitrinen der Restaurants. Buttercreme ist der bevorzugte Bestandteil und ein einziges Tortenstück ist durchaus in der Lage, für mehrere Stunden jede weitere Nahrungsaufnahme zu verunmöglichen. *Kremšnita* heißt in Erinnerung an kai-

⌃ Čevapčiči im Fladenbrot – beliebtes Fastfood

‹ Waldgenüsse, kreativ präsentiert

Gastronomisches Glossar

→ Kleine Sprachhilfe Slowenisch im Anhang

Slowenisch – Deutsch

- ajda – Buchweizen
- beluš – Spargel
- biftek – Beefsteak
- borovnice – Heidelbeeren
- brancin – Seebarsch
- bučka – Kürbis
- česen – Knoblauch
- dagnje – Miesmuscheln
- datlji – Meeresdatteln
- divja svinja – Wildschwein
- divjačina – Wild
- domači zajec – Stallhase
- gibanica – Strudel
- glavna jed – Hauptspeise
- goba – Pilz
- gos – Gans
- govedo – Rind
- grah – Erbsen
- jagode – Erdbeeren
- jastog – Hummer
- Jedilnik – Speisekarte
- jelen – Hirsch
- jelenjad – Rotwild
- juha – Suppe
- jurčki – Steinpilze
- kalamare – Kalamari
- kava – Kaffee
- kis – Essig
- kislo zelje – Sauerkraut
- klobasa – Wurst
- koline – Schlachtplatte
- korenje – Karotten
- kreditna karta – Kreditkarte
- kremšnita – Cremeschnitte
- krompir – Kartoffeln
- kruh – Brot
- krvavica – Blutwurst
- lisička – Pfifferling
- morski list – Seezunge
- morski vrag – Seeteufel
- njoki – Gnocchi
- odojek – Spanferkel
- olje – Öl
- palačinke – Pfannkuchen
- pečenka – Braten
- pečica – Backofen
- pire – Püree
- piščanec – Hühnchen
- pivo – Bier
- pomfri – Pommes frites
- poper – Pfeffer
- postrv – Forelle
- potica – Hefeteigstrudel
- predjed – Vorspeise
- priloga – Beilage
- pršut – roher Schinken
- pura – Pute
- puran – Truthahn
- raca – Ente
- račun – Rechnung
- rezanci – Nudeln
- riba – Fisch
- riž – Reis
- robide – Brombeeren
- romb – Steinbutt
- rulada – Roulade
- sipa – Tintenfisch
- sir – Käse
- škarpen – Drachenkopf
- školjke – Muscheln
- skuta – Quark/Topfen
- sladica – Nachspeise
- sladoled – Eis
- šnops – Schnaps
- sol – Salz
- solata – Salat
- srna – Reh

- štrocji fižol – Grüne Bohnen
- štruklji – Strudel
- svinja – Schwein
- tartufi – Trüffel
- tele – Kalb
- testenine – Nudeln
- torta – Kuchen
- vegan – vegan
- vegetarijanski – vegetarisch
- vino – Wein
- voda – Wasser
- zajec – Hase
- žar – Grill
- zelje – Kraut
- žganci – Sterz (Polenta)
- žganje – Schnaps
- žlikrovi – Maultaschen/Ravioli
- zrezek – Schnitzel

Deutsch – Slowenisch

- Backofen – pečica
- Beefsteak – biftiki
- Beilage – priloga
- Bier – pivo
- Blutwurst – krvavica
- Braten – pečenka
- Brombeeren – robide
- Brot – kruh
- Buchweizen – ajda
- Cremeschnitte – kremšnita
- Drachenkopf – škarpen
- Eis – sladoled
- Ente – raca
- Erbsen – grah
- Erdbeeren – jagode
- Essig – kis
- Fisch – riba
- Forelle – postrv
- Gans – gos
- Gnocchi – njoki
- Grill – žar
- Grüne Bohnen – štrocji fižol
- Hase – zajec
- Hauptspeise – glavna jed
- Hefeteigstrudel – potica
- Heidelbeeren – borovnice
- Hirsch – jelen
- Hühnchen – piščanec
- Hummer – jastog
- Kaffee – kava
- Kalamari – kalamare
- Kalb – tele
- Karotten – korenje
- Kartoffeln – krompir
- Käse – sir
- Knoblauch – česen
- Kraut – zelje
- Kreditkarte – kreditna karta
- Kuchen – torta
- Kürbis – bučka
- Maultaschen/Ravioli – žlikrovi
- Meeresdatteln – datlji
- Miesmuscheln – dagnje
- Muscheln – školjke
- Nachspeise – sladica
- Nudeln – testenine, rezanci
- Öl – olje
- Pfannkuchen – palačinke
- Pfeffer – poper
- Pfifferlinge – lisičke
- Pilz – goba
- Polenta/Sterz – žganci
- Pommes frites – pomfri
- Püree – pire
- Pute – pura
- Quark/Topfen – skuta
- Ravioli/Maultaschen – žlikrovi

Fortsetzung nächste Seite

Fortsetzung von Seite 517

- Rechnung – račun
- Reh – srna
- Reis – riž
- Rind – govedo
- Rotwild – jelenjad
- Roulade – rulada
- Salat – solata
- Salz – sol
- Sauerkraut – kislo zelje
- Schinken (roh) – pršut
- Schlachtplatte – koline
- Schnaps – šnops, žganje
- Schnitzel – zrezek
- Schwein – svinja
- Seebarsch – brancin
- Seeteufel – morski vrag
- Seezunge – morski list
- Spanferkel – odojek
- Spargel – beluš
- Speisekarte – jedilnik
- Stallhase – domači zajec
- Steinbutt – romb
- Steinpilze – jurčki
- Sterz/Polenta – žganci
- Strudel – gibanica, štruklji
- Suppe – juha
- Tintenfisch – sipa
- Topfen/Quark – skuta
- Trüffel – tartufi
- Truthahn – puran
- vegan – vegan
- vegetarisch – vegetarijanski
- Vorspeise – predjed
- Wasser – voda
- Wein – vino
- Wild – divjačina
- Wildschwein – divja svinja
- Wurst – klobasa

serliche Zeiten das Schnittchen aus Blätterteig und – wer hätt's gedacht – viel Creme.

Weitere Spezialitäten

Krainer Würste sind eine Spezialität aus Kranj (Krain), die im ganzen Land serviert wird. Man isst die geräucherten Schweinewürste nicht gebraten, sondern gekocht mit Brot und Senf oder auch mit Sauerkraut.

Beim Schlachten wird auf den Höfen **Blutwurst** hergestellt. Fleisch, Innereien und Blut werden dazu traditionellerweise mit Graupen (heute auch mit Reis) gestockt und in Därme gepresst. Gebraten gelangt Blutwurst mit Kartoffeln und Sauerkraut auf den Tisch.

Čevapčiči wurden bereits angesprochen. Mit *ražniči* und *pljeskavica* gehören sie zu dem, was einst die Besucher des sozialistischen Jugoslawien für den Standard der Küche des Vielvölkerstaates hielten. Auch heute noch werden die Fleischröllchen (original aus einem Drittel Hammel-, einem Drittel Schweine- und einem Drittel Rindfleisch mit viel Knoblauch hergestellt), ihre platt gedrückte Version *pljeskavica* und *ražniči*, die Fleischstückchen am Metallspieß, in vielen Orten angeboten – mit Pommes eine schmackhafte Alternative (nicht weniger und nicht mehr) zu Fastfood.

Die Nähe zu Istrien bedeutet eine weitere Köstlichkeit – die **Trüffel** wächst in den Wäldern des Inlandes der kroatischen Halbinsel und Sloweniens. Nudelgerichte sind damit verfeinert, Fleischpasteten gewürzt und auch über Fisch raspelt man den sündhaft teuren, seltenen Pilz.

Getränke

Wasser

Eine Unzahl an Quellen und Thermen besitzt Slowenien – ein Wunder wäre es, wenn diese Wasser nicht auch heilkräftige Wirkung besäßen. Fast jeder Thermalbadeort hat sein eigenes Wässerchen, das bei geruhsamen Rundgängen in Parks schluckweise dem Körper zugeführt wird. Doch die berühmteste Marke ist *Radenska.* Das Mineralwasser wird in die ganze Welt exportiert und die meisten Bewohner Radencis leben von dem kostbaren Nass aus den Tiefen der Felsen. Eine weitere, aber nicht so bekannte Marke ist *Rogaška slatina.*

Wein

Noblesse oblige: die älteste Weinrebe der Welt wächst in Maribor an einer Hauswand (und ihr Ertrag wird in kleinen Phiolen an verdiente Bürger der Stadt und auch an berühmte Besucher mit einer Urkunde ausgereicht).

Im Land wachsen fast alle Rebsorten, sodass man vom *Chardonnay* über *Riesling, Tokajer, Muskateller, Merlot, Zweigelt* bis zum *Cabernet Sauvignon* ein reichhaltiges Potpourri erhält. Zwei Sorten sind aber besonders typisch. Der **Cviček** ist eine Art Rosé und entsteht in Doljenska. Die Traube wächst auf harten Kalkböden mit Hornblende aus der Kreidezeit. Er ist trocken, aber keines-

Rebsorten

Beli pinot (Weißer Burgunder)
Barbera (Blauer Barbera)
Cabernet franc
Cabernet sauvignon
Chardonnay
Frankinja (Blaufränkisch)
Furlanski tokaj (Friaulischer Tokajer)
Gamay
Kerner
Kraljevina
Maločrn
Malvazija (Malvasier)
Merlot
Modra Frankinja (Blaufränkisch)
Modri pinot (Blauer Burgunder)
Muškat ottonel
Pinela
Portugalka (Portugiser)
Prosecco
Ranfol
Ranina
Rebula
Refošk (Refosco)
Renski rizling (Rheinriesling)
Rizvanec (Risvaner)
Rumeni muškat (Gelber Muskateller)
Sauvignon
Šentlovrenka (Roter Saint Laurent)
Sivi pinot (Grauer Burgunder)
Šipon (Mosler)
Traminec (Traminer)
Žametovka
Zelen
Zeleni silvanec (Grüner Silvaner)
Žlahtina (Gutedel)
Zweigelt

falls herb, mit niedrigem Alkoholgehalt und angenehmer Säure. Im Unterschied zu eigentlichen Roséweinen, die vollständig aus roten Trauben bestehen und ihre helle Farbe durch das Herstellungsverfahren erhalten, wird der Cviček aus roten und weißen Trauben gekeltert.

Der **Teran** vom Karst wird aus der Rebsorte *Refosco* gepresst, die ebenfalls auf harten Kalkböden wächst. Allerdings gehört zu ihr das strenge Klima des Karst, die Durchschnittstemperaturen müssen relativ niedrig sein. Der Milchsäuregehalt ist recht hoch, ebenso der Anteil an Eisen. So attestiert man dem rubinroten Wein heilkräftige Wirkung. **Portugalka** entspricht dem *Beaujolais nouveau* und muss jung getrunken werden.

Die köstlichen Tropfen slowenischer Erde zu verkosten ist immer eine gute und angenehme Beschäftigung, nicht zuletzt, weil man sie häufig mit dem Besuch auch anderweitig kulturell interessanter Orte verbinden kann. Achten sollte man auf den Termin. Im Oktober und Anfang November ist häufig der Zutritt zu den Weinkellern nicht möglich. Wo noch in Fässern gegärt wird, muss nämlich auf die Entwicklung von Kohlendioxid geachtet werden, das den Sauerstoff aus den Kellern verdrängt und einen Besuch zu einem tödlichen Ereignis machen kann. Die Gärung ist am 11. November beendet, wenn das ganze Land am St.-Martins-Tag das Weinfest begeht.

Man unterscheidet drei Weinanbaugebieten, die in weitere Anbaugegenden unterteilt sind und in denen jeweils weißer und roter Wein gekeltert wird. Eine ganze Reihe von Weinstraßen durch diese Gebiete sind ausgewiesen.

Anbaugebiet Primorska: Es herrscht mediterranes Klima vor, wenn auch kontinentaleuropäische Witterungseinflüsse zu spüren sind. Die Weine sind vollmundig, besonders die roten sind auch schwer und haben einen hohen Alkoholgehalt.

Anbaugebiet Podravje: Kontinentaleuropäisches Klima, das sich positiv auf die weißen Weine mit vollem Aroma und angenehmer Säure auswirkt, häufig zu Prädikatsweinen ausgebaut.

Anbaugebiet Posavje: Kontinentaleuropäisches Klima mit mediterranen Einflüssen; frische, fruchtige Weine auch mit niedrigerem Alkoholgehalt.

Bier

Das slowenische Bier *(pivo)* ist ausgesprochen süffig. Die drei landesweit verkauften Marken sind *Union, Zlatorog* und *Laško,* die in Laško ihre Braustätten haben. Alle drei Marken gibt es in den Lokalen auch als frisch gezapfte Fassbiere. Da Slowenen begeisterte Craft-Bier-Brauer und -Trinker sind, ist hierbei das Angebot recht unübersichtlich. Beliebteste Marken sind Human Fish und Reservoir Dogs.

→ Exkurs: Bier als Handarbeit, S. 522

Preiskategorien Restaurants

Die Preise gelten für eine Mahlzeit mit Vor- und Hauptgericht und Nachspeise ohne Getränke.

- ① bis 25 €
- ② 25–35 €
- ③ 35–50 €
- ④ über 50 €

Die Lokale

Als **Restaurant** *(restavracija)* bezeichnen sich die Lokale, die häufig internationale Küche anbieten. Das *gostišče* oder *gostilna* entspricht dem **Gasthaus.** Es kann sehr einfach sein und durchschnittliche Kost bieten, aber zunehmend nennen sich Lokale so, um zu zeigen, dass sie die Traditionen der slowenischen Küche pflegen, sodass es also auch Gasthäuser in der oberen Preisklasse gibt. Der **Buschenschank** *(pušenšank)* ist in der Saison der Weinlese geöffnet und hat provisorischen Charakter. Sein Angebot besteht aus jungem Wein und einigen einfachen, bäuerlichen Gerichten, um die rechte Grundlage im Magen zu schaffen.

Zum Thema **vegetarische** oder gar **vegane Lokale** können die Autoren ein Klagelied anstimmen, denn selten überdauert eine Adresse ein Jahr. Woran auch immer das liegt – sind Slowenen notorische Fleischesser? – solchen Initiativen ist das Glück selten hold. Slowenische Freunde berichten, sie halten sich an indische/nahöstliche Küche, wenn kein vegetarisches Restaurant in der Nähe ist. Dennoch ist in den größeren Städten die Nachfrage nach fleisch- und fischloser Nahrung deutlich höher als in ländlicheren Gebieten.

Zunehmend entstehen **Schnellimbiss-Lokale.** Diese können nach italienischem Vorbild *paninoteke* (für belegte Brötchen) oder *picerije* mit Straßenverkauf sein, aber auch das Neon-„M" mit den runden, angeblich mütterlichen Formen bietet seine genormten Buletten an. Die slowenische Variation dieses Themas sind die Čevapčiči im Brötchen, *čevapčiči v lepinji,* die es allerorten im

Bier als Handarbeit

20.000 km², 2 Mio. Einwohner und 30 Brauereien – wer Slowenien für ein Weinland hält, unterschätzt die Leidenschaft der Slowenen für *pivo,* Bier. Lange machten die beiden Großen, *Union* und *Laško* – seit 2015 unter dem Dach von *Heineken* vereint – den Markt unter sich aus. Aber wo, wenn nicht in Slowenien mit dem Hang, möglichst viele Lebensmittel in heimischer Produktion herzustellen, hätte der Samen der **Craft-Beer-Bewegung** auf fruchtbareren Boden fallen können?

Human Fish aus Vrhnika unweit von Ljubljana ist sicherlich die bekannteste unter den slowenischen Mikro-Brauereien. 2008 von einem Australier gegründet, zählen ihre drei Basissorten, *pale ale, stout* und *india pale ale* zu den Favoriten der Ljubljaner Kneipenszene und sind dort auch überall erhältlich. Wer mehr wissen will, pilgert nach Vrhnika und lässt sich vom Eigentümer erzählen, was es mit dem *SIPA* auf sich hat, *Human Fish's* berühmtestem *Indian pale ale* von fast leuchtend orangeroter Farbe, aromatischem Geschmack und einem Schuss Bitterkeit (Tržaška 27, Vrhnika, www.facebook.com/taproom vrhnika).

Rok Rutar von Carniola aus Žirovnica hält traditionelle slowenische Werte in Ehren: Alle Ingredienzien seiner Craft-Biere sollen möglichst aus der Region stammen, auch der Hopfen (den andere gerne mal im Ausland günstiger einkaufen). Ein bisschen hausgemacht sehen auch die Etiketten seiner *Red-District*-Serie aus, was der Qualität keinen Abbruch tut. Auf der Plattform ratebeer.com landet sein *Carniola ESB* meist unter den Besten (Moste 117 A, Žirovnica, www.facebook.com/carniolabrewery).

Die Macher von **Reservoir Dogs** kommen aus **Nova Gorica** und halten es mit *Quentin Tarrantinos* „Wilden Hunden". Entsprechend ungestüm sind Design und Namen ihrer *Craft*-Biere gewählt. Bei aller Neigung zum Auftritt – das Bier schmeckt. Empfehlenswert für den Einstieg: *Grim Reaper,* zunächst tropisch fruchtig anmutend, dann von leichter Bitterkeit überlagert (Industrijska cesta 1H, Nova Gorica, https://reservoir-dogs.beer).

Bevog, ebenfalls eine der bekanntesten Craft-Bier-Schmieden des Landes, wird von einer Slowenin geführt, produziert aber in **Bad Radkersburg** auf österreichischem Boden. Auch hier werden vorrangig obergärige Biere, Ales, abgefüllt, das aber mit deutlich mehr Professionalität als bei den bisher genannten. In den slowenischen Restaurants und Kneipen ist **Bevog** gut vertreten, deshalb besteht häufig die Gelegenheit, beispielsweise ein *Pale Ale Tak* zu probieren (https://bevog.com/de).

Natürlich sind auch die Großen – **Laško und Union** – auf den Craft-Bier-Trend aufgesprungen. Aber wo immer die Möglichkeit besteht, empfiehlt es sich, zu den „jungen Wilden" zu greifen.

Eine **gute Auswahl slowenischer Biere** (und auch Biere aus vielen anderen Ländern) gibt es im Laden *Pivoljub,* Dunajska cesta 115, Ljubljana, Mo–Fr 11–17, Sa 9–12 Uhr, www.pivoljub.si.

Straßenverkauf gibt. Eine ebenfalls schnelle (aber nicht unbedingt die billigste) Möglichkeit, an Essen zu kommen, bieten die Läden mit der Bezeichnung *delicatesa,* die neben den üblichen Supermarktwaren auch Salate und belegte Brötchen im Sortiment führen.

Im **Kaffeehaus,** der *kavarna,* lässt sich gemütlich beim kleinen oder großen Braunen, beim Verlängerten, der Melange oder gar bei einem Pharisäer der Nachmittag mit Zeitungslesen verdösen – so, wie es im einstigen Mutterland Brauchtum war und ist.

Reine Touristenlokale sind in Slowenien äußerst selten, fast immer begegnet man hier auch Einheimischen. Sie richten sich meist nicht nach der Karte, sondern fragen Wirt oder Koch, was sie gerade empfehlen

Feiertage, Feste und Events

→ Zu jeder Zeit S. 18

An folgenden staatlichen und kirchlichen Feiertagen bleiben Geschäfte und Ämter geschlossen:

- **1. Januar:** Neujahr
- **8. Februar:** Tag der Kultur
- **März, April:** Ostermontag
- **27. April:** Tag des Widerstands
- **1./2. Mai:** Tag der Arbeit
- **25. Juni:** Nationalfeiertag
- **15. August:** Mariä Himmelfahrt
- **31. Oktober:** Reformationstag
- **1. November:** Allerheiligen
- **25. Dezember:** Weihnachten
- **26. Dezember:** Unabhängigkeitstag

003sl sk

Zu den bedeutendsten Veranstaltungen im Jahreslauf zählen **drei Musikfestivals in Ljubljana:** Das **Ljubljana Festival** im Juli und August bespielt öffentliche Plätze und Konzertlocations mit Musik von Klassik bis Rock (https://ljubljanafestival.si).

Druga godba nennt sich das Festival der Folkloremusik im Mai, auf dem vom slowenischen „Oberkrainer" bis hin zu indianischen Schamanen „etwas andere" Musikgruppen aus aller Welt auftreten (https://drugagodba.si).

Zum **Jazzfestival Ljubljana** treffen sich im Juni die Größen der Szene in der slowenischen Hauptstadt (www.ljubljanajazz.si).

Große Konkurrenz macht am letzten Juni-Wochenende das **Festival LENT in Maribor,** das in dem alten Flößerviertel an der Drava internationale Musikstars und Lokalhelden empfängt (www.festival-lent.si).

Furchterregend geht es beim **Kurentenlauf** am Faschingssonntag **in Ptuj** zu. Es ist Sloweniens bekannteste Winteraustreibung mit lärmenden, zotteligen Gesellen. Auch die **Laufarji in Cerkno** können Zuschauern mit ihren irren Holzmasken einen großen Schrecken einjagen.

Während in den Faschingsbräuchen der Winter verjagt wird, tanzen beim **Jurevanje in Črnomelj** Ende Juni junge Männer den Sommer herbei.

Kulinarisch wird immer irgendetwas gefeiert – wer's süß mag, ist bei **Sladka Istra,** dem süßen Istrien, im September in Koper richtig (https://visitkoper.si).

Allerlei zu verkosten gibt es auch bei der **Odprta kuhna,** der offenen Küche jeden Freitag im Sommerhalbjahr in Ljubljana (www.odprtakuhna.si).

Einen bezaubernderen **Jahresabschluss** als Advent und Silvester **in Ljubljana** gibt es kaum, denn Lichtkünstler schmücken Altstadt und Ljubljanica mit ungewöhnlichen Licht-Installationen, und das Feuerwerk ist legendär.

Fotografieren

Generell ist in Slowenien das Fotografieren nicht mit besonderen Verhaltensmaßregeln verbunden, doch sollte man zum Beispiel vor Kasernen und **militärischen Anlagen** nicht unbedingt mit der Kamera hantieren. Das Fotografieren

007sl sk

Viel fotografiert: der See von Bled mit der Insel Bleijski otok

mit **Drohnen** ist in Naturschutzgebieten streng verboten. Wer in **Museen und Ausstellungen** fotografieren will (was nicht überall erlaubt ist!), sollte ein Stativ mit sich führen. Erstens tut der Blitz zum Beispiel Fresken und Gemälden nicht gut, zweitens wird das Motiv sehr hart und drittens ist es vielerorts in den Museen und Galerien verboten, einen Blitz zu verwenden.

In Slowenien sind alle gängigen Kamerabatterien sowie auch die gängigen digitalen Speichermedien erhältlich. In Fotoshops kann man digitale Bilder kostengünstig entwickeln lassen. Zum Aufladen der Akkus benötigt man keinen Zwischenstecker; die Steckdosen in Hotels und Ferienwohnungen entsprechen mitteleuropäischem Standard.

Wer **Menschen fotografiert,** sollte vorher um Erlaubnis fragen, wenn ersichtlich ist, dass man eine spezielle Person oder eine bestimmte Gruppe als Motiv gewählt hat (Menschenansammlungen fallen natürlich nicht darunter). Menschen sollten prinzipiell nicht in Situationen, die als entwürdigend zu verstehen sind, abgelichtet werden.

Geld

2007 wurde in Slowenien der **Euro** eingeführt. Der **Wechselkurs für den Schweizer** Franken stand im Sommer 2024 bei 1,04 Euro (1 Euro = 0,96 SFr).

Slowenien besitzt ein leicht unter dem mitteleuropäischen Durchschnitt liegendes **Preisniveau,** die Inflation entspricht knapp dem Durchschnitt der Länder im Euroraum.

Bitte beachten!

Bei Einkäufen, aber auch beim Essengehen, ist der Käufer/Konsument verpflichtet, einen **Beleg** zu verlangen und mit sich zu führen, um bei einer etwaigen Kontrolle die ordnungsgemäße Verbuchung des Kaufes oder der Dienstleistung zu belegen. Dies betrifft den Erwerb eines Konzertflügels ebenso wie den Konsum eines Espresso. Parallel dazu übertragen die Kassen der Gewerbetreibenden jede Transaktion online in Echtzeit an das Finanzamt.

Zahlungsmittel

Wer mit seiner **Bankkarte** (statt einer Kreditkarte) im Ausland zahlt, nutzte dafür bisher meist den Maestro- oder V-PAY-Standard (zu erkennen am entsprechenden Zeichen auf der Karte). Diese von den Kreditkartenfirmen Mastercard und Visa angebotenen Systeme laufen aus und werden durch die neuen Standards Mastercard Debit und Visa Debit ersetzt. Bankkunden erfahren das in der Regel dadurch, dass sie eine entsprechende neue Karte ausgestellt bekommen. Ob die neuen Karten schon überall funktionieren, lässt sich zurzeit noch nicht sagen. Im Zweifel erkundige man sich vor der Reise bei seiner Bank.

In Hotels und Restaurants kann man fast überall mit Kreditkarte zahlen. Die gängigsten sind Visa, Mastercard und Diners. American Express wird eher selten benutzt. Auch mit der Kreditkarte kann man an einigen Bankomaten Bargeld erhalten.

Innerhalb der Euro-Länder sollte die Barauszahlung per Kreditkarte nach der EU-Preisverordnung nicht mehr kosten als im Inland, aber je nach ausgebender Bank kann das Kreditkartenkonto mit bis zu 5,5 % der Abhebungssumme belastet werden (die Auszahlung am Schalter ist in der Regel teurer als am Geldautomaten). Für das bargeldlose Zahlen per Kreditkarte innerhalb der Euro-Länder sollten die ausgebenden Banken keine Gebühr für den Auslandseinsatz veranschlagen; für Schweizer wird jedoch ein Entgelt von ca. 1–2 % des Umsatzes berechnet.

Bei **Verlust oder Diebstahl** von Geld oder Geldkarten, → „Notfälle“.

Gesundheit und Hygiene

Die **medizinische Versorgung** in Slowenien ist **ausgezeichnet.** Ärzte sind überall zu finden, eine Notstation ist fast immer in kurzer Zeit erreichbar, sei es Arzt *(zdravnik)*, Ambulanz *(zdravstveni dom)* oder Krankenhaus *(bolnišnica/ bolnica)*. Ärzte und Pflegepersonal sprechen sehr häufig Deutsch; zumindest wird fast immer jemand in der Nähe sein, der dolmetschen kann, sodass es nicht zu Verständigungsproblemen kommen dürfte. Die Abrechnung einer notwendigen ärztlichen Behandlung oder eines stationären Aufenthaltes erfolgt über die jeweilige Krankenkasse oder eine etwaige Auslandskrankenversicherung.

Notfallhilfe

Krankenhäuser in den größeren Orten haben einen 24-Stunden-Notdienst. Die Hotels und Pensionen verweisen auf auch in den Nachtstunden erreichbare Ärzte. **Apotheken** *(lekarna)* sind tagsüber geöffnet; in den größeren Städten gibt es auch bei Apotheken einen Notdienst. Auf https://ljubljana.diplo.de/si-de/service/medizin/2584764 wird unter „Bürgerservice“ eine **Ärzteliste** zur Verfügung gestellt. Auch deutschsprachige **Anwälte** und **Notare** werden hier aufgeführt.

- **Allgemeine Notrufnummer:** Tel. 112

Schutzmaßnahmen

In Slowenien sind keine besonderen Schutzmaßnahmen erforderlich, es sei denn, man geht einem Extremsport nach wie Klettern, Freeclimbing, Drachensegeln, Kanufahren etc. Allgemein ist auf die **starke Sonneneinstrahlung** südlich der Alpen zu achten, besonders, wenn man im Hochgebirge unterwegs ist. Für ausreichenden Sonnenschutz ist dann unbedingt zu sorgen (Brille, UV-Schutz, Hut). Dies gilt auch für Aufenthalte am Meer und ganz besonders für Kleinkinder, deren Sonnenbrand in späteren Jahren zu bösartigen Hautveränderungen führen kann.

Bei hohem **Algenaufkommen** im Meer können Allergien auftreten. Starke Allergiker sollten dann vor dem Sprung ins Wasser ihre Reaktion testen.

In manchen Jahren und auch leider immer häufiger wegen der Erderwärmung ist an der ganzen Adria mit einem verstärkten Auftreten von **Quallen** zu rechnen. Eine Berührung kann sehr schmerzhaft sein, bei Allergikern kann es zu nicht kalkulierbaren Reaktionen kommen. Entsprechende Medikamente sind in solchen Fällen mitzuführen. Werden Kinder von Quallen berührt (oder auch von Moskitos gestochen), hilft normalerweise ein Mittel wie Soventol (als Gel oder Creme) gegen den Juckreiz.

Eine Plage der Adria sind die **Seeigel,** die praktisch überall, wo es Felsen gibt, leben. Ein fester Tritt mit ungeschützter Fußsohle hat schon so manchen Urlaub beendet. Die Stacheln sind unglaublich spitz, dringen tief ein und brechen dann unweigerlich ab. Um Vereiterungen zu vermeiden, müssen sie aus dem Fuß operiert werden. Einziges Gegenmittel: Badeschuhe und beim ins Wasser gehen aufpassen, dass man die Seeigel auch nicht mit der Fußseite berührt.

Hygiene

Es sind keine besonderen Hygienemaßnahmen zu beachten. **Leitungswasser** ist im Allgemeinen trinkbar. In den Sommermonaten am Meer kann es aber schon mal sein, dass man davon Abstand nehmen und auf Mineralwasser ausweichen sollte. Im Gebirge und im Karst ist das Leitungswasser normalerweise das ganze Jahr über von guter Qualität.

Mit Haustier unterwegs

→ Ein- und Ausreisebestimmungen/ Dokumente

Wer seinen vierbeinigen Liebling mitnehmen möchte, lernt Slowenien meist als ein hundefreundliches Land kennen. Allerdings muss man **massive Beschränkungen** in Kauf nehmen, wenn man mit einem Hund in einem Hotel nächtigen oder ihn in ein Restaurant oder einen Laden mitnehmen will. Die meisten Hotels bieten keine Möglichkeit, den Hund mit auf das Zimmer zu nehmen – wenn doch, werden recht happige Preise verlangt. Auch Restaurants verbieten recht häufig die Mitnahme von Hunden. Will man also mit seinem Hund nach Slowenien reisen, ist dringend angeraten, mit Hotels, Vermietern von Ferienwohnungen oder Campingplätzen die Möglichkeiten und Kosten abzuklären.

Information

In jedem größeren Ort, aber auch in vielen kleineren Ortschaften und in Gegenden, die touristisch von besonderem Interesse sind, unterhält die slowenische **Tourismusbehörde** ein Infobüro oder hat zumindest vor Ort einen Informationsbeauftragten. Man erhält eine Vielzahl an Broschüren, unterschieden nach Regionen, aber auch zu bestimmten Themen wie Wandern, Radfahren, Weinstraßen usw. In den Ortsbeschreibungen sind die jeweiligen Stellen aufgeführt. Häufig heißen diese Büros **TIC** *(Turistični informativni center). Turist Biro* oder ähnlich nennen sich private Reisebüros, die kein unentgeltliches Infomaterial anbieten.

Fremdenverkehrsamt

Slowenien unterhält in ganz Europa Fremdenverkehrsämter, die informatives Material in großen Mengen versenden. Fast jede Ortschaft ist per Katalog vertreten, diverse Sportaktivitäten sind in speziellen Broschüren mit Anlaufadressen vorgestellt, Ferienhausvermieter und Hotels gelistet. Die Zentrale befindet sich in Ljubljana. Das Angebot ist auf www.slovenia.info zusammengefasst.

- **Slowenisches Fremdenverkehrsamt,** Maximiliansplatz 12 a, 80333 München, Tel. 089-29 16 12 02.
- **Slowenisches Tourismusbüro,** Opernring 1/R/4/447, 1010 Wien, Tel. 01-715 40 10.
- Schweizer wenden sich an die Büros in Deutschland und Österreich.

Informationen im Internet

- **www.slovenia.info**
Die Seite des slowenischen Fremdenverkehrsamtes in Ljubljana, die auf Slowenisch, Deutsch und Englisch abgerufen werden kann. Detaillierte Informationen zu Übernachtung und Aktivitäten.
- **www.stat.si**
Eine Seite des Statistischen Büros der Slowenischen Regierung für den Zahlenfreak mit allen Informationen, die auch nur irgendwie in Tabellen gefasst werden können.
- **https://slovenia-spa.si**
Homepage der staatlich anerkannten Thermen in Slowenien mit weiterführenden Links.
- **www.youth-hostel.si**
Slowenische Seite des Internationalen Jugendherbergsverbands.
- **www.culture.si**
Eine Enzyklopädie slowenischer Kultur mit vielen interessanten Beiträgen auch zum zeitgenössischen Kulturgeschehen.
- **www.turisticnekmetije.si**
Die Website des Verbands touristischer Bauernhöfe stellt ihre Mitglieder vor und beschreibt Besonderheiten wie Aktivitäten, Kinderfreundlichkeit, Haustiere etc.
- **https://sloveniatimes.com**
Nachrichten aus Politik, Wirtschaft, Kultur, Sport und Society in englischer Sprache.

Medien

Zeitungen und Zeitschriften

Mehrere Tageszeitungen berichten in Slowenien, und es gibt eine Unzahl an Magazinen, die wöchentlich, zweiwöchentlich oder monatlich erscheinen. Die einzige Zeitschrift in einer Fremdsprache ist das der Regierung nahestehende englischsprachige Magazin **„The Slovenia Times“** mit aktuellen Informationen zu Wirtschaft und Politik, das 14-tägig erscheint. In fast allen Orten sind ganzjährig **deutschsprachige Zeitungen** aus der Heimat an den Kiosken erhältlich (u.U. nur die österreichischen Tageszeitungen und Magazine).

Radio

Der staatliche Rundfunk sendet auf *Radio Slovenia international* täglich nach den **Nachrichten** zur vollen Stunde und im Juli/August viermal die Stunde Verkehrsinformationen auf Englisch, **VAL 202** liefert diesen Service (auch auf Italienisch) von Freitagnachmittag bis Samstagabend nach den Nachrichten. **Wetterberichte** sind auf *Radio Slovenia international* jeweils nach den Nachrichten auf Englisch zu hören, im Juli und August senden alle drei Radioprogramme fremdsprachige Wettervorhersagen ebenfalls nach den Nachrichten. **Aktuelle Nachrichten** werden täglich um 22.30 Uhr im 1. Programm auf Englisch, Deutsch und Italienisch über den Äther geschickt. *Radio Slovenia International* sendet seine Nachrichten zu jeder vollen Stunde.

Fernsehen

Drei staatliche Fernsehsender sind zu empfangen: *RTV Slovenija (TV Slovenija 1, TV Slovenija 2, TV Slovenija 3), TV Koper-Capodistria* und *Tele M (Maribor)*, daneben gibt es noch einige Privatsender, die bis auf einen alle in Koper ansässigen (italienischsprachig) nur auf Slowenisch senden. Doch kann man hin und wieder deutsche Spielfilme sehen, die nicht synchronisiert, sondern mit slowenischen Untertiteln ausgestrahlt werden. Aber da **alle deutschen Sender über Satellit** zu empfangen sind und von den Slowenen auch gern geguckt werden, sollte die Abendunterhaltung für Fernsehverrückte kein Problem darstellen.

Mit Kindern unterwegs

Kinder sind in Slowenien gern gesehen. Die Slowenen gelten als ausgesprochen **kinderfreundlich** und unterscheiden sich zumindest in dieser Hinsicht in keiner Weise von den Italienern – Kinder sind das Wichtigste!

Zwar ist Slowenien nicht das klassische Badeurlaubsland mit breiten Sandstränden, dafür hat es anderes (und vielleicht Besseres) zu bieten. Wessen Kinder aufs **Baden** nicht verzichten möchten – auch die Seen des Inlands bieten herrliche Gelegenheiten und sind vielleicht sauberer als das Meer. Die familienfreundlichen Spazierwege laden besonders im Frühjahr und Herbst zu ausgedehnten Naturentdeckungen ein und der **Urlaub auf dem Bauernhof** mit angeschlossenem Streichelzoo wird Kindern aller Altersgruppen die Trennung vom Ferienort schwer machen.

Auch mag das relativ ausgeglichene Klima Eltern mit **Kleinkindern** dazu verleiten, den Urlaub in Slowenien zu verbringen. Die Süßen zu versorgen wird keinerlei Probleme aufwerfen, die Supermärkte sind in puncto Windelhöschen, Milchfertigprodukte und Gläsernahrung so gut sortiert wie zu Hause.

Dieses Zeichen weist im Buch auf Attraktionen und Unterkünfte hin, die speziell auf Kinder zugeschnitten sind, oder auf Sehenswürdigkeiten, die auch Kinder interessieren.

Klima und Reisezeit

→ Reisegepäck und Ausrüstung

In Slowenien gibt es – trotz der geringen Größe des Landes – mehrere Klimazonen, sodass sich für jede Jahreszeit ein Grund für einen Besuch findet – oder anders, ein Besuch hat zu jeder Jahreszeit Vor- und Nachteile.

Skifahrer bevorzugen – natürlich – die Monate Januar bis März, um in den **Gebirgen des Nordens** den weißen Sportarten zu frönen. Hier herrscht alpines Klima, ähnlich wie überall an den Südflanken der Alpen. Niederschläge sind in den Übergangszeiten nicht selten, die Winter sind beißend kalt und die Sommer nicht zu heiß – sie können eine willkommene Alternative zu den möglicherweise stickigen Küstenstrichen sein. Im Frühling erblüht es in den Bergen, sattgrün kommen Almen unter der Schneedecke hervor und Bächlein springen zu Tale. Im Herbst, wenn es in den Tälern schon kühl wird und Nebelschleier von der dunklen Jahreszeit künden, spannt sich ein stahlblauer Himmel über den Gipfeln der slowenischen Alpenwelt – die Jahreszeit der Wanderer.

An der **Adriaküste** ist das Klima mediterran mit heißen Sommern und kühlen, feuchten Wintern. Ab März beginnt der Frühling und schon im Mai steigen die Temperaturen auf sommerliches Niveau – die Jahreszeit der Wasserratten ist damit eingeläutet. Der Herbst ist lang und mit Stürmen durchsetzt.

Mild kontinentaleuropäisch ist das Klima des **Karst** zwischen Adria und Gebirge. Von März bis in den November hinein kann man im Karst urlauben und an den vielen sportlichen Aktivitäten teilnehmen, die geboten werden. Das Frühjahr ist z.B. die Jahreszeit der ausgebufften Kanuten und Kajakfahrer, wenn die Schneeschmelze die Bäche reißend werden lässt. Im Sommer sind die Abseiler und Wagemutigen unterwegs, die im Canyoning ihre Erfüllung finden. Im Herbst geht es für die Wanderer durch die herbstlich eingefärbten Wälder.

■ Mit speziellen Fragen wendet man sich in Ljubljana an das **Hydrometeorologische Institut** im Umweltministerium, www.arso.gov.si.

Kommunikation unterwegs

Telefonieren

Das eigene **Mobiltelefon** lässt sich in Slowenien problemlos nutzen, die Vertragsbedingungen, inklusive Flatrates des jeweiligen EU-Heimatlandes, gelten eins zu eins in Slowenien. Die Netzabdeckung in Slowenien ist – abgesehen von einigen entlegenen Bergregionen – sehr gut. In vielen Städten steht im Zentrum kostenloses WiFi zur Verfügung.

Schweizer sollten sich bei ihrem jeweiligen Provider nach den anfallenden Gebühren erkundigen, um keine bösen Überraschungen zu erleben.

Nach der **Ländervorwahl** wird in jedem Fall die Städtevorwahl ohne die Null, dann die Teilnehmernummer gewählt.

Winde in Slowenien

Die Lehre von den Winden in Slowenien und dem sich anschließenden Istrien ist eine komplizierte Wissenschaft – ein Geheimnis, das jeder Einheimische kennt, doch nicht in der Lage ist weiterzugeben. Wohl muss man von Kindesbeinen an die Winde an den Wangen und auf der Stirn gefühlt haben, um die feinsten Differenzierungen zu treffen, einen Ponent von einem Garbin, einen Oštro von einem Küsten-Maestral unterscheiden zu können.

Grob gesagt macht die **Burja** (kroatisch *Bura,* italienisch *Bora*) die Landstriche eher unwirtlich, wenn sie von Nordosten kommend als wilder Sturm durch die Täler und über die Berge des Karst fegt und schließlich das Meer peitscht. Doch klar und aufgeräumt wird durch sie der Himmel, die Sonne findet ungetrübt ihren Weg nach unten.

Ganz anders hingegen der **Jugo:** Von Südosten kommend, trägt er heiße Luft mit sich, die viel Feuchtigkeit aufnehmen kann. Die Menschen sollen dann verrückt spielen und unter der Last ihrer Tage – seien es viele oder wenige – stöhnend zusammenbrechen. Die Feuchtigkeit macht die Luft trübe, es wird stickig und schließlich bilden sich Wolken und es kann regnen – ein Segen, da sich damit das Ende des Jugo ankündigt (meist nach zwei Tagen).

Der **Maestral** (auch *Tramontana*) bläst im Winterhalbjahr aus Nordwesten, im Sommer ändert sich seine Richtung und er kommt mehr aus westlicher Richtung. Meist bringt er schönes Wetter mit sich, weht nicht stark, aber konstant und sorgt abends für ein wenig Abkühlung nach der Hitze des Tages.

Neben den Namen dieser Hauptwinde gibt es eine ganze Menge an Unter- und Doppelbezeichnungen, die fast scherzend in den täglichen Fachsimpeleien über die Wetterentwicklung (auch in Slowenien die große Frage des Tages) verwendet werden.

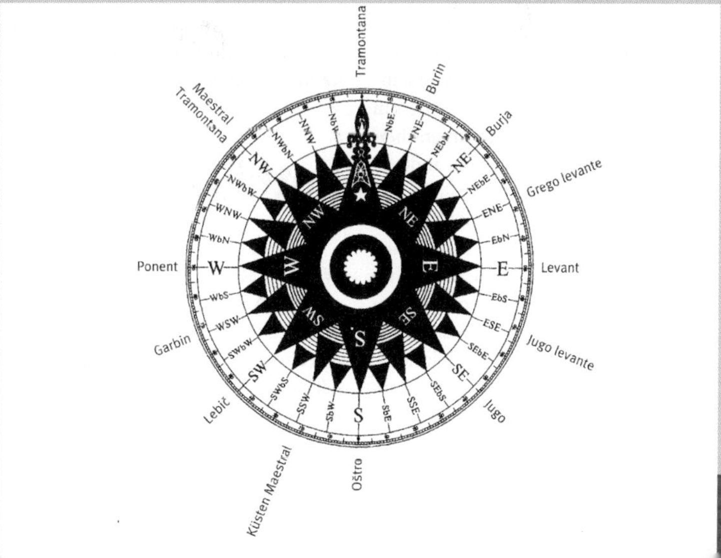

Vorwahlnummern

- **Slowenien:** 00386
- **Deutschland:** 0049
- **Österreich:** 0043
- **Schweiz:** 0041
- **Italien:** 0039

Internet

In größeren Städten können sich Reisende in **freie WiFi-Zonen** einloggen, z.B. in Ljubljana in **WiFreeLjubljana** und dann zeitlich beschränkt kostenlos surfen (Ljubljana 1 Std./Tag, 24 Std. für 4 €). Auch viele Cafés, Bars und Restaurants ermöglichen ihren Gästen den kostenlosen Netzzugang mittels eines Passworts. In den meisten Hotels und anderen Unterkünften ist freies WLAN Standard.

LGBT+

Seit 2023 sind gleichgeschlechtliche Paare heterosexuellen gleichgestellt. Queere Menschen haben in Slowenien kaum Ausgrenzung, bestenfalls Erstaunen zu befürchten, Letzteres besonders in ländlichen Regionen. Darin unterscheidet sich Slowenien nicht von anderen Ländern Mitteleuropas.

Die LGBT+-Szene in Slowenien ist nicht sehr groß und konzentriert sich hauptsächlich auf **Ljubljana;** dort ist sie aber erstaunlich aktiv. Sie organisiert im November mit dem *Magnus Festival* das älteste Schwulen- und Lesben-Filmfestival Europas, im März mit *Rdeča Zora (Rote Zora)* ein ambitioniertes Kunstfestival in der Metelkova und im Juni mit der *Parada ponosa (Stolze Parade)* einen schrillen Umzug durch Ljubljana, an dem auch der Rest der Stadt gerne teilnimmt. Die Stadt versteht sich als LGBT+-freundlich und unterstützt verschiedene Organisationen und Initiativen. Ein (auch englischsprachiges) Verzeichnis aller Initiativen findet sich auf www.ljudmila.org/siqrd, auf www.ljudmila.org/siqrd/guide/ auch für andere Städte, allerdings nur selektiv. Infos zu Reisen in Ljubljana für Schwule und Lesben hat die Site www.visitljublja na.com unter der Rubrik „LGBT-freundliches Ljubljana" zusammengestellt. Ein Verein kümmert sich um Integration, kulturelle Aktivitäten, Sport, Gesundheit u.v.m. für Schwule und Lesben: *Društvo DIH – Enakopravni pod mavrico,* Slomškova cesta 11, Tel. 059-02 64 27, www.dih.si. *Magnus* nennt sich die Organisation für Schwule und Lesben unter dem Dach des *ŠKUC,* des studentischen Kulturzentrums. Sie veranstaltet unter anderem das Filmfestival: *Škuc – Magnus,* Kersnikova 4, Tel. 01-430 47 40, www.magnus.si.

Die meisten hier angegebenen Websites sind slowenisch und bieten bestenfalls eine stark verkürzte englische Zusammenfassung.

Notfälle

Wird der **Reisepass oder Personalausweis im Ausland gestohlen,** muss man dies bei der örtlichen Polizei melden. Darüber hinaus sollte man sich an die nächste diplomatische **Auslandsvertretung** seines Landes wenden, damit man einen Ersatz-Reiseausweis für die Rückkehr bekommt. Auch in **dringenden Notfällen,** z.B. medizinischer oder rechtlicher Art, sind die Auslandsvertretungen bemüht, vermittelnd zu helfen.

Diplomatische Vertretungen in Slowenien

- **Deutsche Botschaft** in Ljubljana: Prešernova cesta 27, Tel. 01-479 03 00, www.laibach.diplo.de.
- **Österreichische Botschaft** in Ljubljana: Prešernova cesta 23, Tel. 01-479 07 00, www.bmeia.gv.at/oeb-laibach.
- **Schweizer Botschaft** in Ljubljana: Trg republike 3, 6. Etage, Tel. 01-200 86 40, www.eda.admin.ch/ljubljana.

Verlust von Geldkarten

Bei Verlust oder Diebstahl der **Kredit- oder Maestro-(EC-)Karte** sollte man diese umgehend sperren lassen. Für deutsche Maestro- und Kreditkarten gibt es die **einheitliche Sperrnummer** 0049 116 116 und im Ausland zusätzlich 0049 3040504050. Die Schweiz besitzt keinen zentralen Kartensperrdienst, jede einzelne ausgebende Bank verfügt über eigene Notrufnummern für die Sperrung. Diese sollte man sich natürlich bereits vor Beginn der Reise notieren. Für österreichische Karten gelten:

- **Maestro-(EC-)Karte,** (A-)Tel. 0043-1-204 88 00.
- **MasterCard,** (USA-)Tel. 001-636 722 7111.
- **VISA,** (A-)Tel. 0043-800 200 288.
- **American Express,** (D-)Tel. 0049-69-97 97 20 00.
- **Diners Club,** (D-)Tel. 0049-69-90 150 135.

Geldnot

Wer dringend wegen eines Unfalles oder Ähnlichem Geld ins Ausland überweisen lassen muss, kann es sich weltweit über **Western Union** schicken lassen. Der Sender füllt bei einer Western-Union-Vertretung (in Deutschland u.a. bei der Postbank) ein entsprechendes Formular aus (dazu benötigt er die persönlichen Daten des Empfängers) und übermittelt nach Einzahlung des Betrages den Code der Transaktion telefonisch oder anderweitig an den Empfänger. Mit dem Code und dem Reisepass geht dieser dann zu einer beliebigen Vertretung von Western Union in Slowenien (z.B. bei den Banken *Nova Ljubljanska Banka* und *Nova Kreditna Banka Maribor,* weitere Adressen siehe **www.westernunion.com** unter *Find Agent Location*), wo das Geld nach Ausfüllen eines Formulares binnen Minuten ausgezahlt wird. Je nach Höhe der Summe wird eine Gebühr erhoben.

Autopanne oder -unfall

Der Partner der gängigen Automobilclubs in Slowenien ist *AMZS – Auto-Moto Zveva Slovenije.* Er ist unter der zentralen Nummer Tel. 1987 rund um die Uhr erreichbar.

Die wichtigsten Automobilclubs und ihre 24-Stunden-Notrufnummern:

- **ADAC,** Deutschland 0049-89-22 22 22.
- **ÖAMTC,** Österreich, Tel. 0043-1-251 20 00, für medizinische Notfälle Tel. 0043-1-25 120 20.
- **TCS,** Notruf Schweiz, Tel. 0041-22-417 22 20.

Öffnungszeiten

Die üblichen Bürozeiten (Montag bis Freitag) fangen um 8 Uhr an und enden um 16 Uhr. **Behörden und Ämter** öffnen manchmal auch erst um 9 Uhr, geschlossen wird um 16 Uhr. **Postämter** öffnen Montag bis Freitag von 8 bis 18 Uhr, Samstag von 8 bis 12 Uhr.

Geschäfte öffnen zwischen 8 und 9 Uhr und schließen zwischen 19 und 20 Uhr. Einige wenige größere Läden (und kleinere während der Hauptsaison) sind auch am Wochenende geöffnet. Manche Lebensmittelläden öffnen schon um 6 Uhr morgens und in den großen Städten gibt es welche mit 24-stündiger Öffnungszeit. Märkte werden um 6 Uhr morgens aufgebaut, abgeräumt wird dann zwischen 12 und 15 Uhr.

Banken arbeiten Montag bis Freitag zwischen 8.30 und 12.30 Uhr und 14 und 17 Uhr, am Samstag zwischen 8.30 und 11/12 Uhr.

Gaststätten sind ab 11 Uhr offen, abends schließen sie meist um 22 Uhr. Manche Wirtschaften haben zwischen 15 und 18 Uhr zu. Fast jedes Lokal hat einen Ruhetag (häufig Montag oder Dienstag). Man richtet sich generell nicht nach festen Essenszeiten, sodass es kein Fauxpas ist, um 18 Uhr Abendessen zu bestellen. So ist es auch nicht unüblich, erst um 14 Uhr zum Mittagessen zu gehen und dann bis 18 Uhr durchzutafeln.

Galerien und Museen (8/9–16/17 Uhr) sind meist am Montag geschlossen, aber dafür sonntags offen. Die wichtigsten Sehenswürdigkeiten (8/9–16/17 Uhr) haben keinen Ruhetag.

Orientierung und Landkarten

Die **Beschilderung** in Slowenien ist sowohl in den Orten als auch Überland sehr gut und sollte keine Probleme bereiten. Auch die Navigationssysteme decken praktisch jeden Feldweg ab und erlauben eine genaue Anfahrt nach Straßenadressen.

Gute **Wanderkarten** im Maßstab 1:50.000, teils sogar 1:25.000, mit Wander- und MTB-Strecken haben die slowenischen Verlage *KartoGrafija* (https://trgovina.kartografija.si) und *Sidarta* (www.sidarta.si/en/category/maps/) im Programm. Bei *Sidarta* wurden auch ausgewählte Wander- und Radführer zu den wichtigsten slowenischen Destinationen in englischer Sprache verlegt.

Ebenfalls eine sehr gute **Landkarte,** im Maßstab 1:185.000, mit klassifiziertem Straßennetz, exakten Höhenlinien sowie Höhenschichtenrelief, ist die Karte *Slowenien* des *world mapping project™*, erschienen im Reise Know-How Verlag.

Post

Postämter (*pošta,* gekennzeichnet mit schwarzem Horn auf gelbem Grund) öffnen Montag bis Freitag von 8 bis 18 Uhr, Samstag 8 bis 12 Uhr. **Briefmarken** erhält man auch in den *Trafika*-(Tabak-) und in Souvenirläden. Eine Ansichtskarte zu versenden kostet 1,92 €, ebenso ein Brief (jeweils ins Ausland).

Rauchen

Rauchverbot herrscht in allen geschlossenen öffentlichen Räumen und Arbeitsstätten, auch in Gastwirtschaften und Unterkünften. Slowenien hat damit eine der strengsten Antiraucher-Gesetzgebungen Europas. Zuwiderhandlungen werden mit **drastischen Geldstrafen** belegt. **Zigaretten** gibt es ähnlich wie in Italien nur in Tabak- bzw. Zeitschriftenläden *(trafika)* und am Automaten.

215sl sk

Reisegepäck und Ausrüstung

→ Gesundheit und Hygiene
→ Klima und Reisezeit
→ Orientierung und Landkarten

Das Reisegepäck richtet sich nach den Aktivitäten, die man im Land unternehmen will. Bei normalem Urlaub ist weder eine umfangreiche Reiseapotheke nötig (außer persönliche Medikamente, die der Hausarzt verschreibt), noch besonderes Augenmerk auf spezielle Kleidung zu richten. Da die Sonne jenseits des Hauptkammes der Alpen schon südlich streng scheint, ist ein genereller **Sonnenschutz** (Creme, Hut, Brille) angeraten. Wer auf **Insektenstiche** sensibel reagiert, kann an der Küste und im Karst mit einem vorbeugenden Schutz und einer Salbe für die Nachbehandlung seine Nächte zum Positiven hin beeinflussen.

All das, was in Deutschland, Österreich und der Schweiz für den täglichen Lebensbedarf gekauft werden kann, ist auch in Slowenien erhältlich. Das Angebot an **Sportausrüstung** – fürs Radfahren, Bergsteigen, Angeln, Skifahren etc. – ist groß und teils von regionalen Herstellern wie *Elan,* die auch slowenische Spitzensportler ausrüsten.

→ Info-Kasten „Leichtgewichte: Wanderausrüstung", S. 536.

Vozi previdno – fahr vorsichtig – diese Bitte begleitet Autofahrer nicht nur auf der Vršič-Passstraße

Leichtgewichte: Wanderausrüstung

Wer in den slowenischen Alpen wandert, muss sich bewusst sein, dass er im **Hochgebirge** unterwegs ist. Auch wenn die Infrastruktur vorzüglich ist und die Hütten zahlreich am Wegesrand liegen, sollte man seine Ausrüstung dennoch am schlechtesten Fall orientieren. Üblich ist im Triglav-Nationalpark die Hüttenübernachtung (Zelten in freier Natur ist verboten).

Einen **leichten Schlafsack** mitzuführen, ist dennoch angeraten, da zum einen die Hütten überfüllt sein und die Decken ausgehen können, zum anderen Wetterschläge vielleicht doch eine Übernachtung im Freien erzwingen (wobei dann ein zusätzlicher Biwaksack hilfreich ist).

Gut ist Funktionswäsche aus modernen synthetischen Fasern, die die Feuchtigkeit schnell vom Körper wegtransportiert und deshalb kein unangenehmes Frösteln hinterlässt. Wäsche aus Merinowolle hingegen minimiert das leidige Geruchsproblem.

Bei plötzlichen Wolkenbrüchen sind **wasserfeste Überhose und -jacke** etwas, das die Stimmung nicht auf den Tiefpunkt sinken lässt, weil man relativ trocken weiterkommt. Eine wasserdichte **Rucksackhülle** ist ebenfalls wichtig.

Ein kleiner gasgespeister **Kocher** und ein Töpfchen aus Titan erlauben ein warmes Mittagessen auf dem Gipfel, ohne den Rücken allzu sehr zu belasten.

Feste **Bergstiefel,** je nach Jahreszeit steigeisenfest, sind ein absolutes Muss und wer schwierigere Kletterpassagen oder exponierte Stellen bewältigen will, benötigt zumindest einen Beckengurt, eine Klettersteigsicherung und auf alle Fälle einen Helm gegen Steinschlag (Bergausrüster bieten eine ganze Palette an solcher **Spezialausrüstung** auch in Leichtgewichtsausführung an).

Der Triglav-Nationalpark ist ein Wanderparadies

223sl sk

Sicherheit

Neben den üblichen sind keine weiteren Vorsichtsmaßnahmen zu treffen: Geld, Schmuck und Dokumente in den Hotels nicht frei herumliegen lassen, sondern im **Safe** auf dem Zimmer oder an der Rezeption deponieren; fährt man zum Baden, sollte der Wagen nicht voll beladen abgestellt werden. Im Sommer mag sich in den Touristenhochburgen mancher Kleinkriminelle von potentieller Beute angezogen fühlen, deshalb ist in dieser Zeit ein wenig Achtsamkeit vonnöten.

Frauen allein unterwegs

Slowenien ist Mitteleuropa und unterscheidet sich bezüglich der Gefahren und Unannehmlichkeiten für Frauen, die allein unterwegs sind, in keiner Weise von Deutschland, Österreich oder der Schweiz. Es ist sogar eher noch unproblematischer, weil die „Großstädte" des Landes überschaubar geblieben sind.

Sport und Aktivitäten

Fahrrad fahren

Viele kleine Straßen durch eine bäuerliche Landschaft ziehen immer mehr Fahrradfahrer an, die ihren ganzen Urlaub auf dem Drahtesel verbringen und so durchs Land kommen. Man kann mit dem Treckingrad Slowenien entdecken, aber auch mit dem Mountainbike über viele Waldwege brettern bzw. das Hochgebirge erklimmen.

Den Individualisten unter den Radlern wird die englischsprachige Website www.sloveniaholidays.com gute Dienste leisten: nach Kategorien und Schwierigkeitsgraden geordnet kann man hier Routenbeschreibungen abrufen. Wer organisierte oder ausgearbeitete Radtouren vorzieht, kann sich im ganzen Land über Veranstalter einer Unternehmung anschließen. Räder werden in vielen Orten verliehen. Ebenso mangelt es nicht an Ladestationen für E-Bikes.

Wandern und Bergsteigen

Wandern, Trecking, Spazierengehen, Klettern, Bergsteigen – alles ist in Slowenien möglich. Ob man in 30 Tagen die slowenische Transversale marschiert, oder nur mal eine halbe Stunde zu einem Wasserfall läuft: Slowenien ist *das* Land für den von Schusters Rappen Begeisterten.

Durch Slowenien verlaufen an internationalen Routen die beiden Europawanderwege E6 und E7 und der **Dreiländerweg,** der Slowenien mit Kärnten und Italien verbindet. Der **Slowenische Bergwanderweg Nr. 1** verbindet die Julischen Alpen mit dem Vogel und der Kobla, passiert Postojna und endet in Koper. Von Maribor geht es auf einem **Fernwanderweg** über das Pohorje-Gebirge, die Kamniker und Sanntaler Alpen, die Karawanken, die Julischen Alpen mit dem Triglav und den Sieben Seen und über Bohinj hinunter ans Meer

015sl sk

nach Ankaran. Der **Europawanderweg 7** führt auf slowenischem Gebiet von Westen nach Osten, von der Soča zur Sotla. Der **Europawanderweg 6** verbindet den Norden mit dem Süden. Eine Unzahl an ausgewiesenen Wanderungen (häufig perfekt markiert) summieren sich auf insgesamt 7000 km Wege.

Über insgesamt 150 Alpenvereinshütten (Schutz- und Berghütten, Biwaks) stehen den Wanderern und Bergsteigern zur Verfügung, der Großteil von Ihnen perfekt unterhalten und äußerst sauber. Fast alle haben Bettwäsche im Preis für die Übernachtung inbegriffen, teils gibt es auch Zwei- und Vier-Bett-Zimmer. Mitglieder der nationalen Alpenvereine erhalten einen nicht unbeträchtlichen Rabatt auf die Übernachtung (ca. 50 %), sodass es zu überlegen ist, eine Mitgliedschaft anzunehmen. Auf der Website www.pzs.si des Slowenischen Alpenvereins lassen sich die vom Alpenverein empfohlenen Preise für Übernachtung, Essen und Trinken auf den Hütten abfragen. Dies ist wichtig, da bei Ausländern ab und an versucht wird, Fantasiepreise abzugreifen (bis zum Doppelten der empfohlenen Preise!).

Die Wege in den Alpen gehen weit über die Baumgrenze hinaus in die Welt der Felsen-Hochgebirge. Teilweise müssen **Klettersteige** benutzt werden, entsprechendes **Sicherungsmaterial** ist mitzuführen, ebenso ein Helm gegen Steinschlag (Informationen vor Ort ein-

Slowenien besitzt mehrere Gewässer, auf denen man mit dem Kajak oder Kanu fahren kann, auch die Palette an Schwierigkeitsgraden lässt keine Wünsche offen

holen!). Nur Trittsicheren und Schwindelfreien ist die Benutzung der häufig ausgesetzt verlaufenden Steige im Hochgebirge angeraten. Wer sich nicht sicher ist, sollte die unzähligen familienfreundlichen Wanderwege in den Tälern und an den Hängen der karstigen Hügelwelt vorziehen. Zu Ausrüstung und **Kartenmaterial** → „Reisegepäck und Ausrüstung“ sowie „Orientierung und Landkarten“.

Fast jede Ortschaft verfügt über ein Informationsbüro, das gern und hilfsbereit Vorschläge zur Routenführung eines Wandertages macht. Informationen erhält man beim **Slowenischen Alpenverein:**

- **Planinska zveva Slovenije,** Dvoržakova 9, 1000 Ljubljana, Tel. 01-434 56 80, www.pzs.si.

Bergführer vermittelt der Verband slowenischer Bergführer:

- **Združtvo gorskih vodnikov Slovenije,** Dvoržakova 9, 1000 Ljubljana, www.zgvs.si.

Angeln

Angeln ist im Landesinneren fast ein Nationalsport. An den vielen kleinen Bächen und größeren Flüssen sind immer wieder auf Brücken und an den Ufern Hobbyisten zu sehen, die ihre Würmer baden. Doch auch anspruchsvoller wird geangelt, mitten im Gewässer sich gegen die Strömung stemmend und mit Fliegen als Köder. Zu den Leckerbissen gehören sicherlich die **wilden Forellen,** die in der Soča, der Sava Bohinjka, der Radovna, der Krka oder dem Unec schwimmen.

Wer dem geruhsamen Sport frönen will, benötigt einen **Angelschein,** der vor Ort erhältlich ist. Man wendet sich entweder an die Gasthöfe an den Ufern (die teilweise die Scheine ausstellen) oder an den örtlichen Angelverein. Informationen über:

- **Zavod za ribištvo Ljubljana** (Fischereianstalt Ljubljana), Sp. Gameljne 61a, 1211 Ljubljana-Šmartno, Tel. 01-24 43 400, www.zzrs.si.

Reiten

Mit seinen vielen Gestüten und dem dichten Netz an Wald- und Feldwegen ist Slowenien ein **Paradies für den Pferdefreund,** nicht zuletzt, weil hier auch die Heimat der berühmten **Lipizzaner** liegt, die einst die Hofreitschule der K.-u.-k.-Monarchie belieferte. Allgemeine Informationen erhält man beim **Pferdesportverband von Slowenien:**

- **Konjeniška zveza Slovenije,** Celovška 25, 1000 Ljubljana, Tel. 01-434 72 64, www.konj-zveza.org.

Wassersport

Die **Küste** bietet natürlich allerlei, was man von jeder Riviera gewohnt ist: Tretboote, Bananafahrten, Wasserski, Rutschbahnen usw. Doch etwas Besonderes ist der Wassersport auf den reißenden **Gebirgsflüssen** im Landesinneren – wobei die Entfernungen durchaus erträglich sind und man vormittags raften oder Kajak fahren und sich nachmittags wieder am Meer aalen kann.

Tauchen

Tauchen in den **Seen und Höhlen** (nur unter fachkundiger Leitung, die die Tauchklubs zur Verfügung stellen) ist möglich, wobei es einige Sperrzonen zu beachten gilt (z.B. Fischschutzzonen, Häfen etc.).

- **Slovenska potapljaška zveza** (slowen. Tauchervereinigung), Celovška 25, 1000 Ljubljana, www.spz.si.

Bärenbeobachtung

Ohne kundigen Führer wird man wohl kaum einem der **über 1000 Braunbären** begegnen, die Sloweniens Wälder durchstreifen. Wer sich auf dieses in Mitteleuropa ziemlich einmalige Erlebnis einlässt, braucht Geduld und Glück. Manchmal wartet man, **gut getarnt und geschützt in einem Unterstand,** vergeblich. Bei den meisten Veranstaltern solcher Touren werden die Teilnehmer (kleine Gruppen) am Morgen oder Nachmittag in die Nähe der Unterstände gefahren. Den Rest der Strecke geht man zu Fuß und erfährt dabei Spannendes über Bärenverhalten, Botanik und warum das Zusammenleben von Bär und Mensch auf relativ engem Raum in Slowenien erstaunlich gut klappt. Dann heißt es warten und wenn Bären auftauchen, mucksmäuschenstill sein.

Die Autoren haben sehr gute Erfahrungen mit dem **Wildnis-Guide Miha Mlakar** gemacht, der auch in puncto Wildfotografie tolle Tipps gibt. Sein Unternehmen Slovenian Bears bietet sowohl Tages- als auch Mehrtagestouren zur Bärenbeobachtung sowie Unterkunft in seiner Pension Mlakar's Guest House an.

- **Miha Mlakar,** Markovec 15a, 1386 Stari Trg pri Ložu (unweit des Schlosses Snežnik), Tel. 041-58 20 81, https://slovenianbears.com, Tagestour 250 €, Übernachtung mit Vollpension 180 €/DZ.

Ballonfahrten

Wer sich mit dem Wind bewegen und die Ruhe am Himmel spüren will, wird den Heißluftballon für eine Höhenfahrt wählen.

- **Ballooning center Bled,** Flandrova ulica 1, 1000 Ljubljana, Tel. 041-66 45 45, www.ballooning-bled.com.

Golfplätze

15 Golfplätze laden zum Spielen ein, für ein so kleines Land eine ganz beachtliche Zahl. Zentrale Informationen erhält man bei der Golfvereinigung Sloweniens:

- **Golf zveza Slovenije,** Dunajska 22, 1511 Ljubljana, Tel. 01-430 32 00, www.golfportal.info.

Thermalbäder und Wellness

Bereits die Römer haben die slowenischen Thermalquellen entdeckt und genossen. Aus dem Jahr 1147 stammen die ältesten Urkunden, die auf die Möglichkeit verweisen, in den Thermalquellen Sloweniens Heilung von den verschiedensten Krankheiten zu finden. Einen Höhepunkt erlebten die Thermalbäder in der „Zeit der bunten Uniformen". Wer etwas auf sich hielt und Rang und Namen hatte, verlebte seinen Urlaub oder auch eine ganze Saison in den K.-u.-k.-Heilbädern Sloweniens.

Die Quellen haben Temperaturen **zwischen 32 und 73°C** und unterschiedliche Salzzusammensetzungen und -gehalte, sodass sich für jegliches Leiden stets ein Wässerchen findet. Auch getrunken wird das bergklare Wasser, eine der berühmtesten Marken unter den **Mineralwässern** ist *Radenska.* Fast alle Thermalbäder sind mit Vier- oder gar Fünf-Sterne-Hotels gerüstet; es geht aber auch günstiger, zum Beispiel in Pensionen oder privat. Zentrale Informationsstelle ist der Verband slowenischer Heilbäder:

- **Skupnost slovenskih naravnih zdravilišč,** Teharska 40, 3000 Celje, Tel. 03-544 21 11, www.slovenia-spa.si.

Wintersport

Langlaufen und Alpinski stehen neben begleitenden Aktivitäten wie Schlittentouren auf dem Programm. Der weiße Sport Sloweniens ist nicht von Pappe. Internationale Weltcuprennen werden abgehalten (bei Maribor und Kranjska Gora) und die Sprungschanzen von Planica bei Kranjska Gora genießen ebenfalls Weltgeltung. Auf dem Hochplateau Pokljuka finden Langlauf- und Biathlon-Wettbewerbe statt.

Einen ausführlichen Überblick über die Wintersportgebiete, mögliche Aktivitäten, Lifte und Pistenzustand bietet www.sloveniaholidays.com, die Schneelage erfährt man auf www.snezni-telefon.si.

Sprache

Die Nationalsprache ist **Slowenisch,** eine südslawische Sprache, mit dem Kroatischen eng verwandt. Als Muttersprache nur von zwei Millionen Menschen gesprochen, war es für die Bewohner dieses Landstriches immer notwendig, Fremdsprachenkenntnisse zu besitzen. Einst war der Favorit Deutsch, nach dem Zweiten Weltkrieg musste natürlich das Serbokroatische die erste Fremdsprache sein. Seit der Unabhängigkeit teilen sich **Englisch, Deutsch und Italienisch** die Favoritenstellung.

Es gibt praktisch keinen Slowenen und keine Slowenin, der/die nicht wenigstens eine Fremdsprache (und zwar ziemlich gut) beherrscht. Trotzdem mag es dem einen oder anderen Reisenden als höflich erscheinen, einige Worte der Sprache des Gastlandes zu benutzen – und seien es nur „Danke", „Bitte" oder „Guten Tag".

Ein **gastronomisches Glossar,** das im Restaurant weiterhilft, steht unter „Essen und Trinken". Eine kleine **Sprachhilfe** mit Redewendungen und wichtigen Begriffen befindet sich im Anhang. Entwicklungen und Besonderheiten der slowenischen Sprache werden im Kapitel „Land und Leute" beschrieben.

Unterkunft

→ Camping

Die slowenischen Hotels gehörten ursprünglich staatlichen Unternehmen, wurden mittlerweile aber privatisiert und viele aufwendig saniert. An 4- und 5-Sterne-Häusern, romantischen Schlosshotels oder Wellness-Tempeln in den Kurbädern herrscht in touristischen Regionen kein Mangel; schwieriger ist es, eine akzeptable Mittelklasse-Unterkunft zu finden. Da empfiehlt es sich in den meisten Fällen, auf das Angebot der privaten Vermieter auszuweichen.

Pensionen sind einfache Häuser, die zwischen Privatzimmern und Hotels angesiedelt und häufig mit einer Gaststätte verbunden sind.

Privatzimmer sind immer und überall in ganz Slowenien zu finden – kein Ort, bei dem nicht Schilder mit der Aufschrift *Sobe* an den Fassaden hängen. Streitig gemacht wird ihnen die Spitzenstellung im slowenischen Vermietermarkt nur durch diejenigen, die mit der gleichen Methode auf „Apartma" hinweisen – **Ferienwohnungen.** Sehr oft breiten sich Ferienwohnungen in Zweifamilienhäusern auf einer ganzen Etage aus, im anderen Stockwerk wohnt der Vermieter. *Apartmas* sind eine sehr vernünftige Art der Einmietung für die Ferien. Man hat seine Ruhe, Unabhängigkeit, kann Essen gehen oder selbst kochen und die Standards der Einrichtung

Überblick Buchungsportale

Als Ergänzung zu den sorgfältig zusammengetragenen Unterkunftsempfehlungen in diesem Buch können Buchungsportale wie Booking. com, hrs.de, Agoda.com oder Airbnb.de dazu genutzt werden, aktuelle Preise und die Bewertungen anderer Reisender einzusehen sowie Unterkünfte direkt zu buchen. Die Plattformen arbeiten mit Unterkünften aller Art zusammen und machen diese für Reisende leicht auffindbar. Bewertungen, Fotos und Filtermöglichkeiten nach zahlreichen Details helfen bei der Auswahl. Auch der Kontakt zwischen Vermietenden und Unterkunftssuchenden sowie die Bezahlung können über die Plattformen abgewickelt werden.

Eine gewisse Vorsicht ist bei der Benutzung dennoch geboten. Wann immer möglich, sollten die Angaben mithilfe zusätzlicher Quellen überprüft werden. Sind die Bewertungen wirklich auf allen Plattformen und Suchmaschinen so gut? Sind sie so zahlreich, dass ein Missbrauch unwahrscheinlich ist? Weshalb genau fanden die Bewertenden die Unterkunft gut und stimmt das mit meinen Interessen überein? Häufig hilft die jeweils eigene Website der Unterkunft, Google Street View oder ein Anruf, um genauere Informationen zu bekommen.

Wem einzelne Aspekte besonders wichtig sind, der sollte auf jeden Fall genau prüfen – z.B. ob der versprochene „geschlossene Parkplatz" wirklich so beschaffen ist, dass man das vollgepackte Auto dort stehenlassen möchte. Auch der angepriesene „Bestpreis" und die durch die Plattformen suggerierte knappe Verfügbarkeit lösen sich bei einem Anruf vielleicht in Luft auf, weil die Vermieter einen eigenen günstigen Preis bieten, um sich die teure Vermittlungsprovision an die Plattform zu sparen. Während die Plattformen also eine praktische Hilfe bei der Reiseplanung sein können, empfiehlt sich doch häufig ein kritischer zweiter Blick.

sind mitteleuropäisch, häufig sogar mit Spül- und Waschmaschine.

Informationen über Hotels, Pensionen, Privatzimmer und Ferienwohnungen erhält man über die Tourismusbüros Sloweniens und auf deren Website www.slovenia.info.

Preiskategorien Unterkunft

Die Preise gelten für zwei Personen im Doppelzimmer mit Frühstück.

- **untere Preisklasse** ①: bis 80 €
- **mittlere Preisklasse** ②: bis 110 €
- **obere Preisklasse** ③: bis 150 €
- **Luxusklasse** ④: über 150 €

Jugendherbergen/Hostels

Jugendherbergen waren lange Mangelware; inzwischen hat aber eine Vielzahl von Herbergen und Pensionen für junge Leute ihre Pforten geöffnet. Viele sind dem **Internationalen Jugendherbergsverband** angeschlossen und unter www.youth-hostels.si zu reservieren. International berühmt und fast immer ausgebucht ist die Ljubljaner Jugendherberge *Celica* in einem ehemaligen Gefängnis. Ein Internationaler Mitgliedsausweis ist nützlich, notfalls kann man aber auch eine Gastkarte oder „welcome-stamps" vor Ort gegen Gebühr erwerben, falls die Jugendherberge nicht ausgebucht ist (Mitglieder haben Vorrang). Maximale Übernachtungskosten mit Frühstück: um 35 €. Manche Jugendherbergen (mit *Dijaški dom* gekennzeichnet) sind nur während der Sommermonate offen, da es sich um Studentenwohnheime handelt. Infos darüber sind erhältlich bei:

- **PZS – Hostelling International Slovenia,** Gosposvetska 84, 2000 Maribor, Tel. 02-234 31 37, www.youth-hostel.si.

Bauernhof-Ferien

Wer es gemütlich und beschaulich mag und auf den Luxus eines Hotels verzichten kann, wird fantastische Ferien auf einem slowenischen Bauernhof verbringen. Nicht nur genießt man die Ruhe und die Stressfreiheit, man lernt das Land auch aus einem anderen Blickwinkel kennen, wenn man seinen Urlaub auf einem voll funktionierenden Hof verlebt. Besonders Kinder sind begeistert. Informationen über die mehr als 150 über das ganze Land verteilten Höfe gibt der **Verband der touristischen Bauernhöfe Sloweniens:**

- **Združenje turističnih kmetij slovenije,** Trnoveljska 1, 3000 Celje, Tel. 491 64 81, www.turisticnekmetije.si.

Verhaltenstipps

→ Autofahren
→ Fotografieren
→ Sicherheit

Besondere Verhaltensregeln, seien es religiöser oder politisch-historischer Natur, gelten für Slowenien nicht. Ein paar „Stolpersteine" vermeidet der Gast aber dennoch besser:

214sl sk

Politik und Gesellschaft

Ein gelegentlich brisantes Thema könnten Gespräche über die **Beziehungen zum Nachbarn Kroatien** sein, mit dem sich Slowenien unter dem Dach der EU-Gerichtsbarkeit einen endlosen Streit um Seegrenze und Hoheitsgewässer in der Bucht von Piran liefert. Nicht alle Slowenen sehen ihr südliches Nachbarland deshalb mit Wohlwollen, verbringen aber dennoch gerne ihren Sommerurlaub an den Küsten Kroatiens.

Religion

Besonders religiös sind die meisten Slowenen nicht; dennoch erwarten sie, dass Touristen ihre Kirchen in angemessener Kleidung betreten.

FKK

Slowenien besitzt am Meer keine ausgewiesenen FKK-Reviere – wenn es jemanden nicht hält, muss er sich sozusagen *wild* seiner Kleidung entledigen. Mit ihrer jugoslawischen Vergangenheit und der damit verbundenen **Tradition der Freikörperkultur** lehnen die Bürger Sloweniens FKK nicht grundsätzlich ab. Dass es keine Plätze gibt, ist keine politische Entscheidung, sondern liegt einfach daran, dass an der relativ schmalen Küste nicht genügend Raum für ein FKK-Camp existiert. Teilweise besitzen Thermalbäder Bereiche, die den Nudisten vorbehalten sind (so beispielsweise die **Therme von Banovci bei Murska Sobota**).

⌃ Im Hotel „Nebesa" hoch über Kobarid ist der Himmel ganz nah

Naturschutz

Da viele Slowenen sehr naturverbunden sind, ist die **Bewahrung der Naturschutzgebiete** ein wichtiges Anliegen. In National- wie Regionalparks herrschen strenge Regeln, und deren Einhaltung wird genauestens kontrolliert.

Trinkgeld

Trinkgeld in Höhe von **5 bis 10 % des Rechnungsbetrages** ist üblich. Bei wirklich außerordentlichen Dienstleistungen kann natürlich auch etwas mehr Geld gegeben werden. Üblicherweise wird es nicht mit Bezahlung der Rechnung übergeben, sondern auf dem Tisch liegengelassen.

Verkehrsmittel

→ Anreise
→ Autofahren
→ Sport und Aktivitäten, Fahrrad fahren

Bus

Das Busnetz Sloweniens ist sehr fein verzweigt, sodass man praktisch alle Orte erreicht, wenn vielleicht nicht gerade zu den urlauberfreundlichsten Zeiten (die Abfahrten sind für die Bevölkerung auf die Arbeitszeiten ausgerichtet). Auch sind unter Umständen an den Wochenenden ganze Linien eingestellt. Infos über die Busverbindungen erhält man in *Kompas*-Reisebüros, bei lokalen Tourismusbüros und an Busstationen (Adressen dazu im Reisetcil).

Die **Ticketpreise** sind günstig, von Ljubljana nach Maribor zahlt man beispielsweise um 11 €. Auf den Websites der beiden großen Busgesellschaften Arriva (www.arriva.si) und Nomago (www.nomago.si) kann man Verbindungen, Preise und Fahrtzeiten online abfragen. Die Abfahrten aller Busse ab Ljubljana stehen auf www.ap-ljubljana.si.

Bahn

Das slowenische Eisenbahnnetz ist aus der K.-u.-k.-Tradition heraus entstanden (älteste Linie war die Verbindung Triest – Wien über Ljubljana) und insgesamt **sehr gut ausgebaut.** Über den Fahrplan informieren Bahnhöfe und die Homepage der slowenischen Eisenbahnen www.slo-zeleznice.si (auch in englischer Sprache). Die **Ticketpreise** sind ähnlich günstig wie im Busverkehr (Ljubljana – Maribor um 13 € in der zweiten Klasse). **Fahrradmitnahme** ist in vielen Zügen möglich.

→ Slowenisches Bahnnetz S. 598

Zeit

Slowenien liegt, wie Deutschland, Österreich und die Schweiz, in der **Mitteleuropäischen Zeitzone, MEZ.** Die Uhren werden am letzten Sonntag im März auf Sommerzeit (MESZ), am letzten Sonntag im Oktober auf Winterzeit umgestellt. Im März verliert man eine Stunde, im Oktober darf eine Stunde länger geschlafen werden.

gostilna
lectar

226sl sk

12
Land und Leute

Geschmackvoll gestalteter Eingangsbereich des Restaurants Lectar in Radovljica

Ein Zwerg zwischen Alpen, Pannonien und Adria

Slowenien, geografisch mitten im **Herzen Europas,** leitet über von den alpinen Regionen Österreichs zu den Karstlandschaften der Dinarischen Alpen und von den Tiefebenen Pannoniens an die Adria. Die Vegetation wechselt von den Lärchen des Hochgebirges über dichte Laub- und Mischwälder zu den mediterranen Symbolpflanzen, dem Oleander und den eleganten Zypressen. Im Norden und Osten pflanzen die Bauern Kartoffeln und Mais, zum Südwesten hin recken Olivenbäume ihre knorrigen Äste in den Himmel und Weinreben klettern die Hügel empor.

Auch kulturell stehen die Slowenen „zwischen den Blöcken". Venedigs Löwe prunkt auf den Loggien der Küstenorte, habsburgisches Gelb schmückt den verspielten Barock der Kirchen und Klöster im Binnenland und die jugoslawische Ära artikuliert sich in den vielen Partisanendenkmälern im Stil des sozialistischen Realismus. Kurzum – Slowenien ist ein klassisches „Mittlerland".

In der Geschichte stets von Fremdherren bedrängt, lange gezwungen, die eigene, slawische Sprache zu verleugnen, tun sich die Slowenen bis heute etwas schwer mit ihrer nationalen Identität. Das macht sie vielleicht auch so sympathisch. Sie können gemütlicher sein als ihre nördlichen Nachbarn in Österreich, temperamentvoller als die italienischen Kollegen im Westen und melancholischer als die wehmütigsten Ungarn im Osten. Nur von den ehemaligen Bundesbrüdern im Süden setzt man sich deutlich ab – so deutlich, dass gelegentlich schwer zu überhörende Ressentiments durchklingen, wenn von Kroaten oder Serben die Rede ist. Geschichte und Geografie haben die Slowenen zu sehr herzlichen Menschen geformt, die Fremde mit offenen Armen aufnehmen, für ihr Leben gern feiern, sehr naturverbunden sind und den lieben Gott einen guten Mann sein lassen – und als Gast sollte man sich von dieser Lässigkeit und Offenheit anstecken lassen.

Geografie

Slowenien ist mit 20.273 km² Fläche und gut zwei Millionen Einwohnern ein Zwerg im europäischen Vergleich. Umso überraschender ist die Vielfältigkeit der Landschaften und Vegetationszonen.

Bergauf, bergab

Etwa ein Drittel der Landesfläche bedecken die **Südalpen,** die in Slowenien von West nach Ost in den Gebirgszügen der Julischen Alpen, *Julske alpe,* der Karawanken, *Karawanke,* und der sich südlich anschließenden Steiner Alpen, *Kamniške alpe,* noch Höhen bis 2864 m (Triglav in den Julischen Alpen) erreichen. Kalkstein ist hier vorherrschend und so findet man in den slowenischen Alpenregionen viele Verwitterungsphänomene, die typisch sind für den Karst: Dolinen, Karrenfelder und natürlich auch zahlreiche Höhlen.

Südlich und östlich schließen sich **Mittelgebirge** an wie das Pohorje in der Region Štajerska südlich von Maribor, die Slowenske gorice nordöstlich davon und die Gorjanci ganz im Süden, die einen Teil des Grenzverlaufes zum Nachbarn Kroatien bilden. Nach Westen zu dominieren die **Karstflächen** des Dinarischen Gebirges die Regionen Notranjska und Dolenjska.

Die Julischen Alpen bilden eine wichtige Wasserscheide: Die bei Kranjska Gora entspringende Sava Dolinka vereint sich in der Nähe von Radovljica mit der aus dem Bohinjsko jezero nach Osten fließenden Sava Bohinjka und mündet als **Sava** schließlich in die Donau und letztendlich im Schwarzen Meer. Die nicht weit von der Sava Dolinka entspringende **Soča** (Isonzo) wendet sich dagegen nach Süden und beendet ihren temperamentvollen Weg durch die Gebirgsschluchten als träge fließender Fluss in der italienischen Adria.

Die Julischen Alpen

Allein 17 der 20 höchsten Gipfel Sloweniens befinden sich in den Julischen Alpen, darunter der „König", der 2864 m hohe **Triglav**. Der teils zum Nationalpark erklärte Hochgebirgsstock drängt im nördlichen Bereich mit nahezu senkrechten, schroffen Felswänden nach oben und läuft nach Süden hin in teils karge, teils dicht bewaldete Hochplateaus aus. Täler fressen sich tief in die Julier hinein: im Norden das **Sava-Tal,** von dem aus in der berühmten Dolina Vrata, dem „Tür-Tal", ein möglicher Aufstieg zum Triglav beginnt, im Westen das **Soča-Tal,** in dem im Ersten Weltkrieg die berüchtigte Isonzo-Front verlief, und im Südosten das **Tal von Bohinj** (Wocheiner-Tal), dessen Abschluss der glasklare See **Bohinjsko jezero** bildet.

Die meisten Hochplateaus sind von dichten Wäldern bestanden und werden als schneesichere **Wintersportgebiete** geschätzt, so die Pokljuka im Osten und das Komna-Plateau südlich des Bohinjsko jezero mit dem Ski-Berg Vogel.

Sloweniens Regionen

Slowenien ist in **sieben Regionen** unterteilt, die geografische, historische und kulturelle Unterschiede aufweisen, in der politischen Verwaltung des Landes aber keine Rolle spielen. Die Regionen von West nach Ost und von Norden nach Süden:

- **Gorenjska,** die hochalpine Region im Nordwesten mit den Julischen und Steiner Alpen
- **Koroška,** die südlich an das österreichische Kärnten anschließende Region mit Karawanken und Pohorje-Gebirge
- **Štajerska,** die Region zwischen Save und Mur mit Maribor
- **Prekmurje,** ein Dreieck östlich des Flusses Mur
- **Primorska,** die an Gorenjska nach Süden anschließende Region entlang der italienischen Grenze und die slowenische Küste
- **Notranjska,** östlich von Primorska, geprägt vom Karst
- **Dolenjska,** die Region südlich Ljubljanas bis zur kroatischen Grenze.

Kamniške Alpe (Steiner Alpen)

Die drei nicht zu den Juliern gehörenden höchsten slowenischen Gipfel befinden sich in den Steiner Alpen nordöstlich der Hauptstadt Ljubljana. Wie die Julier sind sie unzugänglich und schroff und fordern Wanderern gute Kondition und Klettergeschick ab. Eines der schönsten slowenischen Alpentäler liegt in diesem herrischen Gebirgsstock, die **Logarska dolina** (Logar-Tal).

Karawanken

Anders als die beiden Kalkgebirge sind die Karawanken aus weicheren Gesteinen aufgebaut und zeigen folglich auch sanftere Verwitterungsformen. Über die Karawanken führen die beiden wichtigsten Gebirgswege von Österreich nach Slowenien, der **Wurzen-Pass** (Korensko sedlo) und der **Loibl-Pass** (Ljubel); heute nehmen allerdings die meisten Reisenden den bequemeren Weg durch den **Karawanken-Tunnel.**

Glossar Karst

- **Kras:** Das slowenische Wort für Karst ist sozusagen die Urmutter aller Bezeichnungen, die weltweit für dieses geologische Phänomen verwendet werden.
- **Vrtača:** Eine Höhle stürzt ein und bildet eine Art Kreisel. Ein *vrtac* kann landwirtschaftlich nicht genutzt werden, aber wie bei der Dolina (s.u.) sammelt sich in der Vertiefung angewehte Erde und schon bald wurzeln Bäume und Pflanzen darin.
- **Dolina:** Slowenisch für „Tal", bezeichnet einen etwas größeren Einbruchtrichter, der entsteht, wenn die Höhlendecke einstürzt. In den Dolinen sammelt sich fruchtbare Erde und die Bauern legen darin kleinere Felder oder Gemüsegärten an.
- **Polje:** Eine tief gelegene, weitgehend ebene Fläche („Feld"), die nach starken Regenfällen durch überlaufende Karstquellen überschwemmt wird. Ein besonders markantes Beispiel ist das Cerkniško Polje südlich von Postojna, das sich im Herbst so mit Wasser füllt, dass man darin Fische fangen kann. Im Frühjahr fließt das Wasser ab und die Bauern pflanzen Getreide.
- **Jama:** Höhle, Grotte. Über tausend soll es allein in Slowenien geben.

Die Mittelgebirge

Das größte Mittelgebirge Sloweniens, das **Pohorje,** ist eigentlich ein Ausläufer der Alpen, zeigt aber mit seinen sanften, rund abgeschliffenen Kuppen, den Hochmooren und Tälern, dass es nicht aus Kalkgestein aufgebaut ist. Höchster Gipfel des Pohorje ist der „schwarze Gipfel" **Črni vrh** mit 1543 m. Die Hochflächen sind dicht mit Nadelwald bestanden und gut bewässert, denn der Regen kann wegen des wasserundurchlässigen Gesteinssockels nicht wie im Karst versickern, sondern muss sich in Bächen und Flüssen seinen Weg von den Hochebenen in die Täler bahnen. **Torfmoore und Seen** sind deshalb typisch für die Landschaften des Pohorje. Da das Gebirge jahrhundertelang intensiv beweidet wurde, gibt es in der fast nordisch anmutenden Moor- und Seenlandschaft auch viele Grasflächen, die *planje,* die die Hirten rodeten und über die jetzt idyllische Wanderwege führen.

Wild und unzugänglich sind hingegen die aus Kalkgestein aufgebauten **Gorjanci,** das Grenzgebirge nach Kroatien.

025sl sk

Dichter Buchenwald bedeckt die Berge noch heute, es stehen sogar zwei mit Urwald bewachsene Areale unter Naturschutz und wie in Notranjska leben hier auch Bären.

Eine eigenwillige Hügellandschaft bilden die nordöstlich der Gorjanci ebenfalls an der kroatischen Grenze verlaufenden **Haloze.** Steil wachsen die Kegel bis auf etwa 600 m Höhe empor, an ihren Ostflanken gedeiht Wein, die Westhänge sind zumeist bewaldet. Die insgesamt nur 250 km² große Hügellandschaft war bis weit ins 20. Jh. hinein völlig isoliert und einsam liegende Höfe prägen das Bild.

Sturmgepeitschte Lärchen und geduckte Hütten sind auf den Hochalmen zu finden

Der Karst

Die Karstregion im Südwesten und Süden Sloweniens ist ein vornehmlich von Hochflächen bestimmtes Gebiet mit Höhen um 1000 m, das zur Küste hin mit einem Steilabfall endet. Markante Plateaus sind beispielsweise der 1200 m hohe Bergklotz des **Nanos** am Eingang zum Vipava-Tal und der mit Urwäldern bestandene **Kočevski rog** bei Novo Mesto, auf dem früher Partisanen Unterschlupf fanden.

Entgegen den Vorstellungen von unfruchtbaren und kargen Karstregionen ist der innerslowenische Karst von **dichten Laubwäldern** bestanden und wird von unzähligen Wasseradern durchflossen, die ihren Weg teils ober-, teils unterirdisch nehmen. Versiegende Flüsse, Seen wie der **Cerkniško jezero,** die nur im Frühjahr und Herbst die *polje* bedecken und im Sommer als Ackerland dienen, und nicht zuletzt gigantische **Höhlensysteme** (die durch Erdbewegungen und das stetig durch den porösen Kalkstein sickernde Wasser gebildet wurden und weiter ausgeformt werden) bestimmen die Karstlandschaft. Sloweniens berühmteste Schauhöhlen, die **Postonjska jama** (Adelsberger Grotte) und die **Škocjanske jame** (Höhlen von St. Kazian) sind nur die Spitze des „Eisbergs" von angeblich über tausend Höhlen im Karst.

Buchtipp: „Europa erlesen" heißt eine Buchreihe des Wieser Verlag, Klagenfurt, in der der Themenband „Karst" erschienen ist. Texte historischer Reisender, Dichter, Literaten und Journalisten zum Thema Karst vermitteln ein stimmungsvolles Bild dieser wundersamen Landschaft.

Seen und Flüsse

Von den zahlreichen Seen des Landes gehören die Hochgebirgsseen der Julischen Alpen sicherlich zu den schönsten. Wer durchs Sieben-Seen-Tal auf den Triglav wandert, sieht die **Seenkette** wie funkelnde Edelsteine im grauweißen Kalkstein schimmern, und der fast runde See von Bled, **Blejsko jezero,** wirkt mit seinem Inselchen in der Mitte, als hätte ihn der Tourismusverband extra so malerisch bestellt. Sloweniens größter Gletschersee strahlt bei **Bohinj** wie ein Smaragd zwischen den hohen Bergen.

Die Gewässer bekommen durch die Besonderheiten des Karstes eine eigene Note, so wie die periodisch austrocknenden und sich dann wieder füllenden „Sickerseen" bei Cerknica und Planina oder die vielen Flüsse, die als **Karstquellen** ihren oberirdischen Anfang nehmen, nachdem sie unter der Erde bereits beträchtliche Wegstrecken zurückgelegt haben. Sowohl die Soča als auch die Sava Bohinjka und viele kleinere slowenische Flüsse entspringen als solche Karstquellen.

Die längsten Flüsse sind die **Sava** (Save) und die **Drava** (Drau). Erstere nimmt ihren Lauf von den Julischen Alpen nach Südosten und mündet bei Belgrad in die Donau, letztere entspringt in Italien, durchquert Österreich, erreicht bei Maribor Slowenien und vereint sich in der Nähe des kroatischen Osijek mit der Donau.

Flusswanderer, Rafter, Kanuten – sie alle lieben die slowenischen Flüsse, weil sie noch völlig naturbelassen sind und mit glasklarem Wasser durch herrliche Landschaften führen. Könner drängt es besonders an die wilde **Soča,** Anfänger fühlen sich an der Sava Bohinjka und der Sava Dolinka besser aufgehoben. Auch die warmen Wasser der beiden südslowenischen Flüsse **Krka** und **Kolpa** sind mit ihren Stufen und Stromschnellen ein herrliches Wassersportrevier.

Sloweniens Adriaküste

Exakt 46,6 km beträgt die Länge der Küstenlinie, die Slowenien für sich beanspruchen kann. Die **Primorska** genannte Region ist dicht besiedelt, ihre Kapitale **Koper** (Capodistria) eine wichtige Hafenstadt, in deren Umkreis sich verarbeitende Industrie niedergelassen hat. Traditionell spielte jahrhundertelang die **Salzgewinnung** in den tief eingeschnittenen, flachen Buchten eine wichtige Rolle.

Flora und Fauna

Unter den dreitausend in Slowenien vorkommenden Pflanzenarten – eine unerhörte Zahl für ein so kleines Land – gibt es etwa sechzig endemische, also nur hier anzutreffende Vertreter. Die Fauna kann mit dieser Vielfalt in der Pflanzenwelt nicht mithalten, besitzt aber auch Eigentümlichkeiten wie den Grottenolm, die durchaus bemerkenswert sind. Verantwortlich für den Pflanzenreichtum ist die geografische Lage mit ihren vier Einflusszonen: dem alpinen Raum, der mediterranen Küste, dem pannonischen Tiefland im Osten und dem Karst.

Alpine Pflanzen und Tiere

Wenn die Bergwiesen zwischen Mai und September in Blüte stehen, kann man eine Vielzahl seltener und endemischer Pflanzen entdecken, so den **Triglav-Enzian** und die **Triglav-Rose**, die Zois-Glockenblume, den Julischen Mohn und die zierlichen Dolomit-Nelken. In höheren Berglagen herrschen Lärchen und Latschenkiefern vor, darunter breitet sich Nadelwald aus, der in den Tälern allmählich in **Buchenwälder** übergeht. Farndschungel und samtene Moospolster bedecken die Kalkböden, die hie und da mit ihrem weißen Gestein zwischen tiefem Grün hervorblitzen und eine ganz besondere „Waldstimmung“ schaffen.

Sloweniens berühmtestes Tier ziert die Flagge des Landes: *zlatorog,* der **Steinbock** mit den goldenen Hörnern. Steinböcke wurden im 17. Jh. ausgerottet, in den letzten Jahren aber wieder erfolgreich angesiedelt. Auch Mufflon-Schafe wurden in den Bergregionen ausgewildert, gehören aber nicht zum tradi-

Sloweniens Natur ist ein Dorado für Wanderer

006sl sk

813sl sk

tionellen Bestand in Slowenien. **Gemsen** kann man auf den Wanderungen durch die Julier immer wieder sehen, aber ihre Zahl sinkt stetig. Steinmarder und Murmeltiere sind scheu, man wird sie ebenso schwer zu Gesicht bekommen wie den Schneehasen oder das Schneehuhn. Gelegentlich dringen **Bären** aus ihrem Lebensraum in den Karstwäldern von Notranjska bis in die alpinen Regionen der Julier vor; sie werden aber meist schnell abgefangen und zurückgebracht.

Neben dem hübsch gezeichneten Alpensalamander gibt es in den Alpen zwei giftige Bergbewohner, die Kreuzotter und die Sandotter. Beide **Schlangenarten** fliehen vor dem Menschen; dennoch sollte man bei Wanderungen festes Schuhwerk tragen.

Eine endemische Fischart ist die **Soča-Forelle** *(Salmo trutta fario)*, auch Marmorata genannt. Im Ersten Weltkrieg war sie wichtiger Nahrungsbestandteil der im Isonzo-Tal verschanzten Armeen und wurde so nahezu ausgerottet. Der Versuch, die Soča-Forellen wieder in der Soča anzusiedeln, misslang jedoch, denn die fremden, aggressiveren Regenbogenforellen ließen ihnen keinen Lebensraum. Erst seit einigen Jahren züchtet eine eigene Station erfolgreich Soča-Forellen und setzt sie in den Bächen aus.

Auf der Rogla

Flora und Fauna im Karst

Die Karstregion ist die Übergangszone vom alpinen zum mediterranen bzw. kontinentalen Klimabereich. **Buchen** und **Steineichen** wurzeln in den Kalkböden, **Kastanien** breiten ihre Kronen aus, Krainer Primeln und Aurikeln wachsen im Dunkel der Wälder, auf den Wiesen stehen Pfingstrosenbüsche und Gladiolen. Je weiter man im Karst nach Südwesten kommt, desto häufiger findet man mediterrane Pflanzen wie Salbei, Fenchel und Rosmarin.

Das eigenartigste und das größte Tier Sloweniens sind im Karst beheimatet. Ersteres ist der **Grottenolm,** der *Proteus anguinus,* den die Slowenen „Menschenfisch", *človeška riba,* nennen. Er lebt in den feuchten, dunklen Regionen der Höhlenwelt, und man bekommt ihn nur zu Gesicht, wenn er in Schauhöhlen eigens für die Besucher in Wasserbecken präsentiert wird. Sloweniens berühmter Universalgelehrter *Johann Weichard Valvasor* beschrieb den Olm Ende des 17. Jh. als „Drachenbrut", und bis heute stehen ihm die Menschen misstrauisch und mit Scheu gegenüber.

Scheu empfiehlt sich auch angesichts des **Braunbären** *Ursus arctor,* dem größten in Slowenien lebenden Säugetier. Bären schätzen ebenso wie Wölfe und Luchse die großen, zusammenhängenden Waldgebiete, die es in Slowenien z.B. am Kočevski rog (Region Dolenjska) und auch im nördlichen Karst (Notranjska) noch gibt. Da Bauern, Pilze- und Beerensammler und natürlich auch Wanderer Meister Petz nicht gerade lieben, ist der Schutz der Braunbärenpopulation ein beständig heiß diskutiertes Thema. Zwischen 850 und 1200 Braunbären leben auf slowenischem Territorium; ihre Wanderungen führen sie manchmal weit nach Norden und ins benachbarte Österreich. Einmal wurde sogar an der Adria-Küste ein Bär gesichtet, 2009 spazierte ein Bär durch Ljubljanas Stadtpark. Der rasanten Vermehrung der Bären-Population begegnet Slowenien mit **jährlichen Abschussquoten.** Dennoch ist ihre Zahl seit dem Jahr 2000 um 150 % gestiegen. Für den kleinen Lebensraum ist die Population definitiv zu groß, und so kommt es immer wieder zu Konflikten zwischen Bär und Mensch.

Die Pannonische Tiefebene

Prekmurje, das „Land jenseits der Mura", zeigt landschaftlich und botanisch, dass es dem **ungarischen Pannonien** näher steht als der slowenischen Štajerska. Das Land ist nahezu eben, die Mura (Mur) bildet seine natürliche Grenze und seit Jahrhunderten ist die Region intensiv landwirtschaftlich genutzt. Natürliche Vegetationsinseln gibt es im Prekmurje kaum noch, dafür aber haben die Dörfer und besonders die Kirchtürme treue Sommergäste, die jedes Jahr wieder kommen; in dieser gut bewässerten und mit Fröschen reich gesegneten Gegend nisten **Weißstörche.**

Slowenien mediterran

Zypressen, Steineichen, Pinien und Kiefern, Oleander, Rhododendron und Palmen säumen die Küste Sloweniens. Im heißen Klima wachsen schwere **Weine** und aromatische **Oliven** und im Frühjahr und Herbst machen **Zugvogel-**

schwärme in den Salinen von Sečovlje und Strunjan Station. Das Leben unter Wasser ist allerdings wegen der Verschmutzung durch die beiden großen Häfen Koper und Triest fast völlig zum erliegen gekommen.

Naturschutz

Slowenien erfreut sich im europäischen Vergleich eines außerordentlich **hohen Waldanteils** und mit dem **Kočevski rog** des größten zusammenhängenden Waldgebietes Mitteleuropas; über die Hälfte des Landes ist bedeckt. Dies ist aber noch nicht lange so, denn da sich die Menschen hauptsächlich durch Landwirtschaft ernährten, haben sie die Wälder gerodet, um Weiden und Äcker zu gewinnen. Mit der Industrialisierung, vor allem in der sozialistischen Ära, setzte eine starke Landflucht ein; Agrargebiete wurden aufgegeben und die Natur eroberte das verlorene Terrain zurück.

Etwa 11 % des Landes stehen unter Naturschutz. Größter und einziger Nationalpark ist der **Triglav-Nationalpark** im Kerngebiet der Julischen Alpen mit einer Gesamtfläche von 84.805 ha, weitere **Landschaftsparks** schützen geologische Phänomene wie den periodischen Karstsee am Planinsko polje (bei Postojna), historische **Kulturlandschaften** wie die Salinen von Sečovlje bei Piran oder **Schlösser und Parks,** so Schloss Snežnik am Cerknica-See. Mit dem Ausbau so genannter **Regionalparks** werden Landschaften wie die Kamniške Alpe (Steiner Alpen) oder das Pohorje unter Naturschutz gestellt. Die Unterschiede zwischen National-, Regional- und Landschaftspark beziehen sich auf die zulässige Nutzung der Region.

Wie in vielen anderen sozialistischen Ländern galt im ehemaligen Jugoslawien die Priorität der industriellen/ wirtschaftlichen Entwicklung vor Fragen des Umweltschutzes. **Industrieanlagen** haben besonders Jesenice, Celje und Maribor mit „Krakenarmen" umfasst und die Natur und Gewässer erheblich belastet. Der Zusammenbruch vieler Industriebetriebe vor allem um Maribor und Jesenice ist zwar dramatisch für die dort beschäftigten Menschen, bringt der Natur aber spürbare Erholung. Die Drava (Drau), früher stark durch Abwässer und Chemikalien belastet, hat sich erholt. Problematisch ist der **Wasserzustand** zur Zeit noch bei der Sava (Save) und an der Adriaküste. Industrieemissionen und saurer Regen bedrohen vor allem die Baumbestände im küstennahen Bereich.

Bevölkerung

Um das 6.Jh. setzte die **Einwanderung westslawischer Völker** aus dem Gebiet von Belarus und der Ukraine in die Region zwischen Alpen und Adria ein. Die alten illyrischen und romanischen Bewohner des heutigen Slowenien wurden von den in großer Zahl eindringenden Slowenen assimiliert. Das Siedlungsgebiet dieser „Urslowenen" reichte im Norden weit ins heutige Österreich bzw. Kärnten hinein. In diese erste Zeit bäuerlicher Besiedlung fiel auch die Ära des legendären **Fürstentums Karantanien,** der einzigen zumindest zeitweise autonomen slowenischen Staatsgründung bis zur Unabhängigkeit 1991 (→ „Geschichte und Geschichten"). Bis zum Untergang des Habsburger Reiches waren die Slowenen stets Diener fremder Herren und es gibt viele, die auch die jugoslawische Ära unter dem Begriff „Fremdherrschaft" verbuchen. Kein Wunder also, dass heute alle nur möglichen Geschichten und Symbole dafür herhalten müssen, die Nation Slowenien zu beschwören.

Slowenen und Minderheiten

2,1 Millionen Menschen leben in Slowenien, 102 Einwohner kommen auf einen Quadratkilometer und damit ist das

Slowenische Minderheiten in Österreich und Italien

Die beiden Weltkriege des 20. Jh. hatten für die Slowenen eine besonders bittere Konsequenz. Regionen, die traditionell slowenisch besiedelt waren wie das **südliche Kärnten,** das italienische **Ost-Friaul** und die **Region um Triest,** wurden vom „Kernland" abgespalten und gerieten unter österreichische bzw. italienische Oberhoheit.

Die **Kärntner Slowenen** – am Ende des Ersten Weltkriegs wohl um die 60.000 – entschieden sich bei einem Plebiszit 1920 für den Verbleib bei Österreich. Die damalige Kultur- und Sprachenpolitik, besonders aber der Anschluss an Hitler-Deutschland, taten das ihre, die slowenische Minderheit in Kärnten zum „Verstummen" zu bringen. In den Schulen war zwar zweisprachiger Unterricht vorgesehen, doch es wurde meist nur auf Deutsch gelehrt, und ebenso sah es in den Amtsstuben und Kulturzirkeln aus. 1934 wurden nur noch 25.000 Slowenen in Kärnten registriert, unter Hitler mussten viele auswandern. Anfang der 1990er Jahre betrug die Zahl der Kärntner Slowenen noch etwa 15.000. Sie genießen zwar Minderheitenrechte, nehmen diese aber selbst kaum wahr, denn noch heute scheuen viele das öffentliche Bekenntnis, ein „Tschuschen" zu sein. Das Verhältnis zu den Brüdern jenseits der Grenze ist nicht unproblematisch. Mit Sozialismus hatten die österreichischen Slowenen nichts am Hut und diese unterschiedliche Bewertung der historischen Entwicklung erschwert einen unvoreingenommenen Umgang.

Weitaus größer ist die Zahl der Slowenen, die in den **italienischen Grenzprovinzen** leben. Hier wurde die Zugehörigkeit zu Italien nicht durch Volksabstimmung, sondern durch politische Verhandlungen entschieden. Triest und Gorizia erhielt am Ende des Ersten Weltkriegs Italien und damit auch wohl etwa 100.000 Slowenen. Ähnlich wie in Kärnten wurden die slawischen Mitbürger mehr oder weniger unter Druck gesetzt und naturalisiert; es galten und gelten je nach Provinz ganz unterschiedliche Bedingungen bezüglich der Minderheitenrechte, die aber nun vereinheitlicht werden sollen.

Bevölkerungsdaten

- **Einwohner:** 2.120.000 (2022)
- **Bevölkerungswachstum:** 0,3 %
- **Lebenserwartung:** 82 Jahre
- **Religion:** 69 % römisch-katholisch, 4 % serbisch-orthodox, 1 % protestantisch, 3 % muslimisch, 14 % atheistisch, Rest ohne Angabe

Land ähnlich dünn besiedelt wie die Nachbarn Kroatien und Österreich (in Deutschland kommen etwa 230 Menschen auf 1 km^2). Im Gegensatz zu den anderen ex-jugoslawischen Republiken hat Slowenien kaum etwas vom schwierigen Erbe ethnischer Minoritäten mitbekommen: **83 % sind Slowenen,** außerdem leben 2 % Kroaten, 2 % Serben, 1 % Bosnier und 1 % aus dem jetzigen Restjugoslawien stammende Menschen in Slowenien. Als nationale Minderheiten anerkannt sind die **Ungarn,** die 0,4 % der Bevölkerung stellen und in den östlichen Landesteilen leben, die **Italiener** (0,2 %) und die **Roma** (0,2 %).

Dass die geschätzt 2000 **deutschstämmigen Slowenen** keine Sonderrechte wie zweisprachigen Unterricht, zweisprachige Ausschilderung, direkt gewählte Vertreter im Parlament etc. genießen, wie die als nationale Minderheiten anerkannten, ist ein permanenter Streitpunkt zwischen Österreich und Slowenien. So sind Ortsschilder und Straßennamen sowohl im italienischen wie im ungarischen Grenzgebiet zweisprachig, im österreichischen sind sie es nicht (aber auch die Österreicher in Kärnten kaprizieren sich, die EU-Vorschriften zur zweisprachigen Beschilderung zu exekutieren).

Sprache

Das Slowenische zählt zu den **südslawischen Sprachen** und galt bis zur Geburt eines nationalen Selbstbewusstseins im 19. Jh. als Sprache der mindergebildeten Schichten und der Bauern. Adel und Bürgertum sprachen je nach Einflussgebiet Italienisch, Deutsch oder Ungarisch. Obwohl das Slowenische also nur im kleinen, regionalen Rahmen individuell gepflegt wurde und eine „Vereinheitlichung" zur Hochsprache bis Mitte des 19. Jh. nicht stattfand, haben sich für ein so kleines Land dennoch erstaunlich viele **Dialekte** entwickelt. Innerhalb der sieben großen Regionaldialekte, die mit der geografischen Untergliederung zusammenfallen (Koroška, Gorenjska, Štajerska, Dolenjska, Primorska, Notranjska und Prekmurje), soll es mindestens 40 Unterdialekte geben, die sich in isoliert liegenden Tälern und Dörfern entwickelt und bis heute erhalten haben. Zudem wurde in den grenznahen Gebieten so manches Lehnwort und auch die Sprachmelodie der Nachbarn integriert. Das Slowenische in Primorska hört sich deutlich italienisch an, während man in Štajerska und Koroška das Österreichische durchklingen hört.

Kleine Sprachhilfe Slowenisch

- Eine kleine Sprachhilfe Slowenisch mit **Ausspracheregeln, Zahlen** und wichtigen Begriffen für **„Essen und Trinken", „Notfälle"** usw. findet sich **im Anhang des Buches** auf Seite 594.

Wie die anderen slawischen Sprachen auch besitzt das Slowenische sogenannte **diakritische Zeichen,** nämlich das **č,** das **š** und das **ž,** die im Deutschen meist mit tsch, sch und dsch transkribiert werden. Ein Überbleibsel alter Zeiten ist im Slowenischen der **Dual** genannte Numerus. Die Slowenen verwenden neben Einzahl (Singular) und Mehrzahl (Plural) auch die Zweizahl (Dual): Ist von zwei Personen die Rede, nimmt das Verb die Endung bzw. Form des Duals an.

Religion

Die Menschen auf slowenischem Territorium erfuhren zwei Christianisierungen: Das erste Mal setzte die christliche Missionierung noch unter **römischer Herrschaft** ein, im 3. Jh. hatten Emona (Ljubljana) und Poetovium (Ptuj) bereits einen Bischof. Dann folgten die Jahrhunderte der Völkerwanderung, in denen auch Slowenien von Westgoten, Hunnen, Ostgoten, Langobarden und schließlich auch von den westslawischen Völkern durchquert und besetzt wurde. Das Christentum wurde dadurch weitestgehend verdrängt, und zu Beginn des 8. Jh. war es im Fürstentum Karantanien kaum mehr existent. An seine Stelle traten **slawische Gottheiten** wie der mächtige Triglav, der dreiköpfige Gott und Regent von Himmel, Erde und Unterwelt.

Mitte des 8. Jh. aber suchte Karantanien Schutz bei den bayerischen Nachbarn, die sogleich Missionare zu den neuen Vasallen schickten. Unter bayerischer Herrschaft übernahm das **Erzbistum Salzburg** die Ägide und als das Herzogtum Bayern dem Frankenreich einverleibt wurde, teilte man unter *Karl dem Großen* Karantanien in zwei Einflusssphären, die Salzburg bzw. dem Patriarchat von Aquileia unterstanden. Die zweite Missionswelle traf auf heftigen Widerstand der heidnischen Slawen, war letztendlich aber doch erfolgreich.

Katholisch oder protestantisch

Fast zwei Drittel der Slowenen gehören der katholischen Kirche an, der Anteil der Protestanten ist mit 1 % kaum zu messen. Dies könnte allerdings auch ganz anders aussehen, denn die **Refor-**

Die Zlatorog-Legende

In fernen Zeiten, so erzählen die Alten, lebte ein wundersamer **Steinbock** auf den höchsten Gipfeln der Julier. Er trug **goldene Hörner** und wurde deshalb *zlatorog,* goldenes Horn, genannt. Zlatorog war unsterblich und wenn er sich verletzte, dann wuchs aus seinen Blutstropfen eine Blume, die **Triglav-Rose,** die alle Leiden kurieren konnte. Eines Tages aber trieb die Gier zwei Jäger auf die Spur des Steinbocks, sie stellten ihn, schossen und trafen. Das schwer verwundete Tier zertrampelte in seinem Zorn über die undankbaren Menschen all die blühende Natur rundherum. Zurück blieben unfruchtbare Felsen, und von Zlatorog hat man nie wieder eine Spur gesehen.

mation fiel gerade in Slowenien auf fruchtbaren Boden, versprach sie den unter dem feudalen Joch geknechteten, von einer zumeist deutschen Adelsschicht ausgebeuteten Menschen doch so etwas wie ein Recht auf nationale Identität. Protagonist des Protestantismus auf slowenischem Boden war **Primož Trubar** (1508–86), ein evangelischer Geistlicher, der zwei Katechismen in slowenischer Sprache verfasste und das Neue Testament ins Slowenische übersetzte. Die Gründung der ersten Grundschulen mit slowenischem Unterricht fiel in diese Zeit – bis dahin war Bildung eine Domäne der Klöster. Die slowenische Grammatik erschien als Buch und schließlich die ins Slowenische übersetzte Bibel.

Ab 1600 schlug die **Gegenreformation** zurück und die katholischen Könige bereiteten den protestantischen „Umtrieben" ein Ende. Sie schlossen die Schulen und ließen die slowenischen Bücher verbrennen. Für Slowenien bedeutete dies nicht nur Unterdrückung der religiösen Überzeugung, sondern auch des keimenden nationalen Bewusstseins.

Glaube und Sozialismus

Mit dem Eintritt Sloweniens in die Sozialistische Bundesrepublik Jugoslawien nach Ende des Zweiten Weltkriegs erfuhr der christliche Glaube eine neue Prüfung. Zwar vermied es die Regierung in Belgrad, kirchliche Aktivitäten zu verbieten, aber wie in den meisten anderen sozialistischen Ländern war **Frömmigkeit nicht gern gesehen,** der Religionsunterricht in den Schulen verschwand aus den Lehrplänen und viele Mönche und Nonnen mussten ihre schützenden Klöster verlassen. Wer sich offen zu seinem Glauben bekannte, konnte mit Schikanen in Schule und Beruf rechnen. Der **Volksfrömmigkeit** tat dies allerdings nur wenig Abbruch und nach der Unabhängigkeit wurden die alten kirchlichen Feiertage flugs wieder eingeführt. Übrigens ist Slowenien eines der wenigen Länder mit überwiegend katholi-

219sl sk

◁ Ausnahmsweise läutet der Pfarrer selbst die Wunschglocke auf der Bleder Insel

scher Bevölkerung, die den 31. Oktober, den Reformationstag, zum Feiertag erhoben haben.

Auch wenn der Katholizismus nun wieder in die prächtigen Barockkirchen zurückgekehrt ist, auch wenn viel Geld in die Sanierung von Kirchen und Klöstern gesteckt wird und kirchliche Festtage und Wallfahrten mit großem Prunk begangen werden, die sozialistische Ära hat bei den Slowenen doch eine gewisse **Distanz zur Kirche** hinterlassen. Seit der Unabhängigkeit wird um die Wiedereinführung des Religionsunterrichtes in den Schulen gestritten und bisher konnten sich die Befürworter nicht durchsetzen.

Volkskultur und Traditionen

Inzwischen ist es still geworden um die **„Original Oberkrainer"**, die berühmtesten kulturellen Botschafter Sloweniens im Ausland. Die Gründerväter sind verstorben und haben die Tuba und Ziehharmonika den Enkeln übergeben. Jahrzehntelang haben die in Slowenien unter dem Namen *Avseniki* bekannten Musikanten das **internationale Bild von slowenischer Kultur** geprägt. Abgesehen davon, dass sich diese stark kommerzialisierte Volksmusik weit von ihren slowenischen Wurzeln entfernt hat, repräsentierte sie doch „nur" den alpenländischen Aspekt slowenischer Kultur, in der Außenwahrnehmung waren andere Traditionen ausgeklammert.

Jodler und Heuharfen

Slavko und *Vilko Avsenik*, die Begründer der *Original Oberkrainer*, starteten ihre Karriere dort, wo heute deren Früchte geerntet werden: in einer Dorfkneipe im Weiler Begunje nicht weit von Bled, die inzwischen ein Oberkrainer-Pilgerort und eine Großgaststätte ist. Die Brüder variierten die traditionellen alpenländischen Lieder ihrer Heimat, indem sie den herkömmlichen Instrumenten wie der Ziehharmonika „moderne" wie die Klarinette zugesellten. In Slowenien durften sie im Rundfunk auftreten und da hörte sie der bayerische Moderator *Fred Rauch*. Unter seinen Fittichen wandelten sich die *Avseniki* zu den *Original Oberkrainer* und slowenische Melodien zu Hitparadenschlager wie *Unsere Tante Mizzi*, die noch heute in der Gaststätte *Pri Jožovcu* das Publikum von den Stühlen reißen.

Wenn Musikanten im Alpendorf Stara Fužina aufspielen oder beim Heurigen im Weindorf Jeruzalem, dann klingt dies heute alles nach *Avsenik*-Sound. Ähnlich wie auch in Österreich und Deutschland hat der **Volksmusik-Boom** die traditionellen Lieder und Instrumente aus dem Repertoire und der Erinnerung gedrängt.

Anders als in der Musik ist es in der Architektur: Sinnbild des alpenländischen Bauens ist die **Heuharfe,** *kozolec*, ein überdachtes Gestell, auf dessen Querstreben das Gras trocknet. Besonders in der Region um den See von Bohinj sieht man diese *kozolci* noch oft in doppelter Ausführung als *toplar.* Zwei Harfen sind dabei durch einen Zwischenboden und kunstvoll geschnitzte Seitenteile verbunden. Ein Dach schützt das auf dem Boden gelagerte Heu. Früher bestanden *kozolci* ausschließlich aus Holz, aber in neuerer Zeit ersetzte man die Seitenpfosten gern durch gemauerte oder Betonpfeiler. In den letzten Jahren hat eine Rückbesinnung eingesetzt und man sieht immer häufiger wieder aus frischem Holz gearbeitete Pfosten und Streben.

Die alten alpenländischen **Bauernhäuser** mit gemauertem Erdgeschoss, aus Holz gebauter erster Etage und einer Küche mit offener Feuerstelle *(črna kuhinja)* beherbergen heute vielerorts Museen.

Die **alpenländische Tracht** ist uns mit einigen Modernismen versehen ebenfalls von den „Original Oberkrainern" bekannt. Die Frauen tragen Bluse und Dirndl und darüber ein mit Fransen geschmücktes Schultertuch sowie eine Haube mit bunten Bändern, die Männer Bundhosen und Weste mit deutlicher Vorliebe für die Farbe Blau.

Das Klappern des Klopotec

Im Osten Sloweniens, im Prekmurje, aber auch bis nach Štajerska hinein macht sich der **Einfluss ungarischer Kultur** bemerkbar. Unübersehbar ist er in der Architektur der alten Holzbauernhäuser in Prekmurje, die mit Stroh gedeckt sind und von den Bauern in strahlend-bunten Farben angemalt werden. Hier gibt es, anders als beim alpenländischen Bauernhof, keine erste Etage, dafür aber stets ein häufig von den Menschen vorbereitetes Nest oder eine Plattform für die Störche, denn wo die sich niederlassen, dort ist das Glück zu Hause. Auch die Tracht ist von der ungarischen inspiriert: hohe Lederstiefel, weißleinenes Hemd und Fellweste tragen die Männer, ebenfalls weißes, zu unzähligen Falten gebügeltes und gerüschtes Leinen die Frauen, dazu bunt bestickte Hauben. Im Alltag sieht man die Trachten natürlich nicht mehr, sie werden bestenfalls zu einem großen Kirchenfest oder einer Folkloredarbietung herausgeholt.

Unüberhörbar ist das Wahrzeichen der Weinbauregionen im Osten, der *klopotec*. Er besteht aus einer Stange, die ein hölzernes **Windrad** trägt. Dieses bewegt einen Schlegel, der gegen die Stange schlägt und so ein **beständiges Geklapper** von sich gibt. Die *klopotci* werden aufgestellt, wenn die Trauben heranreifen und gierige Vögel anziehen. Der Lärm über den Weinbergen soll die ungeladenen Gäste vom gedeckten Tisch vertreiben.

Campanile und Espresso

Mediterranes Klima, venezianisches Erbe und das nahe Italien prägen die dritte kulturelle Region Sloweniens im Westen. In der Architektur hat Venedig deutliche Spuren hinterlassen, sodass die Hafenstädtchen aussehen wie kleine Kopien der Lagunenstadt. Aber auch in küsten-

[>] Der Fasching von Ptuj lockt ganze Heerscharen von Zuschauern an – bei Glühwein jubelt man den defilierenden Kostümierten zu ferneren Regionen ist der **romanische Einfluss** deutlich. Man baut aus Stein, schmal und hoch drängen sich die Häuser nicht nur in der Altstadt von Koper, sondern auch in Kanal aneinander, im Vipava-Tal sieht man vielerorts flache, mit schweren Steinbrocken gegen die Bora-Winde gesicherte Dächer, in den istrischen Bergstädten stehen Loggien, in denen früher Recht gesprochen wurde, am Eingang zur Altstadt.

Die Tracht der Primorska wird man nur noch in Museen zu Gesicht bekommen; schicke italienische Mode hat sie abgelöst, denn die Westslowenen konnten sich bequem bei den Nachbarn mit allem eindecken, was es in den sozialistischen Auslagen nicht gab.

Feste und Wallfahrten

Fasching und Kurentenlauf

Tausend Jahre in der Obhut der Katholischen Kirche haben prächristliche Vorstellungen vollständig aus dem Brauchtum verdrängt, allerdings sind einige urtümliche Traditionen im christlichen Gewand bis heute erhalten. Dazu gehört die Austreibung des Winters durch **furchterregende Masken und Figuren,** die je nach Region unterschiedliche Namen haben: In und um Ptuj, das Slowe-

022sl sk

niens berühmtesten Fasching feiert, sind dies die *kurenti*, am See von Bohinj heißen die Geister *šeme* und in Cerkno *laufarji*. Allen gemeinsam ist ein furchterregendes Äußeres, denn sie sind dazu da, die **Geister des Winters** zu vertreiben. Zugleich wird aber mit den Figuren auch Bezug auf lokales Brauchtum oder aktuelle Ereignisse genommen. Traditionell sind die Faschingsgesellschaften nach Dörfern organisiert und die Figuren streng ritualisiert. Früher gehörten zu einem Faschingsumzug ein „Zigeuner mit Tanzbär", ein „Greisenpaar", vier „Rösser" und die *kurenti*, mit Kuhglocken behangene, furchterregende Fellgestalten. Sie zogen von Haus zu Haus und bestreuten die Schwellen mit Körnern – dem Symbol für eine gute Ernte. Als Gegenleistung erhielten sie Würste, Brot und Wein.

Die Tradition des Kurentenlaufens war im sozialistischen Jugoslawien fast ausgestorben, hat sich inzwischen in der **Region Ptuj** aber zu einem wichtigen Touristenmagneten entwickelt. Anders als früher laufen die *kurenti* nicht durch die Dörfer, sondern durch die Altstadt von Ptuj, begleitet von Fernsehteams und Fotografen. In den kleinen Dörfern des Dravsko polje, des Draufeldes, kann man mit etwas Glück aber auch noch einen traditionellen und nicht kommerzialisierten Kurentenlauf erleben.

Wallfahrten

Slowenien besitzt viele Wallfahrtsziele, die meisten sind der Jungfrau Maria geweiht. Eines der bedeutendsten liegt nicht weit von der Faschingshochburg Ptuj entfernt, es ist die Kirche in **Ptujska gora,** die eine wertvolle und hoch verehrte Schutzmantelmadonna hütet. Besonders an den Marienfesten kommen die Wallfahrer zu dieser Muttergottes, spenden Geld und Kerzen und bitten um ihre Hilfe.

Die Jungfrau *Maria* wird auch in **Sveta Gora,** auf dem Berg Skalnica in der Nähe von Nova Gorica, verehrt. Ihr höchster Festtag ist der dritte Sonntag nach Pfingsten. Eine weitere Marienstätte, die eigentlich dem St. *Veit* geweiht ist, findet man in **Brezje** in der Nähe von Kranj. Sie wurde 1988 von Papst *Johannes Paul II.* als bedeutendste slowenische Wallfahrtskirche besucht. Hier feiert man neben allen anderen Marientagen besonders den ersten Sonntag im September, den „Engelssonntag".

Traditionsmärkte

Auch die *sejem* genannten Märkte gehören eigentlich zum Kirchenjahr, denn traditionell wurden sie am Festtag des Kirchenpatrons um das Gotteshaus herum abgehalten. Heute spielt der Anlass keine Rolle mehr, Märkte gibt es immer und überall auf dem Land, es werden Kleider, Geschirr, Spielzeug und allerlei Tand verkauft.

Wein- und Schlachtfeste

Der **Herbst** bildet einen Festhöhepunkt für sich: In den Weinbaugebieten sind die Reben reif und die Lese fängt an. Die anstrengende Arbeit wird mit abendlicher Feststimmung belohnt: Es gibt deftiges Essen für alle, der Wein fließt in

Strömen und jemand hat sicher eine Ziehharmonika oder eine Gitarre dabei, um die trunken-fröhlichen Gesänge zu begleiten. Auf den Bauernhöfen beginnt zur selben Zeit das Schlachten, es gibt frische Würste und Innereien – kurzum alles, was dabei abfällt und von den Slowenen *koline* genannt wird. *Koline* sind natürlich nur dann wirklich gut, wenn sie von einem Hof und nicht aus einem Restaurant stammen, nämlich *domače koline* sind (*domače* heißt häuslich und gilt als Edelprädikat für alle Naturprodukte vom heimischen Herd). Bauernhöfe, die geschlachtet haben, eröffnen in dieser Zeit kleine, **private Gaststuben,** in denen sie *domače koline* servieren.

Festivals und Aufführungen

Festivals klassischer oder moderner Musik, Pop-Contests und Tage der Volksmusik veranstalten die einzelnen Tourismusregionen; besonders zahlreich sind sie in den Küstenstädtchen, die in der Hochsaison im Juli und August fast täglich etwas organisieren, um ihre Gäste zu unterhalten. Dabei treten durchaus **hochkarätige Künstler** auf, oft im historischen Rahmen eines Klosters oder eines Palazzo, sodass das Musikerlebnis wirklich unvergesslich wird. Über die genauen Termine und das Programm informieren die jeweiligen Fremdenverkehrsverbände.

Im Zuge des wachsenden Fremdenverkehrs wurden Traditionen wieder ausgegraben und Neues initiiert. In Maribor, der alten Flößerstadt, findet beispielsweise zum Auftakt des **Musikfestivals LENT** Ende Juni eine traditionelle Flößertaufe auf der Drava statt, Bohinj zelebriert Anfang August eine volkstümliche **„Bauernhochzeit“**, im Schloss Predjamski grad nahe Postojna gehen beim **Erasmus-Turnier** Ende August Ritter mit Lanzen aufeinander los und der Almabtrieb in der Region Bohinj wird Mitte September mit einem **„Kuhball“** gefeiert.

301sl sk

[>] Die furchterregenden Gestalten, Kurenten genannt, sind eine Besonderheit des Faschings von Ptuj

Kunst und Kultur

Slowenen im Ausland sind besonders häufig in der Kulturbranche tätig, Kärntner wie Friauler Slowenen führen überdurchschnittlich viele Verlage, Zeitungen, Kulturclubs etc. und auch im Land selbst ist die künstlerische Produktion, gemessen an der geringen Bevölkerungszahl, erstaunlich. Wahrscheinlich liegt die Ursache für dieses rege Kulturschaffen in den Jahrhunderten, die die Slowenen ohne die Möglichkeit gelebt haben, eine eigene kulturelle Identität zu dokumentieren, vielleicht auch in dem Drang, die geringe Größe durch einen besonders umfangreichen kulturellen Ausstoß zu kompensieren. Ganz gleich, welche Gründe dafür ausschlaggebend sind – die Ergebnisse sind spannend.

Musik gestern und heute

Zwischen den Kompositionen und Auftritten von *Giuseppe Tartini* und den Selbstinszenierungen der Gruppe „Laibach" liegen drei Jahrhunderte und doch gibt es bei den beiden so gegensätzlichen Vertretern der slowenischen Musik einen gemeinsamen Zug – die Exzentrik.

Tartini, 1692 in Piran geboren, war besessen von dem Gedanken, Musiker und Komponist zu werden, dass er von zu Hause ausriss und sich in Ancona als Geiger in einem Orchester verdingte. Er besaß eine so große Fingerfertigkeit auf der Violine, dass ihm das abergläubische Publikum unterstellte, er hätte einen Pakt mit dem Teufel geschlossen – eine Idee, die *Tartini* als PR-Gag dankbar aufnahm und ausbaute. Er entwickelte einen „Teufelstriller", den nur er spielen konnte, und behauptete, viele seiner Kompositionen stammten nicht von ihm, sondern von seinem Vertragspartner, dem Beelzebub. Als Musiktheoretiker forschte *Tartini* über das Phänomen des „Differenztons", also des dritten Tones, der beim Spielen zweier Töne entsteht, als Komponist hinterließ er ein umfangreiches Werk, darunter allein 130 Violinkonzerte.

Die Gruppe **Laibach** kann man heute wohl als Vorläufer der Elektro-Pop-, vielleicht auch der Techno-Bewegung ansehen. Laibach waren allerdings nie nur eine Musikband, sondern stets darauf bedacht, ihre Arbeit in ein Gesamtkunstwerk einzubinden – daher auch die Intitiative zur Gründung der slowenischen Kunstbewegung NSK (→ „Neue Slowenische Kunst" S. 571). Musik wie Auftritte von Laibach sind stets auch Provokationen; ungeniert bedienen sich die Musiker aller nur erdenklichen Symbole, wobei sie den Hang zur faschistischen Formensprache damit begründen, eben diese Symbolik bloßstellen zu wollen. Der letzte große Coup der Gruppe war 2015 ein Konzert in Nordkorea. 2017 erschien eine Filmdokumentation des Kon-zertes unter dem Titel *Liberation Day.*

Die Jugend tanzt aktuell aber lieber zur Boygroup **Joker out** aus Ljubljana. Ebenfalls in der Hauptstadt fanden sich die vier Mitglieder von **Koala Voice.** Die angesagte Band verbindet Indie mit

[>] Jazz und Blues auf Vinyl, da macht es auch jungen Leuten Spaß, in Ljubljanas „Jazz&Blues" zu wühlen

Rock und Garage. Volksmusik und Schlager sind Spezialität der beliebten **Modrijani.** Übrigens singen viele slowenische Bands auf Slowenisch.

Slowenischer Film

Wirklich spektakuläre Erfolge hat die kleine Nation im Bereich der Filmkunst nicht vorzuweisen, aber durchaus respektable Arbeiten, die über den engen Rahmen Sloweniens hinweg auch international Beachtung fanden, so das Road-Movie „Express, Express" von *Igor Sterk,* der von einer Bahnfahrt quer durch Slowenien erzählt, bei der sich zwei Passagiere ineinander verlieben (1997). Viele Filmschaffende setzen sich in ihren Werken noch mit der jugoslawischen Ära auseinander, so *Hanna Slak,* die in ihrem Spielfilm „Rudar" (Der Bergmann, 2017) die totgeschwiegenen Exekutionen vermeintlicher Kollaborateure nach dem Zweiten Weltkrieg thematisiert. Andere Filme wiederum nehmen das Thema Balkan-Krieg auf, wie der experimentelle Kurzfilm „Balkan-Roulette" von *Zdravko Barisič,* in dem sechs Männer mit einer Pistole (und einer Kugel) an einem Roulettetisch die ausweglose Situation repräsentieren. Mit „Jezdeca" (Die Reiter, 2022) drehte *Dominik Mencej* ein Roadmovie à la „Easy Rider", nur dass Mopeds die Rolle der Harley Davidsons übernehmen und Ljubljana die des ersehnten Ziels. 2003 wurde erstmals ein slowenischer Film für den Oscar als bester fremdsprachiger Film nominiert: „Rezervni deli" („Ersatzteile") von *Damjan Kozole* erzählt von zwei Menschenschmugglern in der Industriestadt Krško und von ihrer „Ware", den Flüchtlingen aus Asien und Afrika. Wer sich für slowenische Filme interessiert, findet unter www.bsf.si/en weitere Informationen.

217sl sk

Von der Bauernsprache zur Literatur

Der älteste überlieferte Text in slowenischer Sprache sind die **„Freisinger Denkmäler"**, *Brižinski spomeniki,* Beichtanweisungen aus dem 10. Jh. Fast ein halbes Jahrtausend musste vergehen, bis sich wieder jemand fand, der das Slowenische als Schriftsprache benutzte: *Primož Trubar* mit seinen in Württemberg gedruckten slowenischen Katechismen und *Jurij Dalmatin* mit der ersten Bibelübersetzung (1584). Als Grundlage verwendeten Trubar wie *Dalmatin* den in Ljubljana und Gorenjska gesprochenen

Dialekt, der daraufhin zum Hochslowenischen avancierte.

Das literarische Schaffen in slowenischer Sprache setzte aber erst ein, als auch die Idee einer unverwechselbaren nationalen Identität Fuß fasste; und dies war erst Ende des 18. Jh. der Fall. Der Komödiendichter **Tomaž Linhart** (1756–95) war einer der ersten, die gefördert durch den Kunstmäzen Baron *Sigmund (žiga) Zois* in der Muttersprache publizierten und Erfolg hatten. Auf ihn folgte der slowenische Nationaldichter schlechthin, **France Prešeren** (1800–49). Seine Gedichte spiegelten den erwachenden Nationalismus, in der „Taufe an der Savica" nahm er sich die Verdrängung des alten, slawischen Glaubens durch das Christentum zum Thema, und mit dem berühmten, patriotischen Trinklied, der „Zdravljica", verfasste er die Verse, welche die Slowenen heute als Nationalhymne singen. Von seinem Erfolg hatte Prešeren, der aus einfachsten Verhältnissen stammte, zu Lebzeiten so gut wie nichts. Erst nach seinem Tod wurde er „entdeckt" und zum nationalen Literatur-Heros stilisiert.

Zwischen 1804 und 1813 stand Slowenien mit den Nachbarn Kroatien und Dalmatien unter französischer Oberhoheit, zusammengefasst als *Napoleons* „Illyrische Provinzen". Um 1840 besann sich die „Illyrische Bewegung" dieser Idee und forderte, alle südslawischen Sprachen zu einer gemeinsamen Lingua Franca zu vereinen und eine sprachliche, kulturelle und politische Einheit zu bilden. Den Slowenen, die gerade erst damit begonnen hatten, ihr eigenes linguistisches Erbe auszugraben, war die Illyrische Bewegung eine Bedrohung der neu gewonnenen nationalen Identität und sie lehnten sie massiv ab. Ausdruck dieser Ablehnung war u.a. auch das vermehrte literarische Schaffen in slowenischer Sprache wie bei Prešeren (der aber teils auch auf Deutsch publizierte).

Ähnlich wie Prešeren kam auch **Ivan Cankar** (1876–1918) aus einer einfachen Familie, die ihm keine literarischen Studien ermöglichen konnte; auch er starb jung. In den Mitteln der Dichtkunst sind sich die beiden aber überhaupt nicht ähnlich. *Prešeren* war ein Romantiker, *Cankar* hingegen Wegbereiter der Mo-

Die kulturelle Provinz

Slowenischer Kulturbetrieb findet auch außerhalb Ljubljanas statt. Wichtige Museen gibt es überall im Land, so beispielsweise im **Kloster Kostanjevica** mit einer Ausstellung slowenischer Malerei und den Forma-Viva-Skulpturen im Hof und im Park des Klosters. In der Burg des mittelalterlichen Karstdörfchens **Štanjel** werden die Arbeiten des Malers und Grafikers *Lojze Spacal* gezeigt, der wie kein anderer die Farben und Formen des Karstes einzufangen weiß, und daneben sieht man die architektonischen Visionen von *Maks Fabiani,* eines Kollegen und Zeitgenossen von *Plečnik,* der sich besonders um den Erhalt der alten Baustruktur von Štanjel verdient gemacht hat. Nicht weit von Sežana findet in der **Tropfsteinhöhle Vilenica** jedes Jahr ein viel beachtetes Treffen von Literaten statt, dann gibt es die **Forma-Viva-Workshops und -Ausstellungen** – man könnte die Liste kleiner, exklusiver Museen und Events außerhalb Ljubljanas beliebig fortsetzen. Es lohnt sich auf jeden Fall, die Ausstellungen auf sich wirken zu lassen, auch wenn man zunächst mit dem Namen des Künstlers nichts anzufangen weiß.

derne und in gewissem Sinne auch ein Kind der Illyrischen Bewegung, denn sein Thema ist nicht mehr Slowenien, sondern Jugoslawien, dessen Geburt als Königreich der Serben, Kroaten und Slowenen er allerdings nicht mehr erlebte. Helden seiner sozialkritischen Romane sind die einfachen Menschen und ihr Leiden und so wurden *Cankars* Schriften denn im sozialistischen Jugoslawien zur Pflichtlektüre. In der Tradition von *Ivan Cankar* schrieb auch **Oton Župančič** (1878–1949), der als einer der prominentesten Fürsprecher des Partisanenkampfes auftrat.

Aus der Karstregion und Triest, Anfang des 20. Jh. noch überwiegend slowenisch, stammen gleich mehrere berühmte Schriftsteller: *Fulvio Tomizza* (1935–99), *Scipio Slataper* (1888–1915) und der Lyriker **Srečko Kosovel** (1904–26), dessen Gedichte über den Karst wie kaum ein anderer Text die Schönheit und Härte dieser Landschaft spiegeln.

Auch die Kärntner Slowenen haben einige berühmte Autoren hervorgebracht, darunter **Florjan Lipuš** (geb. 1937). Er war Herausgeber der Literaturzeitschrift „mladje" und erhielt zahlreiche österreichische und slowenische Literaturpreise. Mit dem 1997 erschienenen Roman „Die Beseitigung meines Dorfes" zeichnet er ein bissig-humorvolles Portrait des dörflichen Lebens. Der berühmteste Kärntner (Halb-)Slowene ist in Slowenien in Ungnade gefallen: **Peter Handke.** Er setzte seiner mütterlichen Heimat wunderbare literarische Denkmäler, verprellte seine Landsleute aber mit dem Eintreten für *Miloševičs* Serbien.

Aktuell wichtige Autoren sind **Drago Jančar** (→ Kasten „Literaturtipps"), **Go-**

Literaturtipps Slowenien

- **Junge slowenische Autoren** in deutscher Übersetzung publizieren vor allem die in Klagenfurt ansässigen Verlage *Hermagoras* und *Drava.*
- **Jože Pirjevec,** Historiker an der Universität von Koper, hat mit „Tito" eine umfassende und bislang nicht zugängliche Quellen nutzende Biografie des Partisanenführers und jugoslawischen Staatspräsidenten vorgelegt (Kunstmann Verlag, München 2016).
- **Meta Osredkar** ist Autorin zweier spannenden Krimis, in denen Kriminalinspektor *Kos* an den idyllischsten Orten Sloweniens ermittelt: „Hochwürden stirbt grausam" (2017) und „Mörderische Idylle" (2018, beide im Wieser Verlag, Klagenfurt.
- Lesenswert sind auch die Gedichte des Nationaldichters **France Prešeren** („Gedichte/Pesmi", Hermagoras Verlag Klagenfurt).
- **Drago Jančar** gehört zu den Großen der slowenischen Literaturszene. Sein jüngster Roman „Wenn die Liebe ruht" (Hanser Verlag München 2019) erzählt von der schwierigen Liebe zwischen einer Zivilistin und einem Partisanenkämpfer in der Zeit der deutschen Besatzung.
- Bücher von **Alma Karlin** erscheinen im Aviva-Verlag. So „Ein Mensch wird", die Autobiografie der Reiseschriftstellerin (2018).
- **Aleš Šteger** ist international der wohl bekannteste junge Autor aus Slowenien, schreibt aber vorrangig Lyrik. Mit der „Gebrauchsanweisung für Slowenien" legt er 2022 ein unterhaltsames Essay über seine Heimat vor, geschrieben aus der „Innensicht" und dabei unterstützt vom deutschen Schriftsteller und Lyriker *Matthias Göritz* (Piper Verlag, München).
- Einen guten Überblick aktueller, u. a. aus dem Slowenischen übersetzter Titel gibt die **Website „Perlentaucher"** zusammen mit Rezensionen der vorgestellten Werke: www.perlentaucher.de/stichwort/slowenien/buecher.html.

218sl sk

ran Vojnović, der auch als Filmregisseur arbeitet, und der Medien-Tausendsassa, Lyriker und Essayist **Aleš Steger.** Wer sich für die Thesen des berühmtesten slowenischen Philosophen und Entfant terrible **Slavoj Žižek** interessiert, lese z.B. seine im S. Fischer Verlag erschienene Betrachtung „Die Paradoxien der Mehrlust" (2023). Abschließend noch eine interessante Autorin: **Nataša Kramberger** erzählt in „Verfluchte Misteln" von ihrem Versuch, als Großstadtkind wieder im großmütterlichen Dorf heimisch zu werden (Verbrecher Verlag Berlin 2021).

So sympathisch macht ein B&B in Ljubljana auf sich aufmerksam

Bildende Kunst

International hervorgetan haben sich nur wenige bildende Künstler aus Slowenien, was aber nicht zu dem Rückschluss führen sollte, dass es keine talentierten Kreativen gäbe – vielmehr ist die Kunstszene groß und sehr aktiv, was man allein schon an den **Forma-Viva-Projekten** in Kostanjevica, bei Portorož und bei Maribor sehen kann. Dazu werden Bildhauer aus Slowenien und anderen Ländern eingeladen, im Rahmen eines Workshops mit den Materialien zu arbeiten, die von der Natur (oder der Industrie) am Veranstaltungsort bereitgestellt werden – bei Portorož ist es weißer Marmor, bei Maribor Stahlbeton. Die Werke bleiben in der freien Natur stehen und bilden so ein spannendes Lehrstück zum Thema Bildhauerei.

Kulturhauptstadt Ljubljana

Ljubljana ist auch kulturelle Hauptstadt und mit ihrer **Architektur** selbst ein Kunstwerk, das 2021 zum UNESCO-Weltkulturerbe erklärt wurde, denn hier konnte Sloweniens berühmtester Baumeister **Jože Plečnik** (1872–1957) seine Visionen realisieren. Plečnik war eigentlich Schreiner, geriet in Wien aber durch Zufall in den Dunstkreis des großen Architekten und Stadtplaners *Otto Wagner*, der ihn als Schüler aufnahm. Sein erstes großes Projekt war der Umbau der Prager Stadtburg Hradschin. Dadurch wurde man auch in Ljubljana auf ihn aufmerksam und schließlich durfte er in seiner Heimat bauen. *Plečnik* entwarf die Markthallen und die Tromostovje genannten Brücken über die Ljubljanica, er errichtete die Universitätsbibliothek und den Friedhof Žale, baute mehrere Kirchen um und setzte den Grünanlagen des Tivoli seinen Stempel auf. Charakteristisch für seinen Stil sind willkürliche Anleihen und Zitate aus allen Epochen der Stilgeschichte und eine große Liebe zur klassischen Säule, die an keinem seiner Ensembles fehlen darf. Ljubljana ist eine einzige *Plečnik*-Stadt, aber er hat auch in der Provinz gearbeitet und beispielsweise die gotische Kirche von Bogojina (Prekmurje) in ein ungewöhnliches Gotteshaus verwandelt.

Dass in dem kleinen Land auch heutzutage erstaunlich viele begabte Architekten arbeiten, zeigt der reich bebilderte und mit Konstruktionsplänen und Erläuterungen versehene Band von *Matevž Celik*, „New Architecture in Slovenia" (Springer 2007). Ljubljana ist auch eine inzwischen weltweit anerkannte Grafik-Hauptstadt. Seit 1955 wird hier die **Grafik-Biennale** abgehalten, die international hohes Ansehen genießt. Über die Qualität der Arbeiten der *Ljublanska šola*, der Ljubljaner Schule, kann man sich im Ausstellungspavillon der Biennale im Tivoli-Park informieren.

„Neue Slowenische Kunst"

In Ljubljana wurde auch die **NSK** gegründet, die *Neue Slowenische Kunst*, die tatsächlich den deutschen Namen trägt. Die NSK ist ein lockerer Zusammenschluss von Künstlern unterschiedlicher Provenienz, so beispielsweise der Musikgruppe *Laibach* (→ „Musik gestern und heute" S. 566), der Theatergruppe *Noordung* und *IRWIN*, einer Vereinigung junger Maler-Talente. Programm von NSK ist die Provokation, es gibt einen NSK-State, Pässe und eigenes Geld. Bei den Aktionen der Künstler wird teilweise in deutscher Sprache agiert – was ebenso wie die dem Faschismus entlehnten Symbole von Laibach aufrütteln und irritieren soll.

Theater

Die NSK führt mit ihren Performances von der bildenden Kunst zum Theater und hier hat Slowenien ebenfalls einen großen, zu düsteren Bildern und Bombast neigenden Künstler hervorgebracht: **Tomaž Pandur** (1963–2016). Seinen kometenhaften Aufstieg begann er in Maribor, wo die Inszenierung von *Dantes* „Divina Comedia" nicht nur slowenische, sondern auch internationale Kritiker in höchsten Aufruhr versetzte. Das kleine Mariborer Theater wurde sogar in die Salzburger Festspiele einbezogen: Weil die Inszenierung nicht andernorts gespielt werden konnte, hat man die Festspielgäste einfach nach Maribor geflogen. Die Ära war allerdings schnell vorbei, denn Maribor konnte sich seine immer aufwendiger werdenden Arbeiten nicht leisten. 1996 ging Pandur ins Ausland, wo er weiterhin mit seinen Regiearbeiten für Aufsehen und Irritation sorgte. 2016 verstarb er in Skopje.

Nationalsport

Baron *Sigmund Zois* wurde bereits im Literaturkapitel als Förderer erwähnt, er kam aber auch als Initiator der ersten Triglav-Besteigung zu Ehren. Auf seine Anregung hin erstiegen die „Vier Beherzten", wie sie auf einem Denkmal in Bohinj genannt werden, am 26.8.1778 den Triglav-Gipfel. Der Jäger *Luka Korošec* und seine Gefährten sind damit die ältesten Supersportler in der slowenischen Chronik von Siegen und Medaillen.

Natürlich haben es den Slowenen besonders jene Sportarten angetan, die sie in den Bergen ausüben können: **Bergsteigen, Klettern** und **Skifahren.** Vor allem unter den Skispringern und Alpin-Skifahrern sind Slowenen bei jeder Meisterschaft auf den vorderen Rängen dabei und Maribor und Kranjska Gora tragen zwei wichtige Weltcup-Abfahrten aus, während die Skispringer regelmäßig auf den Schanzen von Planica fliegen.

Die skispringenden Brüder **Peter und Domen Prevc** aus Krajn beherrschten die Sprungbewerbe in der zweiten Hälfte der 2010er Jahre.

In den letzten Jahren haben aber auch andere Sportler große Erfolge errungen. Bei der Tour de France 2020 und 2021 triumphierte **Tadej Pogačar** mit so überragender Leichtigkeit, dass seitdem Doping-Vorwürfe leider nicht mehr verstummen.

Und wenn es irgendwo auf der Welt einen Sieben- oder Achttausender zu besteigen gilt – eine Mannschaft aus Slowenien ist mit Sicherheit unter den konkurrierenden Seilschaften.

Politik und Wirtschaft

„Vorbildlich" lautete das wohl am häufigsten verwendete Attribut, wenn es darum ging, Sloweniens Weg von der sozialistischen in die kapitalistische Ära zu beschreiben. Weil das Land mit der Umgestaltung von Recht, Politik und Wirtschaft so erfolgreich war, zählte es auch zur **ersten Gruppe der EU-Beitrittsländer** in Osteuropa.

Politik nach der Unabhängigkeit

Dass die Slowenen große Individualisten sind, zeigt sich schon in der Parteienlandschaft, denn wie kommen zwei Millionen Slowenen sonst dazu, sich **über 20 Parteien** zu leisten, die tatsächlich dann auch um Wählerstimmen buhlen dürfen? Darunter sind so eigenwillige

Vereinigungen wie die Partei der slowenischen Rentner, DeSUS, die an mehreren Regierungen beteiligt war, oder die Vertretung der istrischen Slowenen, die wohl kaum mehr als die per Gesetz geforderten 200 Mitglieder haben dürfte.

Im Jahre 1994 wurde das Parteiengesetz erlassen und es ist erstaunlich, dass man darin dem damals schon herrschenden Wildwuchs keinen Riegel vorgeschoben hat (dies wurde schließlich 2000 geregelt, als man eine Vier-Prozent-Hürde einführte). Denn die Konsequenzen für die Regierungsarbeit sind erheblich: Durch die Aufsplitterung der Stimmen gibt es keine kommoden Mehrheiten; stets müssen Koalitionspartner gesucht werden und weil es dann häufig Unstimmigkeiten gibt, brechen die fragilen Gebilde aus oft bis zu fünf Parteien schnell auseinander.

Im Hintergrund der meisten politischen Scharaden in Slowenien ist die Auseinandersetzung zwischen denjenigen, die das Land personell erneuern und von jugoslawischen Altlasten befreien wollen, und jenen, denen zuviel „Aufräumen" nicht so recht ist. Viele politische Köpfe waren bereits in der jugoslawischen Bundesregierung aktiv und gelten als belastet oder alten Seilschaften verpflichtet: Dies trifft für den ehemaligen Staatspräsidenten *Milan Kučan* (ehemals Vorsitzender der slowenischen Kommunisten) ebenso zu wie für *Janez Janša,* der nach Jahren in unbedeutenden Ämtern 2020 wieder zum Ministerpräsidenten gewählt wurde und sich als populistischer Imitator seines ungarischen Freundes *Viktor Orban* präsentierte. Die **slowenische EU-Ratspräsidentschaft** im zweiten Halbjahr 2021 begleitete er mit immer neuen Provokationen.

Nationalsymbole

Slowenische Flagge

Die **slowenische Flagge** zeigt drei Querstreifen in Rot, Blau und Weiß, die auf der linken, oberen Hälfte das Staatswappen tragen. Es besteht aus der dreizackigen Silhouette des Triglav in Weiß vor dunkelblauem Hintergrund. Unter dem Berg deuten zwei Wellenlinien die Flüsse, Seen und das Meer an, über den Zacken stehen drei gelbe Sterne, die dem Wappen der Grafen von Celje entlehnt sind.

Nationalhymne

Die überaus friedliche Nationalhymne ist das von *France Prešeren* gedichtete Trinklied, die **Zdravljica;** gesungen wird der zweite Vers:

Ein Lebehoch den Völkern,
die sehnend nach dem Tage schaun,
an welchem aus dem Weltall
verjaget wird der Zwietracht Graun,
wo dem Freund
Freiheit scheint,
und wo zum Nachbarn wird der Feind.

2022 wurde er abgewählt und durch den grün-links-liberalen *Robert Golob* ersetzt, dessen neu gegründete „Freiheitsbewegung" (GS) auf Anhieb die absolute Mehrheit errang. Trotz dieses Wahlerfolgs regiert der ehemalige Manager *Golob* in einer linksliberalen Koalition mit vier weiteren Parteien – und dies bislang erstaunlich harmonisch.

Regierung und Verwaltung

Slowenien ist in 148 Gemeinden unterteilt, über eine Straffung der Verwaltungsstruktur durch Schaffung größerer, regionaler Verwaltungseinheiten wird derzeit nachgedacht. Gesetzgebende Versammlung ist der *Državni zbor*, ein **Parlament** mit 88 gewählten und zwei von der italienischen und der ungarischen Minderheit gestellten Abgeordneten. Beigestellt ist dem *Državni zbor* eine Art **Staatsrat,** *Državni svet,* in dem 40 Vertreter von Berufsgruppen, regionalen Verbänden und kulturellen Vereinigungen sitzen. Sie haben zwar kein Stimmrecht, greifen aber beratend in die Regierungsarbeit ein.

Der **Präsident** wird in direkter Wahl auf jeweils fünf Jahre von der Bevölkerung bestimmt, ist Oberbefehlshaber der Armee, hat aber sonst nur wenig Möglichkeiten, auf das politische Geschehen Einfluss zu nehmen. Dies obliegt dem **Ministerpräsidenten,** der vom Staatsoberhaupt (formell) vorgeschlagen und vom Parlament gewählt wird. Seit 2022 ist dies **Robert Golob** (GS), der mit vier weiteren sozialliberalen/grünen Parteien regiert. Präsidentin der Republik ist seit 2022 die grüne Anwältin **Nataša Pirc Musar.**

Imageprobleme

Sloweniens Politik seit der Unabhängigkeit ist geprägt von einer relativ scharfen Abgrenzung gegenüber den ehemaligen Bundesbrüdern und einem Schmusekurs gegenüber der Europäischen Union, allen voran Österreich. Besonders was sein Image in der Welt angeht, leidet Slowenien unter seiner „Kleinheit". Vielleicht sind slowenische Politiker und Tourismusstrategen deshalb ständig so darauf erpicht, der Öffentlichkeit klar zu machen, dass Slowenien Mitteleuropa „im Kleinen" sei – ein bisserl Österreich, etwas Ungarn und ein Schuss Italien.

Ein ganz anderes Imageproblem lässt sich nicht so leicht wegreden: Wirtschaft und Politik sind eng verzahnt, die Führungselite wechselt beliebig zwischen Regierungs- und Managementposten hin und her und bedient auf den neuen Posten häufig die jeweiligen Verpflichtungen und Gefälligkeiten aus der Vergangenheit.

Die Grenze zu Kroatien

Die Unabhängigkeit brachte einen unschönen **Grenzstreit** um den Grenzverlauf zwischen Slowenien und Kroatien in der Bucht von Piran hervor. Dabei geht es vorrangig um die Grenzziehung auf See, die, folgte sie internationalen Richtlinien, Slowenien vom Zugang zur Adria ausschlösse, denn die knapp 47 km slowenischer Küste lägen dann eingeklemmt zwischen italienischen und kroatischen Hoheitsgewässern. Slowenien wiederum beruft sich auf eine Bestimmung, die jedem Meeranrainer Zugang zur offenen See zugesteht. Der Streit wurde mal mehr, mal weniger verbittert geführt und es gab bereits zwei Abkommen, die ihn regeln sollten, aber beide aufgekündigt wurden. 2009 einigte sich Ministerpräsident *Borut Pahor* mit seiner kroatischen Kollegin *Jadranka Kosor* darauf, ein **internationales Schiedsgericht** anzurufen und hob das EU-Veto auf. Das Gericht entschied 2017 zugunsten Sloweniens. Doch Kroatien machte einen Verstoß Sloweniens gegen die Schiedsgerichtsregeln geltend, sodass die Grenzziehung weiter in der Schwebe ist.

Klingende Euro

Slowenien startete als Musterschüler mit deutlich besseren Wirtschaftsdaten aller neuen und vieler alter Mitglieder in die EU. Dem Land ist es gelungen, den Wegfall seiner wichtigsten Märkte in den ehemaligen Bruderrepubliken aufzufangen, den Niedergang der Schwerindustrie zu verkraften, das **Bruttoinlandsprodukt** innerhalb von knapp 40 Jahren auf 30.000 Euro/Einwohner zu steigern und sich so im Mittelfeld der Euro-Länder zu positionieren. Das **Wachstum** verbuchte 2023 einen Anstieg um 2 %.

Slowenien war in jugoslawischer Zeit die am stärksten industrialisierte Teilrepublik und obwohl einige Betriebe wie beispielsweise die Stahlwerke bei Jesenice und die Textilindustrie bei Maribor zunächst einen drastischen Niedergang erlebten, kommt **industriellen Erzeugnissen** nach wie vor eine wichtige Rolle im Wirtschaftsleben zu: Aluminium, Blei und Zink werden verarbeitet, in der elektronischen Ausrüstung, auch für militärische Zwecke, liefert man hohe Qualität, Haushaltsgeräte der Marke Gorenje stehen in ganz Europa unter eigenem und „fremdem" Label in den Läden, chemische und Pharmaindustrie des Unternehmens Krka verzeichnen ebenfalls Zugewinne. Zusammen erreicht die industrielle Produktion etwa 29 % des BIP. Wesentlich mehr, nämlich um 58 %, entfallen auf den Dienstleistungssektor und nur 1,8 % erwirtschaftet die Landwirtschaft. Wichtigste Handelspartner in Sachen Import und Export sind Deutschland und Italien.

Medien

In der Medienvielfalt zeigt sich die **erfolgreiche Demokratisierung** der Gesellschaft. Slowenien hat drei staatliche und zahllose private Fernsehsender. Die Regionalstationen Koper und Maribor senden ihr Programm teils in italienischer bzw. ungarischer Sprache, wie dies im Minderheitengesetz geregelt ist. Wie im Fernsehen gibt es auch im Rundfunk einige private Radiostationen. Bei den Printmedien ist die linke Tradition noch stark verankert, die wichtigsten Tageszeitungen *DELO* und *Dnevnik* sind linksliberal, *Večer* aus Maribor fährt einen unabhängigen Kurs. Die linksliberale Zeitschrift *Mladina* spricht vor allem die Jugend an.

Geschichte und Geschichten

Sloweniens Geschichte ist eine Abfolge beständiger **Fremdherrschaft.** In ihr spielen Slowenen fast durchgängig nur eine Statistenrolle, während Römer, Franken, Habsburger und Venezianer ihren großen Auftritt haben. Vor diesem Hintergrund ist es nur zu verständlich, dass die Historiker seit der Unabhängigkeit bemüht sind, jeden Ansatz von **Nationalbewusstsein** oder gar Eigenstaatlichkeit besonders herauszustellen. Ein Mittelweg zwischen der von den ehemaligen Herren geprägten Geschichtsschreibung und der nun in trotziger Reaktion national überhöhten, wie man sie in Slowenien oft antrifft, ist schwer zu finden.

Prähistorisches Slowenien

Ein Land mit so vielen **Kavernen** muss den Menschen schon immer perfekten Schutz geboten haben. Man hat in Sloweniens Höhlen auch allerlei **Artefakte** gefunden: 250.000 Jahre alt sind die ältesten von **Hominiden** stammenden Werkzeuge in Slowenien, entdeckt in einer Grotte unterhalb des Höhlensystems von Postojna. Das älteste Musikinstrument der Welt, eine aus einem Bärenknochen gefertigte **Flöte** bzw. ein Teil davon, wurde in einer Höhle im Tal der Idrijca gefunden. Analysen ergaben, dass das Instrument vor etwa 45.000 Jahren gespielt wurde, – in der Altsteinzeit und von Neandertalern, denen die Forscher bislang jede künstlerische Ader abgesprochen hatten. Zehntausend Jahre jünger ist eine aus Knochen gefertigte Nadel mit Öhr aus den Karawanken.

Die ersten Siedlungen sind für die **Eisen- und Bronzezeit** nachgewiesen. Im Ljubljansko barje, der Moorlandschaft um Ljubljana, entstanden um das 2. Jahrtausend v. Chr. **Pfahlbaudörfer,** die Landwirtschaft hielt Einzug. Der Einfall fremder Völker beendete um 1300 v. Chr. diese Epoche. Man nimmt an, dass ungefähr zu dieser Zeit die Illyrer auf den Plan traten, das erste ethnisch fassbare Volk auf slowenischem Boden.

Illyrer, Kelten und Römer

Die Illyrer, ein indoeuropäisches Volk, wanderten von Nordosten ein, unterwarfen allmählich den gesamten Balkanraum und gründeten um das 4. Jh. v. Chr. im Gebiet des heutigen Albanien ein eigenes Reich. In Slowenien begann mit den Illyrern die Epoche der mit Ringwällen gesicherten **Wehrsiedlungen** auf Hügelkuppen. Einige der ähnlich angelegten istrischen Bergstädte gehen wahrscheinlich auch auf frühe illyrische Gründungen zurück. Schmuck, Haushaltsgegenstände und Waffen dieser der **Hallstatt-Kultur** zugeordneten Zeit fand man vor allem in fürstlichen Grabstätten in der Region um Novo Mesto. Das schönste Zeugnis der Hallstatt-Zeit in Slowenien ist die am Rande des Beckens von Ljubljana entdeckte **Situla von Vače.** Der bronzene Behälter ist mit kunstvollen Reliefs geschmückt und stammt aus dem 6./5. Jh. v. Chr.

Um das 3. Jh. v. Chr. drangen keltische Stämme ein und gründeten auf slowenischem Territorium das Reich Norikum, das durch Abbau und Verhüttung von Eisen zu Wohlstand kam. Wichtige Handelsstraßen durchquerten das Reich: die **Bernsteinstraße** von der Ostsee nach Griechenland und in das aufstrebende Rom führte mitten hindurch. Ab dem ersten vorchristlichen Jahrhundert begann Rom mit Eroberungszügen der östlichen Adria, 35 v. Chr. gelang der Durchbruch von der Küste ins Hinterland und die Unterwerfung Norikums, wenngleich Aufstände immer wieder für Unruhe sorgten. Das heutige slowenische Territorium war in die römischen Provinzen **Histria, Noricum** und **Pannonia** geteilt.

Die römische Epoche bescherte Slowenien einen intensiven Ausbau der Infrastruktur. **Straßen** durchzogen die Provinzen, **Städte** wie Emona (Ljubljana), Poetovio (Ptuj), Claudia Celeia (Celje) und **Wasserleitungen** entstanden, eine neue **Sprache** hielt Einzug.

Die keltisch-illyrische Bevölkerung war schließlich romanisiert und kam an der Wende vom 2. zum 3. Jh. mit dem **Christentum** in Kontakt. Auf slowenischem Boden wurde die alles entscheidende Schlacht zwischen dem römisch-christlichen Kaiser *Theodosius* und dem fränkischen Heerführer *Arbogast* bei einem Weiler namens Ad Frigidum geschlagen, in der angeblich der gefürchtete Nordwind Burja den Heiden die Waffen entriss.

Völkerwanderung

Im 5. Jh. trat ein neuer Herrscher auf den Plan: *Attila*, Geißel Gottes. Der König der **Hunnen** überrannte mit seinen Heerscharen die römischen Provinzen und zerstörte die Siedlungen. Wenig später machten **Germanen** dem Römischen Reich endgültig den Garaus und in dem Machtvakuum strömten weitere Völker im Zuge der großen Wanderungen in die ehemals römischen Territorien. So verschlug es im 6. Jh. die **südslawischen Vorfahren der heutigen Slowenen** von ihren Siedlungsgebieten in der heutigen **Ukraine** über die Bernsteinstraße in die Ostalpen und an die Sava und Drava.

Um 630 gründeten sie das **Fürstentum Karantanija,** das heute als erste genuin slowenische Staatenbildung gefeiert wird, sie sollte bis zur Unabhängigkeit 1991 die einzige bleiben.

Kurze Unabhängigkeit

Ob Karantanija nun tatsächlich ein slowenisches, besser gesagt südslawisches Fürstentum war, darüber sind sich die Historiker nicht einig. Tatsache ist, dass die Fürsten von Karantanija gar nicht lange selbstständig bleiben konnten, denn sie wurden von allen Seiten bedrängt. Im Westen saßen die Langobarden, von Osten drängten die Awaren heran, mit denen die Südslawen zeitweise politisch verbündet waren, im Norden lauerten die bayerischen Herzöge und drohend über ihnen bereits das Fränkische Reich. Im Jahre 745 bot man den **Bayern** Vasallentreue an und beendete das knappe Jahrhundert politischer Autonomie. Zugleich wurden die Tore für eine zweite Missionierung geöffnet. Als *Karl der Große* 788 Bayern schluckte, fiel Karantanija als Vasallengebiet ans **Fränkische Reich** und nachdem es sich an einem gescheiterten Aufstand beteiligt hatte, wurde es in die **Ostmark** eingebunden und verlor den letzten Rest Selbstständigkeit. Die Slowenen gewannen dabei ein neues Wort: König, *kralj*. Sie leiteten es aus dem Namen des einzigen Königs ab, den sie kannten, *Karls des Großen.*

Im Heiligen Römischen Reich

Mit der Eingliederung ins Fränkische Reich begann eine Umschichtung der Gesellschaft: **deutsche Siedler** wurden angehalten, die neuen Gebiete zu kolonisieren, die slawische Führungsschicht ersetzte man durch **fränkische Adelige.** Für Karantanija bedeutete dies, dass die von Norden kommenden Siedler ihr Gebiet stetig verkleinerten. Der ursprüngliche Lebensraum der Südslawen, das heutige Österreich, schrumpfte auf etwa die jetzige Ausdehnung Sloweniens. Wie Keile trennten die Siedlungsgebiete deutscher Kolonisatoren den ursprünglich einheitlichen südslawischen Lebensraum in die Regionen der heutigen Slowakei, Tschechiens und Sloweniens.

Im Jahre 976 wurde Karantanija **Herzogtum** des inzwischen „Heiligen Römischen Reiches“, die Kolonisierung führte zu zahlreichen **Kloster- und Stadtgründungen.** Viele Orte entstanden neben oder auf römischen Siedlungsresten, so Laibach/Ljubljana (1243), Pettau/Ptuj (1250) und Cilli/Celje (1444). Lokale Feudalfürsten konkurrierten miteinander um Einflussbereiche, wie die Spanheimer und die Babenberger, die schließlich 1156 die Herzogwürde für die Ostmark erhielten.

Eine kometenhafte Karriere erlebten 300 Jahre später die **Grafen von Cilli/Celje,** deren geschickte Heiratspolitik sie mit allen Königshäusern Europas verband. 1436 zu Reichsfürsten ernannt, waren sie direkt dem deutschen Kaiser *Sigismund* unterstellt. Eigenmächtigkeit machte sich in Celje breit, die Fürsten prägten eigenes Geld und fühlten sich berufen, auch außenpolitisch selbstständig zu agieren.

Nach dem Mord an Fürst *Ulrich II.* in Belgrad booteten die Habsburger seine Witwe aus und Celje fiel ans **Heilige Römische Reich Deutscher Nation** und an **Habsburger Lehnsherren,** die zweite pseudo-selbstständige Ära auf slowenischem Boden fand damit ein Ende.

Slowenien unter den Habsburgern

Osmanen und Bauern

Mit Beginn des 15. Jh. sahen sich die Slowenen einer neuen Bedrohung ausgesetzt: Die Osmanen dehnten ihre Eroberungszüge aus und fielen immer wieder in Slowenien ein. Nun musste man die Burgen besfestigen und die Bauern flüchteten sich bei diesen Einfällen in die *tabor* genannten **Wehrkirchen,** die sie mit hohen Mauern umgaben.

Die Wut darüber, dass die Feudalherren kaum etwas für den Schutz ihrer Untertanen unternahmen und stattdessen die Abgabenlast erhöhten, um den Krieg zu finanzieren, machte sich in mehreren **Bauernaufständen** Luft. 1478 breitete sich eine erste Erhebung von Kärnten übers Drautal auf Slowenien aus und wurde blutig niedergeschlagen. 1515 war ganz Slowenien betroffen. Inzwischen waren nicht nur die Osmanen Gegner,

Mythos Karantanija

Das Thema **Karantanija/Corinthia/Karantanien** spielt in Slowenien erst seit der Unabhängigkeit eine wichtige Rolle, denn mit der Behauptung, dass es bereits einmal einen **eigenständigen „slowenischen" Staat** gegeben habe, bekommt die kurze Geschichte des unabhängigen Slowenien historische Tiefe. Nun lag das Fürstentum Karantanija aber nicht auf heutigem slowenischen Staatsgebiet, sondern weiter nördlich: Krnski grad, die Karnburg mit dem **„Fürstenstein"**, auf dem die Herrscher gekrönt wurden, befindet sich in der Nähe Klagenfurts in **Kärnten.** Bis ins 15. Jh. hinein wurden an dieser Stelle die lokalen Fürsten vor dem Volk öffentlich in ihr Amt eingesetzt und dies galt nicht nur für die einheimischen Fürsten, sondern später auch für die Herzöge, die Karantanien als Teil der Ostmark des Heiligen Römischen Reiches regierten.

Traditionell wählten bei den slawischen Völkern lokale Gruppen ihren Anführer oder Fürsten und auch nach Ausbildung eines erblichen Fürstentums in Karantanien musste jeder neue Thronerbe durch das Volk in offener Wahl bestätigt werden. Historische Berichte beschreiben die **Inthronisation** als eine Vereinbarung über die gegenseitigen Verpflichtungen von Herrscher und Beherrschten. Der Fürst betrat in Bauernkleidern den Krönungsplatz am Fürstenstein und brachte eine Stute und einen Stier mit. Hier stellte er sich einem Vertreter der Bauernschaft, der ihn ermahnte, stets gerecht und weise zu herrschen und ihm zum Abschluss eine symbolische Ohrfeige versetzte. Schließlich durfte der neue Herrscher den Fürstenstein besteigen und, nachdem die Krönungsmesse gelesen war, seine herzögliche Kleidung anlegen.

Interessant an diesem Akt ist, dass man ihn stets **in slowenischer Sprache** vollzog, und als schon längst nicht mehr slawische, sondern deutsche Fürsten inthronisiert wurden, behielt man das Ritual bei und stellte dem Herzog einen Dolmetscher zur Seite. Bis 1414 wurden die karantanischen Herzöge so in ihr Amt eingeführt.

Über den Symbolwert und darüber, was Karantanija tatsächlich war, wird besonders zwischen slowenischen und österreichischen Historikern lebhaft diskutiert. Die Slowenen brüskierten ihre Nachbarn gleich nach der Unabhängigkeit, indem sie den Fürstenstein auf ihren neuen Geldscheinen abbildeten – und der befindet sich ja immerhin auf österreichischem Territorium. Kärntner Publizisten stellten wiederum in Frage, dass Karantanien überhaupt mit Slowenen in Verbindung gebracht werden könnte. Kurzum, hinter dem Namen Karantanija schwingt das ganze Spannungsfeld um die Situation der **Kärntner Slowenen** mit ihren Rechten und Ansprüchen und die **Angst vor Territorialforderungen** mit und umgekehrt das überzogene Bedürfnis slowenischer Politiker, dem kleinen Land mit historischen, heute völlig irrelevanten Symbolen Größe zu geben.

752sl sk

Burg oder Gotteshaus?
Die Wehrkirche von Hrastovlje ist beides

sondern auch die **Seerepublik Venedig,** was den Menschen weitere Sondersteuern abverlangte.

Berühmt und im sozialistischen Jugoslawien gern als Lehrstück zitiert wird der **slowenisch-kroatische Aufstand** 1573 unter Führung des *Matija Gubec,* bei dem 12.000 Bauern gegen die Truppen antraten, die eigentlich die Militärgrenze gegen die Türken sichern sollten. Die Aufständischen wurden vernichtend geschlagen und Gubec nach öffentlicher Folter in Zagreb gevierteilt. In Kroatien ist er heute noch ein Volksheld; das unabhängige Slowenien dagegen führt ihn, der auf der falschen, nämlich kroatischen Seite der Grenze geboren wurde, nicht mehr unter den lokalen Heroen, wenngleich ihn Legenden mit dem „schlafenden" König *Matjaž* verschmelzen lassen.

Die Reformation

Gleichzeitig mit dem Kampf gegen die Türken und gegen aufsässige Bauern hielten die ersten protestantischen Glaubensinhalte Einzug. Vor allem der Adel und die gebildeten Bürger zeigten sich von den neuen Ideen angetan, nahmen sie auf und verbreiteten sie. Mit der Reformation wurde erstmalig **das Slowenische** in größerem Umfang als Schriftsprache anerkannt und verwendet. *Primož Trubar* (1508–86) fertigte 1550 die erste Übersetzung des Katechismus ins Slowenische an und vermerkte, er widme ihn dem „armen, schlichten, gutherzigen slowenischen Volk, auf dass auch seine Sprache geschrieben und gelesen werde." *Jurij Dalmatin* legte 1584 eine slowenische **Bibelübertragung** vor, eine slowenische **Grammatik** erschien und in neu gegründeten Grundschulen unterrichtet man nun Slowenisch.

Den **katholischen Königen und Kaisern** waren diese „Umtriebe" ein Dorn im Auge und obwohl im Augsburger Religionsfrieden Mitte des 16. Jh. Religionsfreiheit im Heiligen Römischen Reich vereinbart war, unterbanden und behinderten die Habsburger Herrscher die Ausbreitung des Protestantismus.

1595 bestieg *Ferdinand II.* den Thron und beendete die kurze kulturelle Blüte des Slowenischen, indem er alle, die dem Protestantismus nicht abschwören wollten, des Landes verwies. Viele, vor allem Adel und gebildete Leute, gingen tatsächlich. Slowenische Bücher kamen auf den Scheiterhaufen und das, was an Kultur überlebte, war wieder der deutschen Sprache verpflichtet. Fast eineinhalb Jahrhunderte lang versank Slowenien in kultureller Agonie.

Aufklärung und Reformen

Ende des 17. Jh. waren die Türken endlich geschlagen; 1683 brachen sie die Belagerung von Wien ab und zogen sich zurück. Die neu gewonnene Sicherheit manifestierte sich in der Architektur, im Handel und im künstlerischen Schaffen. Nicht mehr Burgen, sondern **Schlösser** wurden gebaut, üppiger **Barock** verdrängte die gotische Strenge und der in Laibach geborene Universalgelehrte **Johann Weichard Valvasor** schrieb ein vierbändiges Werk über seine Heimat,

☑ Wegkreuze sind oft liebevoll geschmückt

753sl sk

Johann Weichard Valvasor

Sloweniens berühmtester **Wissenschaftler** ist ohne Zweifel der 1641 in Laibach/Ljubljana geborene und 1693 in Krško, unweit der heutigen kroatischen Grenze, gestorbene *Johann Weichard Valvasor,* in Slowenien *Janez Vajkard Valvasor* gerufen. Im **Geiste der Aufklärung** interessierte sich der Universalgelehrte für sämtliche Bereiche kulturellen Lebens, er sammelte, was ihm unter die Finger kam, betätigte sich als Historiker, Linguist, Geograf, Meteorologe und Ethnograf, erlernte selbst das Kupferstechen und Drucken, um seine Publikationen unabhängig herstellen zu können.

Am 27. September 1672 kaufte Valvasor Burg Bogenšperk, östlich von Ljubljana, und richtete darin Sloweniens erste **Druckerei** ein. Hier entstand auch die vierbändige Beschreibung slowenischer Städte, Klöster, Burgen und Landschaften mit dem Titel **„Die Ehre des Herzogthums Crain".** Valvasor verdankt die Nachwelt eine akribische Beschreibung des Karstsees von Cerknica, dessen Wasser im Sommer versickert, eine etwas abergläubisch geprägte Darstellung der „Drachenbrut" in den Höhlen von Postojna (gemeint ist der Grottenolm, „Menschenfisch" genannt), aber auch slowenischen Brauchtums wie der Hochzeitszeremonielle im Karst. Das Projekt „Bogenšperk" wuchs dem Gelehrten schließlich finanziell über den Kopf, er musste die Burg wieder verkaufen und starb angesehen, aber arm.

„Die Ehre des Herzogthums Crain" (→ Exkurs).

Zwei Gesellschaften entstanden um die Wende vom 17. zum 18. Jh. und ihr Wirken prägt das Geistesleben vor allem in Ljubljana: die **Academia Operosorum Labacensium** setzte sich aus Theologen, Juristen und Medizinern zusammen und reformierte Lehre und Forschung. Neben der Wissenschaft nahmen sich die Akademiemitglieder der Architektur an und verordneten Ljubljana eine grundlegende Barockisierung. Die zur gleichen Zeit gegründete **Academia Philharmonicorum** widmete sich der Musik und besteht als Slowenische Philharmonie bis heute.

Mitte des 18. Jh. schlug auch die Stunde der ersten Versuche, **Slowenisch als Sprache der Literatur** zu etablieren, und es ist die Stunde der **Mäzene.** Baron *Sigismund Zois* empfing in seinem Stadtpalais in Ljubljana Schriftsteller wie *Anton Tomaž Linhart,* aber auch Wissenschaftler, Philosophen und Theologen. Er finanzierte die erste Expedition auf den Berg Triglav und die Aufführung slowenischer Lustspiele.

Vor dem Hintergrund des liberalen Absolutismus Kaiserin *Maria Theresias* und ihres Sohnes *Joseph II.* wurde auch in Slowenien neugierig geforscht und relativ unabhängig gelehrt. Der Komödiendichter *Linhart* verfasste nicht nur Unterhaltsames, sondern auch die erste Geschichte Sloweniens, die nicht wie bis dahin üblich einzelne Fürstentümer (Krain, Steiermark, Görz ...) behandelt, sondern die darin lebenden slowenischsprachigen Menschen als nationale Einheit definiert. 1774 führte ein Gesetz die **allgemeine Schulpflicht** und Slowenisch als Unterrichtssprache ein.

Illyrisches Intermezzo

Aber der nächste Krieg braute sich bereits zusammen und 1797 marschierte **Napoleon** das erste Mal mit Truppen auf slowenisches Territorium. 1809 hatte der kleine Franzose es dann endlich geschafft. Der **Schönbrunner Friedensschluss** übertrug ihm neben Istrien und Dalmatien auch die slowenischen Kronländer, wie die Herzogtümer zwischenzeitlich genannt wurden, und Teile Kroatiens. Er vereinte sie zu den **Illyrischen Provinzen** und wählte Ljubljana zu deren Hauptstadt.

Im sozialen Gefüge änderten die von der Französischen Revolution inspirierten neuen Besatzer wenig; man war auf die Mithilfe der Gutsherren angewiesen und mochte sie nicht verärgern. Kulturell tat sich in den Illyrischen Provinzen doch einiges, u.a. unterrichteten nun die neu gegründeten Grundschulen und Gymnasien in der jeweiligen Landessprache. Die illyrische Ära währte allerdings nicht lange, *Napoleons* vernichtende Niederlage in der Völkerschlacht bei Leipzig brachte Illyrien 1815 an die **Habsburger** zurück, die nun noch unerbittlicher jeden Versuch nationaler Äußerung unterdrückten.

Industrialisierung und Nationalstolz

Wirtschaftlich erlebte Slowenien in der ersten Hälfte des 19. Jh. einen starken Entwicklungsschub: Auf der wichtigen Handelsachse zwischen dem Hafen Triest und der Habsburger Hauptstadt Wien gelegen, profitierte es schon länger vom **Handel und Warenverkehr;** nun aber wurde die **Südeisenbahn** gebaut, und erreichte 1846 Cilli/Celje, drei Jahre später Ljubljana und schließlich 1857 Triest.

Zugleich ließ sich das **Aufbegehren der slowenischen Intellektuellen** nicht mehr unterdrücken und 1848 publizierten sie im Geiste der Revolution ein erstes politisches Programm, „Zedinjena Slovenija“. Darin stellten sie folgende Forderungen auf: Alle von Slowenen bewohnten Regionen sollten zu einem vereinten „Kronland“ unter Habsburger Ägide zusammengefasst werden, das politisch autonom von einer gewählten Volksvertretung regiert wird, und Slowenisch sollte Deutsch als Unterrichts- und Amtssprache ablösen. 1861 reagierte Habsburg auf den immer lauter geäußerten Unmut mit ersten Zugeständnissen, slowenische Vereine waren nun erlaubt, was die Slowenen mit einer Flut von Kultur-, Sport- und Turnvereinen beantworteten.

1867 gewannen slowenische Abgeordnete die Wahlen in Krain, man forderte, nach dem Vorbild Ungarns als drittes Königreich in die K.-u.-k.-Monarchie eintreten zu dürfen, zusammen mit den Kroaten oder gar mit den Serben. Dies alles wurde den Slowenen natürlich nicht gewährt und das Ende des 19. Jh. sah die nationale Bewegung in drei Strömungen gespalten – Sozialdemokraten, Jungslowenen und nationale Katholiken –, die recht hilflos wirkten.

Königreich und Republik

Mit Ende des Ersten Weltkriegs begann für die Slowenen eine neue Ära. Das erste Mal standen sie vor der Möglichkeit, in einem eigenständigen Reich zu leben. Die Idee des Illyrismus, der Vereinigung der südslawischen Völker unter einem politischen Dach, beflügelte die politischen Kräfte und die Intellektuellen. Am 29. Oktober 1918 wurde die Gründung eines unabhängigen **Staates der Slowenen, Kroaten und Serben, SHS** (Slovencev, Hrvatov in Srbov), verkündet, Hauptstadt war Zagreb.

Gleiche unter Gleichen

Man weiß zwar nicht viel über das traditionelle Gesellschaftssystem der Slawen, aber das Wenige legt nahe, dass es eine Art Basisdemokratie war. Demokratische Grundsätze sollten nun auch im neuen, südslawischen Staat SHS herrschen, aber da hatten die Slowenen die Rechnung ohne den Wirt gemacht. Einen Monat nach Ausrufung des Staates marschierte Italien ein und sie mussten, Schutz beim Königreich Serbien und Montenegro suchen. Man vereinigte sich erneut und heraus kam das **Königreich SHS,** in dem nun nicht mehr die Slowenen, sondern die Serben an erster Stelle standen. Hauptstadt war nun Belgrad, und 1929 wandelte der serbische König *Aleksandar Karadjordjevic* das Gebilde in ein **Königreich Jugoslawien** um.

Immerhin waren die Slowenen das erste Mal in ihrer Geschichte territorial vereint, sieht man von den Kärntnern ab, die in einer Volksabstimmung für den Verbleib bei Österreich votierten, und von jenen in Venetien/Friaul, die nicht gefragt werden.

Mit Ausrufung des Königreichs Jugoslawien zeigte der serbische König allerdings sein wahres Gesicht und verlangte diktatorische Vollmachten. Noch 1920 hatte man in Ljubljana eine eigene slowenische Universität gegründet, nun sollte sie wieder schließen und man verbot die Verwendung des Begriffes „Nation“. Zugleich erlebte Slowenien eine umfassende **Industrialisierung.** Bereits im Königreich übernahm Slowenien als kleinste, damals als „Banschaft“ bezeichnete politische Einheit Jugoslawiens die Rolle, die anderen mit seiner Wirtschaftskraft zu stützen.

Der Zweite Weltkrieg

Zunächst Frankreich politisch nahestehend, wandte sich das Königreich Jugoslawien immer stärker Nazi-Deutschland zu und trat 1941 schließlich dem **Dreimächtepakt** bei. Das Volk rebellierte, am 6. April 1941 begann das deutsche Bombardement Belgrads und 14 Tage später kapitulierte das Königreich Jugoslawien. **Slowenien wurde aufgeteilt:** Die Westhälfte bis Ljubljana geriet unter italienische, der Osten unter deutsche Besatzung, die Region nordöstlich der Mura, das heutige Prekmurje, fiel an Ungarn.

Während im italienischen Teil relative Freiheit herrschte, betrieb man im Osten systematische **Eindeutschungspolitik.** Ziel der Maßnahmen war es, die Slowenen binnen weniger Jahre aus der Steiermark zu vertreiben. In Schulen und auf Ämtern wurde wieder Deutsch gesprochen, slowenische Bücher verschwanden aus den Bibliotheken und als Hort slowenischer Umtriebe gerieten vor allem Kirchen und Priester ins Visier. Deportationen der Intellektuellen und Geistlichen nach Kroatien und Slowenien begannen, oder sie wurden gleich in KZs gebracht. 50–60.000 Menschen, so schätzt man, mussten ihre Heimat verlassen oder wurden umgebracht. So verwundert es nicht, dass sich im deutsch besetzten Slowenien die ersten Widerstandsgruppen bildeten, Monate, bevor sich auch im restlichen Jugoslawien Opposition regt, worauf die Slowenen sehr stolz sind.

Die OP genannte **Befreiungsfront** war zunächst pluralistisch zusammengesetzt, geriet aber sehr bald unter Kontrolle kommunistischer Kämpfer und schloss sich letztendlich den von *Josip Broz Tito* kommandierten **jugoslawischen Partisanen** an. Antikommunistische Kräfte waren so in der Zwickmühle zwischen Partisanen und Besatzern. Einen Mittelweg

Domobranci – die Weißgardisten

Solange man in Slowenien nicht in der Frage der politischen und moralischen Bewertung der Rolle der Weißgardisten oder *domobranci* einig ist, wird diese „offene Wunde" immer wieder den inneren Frieden im Land stören. Die **Weißgardisten, als eine Art Bürgerwehr gegen die Attacken der Partisanen** gegründet, steckten sie ideologisch in dem Dilemma gegen die Kommunisten und damit automatisch für *Hitler*-Deutschland zu sein. Sie rekrutierten ihre Aktivisten aber nicht nur aus Hitler-freundlichen Gruppierungen, sondern wurden auch **von konservativ-liberalen Kräften unterstützt.** Diese sahen wohl, eingeklemmt zwischen den beiden Blöcken Faschismus und Kommunismus, im Zweiten Weltkrieg keinen Spielraum für einen dritten Weg und unterstützten das „kleinere Übel".

Das sollte den Domobranci zum Verhängnis werden. Nachdem die Partisanen mit Hilfe der Alliierten 1945 das zukünftige Jugoslawien und damit auch slowenisches Territorium befreiten, flüchteten die Domobranci-Kämpfer nach Norden ins heutige Kärnten. Dort standen englische Truppen, nahmen die Fliehenden gefangen und lieferten sie an *Titos* Partisanen aus, die etwa 11.000 Weißgardisten daraufhin in das Waldgebiet des Kočevski rog (Gotscheer Wald) brachten und exekutierten. Dieses **Massaker** wurde lange verschwiegen und durfte in jugoslawischer Ära auch nicht öffentlich angesprochen werden. Heute wird zwar darüber berichtet und man kann im Kočevski rog neben den Partisanenbasen auch die Hinrichtungsstätten sehen, doch zu einer **politischen Rehabilitation** konnte sich auch das unabhängige Slowenien nicht durchringen. Eine neutrale Beurteilung der Domobranci ist ja auch tatsächlich problematisch, da sie sich de facto der Kollaboration mit dem Faschismus schuldig gemacht haben, was das pauschale Todesurteil für 11.000 Menschen aber keinesfalls rechtfertigen kann. Die Angehörigen jedenfalls warten bis heute vergebens auf eine Entschuldigung oder gar eine Entschädigungszahlung.

aber gab es nicht und so verdächtigten die Partisanen das kommunistenfeindliche Lager schon bald der Kollaboration mit den Deutschen bzw. Italienern.

1943 kapitulierte Italien, Deutsche rückten nun in den Westteil Sloweniens vor, aber es gelang ihnen nicht, die Region ganz unter Kontrolle zu bringen. Phasenweise kam es besonders in der Gegend um Ljubljana zu Kämpfen zwischen Partisanen und **Weißgardisten,** die als Heimwehr gegen die Partisanen gegründet worden waren. Im Mai 1945 wurde Slowenien von den Partisanen befreit. Die Alliierten verzichteten darauf, Slowenien oder Jugoslawien zu besetzen und *so* hatten *Titos* Partisanen freie Hand.

Buchtipp

Wer war Josip Broz Tito? Der Mann, der Jugoslawien und die Bewegung der Blockfreien mehr als ein halbes Jahrhundert prägte, bleibt bislang biografisch im Unscharfen, so als wolle man den Widerstandskämpfer, Partisanenführer und jugoslawischen Staatspräsidenten möglichst nur heroisieren. Erst in den letzten Jahren wird seine Lebensleistung in Slowenien kritischer gesehen. Einen wichtigen Beitrag dazu leistet diese Biografie, die der in Triest geborene Slowene Politologe und Historiker Jože Pirjevec mit unendlicher Akribie und Detailfreude nach 30-jähriger Recherche vorlegt. Ein unbedingt lesenswertes Buch:

- **Jože Pirjevec, Tito – Die Biografie,** Verlag Antje Kunstmann, München 2016.

Sozialismus und Vielvölkerstaat

Ab dem 29. November 1945 nannte sich Slowenien Volksrepublik der **Föderativen Republik Jugoslawien.** Kroatien, Serbien, Bosnien-Herzegowina, Montenegro und Mazedonien hießen die Brudervölker, das staatliche Gebilde reicht nun vom Alpenraum bis an die griechische und albanische Grenze. Es vereinte eine Vielzahl von Völkern, die sich zwar grob den Südslawen zurechnen, aber allein schon durch die unterschiedliche historische Prägung wenig Gemeinsamkeiten besitzen: Dalmatien und Istrien waren stets italienisch dominiert, Serbien, Bosnien, Montenegro und Teile Kroatiens standen lange unter türkischer Oberhoheit, während der Rest fränkische Ostmark und Habsburger Kronland war. Der Stand der gesellschaftlichen wie industriellen Entwicklung war uneinheitlich, **drei große Religionsgemeinschaften** – Serbisch-Orthodoxe, Muslime und Katholiken – hatten für ganz unterschiedliche Sozialisation und Wertesysteme gesorgt und nicht einmal sprachlich konnte man sich wirklich verständigen. Mit der Wahl des **Serbokroatischen** zur jugoslawischen Staatssprache setzte sich die Dominanz Belgrads (und ein bisschen auch Zagrebs) linguistisch und politisch fort wie in den besten Zeiten des Königreichs SHS.

Die ersten Jahre nach dem Zweiten Weltkrieg standen ganz im Zeichen der **„Säuberungen" und Racheaktionen.** Vermeintlichen und wirklichen Kollaborateuren machte man den Prozess oder richtete sie gleich hin. Politische Gegner verschwanden in KZ-ähnlichen Lagern, Deutschstämmige, Adelsfamilien und Industrielle wurden enteignet und vertrieben. Die Erschießung von etwa 11.000 von den Briten ausgelieferten Domobranci in den Wäldern des Kočevski rog war nur der entsetzliche Höhepunkt eines systematischen Rachefeldzuges, der insgesamt wahrscheinlich allein in Slowenien 25.000 Todesopfer kostete.

Zugleich ging die jugoslawische Regierung unter **Josip Broz Tito** daran, das sowjetische System auf Jugoslawien zu übertragen. 1947 waren alle **Unternehmen verstaatlicht,** man gründete Genossenschaften und Kolchosen, gegen die sich die Bauern allerdings erbittert wehrten. 1953 musste der Staat sie wieder abschaffen. 1948 brach Tito mit der Loyalität gegenüber Moskau und begann seinen „dritten Weg". Ein Element dieses Weges war die **Arbeiterselbstverwaltung,** die, so meint jeden-

Josip Broz Tito

Jugoslawiens große Integrationsgestalt wurde am 25.5.1892 im kroatischen Kumrovec geboren. 1937 erwählte man ihn zum Generalsekretär der KP und nach der **deutschen Besetzung** beanspruchte er 1941 den Oberbefehl über die verschiedenen **Widerstandsgruppen,** die sich seinen kommunistisch orientierten Partisanen unterordnen sollten. Ab 1943 stand *Josip Broz* als Präsident dem „Antifaschistischen Rat der Nationalen Befreiung" vor, der ab dem Jahreswechsel 1944/45 die provisorische Regierung in den befreiten Gebieten stellte. 1945 wurde er unter seinem Kampfnamen „*Tito*" Ministerpräsident und Verteidigungsminister der Föderativen Republik Jugoslawien, 1953 übernahm er das Amt des **Staatspräsidenten,** in dem man ihn ab 1963 auf Lebenszeit bestätigte.

Titos Skrupellosigkeit im Umgang mit konkurrierenden Partisanengruppen wie auch später mit politischen Weggefährten, die ihm unbequem wurden, und seine „Säuberungsaktionen" nach der Befreiung Jugoslawiens werfen dunkle Schatten auf das Bild des strahlenden Partisanenmarschalls. Sein Verdienst um den besonderen Weg, den Jugoslawien ab 1948 zwischen den Blöcken ging, ist aber unbestritten. Als sich *Tito* 1948 weigerte, die Dominanz der UdSSR und *Stalins* anzuerkennen und auf seine eigenen Vorstellungen pochte, erwartete man eigentlich den Einmarsch der Sowjettruppen in Jugoslawien. Die UdSSR und die anderen Ostblockländer versuchten, Jugoslawien wirtschaftlich und politisch zu isolieren, was nicht gelang, da die westlichen Länder mit Krediten und Unterstützung einsprangen.

Tito beschritt einen Weg, der **marktwirtschaftliche Strukturen** zum Teil zuließ, den **Privatbesitz** nicht völlig verdammte und den Arbeitnehmern in den Betrieben ein größeres Mitspracherecht zugestand **(„Arbeiterselbstverwaltung").** Durch sein geschicktes Lavieren zwischen Ost und West avancierte er zum Wortführer und zur Symbolfigur der **Blockfreien,** durch seine Persönlichkeit war er als einziger in der Lage, die nationalistischen Bestrebungen der einzelnen Republiken zu bändigen. Am 4. Mai 1980 starb *Tito* im Alter von 88 Jahren in Ljubljana.

falls der slowenische Journalist *Stane Stanič*, ein Erbe der egalitären Gesellschaftsordnung der Urslowenen in Karantanija gewesen sei.

Was sich bereits wirtschaftlich im Königreich Jugoslawien abgezeichnet hatte, trat nun immer stärker hervor. Die beiden nördlichen Republiken Slowenien und Kroatien mussten die armen Brüder im Süden finanzieren und auch zwischen den beiden war Slowenien der ungleich stärkere Partner. Das ewige Ärgernis, für die „Drückeberger" im Süden arbeiten zu müssen – ein Viertel des gesamtjugoslawischen BIP kam Ende der 1980er Jahre aus Slowenien – machte die Slowenen von Anfang an **unzufrieden mit dem Modell Jugoslawien.** Zu Titos Lebzeiten beugte man sich seinem Charisma, mit seinem Tod 1980 begann der unaufhaltsame Zerfall Jugoslawiens und Sloweniens Weg, nach tausend Jahren „Fremdherrschaft" – inzwischen empfindet man auch Jugoslawien als eine Art serbische Okkupation – seinem Ziel endlich auf eigenen Füßen zu stehen, schon sehr nahe.

Der Weg zur Unabhängigkeit

Nach slowenischer Lesart waren die zehn Jahre zwischen Titos Tod und den ersten Schritten in die Unabhängigkeit geprägt von den stetig stärker werdenden Bestrebungen der **Republik Serbien,** die Vorherrschaft im Staatenbund an sich zu reißen. So sollte beispielsweise das Schulrecht reformiert und vereinheitlicht werden – nach dem in Belgrad geltenden Vorbild. Auch was Jugoslawien wirt-

Zeittafel

- **250.000 Jahre v. Chr.:** Hominiden hinterlassen Werkzeuge im Höhlensystem von Postojna
- **45.000 Jahre v. Chr.:** Eine aus einem Bärenknochen gefertigte Flöte wird in einer Höhle im Tal der Idrijca hinterlassen
- **35.000 Jahre v. Chr.:** Eine aus Knochen gefertigte Nadel mit Öhr wird in einer Höhle in den Karawanken zurückgelassen
- **2. Jtsd. v. Chr.:** Erste Nachweise für Siedlungen in der Moorlandschaft um Ljubljana (Pfahlbaudörfer)
- **1300 v. Chr.:** Illyrer treten auf, Wehrsiedlungen auf Hügelkuppen; der Hallstatt-Kultur zugeordnete fürstliche Grabstätten in der Region um Novo Mesto entstehen
- **6./5. Jh.v. Chr.:** Die Situla von Vače wird am Rande des Beckens von Ljubljana hinterlassen, der bronzene Behälter ist mit kunstvollen Reliefs geschmückt
- **3. Jh. v. Chr.:** Keltische Stämme dringen ein und gründen das Reich Norikum (Eisenverarbeitung); Handelsstraßen kreuzen das Reich (z.B. die Bernsteinstraße)
- **1. Jh. v. Chr.:** Rom beginnt mit Eroberungszügen und unterwirft Norikum
- **2./3. Jh.:** Das Christentum tritt auf slowenischem Boden auf
- **5. Jh.:** *Attila* überrennt die römischen Provinzen und zerstört die Siedlungen
- **6. Jh.:** Südslawische Vorfahren der heutigen Slowenen wandern ein
- **630:** Das Fürstentum Karantanija wird gegründet und gerät
- **745:** unter bayerischer Herrschaft
- **976:** Karantanija wird Herzogtum des Heiligen Römischen Reiches Deutscher Nation
- **1243:** Gründung von Laibach/Ljublana
- **1250:** Gründung von Pettau/Ptuj
- **1436:** Die Grafen von Celje erhalten die Reichsfürstenwürde

- **1444:** Gründung von Cilli/Celje
- **15. Jh.:** Osmanen fallen immer wieder in Slowenien ein
- **1478:** Erster Bauernaufstand, ihm folgen weitere 1515 und 1573
- **1550:** Erste slowenische Übersetzung des Katechismus
- **1584:** Slowenische Bibelübertragung
- **1595:** *Ferdinand II.* besteigt den Thron und beendet die kulturelle Eigenständigkeit
- **Mitte 18. Jh.:** Erste Versuche, Slowenisch als Sprache der Literatur zu etablieren
- **1774:** Einführung der allgemeinen Schulpflicht mit Slowenisch als Unterrichtssprache
- **1797:** *Napoleon* betritt slowenisches Territorium
- **1809:** Im Schönbrunner Friedensschluss werden die slowenischen Kronländer mit Teilen Kroatiens zu den „Illyrischen Provinzen"
- **1815:** Nach der Niederlage Napoleons bei der Völkerschlacht von Leipzig fällt Slowenien wieder an die Habsburger
- **1840–57:** Die Südeisenbahn wird gebaut und erreicht 1846 Cilli/Celje, 1857 Triest
- **1848:** Slowenische Intellektuelle publizieren ein politisches Programm: „Zedinjena Slovenija"
- **29. Oktober 1918:** Gründung des unabhängigen Staates der Slowenen, Kroaten und Serben, SHS (Slovencev, Hrvatov in Srbov), dem das Königreich SHS folgt
- **1929:** König *Aleksandar Karadjordjevic* verwandelt das SHS zum Königreich Jugoslawien
- **1941:** Das Königreich Jugoslawien tritt dem Dreimächtepakt bei, Slowenien wird unter Deutschen und Italienern aufgeteilt
- **1941–45:** 50–60.000 Slowenen müssen ihre Heimat verlassen oder werden umgebracht
- **29. November 1945:** Slowenien wird Volksrepublik der Föderativen Republik Jugoslawien
- **1945–47:** Die Verstaatlichung aller Unternehmen wird angeordnet
- **1948:** *Tito* bricht mit Moskau, Jugoslawien wird blockfrei
- **4. Mai 1980:** *Tito* stirbt
- **Januar 1988:** Gründung der ersten nicht-kommunistischen Partei
- **April 1990:** Das Oppositionsbündnis DEMOS ist Wahlsieger der ersten freien Wahlen, *Kučan* wird Staatspräsient
- **Dezember 1990:** Plebiszit für die Unabhängigkeit
- **25. Juni 1991:** Unabhängigkeitserklärung
- **26. Juni 1991:** Die jugoslawische Volksarmee besetzt die Grenzübergänge
- **4. Juli 1991:** Sloweniens Unabhängigkeit wird von Jugoslawien akzeptiert
- **1. Mai 2004:** Slowenien wird Mitglied der EU
- **1. Januar 2007:** Slowenien führt den Euro ein
- **Ende 2007:** Beitritt zum Schengen-Raum
- **2015/16:** Slowenien wird als Grenzland zu Österreich von der Flüchtlingskrise schwer getroffen
- **2018/2020:** Nach den Parlamentswahlen wird der Schauspieler *Marjan Šarec* zum Ministerpräsidenten gewählt. Bereits zwei Jahre später tritt er zurück und überlässt dem Populisten *Janez Janša* (SDS, Slowenische Demokratische Partei) und dessen von mehreren Kleinparteien gestützten Koalition die Regierung.
- **2021:** Die Bauten des Architekten *Jože Plečnik* in Ljubljana werden UNESCO-Weltkulturerbe.
- **2022:** Sieg der neu gegründeten „Freiheitsbewegung" *Gibanje Svoboda* unter dem Unternehmer *Robert Golob,* der eine linksliberal-grüne Politik einleitet.
- **2023:** Heftige Regenfälle und Überschwemmungen verursachen vor allem im Norden schwere Schäden.
- **2024:** Der Triglav-Nationalpark wird 100 Jahre alt.

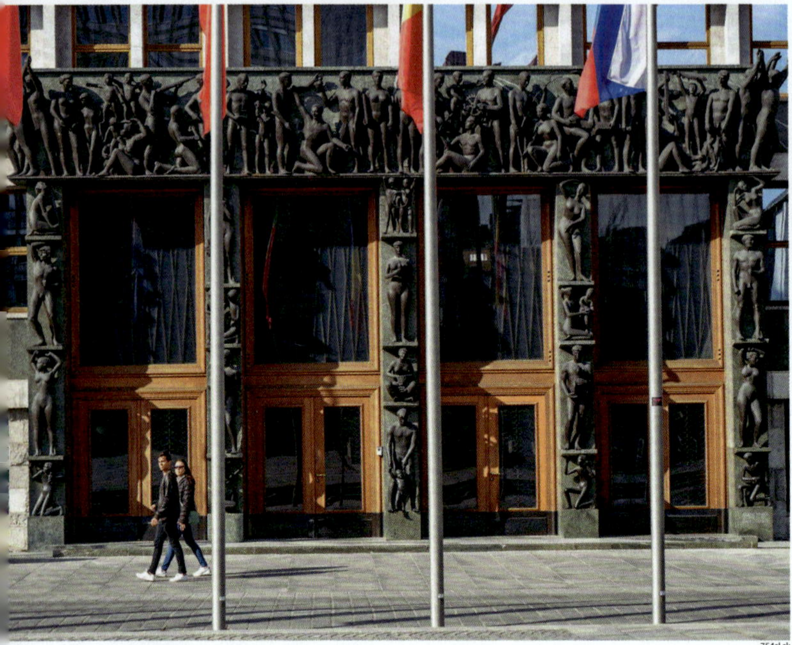

754sl sk

schaftlich von Slowenien forderte, überstieg die Toleranzgrenze: Die Kluft zwischen den „entwickelten" und den „unterentwickelten" Republiken wurde immer tiefer und Belgrad brauchte immer mehr Geld, um den Süden zu subventionieren.

Trotzdem war der erste offene Versuch, über Änderungen zu diskutieren, nicht vom Gedanken des Austritts aus der Föderativen Republik Jugoslawien, sondern von der Idee einer neuen Ordnung innerhalb des Bundes geprägt. Heft Nr. 57 der katholisch-liberalen slowenischen Zeitschrift „Nova Revija" erschien im Februar 1987 mit Beiträgen bekannter slowenischer Persönlichkeiten, die alle um das Thema möglicher Veränderungen kreisten. Zentrale Anliegen waren mehr Demokratie, eine größere nationale Souveränität für die Republiken und eine gerechtere Verteilung des erwirtschafteten Geldes. Belgrad reagierte mit Drohungen, Verhaftungen und Militärgerichtsprozessen.

Dass die Situation nicht wirklich eskalierte, ist möglicherweise ein Verdienst des späteren slowenischen Staatspräsidenten **Milan Kučan,** damals Parteivorsitzender der slowenischen Kommunis-

⌃ Das slowenische Parlament, 1959 entworfen von Vinko Glanz

ten und in dieser Funktion eine Art Mittler zwischen den aufmüpfigen Slowenen (auch unter den Kommunisten gärte es) und der Belgrader Zentrale. Im Mai 1988 verurteilte ein **Militärgericht** regimekritische Journalisten wegen konterrevolutionärer Tätigkeit, was eine parteienübergreifende **Welle von Protesten** in Slowenien auslöste. Im Januar 1988 gründete sich mit dem Slowenischen Bauernverband die erste nicht-kommunistische Partei, weitere folgten, und im April 1990 ging das **Oppositionsbündnis DEMOS** als Wahlsieger aus den ersten freien Wahlen in der jugoslawischen Noch-Republik Slowenien hervor. Zum Staatspräsidenten wählte man Kučan, die Regierung übernahm der konservative *Lojze Peterle.*

Den nächsten Schritt zur staatlichen Souveränität tat Slowenien mit einem Plebiszit im Dezember 1990, bei dem knapp 90 % der Slowenen für die Unabhängigkeit votierten. Ein halbes Jahr später folgte am 25. Juni 1991 die **Unabhängigkeitserklärung.** Einen Tag danach besetzte die jugoslawische Volksarmee die Grenzübergänge zu den Nachbarländern und andere wichtige strategische Punkte, während über Ljubljana die Sirenen einen Fliegeralarm ankündigten.

Der **Krieg** dauerte zehn Tage, den jugoslawischen Soldaten standen vorsorglich seit einem Jahr trainierte territoriale Ordnungskräfte sowie die Angehörigen der Polizei gegenüber und wer keine Waffe besaß, behalf sich mit der Mistgabel. Dank der Einsatzbereitschaft der Slowenen und dem schnellen diplomatischen Eingreifen der EU verlor Belgrad ziemlich schnell die „Lust" an diesem Krieg. Die Slowenen hatten 13 Tote zu beklagen, die Angreifer zählten 39. Am 4. Juli 1991 war der Spuk vorbei.

Slowenien heute

Politisch wie wirtschaftlich entwickelte sich Slowenien binnen kürzester Zeit zu einem gleichwertigen europäischen Partnerstaat, was sich im **EU-Beitritt** 2004 und der **Einführung des Euro** 2007 manifestierte. Die **Flüchtlingskrise** 2015 belastete das kleine Slowenien, das auf der Balkanroute liegt. Auch von der **Corona-Pandemie** wurde das Land hart getroffen. Bei den Parlamentswahlen 2022 gewannen linksliberale und ökologisch orientierte Parteien die Mehrheit. Die **Ökologie** stellt Sloweniens großes Thema in den 2020er-Jahren: Das „grüne Schema" nachhaltigen Wirtschaftens beherrscht viele wichtige Bereiche wie Tourismus, Abfallwirtschaft und Naturmanagement.

13
Anhang

212sl sk

< Mutet skandinavisch an: der Weg zu den Lovrenska jezera

Kleine Sprachhilfe Slowenisch

→ Slowenische Ortsbezeichnungen, S. 11
→ Gastronomisches Glossar, S. 516
→ Rebsorten, S. 520
→ Glossar Karst, S. 550

Ausspracheregeln

č wie tsch
ž wie dsch
š wie sch
z wie ein weiches s
c wie ein z
h wie ein ch
v wie ein w
v im Wort- und Silbenauslaut
wie ein u:
na zdravje = na zdrauje
avto = auto

Zahlen

- 1 – ena
- 2 – dva
- 3 – tri
- 4 – štiri
- 5 – pet
- 6 – šest
- 7 – sedem
- 8 – osem
- 9 – devet
- 10 – deset
- 20 – dvajset
- 30 – tridestet
- 100 – sto
- 1000 – tisoč

Begrüßen/Verabschieden/Allgemeines

- Guten Morgen – Dobro jutro
- Guten Tag – Dober dan
- Guten Abend – Dober večer
- Gute Nacht – Lahko noč
- Hallo/Tschüss – Živjo
- Auf Wiedersehen – Na svidenje
- Alles Gute (auch Tschüss) – Srečno
- Guten Appetit! – Dober tek
- Prost! – Na zdravje
- Frau (Anrede) – gospa
- Herr (Anrede) – gospod
- Wie geht es Ihnen? – Kako vam gre?
- Wie geht's dir? – Kako si?
- Danke, gut – Hvala, dobro
- Danke – Hvala
- Bitte – Prosim
- Entschuldigen Sie! – Oprostite
- Entschuldige! – Oprosti

Unterwegs

- links – levo
- rechts – desno
- geradeaus – naravnost
- weiter – naprej
- zurück – nazaj
- Stadt – mesto
- Straße – cesta, ulica
- Ampel – semafor
- Kreuzung – križišče
- Haus – hiša
- Kirche – cerkev
- Turm – stolp
- Kloster – samostan
- Platz – trg
- Feld– polje
- Tal– dolina
- Berg – gora
- Gipfel– vrh
- Berghütte – planinska koča, planinski dom
- Höhle– jama
- Brücke – most
- Fluss – zaliv
- Strand– obala
- Bucht – reka

- Insel – otok
- See – jezero
- Markt – tržnica
- Burg, Schloss – grad
- Museum – muzej
- Galerie – galerija
- Kaufhaus – trgovska hiša
- Geschäft – trgovina

Essen und Trinken

- Obst – sadje
- Gemüse – zelenjava
- vegetarisch – vegetarijanec
- Brot – kruh
- Milch – mleko
- Käse – sir
- Wurst – klobasa
- Schinken – šunka
- Mineralwasser – mineralna voda
- Saft – sok
- Kaffee – kava
- Tee – čaj
- Wein – vino
- Rotwein – črno vino
- Weißwein – belo vino
- Bier – pivo
- Ich habe – Jaz
  ... keinen Hunger – ... nisem lačen (m.)/lačna (f.)
  ... keinen Durst – ... nisem žejen (m.)/žejna (f.)

Suche/Auskunft

- Wo ist ... – Kji je ...
- ein Hotel – en hotel
- eine Jugendherberge/Hostel – en dijaški dom/hostel
- ein Restaurant – ena restavracija
- eine Tankstelle – ena bencinska črpal ka
- eine Werkstatt – ena delavnica
- ein Krankenhaus – ena bolnica
- ein Zahnarzt – en zobozdravnik
- die Apotheke – lekarna
- der Bahnhof – železnična postaja
- der Busbahnhof – avtovusna postaja
- die Polizei – policija
- Haben Sie ... – Imate ...
- ein freies Zimmer – prosto sobo
- Briefmarken – znamke
- eine Telefonkarte – telefonsko kartico
- einen Stadtplan – mestni načrt

Preisauskunft

- Wie viel kostet ... – Koliko stane ...
- der Eintritt – vstopnina
- die Postkarte – razglednica
- die Fahrkarte – vozovnica
- das Zimmer – soba
- für eine Person – za eno osebo
- für zwei Personen – za dve osebe
- für drei Personen – za tri osebe
- mit Frühstück – z zajtrkom

Notfälle

- Ich habe – Jaz imam
  ... Schmerzen – ... bolečine
  ... einen Unfall – ... nesrečo
  ... einen Verkehrsunfall – ... prometno nesrečo
  ... ein Problem – ... en problem

- Ich habe kein – Jaz nimam
  ... Geld – ... denarja
  ... keine Schmerzen – ... bolečine
  ... keinen Hunger – ... nisem lačen (m.)/lačna (f.)
  ... keinen Durst – ... nisem žejen (m.)/žejna (f.)

Buchtipp: Mehr zum Thema im Sprachführer **„Slowenisch – Wort für Wort"** (Band 69) aus der Kauderwelsch-Reihe, erschienen im Reise Know-How Verlag. Ein begleitender AusspracheTrainer ist als mp3-download erhältlich.

SHEMA ŽELEZNIŠKEGA OMREŽJA

Pridržujemo si pravico do sprememb. Aktualne informacije so vam na voljo na službenih mestih Slovenskih železnic in na naši spletni strani www.slo-zeleznice.si ali na brezplačni telefonski številki 080 81 11.

Glavne železniške proge / Main railway lines
Regionalne železniške proge / Regional railway lines
Trenutno ni aktivne povezave / No service available

MREŽJA / SŽ RAILWAY NETWORK
MADŽARSKA
HUNGARY
(H)
Dunaj/Wien Hbf (A)
Gradec/Graz Hbf (A)
Špilje/Spielfeld-Strass (A)
Šentilj
Cirknica
Pesnica
Maribor
Dravograd
Sveti Danijel
Trbonje
Trbonjsko jezero
Vuzenica
Sveti Vid
Vuhred
Vuhred elektrarna
Podvelka
Ožbalt
Ruta
Fala
Ruše
Ruše tovarna
Bistrica ob Dravi
Limbuš
Marles
Mb. Sokolska
Mb. Studenci
Mb. Tabor
Maribor Tezno
Hoče
Orehova vas
Rače
Pragersko
Slovenska Bistrica
Poljčane
Dolga Gora
Ostrožno
Ponikva
Gornja Radgona
Radenci
Križevci - Boreci
Ljutomer
Grlava
Veržej
Lipovci
Murska Sobota
Puconci
Mačkovci
Gornji Petrovci
Šalovci
Hodoš/Hodos
Budimpešta/Budapest (H)
Ljutomer mesto
Mekotnjak
Ivanjkovci
Pavlovci
Pušenci
Lendava/Lendva
Frankovci
Obrež
Središče
Čakovec (HR)
Šikole
Cirkovce
Strnišče
Kidričevo
Hajdina
Ptuj
Moškanjci
Zamušani
Osluševci
Velika Nedelja
Ormož
Velenje
Velenje Pesje
Šoštanj
Florjan
Paška vas
Šmartno ob Paki
Polzela
Šempeter v Savinj. dolini
Žalec
Petrovče
Celje Lava
Celje
Štore
Šentjur
Grobelno
Šentvid pri Grobelnem
Šmarje pri Jelšah
Stranje
Mestinje
Podplat
Tekačevo
Rogaška Slatina
Rjavica
Rogatec
Vidina
Dobovec
Sveti Rok ob Sotli
Hromec (HR)
Đurmanec (HR)
Pristava
Sodna vas
Podčetrtek Toplice
Atomske Toplice hotel
Podčetrtek
Imeno
Kumrovec (HR)
Laško
ske Toplice
Zidani Most
Sevnica
Hrastnik
Radeče
Loka
Breg
Blanca
Brestanica
Krško
Libna
Brežice
Dobova
Zagreb (HR)
HRVAŠKA
CROATIA
(HR)
Boštanj
Jelovec
Tržišče
Pijavice
Mokronog
Šentrupert
Mirna
Gomila
Trebnje Kamna Gora
Radohova vas
Gaber
Šentlovrenc
Velika Loka
Štefan
Trebnje
Ponikve na Dol.
Mirna Peč
Hudo
Novo mesto
Novo mesto Center
Novo mesto Kandija
Novo mesto Šmihel
Birčna vas
Uršna sela
Rožni Dol
Semič
Otovec
Črnomelj
Gradac
Dobravice
Metlika
Rosalnice
Karlovac (HR)
www.slo-zeleznice.si
railway lines
Regional railway lines
ave / No service available
Tuje železniško omrežje / Foreign railway network
080 81 11
potnik.info@slo-zeleznice.si
Slovenske železnice

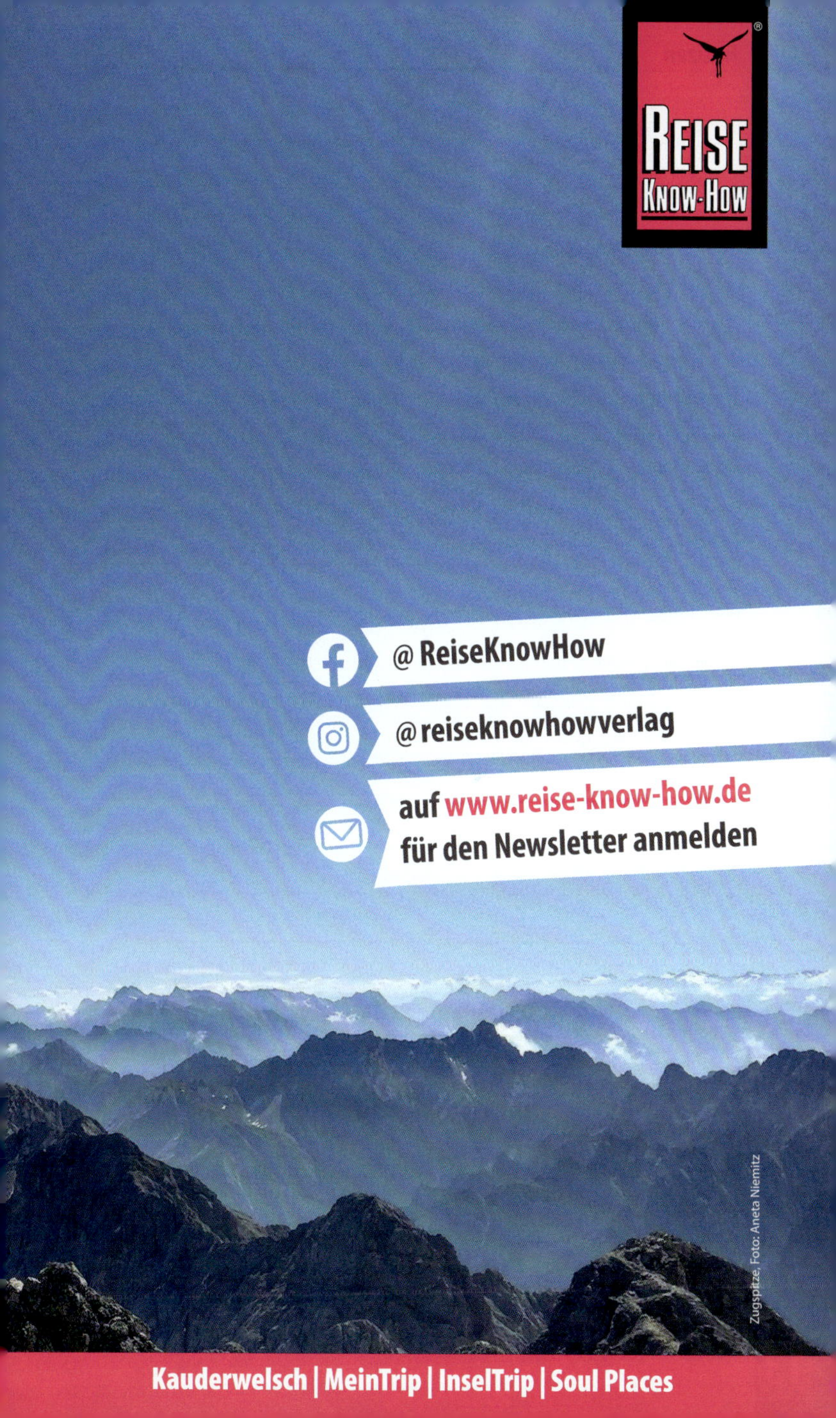
REISE KNOW-HOW
@ReiseKnowHow
@reiseknowhowverlag
auf www.reise-know-how.de
für den Newsletter anmelden
Zugspitze, Foto: Aneta Niemitz
Kauderwelsch | MeinTrip | InselTrip | Soul Places

Register

Die Autoren

Daniela Schetar, Ethnologin, und **Friedrich Köthe,** Soziologe, haben ihre Leidenschaft, das Reisen, zum Beruf gemacht. Als Autoren und Fotografen haben sie bei Reise Know-How zahlreiche Reiseführer, City- und Insel-Trips publiziert. Schwerpunkte ihrer Arbeit sind Südosteuropa, Italien und Portugal sowie das heimische Bayern. Slowenien, das Geburtsland von *Daniela Schetar,* liegt dem Autorenpaar besonders am Herzen – nicht nur weil die Lieblingstante *Gita* hervorragende *Gibanica* backt, wenn sie zu Besuch kommen. Kein Land bietet so vielseitige Landschaften, Architekturen und Genüsse auf so kleinem Raum! Und keine europäische Hauptstadt, davon sind die Autoren überzeugt, ist so bezaubernd wie Ljubljana, das seit 2021 mit der Architektur seines berühmtesten Architekten *Jože Plečnik* zum UNESCO-Weltkulturerbe wurde.

225sl sk

Schreiben Sie uns!

Wir hoffen, dass Ihnen dieser Reiseführer gefällt und er Ihnen ein guter Begleiter auf einer außergewöhnlichen und spannenden Reise ist.

Weil ein Reiseführer von Erfahrungen lebt, sind wir an Ihren Erlebnissen interessiert: Haben Sie in unserem Buch ein Restaurant entdeckt, das es nicht mehr gibt, eine Sehenswürdigkeit, die wir noch nicht aufgeführt haben, oder eine falsche Adresse? Dann schreiben Sie uns! **Wir nehmen jeden Hinweis und jede Kritik ernst und arbeiten kontinuierlich daran, die Bücher aktuell zu halten und immer weiter zu verbessern.** Jede Mail wird gelesen und beantwortet. Auch wenn wir nicht jeden Wunsch erfüllen können, machen wir uns immer Gedanken über Ihre Anmerkungen.

Schreiben Sie uns:
per Mail an info@reise-know-how.de oder an
Reise Know-How Verlag Peter Rump GmbH, Postfach 140666, 33626 Bielefeld

Wenn sich Ihre Infos direkt auf das Buch beziehen, würde uns die Angabe der Seitenzahl und der Auflagenzahl bzw. des Erscheinungsjahres Ihrer Ausgabe die Arbeit sehr erleichtern. Besonders hilfreiche Beiträge und Ergänzungen zu den Büchern belohnen wir mit einem Sprachführer Ihrer Wahl aus der über 240 Bände umfassenden „Kauderwelsch"-Reihe.

Herzlichen Dank und gute Reisen
Ihr Reise Know-How Verlag

Slowenien
0 10 km
©Reise Know-How
SlowenU3 11/24
ÖSTERREICH
Salzburg
Drau
Feldkirchen
Kötschach-Mauthen
E66
Pörtschach
Hermagor
Villach
Velden
Krumpendorf
Nötsch
St.Jakob
68
Karawanken
Feistritz
100
E55
Kranjska Gora
Tarvisio
Udine
107
Jesenice
88
123
NATIONALPARK
Begunje
TRIGLAV
109
Bled
Julische Alpen
135
121
Bovec
Radovljica
28
128
Bohinjska Bistrica
144
Kobarid
Železniki
151
Tolmin
160
175
Cerkno
Cividale
Dolenja Trebuša
168
Žiri
Idrija
159
Nova Gorica
Cormons
Gorizia
Logatec
177
Ajdovščina
Udine
Palmanova
Románs
Gradisca
414
182
Branik
ITALIEN
Ronchi
202
Monfalcone
184
Treviso
447
Postojna
Duino
Dutovlje
E70
Aquileia
E70
E61
Sežana
A3
Senožeče
Opicina
413
217
Lignano Sabbiadoro
Grado
Triest
Lipica
A1
Golf von Triest
Muggia
201
238
222
Koper
E61
Piran
Izola
228
Portorož
Pula
Umag
Kartenlegende
Übernachtung
Essen und Trinken
Einkaufen/ Sonstiges
Nachtleben
Touristeninformation
Krankenhaus, Ambulanz
Sehenswürdigkeit
Museum
Höhle
Hütte
Schloss, Burg
Synagoge
Kirche, Kloster
Theater
Post
Bank, Geldautomat
Busbahnhof
Flughafen
Bootsanleger
Parkplatz
Parkhaus
Strand
Ortsbeschreibung auf der angegebenen Seite